实务指导与专业研究用书

保险诉讼典型案例年度报告

The Annual Report of the Typical Insurance Cases *(Volume Ⅶ)*

第七辑

中国保险行业协会　编

法律出版社
LAW PRESS·CHINA

《保险诉讼典型案例年度报告》

编　委　会

序 言

2014年8月13日,国务院发布了《关于加快发展现代保险服务业的若干意见》,这是落实中央经济社会发展整体战略的重要措施,是在顶层设计中谋划保险业发展的重要标志,在我国保险业发展史上具有里程碑的意义,必将极大地促进我国保险业的发展。新的历史定位和使命,决定了保险业应在我国经济社会发展全局中发挥更大的作用,承担更大的责任。

保险业的快速、健康、可持续发展,离不开法治的保障。2014年10月召开的十八届四中全会,对全面推进依法治国做了新的战略部署。社会主义法治是我们党治国理政的一贯主张和根本追求,也是中国特色社会主义的内在要求。邓小平同志对法治曾有过深刻阐述,他指出:"为了保障人民民主必须健全法制,必须使民主制度化、法律化。""既要发展社会主义民主,也要健全社会主义法制,把二者统一起来,不仅要使社会主义民主制度化、法律化,而且要使社会主义法制民主化。"习近平总书记对法治也十分重视,党的十八大以来,他围绕着建设法治中国的目标,发表了一系列关于法治的重要论述。他指出:"法治中国的提出,表明我们党对社会主义法治建设有了更加完整系统的规划。依法治国,是治理国家的基本方略;依法执政,是执政党的基本执政方式;依法行政,是政府行政权运行的基本原则。"他要求各级领导干部"要提高运用法治思维和法治方式深化改革、推动发展、化解矛盾、维护稳定能力,努力推动形成办事依法、遇事找法、解决问题用法、化解矛盾靠法的良好法治环境,在法治轨道上推动各项工作。"因此,运用法治手段促进和保障保险行业的发展,是法治中国的重要内容,是落实依法治国方略的应有之义。

完善的法律规范制度能确保保险业始终沿着既定的目标稳步前行而不偏离方向;顺畅的定分止争机制能维护正常的保险经济秩序,化解保险业发展中的诸多矛盾纠纷,保障各保险法律关系主体的正当权益。为提高现代保险业的法治化水平,必须在加强保险业科学立法的同时,确保保险法律、法规的运用和实施。法律的遵从和实施,离不开人们对法律的认知和掌握。相较于抽象地研习保险法律条文和法律教材,通过研究分析司法机关对保险案例的裁判意见,发现和挖掘司法裁判者合理运用法律的经验智慧,理解司法裁判者的思维模式,是活化对法律条文理解,深化对法律精神把握、增强依法能力的一条捷径,应引起所有保险从业者及所有保险当事人的重视。

为加强保险诉讼案例研究,中国保险行业协会组织各保险公司、业内资深律师参与,共同编写了《保险诉讼典型案例年度报告》。本书编写者不但具有丰富的保险法律实务经验,而且具有很高的法律研究素养,他们兢兢业业,在本书编写过程中,投入了很大的精力,这本书是他们智慧和心血的结晶。我认为,本书最大特色在于理论和实践的密切融合,不但能给有志于从事保险法务工作和学习研究的读者提供生动典型的案例素材,还通过法理评析,深化读者对作为裁判依据的法律条文中蕴含的法律原理和法治精神的理解和把握。

总之,本书作为一部保险法实务指导与专业研究用书,既能为司法实务提供裁判参考,也能为保险行业的理论研究提供素材,对于司法审判人员、保险从业人士和保险法学研究人员等具有较高的参考实用价值。因此,在本书付梓出版之际,我欣然命笔为其作序。我衷心地希望,保险业能够继续加强对保险法律的深入研究,不断提高全行业的法制化水平,让合规经营的理念确实落到实处,让依法维权的意识真正深入人心,努力实现保险让生活更美好!

梁涛

2014 年 11 月

前　言

中国保监会主席项俊波在2015年全国保险监管工作会议上指出,过去的一年是保险业具有历史性意义的一年。国务院连续出台《关于加快现代保险服务业发展的若干意见》和《关于加快商业健康保险发展的若干意见》,着眼于服务国家治理体系和治理能力现代化,对新时期保险业改革、发展和监管进行了全面部署,提出了加快建设世界保险强国的战略目标和系统性支持政策,翻开了保险业加快发展和走向腾飞的新篇章,在保险业发展史上具有里程碑意义。

在过去的一年里,保险业在党中央国务院的正确领导下,坚持抓服务、严监管、防风险、促发展,各项工作扎实推进,改革发展实现重大跨越。中国保监会坚持把释放保险业发展潜力作为监管工作的重要着力点,通过改革推动、需求拉动、政策驱动三管齐下,各项工作扎实推进,保险市场实现强势发展。一是业务增速持续提高。全年全国保费收入突破2万亿元,保险业总资产突破10万亿元,保险业增速达17.5%。财产险保费收入7203亿元,同比增长16%;人身险保费收入1.3万亿元,同比增长18.2%。二是结构调整走向深入。与实体经济联系紧密的保证保险同比增长66.1%,与民生保障关系密切的年金保险同比增长77.2%,保障性较强的健康保险同比增长41.3%。10年期以上新单期交占比同比提高5.9个百分点。二是行业经营效益显著提升。保险资金运用实现收益5358.8亿元,同比增长46.5%。保险资金投资收益率6.3%,综合收益率9.2%,比上年分别提高1.3和5.1个百分点。四是行业资本实力明显增强。截至2014年年底,全行业净资产1.3万亿元,较年初增长56.4%。

在过去的一年里,保险业努力在服务党和国家的中心工作、服务经济社会大局上找准立足点,服务能力迈上新台阶。全年保险业为全社会提供风险保障1114万亿元,同比增长25.5%,保险业赔款与给付7216.2亿元,同比增长16.2%。一是完善社会保障的作用显著增强。大病保险在27个省开展了392个统筹项目,覆盖人口7亿人,参保群众保障水平普遍提高10—15个百分点。各类医疗保障经办服务人数达3.2亿。企业年金受托服务覆盖3.5万个企业的877万职工,受托管理资产3160亿元。二是参与社会管理的作用显著增强。责任保险保费收入253.3亿元,提供风险保障66.5万亿元。三是服务“三农”能力显著增强。农业保险保费收入325.7亿元,同比增长6.2%,承保金额1.66万亿元,同比增长19.6%。向3500万受灾农户支付赔款214.6亿元,同比增长2.86%。承保主要农作物突破15亿亩,占全国主要农作物播种面积的61.6%。承保森林面积24.7亿亩,覆盖率超过85%。向辽宁特大旱灾的118.7万户受灾农户支付赔款9.3亿元,向“威马逊”台风受灾群众支付赔款11.5亿元,帮助受灾地区及时恢复生产生活。小额人身保险服务低收入群体人数超过7000万。四是支撑经济发展的能力显著增强。发起基础设施投资计划1.1万亿元,比年初增长56.8%,其中投资1072.5亿元参与棚户区改造和保障房建设。出口信用保险保费收入27亿美元,同比增长8.2%,承保总金额3804.5亿美元。国内贸易信用保险业务保单质押贷款余额1801亿元。

在过去的一年里,保险监管工作坚持抓改革促创新,坚持严监管防风险,坚持抓服务重长效,坚持打基础建机制,坚持转作风严管理,保险业体制机制发生了重大变化,行业整体实力显著增强,保险监管现代化建设稳步推进,保险监管自身建设进一步加强。一是保险费率形成机制改革稳步推进。万能保险费率市场化改革和商业车险条款费率管理制度改革即将落地,在发挥市场配置资源的决定性作用方面迈出一大步。二是市场准入退出制度改革进一步完善。创新发展自保、相互、互联网等新型市场主体,完善市场化退出机制,出台《保险公司收购合并管理办法》,4家商业保险公司试点经营短期出口信用保险业务。三是保险资金运用改革不断深化。保险资金配置多元化格局基本形成,保险资金运用风险总体可控。四是巨灾保险制度建设取得积极进展。制定巨灾保险制度方案,开发巨灾保险产品,组建巨灾保险共保体,在深圳、宁波开展巨灾保险试点。五是积极推动汽车产业链变革。指导行业协会开展汽车配件"零整比"系数研究和发布工作,建立和发布行业首个车型标准数据库。

在过去的一年里,保险监管工作科学预判、主动作为,严守不发生区域性系统性风险的底线。一是较好地防范了满期给付和退保风险、偿付能力不足风险、流动性风险和资金运用风险。2014年保险公司偿付能力溢额7636亿元,保险公司偿付能力均达标。二是实施四个领域大检查。选取16家开展公司治理现场检查;联合财政部开展农业保险专项检查,覆盖11家产险机构的166家分支机构;在全国范围开展大病保险合规性检查,共检查121个大病保险项目;全面开展保险中介市场清理整顿工作,检查了500多家保险公司和保险中介机构。三是稳步推进"反欺诈、反洗钱、反非法集资"工作。向有关部门移送保险欺诈线索共计5599条,进行反洗钱专项检查,发布《保险机构洗钱和恐怖融资风险评估及客户分类管理指引》,做好非法集资案件排查工作,完成151起案件督办问责,问责403人。四是切实加强保险产品监管。规范保险产品开发、命名、销售、宣传等关键环节的操作,开展专项检查,对存在产品管理问题的公司下发监管函,叫停问题产品。五是不断增强防范风险的实力。保险保障基金管理制度和运行机制不断完善,基金规模达到577亿元。

在过去的一年里,保险监管工作立足中国国情,把握国际保险监管趋势,积极推进保险监管体系现代化。一是公司治理和集团监管迈出新步伐。研究制定保险业务范围分级办法、保险集团并表监管办法、相互保险组织管理试点办法和保险业并购管理办法。二是偿二代监管制度体系基本建成,推动建立行业资本补充机制,建立保险公司资本分级制度。三是国际监管规则制定的话语权显著提升。加强与亚洲地区保险监管多双边合作,中国保监会成功当选为亚洲保险监督官论坛轮值主席,与美国、泰国、马恩岛等国家和地区签署保险监管合作谅解备忘录。四是保险监管制度建设取得新成绩。基本完成《保险法》修改条文初稿起草工作。全年修订发布4部行政规章,废止规范性文件4798件,规范性文件减少近80%。制定出台防范打击利用互联网实施保险违法犯罪活动的制度文件。五是统计和监管信息化建设扎实推进。制定保险养老社区和住房反向抵押养老保险统计制度,研究制定《保险电子商务平台建设基本规范》等 4 项标准,首次运用技术手段对 10 家保险公司进行了远程渗透性测试检查。全面完成车险平台集中整合,研究提出农业保险信息管理平台、中介云平台、健康险平台等方案。开发保险资管产品注册发行系统,资管产品发行累计规模突破 1 万亿元。六是监管机制流程进一步理顺。落实保监局资金运用监管联系人机制,开展资金运用属地监管试点,成立中国保险资产管理业协会。七是两岸四地保险反欺诈合作机制初步建立,签署内地与港澳保险监管机关反保险欺诈监管合作协议。

在过去的一年里,保险监管扎实开展保险消费者权益保护工作,着力解决好消费者最关心、最直接、最现实的利益问题。一是继续治理车险理赔难和寿险销售误导。清理财产保险积压未决赔案 735 万件,车险万元以下赔案从客户报案至赔款支付完成的平均时间由 2012 年的 90.4 天缩短至 2014 年的 21.2 天,严格落实人身险客户真实性管理制度,清理人身保险失效 2 年以内保单 578 万件。二是妥善解决保险消费争议。“12378”热线全国转人工呼入总量 24.5 万个,群众满意度 98.5%。各保监局开展局长接待日合计 290 次。全年共处理各类保险消费投诉 2.8 万件。推动保险纠纷“诉调对接”,全国已有 139 个设区的市建立了对接机制。三是着力加强保险消费者教育。建设完成官方网站、报纸专栏、普及读物、官方微博、官方微信、现场活动六位一体的保险知识普及渠道。四是积极推进保险消费者权益保护的制度建设。发布《中国保监会关于加强保险消费者权益保护工作的意见》,制定《中国保险业信用体系建设规划(2015 - 2020)》。

尽管保险监管和保险行业高度重视保险消费者权益保护工作,但保险消费争议和投诉数量依然较大,且不少争议最终是通过诉讼解决的。为了便于总结经验,加强交流,指导实践,提高投保人、被保险人、受益人与保险人诉讼实务能力和水平,并为监管人员、从业人员、司法人员、大专院校师生以及有关人士工作和学习提供参考,我们精心筹划,认真筛选,撷取 2014 年保险诉讼案例编辑出版了《保险诉讼典型案例年度报告(第七辑)》。本书共收录最新保险诉讼典型案例 60 个,其中人身保险诉讼典型案例 27 个,财产保险诉讼典型案例 33 个。这些案例具有以下特点:

一是客观性。每个案例由案情、裁决和评析三部分组成。这些案例都是现实生活中实际发生的,每个案例叙述完整,内容丰富,且语言精练,逻辑缜密,分析透彻,客观地展现了投保人、被保险人和受益人与保险人之间的业务过程和法律关系。法院在审理中通过诉讼当事人的陈述、举证、质证和辩论以及法院调查取证等程序,还原了整个事件的本来面目,呈现了有关行为的前因后果。其裁决是真实的,具有法律效力。

二是代表性。在人身保险诉讼案例中,既有与人民生活密切相关的疾病保险、医疗保险和意外伤害保险,还有相伴一生的终身寿险、两全保险和定期寿险等。在财产保险诉讼案例中,既有社会普遍关注的交强险和商业车险以及旅行社责任险,又有财产综合保险、工程设施保险、货物运输保险和出口信用保险等险种。可以说,本书案例几乎涵括现今保险市场主要产品,论及保险纠纷和保险诉讼的方方面面。本书案例来自全国各地,具有广泛的代表性。

三是指导性。本书案例对保险销售、投保、核保、承保、售后服务和理赔等诸环节均有介绍和论述。在客户与保险人发生纠纷的情况下,双方对同一规定、同一行为和同一事实认识不同,观点迥异,分歧较大,以致争执不下,互不相让,诉诸法律。法院通过裁决,认定事实,适用法律,明辨是非。无论是被保险人,还是保险人,败诉一方应引以为戒,吸取教训,纠正错误,规范行为。这无疑对被保险人和保险人都有现实指导意义。

四是理论性。本书案例评析对所涉法律问题进行重点解读,对相关理论进行有益探讨,对保险实务以及审判和立法提出参考性建议,有助于读者更好地理解保险原理和法律精神。保险是无形产品,保险合同是射幸合同,保险合同当事人应恪守最大诚信原则。当事人之间的纷争往往源自对保险和法律知识缺乏了解。努力提高全民保险意识和法律意识仍是一项长期而艰巨的任务。基于此,本书不仅对被保险人和人民群众,而且对理论研究工作者来说都是有益的。

2015 年是全面深化改革的关键之年,是全面推进依法治国的开局之年,也是全面完成“十二五”规划的收官之年,做好今年的保险监管工作意义十分重大。保险监管要把全面贯彻落实国务院《关于加快现代保险服务业发展的若干意见》作为当前和今后一个时期的中心工作,根据 2015 年的总体要求,明确任务,奋发进取,突出推进重点工作落实、推动重大政策落地,促进行业改革发展,不断开创监管工作新局面。2015 年,中国保监会将突出三个重点方面工作。

一是推出三项重大改革。要稳步推进车险、万能险、分红险等费率改革。商业车险改革方案经国务院批准后,将先启动黑龙江等 6 个省市试点,条件成熟时在全国范围内推开。正式启动万能险、分红险费率改革,力争在今年年底前全面实现人身险费率市场化。要推动实施偿二代。保险业自今年起进入偿二代过渡期,保险公司在过渡期内同时报送偿一代和偿二代数据,以偿一代作为监管标准。根据过渡期运行情况和行业准备情况,灵活、务实地开展新旧体系的正式切换。要继续深化保险资金运用市场化改革。制定专项支持政策,引导保险资金更好地投资养老健康服务产业,直接投资新型城镇化、棚户区改造、科技型企业、小微企业、战略性新兴产业等领域。依托市场化运作机制,组建全行业的保险资产交易平台和资产托管中心,盘活保险资产存量,做大做强保险资产池,提升行业核心竞争力。

二是推动三项重大政策落地。要加大与相关部委沟通协调力度,促进国务院《关于加快现代保险服务业发展的若干意见》为行业发展提供的一系列支持政策尽快落地实施。要推动巨灾保险加快发展。重点推进巨灾保险制度立法保障、建立核心机制。积极协调有关部门,研究建立巨灾保险基金。推动实施住房地震保险制度。指导巨灾保险共保体运行,完善风险分担机制。要推动养老险和健康险税优政策落地。启动个人税延商业养老保险试点,推动健康险税优政策尽快出台。要推动大病保险全面铺开。落实国务院办公厅《关于加快发展商业健康保险的若干意见》和六部委联合发文要求,不断提高大病保险保障面,争取全国各省份及各地市全覆盖。修订大病保险业务管理制度,确保大病保险依法合规开展。

三是推进三项专项工作。要深入开展保险机构“两个加强、两个遏制”专项检查。落实保险机构特别是总公司自查整改的主体责任,确保责任到人、问责到位。采取上下联动的方式,加强统筹协调,注重点面结合,全面检查保险机构违法违规问题。深入分析违法违规问题根源,建立健全遏制违规、防范风险的制度机制。要推动修订《保险法》。认真贯彻中央《关于全面推进依法治国若干重大问题的决定》,结合行业发展和监管实际,出台全面推进保险法治建设的指导性文件，健全依法监管体制机制，完善保险法律体系，加强行政执法工作，促进行业依法合规经营。要建立保险公司经营和保险服务两个评价体系。车险和寿险服务评价指标体系已经建立，保险行业协会要据此对保险机构开展全面评价并向社会公布。尽快出台保险公司经营评价指标体系，并对保险公司开展全面评价。

2015年，中国保监会在抓好以上重点工作的同时，要把各个层次的监管力量调动起来，统筹兼顾，协调配合，全面做好日常监管工作，守住不发生区域性系统性风险底线，大力规范市场秩序，切实保护消费者利益，加强行业基础建设，提升服务经济社会全局的能力。中国保监会将着力持续抓好以下六项日常监管工作。

一是狠抓风险防范，守住不发生区域性系统性风险底线。要防范满期给付和退保风险。加强风险监测和分类研究，及时对退保风险较大的公司进行窗口指导，完善退保风险应急预案，妥善处置可能出现的群体性事件。要防范资金运用风险。重点关注高现金价值业务的资产负债匹配管理和一些公司的另类投资风险，做好重点公司现金流排查监测，切实防范可能出现的现金流风险。要防范外部风险传递。督促保险机构全面开展相关风险排查，强化内部管控，严防从业人员参与非法集资的案件风险，加强对保险业海外配置资产的政策指导，防范境外投资风险。要防范网络与信息安全风险。启动实施保险业网络安全规划，加强信息系统风险监测和外部渗透性测试工作力度，进一步提升保险机构网络与信息安全风险防范能力。

二是加强源头治理，不断提升公司治理监管和集团监管的能力及水平。要不断加强监管制度建设。出台《保险公司治理结构评价管理办法》，修订《保险公司独立董事管理暂行办法》、《保险公司股权管理办法》，研究制定《保险公司接管办法》。要不断丰富和改进监管技术手段。加强现场检查力度，建立健全公司治理非现场监管体系，不断完善保险公司治理和内控问题数据库，探索建立公司治理和内控问题负面清单制度。推动开展国内系统重要性保险机构监管，探索建立与国际监管衔接、具有中国特色的国内系统重要性保险机构监管体系。要加强集团监管。逐步完善保险集团监管制度体系，努力搭建一套符合中国国情的保险集团监管框架。加强和改进并表监管，充分披露保险集团财务状况、公司治理和风险管理的相关信息，强化市场约束。加强与国内外金融监管机构的合作，推进政策协调，共同做好跨境经营保险集团监管工作。

三是注重标本兼治，大力规范市场秩序。财产险方面，加大产品监管力度，建立全流程的产品监管体系，加大产品违法违规行为查处力度。继续组织开展农险专项检查，加强市场热点、重点问题以及责任保险等业务的监控监测，及时防范化解风险，对扰乱正常市场秩序的，坚决采取市场退出等严厉处罚措施。加强车险市场监管，开展车险专项检查，确保商业车险改革平稳实施。人身险方面，要继续深入治理销售误导。出台人身险产品客户需求适应性制度，统一和完善人身险产品犹豫期制度。加强人身险理赔服务监管，推进核保核赔资格认证，提高核保核赔人员素质。继续开展大病保险检查，在2014年全面检查的基础上，适时开展专项检查和抽查。保险中介方面，继续推进清理整顿工作。引导和鼓励市场主体加强对新渠道、新模式的探索，促进新型销售模式的发展，规范电话销售、网络销售等新型销售行为，探索社区专属个人代理门店改革试点。

四是创新方式手段,切实保护保险消费者权益。要加大对损害消费者权益行为的打击力度。健全“12378”热线服务网络。开展财产保险理赔服务质量监测,继续组织做好寿险公司失效保单清理工作。要强化信息披露。修订《保险公司信息披露管理办法》,探索建立信息披露“黑名单”制度,定期公布保险公司被投诉情况、满意度测评结果和损害消费者合法权益的典型案例。建立保险消费风险发布平台,及时发布信息,引导消费者合理预期。要健全消费者权益保护机制。完善投诉处理和纠纷调处机制,妥善解决消费争议纠纷。完善保险消费者教育机制。发挥好相关部门、新闻媒体和社会公众的协同作用,形成保护保险消费者权益的合力。要推进行业信用体系建设。启动实施《中国保险业信用体系建设规划(2015—2020 年)》,建立行业信用体系建设联席会议制度。着手建设保险业信用信息数据库,搭建保险业信用管理制度、评价体系和信用记录等相关标准体系。要进一步健全保险保障基金制度。研究探索保险行业风险处置的制度机制,不断丰富风险处置工具,为完善市场退出机制、保护消费者合法权益提供有力支持。

五是围绕国家战略和民生领域,提升服务经济社会全局的能力。要为国家重大战略服务。加强对“一带一路”、京津冀协同发展、长江经济带等重大战略问题的研究,探索建立行业性的战略基金、共保体等载体,创新保险业服务国家重大战略的机制和手段。要为农业现代化服务。完善农业保险制度,推动农险产品升级提质,完善中国农业保险再保险共同体运行机制,推动建立中央和地方财政支持的农业巨灾风险分散机制。要为健全社会保障体系服务。支持保险机构大力拓展企业年金业务,跟踪研究职业年金制度进程,有序推进住房反向抵押养老保险试点,抓好国务院办公厅《关于加快发展商业健康保险的若干意见》的贯彻落实,推进保险机构在更大范围和更高统筹层次上经办新农合等各类医保服务,深度介入全民医保体系建设。要为完善社会治理体系服务。突出重点领域,推动责任险加快发展,联合相关部委出台指导性意见,因地制宜开展相关责任险试点。要为缓解小微企业“融资难”服务。推广保险业支持小微企业的“宁波经验”,不断扩大试点范围,有序推进信用保证保险发展,支持缓解小微企业融资难、融资贵问题。

六是立足当前着眼长远,加强行业基础建设。要深化行政审批制度改革。稳步推进取消农业保险、交强险经营资格和外资保险公司再保险关联交易审批等许可事项工作,推进保险产品监管制度建设,建成产品电子化管理系统,提高产品监管效率。要完善保险市场体系。坚持专业化、区域化的市场准入方向,加快区域性市场退出实践,依法对问题公司的分支机构实施退出,加大对互联网保险、相互保险、自保等新型市场主体的扶持力度,支持发展新业务形态和新商业模式。推进再保险市场全面发展。支持设立区域性再保险中心,推动建立再保险登记、离岸再保险人保证金和核保险巨灾责任准备金制度。要加强统计基础建设。逐步构建以保险功能服务为核心和以风险监测为核心的两大统计指标体系,研究制定和修订保险集团并表监管等多项统计制度,进一步实施保险业内数据开放共享工程,提高公司经营管理精细化水平。要推进保险标准化建设。研究制定《社保数据交换规范》等 10 项标准,系统修订精算规定,健全责任准备金评估体系,完善科学定价基础。要推进监管信息化建设。研究编制和推进实施保险业风险数据库建设规划,完成再保险监管系统等 5 个系统建设,启动开发保险案件管理系统等 2 个系统,改造“12378”系统等 5 个系统,推进应用系统整合。要建立重大风险重大案件稽查制度。出台保险重大风险稽查工作意见、保险机构案件管理工作规范等文件，强化案件问责，搭建与公安部门连接反欺诈数据专线，构建保险反欺诈工作新平台。要提升我国保险业的国际地位。加强在国际保险监督官协会中的领导力，争取在亚洲保险监管事务中发挥核心主导作用，加强偿二代在新兴市场的宣传和推广。要做好保险业“十三五”规划。坚持全球视野和世界眼光，遵循行业发展规律，把新国十条的各项要求在“十三五”期间加以细化和落实。要健全保险监管决策智力支持系统。加快中国保监会重大决策专家咨询委员会建设，与国家相关部门及教育科研单位展开合作，在火灾、气象、农业、医疗、海洋等领域建立风险和保险实验室，积累行业科学发展的数据基础。

我们真诚地希望本书的出版能为保险监管工作任务顺利完成和保险业持续健康发展尽绵薄之力。

《保险诉讼典型案例年度报告》编委会

二〇一五年十月

目录/Contents

第一部分 人身保险诉讼案例

附 录

第一部分

人身保险诉讼案例

1. 人身意外险中通过网络为他人投保的保险合同效力的认定

山东省济南市中级人民法院
(2014)济商仲字第690号民事判决书

(2015年3月10日)

【案情】*

2013年10月14日,投保人、被保险人张甲某通过某保险网站投保某保险公司"e畅无忧"人身意外伤害保险,保额100万元。十天后,张甲驾车因措施不当驶入路边机井,致张甲溺水死亡,造成交通事故。同年12月5日,受益人张乙向保险公司理赔。经查,涉案保险系张乙通过网络为张甲投保,保费亦由张乙支付,保险公司认为,因无证据证明被保险人张甲已同意投保已死亡为保险责任的保险,保险合同无效,拒绝赔付保险金。张乙不服拒赔决定,诉至法院。

【判决书正文】**

上诉人(原审被告):某保险公司山东分公司,住所地:济南市市中区。

被上诉人(原审原告):张乙,男,1983年12月27日出生,汉族。住济南市市中区。

上诉人某保险公司山东分公司(以下简称某保险公司)因与被上诉人张乙人身保险合同纠纷一案,不服济南市市中区人民法院(2014)市商初字第471号民事判决,向本院提起上诉。本院依法组成合议庭审理此案,现已审理终结。

原审判决认定:2013年10月13日,张乙通过网上投保方式为投保人张甲向某保险公司投保"e畅无忧"综合意外保险保障计划(计划三):人身意外伤害保险、附加意外伤害医疗保险、附加意外伤害住院津贴医疗保险,保险合同编号:8000001383,被保险人为张甲,身故保险受益人为张乙,基本保额分别为1 000 000元、10 000元、200元每期保险费分别为520元、49元、83元。保险合同生效日为2013年10月14日零时,保险期间为1年,张乙使用中信银行信用卡向某保险公司缴纳当期保险费。

《e畅无忧人身意外伤害保险条款》2.4保险责任规定:"在本合同有效期内,我们承担以下的保险责任,且本合同各项保险金给付的累计金额以本合同的基本保险金额为限。2.4.1意外身故保险金被保险人因遭遇本合同约定的意外伤害事故且自发生之日起一百八十天内身故者,我们

* [案情]为本书编者所加。本书编者对当事人姓名、身份证号、名称和车号等作了必要处理。

** 本书收录的初审和终审判决书是已生效的民事判决书。

按事故发生时的本合同基本保险金额给付‘意外身故保险金’予身故保险金受益人,本合同效力终止。”

原审另查明,2013年10月24日,张甲驾驶鲁LFK596号牌小型轿车因措施不当驶入路边机井,致张甲当场死亡,车辆受损,造成交通事故。2013年12月5日,张乙向某保险公司提出理赔申请,2014年1月8日,某保险公司向张乙出具理赔决定通知书,载明:“被保险人张甲于2013-10-14通过电话参加了本公司《e畅无忧》人身意外伤害保险、附加意外伤害医疗保险、附加意外伤害住院津贴医疗保险,保险合同编号为8000001383,2013-12-05您向本公司提出被保险人张甲于2013-10-24因溺水死亡的理赔申请。经审核,由于无确凿证据证明被保险人同意投保该保单,且本次意外事故依据不足,故对于您本次的索赔歉难给付相应保险金。”

某保险公司主张,根据投保单的记载,其上载明的手机号码、电子邮箱及通信地址均系张乙的个人信息,且该保单的保险费也是由张乙支付,因此本案所涉保险的实际投保人为张乙而非张甲。某保险网在投保流程的网上提示中明确载明:本计划仅限本人购买或帮未成年子女购买。同时,本案保险系以死亡为给付保险金条件的合同,未经被保险人同意并认可保险金额的,合同无效,张乙无证据证明其投保时经被保险人张甲同意,故本案所涉保险合同无效,张乙对某保险公司的主张不予认可。张乙主张,因被保险人张甲在老家,张乙经其同意后于2013年10月13日在网上购买了涉案保险并代张甲支付了保费。2013年10月14日,被保险人张甲作为投保人通过电话与某保险公司就保险合同内容进行了确认。

在案件审理过程中,张乙自愿撤回要求某保险公司支付自2014年1月9日起至判决生效之日止按人民银行同期贷款利率计算的利息的诉讼请求。

原审法院认为:《中华人民共和国保险法》规定:“保险合同是投保人与保险人约定保险权利义务关系的协议。投保人是指与保险人订立保险合同,并按照合同约定负有支付保险费义务的人。保险人是指与投保人订立保险合同,并按照合同约定承担赔偿或者给付保险金责任的保险公司;以死亡为给付保险金条件的合同,未经被保险人同意并认可保险金额的,合同无效”。2013年10月13日,张乙通过网上投保方式为投保人张甲向某保险公司投保“e畅无忧”综合意外保险保障计划(计划三):“e畅无忧”人身意外伤害保险、附加意外伤害医疗保险、附加意外伤害住院津贴医疗保险。某保险公司主张根据投保单的记载,其上载明的手机号码、电子邮箱及通信地址均系张乙的个人信息,且保单的保险费也是由张乙支付,因此本案所涉保险的实际投保人为张乙而非张甲。法院认为,张乙对代其父亲张甲投保本案所涉保险的行为没有异议,但某保险公司并不能以此代理行为推断本案的实际投保人为张乙而非张甲,且某保险公司也无相关证据证实张乙在投保本案所涉保险是未经张甲同意并认可保险金额。根据某保险公司向张乙出具的理赔决定通知书显示:张甲于2013年10月14日通过电话参加了《e畅无忧人身意外伤害保险》、《e畅无忧意外伤害医疗保险》、《意外伤害住院津贴医疗保险》,即某保险公司亦认可张甲曾通过电话向其表明了投保的意思表示,合同内容不违反法律和行政法规的强制性规定,合同成立并有效。投保人依照合同的约定支付了保险费,某保险公司应按照合同约定承担赔偿或者给付保险金的责任。《e畅无忧人身意外伤害保险条款》2.4保险责任规定:“在本合同有效期内,我们承担以下的保险责任,且本合同各项保险金给付的累计金额以本合同的基本保险金额为限。2.4.1意外身故保险金被保险人因遭遇本合同约定的意外伤害事故且自发生之日起一百八十天内身故者,我们按事故发生时的本合同基本保险金额给付‘意外身故保险金’予身故保险金受益人,本合同效力终止”。2013年10月24日,张甲驾驶鲁LFK596号牌小型轿车因措施不当驶入路边机井，致张甲当场死亡，车辆受损，造成交通事故。该事故属于保险合同约定的保险责任的范围，某保险公司应向受益人张乙支付保险金。在本案审理过程中，张乙自愿撤回要求某保险公司支付自2014年1月9日起至判决生效之日止按人民银行同期贷款利率计算的利息的诉讼请求，是在法律规定的范围内对自己的权利作出的处分，予以准许。原审法院依照《中华人民共和国合同法》第六十条第一款，《中华人民共和国保险法》第十条、第三十四条，《中华人民共和国民事诉讼法》第十三条的规定，判决：某保险公司于判决生效之日起十日内赔付张乙保险金1 000 000元。案件受理费13 920元，由某保险公司负担。如果未按判决指定的期间履行给付金钱义务，应当依照《中华人民共和国民事诉讼法》第二百五十三条之规定，加倍支付迟延期间的债务利息。

上诉人某保险公司不服原审判决上诉称：

一、事实认定错误

1."原告主张，因被保险人张甲在老家，原告经其同意后于2013年10月13日在网上购买了涉案保险并代张甲支付了保费"属于对事实认定有误。

原告仅有口头陈述，并无任何证据，《民事诉讼证据规定》第二条明确规定，"当事人对自己提出的诉讼请求所依据的事实或者反驳对方诉讼请求所依据的事实有责任提供证据加以证明。没有证据或者证据不足以证明当事人的事实主张的，由负有举证责任的当事人承担不利后果。"原告应对其主张的张甲同意的事实承担举证责任，否则应当承担举证不能的后果。原审法院在没有任何证据的情况下，认定该节事实，属于对事实认定有误。

2."2013年10月14日被保险人张甲作为投保人通过电话与被告就保险合同内容进行了确认"以及"张甲于2013年10月14日通过电话参加了保险，即被告亦认可张甲曾通话电话向其表明了投保的意思表示"属于对事实认定有误。

首先，原审法院已查明，本案保险系通过网销渠道销售，并非电销渠道(电话投保)，我司在庭审中已说明《理赔决定书》上的电话参保相关内容为笔误，原因是我司网销部门设置在电销部门下面，笔误系由于理赔系统中《理赔决定书》的格式模板所导致，并非本案事实。

其次，我司经过调查，发现在2013年10月14日，原告张乙冒充张甲致电我司，向我司询问网上投保的相关情况，张甲并未来电。我司认定通话人为张乙的依据是：

(1)手机号码(188531112××)为张乙的手机，原审中张乙已认可该手机号码为其所有，与张乙理赔报案时号码也一致；

(2)通话人的声音，经与张乙理赔报案时的录音相对比一致，显然为张乙，而当我司客服询问时，故意冒充张甲；

(3)张甲1957年出生，当时已56岁，通话声音与年龄明显不符。

最后，电话的内容，是张乙向我司询问网上投保的相关情况，并非张甲通话电话投保或者追认。因此，法院认定的上述事实有误。

3."原告张乙对代其父亲张甲投保本案所涉保险的行为没有异议，但被告不能以此代理行为推断本案的实际投保人为原告张乙而非张甲"属于对事实认定有误，原审判决存在逻辑混乱。

首先，是否为代投保，原告应举证证明有代理权限，或举证证明被代理人张甲有追认行为，原审法院以原告对代投保行为没有异议就认定为代理行为，判决逻辑存在错误。

其次，我司并不认可代理行为，更未以代理行为来推断其他事实，我司认为实际投保人为张乙，是由于网上投保完全由张乙操作完成，保费亦由张乙支付。

二、举证责任分配不当

1. 原审法院将"未经被保险人同意"的举证责任归于我司,属分配不当。

原审法院认为,"被告亦无相关证据证实原告张乙在投保本案所涉保险时未经张甲同意并认可保险金额。"将"未经被保险人同意"的举证责任归于我司。但是,需要注意的是,原审法院在分配该举证责任的时候有两个关键的事实前提,一是代理行为合法有效;二是被保险人张甲曾通过电话追认,但如上所述,原告并没有证据证明张甲已同意为其购买保险,也没有证据能证明有张甲的合法授权,另外所谓的"张甲通过电话追认",事实上也不过是原告冒充张甲的咨询电话。因此,由于上述两个关键事实都不能成立,原审法院将"未经被保险人同意"的举证责任归于我司,缺乏最基本的事实前提,属分配不当。

2. 我司已举证证明实际投保人为原告,原告应就其取得被保险人张甲同意承担举证责任。

我司已举证证明,网上投保系原告张乙操作,保费亦由张乙支付,保险合同系原告张乙与我司缔结,足以证明本案保单实际投保人为原告张乙。而且所有投保操作均由原告张乙一人完成,并没有被保险人张甲同意的事实,因此,原告应举证证明被保险人张甲已同意,否则法院应当认定本案保险未经被保险人张甲同意。

3. 原告主张保险合同有效,应承担相应的举证责任。

《民事诉讼证据规定》第五条明确规定,"在合同纠纷案件中,主张合同关系成立并生效的一方当事人对合同订立和生效的事实承担举证责任;"被保险人是否同意,是本案保险合同是否有效的关键事实,原告主张保险合同有效,应对被保险人同意的事实承担举证责任。

三、法律适用错误

1. 本案保险合同,应适用《保险法》第三十四条,确认合同无效。

《保险法》第三十四条第一款规定,以死亡为给付保险金条件的合同,未经被保险人同意并认可保险金额的,合同无效。原告张乙,并无证据证明被保险人张甲同意并认可保险金额,保险合同应确认无效。

2. 退一步讲,即便为代理,因原告张乙没有代理权限,也未经被代理人追认,保险合同亦无效。

《合同法》第四十八条规定,"行为人没有代理权、超越代理权或者代理权终止后以被代理人名义订立的合同,未经被代理人追认,对被代理人不发生效力,由行为人承担责任"。原告张乙没有证据证明其有代理权限,也没有证据证明被代理人张甲有追认行为,因此代理行为无效,保险合同亦无效。

四、本案原告有重大骗保嫌疑,法院应审慎认定本案事实,合理分配举证责任。

据我司调查,本案原告张乙与其兄长共给被保险人张甲购买了下列保险:

2013 年 4 月,购买甲保险公司人寿借款人意外保险,保额 40 万元;

2013 年 9 月,购买乙保险公司意外险 90 万元;

2013 年 10 月,通过某保险网站购买甲保险公司人寿意外险 100 万元;

2013 年 10 月,通过某保险网站购买我司意外险 100 万元;

2013 年 10 月,购买丙保险公司人寿卡单意外险 65.6 万元。

上述保险累计保额高达 395.6 万元,被保险人均是张甲,短期内大量投保,而且均是意外险,明显不符常理,存在骗保的重大嫌疑;另外,为他人投保如此高额的以死亡为给付条件的保险,也存在巨大的道德风险。正因如此,法院更应当查明本案真相,查明死者张甲,也就是被保险人是否同意购买。从举证责任的角度分析,我司已举证证明保险实际上为原告购买,如原告认为系张甲同意其购买,应对此承担举证责任,否则不足以防范道德风险。

综上所述,原审判决事实认定错误、法律适用错误,举证责任分配不当,请求法院依法改判。

被上诉人张乙答辩称,一、原审法院对于投保人的认定事实清楚、证据充分。1.《民法通则》第六十三条规定:"公民、法人可以通过代理人实施民事法律行为。"本案中,依据某保险公司提供的《谈话笔录》,张乙代理被保险人及投保人张甲购买本案保险时,已征得被保险人及投保人张甲的同意,张乙代理被保险人张甲购买保险的行为,符合《民法通则》中关于代理的相关规定,任何的法律、行政法规对代理行为亦没有明确的禁止性规定,该代理行为系合法、有效的民事行为。2.保险合同成立后,某保险公司向被保险人出具的保险合同中的《投保单》明确载明投保人为张甲,证件号码及出生日期等人身基本信息均系张甲,某保险公司对此予以认可,且没有提出任何的书面或口头异议。3.被保险人张甲于2013年10月14日通过电话确认了购买本案保险合同的事实,即是对该代理行为进行的确认。对该事实,某保险公司在其出具的理赔通知书中亦明确的进行了认可。4.《理赔决定书》对于投保人即被保险人张甲通过电话确认购买本案保险的事实进行了详细的说明,包括被保险人张甲确认购买保险的时间、方式、购买保险的险种以及保险合同的编号。某保险公司在《理赔决定书》中把被保险人张甲确认购买保险的完整实施进行了陈述,而对于一个事实的经过做出如此完整的陈述之事实,我方不认可某保险公司所主张的"笔误"。综上,根据本案中的《投保单》、《谈话笔录》及《理赔决定书》,原审法院关于本案的投保人为被保险人张甲的认定事实清楚,证据确实充分。二、原审法院关于本案保险合同成立并有效的认定事实清楚、证据确实充分。1.我国《保险法》第十三条规定:"投保人提出保险要求,经保险人同意承保,保险合同成立,保险人应当及时向投保人签发保险单或者其他保险凭证,依法成立的保险合同,自成立时生效。"本案中,依据《保险合同》、《投保单》、《理赔决定书》所证明的事实,投保人即被保险人张甲提出保险要求,某保险公司同意承保,保险合同即已成立并生效。保险费的缴纳与保险合同的出具、均系履行保险合同约定的行为,而不是保险合同成立即生效的条件。2.依据《保险合同》中人身意外伤害保险条款1.3条约定,本合同生效日以保险单上的载明的日期为准。在《保险单》的"网上投保电子凭证"中明确载明"保险合同生效日:2013年10月14日零时"。由此可见,某保险公司对于保险合同的成立及生效没有任何的异议。综上所述,原审法院做出"投保人张甲与某保险公司签订的保险合同是双方当事人真实意思表示,合同内容不违反法律和行政法规的强制性规定,合同成立并有效"的认定事实清楚、证据确实充分。三、原审法院举证责任分配正确、适用法律正确。1.原审法院举证责任分配正确。《最高人民法院关于民事诉讼证据的若干规定》第二条规定:"当事人对反驳对方诉讼请求所依据的事实有责任提供证据加以证明。没有证据或者证据不足以证明当事人的事实主张的,由富有举证责任的当事人承担不利后果"。本案中,关于保险合同的成立并有效,如前所述,投保人即被保险人张甲提出保险要求,某保险公司作为保险人同意承保,保险合同即已成立并生效且生效日期已在保险单中明确的载明,缴纳保费及出具书面保险合同均系履行保险合同的行为。某保险公司主张保险合同无效,应当提供证明合同无效的证据,而某保险公司未提供证据以证明其主张,就应当承担举证不能的不利后果。原审法院关于本案的举证责任的分配正确、适当,没有任何违法之处。2.原审判决适用法律正确,在某保险公司未提供证据证明本案所涉保险购买时未经被保险人张甲同意并认可保险金额,且被保险人张甲于2013年10月14日的确认购买保险行为系对保险合同的成立进行了认可,因此,在某保险公司不能举证证明保险合同无效的前提下,本案不应当使用我国《保险法》第三十四条第一款以及我国《合同法》第四十八条的规定,原审法院作出保险合同成立并有效的认定适用法律正确。四、某保险公司主张我方有骗保嫌疑,存在巨大的道德风险,完全是在推卸责任,混淆事实,达到其不予赔偿保险金的目的。假设某保险公司所述投保人投保多份意外保险的事实存在,投保人购买保险时,某保险公司作为保险合同的保险人,没有提出因投保人购买了其他保险合同的意外伤害保险,不再承保投保人提出的保险要求,反而同意投保人提出的保险要求,出具保险合同并收取了保费。保险合同系射幸合同,保险理赔金的是否支付本身存在机会主义,某保险公司作为保险合同的保险人就应当承担当保险事故发生时支付保险金的法定义务。现在保险事故发生了,投保人即被保险人因意外事故死亡,某保险公司作为应当支付保险金的义务人,又提出包括多份保险合同存在等的诸多问题,达到其不予赔付的目的,这种行为本身就存在非法之处,也存在道德风险,更是对已经死亡的投保人即被保险人的不尊重。假设在保险期间没有发生保险事故,某保险公司作为保险合同中的保险人不会将收取的保费返还给投保人。况且法律和行政法规并没有禁止投保人投保多份保险的规定,投保人的行为不违反法律和行政法规的规定,因此,某保险公司应当支付保险金的法定义务,亦应当承担支付保险金的道德责任。综上,某保险公司的上诉请求没有事实和法律依据,原审判决认定事实清楚、证据确实充分,适用法律正确,请求驳回上诉,维持原判。

经审理本院认定,原审判认定事实属实,本院予以确认。

另外,二审审理期间,某保险公司提交某保险网站投保记录、某保险公司客服热线的通话记录、张乙和某保险公司电话录音、日照市保险行业协会出具的"关于张甲投保情况的说明"拟证明涉案保单系张乙投保,张乙及其兄以张甲为被保险人在多家保险公司购买多份高额意外险,逆选择倾向明显,张乙认为某保险公司提交的上述证据并不能改变投保人为张甲的事实,对该事实某保险公司在出具的保险单及理赔决定书中也予以确认。

张乙提交莒公交认字〔2012〕第04729号《道路交通事故认定书》、(2013)莒民一初字第848号民事判决书、张乙与张甲的电话通话详单,拟证明被保险人张甲于2012年12月27日发生交通事故,经山东省莒县人民法院于2013年7月15日判决结案,该交通事故的发生及后期处理对张甲及其家人产生影响,因张甲做生意,天天在外面开车、出差等,家里人经商议后决定为张甲购买保险。于是,张甲自己及通过两个儿子购买了多份保险。涉案保险购买前及购买后,张乙多次与被保险人张甲电话沟通,特别是在2013年10月14日的两次电话,证明张乙与被保险人张甲通过电话,后张乙通过向某保险公司确认投保事实后,接着通过电话告知被保险人张甲。同时,张乙申请证人李某出庭作证称,证人与张甲系同学关系,2013年阴历9月的12日、13日左右,张甲向证人说孩子给他投保,隔了大约有七八天张甲就出事故了。某保险公司对上述证据的真实性均有异议,且认为证人证言证明张甲的两个儿子为其父亲投保时并没有将投保的险种、保险公司、保险金额等重要事实告知其父亲,张甲对投保的事实并不知情,不能构成保险法上的同意和认可保险金额。

本院认为,本案双方当事人争议的焦点问题是本案保险合同是否有效。某保险公司主张根据网上投保记录及张乙与某保险公司的客服的通话记录可以证实本案保险系张乙投保、而非被保险人张甲本人投保,张乙没有证据证实该保险已经张甲认可,故保险合同应依法确认无效。由于本案保险是某保险公司推出的网上投保方式,某保险公司虽然在网页上载明了本保险应由保险人本人投保,但是张乙代替父亲张甲完成投保手续并经被保险人张甲确认的投保方式并不违反法律规定,某保险公司亦未明确排除该种投保方式。而且网上投保方式并没有投保人与保险公司签订书面保险合同时被保险人本人签字确认的环节,造成如果出险保险事故,受益人申请理赔时面临证实该保险确系被保险人本人同意并认可保险金额的举证困难,而造成这种举证责任困难以及缔约形式上的瑕疵的责任应由设立该种投保方式的保险公司承担。张乙在本案审理中已提交了投保前后其与张甲的通话记录，并申请证人出庭作证，鉴于本案投保方式的特殊性，以及张乙与张甲的父子关系，张乙已经尽到了举证责任，某保险公司并无充分证据证实本案保险未经张甲本人同意及确认保险金额，也无证据证实张乙存在骗保等违法行为，故其认为本案保险合同无效，其不应承担理赔责任的上诉意见不能成立，本院不予支持。原审判决认定事实清楚，适用法律正确。依照《中华人民共和国民事诉讼法》第一百七十条第一款第（一）项之规定，判决如下：

驳回上诉，维持原判。

二审案件受理费 13 920 元，由上诉人某保险公司负担。

本判决为终审判决。

审　判　长　王明华
代理审判员　韩　梅
代理审判员　高　静
二〇一五年三月十日

【评析】

本案争议焦点为通过网络为他人投保人身意外险的保险合同的效力。在通过网络为他人投保人身意外险情况下，由于双方均难以证明是否经过被保险人同意，因此举证责任分配是争议的中心问题。

《保险法》第三十四条规定："以死亡为给付保险金条件的合同，未经被保险人同意并认可保险金额的，合同无效。"双方就"被保险人同意"的举证责任分配产生了争议。法院将举证责任分配给了张乙，但同时认为，保险公司推出的网上投保方式没有签订书面合同和被保险人本人签字确认的环节，造成张乙举证困难，而造成这种举证困难以及缔约形式上瑕疵的责任应由设立该种投保方式的保险公司承担。并且法院考虑到张乙与张甲的父子关系，很大程度上减轻了张乙的举证责任，从而认定张乙已经尽到了举证义务，据此判决保险公司败诉。

随着社会的发展，网销保险越来越多。与传统面对面式的代理人销售模式不同，为了防范道德风险，保险公司多会通过网页形式告知仅限本人或为未成年子女投保，保险公司应当就是否在网页上明确提示告知仅限本人或为未成年子女投保和是否为本人投保承担举证责任。实践中，保险公司无法知晓实际投保人是否为他人投保的行为，因为只要持有他人身份证件，或通过其他方式获得他人身份信息，就能顺利完成投保。造成这种道德风险的原因，固然与保险公司推出的网上投保模式有关，但保险公司已经提前告知了投保范围，在保险合同缔约过程中已经尽到了先合同义务。在保险公司履行了告知义务后，投保人仍然为他人投保，实际上是违反诚实信用原则的，因此实际投保人应对风险的发生承担主要责任。本案中，保险公司已举证证明张乙为实际投保人，且存在以张甲为被保险人重复投保高保额意外险的情况，道德风险巨大。因此张乙应对造成这种道德风险承担主要举证责任，应由张乙承担张甲已同意并认可保险金额的举证责任较为妥当。

保险网销由于其便捷性和费用较低，是未来发展的必然趋势，但在社会诚信体系尚未建立的今天，也必然会出现各种各样的问题。一方面，国家应加强诚信体系建设，严厉打击保险欺诈行为；另一方面，保险公司应考虑采取更多的控制措施，加强身份识别，防范保险欺诈。

2. 重大疾病保险中保险人对电销渠道保险产品的说明义务

天津市第一中级人民法院
(2014)一中民少终字第141号民事判决书

(2014年12月17日)

【案情】

李某于2012年11月21日通过电话销售渠道在某保险公司投保了某款两全保险以及附加重大疾病保险(保险金额5万元)和附加豁免重大疾病保险,被保险人为李某本人。

2013年10月6日,李某突发心脏病身故,受益人向保险公司提出身故及重大疾病保险金理赔申请。经理赔人员审核,保险公司同意给付身故保险金,但对于重大疾病保险金的给付,双方存在争议。

2014年3月,受益人段某等向法院起诉,要求保险公司给付重大疾病保险金5万元。法院认为保险公司在合同订立时没有尽到提示说明义务,判决保险公司支付身故保险金5万元并承担诉讼费用。保险公司不服一审判决,提出上诉。

【判决书正文】

上诉人(原审被告):某保险股份有限公司天津分公司,住所地:天津市和平区大沽北路。

被上诉人(原审原告):段某,女,1985年5月10日出生,汉族,无职业,住河南省南阳市宛城区。

被上诉人(原审原告):李乙,男,2012年3月14日出生,汉族,幼童,住天津市南开区。

被上诉人(原审原告):李丙,男,2012年3月14日出生,汉族,幼童,住天津市南开区。

被上诉人(原审原告):高某,女,1943年2月28日出生,汉族,住天津市南开区。

上诉人某保险股份有限公司天津分公司(以下简称某保险公司)因人寿保险合同纠纷一案,不服天津市和平区人民法院(2014)和民三初字第0269号民事判决,向本院提起上诉。本院依法组成合议庭,公开开庭审理了本案。上诉人某保险公司的委托代理人刘甲、被上诉人段某并作为被上诉人李甲、李乙的法定代理人及被上诉人段某、李乙、李丙、高某的委托代理人刘乙到庭参加诉讼。本案现已审理终结。

一审法院经审理查明,投保人李甲于2012年11月20日通过电话方式与某保险公司订立保险合同,保险合同以保险单形式成立,保险合同的成立日期为2012年11月20日,保险合同生效日期为2012年11月21日,保险期间20年,自2012年11月21日至2032年11月20日,保险费每期596.69元,投保人、被保险人均为李甲,身故保险金受益人为法定继承人,所投保险包括某保险公司祥云顺意B款两全保险(分红型)、某保险公司附加祥云如意B款成人重大疾病保险、某保险公司附加祥云如意成人豁免重大疾病保险,本案涉及的是某保险公司附加祥云如意B款成人重大疾病保险。某保险公司附加祥云如意B款成人重大疾病保险条款约定,保险责任为被保险人于保险人收到首次保险费之日起90天内经医院初次确诊非因意外伤害导致罹患本附加合同所定义的重大疾病(无论一种或多种),保险人按照投保人已交的本附加合同的保险费数额向重大疾病保险金受益人给付重大疾病保险金。保险条款第9条对33种重大疾病进行定义,其中9.2条对急性心肌梗塞定义为,急性心肌梗塞指因冠状动脉阻塞导致的相应区域供血不足造成部分心肌坏死。须满足下列至少三项条件:(1)典型临床表现,如急性胸痛等;(2)新近的心电图改变提示急性心肌梗塞;(3)心肌酶或肌钙蛋白有诊断意义的升高,或呈符合急性心肌梗塞的动态性变化;(4)发病90天后,经检查证实左心室功能降低,如左心室射血分数低于50%。在某保险公司祥云顺意B款两全保险(分红型)产品说明书中,犹豫期及退保条款载明,自投保人收本合同且保险公司收到首次保险费之日起,有10日的犹豫期,在此期间,请投保人认真审视本合同,如果投保人认为本合同与投保人的需求不相符,投保人可以在此期间提出解除本合同。某保险公司认为投保人的死亡原因是心脏病,不能证明是死于合同条款约定的急性心肌梗塞死亡,所以不属于保险责任范围,不同意承担保险责任。同时投保人并没有在犹豫期内向某保险公司对保险条款提出异议和解除合同,所以投保人是应当知道保险条款内容的。

保险合同成立后,被保险人李甲于2012年11月22日向某保险公司填写投保单,投保险种为前述三种保险,并在投保人及被保险人承诺一表中,抄录承诺语句。同日向某保险公司签字确认人身保险投保提示书、人身保险产品销售服务确认书。

投保人李甲于2013年10月6日清晨因心脏病死亡,天津市南开区理疗医院出具天津市居民死亡医学鉴定,在天津市居民死亡医学证明书上写明死者李甲直接导致死亡的疾病为心脏病。经一审法院向天津市南开区理疗医院核实,该理疗医院并未对死者李甲直接死亡原因进行化验分析,仅凭家属口述判断为心脏病。投保人于2013年10月8日被火化,段某、李乙、李丙、高某于2013年11月26日向某保险公司申请按照保险合同约定进行理赔。某保险公司以投保人死亡原因为心脏病,并非保险条款明确约定的急性心肌梗塞病种为由,认为不属于保险合同承保范围,因此拒绝承担保险责任。

另查,某保险公司销售人员在与投保人通过电话方式订立保险合同时,向投保人解释保险合同所承保的范围,主要包括33种重大疾病,并列举了良性脑肿瘤、恶性肿瘤、心脑血管疾病、急性亚急性肝炎、三度烧伤等属于保险范围的重大疾病。同时并向投保人明确,签订合同时要按照要求抄录"本人阅读保险条款、产品说明书和投保提示书,了解本产品的特点和保单利益的不确定性"的语句。

再查,段某系投保人李甲之妻,高某系投保人李甲之母,李乙、李丙系投保人之子,段某、李乙、李丙、高某均为投保人李甲之法定继承人。

2014年3月10日,原告段某、李乙、李丙、高某诉称:投保人李甲与某保险公司于2012年11月20日签订《某保险公司祥云顺意B款两全保险(分红型)条款》和《某保险公司附加祥云如意B款成人重大疾病保险条款》,保险合同于2012年11月21日生效,保险金额为50 000元。段某丈夫李甲依约向某保险公司缴纳保险费合计6563.59元,保险期限自2012年11月21日起至2032年11月20日止。

保险合同生效期间,李甲于2013年10月6日因突发心脏病死亡,该疾病属于某保险公司承担的保险责任范围,段某、李乙、李丙、高某多次向某保险公司索赔,某保险公司以投保人未作血液化验为由拒绝赔付,并于2013年12月初只赔付《某保险公司祥云顺意B款两全保险(分红型)条款》的身故保险金额6557元,拒不赔付《某保险公司附加祥云如意B款成人重大疾病保险条款》中约定的保险金额。故段某、李乙、李丙、高某起诉要求判令某保险公司支付保险赔偿金50 000元,并承担诉讼费用。

某保险公司辩称:不同意段某、李乙、李丙、高某的诉讼请求。对投保人的投保事实没有异议,双方存在重大疾病保险合同关系,但投保人的死亡不符合重大疾病保险条款约定的情况,不属于保险范围,因此请求法院驳回段某、李乙、李丙、高某的诉讼请求。

一审法院认为,李甲、某保险公司签订保险合同是双方的真实意思表示,未违反法律、行政法规的禁止性规定,应确认有效,当事人均应依照合同约定履行义务。合同签订后,投保人向保险公司支付了保险费,保险公司同意承保,与投保人签订保险合同,该保险合同依法成立并生效。

本案争议焦点,一审法院认为主要为:1. 保险公司对免责条款是否尽到了提示、说明义务;2. 投保人死亡原因是否属于保险责任范围。

关于保险公司对免责条款是否尽到了提示、说明义务的问题。

按照法律规定对保险合同中免除保险人责任的条款,保险人在订立合同时应当在投保单、保险单或者其他保险凭证上作出足以引起投保人注意的提示,并对该条款的内容以书面或者口头形式向投保人作出明确说明;未作提示或者明确说明的,该条款不产生效力。

本案中,投保人与某保险公司通过电话订立保险合同时,某保险公司保险销售人员向投保人列举了包括良性脑肿瘤、恶性肿瘤、心脑血管疾病、急性亚急性肝炎、三度烧伤等在内的疾病,表示患有该类疾病的则属于保险范围的重大疾病。按照某保险公司销售人员的举例,患有心脑血管疾病就属于保险范围内的重大疾病,保险公司予以承保。但该说法与保险条款约定不一致,保险条款明确约定的是急性心肌梗塞才属于保险范围。保险公司销售人员的承诺,没有准确说明承保范围。同时销售人员表示要求投保人在签订正式保险合同时,应当按照要求抄录"本人阅读保险条款、产品说明书和投保提示书,了解本产品的特点和保单利益的不确定性"的语句。虽然投保人在正式签订投保单时也抄录了该语句,但保险公司销售人员的抄录要求,并未能证明是在向投保人全面就保险责任、责任免除等内容明确说明后,由投保人主动签署的。该语句是由投保人按照保险公司的要求直接填写,无法证明某保险公司尽到了明确说明的义务。

投保人向某保险公司填写投保单、人身保险提示书、人身保险产品销售服务确认书,日期为2012年11月22日,晚于保险合同2012年11月21日的生效时间,说明保险合同生效时投保人尚未了解人身保险的具体投保提示内容和销售服务内容,不清楚应当注意的内容,由此可见某保险公司在保险合同生效时未能向投保人做到对保险责任、保险范围引起其注意和明确提示的义务。重大疾病保险条款对急性心肌梗塞满足条件中,要求至少满足3项条件才能符合急性心肌梗塞,对该种限制保险公司亦未向投保人明确说明。因此对要求符合急性心肌梗塞条件的保险条款减轻了保险公司的保险责任,对于减轻保险公司责任的约定,保险公司应当向投保人明确说明,否则不对投保人产生效力。

因此,某保险公司没有证据证明向投保人尽到对限制保险公司责任的提示义务和对保险条款的明确说明义务。

关于投保人死亡原因是否属于保险责任范围的问题。

本案投保人李甲从发病至死亡,均未做任何理化实验分析,医疗部门依据家属口述判断为心脏病。

某保险公司销售人员在向投保人列举保险范围时,明确列举出心脑血管疾病属于重大疾病保险范围,而被保险人死亡原因为心脏病,虽然心脏病无法准确判断为急性心肌梗塞,但却符合保险公司销售人员列举的保险责任范围。保险条款约定对患有急性心肌梗塞疾病承担保险责任,对此既与销售人员的举例不符,又是对所患心脑血管疾病种类的限制。按照正常理解,如果心脑血管疾病属于保险责任范围,那么心脏病也应当属于保险责任范围。另外,在投保单的健康告知书询问事项中,作为保险公司的询问问题也是询问被保险人是否患有心脏疾病,而没有明确询问具体符合保险条款约定的病种。尽管保险条款写明承保的是急性心肌梗塞，而非心脑血管疾病或心脏疾病，投保人有理由按照被询问的内容，相信心脑血管疾病属于保险责任范围。即使保险条款与当事人的合意不一致，但基于投保人订立保险合同的目的，以及保险公司未能尽到提示注意和明确说明义务，保险公司应当按照电话订立合同和投保单询问的内容向被保险人承担保险责任。某保险公司认为投保人没有在签订保险合同的10日犹豫期内对保险条款提出异议，或解除合同的申请，就应当认定其已经了解保险条款的内容。但该10日犹豫期条款的约定，并非是在某保险公司附加祥云如意B款成人重大疾病保险中约定，而是在某保险公司祥云顺意B款两全保险(分红型)产品说明书中载明。因此，不能证明该10日犹豫期对投保人了解重大疾病条款内容产生约束。

故一审法院认为，投保人死亡原因属于保险责任范围，某保险公司应当按照保险合同的约定，履行保险合同义务，向受益人支付保险合同约定的保险金。

另外，一审法院对段某、李乙、李丙、高某系被保险人的法定继承人身份予以确认。

综上所述，一审法院依照《中华人民共和国保险法》第十七条、第二十三条第一款、第四十条、《中华人民共和国继承法》第十条第一款、《最高人民法院关于适用〈中华人民共和国保险法〉若干问题的解释(二)》第九条第一款、《中华人民共和国民事诉讼法》第六十四条第一款、《最高人民法院关于民事诉讼证据的若干规定》第二条的规定，判决：被告于本判决生效后十日内赔偿原告保险金50 000元。如果未按本判决指定的期间履行给付金钱义务，应当按照《中华人民共和国民事诉讼法》第二百五十三条之规定，加倍支付迟延履行期间的债务利息。案件受理费1050元，减半收取525元，全部由被告负担。

某保险公司不服一审判决，向本院提出上诉称：1. 某保险公司已对被保险人李甲尽到了提示和说明义务，由于李甲在投保时已经签署了相关的保险文件，说明上诉人已经对李甲尽到了提示义务；2. 争议焦点是李甲突然猝死是否属于重大疾病，某保险公司认为被上诉人的诉讼请求没有依据。上诉人某保险公司请求二审法院：撤销原判，改判驳回被上诉人段某、李乙、李丙、高某的全部诉讼请求。

被上诉人段某、李乙、李丙、高某答辩称不同意上诉人的全部上诉请求，认为一审法院的判决符合法律和事实，请求二审法院驳回上诉、维持原判。其答辩意见为：1. 保险公司提示了属实，但该提示含糊不清，而且在录音中说“是否患心脑血管疾病”，上诉人回答说保险范畴广，也没有说必须要在死亡后化验为心肌梗塞；2. 现在其认可保险公司提到的关于心脑血管的这段话，正是这些话误导了李甲；3. 李甲曾经投过保险属实，但是不能认为李甲对保险条款的了解高于一般人，毕竟段某只是一个普通妇女，李甲只是一个普通司机；4. 当时李甲是心脏剧烈疼痛，按照医院的临床诊断和家属的陈述，医生判断是心脏病，当时是在“120”救护车送医的路上死亡的；5. 保险公司是给十天的犹豫期，这只是保险例行的程序，但是保险公司没有明确的告诉李甲的家属必须要化验血才能确认；6. 当时不是只有家属的陈述，还有“120”的心电图，医疗机构是有能力和水平根据病人的临床表现判断的；7. 本案就是在保险期内发生的保险合同约定的疾病。

本院经审理查明，一审法院查明事实属实，本院予以确认。本案经调解，双方仍各持已见，未能达成一致。

本院认为，投保人李甲与某保险公司签订的保险合同系双方真实意思表示，应确认有效。

关于上诉人某保险公司主张的其已经对免责条款尽到提示、说明义务的上诉理由，根据《中华人民共和国保险法》第十七条第二款的规定，对保险合同中免除保险人责任的条款，保险人在订立合同时应当在投保单、保险单或者其他保险凭证上作出足以引起投保人注意的提示，并对该条款的内容以书面或者口头形式向投保人作出明确说明,未作提示或者明确说明的,该条款不产生效力。本案中,某保险公司销售人员在与投保人李甲通过电话订立保险合同时列举了包括心脑血管疾病在内的疾病属于承保范围,并未限定只有急性心肌梗塞才属于承保范围。并且,李甲填写投保单、人身保险提示书、人身保险产品销售服务确认书的日期为2012年11月22日,晚于06431909号保险单2012年11月21日的生效时间。综上,某保险公司并未提供充分证据证明其在与李甲签订保险合同时对免责条款尽到了提示、说明义务。故上诉人某保险公司提出的该项上诉理由,根据不足,本院不予采纳。

关于上诉人某保险公司提出的李甲突然猝死不属于重大疾病的上诉理由,本案中,某保险公司的销售人员与李甲在电话通话中明确表示心脑血管疾病属于保险范围的重大疾病。医疗部门出具的《居民死亡医学证明书》记载李甲死亡原因为心脏病,而心脏病属于心脑血管疾病的一种。某保险公司销售人员在与李甲订立06431909号保险合同时,明确列举了心脑血管疾病属于重大疾病保险范围。另外,在投保单的健康告知书中,作为保险公司的询问问题也是询问李甲是否患有心脏病,李甲有理由相信心脑血管疾病属于保险责任范围。故本院对上诉人某保险公司提出的该项上诉理由不予采纳。

综上,上诉人提出的各项上诉理由,本院均不予采纳。上诉人提出的驳回被上诉人段某、李乙、李丙、高某的全部诉讼请求的上诉请求,本院不予支持。一审判决认定事实清楚,适用法律正确。依据《中华人民共和国民事诉讼法》第一百七十条第一款第(一)项之规定,判决如下:

驳回上诉,维持原判。

二审案件受理费1050元,由上诉人某保险公司负担。

本判决为终审判决。

审 判 长 姜 某
代理审判员 纪 某
代理审判员 路 某
二〇一四年十二月十七日
书 记 员 张 某

【评析】

本案的争议焦点在于保险公司通过电话销售方式订立合同时是否尽到了提示和说明义务。

《保险法》第十七条规定,订立保险合同,采用保险人提供的格式条款的,投保单应当附格式条款,保险人应当向投保人说明合同的内容。对于免除保险人责任的条款,保险人在订立合同时应当在投保单、保险单或者其他凭证上作出足以引起投保人注意的提示,并对该条款的内容以书面或口头形式向投保人做出明确说明,未作提说或明确说明的,该条款不产生效力。在订立保险合同的过程中,保险人应当就合同条款的内容做充分的说明,尤其是对其中免除保险人责任的部分更要进行提示并且明确说明,否则免责条款不产生免责的效力——这既是诚信原则和公平原则的体现,也是保险人的法定义务。在本案中,保险合同的内容由保险公司预先拟定,属于格式条款,因此保险公司对合同内容当然负有说明的义务。对于合同中重大疾病的释义条款是否属于“免除保险人责任的条款”,理论上还存在争议。虽然《保险法司法解释(二)》第九条没有明确将重大疾病的释义条款列举为“免除保险人责任的条款”,但如果释义条款可能涉及限制或免除保险人的责任,在司法实务中通常也被认为需要明确提示和说明才能产生效力。

对于保险人履行提示和说明义务的方式,相关法律也有规定:首先,保险人应主动在投保单中附上格式条款,并对相关内容进行说明,由投保人签字确认。其次,对于免除保险人责任的内容,根据《保险法司法解释(二)》第十一条第一款的规定,保险人"以引起投保人注意的文字、字体、符号或者其他明显标志作出提示的",第十二条规定"通过网络、电话等方式订立的保险合同,保险人以网页、音频、视频等形式对免除保险人责任条款予以提示和明确说明的",人民法院应当认定其履行了提示义务。此外,对于免除保险人责任条款的概念、内容及其法律后果,保险人"以书面或者口头形式向投保人作出常人能够理解的解释说明的",人民法院应当认定其履行了明确说明义务。

相较传统保险业务面对面的销售模式,电销的合同的投保人不能在电销过程中看到书面的合同条款,相关的提示和说明义务主要依靠销售人员口述。虽然很多保险机构会在事后向投保人寄送书面的"投保资料"并进行电话回访,但往往在时间上存在滞后性,保险合同已经成立并生效。一旦合同双方发生争议,保险公司将很难证明自己在法律规定的时间内以法院认可的方式作出了提示和说明。正如本案中,虽然保险公司向法院提供了投保人签字确认的投保资料和电话回访录音,但由于投保人填写投保资料的时间晚于保险合同生效的时间,法院仍然认定保险公司未尽到提示、说明义务而未采用保险合同条款对于重大疾病的认定标准。

通过电话方式销售保险时,销售人员如何阐述保险产品的内容、尤其是如何尽到法律规定的"说明义务"及举证方式都有待法律规定予以进一步完善。如何在做好保险产品和渠道创新的同时做好风险防范,更好地维护客户和保险机构权益,是摆在保险行业面前的新课题。

3. 意外伤害保险卡式保单激活过程中保险人明确说明义务的履行

杭州市拱墅区人民法院
(2014)杭拱民初字第1507号民事判决书

(2014年9月16日)

【案情】

2013年3月23日,程甲向某保险公司投保"×××综合意外伤害保险(B款)",基本保额为300 000元,保费为300元,保险期限为一年。2013年12月14日,程甲发生交通事故而死亡,事故认定程甲车辆未及时年检,但与本事故的发生无因果关系,不承担事故的责任。事后,程甲的受益人向保险公司申请理赔。保险公司回复告知因程甲驾驶的二轮摩托车未年检属于保险合同的免责条款故拒绝赔付。程甲受益人遂于2014年8月8日向法院起诉,要求支付保险金共300 000元。

【判决书正文】

原告:方某,女,汉族,1966年10月28日出生,住富阳市新登镇。

原告:程乙,男,1991年12月30日出生,汉族,住富阳市新登镇。

原告:向某,女,1943年5月10日出生,汉族,住富阳市新登镇。

被告:某保险公司浙江分公司,住所地:杭州市拱墅区。

原告方某、程乙、向某为与被告某保险公司浙江分公司(以下简称某保险公司)人身保险合同纠纷一案,于2014年8月8日向本院起诉,本院于同日受理后,依法由审判员郭丁观独任审判,于2014年9月3日公开开庭进行了审理。原告方某、程乙、向某的共同委托代理人到庭参加诉讼。本案现已审理终结。

原告诉称,2013年3月,被告业务员向死者程甲推销被告公司的×××综合意外伤害保险B款,同月23日,死者程甲向被告购买卡号为×0123456789综合意外伤害保险B款一份,保险期限自2013年3月23日起至2014年3月23日止,保费300元。2013年12月14日,程甲因发生交通事故而死亡,但当三原告(程甲第一顺序继承人)向被告申请理赔时,被告以种种不正当理由不予受理,故三原告为了维护自己的合法权益,诉至法院要求判令:1.被告支付三原告保险赔偿款300 000元。2.诉讼费由被告承担。

原告为证明其主张的事实,向本院提交下列证据:

1.×××综合意外伤害保险(B款),证明程甲在被告处投保2013年3月23日至2014年3月23日的×××综合意外伤害保险的事实。

2.道路交通事故认定书,证明程甲在2013年12月14日因交通事故死亡且程甲无责任的事实。

3.死亡证明,证明程甲于2013年12月14日因交通事故死亡的事实。

4.被告业务管理部所发电子邮件,证明被告对程甲理赔案件不予受理的事实。

5.交通事故车辆鉴定,证明程甲所驾驶的车牌为浙ACD635号二轮摩托车的制动系和转向系均符合相关规定的事实。

6.交通事故死亡及家庭情况登记表,证明三原告的主体资格的事实。

被告答辩称,1.对程甲在被告处投保"×××综合意外伤害险(B)款"的事实无异议。2.被告拒赔理由系依照双方保险合同约定,投保人未在规定期限内按时进行或通过安全技术检验等无有效行驶证的情形下,发生意外伤害,被告不承担给付保险金的责任。程甲驾驶的二轮摩托车未进行年检,属于保险条款的免责事由,原告诉请无事实依据。

被告为证明其主张的事实,向本院提交一份投保流程图,证明被告已履行免责事由告知义务。

原、被告提交的上述证据,经庭审出示质证,被告对原告的证据1、3、6无异议。证据2无异议,但事故认定书载明投保人程甲驾驶的二轮摩托车未及时年检。证据4真实性、合法性无异议,关联性有异议,被告拒不理赔是根据保险合同的免责条款作出。证据5真实性、合法性无异议,关联性有异议,不能证明程甲的车辆具有合法有效行驶资格。原告对被告提供的投保流程图真实性、合法性、关联性具有异议,该流程图显示不出是投保人程甲的,不能证明保险合同免责情形。本院认为,被告对原告的证据1、3、6无异议,上述证据证明死者程甲在被告处投保意外伤害保险及其第一顺序继承人主体资格的事实,本院予以采信。证据2系程甲死亡的事故原因和责任划分,本院予以确认。证据4证明被告拒绝理赔的事实,本院予以采信。证据5系交通事故责任认定书载明的事故车辆鉴定报告,证明程甲发生交通事故时驾驶的车辆的安全性能问题,本院予以采信。被告提交的投保人流程图,从显示的内容上无法判断是否系程甲投保的网上流程图,与本案缺乏关联性,本院不予采信。

根据上述有效证据及庭审中当事人的陈述,本院认定以下事实:程甲向被告某保险公司投保一份“×××综合意外伤害保险(B款)”,保险期限自2013年3月23日起至2014年3月23日止,保费300元,保险金额为每份30万元。保险条款第七条关于保险责任第(二)项意外身故保险金规定,“被保险人因遭受意外伤害,并自事故发生之日起180日内,以此事故为直接且单独原因身故的,本公司按保险金额扣除已给付的意外残疾保险金后的余额给付意外身故保险金,本合同效力终止。”保险条款第八条责任免除规定,“因下述一种或多种情形导致被保险人发生意外伤害的,本公司不承担给付保险金的责任……5.被保险人酒后驾驶,无合法有效驾驶证驾驶,或驾驶无有效行驶证的机动车。”程甲于2013年12月14日发生交通事故受伤经抢救无效死亡,经富阳市公安局交通警察大队事故责任认定,程甲虽驾驶未定期进行安全技术检验的二轮摩托车上道路行驶,但其违法行为与事故的发生并无因果关系,程甲不承担事故的责任。富阳市公安局交通警察大队委托浙江省某校准有限公司对程甲驾驶的二轮摩托车进行检验、鉴定,该车的制动系和方向系均符合技术标准,鉴定合格。程甲因交通事故去世后,原告方某(程甲妻子)、程乙(程甲儿子)、向某(程甲母亲)作为程甲的第一顺序继承人向被告某保险公司索赔意外伤害保险金,被告以程甲驾驶的二轮摩托车未经年检为由拒绝赔付。

本院认为,本案双方主要争议的焦点在于被告某保险公司对保险条款中的免责事由有无进行提示和明确告知,程甲驾驶的车辆未经年检与事故并无因果关系,被告能否据此不予理赔。被告对其已向投保人程甲作出明确提示、说明负有举证义务。案涉的×××综合意外伤害保险(B款)卡激活流程可通过登录某网站或拨打全国统一客服服务热线来完成,而被告提交的网上投保流程图并无法确定就是程甲登录激活的流程,无法排除程甲可能通过另一方式来完成卡片激活,而被告亦未能提供其他证据证明其已向投保人程甲进行提示和说明,故其应承担举证不能的不利后果。另外,根据保险条款第八条责任免除的约定内容,被告不承担给付保险责任的前提是投保人驾驶无有效行驶证机动车而导致意外伤害的发生,两者需存在因果关系。投保人程甲驾驶的二轮摩托车虽然未按期年检,但其该违法行为与意外事故的发生并无因果关系,其不承担事故责任,且该车辆经检验鉴定,符合技术标准,故对被告的抗辩意见,本院不予采纳。综上,依照《最高人民法院关于适用〈中华人民共和国保险法〉若干问题的解释(二)》第十一条、第十二条、第十三条规定,判决如下:

被告某保险公司于本判决生效后十日内支付原告方某、程乙、向某保险金300 000元。

如未按本判决指定的期间履行给付金钱义务,应当依照《中华人民共和国民事诉讼法》第二百五十三条之规定,加倍支付迟延履行期间的债务利息。

上述当事人自动履行的,可直接支付至本院(户名:杭州市拱墅区人民法院,开户银行:杭州银行湖墅支行,账号:7571810015×××)。如果未按本判决指定的期间履行给付金钱义务,应当依照《中华人民共和国民事诉讼法》第二百五十三条之规定,加倍支付迟延履行期间的债务利息。

案件受理费5800元,减半收取2900元,由被告某保险公司负担。

如不服本判决,可在判决书送达之日起十五日内向本院递交上诉状及副本一份,上诉于浙江省杭州市中级人民法院,并向浙江省杭州市中级人民法院预交上诉案件受理费5800元。(户名:浙江省杭州市中级人民法院,账号:120202440900880××××,开户银行:工商银行湖滨支行)。在上诉期满后七日内仍未交纳的,按自动撤回上诉处理。

审 判 员 郭丁观

二〇一四年九月十六日

代书记员 林珊珊

【评析】

《保险法》第十七条第二款规定,保险人负有就免责条款履行明确说明义务,否则免责条款不产生效力。《最高人民法院关于适用〈中华人民共和国保险法〉若干问题的解释(二)》第十三条第一款规定:"保险人对其履行了明确说明义务负举证责任。"本案中保险公司对已向投保人程甲履行了免责条款的明确说明义务负举证责任。《最高人民法院关于适用〈中华人民共和国保险法〉若干问题的解释(二)》第十二条规定:"通过网络、电话等方式订立的保险合同,保险人以网页、音频、视频等形式对免除保险人责任条款予以提示和明确说明的,人民法院可以认定其履行了提示和明确说明义务。"涉案的保险产品属于卡式保单,其约定的激活流程为通过登录公司网站或拨打公司热线电话两种方式。涉案公司虽向法院提交了网络"激活流程图",旨在证明已向投保人以网页的形式履行了免除责任条款的提示说明义务,但未能排除投保人使用另外一种方式进行保单激活的可能,且未能提出其他对免责条款的提示说明证据,故法院认定保险公司未履行免责条款明确说明义务。通过网络、电话等新型方式提供保险的,应当依照法律规定的方式提示和明确说明免除保险人责任条款。

涉案保险条款的第八条责任免除条款约定:"因下述一种或多种情形导致被保险人发生意外伤害的,本公司不承担给付保险金的责任……5.被保险人酒后驾驶,无合法有效驾驶证驾驶,或驾驶无有效行驶证的机动车。"该案事故认定书写明:车辆未年检与事故发生无因果关系,不承担此事故的责任。因此车辆未年检不是导致本次意外事故发生的原因,并不符合责任免除条款的情形,保险公司不能因免责条款而拒赔。

4.重大疾病保险中投保人未履行如实告知义务情形下保险人的权利竞合

河南省平顶山市新华区人民法院
(2014)新民金初字第37号民事判决书

(2014年8月26日)

【案情】

2011年11月3日,投保人王甲以自己为被保险人,投保某保险公司终身寿险(万能型)、并附加意外伤害保险、住院津贴医疗保险、终身重大疾病保险、意外伤害医疗保险。保险合同生效日期为2011年11月8日。2011年11月10日,投保人办理了除终身重大疾病保险以外所有短期附加险退保手续。2014年3月2日投保人向保险公司报案称其2014年春节前在某市人民医院被诊断为"尿毒症",为节约治疗费用在家中进行血液透析治疗,后期可能要做肾脏移植手续。3月25日,投保人提出重大疾病保险理赔申请。经保险公司核实,投保人曾于2010年1月因"糖尿病肾病”等疾病、2012 年 5 月因“Ⅰ型糖尿病肾病Ⅰ级”等疾病住院治疗，但均未如实告知保险公司。该保单中有关“既往病史栏”中投保人、被保险人均勾选为“否”，投保人在客户回访电话录音中承认对健康等告知事项相关信息填写准确，且确认为投保人亲笔签名。保险公司调查发现，2012 年 5 月投保人已住院确诊为尿毒症并开始透析。2014 年 4 月 4 日，保险公司以投保人投保时未履行如实告知义务，严重影响承保决定为由，作出了“解除保险合同、不承担重大疾病保险责任、拒绝给付重大疾病保险保险金，扣除已领取账户部分价值 6500 元后，退还剩余所交保费 11 500 元整”的理赔决定。投保人王甲于 2014 年 4 月 21 日提起诉讼，请求法院判令保险公司支付保险金 100 000 元并承担本案的诉讼费。

【判决书正文】

原告(反诉被告)：王甲，男，1985 年 10 月 15 日生，汉族，住平顶山市卫东区。

被告(反诉原告)：某保险公司平顶山中心支公司，住所地：平顶山市新华区。

原告王甲与被告某保险公司平顶山中心支公司(以下简称某保险公司)保险合同纠纷一案，本院受理后，依法由审判员曹三伟适用简易程序独任审判，公开开庭进行了审理。王甲的委托代理人，某保险公司的委托代理人到庭参加诉讼，本案现已审理终结。

原告王甲诉称：2011 年 11 月 3 日，王甲与某保险公司签订保险合同一份，王甲投保了金额为 12 万元的终身寿险(万能型)及金额为 10 万元附加终身重大疾病保险等。2012 年 5 月，王甲突发疾病入住平顶山市第一人民医院，被确诊为“Ⅰ型糖尿病、慢性肾功能衰竭尿毒症”等，需要进行手术。王甲因无力支付高额的手术费用，在病情稳定后随即与某保险公司协商理赔事宜。2014 年 4 月 4 日，某保险公司以王甲未履行如实告知义务为由拒绝理赔。要求某保险公司向王甲给付重大疾病保险金 10 万元，并承担诉讼费。

被告某保险公司答辩并反诉称：2011 年 11 月 3 日，经王甲申请，与某保险公司签订了一份保险合同，险种为：终身寿险(万能型)，保额 12 万元；附加终身重大疾病保险，保额 10 万元等。保险合同订立时，某保险公司详细询问了王甲的身体健康状况，并要求如实告知，作为投保人的王甲告知其身体健康，并没有因严重疾病而住院，某保险公司基于对王甲的最大信任，对投保人进行承保。在王甲 2014 年 3 月 1 日向某保险公司报案称被诊断出尿毒症后，经某保险公司调查，在平顶山市第一人民医院病案室，病案号 208098，王甲住院时间 2010 年 1 月 12 日至 28 日，诊断为“Ⅰ型糖尿病、糖尿病视网膜病变、糖尿病神经病变、糖尿病肾病、胃炎”。根据该病例显示的情况，属于拒保范围，而在投保时，王甲并没有如实告知该情况，存在欺诈行为。在平顶山市第一人民医院病案室，病案号 296566，住院时间 2012 年 5 月 24 日至 6 月 29 日，诊断为“Ⅰ型糖尿病并糖尿病肾病、糖尿病视网膜病变、糖尿病周围神经病变、高血压病、冠心病心功不全、上呼吸道感染”。此时，王甲并没有向某保险公司报案，致使某保险公司没有行使合同解除权。王甲于 2014 年 3 月 25 日向某保险公司申请理赔、某保险公司拒赔，符合法律规定，应驳回王甲的诉讼请求。王甲采取欺诈的方式使某保险公司在违背真实意思的情况下作出承保的决定，人民法院应撤销该保险合同，且某保险公司不承担保险责任。故某保险公司反诉请求人民法院判令王甲与某保险公司的保险合同存在欺诈，应予撤销该合同。

经审理查明：2011 年 11 月 3 日，王甲到某保险公司投保，双方保险合同于 2011 年 11 月 8 日生效，投保人为王甲，被保险人为王甲，保险险种为：终身寿险(万能型)，保额 12 万元；附加终身重大疾病保险，保额 10 万元；还有意外伤害保险等险种。2013 年 11 月 21 日，该保险合同变更投保人为王乙(王甲之父)。2012 年 5 月，王甲被平顶山市第一人民医院确诊为Ⅰ型糖尿病、尿毒症等。2014 年 3 月,王甲向某保险公司申请理赔,某保险公司以王甲未履行如实告知义务为由通知王甲解除该保险合同并对王甲申请的重大疾病保险金拒赔,引起诉讼。

另查明:1. 王甲的投保书健康告知栏内显示:关于王甲是否住过院、是否患有疾病?王甲选择的均为否。2. 附加终身重大疾病保险条款第十八条重大疾病名称及疾病定义中包含有终末期肾病(或称慢性肾功能衰竭尿毒症期)、I 型糖尿病。3. 王甲于 2010 年 1 月 12 日至 28 日在平顶山市第一人民医院住院,被诊断为 I 型糖尿病、糖尿病视网膜病变、糖尿病神经病变、糖尿病肾病等;于 2012 年 5 月 24 日至 6 月 29 日在平顶山市第一人民医院住院,被诊断为 I 型糖尿病并糖尿病肾病、糖尿病视网膜病变等。

以上事实,由保险单、保险条款、病例、理赔决定通知书及庭审笔录等证据在卷证实。

本院认为,本案所涉保险合同系双方当事人真实意思表示且不违反相关法律法规规定,为有效协议。当事人均应按照约定全面履行自己的义务。虽然王甲在签订合同前曾因 I 型糖尿病、糖尿病肾病等住院治疗,但根据《保险法》第十六条中"自合同成立之日起超过二年的,保险人不得解除合同;发生保险事故的,保险人应当承担赔偿或者给付保险金的责任"之规定,某保险公司应当向王甲支付重大疾病保险金 10 万元,故对王甲的诉讼请求应予支持,对某保险公司的反诉请求不予支持。依照《中华人民共和国保险法》第十四条、第十六条之规定,判决如下:

一、某保险公司应于本判决生效之日起十日内向王甲给付重大疾病保险金 10 万元。

二、驳回某保险公司的反诉请求。

如未按本判决指定的期间履行给付金钱义务,应当依照《中华人民共和国民事诉讼法》第二百五十三条之规定,加倍支付迟延履行期间的债务利息。

案件受理费 2300 元,减半收取 1150 元,反诉费 100 元,均由某保险公司负担。

如不服本判决,可在判决书送达之日起十五日内,向本院递交上诉状,并按对方当事人的人数提出副本,上诉于河南省平顶山市中级人民法院。

审　判　员　曹三伟

二〇一四年八月二十六日

书　记　员　耿玺鸿

【评析】

在本案中,投保人于 2011 年 11 月 3 日投保终身寿险(万能型)并附加终身重大疾病保险等险种,保险合同于 2011 年 11 月 8 日生效。根据保险公司调查发现,投保人于 2010 年 1 月、2012 年 5 月因 I 型糖尿病肾病等疾病住院治疗,并于 2012 年 5 月确诊为尿毒症并开始透析。根据保险公司投保资料及有关客户回访电话录音证明,上述情况在保单订立前及在保单生效期间内保险事故发生时均未告知保险公司。投保人在 2014 年 3 月 2 日才申请办理理赔,按照《保险法》第十六条等现行规定,保险公司因合同成立达到二年以上而使除斥期间届满,丧失了行使解除权进行救济的可能。保险公司面对此类恶意带病投保、故意不如实告知的客户如何维护自身权利是当前保险业需共同面对的难题。故意不履行如实告知义务的投保人还可能存在欺诈情形,保险公司进行权利救济时存在撤销权与解除权的竞合。本案的争议焦点是,在投保人不履行如实告知义务情形下,除斥期间届满是否当然导致解除权的丧失及解除权与撤销权的竞合问题。

《保险法》第十六条第一款至第三款规定："订立保险合同，保险人就保险标的或者被保险人的有关情况提出询问的，投保人应当如实告知。投保人故意或者因重大过失未履行前款规定的如实告知义务，足以影响保险人决定是否同意承保或者提高保险费率的，保险人有权解除合同。前款规定的合同解除权，自保险人知道有解除事由之日起，超过三十日不行使而消灭。自合同成立之日起超过二年的，保险人不得解除合同；发生保险事故的，保险人应当承担赔偿或者给付保险金的责任。"第十六条第四款、第五款规定："投保人故意不履行如实告知义务的，保险人对于合同解除前发生的保险事故，不承担赔偿或者给付保险金的责任，并不退还保险费。投保人因重大过失未履行如实告知义务，对保险事故的发生有严重影响的，保险人对于合同解除前发生的保险事故，不承担赔偿或者给付保险金的责任，但应当退还保险费。"本案有证据证明客户存在带病恶意投保与报案阶段不如实告知情形，符合《保险法》第十六条第一款、第二款规定。但至保险公司作出解除保险合同决定时，保险合同成立时间已超过二年，根据《保险法》第十六条第三款规定，保险公司丧失了因投保人在投保时故意未履行如实告知义务的保险合同解除权。

投保人不如实告知引发保险合同欺诈撤销权的竞合。此类带病投保且故意不如实告知的案件有可能构成保险欺诈。"欺诈"是指一方故意以捏造或隐瞒事实的方式使另一方作出错误的意思表示，而故意不如实告知为故意隐瞒事实或故意做不实的陈述。欺诈比故意不如实告知对主观恶意程度的要求更高。通常法院为维护市场交易的稳定性对此认定比较严苛。对于带病恶意投保既构成故意不如实告知又构成保险欺诈的情形，按照《保险法》及《合同法》的相关规定，保险公司享有不如实告知的合同解除权及欺诈的合同撤销权的竞合，但由此导致的法律效果也不同。

在实务中，保险公司应就具体案件进行分析，在保险合同成立起二年内，不论为一般故意不如实告知行为或欺诈性不如实告知行为，均可适用依《保险法》第十六条行使合同解除权，且解除权救济更为有利。当二年除斥期间届满后，对于一般故意不如实告知行为，保险公司承担保险责任，对于欺诈性不如实告知的保险行为，可主张合同撤销权。

5. 人身保险合同中业务员作为投保人不如实告知的法律后果

云南省富源县人民法院
（2014）富民初字第476号民事判决书

（2014年8月27日）

【案情】

2012年8月15日，贺某（也是本案所涉保险合同的业务员）为其丈夫张某在某保险公司投保某终身寿险(保额3万元),附加某重疾险(保额3万元)。贺某于2014年2月22日向某保险公司递交理赔申请,称2014年2月20日张某在家中头昏,经医院确诊为星形细胞癌,故申请理赔。后某保险公司经过调查发现,张某病历提示8年前出现抽搐,曾在当地卫生院就诊,间歇性服用抗癫痫药物。因此某保险公司基于投保前存在抽搐病史做出解约拒付决定。贺某不服,于2014年4月15日向法院提起诉讼。

【判决书正文】

原告:贺某,女,汉族,云南省富源县人,住富源县营上镇。

被告:某保险公司富源支公司,住所:富源县县城。

本院于2014年4月15日受理原告贺某诉被告某保险公司富源支公司保险合同纠纷一案,某保险公司富源支公司于2014年4月28日对管辖权提出异议,本院于2014年5月15日裁定驳回的某保险公司富源支公司管辖异议申请,并依法组成合议庭于2014年7月8日公开开庭进行了审理。原告贺某及其委托代理人、被告的委托代理人到庭参加诉讼。本案经合议庭评议,现已审理终结。

原告贺某诉称:2012年8月15日,原告与被告订立了人身保险合同,被保险人为原告丈夫张某,保险金额为人民币30 000元,缴费年限为10年,保险期间为终身,合同于当日成立并生效。2013年8月15日,原告按合同要求缴纳了第二年的保险费。2014年2月20日,被保险人张某因身体不适,到昆明医科大学第二附属医院检查,该院诊断为:1.左侧额顶叶星形细胞瘤,WHO2级;2.继发性癫痫;3.左侧腮腺占位。2014年3月11日经手术治疗后出院。出院当日原告按合同要求向被告提供张某住院治疗的相关资料,要求被告按合同支付保险金,但被告以原告投保时隐瞒了被保险人病情为由,拒绝支付保险金。为维护原告的合法权益,特向法院起诉要求判令被告支付保险金人民币30 000元。

被告某保险公司富源支公司辩称:被告经过调查,被保险人张某在投保前存在抽搐史,长达8年多,原告及被保险人存在隐瞒病史的情形,未履行如实告知义务,被告已根据《保险法》的相关规定作出了解除保险合同、不予给付保险金、不予退还保险费的决定,故不予赔偿原告支付保险金人民币30 000元。

综合原告的起诉,被告的答辩,双方当事人的争议为:被告是否应当赔偿原告已支付的保险金人民币30 000元?

原告贺某针对其诉讼请求,向本院提交以下证据:

1.人身保险合同1份,用以证实原告贺某与被告于2012年8月15日签订了以张某为被保险人的保险合同,保险期间为终身,基本保险金额为30 000元的事实。

2.发票1张,用以证实原告贺某于2012年8月15日缴纳保险费,期限至2013年8月15日的事实。

3.昆明医科大学第二附属医院诊断证明书1份,用以证实被保险人张某患左侧额顶叶星形细胞瘤,WHO2级的事实。

4.昆明医科大学第二附属医院出院证1份,用以证实被保险人张某住院治疗了15天的事实。

5.昆明医科大学第二附属医院费用结算清单1份,用以证实被保险人张某住院治疗开支了医疗费29 261.77元的事实。

6.理赔决定通知书1份,用以证实被告作出解除与原告签订的保险合同、不予给付保险金、不予退还保险费的事实。

经质证,被告对原告提交的证据的真实性均无异议。

被告针对其答辩,向本院提交以下证据:

1. 营业执照副本、组织机构代码证、负责人身份证明各1份,用以证实被告的主体资格。

2. 保险单1份,用以证实原告为被保险人张某投保主险为某终身寿险,附加某重疾险,保单于2012年8月15日生效的事实,张某为受益人,本案原告无诉讼主体资格。

3. 投保前特别提示1份,用以证实被告于2012年8月15日明确提示投保人(原告)和被保险人在保险合同上必须本人亲笔签字,且必须将病史如实填写在投保书上,对该提示投保人(原告)和被保险人签字认可的事实。

4. 投保提示书1份,用以证实被告于2012年8月15日反复告知投保人(原告)和被保险人的权益、应当注意的事项、应当如实填写投保资料、如实告知有关情况并亲笔签名的责任,对该提示投保人(原告)和被保险人签字认可。

5. 代理人报告书1份,用以证实此单业务员也是本单的投保人贺某。

6. 人身保险投保书、电子投保申请确认书各1份,用以证实被告已对投保人(原告)及被保险人张某进行询问,但投保人(原告)及被保险人张某表示目前或过去未患过人身投保书中健康告知的第7项所例的疾病,其中包括癫痫。

7. 客户报案信息、理赔申请书、理赔授权委托书、理赔申请材料交接凭证各1份,用以证实被保险人张某因左侧额顶叶星形细胞瘤申请理赔。

8. 询问笔录1份,用以证实被保险人张某申请理赔后,被告公司工作人员曾对投保人、被保险人进行询问,投保人、被保险人认可投保时是本人签字、对询问事项回答8年前在当地卫生院看过病,间歇性服药等情况。

9. 被保险人张某住院资料,用以证实被保险人张某住院治疗及出院记录明确记载患者主诉反复发作抽搐8+年,且自服抗癫痫药物治疗,约3.5天发作一次抽搐,投保人(原告)和被保险人张某故意隐瞒病史的情况。

10. 理赔决定通知书、特快专递详情单各1份,用以证实被告作出解除保险合同、不予退还保险费、拒绝给付保险金的理赔决定并在法定时限内送达给投保人(原告)和被保险人张某的情况。

经质证,原告对被告提交的证据1、2、5、7没有异议;对证据3、4、6有异议,认为在对投保前特别提示、投保提示书、人身保险投保书进行签名时,被告并没有进行过特别提示和一一询问,只是催促原告在需要签名的地方予以签名;对证据8有异议,认为与本案没有关联性;对证据9有异议,认为诊断证明书只能证明被保险人张某在住院治疗时患有癫痫,不能证明其在投保前患有该病;对证据10中的合法性不予认可。

本院认证认为,原告提交的所有证据均来源合法,真实客观,且被告予以认可,本院均予以采信。被告提交的所有证据均来源合法,真实客观,其中证据3、4、6,虽原告主张在对投保前特别提示、投保提示书、人身保险投保书进行签名时,被告并没有进行过特别提示和一一询问,只是催促原告在需要签名的地方予以签名,但本院认为原告具有完全民事行为能力,且系被告公司的保险代理人,经过了业务培训,应当具备相应的保险知识和辨认能力,其主张不能成为抗辩的理由,故本院对被告提交的所有证据均予以采信。

经过庭审和质证,本院确认如下法律事实:2012年8月6日,原告贺某与被告某保险公司富源支公司签订了保险代理合同书,原告成为被告某保险公司富源支公司的保险代理人。2012年8月15日,原告以代理人的身份与被告某保险公司富源支公司签订了一份人身保险合同,被保险人为原告丈夫张某,投保险种为主险某终身寿险、附加某重疾险、附加一年期短险,缴纳了保险费2334元,交费年限为15年,保险期间为终身,基本保险金额为30 000元;同时原告还在投保前特别提示上签了名,该提示上载明:"如果在投保前有任何住院或疾病,请如实告知保险公司,(填在投保书健康告知中)否则将影响您以后的理赔。(保险公司在客户要求赔付时,会调查客户投保前的健康状况。如客户隐瞒病史将不能正常赔付。)"原告在代理人报告书中的被保险人是否存在投保书健康告知中所列的疾病第7项下列举有癫痫的项下勾选了"否";原告在电子投保申请确认书上亲笔书写了"本人已阅读保险条款、产品说明书和投保提示书,了解本产品的特点和保单利益的不确定性。"2013年8月15日,原告续交了保险费3186元,将交费年限改为10年,投保险种、保险期间、基本保险金额未改变。2014年2月20日,被保险人张某在曲靖市第一人民医院检查出左侧额内有肿瘤,于2014年2月24日到昆明医科大学第二附属医院住院治疗15天,经诊断为:1.左侧额顶叶星形细胞瘤WHO2级;2.继发性癫痫;3.左侧腮腺占位。被保险人于2014年3月11日出院,共开支医疗费29 261.77元。昆明医科大学第二附属医院开具的出院记录上载明被保险人张某入院时自述:"反复发作抽搐8+年……8+年前,于当地卫生院就诊,予补液治疗及口服抗癫痫药物治疗后,患者自觉症状稍好转。患者自服抗癫痫药物治疗,具体药物不详,约3.5天发作一次抽搐,发作前均感左手麻木,后出现抽搐,以双上肢为主,意识逐渐丧失,伴口吐白沫,发作约3.5分钟后抽搐自行停止,均对抽搐过程有大体印象……"2014年3月12日,被保险人张某向被告某保险公司富源支公司提交了理赔申请书,被告某保险公司富源支公司于2014年4月11日作出了解除保险合同、不予给付保险金、不予退还保险费的理赔决定通知书并送达给原告。

本院认为,原告贺某与被告某保险公司富源支公司签订的保险合同合法有效,根据《保险法》第十六条规定:"订立保险合同,保险人就保险标的或者被保险人的有关情况提出询问的,投保人应当如实告知。投保人故意或者因重大过失未履行前款规定的如实告知义务,足以影响保险人决定是否同意承保或者提高保险费率的,保险人有权解除合同……投保人故意不履行如实告知义务的,保险人对于合同解除前发生的保险事故,不承担赔偿或者给付保险金的责任,并不退还保险费。"本案中,投保人(原告)贺某既是保险代理人,又是被保险人张某的妻子,其应当知悉保险合同中相关的注意事项,也应当了解被保险人张某的病史。原告在电子投保申请确认书上亲笔书写了"本人已阅读保险条款、产品说明书和投保提示书,了解本产品的特点和保单利益的不确定性。"其主张不清楚投保书中的健康告知事项的理由不能成立。原告主张被保险人在投保时不患有癫痫,但根据昆明医科大学第二附属医院开具的出院记录显示,被保险人张某入院时自述:"反复发作抽搐8+年",故本院认为原告的主张不能成立。被告某保险公司富源支公司于2014年4月11日作出了解除保险合同、不予给付保险金、不予退还保险费的理赔决定通知书并送达给原告,该理赔决定书符合法律的规定,本院予以支持。据此,依照《中华人民共和国保险法》第十条、第十六条之规定,判决如下:

驳回原告贺某的诉讼请求。

案件受理费人民币550元,由原告贺某承担。

如不服本判决,可在判决书送达之日起十五日内,向本院递交上诉状,并按对方当事人的人数提出副本,上诉于云南省曲靖市中级人民法院。

审 判 长 周 某
人民陪审员 肖 某
人民陪审员 温 某
二〇一四年八月二十七日
书 记 员 文 某

【评析】

保险合同是最大诚信合同。《保险法》第十六条明确规定："订立保险合同，保险人就保险标的或者被保险人的有关情况提出询问的，投保人应当如实告知"。该规定为投保人的如实告知义务。鉴于保险合同为格式条款，《保险法》第十七条的规定："订立保险合同，采用保险人提供的格式条款的，保险人向投保人提供的投保单应当附格式条款，保险人应当向投保人说明合同的内容"。在订立保险合同时，保险人或保险代理人需要将保险合同的主要内容告知投保人，以保证投保人更好地履行如实告知义务。该案投保人同时也是该案保险代理人，承载了向投保人或被保险人提示及明确说明合同主要内容的义务，同时也承载了向保险人或保险代理人如实告知保险标的及被保险人相关情况的义务。

保险人对保险标的的风险评估主要依赖于投保人的自身陈述，投保人应当就人身保险合同中的"重要信息"包括但不限于被保险人的年龄、健康状况、既往病史、家族遗传病史等信息告知保险人或保险代理人，以供保险人决定是否承保及费率的高低。本案的投保人（也是保险代理人）在《人身保险投保书（电子版）》中告知保险人无病史，并在《电子投保申请确认书》中签字认可告知事项无误。在保险人调查后得知：被保险人8年前有癫痫病史，应认定投保人在投保时故意未如实告知，根据《保险法》第十六条"投保人故意或者因重大过失未履行前款规定的如实告知义务，足以影响保险人决定是否同意承保或者提高保险费率的，保险人有权解除合同"的规定，保险公司享有合同解除权。

本案中，投保人（原告）既是保险代理人，又是被保险人的妻子，应当知悉保险合同中相关的注意事项，也应当了解被保险人的病史。原告在电子投保申请确认书上亲笔摘抄了风险提示语录，其主张不清楚投保书中健康告知事项的理由不能成立。原告主张投保时被保险人不患有癫痫，但根据出院记录显示，被保险人入院时自述：反复发作抽搐8+年，故被保险人的主张不能成立。因此保险人有权解除合同，不予理赔保险费。

6. 重大疾病保险合同解释中合理期待原则的运用

河南省郑州市中级人民法院
（2014）郑民三终字第740号民事判决书

（2014年7月25日）

【案情】

2010年12月15日，投保人杨某以自己为被保险人投保一份某保险公司的重大疾病保险，保险金额为70 000元，身故受益人为其儿子卢某，合同生效日为2010年12月23日。

2013年7月9日至16日，被保险人住郑州大学一附院并进行二尖瓣球囊扩张术治疗。出院

6

诊断为:风湿性心脏病、二尖瓣狭窄、球囊扩张术后。某保险公司以被保险人进行的二尖瓣球囊扩张术非开胸手术为由拒付重大疾病保险金。被保险人不服拒付决定,向人民法院提起诉讼。

【判决书正文】

上诉人(原审被告):某保险公司公司河南分公司,住所地:郑州市金水区。

被上诉人(原审原告):杨某,女,1970年12月4日出生,汉族,住河南省新密市。

原审被告:某保险公司新密支公司,住所地:河南省新密市。

上诉人某保险公司河南分公司因与被上诉人杨某、原审被告某保险公司新密支公司保险合同纠纷一案,不服河南省新密市人民法院(2014)新密民一初字第225号民事判决,向本院提起上诉。本院受理后,依法组成合议庭,公开开庭进行了审理,本案现已审理终结。

原审法院经审理查明:2010年12月15日,杨某在某保险公司新密支公司投保并缴纳保费4595.5元,其中包含有"附加终身重大疾病保险"险种,该险种的保险金额为70 000元。同年12月23日某保险公司河南分公司为某保险公司新密支公司签发了保单,保险合同始为成立并生效。其中附加终身重大疾病保险条款第10.4条第五款为"冠状动脉搭桥术(或称冠状动脉旁路移植术)指为治疗严重的冠心病,实际实施了开胸进行的冠状动脉血管旁路移植的手术,冠状动脉支架植入术、心导管球囊扩张术、激光射频技术及其他非开胸的介入手术、腔镜手术不在保障范围内"。第10.4条第十六款为"心脏瓣膜手术指为治疗心脏瓣膜疾病,实际实施了开胸进行的心脏瓣膜置换或修复的手术"。后杨某依约续交了保费。2013年7月9日,杨某因病入住郑州大学第一附属医院,经诊断杨某系风湿性心脏病、二尖瓣重度狭窄并轻度关闭不全、三尖瓣轻度关闭不全、心功能Ⅱ级,医院对杨某实施了尖瓣球囊扩张术,杨某支出医疗费38 117.50元。出院后,杨某向某保险公司河南分公司申请理赔,某保险公司河南分公司以杨某实施的是介入手术、未实际实施开胸故该疾病不在保障范围内为由,拒绝对杨某进行理赔。为此,杨某诉至法院请求依法判令某保险公司河南分公司、某保险公司新密支公司支付理赔款70 000元。

原审法院认为,杨某与某保险公司河南分公司签订的"附加终身重大疾病保险"合同,系双方真实意思表示,合法有效。杨某因风湿性心脏病、二尖瓣重度狭窄并轻度关闭不全等在医院实施了尖瓣球囊扩张手术后,某保险公司河南分公司应依约履行赔付责任。杨某所投保险为重大疾病保险,而不是重大疾病治疗方式保险。心脏瓣膜手术只是治疗心脏瓣膜疾病一种具体方式,投保人罹患心脏瓣膜疾病,是由医疗机构根据患者的具体情况决定采取何种治疗方式,患者是没有决定权的。杨某所患疾病从症状、治疗方式、治疗费用来看,应当属于一般人理解的重大疾病,符合投保人投保重大疾病保险的真实意图和社会普通人对重大疾病保险的合理期待。当保险合同当事人就合同内容的解释发生争议时,应当以投保人对于合同缔结目的的合理期待为出发点对保险合同进行解释。且杨某所患疾病不属于重大疾病保险条款责任免除的情形,故杨某要求某保险公司河南分公司理赔的理由成立,该院予以支持。某保险公司河南分公司称杨某所实施的尖瓣球囊扩张术,是介入手术而不是双方合同约定的以开胸实施为前提的心脏瓣膜手术,对其辩驳主张,该院不予采纳。由于某保险公司新密支公司并非本案赔偿责任主体,对于杨某要求其承担责任的主张,该院不予支持。依照《中华人民共和国保险法》第十四条、第三十条、《中华人民共和国民法通则》第一百四十四条之规定,原审法院作出判决:一、某保险公司河南分公司于判决书生效后十日内支付给杨某保险赔偿金70 000元;二、驳回杨某对某保险公司新密支公司的诉讼请求。如果未按本判决指定的期间履行给付金钱义务,应当依照《中华人民共和国民事诉讼法》第二百五十三条之规定,加倍支付迟延履行期间的债务利息。本案受理费1550元,由某保险公司河南分公司负担。

宣判后,某保险公司河南分公司不服原审法院,向本院提起上诉称:一、原审法院认定理由错误。1.关于该份保险合同的效力,是合法有效的,投保人对投保重大疾病的真实意图和相关的权利义务在保险合同上已明确,根据保险合同内容,杨某所患疾病情形,均不在重大疾病范围之内。2.关于何为重大疾病,合同约定的重大疾病,就是双方理解的重大疾病,不能根据合同之外的其他因素进行个人判断是否为重大疾病。3.关于治疗方式的选择问题。作为保险人,当然无理由阻止医院或被保险人及其他人选择治疗方式。本案中,保险人没有阻止医院或杨某选择治疗方式,杨某也没有为了理赔而去做开胸手术,而是因为杨某的病情没有达到开胸治疗标准而做出的介入治疗手术。对于重大疾病是根据保险费率和疾病偏好而设,而不是根据个人判断而定。4.关于社会普通人的合理期待。合同双方当事人是合同的主体,与合同之外的人无关,所以合同之外的社会普通人的合理期待与该合同无关。原审法院认定错误。二、原审法院适用法律错误。原审法院适用《保险法》第三十条是错误的。1.本案合同内容没有争议。2.合理期待并不是法律规定的解释原则。请求二审法院依法改判,驳回杨某的诉讼请求。

6

被上诉人杨某答辩称:一、双方对于保险合同的效力均无异议。二、杨某所患疾病属重大疾病,应按《合同法》第一百二十三条第一款规定,进行文义解释,重大疾病应当是指严重危及人体生命健康和生活的疾病。对于被保险人所患疾病是否属于重大疾病,应采用不利于保险人的解释。三、将具体手术方式作为判断重大疾病的标准,不具有医学根据。四、以具体手术方式限定重大疾病范围不符合一般人的通常理解。五、以具体手术方式限定重大疾病范围违背了被保险人的合理期待。请求二审法院维持原判。

原审被告某保险公司新密支公司述称:同上诉人某保险公司河南分公司上诉意见一致。

本院经审理查明的事实与原审法院查明的事实一致。

本院认为:杨某与某保险公司河南分公司签订的"附加终身重大疾病保险"合同,系双方真实意思表示,合法有效。杨某所投保险为重大疾病保险,而不是重大疾病治疗方式保险,以被保险人投保时的手术方式来限定之后被保险人患重大疾病时施行的手术,也不符合医学的发展规律。因此,当保险合同当事人就合同内容的解释发生争议时,应以被保险人对于合同缔约目的的合理期待为出发点对保险合同进行解释。综上,上诉人某保险公司河南分公司上诉称应以合同明示条款进行判断重大疾病的理由不成立,本院不予支持。原审判决认定事实清楚,适用法律正确,应予维持。依照《中华人民共和国民事诉讼法》第一百七十条第一款第(一)项之规定,判决如下:

驳回上诉,维持原判。

二审案件受理费1550元,由上诉人某保险公司河南分公司负担。

本判决为终审判决。

审　判　长　荀　珊
审　判　员　秦　宇
代理审判员　邱　帅
二〇一四年七月二十五日
书　记　员　徐若莹

【评析】

本案争议焦点为当事人对重大疾病约定的范围以及不利解释原则的运用。

保单中关于重大疾病的约定属于格式条款。《保险法》第三十条规定,采用保险人提供的格式条款订立的保险合同,保险人与投保人、被保险人或者受益人对合同条款有争议的,应当按照通常理解予以解释。对合同条款有两种以上解释的,人民法院或者仲裁机构应当作出有利于被保险人和受益人的解释。在本案中,保险合同明确约定了手术方式的范围,被保险人所患疾病从症状、治疗方式、治疗费用来看,应当属于一般人理解的重大疾病。保险人单方界定的重大疾病范围对被保险人来说过于苛刻,不符合通常所理解的重大疾病范围。此种情况下应当按照有利于被保险人和受益人的范围解释。

本案法院不仅运用不利解释原则,还创设了合理期待原则来解释保险合同,以克服过于苛刻条款对被保险人权利的限制。法院判决保险公司承担给付责任,有效地保护了被保险人的利益。杨某被诊断为“风湿性心脏病、二尖瓣重度狭窄并轻度关闭不全、三尖瓣轻度关闭不全、心功能Ⅱ级”。保险公司仅凭被保险人所作手术方式与合同约定不符就认定杨某所患疾病不属于约定的重大疾病范围,这显然不符合医学的发展规律,也不符合人们的通常理解和被保险人的合理期待。

二审法院所依据的合理期待原则是对合同目的解释的一种运用。保险合同也是合同的一种,可以适用合同法中关于目的解释的规定。二审法院认定的“以被保险人对于合同缔约目的的合理期待为出发点”就是按照合同目的进行解释。对保险合同进行目的性解释能够弥补不利解释原则的不足,同时也符合民法通则的公平原则。法院提出的合理期待原则并不是法律规定的原则,因此采用合同目的性解释应当更加合理。

7. 重大疾病保险中重大疾病释义条款性质的认定

山东省威海市文登区人民法院
(2014)威文商初字第 518 号民事判决书

(2014 年 12 月 5 日)

【案情】

2013 年 5 月,投保人贾某为其本人投保某保险公司重大疾病保险,合同约定“重大疾病保险金”、“轻症疾病保险金”两项保险责任。2014 年 4 月,被保险人贾某因胸主动脉夹层、高血压病(2 级)在某市医院住院治疗,住院病历记录显示:住院期间全麻行主动脉腔内修复术。2014 年 6 月被保险人贾某向保险公司提交理赔申请,保险公司根据条款约定,赔付贾某轻症疾病保险金 10 000 元。被保险人贾某对于保险公司的上述理赔决定不满,认为虽未行开胸手术,但其本次疾病情况较为严重,已达条款约定的“重大疾病”条件,故起诉至法院,要求保险公司向其给付重大疾病保险金。

【判决书正文】

原告:贾某,女,1969 年 2 月 10 日生,汉族,住威海市文登区。

被告:某保险公司文登营销服务部,住所地:威海市文登区。

原告贾某与被告某保险公司文登营销服务部保险合同纠纷一案,本院于 2014 年 11 月 4 日受理后,依法由审判员于连江独任审判公开开庭进行了审理。原告贾某的委托代理人、被告某保险公司文登营销服务部的委托代理人到庭参加了诉讼。本案现已审理终结。

原告贾某诉称:原告于 2013 年 5 月 21 日在被告处投保重大疾病保险,保险期间至 70 周岁,交费期间为 10 年,保险金额为 50 000 元,保险费为 1165 元。原告于 2014 年 4 月 15 日入院治疗,发现主动脉夹层,经医院风险告知,开胸治疗死亡率为 30%,原告选择了保守治疗即主动脉腔内修复术。原告出院后按保险合同理赔,被告以原告系轻型疾病为由赔付原告 10 000 元。现要求被告按保险合同赔付原告保险金 40 000 元。

被告某保险公司文登营销服务部辩称:原告在被告处投保重大疾病保险属实,但原告疾病属于保险合同约定的轻型疾病,按合同约定应赔付 10 000 元保险金,被告已经按合同约定赔付,不同意原告的诉讼请求。

经审理查明:原被告签订保险合同一份,该保险合同于 2013 年 5 月 22 日生效,险种名称为重大疾病保险,保险费为 1165 元,基本保险金额为 50 000 元。该合同第 2.3 条保险责任约定保险金分为两类,一是重大疾病保险金,为全额赔付保险金 50 000 元;二是轻症疾病保险金,为赔付基本保险金额的 20% 即 10 000 元。该合同第 10.6 条明确罗列了二十五种重大疾病类型并有疾病定义,该条款系根据中国保险行业协会统一制定,其中第二十五项为"主动脉手术",指为治疗主动脉疾病,实际实施了开胸或开腹进行的切除、置换、修补病损主动脉血管的手术。该合同第 10.7 条明确罗列了十八种轻型疾病,其中第八项为"主动脉内手术",指为了治疗主动脉疾病实际实施了经皮经导管进行的动脉内手术。

2014 年 4 月 15 日至 5 月 3 日,原告在某医院入院治疗,经诊断为胸主动脉夹层,2014 年 4 月 28 日某医院采取主动脉腔内修复术对原告的胸主动脉夹层进行了保守治疗。该手术符合保险合同中约定的主动脉内手术的特点。

庭审中原告认为被告仅以主动脉手术方案是否经开胸或开腹决定该疾病是否为重大疾病明显错误,因该病开胸手术风险大,原告选择保守治疗,但不影响该疾病定性为重大疾病,且合同签订时,被告没有明示相关重大疾病与轻型疾病的区别。被告认为合同中明确约定了重大疾病与轻型疾病的类型及特点,被告按轻型疾病理赔并无不当,且原告在保险合同中亲笔抄录并签名,表示原告已充分阅读保险条款,产品说明书及投保提示书,保险人已尽到明确告知义务。

本院认为:保险合同是投保人与保险人约定保险权利义务关系的协议。对保险合同中免除、减轻保险人责任的条款,保险人在订立合同时应当在投保单、保险单或者其他保险凭证上作出足以引起投保人注意的提示,并对该条款的内容以书面或者口头形式向投保人作出明确说明。保险合同中约定的免赔额、免赔率、比例赔付或者给付等免除或者减轻保险人责任的条款,可以认定为免除保险人责任的条款。该保险合同中的保险条款约定了被保险人患上轻症疾病后,被告按照基本保险金额的 20% 给付轻症疾病保险金,应属于比例赔付,系免除保险人责任的条款,保险人应当对该条款以足以引起投保人注意的文字、字体、符号或者其他明显标志作出提示,并对该条款的概念、内容及其法律后果以书面或者口头形式向投保人作出常人能够理解的解释说明。

本案中,被告仅对轻症疾病保险金的标题部分加粗,但对其具体内容的条款没有以足以引起投保人注意的文字、字体、符号或者其他明显标志作出提示,没有完成法律赋予的提示义务,且未对该条款向投保人作出让其足以理解的说明,故该条款不产生法律效力。因此被告仍应按照重大疾病保险金金额对原告予以赔付。因被告已经赔付原告 10 000 元保险金,原告要求被告支付保险金 40 000 元,理由正当,本院予以支持。依据《中华人民共和国保险法》第十条、第十七条及《最高人民法院关于适用〈中华人民共和国保险法〉若干问题的解释(二)》第九条、第十一条之规定,判决如下:

被告某保险公司文登营销服务部于本判决生效后十日内支付原告保险金 40 000 元。

案件受理费 400 元,由被告负担。

如不服本判决,可在判决书送达之日起十五日内向本院递交上诉状,并按对方当事人的人数提出副本,上诉于山东省威海市中级人民法院。

审 判 员　于连江

二〇一四年十二月五日

书 记 员　邵振扬

【评析】

本案的争议焦点是对于重大疾病释义条款性质的认定。保险合同属于合同的一种,即协议双方的意思自治,在不违反法律及合同基本原则的基础上,司法机关应充分尊重合同双方的契约自由,按照双方约定的保险合同内容认定保险公司应承担的义务。"重大疾病"释义条款的性质应属合同双方权利义务的约定。对于明确特定治疗手段作为重大疾病赔付标准的,如未完成该治疗手段,应该视为不符合合同履行条件。但在现实的诉讼过程中,司法机关往往会将"重大疾病"释义认定为减轻保险公司责任的条款,适用《保险法》第十七条第二款的规定:对保险合同中免除保险人责任的条款,保险人在订立合同时应当在投保单、保险单或者其他保险凭证上作出足以引起投保人注意的提示,并对该条款的内容以书面或者口头形式向投保人作出明确说明;未作提示或者明确说明的,该条款不产生效力。在被保险人主张其对于该条款不理解时,法院则认定保险公司未完全履行解释说明义务。本案中法院认定"重大疾病"释义条款系减轻保险公司责任的条款,因此判令保险公司承担不符合保险合同约定条件的给付责任。

近年来,司法实践中对于重大疾病责任认定的诉讼案件,因其涉及理赔金额较高,疾病及治疗手段认定过于专业和严谨,各地法院的判决结果差异较大。为避免"重大疾病"名称以及疾病定义解释方面的纠纷,大多数保险公司在条款设计时均是采用中国保险行业协会统一制定的《重大疾病保险的疾病定义使用规范》(以下简称《使用规范》)。《使用规范》中"重大疾病"的定义主要分为三大类:第一类是达到疾病诊断即为"重大疾病",如恶性肿瘤;第二类是除了需要符合疾病诊断外,还需要达到一定条件或标准,如急性心肌梗死、红斑狼疮等;第三类是特定的治疗手段,如主动脉手术、冠状动脉搭桥术等。对于第一类,保险合同双方均以医疗机构的临床医学诊断为准,通常争议较少;随着医学技术手段的发展,一些疾病确诊及治疗的技术变革,第二、三类相对容易产生争议。

司法机关在处理此类案件时,应谨慎使用关于解释说明义务的自由裁量权,更多地尊重合同双方的意思自治。当然,保险公司也应设计研发更多符合不同人群需要的《重大疾病保险合同》,尽量细化关于重大疾病的内容,以避免不必要的纠纷。

8. 重大疾病保险中保险人行使合同解除权的认定

安徽省阜阳市中级人民法院
(2014)阜民二终字第00155号民事判决书

(2014年8月6日)

【案情】

2011年6月11日,投保人苗某以马某为被保险人,投保某保险公司附加重大疾病保险一份,基本保险金额3万元。保险合同于2011年6月17日生效。2013年12月13日,被保险人马某向保险公司报案称"因右乳癌术后复发转移,于2013年12月11日起在太和县中医院住院治疗",并于2014年1月20日提出重疾保险金3万元的理赔申请。保险公司经调查了解到,被保险人马某自2009年至2014年1月多次在该县中医院因乳腺癌住院治疗,2009年12月4日于蚌埠医学院附属医院行右乳癌改良根治术,2011年6月28日也因右乳癌术后复诊入院治疗

【判决书正文】

上诉人(原审被告):某保险公司太和支公司,住所地:安徽省太和县。

被上诉人(原审原告):马某,女,1968年7月4日生,汉族,住安徽省太和县

上诉人某保险公司太和支公司诉被上诉人马某人身保险合同纠纷一案,某保险公司太和支公司不服安徽省太和县人民法院于2014年4月25日作出的民事判决,向本院提出上诉。本院受理后,依法组成合议庭,于2014年7月4日公开开庭进行了审理。上诉人某保险公司太和支公司的委托代理人到庭参与本案诉讼,被上诉人马某经本院传票传唤,无正当理由未到庭参与本案诉讼,本院依法缺席审理。庭审后,合议庭对被上诉人马某作了问话笔录,询问了本案相关情况。本案现已审理终结。

原审法院查明:2011年6月16日,某保险公司太和支公司与马某签订"某款两全保险(分红型)"及"附加重大疾病保险"两份保险合同,保险合同成立日和生效日均为2011年6月17日。当日,苗某即交纳了首次保险费3549元,其后,苗某又按约定交纳了2012年度和2013年度的相应保险费。2013年12月11日,马某因乳癌术后复发转移入住太和县中医院治疗。2013年12月13日,马某向某保险公司太和支公司报案,要求赔偿其重大疾病保险金30 000元。2014年1月24日,某保险公司太和支公司以马某于2009年12月4日在蚌埠医学院附属医院确认为右乳癌,在保单生效后的两年内在太和中医院因右乳癌多次住院为由,解除相应的保险合同;歉难给付重大疾病保险金;所交保费总计10 647元不予退还"。马某起诉来院。

原审法院另查明:马某于2009年4月29日至5月6日因乳腺癌住院,2009年12月4日在蚌埠医学院附属医院行右乳癌改良根治术。

原审法院认为:苗某与某保险公司太和支公司签订的以马某为被保险人的人身保险合同,不违反法律、行政法规的强制性规定,为有效合同。苗某在与保险人签订保险合同前,保险业务员并未向投保人询问被保险人的健康状况及是否患病,即让投保人先在投保书及投保提示书后签名,其后又代为填写了投保书中应当由投保人如实告知的内容,因此,某保险公司太和支公司辩称投保人未履行如实告知义务,与事实不符。某保险公司太和支公司以此为由,在保险合同成立二年后解除保险合同,违反了法律规定和合同约定。马某在保险合同生效日起360日后经确诊患上左上肺癌,符合保险条款中约定的首次患上重大疾病,故某保险公司太和支公司应承担继续履行合同并给付重大疾病保险金的责任。综上,马某的诉讼请求应予支持。依照相关法律规定,判决:一、保险合同继续履行;二、某保险公司太和支公司于本判决生效之日起十五日内赔偿马某重大疾病保险金30 000元。逾期加倍支付迟延履行期间的债务利息。一审受理费550元,减半收取275元,由某保险公司太和支公司负担。

某保险公司太和支公司不服原审法院上述民事判决,向本院提起上诉称:1.马某及投保人苗某在投保时故意隐瞒马某已经患有重大疾病且正在治疗的事实,目的是骗取保险金。2.一审判决认定马某属于首次患病是错误的。上诉请求二审法院撤销一审判决,驳回马某一审中的诉讼请求。一、二审诉讼费由马某承担。

马某二审庭审后辩称:一审判决认定事实清楚,适用法律正确。二审法院应驳回上诉,维持原判。

双方当事人对于原一审中的证据,未提出新的质证意见。结合二审审理查明的事实,本院对一审查明的事实予以确认。

本院认为:本案保险合同成立于2011年6月17日,马某因乳癌入住太和县中医院的时间为2013年12月11日,其间时间已超过两年。《中华人民共和国保险法》第十六条规定,自保险合同成立之日起超过两年的,保险人不得解除合同。故无论马某之夫苗某投保时是否如实告知马某患病情形,保险公司均不得解除本案保险合同。本案保险事故发生后,保险公司应当承担给付保险金的责任。综上,某保险公司太和支公司的上诉理由均不成立,对其上诉请求,本院不予支持。一审判决并无不当,应予维持。依照《中华人民共和国民事诉讼法》第一百四十四条、第一百七十条第一款第(一)项、第一百七十四条、第一百七十五条之规定,判决如下:

驳回上诉,维持原判。

二审案件受理费275元,由上诉人某保险公司太和支公司负担。

本判决为终审判决。

审 判 长　张玉贞
审 判 员　王苏华
审 判 员　褚颖芬
二〇一四年八月六日
书记员(代)　叶志强

【评析】

本案的争议焦点在于投保人存在欺诈的情形，保险人是否丧失合同解除权。

二审法院认为，本案保险合同成立于2011年6月17日，被保险人马某因乳癌入住某县中医院的时间为2013年12月11日，其间时间超过两年。根据《保险法》第十六条第三款规定，自保险合同成立之日起超过二年的，保险人不得解除合同，故无论马某之夫苗某投保时是否如实告知马某患病情形，保险公司均不得解除保险合同，本案保险事故发生后，保险公司应当承担给付保险金的责任。本案判决是值得商榷的。在投保人故意不履行如实告知义务情形下，法院不应适用《保险法》第十六条第三款的相关规定，而应基于诚实信用原则和公平原则，从维护社会公共利益、防止恶意骗保引发的道德风险角度出发，作出有利于保险人的判决，即保险人可以行使保险合同解除权拒付保险金。

9. 两全保险中保险合同解除日的认定

北京市第三中级人民法院
（2014）三中民终字第08159号民事判决书

（2014年9月11日）

【案情】

蔡某于2010年4月15日以自己为被保险人向某保险公司购买两全保险（分红型）附加提前给付意外伤害保险，保险金额为32.3万元，保险期间为终身，交费期限为20年。蔡某缴纳了三期保险费，未在2013年4月15日缴纳第四期保险费。在保险费缴费宽限期内，蔡某依据保险合同关于生存保险金的约定于2013年6月5日向某保险公司申请领取了第一笔生存保险金。之后，蔡某于2013年8月9日向法院起诉要求解除保险合同，并要求保险公司支付第三个保单年度末的现金价值、保险分红及合同满三年到实际支付日的银行同期贷款利息。

【判决书正文】

上诉人（原审原告）：蔡某，女，1960年2月27日出生，汉族，住上海市虹口区。

被上诉人（原审被告）：某保险股份有限公司，住所地：北京市朝阳区东三环北路38号院2号楼。

上诉人蔡某因与被上诉人某保险股份有限公司（以下简称保险公司）人身保险合同纠纷一案，不服北京市朝阳区人民法院（2013）朝民初字第29408号民事判决，向本院提起上诉。本院于2014年6月5日受理后，依法组成合议庭，于2014年6月16日公开开庭进行了审理。本案现已审理终结。

蔡某在一审中起诉称：2010年4月15日，蔡某在保险公司处投保了长裕两全保险附加提前给付意外伤害保险,主险的年交保费 30 061.61 元,交费 20 年,保险金额为 323 000 元。合同签订后,蔡某缴纳了首期保费并逐年交满了 3 年。根据现金价值表保单 3 年期满日可以领取首期生存保险金 32 300 元,并于当日解除合同能够获得现金价值 50 055.31 元。蔡某于当日向保险公司提出解除合同退还现金价值。保险公司答复称生存保险金和现金价值具有包含关系,蔡某不能同时领取生存保险金和现金价值表中约定的相应金额,如果领取生存保险金,则现金价值要扣减相应的金额,或者只能领取现金价值而不能领取生存保险金,据此不同意蔡某的要求。根据对产品说明书、保险条款及现金价值表等文件的理解,蔡某的请求完全合理合法,保险公司的解释没有任何合同及法律上的依据。蔡某诉至一审法院,要求解除与保险公司签订的长裕保险合同;要求保险公司支付现金价值 50 055.31 元;要求保险公司支付红利;要求保险公司支付上述款项自合同满三年至实际支付之日的银行同期贷款利息;要求保险公司承担本案诉讼费。

保险公司在一审中答辩称:同意解除合同,但是合同解除的时间应为保险公司收到蔡某书面解除通知之日,即本案中领取诉状的日期 2013 年 8 月 9 日;蔡某主张的现金价值与合同约定不符,按照合同解除时的现金价值,可以返还现金价值 17 755.31 元;按照合同解除时的红利,保险公司同意支付 1782.46 元;双方对现金价值有不同认识,蔡某拒绝支取现金价值,故不同意支付利息。

一审法院经审理查明:2010 年 4 月 9 日,蔡某向保险公司投保“长裕两全保险(分红型)”,并填写了投保单,蔡某确认其已阅读保险条款、产品说明书和投保提示,充分了解并清楚本产品的保险利益可能存在的不确定性,并愿意承担相关风险。

2010 年 4 月 15 日,保险公司签发保单,保单载明:投保人为蔡某,被保险人为张某;合同生效日期为 2010 年 4 月 14 日,成立日期为 2010 年 4 月 15 日;交费方式为年交;红利领取方式为累积生息;保险险种为“长裕两全保险(分红型)”附件提前给付意外伤害保险,保险期间为终身,交费年限为 20 年,保险金额为 323 000 元,保险费为 30 061.61 元;本合同自保险公司同意承保、收取首期保险费并签发保险单开始生效,具体生效日以保单载明的日期为准。保险公司自生效日零时开始承担本合同约定的保险责任。本合同生效日以后每年的对应日是保单周年日,保单年度、保单月份、保费到期日和保单满期日均以该日期计算;保单第 1 年度末现金价值为 12 322.45 元,第 2 年度末现金价值 29 803.21 元,第 3 年度末现金价值为 50 055.31 元,第 4 年度末现金价值为 44 622.45 元……第 85 年度末现金价值为 318 261.59 元。现金价值为对应保单年度末的值,保单年度内的现金价值可以向保险公司咨询;自本合同生效之日起,被保险人生存至每三周年保险单周年日,保险公司按保险单载明的保险金额的 10% 给付生存保险金;在本合同有效期内,保险公司在每一会计年度末对会计年度的分红保险业务进行核算,根据分红保险业务的实际经营状况,按照保险监管机关规定确定红利分配方案。如确定本合同有可分配盈余,保险公司将进行红利分配。红利派发日为保险单周年日,选择累积生息的红利留存于红利累积账户,并按保险公司确定的红利累积利率、以年复利方式储存生息,在合同终止或申请时给付;本合同保单年度末现金价值会在保险单上载明,保单年度内的现金价值可以向保险公司咨询;在释义中注明现金价值净额是本合同现金价值扣除保险单借款和垫交保险费及上述款项应付利息后的余额。如果选取的红利领取方式是累积生息或红利账户中有余额,则本合同现金价值净额包括红利累积账户余额。如果生存保险金留存于保险公司,则本合同:现金价值净额包括生存保险金累积账户余额;现金价值指保险单所具有的价值,通常体现为解除合同时,根据精算原理计算的,由保险公司退还的那部分金额。保险公司的“长裕两全保险(分红型)”保险条款、产品费率表、现金价值表、产品精算报告等均在保监会进行了备案。

合同签订后,蔡某按照每年 30 061.61 元的标准交纳了截至 2013 年 4 月 14 日共计 3 年的保费。2013年6月5日,蔡某申请领取生存保险金。保险公司在批注中注明该笔生存金已从相应的现价中予以扣除。2013年8月14日,保险公司通过银行将生存保险金及利息合计32 458.69元支付至张某的银行账户。

诉讼中,双方当事人确认截至2013年8月9日本保单产生的红利为1782.46元。保险公司称在扣除蔡某领取的生存保险金后,截至2013年8月9日保单的现金价值为17 755.31元。

一审法院认为:保险公司向蔡某签发保险单,蔡某与保险公司之间形成的保险合同关系,系双方当事人的真实意思表示,其保险合同内容不违反国家法律、行政法规的强制性规定,应属合法有效。本案的争议焦点问题有两个,一、保险合同的解除时间;二、保单的现金价值是否包括生存保险金。

关于合同的解除时间问题。《中华人民共和国保险法》第十五条规定:除本法另有规定或者保险合同另有约定外,保险合同成立后,投保人可以解除合同,保险人不得解除合同。保险法赋予了投保人任意解除权,投保人可以随时行使权利。蔡某称其于第三个保单年度末向保险公司提出解除合同,保险公司对此不予认可,蔡某未能就此向该院提供证据予以证明,蔡某应承担举证不能的后果。保险公司于2013年8月9日收到了该院的起诉书,应视为蔡某解除合同的通知于当日送达给保险公司。故该院确定合同解除日为2013年8月9日。

关于保单年度末保单的现金价值是否包含生存保险金的问题。按照保险条款的约定,保单的现金价值每满三周年才产生。保险条款约定现金价值指保险单所具有的价值,通常体现为解除合同时,根据精算原理计算的,由保险公司退还的那部分金额。如果生存保险金留存于保险公司,则本合同现金价值净额包括生存保险金累积账户余额。在生存保险金产生后未领取的情况下,保单的现金价值应包括生存保险金。保险公司的合同条款已经在保监会备案,且其现金价值包含生存保险金的解释亦符合保险行业惯例。若按照蔡某所称的其领取的生存保险金是现金价值之外的部分,那么在蔡某交纳了第四年度保险费的情况下,根据现金价值表载明的金额,蔡某可以领取的现金价值金额为44 622.45元,该金额反而低于第三年度末的现金价值50 055.31元。该情况与常理不符。故蔡某要求保险公司支付50 055.31元现金价值的请求,缺乏事实依据。保险公司认可截止到合同解除日,在扣除生存保险金之后保单的现金价值为17 755.31元,保险公司应返还此部分现金价值。双方确认保单红利的金额,且保险公司同意返还,故对于蔡某要求支付保单红利的诉讼请求,该院予以支持。

关于蔡某要求保险公司支付利息的诉讼请求。保单的现金价值在合同解除时才予以返还,该院认定的合同解除时间双方在诉讼中,且保险公司同意返还17 755.31元的现金价值,故保险公司不存在怠于付款的行为,蔡某要求保险公司支付迟延付款利息的诉讼请求,缺乏事实依据,该院不予支持。

虽然根据精算原理计算的现金价值及红利,对于投保人而言确实难以理解,但由于该条款并非免责条款,保险公司不应就此承担相应的责任。考虑到精算原理计算公式的复杂性,且保险公司未能尽到更加谨慎勤勉的说明、提示义务,是导致本案纠纷产生的重要原因,故该案案件受理费,该院决定由保险公司负担。

综上,依照《中华人民共和国合同法》第六十条、《中华人民共和国保险法》第十五条、第四十七条之规定,判决:一、确认蔡某与保险公司之间签订的编号为86310020100210000737的保险合同于二〇一三年八月九日解除;二、保险公司于判决生效之日起十日内向蔡某支付现金价值一万七千七百五十五元三角一分、保单红利一千七百八十二元四角六分;三、驳回蔡某的其他诉讼请求。如果未按判决指定的期间履行给付金钱义务,应当依照《中华人民共和国民事诉讼法》第二百五十三条之规定,加倍支付迟延履行期间的债务利息。

蔡某不服一审法院判决,向本院提起上诉,请求撤销一审法院判决,依法改判支持蔡某的诉讼请求,并由保险公司承担本案的一、二审诉讼费用。上诉理由是:1. 依据双方保险合同的约定蔡某已经缴纳了三周年的保险金,保险公司应当按照保险合同对应的现金价值表给付现金价值,同时,本案所涉的保险合同已满3年,保险公司应当支付生存保险金。2. 本案所涉的保险费用只交到第三个保单周年日,解除合同亦应从该日起算。3. 合同解除后保险公司延期给付现金价值,应赔偿相应的利息损失。综上,请求二审法院判如所请。

保险公司同意一审法院判决。针对蔡某的上诉,保险公司认为:1. 2013年8月9日蔡某起诉到法院时保险公司才知道其要求解除合同,因此一审法院以该日期作为解除合同的日期并无不当。2. 第三个保单年度末应支付的保险价值中不包含生存金,因此,一审法院从第三个保单年度末的现金价值中扣减蔡某已领取了生存保险金并无不当。3. 一审法院判决才确认了解除保险合同的事实,故本案不涉及保险公司恶意欠款需赔偿利息损失的问题。综上,请求二审法院维持一审判决。

二审审理期间,蔡某向法院递交一份某保险销售服务有限公司(以下简称保险销售服务公司)出具的《关于长裕两全保险有关情况的说明》。证明涉案保险合同条款中关于生存保险金和现金价值的关系约定不明确,保险公司已经明确表示当客户对保险条款的理解出现分歧时,保险公司尊重客户的理解,即表明保险公司同意按客户理解进行赔付。保险公司对该份证据的形式真实性予以认可,但对其证明目的不予认可。本院对该份证据的形式真实性予以确认,对该证据的证明效力将综合评断。

本院经审理查明的事实与一审法院查明的事实一致。本院对一审法院采信的证据的证明效力亦予以确认。本院另查明,1. 保险销售服务公司作为涉案保险的代理销售商,其向法院出具的《关于长裕两全保险有关情况的说明》以下简称《说明》,该《说明》中有以下内容:保险销售服务公司在对蔡某进行展业时,提供了保险条款、投保单及产品说明书,履行了代理人对格式条款的说明义务。客户在投保时对合同条款、产品说明书中关于生存保险金和现金价值的关系问题未提出特殊疑问。2. 保险合同中约定的解除合同的手续是蔡某以书面通知的形式要求解除合同。同时约定,自保险公司收到合同解除申请书之日起,保险合同的效力即行终止。上述事实还有二审开庭笔录等在案佐证。

本院认为,蔡某通过保险销售服务公司的代理与保险公司签订了保险合同,蔡某与保险公司之间形成了保险合同关系,该保险合同合法有效,一审法院确认其效力正确,本院对此亦予以确认。

双方在保险合同中约定,保险公司收到解除合同申请之日合同效力即行终止。现蔡某通过起诉的方式要求解除合同,保险公司亦同意自收到蔡某的起诉状即解除双方之间的合同,故一审法院确定双方解除合同的日期并无不当,本院对此予以确认。蔡某上诉关于保险合同的解除应以第三个保单周年日为准之上诉请求因无相应的事实依据,本院对此不予采信。

关于合同解除后保险公司应予赔付的现金价值及生存保险金问题,本院认为,依据双方约定的保险条款内容,本案所涉保单在保险合同解除时保险公司应予赔偿的现金价值中应当包含了生存保险金。一审法院在蔡某已经领取生存保险金的情况下,对保险公司应当返还的保单现金价值给予相应的扣减并无不当,本院对此予以确认。蔡某上诉称其依据保险条款认为保险公司应当返还的现金价值中不包含生存保险金,对于蔡某的这种理解,保险销售服务公司已在《说明》中明确表示其对保险条款已经尽到了说明义务,且蔡某对现金价值及生存保险金的理解没有提出疑问。现蔡某向法院提交该份《说明》的行为，亦表示其认可保险销售服务公司的上述意见。在此情况下，法院认定，保险销售服务公司作为保险代理公司已对条款尽到了解释和说明的义务，蔡某亦是在无异议的情况下签订的保险合同。因此，双方当事人现均应当按照条款的约定执行。蔡某的该上诉理由无相应的事实依据，本院对此不予采信。

关于利息损失问题。本院认为，本案所涉保险合同被法院判令依法解除后，保险公司应当赔付蔡某保单的现金价值，蔡某现要求给付利息损失一节，因无相应的事实及合同依据，本院对此不予采信。

综上，本院认为，蔡某的上诉请求证据不足，本院不予支持。一审法院判决认定事实清楚，适用法律正确，依法应予维持。依照《中华人民共和国民事诉讼法》第一百七十条第一款第（一）项之规定，判决如下：

驳回上诉，维持原判。

一审案件受理费五百四十八元，由某保险公司负担（于本判决生效之日起七日内交纳）；

二审案件受理费一千零九十六元，由蔡某负担（已交纳）。

本判决为终审判决。

审　判　长　咸海荣
代理审判员　周熙娜
代理审判员　王占维
二〇一四年×月×日
书　记　员　×　玎
书　记　员　苏　娜

【评析】

《保险法》第十五条规定，除本法另有规定或者保险合同另有约定外，保险合同成立后，投保人可以解除合同，保险人不得解除合同。保险法赋予投保人任意解除权，作为投保人的蔡某有权解除保险合同。在保险公司收到法院的应诉通知及起诉书等之前，投保人未向保险公司提出解除保险合同。现投保人通过起诉的方式要求解除合同，保险公司亦同意自收到投保人的起诉书之日即解除合同，起诉书可视为蔡某解除保险合同的通知。保险公司于2013年8月9日收到法院的应诉通知及起诉书等，应视为蔡某解除保险合同的通知于当日送达给保险公司，故2013年8月9日即为投保人解除合同的时间。《保险法》第四十七条规定，投保人解除合同的，保险人应当自收到解除合同通知之日起三十日内，按照合同约定退还保险单的现金价值。如投保人解除合同，保险公司应当按照合同约定退还解除合同日保险单的现金价值。中国保险业协会推荐的《人身保险产品条款部分条目示范写法》对现金价值定义为“指保险单所具有的价值，通常体现为解除合同时，根据精算原理计算的，由本公司退还的那部分金额”。依据合同约定及相关法律规定，保险公司应根据精算原理计算2013年8月9日这一天保险合同的现金价值，作为应当退还的现金价值。根据保险合同的约定，未领取的保单红利及相应利息在解除合同时亦应返还给投保人。

10. 重大疾病保险中保险人未在除斥期间行使合同解除权的法律后果

北京铁路运输中级人民法院
(2014)京铁中民(商)终字第211号民事判决书

(2014年12月15日)

【案情】

投保人王某于2010年5月28日在某保险公司为被保险人战某投保一款寿险产品,保险金额300 000元,附加投保人豁免保险费定期寿险,保险金额为12 282元。2013年7月4日被保险人战某以已发生保险人承保范围内的重大疾病为由,向保险人主张重大疾病保险金,并同时提供了其2011年9月15日《出院诊断证明书》,出院诊断为系统性红斑狼疮、膜性狼疮性肾炎。经保险人调查核实:被保险人战某早在2010年4月30日即被北京大学人民医院风湿免疫内科确诊为系统性红斑狼疮。由于在投保时,就保险单健康告知栏中涉及的"红斑狼疮"投保人未回答为"是",且在"投保人及被保险人声明"栏有王某、战某亲笔签名,保险人认为投保人未如实告知被保险人真实病史。2013年7月25日保险人做出《拒赔、解除合同通知书》并送达。后战某向法院起诉,要求保险人给付保险金。

【判决书正文】

上诉人(原审被告):某保险公司北京分公司,住所地:北京市东城区。

被上诉人(原审原告):王某(系被上诉人王甲的法定代理人),男,1978年11月30日出生,汉族,住北京市西城区。

被上诉人(原审原告):王甲,男,2008年2月9日出生,汉族,住北京市西城区。

被上诉人(原审原告):战甲,男,1951年1月9日出生,汉族,退休工人,住北京市西城区。

被上诉人(原审原告):冯甲,女,1951年4月19日出生,汉族,退休工人,住北京市西城区。

上诉人某保险公司北京分公司(以下简称某保险公司)与被上诉人王某、王甲、战甲、冯甲健康保险合同纠纷一案,不服北京铁路运输法院(2014)京铁民初字第48号民事判决,向本院提起上诉。本院于2014年11月26日受理后,于2014年12月9日、15日公开开庭进行了审理。上诉人某保险公司的委托代理人,被上诉人王某、战甲、冯甲及委托代理人到庭参加了诉讼。本案现已审理终结。

王某、王甲、战甲、冯甲在一审中起诉称:王某从保障家庭健康安全的角度出发,在2008年11月底选择了某保险公司的重大疾病保障计划,由于年底工作繁忙加上临近春节,某保险公司销售人员过年期间不在北京,经过与其销售人员反复沟通后,于2010年5月25日签署了保险合同,王某为自己、配偶和儿子一家三口购买了重大疾病保障计划,其中战某的保险单号为010065561。由于在沟通保险期间,某保险公司营销人员给王某的是"综合保障计划书",通过该计划书,王某仅能了解保障收益情况及简单罗列所保障的重大疾病名称,所以在签署保险合同当时,对50余页内容非常繁多的保险合同无法详细阅读，主要还是听取销售人员的介绍，并在销售人员现场指导下逐一填写保险合同相关信息栏信息，销售人员表示相关告知栏全都填否，这样合同审核比较简单，王某填写完成合同，销售人员也告知王某后续会有保险公司电话回访，都回答是或者清楚、了解即可。

战某因患系统性红斑狼疮肾炎于2013年7月4日向保险公司提交理赔申请书，同日某保险公司受理了战某的理赔申请书，并于2013年7月10日从王某账户内扣除了2013年保险费12 564.36元。2013年7月30日战某收到保险公司作出的《拒赔、解除保险合同通知书》。战某书面回复不同意某保险公司的意见。2014年2月16日，战某因病毒性脑脊髓炎去世。王某认为：

一、王某与某保险公司签订的保险合同合法、有效，某保险公司在超过除斥期间后无权单方解除合同。

1. 王某与某保险公司签订保险合同的时间为2010年5月25日，而某保险公司给王某的《拒赔、解除保险合同通知书》的时间为2013年7月30日，时间间隔为3年2个月。根据《保险法》第十六条第三款，某保险公司超过二年的期间不得解除合同，发生保险事故，某保险公司应当承担给付保险金的责任。

2. 2013年7月4日某保险公司受理了战某的理赔申请书，并于7月10日从王某账户内扣除了2013年保险费12 564.36元。某保险公司在应当知道战某病情的情况下，仍然收取了2013年保险费的行为属于弃权，某保险公司无权解除合同，即便王某未履行如实告知义务，该事实也不能成为某保险公司拒绝给付保险金的理由。

二、战某所患系统性红斑狼疮肾炎属于保险合同中规定的《重大疾病保险的疾病定义使用规范》范围以内的疾病种类。

1. 战某初次患有保险合同第七条规定的重大疾病，即系统性红斑狼疮性肾炎的诊断时间为2011年9月15日。战某2011年9月15日的《出院诊断证明书》出院诊断：系统性红斑狼疮、膜性狼疮性肾炎。在此之前的诊断没有膜性狼疮性肾炎。

2. 战某初次患有的系统性红斑狼疮性肾炎符合《人寿保险合同》中《重大疾病保险的疾病定义使用规范》范围以内的疾病种类：……35. 系统性红斑狼疮性肾炎：指系统性红斑狼疮患者并发狼疮性肾炎而影响和损害肾脏功能，且肌酐清除率持续低于30ml/分。战某的住院诊断、临床表现及检测结果均符合《重大疾病保险的疾病定义使用规范》中关于系统性红斑狼疮性肾炎诊断条件。

三、战某患系统性红斑狼疮肾炎符合《人寿保险合同》第七条保险责任重大疾病保险金的规定，某保险公司应当承担保险责任。

1. 与某保险公司签订保险合同的时间为2010年5月25日；

2. 战某初次患有系统性红斑狼疮性肾炎的诊断时间为2011年9月15日。

3. 战某所患重大疾病系统性红斑狼疮肾炎属于《重大疾病保险的疾病定义使用规范》范围以内的疾病，符合《人寿保险合同》第七条保险责任重大疾病保险金的规定“被保险人经诊断于本合同生效一百八十天后初次患有本合同约定的重大疾病中的一项或多项，并且被保险人仍生存时，保险公司按保险金额向被保险人支付重大疾病保险金。”

综上，双方签订的保险合同合法、有效，某保险公司无权解除保险合同。依据保险合同的约定，发生保险事故，某保险公司应当承担保险责任。请求法院判令某保险公司：1. 承担保险责任，给付王某保险金325 833.52元（其中，重大疾病保险金额为300 000元，截止到2014年5月25日保险单个人账户价值25 833.52元）；2. 返还王某申请理赔后，某保险公司2013年7月10日收取王某的保费 12 564.36 元;3. 诉讼费由某保险公司承担。

某保险公司在一审中答辩称:

一、王某的起诉无任何事实依据。事实按时间顺序陈述如下:

1. 被保险人战某(以下简称被保险人)2010 年 4 月 30 日因病入住北京大学人民医院,2010 年 5 月 8 日被确诊为“系统性红斑狼疮”,2010 年 5 月 20 日出院诊断为“系统性红斑狼疮”。

2. 被保险人的丈夫王某(以下简称投保人)于 2010 年 5 月 25 日投保重大疾病保障计划,被保险人及投保人都在投保单上亲笔签名,并就保险单健康告知一栏中 K 项涉及的“红斑狼疮”未回答为“是”,投保人亲笔抄录“本人已阅读保险条款、产品说明书和投保提示书,了解本产品的特点和保单利益的不确定性。”

3. 投保人重大疾病保障计划产品说明书亲笔签名,该说明书第二条第一款列明:“若被保险人于观察期后初次患有保险公司承保的重大疾病,保险公司按保险金额加上保险单账户金额给付重大疾病保险金。”

4. 投保人在人身保险投保提示书亲笔签名,该提示书第十条列明:“请您如实填写投保资料、如实告知有关情况并亲笔签名。”

5. 重大疾病保障计划第七条保险责任约定:“被保险人经诊断与本合同生效(或复效)一百八十天后初次患有本合同约定的重大疾病中的一项或多项,并且被保险人仍生存时,保险公司按保险金额向被保险人支付重大疾病保险。”

6. 某保险公司于 2010 年 6 月 7 日进行了电话回访,就投保单、说明书及提示书询问是否投保人及被保险人亲笔签名,投保人均答复为“对”或“没错”。

7. 某保险公司于 2013 年 7 月 4 日收到被保险人的理赔申请书,随后保险公司进行了相关理赔调查,确定被保险人带病投保,未履行如实告知义务,保险公司 2013 年 7 月 25 日书面通知被保险人解除保险合同并对其理赔申请不承担保险责任。

二、王某的起诉无任何法律依据。

1. 某保险公司在投保单中对投保人询问的内容和范围是具体的,并非兜底式的概括性询问。

2. 王某无任何证据证明保险公司保险业务人员对其进行误导。其亲笔签名的书面材料属于原始证据和直接证据,足以证明是其真实意思表示,并非保险业务员对其进行误导。

3. 被保险人及投保人在确诊其患有“红斑狼疮”的情况下,仍然带病投保,故意未履行如实告知义务,违反了《保险法》规定的诚实信用原则。

4. 依照《保险法》第二条的规定,某保险公司对于保险合同约定的将来可能发生的保险事故承担保险责任。而非保险合同成立生效前业已发生和确定的事实为依据。保险合同成立生效于 2010 年 5 月 28 日,而被保险人在 2010 年 5 月 20 日即被确诊为“系统性红斑狼疮”,因此,“系统性红斑狼疮”对于被保险人而言是在保险合同成立生效前业已发生的事实,具有确定性,不符合保险事故的将来及不确定性的特点,某保险公司不应承担保险责任。

王某未对其未如实告知的行为予以否定,且依据《保险法》第十六条第三款规定主张,《保险法》第十六条第三款的规定,不能简单地曲解,应结合第一款、第二款的立法逻辑和本意,及《保险法》司法解释二第七条的规定予以释义。王某无事实和法律依据,曲解性地选择适用《保险法》第十六条第三款及司法解释二第七条的规定,其对该款的解读根本上违背法律的本意。

某保险公司知道或者应当知道投保人未履行如实告知义务是在被保险人 2013 年 7 月 4 日申请理赔后,经某保险公司理赔调查,于 2013 年 7 月 22 日左右才发现投保人未履行如实告知义务的事实,并于 2013 年 7 月 25 日向被保险人主张解除权,某保险公司在投保人续缴保费前并未知道或者应当知道其未履行如实告知义务。

三、被保险人及投保人的欺诈行为构成保险诈骗罪。依照《刑法》第一百九十八条的规定，被保险人及其投保人带病投保，未履行如实告知的欺诈行为，完全符合保险诈骗罪的犯罪构成要件，保险公司将保留追究投保人刑事责任的权利。

一审法院审理查明：

一、2010年5月25王某作为投保人，向某保险公司投保人寿保险，王某签署的投保书载明了以下主要内容：

(一)投保人王某，第一被保险人战某。

(二)投保险种：投保主险为重大疾病保障计划，保险金额为300 000元，附加寿险为附加投保人豁免保险费定期寿险，保险金额为12 282元。

(三)首期保险费为12 564.36元。

上述投保书由某保险公司预先印制，供投保人提出投保要求时填写。投保书设计有"临时保险单告知事项"、"一般情况告知"栏、"健康告知"栏。"临时保险单告知事项"栏询问事项的第2条为"在过去的180天内是否被建议或已接受住院或门诊(不包括感冒、流感、怀孕、分娩或结果正常的常规健康检查)"。

"健康告知"栏询问事项的第12条为"过去是否有下列情况？a. 接受健康查体而结果异常，或被建议接受其他检查；b. 接受X光、心电图、血液、尿液、超声波、CT、核磁共振、造影等检查；c. 接受或被建议用药、手术、住院等治疗(不包括感冒、流感、怀孕、分娩)"；第13条为"过去是否有任何未明确诊断或未经医师治疗的症状或不适？如持续发热，体重减轻，食欲不振等。"第14条为"过去有无下列疾病或症状？a. 肿瘤、囊肿、息肉、淋巴肿大或皮肤、乳腺疾病……k. 艾滋病或艾滋病病原携带、红斑狼疮、胶原性疾病等免疫系统疾病……"

投保书还设计有"询问事项结果(包括临时保单告知事项、一般情况告知、健康告知)"一栏，并且预设了"第一被保险人以上询问事项均为否"、"投保人以上询问事项均为否"的备选答案供投保人勾选。针对上述询问事项，投保人均打的是"√"。

投保书还设计有"投保人及被保险人声明"一栏，保险公司在该栏目内印制了以下文字：1. 本人已认真阅读了【投保客户须知】、【投保提示】、【产品说明书】、【投连产品风险提示】、【投资风险评估问卷】，并对以上内容已了解并同意遵守；贵公司保险代理人对保险合同条款、费率和投资账户收取的各项费用，及投保人、被保险人亲笔签名的要求均已向本人做出解释和说明。2. 本人完全同意以上投保书填写的各项内容。尤其是被保险人知悉并同意投保情况、保险金额和受益人的指定。3. 本人依据实际情况如实填写投保书，并确认没有向贵公司保险代理人及其他工作人员口头或以其他方式告知有关本人的任何事项。4. 本人对与投保书有关的各种书面询问及对贵公司体检医生的各项声明与陈述均确实无误，若有不符，贵公司有权解除保险合同，并对解除合同前所发生的保险事故均不负保险金给付责任。5. 本人接收保险合同即认同保险合同的所有内容，且同意内容均以保险合同上所载的条款为准……

在该栏目中，设有"特别提示"："为保证您的利益，详知您所投保的保险内容，请您先行阅读本公司代理人向您提供的保险条款。并请您签字确认：1. 本人已认真阅读并完全了解条款内容。2. 对于责任免除条款，贵公司代理人已向本人进行了明确解释和说明。"针对上述事项，投保人均在"是"的方框中打"√"，并亲笔抄录"本人已阅读保险条款、产品说明书和投保提示书，了解本产品的特点和保单利益的不确定性。"战某在第一被保险人签名处签名，王某在投保人签名处签名。

二、收到王某的投保要求后,某保险公司同意承保并且签发了保险单,保险单号为010065561号保险合同,该保险单载明以下主要内容:

(一)投保人为王某,第一被保险人为战某,第二被保险人为王某;

(二)某保险公司承保的险种:第一被保险人:无忧重大疾病保障计划,保险金额为300 000元,保险期间至2049年5月27日;第二被保险人:附加投保人豁免保险费定期寿险,保险金额为12 282元,保险期间至2030年5月27日;

(三)特别提示:重大疾病保障计划是由定期重大疾病保险和两全保险(万能型)两个保险产品组成;

(四)保险单成立及生效日为2010年5月28日。

三、订立保险合同所使用的定期重大疾病保险条款是由某保险公司提供的格式条款,该条款约定的与本案诉争事项有关的内容如下:

(一)重大疾病保险条款第七条保险责任:重大疾病保险金:被保险人经诊断于本合同生效(或复效)一百八十天后初次患有本合同约定的重大疾病中的一项或多项,并且被保险人仍生存时,保险人按保险金额向被保险人支付重大疾病保险金。

(二)重大疾病范围包括系统性红斑狼疮性肾炎,具体是指系统性红斑狼疮患者并发狼疮性肾炎而影响和损害肾脏功能,且肌酐清除率持续低于30ml/分。系统性红斑狼疮性肾炎的诊断必须经专科医生确诊,并满足下列条件:1. 临床表现至少具备下列条件的四个:(1)蝶形红斑或盘形红斑;(2)光敏感;(3)口鼻腔粘膜溃疡;(4)非畸形性关节炎或多关节炎痛;(5)胸膜炎或心包炎;(6)癫痫或精神症状;(7)血象异常(白细胞小于4×10/L或血小板小于100×109/L或溶血性贫血)。2. 检测结果至少具备下列条件的两个:(1)抗dsDNA抗体阳性;(2)抗Sm抗体阳性;(3)抗核抗体阳性;(4)皮肤狼疮带实验(非病损部位)或肾活检阳性;(5)C3降低。

(三)重大疾病保险条款第二十二条告知义务:

保险人就投保人和被保险人的有关情况提出询问的,投保人应当如实告知。

如果投保人故意或者因重大过失未履行前款规定的如实告知义务,足以影响保险人决定是否同意承保或者提高保险费率的,保险人有权解除本合同。

如果投保人故意不履行如实告知义务的,对于本合同解除前发生的保险事故,保险人不承担给付保险金的责任,并不退还保险费。

如果投保人因重大过失未履行如实告知义务,对保险事故的发生有严重影响的,对于合同解除前发生的保险事故,保险人不承担给付保险金的责任,但应当退还保险费。

保险人在合同订立时已经知道投保人未如实告知的情况的,保险人不得解除合同;发生保险事故的,保险人应当承担给付保险金的责任。

四、订立保险合同所使用的两全保险(万能型)保险条款是由保险公司提供的格式条款,该条款第三条保险责任:个人账户价值给付约定为:若保险公司批准并支付主合同重大疾病保险金,本附加合同终止。保险公司将向被保险人给付本附加合同终止时的个人账户价值。

五、2010年5月29日王某交纳首次保险费12 564.36元,010065561号保险合同缴费2013年7月10日(2013年保险费12 564.36元是保险公司2013年7月10日从原告账户内扣除的)。截止到2014年5月25日战某保险单个人账户价值为25 833.52元。

六、战某住院治疗情况。

(一)2010年4月30日至5月20日,战某在北京大学人民医院风湿免疫内科第1次住院,2010年5月8日确定诊断为:1. 干燥综合征;2. 系统性红斑狼疮。2010年5月20日出院诊断为:

1. 干燥综合征、肺间质纤维化;2. 系统性红斑狼疮;3. 长期口服激素大于六个月;4. 上呼吸道感染;5. 高甘油三酯血症;6. 高尿酸血症。

(二)2010 年 9 月 19 日至 10 月 27 日,战某在北京大学人民医院风湿免疫内科第 2 次住院。入院诊断为 1. 皮肌炎;2. 系统性红斑狼疮;3. 干燥综合征;4. 长期使用激素大于 6 个月。出院诊断为:1. 皮肌炎、双肺间质纤维化;2. 干燥综合征;3. 长期使用激素大于 6 个月;4. 药物性肝损伤。

(三)2010 年 12 月 27 日至 2011 年 1 月 19 日,战某在北京大学人民医院风湿免疫内科第 3 次住院。入院诊断为 1. 皮肌炎、肺间质纤维化;2. 干燥综合征;3. 药物性肝损害;4. 长期使用激素大于 6 个月。出院诊断为:1. 皮肌炎、肺间质纤维化;2. 干燥综合征;3. 药物性肝损害;4. 长期使用激素大于 6 个月;5 反流性食管炎。

(四)2011 年 8 月 3 日至 9 月 15 日,战某在北京大学人民医院风湿免疫内科第 4 次住院。入院诊断为:1. 皮肌炎、肺间质纤维化;2. 干燥综合征【合格伦】;3. 反流性食管炎(分级)。出院诊断为:1. 重叠综合征、系统性红斑狼疮、膜性狼疮性肾炎(LN－V)、慢性肾脏病 1 期、皮肌炎、继发性肺间质纤维化、干燥综合征【舍格伦】;2. 反流性食管炎(分级);3. 骨质疏松症;4. 肝损伤。

(五)2011 年 11 月 17 日至 2013 年 5 月 16 日,战某在北京大学人民医院风湿免疫内科共住院 7 次,治疗系统性红斑狼疮、膜性狼疮性肾炎(LN－V)等疾病。

七、2013 年 7 月 4 日,战某就其 2011 年 8 月 3 日至 9 月 15 日在北京大学人民医院住院接受治疗期间被诊断为系统性红斑狼疮性肾炎向保险公司请求给付重大疾病保险金,某保险公司于 2013 年 7 月 15 日向北京大学人民医院调取了战某病例,2013 年 7 月 25 日做出了拒赔、解除保险合同通知书,该通知书记载:经核实,战某投保前已患有系统性红斑狼疮,而如上事实在投保时并未如实告知保险公司……根据《中华人民共和国保险法》第十六条规定和保险合同规定的告知义务……对于投保前病史未能履行如实告知义务,足以影响保险公司承保决定,保险公司决定对此次理赔申请不予承担保险责任,同时解除 010065561 号保险合同。

八、战某于 2014 年 2 月 16 日因病毒性脑脊髓炎去世。

一审法院判决认定:本案所涉的保险合同,是双方当事人的真实意思表示,内容不违反法律、行政法规的强制性规定,合法有效。在被保险人战某去世后,作为战某法定第一顺序继承人的王某、王甲、战甲、冯甲有权依据保险合同约定的内容行使其受益权。

本案的争议焦点在于,某保险公司是否应当基于战某患系统性红斑狼疮性肾炎,向战某承担给付保险金的责任。《中华人民共和国保险法》第十六条规定“订立保险合同,保险人就保险标的或者被保险人的有关情况提出询问的,投保人应当如实告知;投保人故意或者因重大过失未履行前款规定的如实告知义务,足以影响保险人决定是否同意承保或者提高保险费率的,保险人有权解除合同;前款规定的合同解除权,自保险人知道有解除事由之日起,超过三十日不行使而消灭。自合同成立之日起超过二年的,保险人不得解除合同;发生保险事故的,保险人应当承担赔偿或者给付保险金的责任。”

从当事人举证来看,可以明确的是战某于 2010 年 4 月 30 日因病住院,2010 年 5 月 20 日出院诊断为“系统性红斑狼疮”。王某 2010 年 5 月 25 日投保时在投保单询问事项结果栏均做出“否”的回答,被保险人战某也在投保单上签字确认,所以在本案中,已经构成了投保人故意不履行如实告知义务。在此种情况下,根据《中华人民共和国保险法》第十六条规定某保险公司有解除合同的权利,但解除合同要同时符合以下两个条件:一、保险人知道有解除事由之日起,三十日之内行使解除权;二、保险合同自成立之日起未超出两年。而本案保险合同2010年5月28日成立生效,被保险人战某2011年9月15日确诊为系统性红斑狼疮性肾炎,战某2013年7月4日向某保险公司申请理赔。从时间上看,已经超过二年期限,因此某保险公司不得解除此合同,发生保险事故应当按照保险合同的约定履行合同义务。某保险公司认为依照《保险法》第二条的规定,保险公司对于保险合同约定的将来可能发生的保险事故承担保险责任,保险合同成立生效于2010年5月28日,而被保险人在2010年5月20日即被确诊为"系统性红斑狼疮",因此,"系统性红斑狼疮"对于被保险人而言是在保险合同成立生效前业已发生的事实,具有确定性,不符合保险事故的将来及不确定性的特点,某保险公司不应承担保险责任。该院认为,战某确实存在"带病投保"的情况,但是保险合同约定的保险责任范围内的重大疾病指"系统性红斑狼疮性肾炎",战某初次患"系统性红斑狼疮性肾炎"的诊断时间为2011年9月15日,是在保险合同成立生效后发生的事实,不是在保险合同成立生效前业已发生的事实,因此,该院对保险公司的意见不予采纳。王某、王甲、战甲、冯甲要求某保险公司支付保险金300 000元、给付保险单个人账户价值25 833.52元的诉讼请求有事实和法律依据,该院予以支持。王某、王甲、战甲、冯甲要求某保险公司返还申请理赔后收取的保费12 564.36元的诉讼请求无法律依据,该院不予支持。

综上所述,依照《中华人民共和国保险法》第二条、第十六条第一款、第二款、第三款、第七款、第四十二条第一款第(一)项,《中华人民共和国继承法》第十条第一款、第二款之规定,判决如下:一、某保险公司于本判决生效之日起十日内向王某、王甲、战甲、冯甲支付保险金三十二万五千八百三十三元五角二分;二、驳回王某、王甲、战甲、冯甲的其他诉讼请求。

某保险公司不服一审法院上述民事判决,向本院提起上诉。其主要上诉理由是:一、投保单属于投保人的要约,保险人签章和收取投保人保费为承诺。一经保险人承保后,投保单即成为保险合同的一部分。战某在2010年4月30日患有系统性红斑狼疮属于红斑狼疮的范畴,虽然并未在重大疾病保障计划予以约定,但依照保险法及合同法等规定,也属于保险公司应当承担的重大疾病保险责任。一审判决简单地认为系统性红斑狼疮肾炎为保险合同约定的保险责任范围内的重大疾病,而忽略投保单为保险合同组成部分,且红斑狼疮所涉及的保险责任远远超过系统性红斑狼疮肾炎的部分,战某罹患系统性红斑狼疮应当属于保险合同约定的保险责任。二、一审判决认定投保人带病投保及未履行如实告知义务同判定保险事故发生时间存在前后矛盾。带病投保及未履行如实告知义务是基于保险事故发生在保险合同成立生效之前,而非保险合同生效之后,一审判决既认定带病投保及未履行如实告知义务,又判定保险事故发生在保险合同生效后,很明显这种判定前后矛盾。三、一审判决的价值取向应是维护契约精神、保险合同的最大诚信原则和善意相对人的合法权益。一审判决认定投保人及被保险人带病投保及未履行如实告知义务,其本质属于《合同法》第五十四条规定的欺诈行为,属于应当撤销或变更的行为。最高人民法院关于保险法的司法解释三征求意见稿中就解除和撤销关系进行了规定。一审判决以两年不可抗辩为由保护恶意相对人的权益作为保险的价值取向,将损害保险业的最大诚信原则和如实告知程序。综上,请求二审法院撤销原判,依法改判支持上诉人的上诉请求。

王某、王甲、战甲、冯甲服从一审法院判决。其针对上诉人某保险公司的上诉理由口头答辩称,一、上诉人在上诉状中称投保人只要患有红斑狼疮,保险人就应当承担保险责任,这是上诉人对合同条款的任意解释,是不负责任的表现。《重大疾病保险的疾病定义使用规范》已经严格限制了重大疾病的范围,系统性红斑狼疮肾炎属于合同约定的重大疾病,并且有严格的临床表现和检测结果条件的要求,因此上诉人所称的系统性红斑狼疮等属于重大疾病明显是错误的。二、战某于2013年5月16日初次患有保险合同第七条规定的重大疾病,即系统性红斑狼疮肾炎,符合保险合同约定的保险责任,上诉人应当承担保险责任。三、上诉人与被上诉人双方签订的保险合同合法、有效,上诉人在超过2年除斥期间后无权单方解除合同。且上诉人在战某申请理赔、应当知道战某病情的情况下,仍然收取了战某2013年的保费属于弃权,即便战某未履行如实告知义务,上诉人也无权解除保险合同。因此,上诉人于2013年7月25日作出的《拒赔、解除保险合同通知书》是无效的。综上,请求二审法院依法驳回上诉人上诉请求。

本院经审理查明的事实与一审法院查明的事实一致。

本院认为,上诉人某保险公司与被上诉人王某签订的保险合同合法有效,双方当事人应依约履行。根据保险合同的约定,被保险人战某在保险合同生效后一百八十天后初次患有本合同约定的重大疾病中的一项或多项,某保险公司应按保险金额向被保险人支付重大疾病保险金。被保险人战某身故的,其法定第一顺序继承人的王某、王甲、战甲、冯甲有权依据保险合同约定的内容行使其受益权。上诉人关于投保书中健康告知一栏列举的红斑狼疮属于重大疾病保障计划约定的保险责任,红斑狼疮应当涵盖保险合同约定的重大疾病中系统性红斑狼疮性肾炎的上诉意见,因无合同依据,本院不予采信。某保险公司关于一审判决认定投保人带病投保及未履行如实告知义务同判定保险事故发生时间存在前后矛盾的上诉意见,本院认为,依据已查明的事实,虽然战某未履行如实告知义务,存在带病投保行为,但根据《保险法》第十六条的规定,合同成立之日起超过二年的,保险人不得解除合同。现某保险公司于2013年7月25日作出拒赔、解除保险合同通知书已超过二年,故保险公司要求解除合同无法律依据。一审判决认定战某初次患"系统性红斑狼疮性肾炎"是在保险合同成立生效后发生的,有事实及合同依据。综上,上诉人某保险公司的上诉理由不能成立,一审判决认定事实清楚,适用法律正确,应予维持。依照《中华人民共和国民事诉讼法》第一百七十条第一款第(一)项之规定,判决如下:

驳回上诉,维持原判。

一审案件受理费三千一百八十八元,由王某、王甲、战甲、冯甲负担一百一十九元(已交纳),某保险公司负担三千零六十九元(于本判决生效之日起七日内向北京铁路运输中级法院交纳);二审案件受理费六千一百八十七元五角,由某保险公司负担(已交纳)。

本判决为终审判决。

【评析】

医学研究认为,几乎所有的系统性红斑狼疮均同时伴有不同程度的肾脏疾病,"系统性红斑狼疮"最终发展成保险合同重大疾病保障范围中的"系统性红斑狼疮性肾炎"是符合医学原理的,两种病症之间存在直接的、递进的、必然的因果关系。本案中,被保险人在保险合同成立前,就业已存在保险合同中约定的重大疾病保障范围内的"系统性红斑狼疮肾炎"风险。该种风险与保险人承保的"将来可能发生的、具有不确定性的保险风险"这一最基本的保险原理是相悖的。这也是保险法规定投保人故意不履行如实告知义务时需要承担不利法律后果的最基础的理论依据。因此,本案投保人的未如实告知与保险人的风险评估乃至保险事故发生之间存在因果关系,保险人有权解除合同。

本案投保人存在"带病投保"的欺诈行为。《合同法》第五十四条针对欺诈行为,规定了合同的可变更、可撤销制度。《合同法》第五十四条和《保险法》第十六条是竞合关系,是一般法与特殊法的关系。"故意违反《保险法》上的如实告知义务"既违反了《保险法》第十六条,也属于《合同法》第五十四条规定合同可撤销的情形之一即欺诈。在特别法赋予保险人的合同解除权不能救济保险人时,应当适用一般法《合同法》的规定,保险人因而具有撤销权。其原因在于:一是当事人具有欺诈的主观恶意,本案投保人符合欺诈行为的主客观要件,保险人具有合同撤销权;二是适用《合同法》第五十四条赋予保险人合同撤销权符合保险法的最大诚信原则;三是法律规定投保人的如实告知义务是对保险人信息不对称的弥补。如果投保人不如实告知,保险人难以知悉其具体情况是否符合保险合同的约定,也很难在两年的除斥期间内知悉投保人的欺诈行为。故当保险人未在《保险法》第十六条规定的除斥期间内行使合同解除权时,保险人仍可以根据《合同法》第五十五条规定的除斥期间即"具有撤销权的当事人自知道或者应当知道撤销事由之日起一年内"行使对保险合同的变更或撤销权。本案法院判决确有值得商榷之处。

11. 重大疾病保险中被保险人不可抗辩条款适用的认定

四川省乐山市市中区人民法院
(2014)乐中民初字第1286号民事判决书

(2014年6月4日)

【案情】

2010年8月25日,陈乙为其父亲陈甲在某保险公司投保某终身寿险(保额8万元),附加重大疾病保险(3万元),合同约定的身故保险金受益人为陈乙。2012年3月28日至5月3日,被保险人陈甲经医院诊断为"右肺腺癌脑转移"。2012年9月11日(合同成立已满两年),被保险人向某保险公司申请重大疾病保险金理赔。经某保险公司调查核实:2010年8月10日至24日(8月25日投保),被保险人在某医院住院治疗,诊断为"右肺腺癌";后被保险人在该医院内连续因"右肺腺癌"住院9次,但均未申请理赔。2012年9月17日,某保险公司作出解约、拒付的理赔决定。2012年10月25日,被保险人陈甲以超过两年抗辩期为由诉至法院,要求给付3万元重大疾病保险金,后自行撤诉。2014年3月24日,被保险人死亡,受益人陈乙再次诉至法院,主张合同已成立超过两年,要求某保险公司给付身故保险金8万元。

【判决书正文】

原告:陈乙,男,1986年8月3日出生,汉族,农民,住四川省井研县。

被告:某保险公司乐山中心支公司,住所地:四川省乐山市市中区。

原告陈乙诉被告某保险公司乐山中心支公司人身保险合同纠纷一案,本院于2014年4月1日立案受理后,依法适用简易程序由审判员李某独任审理,于2014年5月6日公开开庭进行了审理。原告陈乙的委托代理人、被告委托代理人到庭参加诉讼。本案现已审理终结。

原告陈乙诉称:2010年9月1日,原告向被告投保了某终身寿险,附加提前给付重大疾病保险,被保险人为原告的父亲陈甲,该合同于2010年9月2日成立并生效。在投保时被告的业务员只告知原告每年交4000元的保险费,在被保险人死亡后,被告就支付原告保险金80 000元。在签订投保书时,被告的业务员并未询问被保险人的身体健康状况。应当由原告书写的“本人已阅读保险条款,产品说明书和投保提示书了解本产品的特点和保单利益的不确定性”这段话也是由被告的业务员书写的。

2012 年 3 月 28 日,陈甲在成都军区总医院诊断为“右肺腺癌脑转移”,2012 年 9 月 11 日,原告向被告报案并要求给付附加提前给付重大疾病保险,保险金 30 000 元。2012 年 9 月 17 日,被告以陈甲在投保前存在影响该公司承保决定的健康状况,而在投保时未书面告知为由,以书面形式单方解除该保险合同。

原告认为,根据《保险法》第十六条的规定,保险合同成立之日起超过二年的,保险人不得解除合同;发生保险事故的,保险人应当承担赔偿或给付保险金的责任。从 2010 年 9 月 2 日保险合同生效至 2012 年 9 月 17 日保险合同终止时间已超过二年,并且保险人在投保时并未询问被保险人的身体健康状况也未告知投保人有关限制约束、免责条款。因陈甲于 2014 年 3 月 24 日因疾病死亡,现诉至法院请求判决被告给付原告保险金 80 000 元。

被告辩称:第一,被告虽在合同成立二年后解除合同,但由于原告的不正当行为故意规避保险人解除权的成就,根据《合同法》第四十五条之规定,应视作解除合同的条件成就,原告故意规避行为无效。具体而言,首先,投保时,原告及陈甲故意隐瞒了陈甲已患右肺腺癌的重大事项;其次,在合同成立后二年内,陈甲连续 9 次住院,在法律明确规定并且合同也约定需要及时报案的情况下,原告均未报案,故意阻止保险人知道解除事由的存在;最后,原告在合同成立二年后不到 10 天便向被告申请理赔,主张合同已超过二年不得解除必须赔付,故意规避二年期限。第二,根据《最高人民法院关于保险法司法解释(二)理解与适用》中关于《保险法》第十六条的释明可知,保险合同订立时事故已经发生,投保人就此向保险人作了不实告知,保险合同成立二年后,被保险人或受益人以可抗辩期已过为由,要求保险人对该隐瞒的保险事故赔偿的,人民法院不予支持,保险人可以拒付解约。第三,原告方二年内持续住院一直故意不通知被告,违反了法律及合同中关于及时通知的义务,应承担不利后果。第四,陈甲在投保前已患癌症,最终也是因此病故。即便合同已成立超过二年,但由于其隐瞒的疾病属于投保前继存风险,根据保险是对未知风险进行保障这一保险原理及相关审判实践,其不应获得赔付。第五,原告方隐瞒病情,故意阻止被告解除权成就的行为具有明显故意,于情于理均应当获得法律否定性评价。综上,请求驳回原告的诉讼请求。

经审理查明:原告陈乙之父陈甲,因右肺腺癌于 2010 年 8 月 10 日入中国人民解放军成都军区总医院住院治疗,至 2010 年 8 月 24 日病情平稳后出院。

2010 年 8 月 25 日,陈乙为陈甲在被告处投保某终身寿险(万能型),包括:主险:保险金额 80 000 元、保险期间为终身,年交保费 4000 元;附加险:重疾、某意外险、某医疗险。合同约定的身故保险金受益人为陈乙。陈乙和陈甲均在“询问事项”栏就病史、住院检查和治疗经历等项目勾选为“否”。两人均签字确认其在投保书中的健康、财务及其他告知内容的真实性,并确认被告及其代理人已提供保险条款,对条款进行了说明,尤其对免除保险人责任条款、合同解除条款进行了明确说明。合同条款第 1.2 条约定:“您提出保险申请,我们同意承保,本主险合同成立。主险合同自我们同意承保、收取首期期交保险费并签发保险单开始生效……”(庭审中,双方确认合同自 2010 年 9 月 2 日起生效);第 4.1 条约定:“请您或受益人在知道保险事故后 10 日内通知我们。如果您或受益人故意或者因重大过失未及时通知,致使保险事故的性质、原因、损失程度等难以确定的,我们对无法确定的部分,不承担给付保险金的责任,但我们通过其他途径已经及时知道或者应当及时知道保险事故发生或者虽未及时通知但不影响我们确定保险事故性质、原因、损失程度的除外”。合同 7.1 条就保险人的明确说明义务、投保人的如实告知义务以及保险人的合同解除权进行了约定。7.2 条约定:“前条规定的合同解除权,自我们知道有解除事由之日起,超过30日不行使而消灭。自本主险合同成立之日起超过二年的,我们不得解除合同;发生保险事故的,我们承担给付保险金的责任”。

2010年9月6日至2012年6月6日,陈甲因右肺腺癌先后9次到中国人民解放军成都军区总医院住院治疗。2012年9月11日,陈甲以2012年3月28日的住院病历为据向被告申请赔付重大疾病保险金。被告于2012年9月17日以陈甲投保前存在有影响该公司承保决定的健康情况,而在投保时未书面告知为由,向原告送达解除保险合同并拒赔的通知。陈甲、陈乙于2012年10月24日诉至本院请求判决被告继续履行保险合同并给付重大疾病保险金30 000元。2012年12月18日,本院裁定准许了陈甲、陈乙的自愿撤诉申请。

2014年3月11日至14日,陈甲再次因右肺腺癌入院治疗,中国人民解放军成都军区总医院对其所作的出院诊断为:右肺腺癌伴全身多次转移(Ⅳ期,含骨转移)。2014年3月24日,陈甲因病死亡。原告陈乙遂诉至本院,请求被告给付陈甲的身故保险金80 000元。

上述事实,有人身保险投保书、某终身寿险(万能型)保险合同、保单回执、陈甲的住院病历、理赔申请书、理赔决定通知书、陈甲的死亡证明以及原、被告的陈述等证据予以证实。

本院认为:《中华人民共和国保险法》第十六条规定:“订立保险合同,保险人就保险标的或者被保险人的有关情况提出询问的,投保人应当如实告知。投保人故意或者因重大过失未履行前款规定的如实告知义务,足以影响投保人决定是否同意承保或者提高保险费率的,保险人有权解除合同。前款规定的合同解除权,自保险人知道有解除事由之日起,超过三十日不行使而消灭。自合同成立之日起超过二年的,保险人不得解除合同;发生保险事故的,保险人应当承担赔偿或者给付保险金的责任……”。从该条文文义分析,投保人故意或重大过失未履行如实告知义务,保险人有权自知道解除事由之日起三十日内行使合同解除权;自合同成立之日起超过二年发生解除事由的,保险人不得行使合同解除权。

本案中,投保人陈乙在陈甲因右肺腺癌住院治疗好转后,于出院次日即向被告投保,在投保时故意隐瞒被保险人陈甲患有右肺腺癌的情况,违反了上述如实告知义务,保险人依法享有解除合同的权利。因上述解除事由在保险合同订立时已经发生,且陈甲在2010年9月6日至2012年6月6日期间,即合同成立后二年内因右肺腺癌先后9次到中国人民解放军成都军区总医院住院治疗,却在合同成立二年后的2012年9月11日才以2012年3月28日的住院病历为据向被告申请赔付重大疾病保险金,又在陈甲因右肺腺癌死亡之后要求被告赔付身故保险金80 000元,其主观恶意明显,该情形不属于《保险法》第十六条第三款的适用范围,原告不得援引该条款提出抗辩。

被告自原告方向其申请理赔的2012年9月11日起始知道该解除事由,即于2012年9月17日向原告送达书面通知拒付并解除合同。根据《中华人民共和国合同法》第九十六条第一款的规定,原、被告之间的某终身寿险(万能型)保险合同自上述解除通知到达原告的2012年9月17日起解除。如原告方对解除通知有异议,因双方未约定异议期,根据《最高人民法院关于适用〈中华人民共和国合同法〉若干问题的解释二》第二十四条的规定,原告应该在解除通知到达之日起三个月内起诉或仲裁。本案中,原告未在三个月异议期内提起有效的民事诉讼或仲裁以对抗被告的解除通知,故双方合同已于2012年9月17日起解除。原告以2014年3月24日陈甲的因病死亡为由诉至本院,请求被告依照合同约定给付陈甲身故保险金80 000元没有法律依据,本院依法不予支持。

据此,依照《中华人民共和国合同法》第九十六条第一款、《中华人民共和国保险法》第十六条、《最高人民法院关于适用〈中华人民共和国合同法〉若干问题的解释二》第二十四条的规定判决如下:

驳回原告陈乙的诉讼请求。

本案案件受理费减半收取后为900元,由原告陈乙负担。

如不服本判决,可在判决书送达之日起十五日内,向本院递交上诉状,并按对方当事人的人数提出副本,上诉于四川省乐山市中级人民法院。

审 判 员 李 某

二〇一四年六月四日

书 记 员 刘 某

【评析】

本案中,被保险人投保后连续9次因"右肺腺癌"住院治疗,皆未申请理赔,却在两年期满后不到10天便申请理赔,具有明显的主观故意拖延理赔行为,因而不得援引"两年不可抗辩"主张支付保险金。

12. 借款人意外伤害保险中保险期间的认定

山东省潍坊高新技术产业开发区人民法院
(2014)开商初字第87号民事判决书

(2014年8月20日)

【案情】

孙某于2013年3月11日与银行签订借款合同,2013年3月18日银行向孙某实际发放贷款,到期日为2014年3月17日。为保证债权,银行于贷款发放之日要求孙某投保了借款人意外伤害保险(A款),保险期间自2013年3月19日至2014年3月17日。2013年11月18日,孙某将上述贷款本息一次性付清。2014年1月3日,孙某驾驶车辆撞在路侧树上,受伤后抢救无效死亡。其家属向保险公司提出理赔申请,但是根据借款人意外伤害保险条款规定,贷款还本付息之后保险合同也随之终止,为此双方存在争议,其家属遂诉至法院。

【判决书正文】

原告:周某,女,1972年10月16日生,汉族,农民,住所地潍坊市寒亭区,系死者孙某之妻。

原告:孙甲,女,1996年7月31日生,汉族,学生,住所地潍坊市寒亭区,死者孙某之女。

原告:孙乙,女,2005年6月22日生,汉族,学生,住所地潍坊市寒亭区,死者孙某之女。

被告:某保险公司潍坊中心支公司,住所地潍坊高新区。

原告周某、孙甲、孙乙与被告某财产保险股份有限公司潍坊中心支公司(以下简称某保险公司)意外伤害保险合同纠纷一案,本院受理后依法组成合议庭公开开庭进行了审理。原告周某、孙甲、孙乙的共同委托代理人于某、被告某保险潍坊公司的委托代理人郝某到庭参加诉讼。本案现已审理终结。

原告诉称,2013年3月18日,孙某与被告签订借款人意外伤害保险合同,约定在孙某遭受意外伤害时由被告向法定受益人支付最高额8万元的保险金,保险期间自2013年3月19日至2014年3月17日,同日,孙某向被告全额支付了保险费。2014年1月3日19时40分,孙某驾驶鲁G1号小型客车行驶至冯马杨孟村新鑫宾馆南侧时撞树上,致孙某抢救无效死亡。事故发生后,原告多次向被告申请理赔,但被告至今仍以种种理由推诿。故原告请求判令被告向三原告支付保险金8万元。

被告辩称,1.投保人孙某在被告投保的是借款人意外伤害保险,该险种的意义在于提供给银行等金融机构向借款人贷款时规避借款人在贷款期间发生意外事故造成对还款的影响,保险受益人是贷款发放机构;2.根据保险条款及合同约定,保险期间与相应的借款合同的贷款期限一一对应,保险责任自借贷资金到达借款合同指定的借款人账户时开始至被保险人按借款合同规定清偿全部贷款本息之日止,被告亦已将该条款及保单约定如实告知了孙某,且由孙某本人签字确认。事故发生时,投保人孙某已偿还全部贷款本息,故事故未发生在保险期间内,被告不应承担赔偿责任;3.本保单采用的保险金额为即时保险金额,即初始保险金额为8万元,期限12个月,逐月递减,故事故发生时的即时保险金额为13 333元,即按80 000元×(12-10)月/12计算。

经审理查明,2013年3月11日,孙某与潍坊某银行股份有限公司签订个人最高额联合保证借款合同,约定孙丙、孙丁、孙某、刘某自愿组成联保小组,对联保小组各成员自2013年3月11日起至2016年1月31日止,在贷款人处发生的借款业务所形成的债务最高余额提供最高额担保;借贷双方通过指定的借款人在贷款人处开立的账户办理借贷资金的发放、支付与还款等业务;孙某指定账户为6223××××××××××56,授信额度为12万元,借款用途是养殖狐狸。合同签订后,潍坊某银行股份有限公司于2013年3月18日向孙某实际发放贷款8万元,到期日为2014年3月17日。孙某于2013年11月18日将上述贷款本息一次性结清。

潍坊某银行股份有限公司为保证债权,于贷款发放之日要求孙某投保借款人意外伤害保险。2013年3月18日,孙某与被告某保险公司签订《某借款人意外伤害保险A款》的保单,保单号为89402××××××××××××21,保单载明投保人及被保险人(借款人)均为孙某,借款日期为2013年3月18日,贷款到期日为2014年3月17日,保险金额8万元,保险期间自2013年3月19日至2014年3月17日,保险费为160元;并约定本保险合同由保险单、保险条款、声明、批注及与本合同有关的投保单、体检报告等共同构成,任何口头或非书面的约定均无法律效力;在本保单中附有投保人声明:贵公司已对保险合同的条款内容履行了说明义务,并对责任免除条款履行了明确说明义务。本人已仔细阅读、理解客户保障声明及保险条款尤其是免责条款、解除合同等规定并同意遵守:本保险单未尽事宜以《借款人意外伤害保险A款(2009年版)条款》为准。特别约定本保险单的第一受益人为贷款发放机构;本保单与借款合同一一对应,否则,本合同无效。投保人签字处系孙某。保单签订后,160元保险费由潍坊某银行股份有限公司在发放的贷款中直接扣除。

2014年1月3日,孙某驾驶鲁G1号小型普通客车沿五岭路由南向北行驶时撞在路侧树上,致孙某受伤,抢救无效死亡。孙某有三名继承人:妻子周某、长女孙甲及次女孙乙。三名继承人即三名原告认为被告作为保险人,投保人孙某在保险期内(2013年3月19日至2014年3月17日)发生意外死亡,在孙某将贷款本息还清(2013年11月18日一次性还清)的情况下,应向法定受益人即三名原告赔付8万元保险金。被告对原告主张不认可,提供《借款人意外伤害保险A款

(2009年版)条款》规定,并依据该条款第八条第二款“本保险合同的保险期间必须与相应的借款合同的贷款期限一一对应,本合同保险责任自借款资金到达借款合同指定的借款人账户时开始至被保险人按照借款合同规定清偿全部贷款本息之日止。否则,即使已经签订保险合同、交纳保险费保险人也不承担相应保险责任”的规定,主张保险责任期限至2013年11月18日即孙某将贷款本息还清之日已届满,孙某2014年1月3日意外死亡,不在保险期间内,被告不应赔付。原告认为上述条款为格式条款,被告未履行对格式条款的提示说明义务,应承担不利后果。

上述事实有原告提供的借款合同、保单、银行出具的还款证明、证人证言及被告提供的借款人意外伤害保险A款(2009年版)条款等证据及当事人的陈述在案为证,经庭审质证,本院审查,足以认定。

本院认为,贷款发放机构在发放贷款时让孙某投保借款人意外伤害保险,是为了保证其债权的实现,孙某投保借款人意外伤害保险是为了贷款的顺利发放,故涉案险种的意义是借款人在借贷期间发生意外时,所借款项由保险公司按规定偿还,而不用由借款人的亲人背负。现借款人孙某在借款到期前偿还了欠款,按照保险单及保险条款的约定,涉案险种的保险责任期限在借款本息清偿之日已结束,故孙某之后发生意外死亡,该事故不在保险责任期限内,孙某的继承人依据该保险理赔不妥。另孙某已声明保险人对必要条款作了说明,且保单中亦有“特别约定”一项以引起投保人注意,故原告以相关条款为格式条款,保险人未尽说明义务为由抗辩不成立。综上,依照《中华人民共和国合同法》第三十九条、第六十条、第一百二十五条,《中华人民共和国保险法》第十七条之规定,判决如下:

驳回原告周某、孙甲、孙乙的诉讼请求。

案件受理费1800元,由原告周某、孙甲、孙乙负担。

如不服本判决,可在判决书送达之日起十五日内,向本院递交上诉状,并按对方当事人的人数提出副本,预交上诉案件受理费1800元,上诉于山东省潍坊市中级人民法院。

审　判　长　隋玉茹
人民陪审员　吴继源
人民陪审员　齐红霞
二〇一四年八月二十日
书　记　员　宋春燕

【评析】

借款人意外伤害保险合同是一种普通的保险合同,并非是附解除条件的合同,应当按照合同约定的期限来履行。借款人意外伤害保险的设置目的是为了保证被保险人遭受意外之后债权仍然能够得以实现。该目的通过将债权人列为第一受益人来实现。这与债权实现后,被保险人仍享受人身伤害保障并无矛盾。借款人意外伤害保险的保险期间是与借款合同中的借款期限相同的,借款期限是特定的,何时提前还款并不在借款合同的约定中,因此,保险人收费时,也是按借款期限确定费用的。如果提前还款将导致保险期限缩短,但投保人却按原期限交了保险费,这样显然是有违公平原则的。

13. 重大疾病保险中被保险人确诊初次患有重大疾病时保险责任的认定

重庆市渝北区人民法院
(2014)渝北法民初字第06290号民事判决书

(2014年6月25日)

【案情】

2007年4月2日,刘甲以其本人为被保险人投保了某款两全保险、附加重大疾病保险、附加意外伤害保险。2010年2月1日,刘甲因发现左乳包块在医院住院治疗,诊断为右乳浸润性导管癌,经治疗无效,于2月底身故。另查明,2002年5月,刘甲曾因右乳浸润性导管癌Ⅰ期住院治疗,同年6月治愈出院。刘甲身故后,其家人向某保险公司申请理赔。某保险公司以刘甲并非在保险期间内确诊初次患有保险合同约定的重大疾病为由拒赔。刘甲家人不服,遂提起诉讼。

【判决书正文】

原告:刘乙,女,生于1971年5月12日,汉族,住成都市武侯区。

被告:某保险公司重庆分公司,住所地:重庆市渝北区。

原告刘乙与被告某保险公司重庆分公司人身保险合同纠纷一案,本院于2014年3月31日受理后适用简易程序独任审判,并于2014年5月13日进行了公开开庭审理。本案现已审理终结。

原告刘乙诉称,2007年4月2日,刘甲购买了某保险公司重庆分公司的某款两全保险一份,其中包含"两全保险(C款)、附加重大疾病保险、附加意外伤害保险"共三款保险,共计缴纳保费50 450元,其中"附加重大疾病保险"保险金额为98 400元,并约定从第三个保单年度开始,重大疾病保险金每年递增本合同所载保险金额的2%,保险期限为2007年4月4日至2017年4月3日。2009年7月,刘甲因病到四川大学华西医院进行入院治疗,后被查出患有乳腺癌病症,并于2010年2月25日过世,之后,原告作为刘甲的妹妹,按保险公司要求提交了相应的理赔文件,提出理赔申请,保险公司以不在保险责任范围为由拒绝了原告的理赔申请。故诉请:1. 判令被告向原告支付附加重大疾病保险金102 336元;2. 本案诉讼费用由被告承担。

被告辩称,被告与刘甲具有保险合同关系无异议,刘甲于2009年诊断为恶性肿瘤(即右侧乳房浸润性导管癌),双方合同约定,只有被保险人在保险合同生效后所确诊的初次患恶性肿瘤才属于保险责任,原告请求保险金不符合双方保险合同约定。同时,对原告的主体资格及继承人身份存有异议。

经审理查明:刘甲作为投保人、被保险人于2007年4月2日向被告投保了某款两全保险一份。其中包含"两全保险(C款)、附加重大疾病保险、附加意外伤害保险"共三款保险,并共计缴纳保费50 450元。其中"附加重大疾病保险"保险金额为98 400元,并约定从第三个保单年度开始,重大疾病保险金每年递增本合同所载保险金额的2%,保险期限为2007年4月4日至2017年4月3日。"附加重大疾病保险"保险条款2.4.1条约定,被保险人于本合同生效一年内,生存时确诊初次患本合同所指的重大疾病(详见释义)或初次实施本合同所指手术(详见释义)(以先发生者为准),本公司按已交保险费(不包括利息)给付重大疾病保险金,本合同效力即行终止。2.4.2条约定,被保险人于本合同生效一年后,生存时确诊初次患本合同所指的重大疾病或初次实施本合同所指手术(以先发生者为准),本公司给付重大疾病保险金,本合同效力即行终止。在第二个保单年度内,重大疾病保险金为本合同所载保险金额;从第三个保单年度开始,重大疾病保险金每年递增本合同所载保险金额的2%。重大疾病保险金=本合同所载保险金额×[1+(本合同经过的整保单年度-1)×2%]。保险条款释义6.1条对重大疾病或手术约定中以列举的方式载明了:1.急性心肌梗塞;2.恶性肿瘤;3.慢性肾功能衰竭晚期(尿毒症)……等20项。由被告制定、提供,刘甲签名的“银代保险专用投保书及授权声明”的声明栏中载有“1.被告保险人未患有下列疾病:恶性肿瘤、脑血管疾病、心脏疾病(心功能不全Ⅱ级以上)、高血压(Ⅱ级以上)糖尿病、心肌梗塞、肝硬化、慢性肾脏疾病、肾功能不全、再生障碍性贫血、癫痫、系统性红斑狼疮、性传播疾病、白血病、慢性酒精中毒、精神疾病、智力障碍、阿尔茨海默氏病(老年痴呆或早老年痴呆症)、帕金森氏病、重症肌无力、多发性硬化症、失明、瘫痪、先天性疾病、遗传性疾病、保险人非艾滋病患者或艾滋病毒携带者,未曾经或正在吸毒。”。

2002年5月31日,刘甲患病在四川大学华西医院住院治疗,主要诊断为右侧乳房浸润性导管癌Ⅰ期,其他诊断为结石性胆囊炎,同年6月17日治愈出院。2010年2月1日,刘甲因发现左乳包块在四川大学华西医院住院治疗,入院诊断为:1.右乳浸润性导管癌术后,全身多发转移(肺、肝、骨等)并多器官功能不全,腹腔积液;2.肺部感染;3.牙龈炎。同年2月25日死亡,死亡诊断为:1.右乳浸润性导管癌术后,全身多发转移(肺、肝、骨等)并多器官功能不全,腹腔积液;2.混合性酸中毒;3.肺部感染;4.牙龈炎;5.尿路感染。

庭审中,原、被告对刘甲所患的右乳浸润性导管癌属于保险重大疾病释义中的“恶性肿瘤”均无异议。但对保险责任条款“生存时确诊初次患本合同所指的重大疾病”各存不同理解,原告理解为;该条款的意思为保险人在合同期限内活着时第一次确诊患本合同所指的重大疾病即属保险责任。该条中的“生存时确诊初次患”是在保险合同期限内保险人活着时确诊初次,刘甲虽然在2002年患有右乳浸润性导管癌,但已治愈。且2002年的确诊不在保险合同期限内。2010年的确诊才属于保险期限内的初次,故刘甲2010年患右乳浸润性导管癌术后,全身多发转移应属其投保的重大疾病保险责任范围。被告则认为,该条款的“生存时确诊初次”应指刘甲整个生存期间的确诊初次。其2002年曾患过该种疾病,2010年再次患该种疾病已不属于初次,2010年的再次患该种疾病已不属于保险责任范围。因此,被告才于2013年12月18日对原告的理赔以非保险责任内损失予以拒赔。

另查明,刘乙与刘甲系姐妹关系,刘甲在1997年与张某离婚后未再婚,无子女,其母于1993年去世,其父于2010年7月30日去世。刘甲在保险合同中未指定受益人。

上述事实,有原、被告的陈述、公证书、死亡证明书、银代保险专用投保书及授权声明、保险合同条款、理赔决定通知书、住院病案等在案为证,并经当庭质证,足以认定。

本院认为:

一、刘甲作为投保人、被保险人,向被告某保险公司重庆分公司购买人身保险,而被告作为保险人同意承保,双方保险合同成立,且是双方的真实意思表示,不违背法律法规的禁止性规定,合法有效。

二、保险合同条款是保险合同的有机组成部分,是确定保险合同双方权利、义务关系的基础。合同当事人应尽最大诚信原则订立和履行合同义务。保险条款属于格式条款,应当按照通常理解予以解释。因此在涉及保险条款争议类纠纷案件中,如当事人对相关保险条款存在两种以上解释,首先应确定两种以上解释是否均属于通常理解。如存在两种以上的通常理解,依据《合同法》及《保险法》,应肯定有利于被保险人和受益人的解释。本案中,双方的争议焦点即为保险责任条款的解释。本院针对该争议焦点做如下评判:

首先,合同双方对条款产生歧义,应从合同的全文和往来的全过程来理解。由被告某保险公司重庆分公司制定、提供,刘甲签名的"银代保险专用投保书及授权声明"的声明栏中载有"1. 被告保险人未患有下列疾病:恶性肿瘤、脑血管疾病……未曾经或正在吸毒"上述记载说明被告对投保人刘甲询问、告知时已明确了对未患有与曾经患有的区分,对恶性肿瘤、脑血管疾病等列明的疾病只要求明确投保时是否患有,对吸毒才要求明确投保时是否吸毒及曾经是否有过吸毒,这也表明对恶性肿瘤、脑血管疾病等列明的疾病"曾患有"并不影响投保及双方保险利益。据此结合保险责任2.4.1条、2.4.2条约定的"生存时确诊初次患本合同所指的重大疾病",作通常理解应为保险合同期限内保险人生存期确诊初次,而不应理解为不论保险合同期内、期外,泛指保险人整个生存期的确诊初次。如做后种理解,则明显与保险合同整体矛盾、与常理不符,也与重大疾病保险初衷相悖。

其次,纵使认定原、被告对保险责任条款的"整个生存期确诊初次"和"保险合同期内的确诊初次"两种合理解释系通常理解,在被告某保险公司重庆分公司无证据证明签订合同时已就此问题向投保人进行过明示的情况下,依据合同法及保险法的规定亦应作出不利于格式条款提供方即保险人的解释,肯定有利于被保险人和受益人的解释。

综上,刘甲于2010年患右乳浸润性导管癌术后,全身多发转移应属其投保的重大疾病保险责任范围,被告应承担给付保险金责任。

三、关于原告主体资格问题,刘甲在本保险合同中既是投保人也是被保险人,也未指定受益人,依照《保险法》的规定,被保险人死亡后,未指定受益人,保险金作为被保险人的遗产,由保险人依照《中华人民共和国继承法》的规定履行给付保险金。本案中,刘甲1997年离婚后未再婚,也无子女,其母先于其死亡,其父亲于2010年7月30日死亡,故刘甲在2010年2月25日死亡后,其保险金作为遗产应先由其父亲继承,其父亲仅有子女刘甲及原告刘乙,遗产继承人在保险金作为遗产尚未处理前死亡,原告刘乙依法通过转继承取得刘甲遗产继承权。故原告刘乙有权向保险人主张作为遗产继承的保险金。保险金依照保险合同的约定应为10 368元(本合同所载保险金额98 400元×[1+(本合同经过的整保单年度2年-1)×2%]。原告的该项诉请计算有误,本院予以纠正。

据此,依照《中华人民共和国保险法》第十条、第三十条、第四十二条,《中华人民共和国继承法》第十条之规定,判决如下:

一、被告某保险公司重庆分公司于本判决生效后五日内给付原告刘甲保险金10 368元;

二、驳回原告刘甲的其他诉讼请求。

如果被告未按本判决指定的期间履行给付金钱义务,应当依照《中华人民共和国民事诉讼法》第二百五十三条之规定,加倍支付迟延履行期间的债务利息。

本案受理费2350元,减半收取1175元,由被告某保险公司重庆分公司负担(原告已预交,被告在保险金时一并支付原告)。

如不服本判决,可在判决书送达之日起十五日内向本院递交上诉状,并按对方当事人的人数提出副本,上诉于重庆市第一中级人民法院。双方当事人在法定上诉期内均未提出上诉或上诉后又撤回的,本判决发生法律效力,当事人应当自觉履行判决的全部义务。一方不履行的,自本判决内容生效后，权利人可以向本院申请强制执行。申请执行的期限为两年。

审　判　员　刘　杰
二〇一四年六月二十五日
书　记　员　刘骁畅

【评析】

《保险法》第三十条规定："采用保险人提供的格式条款订立的保险合同，保险人与投保人、被保险人或者受益人对合同条款有争议的，应当按照通常理解予以解释。对合同条款有两种以上解释的，人民法院或者仲裁机构应当作出有利于被保险人和受益人的解释"。当争议条款存在两种以上解释时，法院应当做出有利于被保险人和受益人的解释。因此，本案中，即使认定原被告对保险条款的"整个生存期的确诊初次"和"保险合同期内的确诊初次"两种理解系通常理解，在保险公司无证据证明订立合同时就此向投保人履行提示和解释义务情形下，依《保险法》上述规定也应作出对提供格式条款一方不利的解释。

14. 两全保险中等待期内发生保险事故时保险人保险责任的认定

山东省泰安市中级人民法院
(2014)泰商终字第262号民事判决书

(2014年7月3日)

【案情】

2012年10月15日，张某作为投保人以张某某为被保险人向某保险公司投保某两全保险，某附加定期重大疾病保险，保险金额均为100 000元，保险合同生效日为2012年10月16日。2012年12月13日，张某某因脑出血、高血压入院治疗，上述疾病属于附加重大疾病保险的保险范围。张某某向某保险公司申请理赔，某保险公司作出按张某所交保费支付保险金并终止保险合同的理赔决定。张某某对理赔决定不服，遂向人民法院提起诉讼。

【判决书正文】

上诉人（原审原告）：张某某，女，1963年3月18日出生，汉族，住泰安市。

被上诉人（原审被告）：某保险公司泰安中心支公司，住所地：泰安市。

上诉人张某某因与被上诉人某保险公司泰安中心支公司（以下简称某保险公司）人身保险合同纠纷一案，不服泰安市泰山区人民法院2014年1月16日作出的(2013)泰山商初字第1128号民事判决,向本院提起上诉,本院依法组成合议庭公开开庭审理了本案,上诉人张某某的委托代理人周某、张某与被上诉人某保险公司的委托代理人王某、李某到庭参加了诉讼。本案现已审理终结。

原审法院审理查明,原告张某某与其代理人张某系夫妻关系。2012年10月15日,张某作为投保人向被告投保某A款两全保险、某附加定期重大疾病保险,保险金额均为100 000元,被保险人为张某某,交费数额分别为6360元、1580元,交费方式为年交,在投保人填写的投保单确认栏处,张某及张某某分别签字,表示对保险条款、产品说明书、投保提示书的内容阅读,保险公司就保险条款的内容对其进行了解释和明确说明,张某并在投保提示书上签字。同年10月16日,被告出具了保单,双方保险合同关系成立。2012年12月13日,原告因脑出血、高血压病在泰安市中医医院住院治疗,共计住院37天,支付医疗费32 615.72元。原告出院后向被告提起理赔申请,被告于2013年7月22日向其支付理赔款1580元。后原告诉来我院,形成诉讼。案经开庭审理,原告要求被告支付其保险金100 000元,并提交了保单、保险条款、住院病历、赔付证明等证据;被告对原告提交的证据没有异议,但是主张,根据某附加定期重大疾病保险条款第2.3.1条项的规定:被保险人于本合同生效之日起一年内,由本公司认可医院的专科医生确诊初次发生本合同所指的重大疾病,本公司按本保险实际交纳的保险费给予重大疾病保险金,本合同终止;被保险人于本合同生效之日起一年后,由本公司认可医院的专科医生确诊初次发生本合同所指的重大疾病,本公司按本合同保险金额给付重大疾病保险金,本合同终止。因被告不同意原告的诉讼请求,致使调解没有达成。

原审法院认为,2012年10月15日,张某作为投保人向被告投保了某A款两全保险、某附加定期重大疾病保险,保险金额均为100 000元,被保险人为张某某,原告与被告双方形成了人身保险合同关系,在保险期限内,如被保险人发生保险事故,被告应当按照其投保险种、保险法及保险条款的约定,在保险金额内承担保险责任。2012年12月13日,原告因脑出血、高血压病在泰安市中医医院住院治疗,住院37天并支付了医疗费用,该疾病系保险合同约定的重大疾病,被告没有提出异议,原审法院予以确认。原告要求被告依照投保的某附加定期重大疾病保险进行理赔,原告住院治疗系在合同生效后一年内发生的重大疾病,依照该险种保险相关条款的约定,在保险合同生效之日起一年内,由被告认可医院的专科医生确诊初次发生本合同所指的重大疾病,应当按照本保险实际交纳的保险费给予重大疾病保险金,本合同终止。该保险的条款及免责事项在原告投保时,原告及投保人均在投保单上签字确认对内容阅读、保险公司就保险条款的内容对其进行了解释和明确说明,因此,被告履行了法定的免责条款告知义务,原告要求被告赔偿保险金100 000元的诉讼请求,于法无据,原审法院不予支持。根据《中华人民共和国保险法》第十七条、第二十四条的规定,判决:驳回原告张某某的诉讼请求。案件受理费2300元,由原告承担。

上诉人张某某上诉称:第一,原判决认定的《某附加定期重大疾病保险条款》中张某某及投保人张某均未签字,而签字的《个人业务投保单》中则无条款约定的内容,不能证实被上诉人履行了法定的告知义务,三份谈话记录及电话回访录音也不能证实履行了告知义务;第二,保险单记载的保险金额为十万元,并没有第二种所谓保险金额,保险公司所主张条款的意思实为"交多少保险费退多少",免除其应承担的义务,应属无效的格式条款;第三,就同一条款的理解出现分歧时,按保险法第三十条规定,法院也应作出有利于上诉人的解释。综上,请求二审法院依法撤销原审判决,依法改判或者发回重审。

被上诉人某保险公司辩称:第一,被上诉人已充分履行明确说明义务,不存在蒙骗投保人和上诉人的情形;第二,保险金额应依据其险种条款2.3.1条进行认定;第三,条款2.3.1条为特别约定,本案不符合同一条款两种解释的情形,而是特别约定优于普通约定。

本院审理过程中,上诉人递交了鉴定申请书,申请对一审证据《个人业务投保单》中“张某”、“张某某”的签名及“张某”抄写的“本人已阅读保险条款、产品说明书和投保提示书,了解本产品的特点和保单利益的不确定性”这句话进行笔迹鉴定。

本院查明的事实与一审查明的一致。

本院认为,就双方争议的保险条款尤其是其中的第2.3.1项,被上诉人一审时提交了由投保人张某签字的个人业务投保单、投保提示书及理赔谈话记录等作为证据,一审过程中上诉人并未对以上证据提出异议,一审判决据此认定被上诉人已经在投保时履行了相关保险条款的明确说明义务,是正确的。二审中上诉人就其已在一审庭审质证中认可的证据提出笔迹鉴定申请,本院不予准许。上诉人在保险期间内发生合同所约定的重大疾病,被上诉人因此向上诉人赔付1580元保险金,符合保险合同的约定。上诉人的上诉请求,缺乏依据,本院不予支持。

综上,上诉人的上诉理由不能成立,应予驳回;原审判决认定事实清楚,适用法律正确,应予维持。依照《中华人民共和国民事诉讼法》第一百七十条第一款第(一)项、第一百七十五条之规定,判决如下:

驳回上诉,维持原判。

二审案件受理费2300元,由上诉人张某某负担。

本判决为终审判决。

审　判　长　李兴文
审　判　员　朱　峰
代理审判员　刘文华
二〇一四年七月三日
书　记　员　王　璞

【评析】

等待期又称观察期或免责期,是指在医疗保险和重大疾病保险中,从保险合同生效日开始的一段时期内,保险公司对被保险人患病的情况可根据约定不予赔付,或仅退还投保人所交保险费。这意味着保险合同虽已生效,但被保险人并不能马上获得某一类保险保障(如因发生重大疾病),只有等待期届满后,保险公司的该类保险责任才开始。等待期是保险公司为了防范道德风险而设置,主要目的是防止投保人明知道将发生保险事故而投保以获得赔偿的行为。保险是对未知风险的分散,保险公司对已知风险是不承保的。因为疾病的发展有一个过程,有些投保人在获知被保险人患有疾病时,出于获利的心理,始向保险公司进行投保,这无疑损害了其他诚信投保人的利益。为此,保险公司针对医疗保险和重大疾病保险一般会设置观察期,其目的就是有效防范“带病投保”现象的发生。

一般情况下,医疗保险的等待期为30天至360天。等待期一般是从合同生效日或复效日算起,只适用于第一个保险年度。对于可续保单来说,续保年度一般不再有等待期。目前,保险公司大多对普通疾病住院等待期规定为30天,重大疾病为180天或360天。

本案中,保险人与投保人签订的《附加定期重大疾病保险合同》,参照保险行业惯例,对该产品设置了360天的“等待期”。该条款既不存在不合法的情形,也未违背诚信原则和排除投保人的基本权利;且保险人已就保险条款内容向投保人进行了解释说明,履行了《保险法》规定的明确说明义务。投保人在投保单上对此亦进行了签字确认。该保险合同系双方当事人真实意思表示,内容合法有效。在该期限内由于疾病发生的保险事故,保险人不承担保险责任。

保险合同是最大诚信合同。订立保险合同时,保险人是否予以承保以及保险费率的确定,在很大程度上取决于投保人向保险人提供的情况。保险人往往是在投保人提供的有关情况及资料的基础上,再进行必要的实地调查,然后才决定是否承保,并进一步确定保险费率等。所以,保险合同所具有的诚信程度应当比一般合同要求得更高,双方当事人在订立保险合同时都必须讲究诚实信用。

15. 意外伤害保险中意外伤害责任的认定

北京铁路运输法院
(2014)京铁民(商)初字第477号民事判决书

(2014年9月19日)

【案情】

被保险人患有颈椎病,下雨天因头晕加路滑导致跌倒,头部撞至围墙,头部两处受伤,手脚无法控制,被送至桐城市人民医院急诊,诊断为外伤性脊髓损伤、脊髓型颈椎病,后又转住其他医院治疗。随后,被保险人向某保险公司提出理赔申请,某保险公司认为保险事故不符合意外伤害的定义,故作出拒赔决定。被保险人不服,遂诉至法院。

【判决书正文】

原告:程某,男,1954年9月22日出生,汉族,农民,住安徽省桐城市。

被告:某保险公司北京分公司,住所地:北京市西城区。

原告程某与被告某保险公司北京分公司(以下简称某保险公司)意外伤害保险合同纠纷一案,本院受理后,依法由法官适用简易程序独任审判。本案公开开庭进行了审理。原告委托代理人、被告委托代理人到庭参加诉讼。

原告诉称:2013年5月26日,原告由于下雨路滑不慎跌倒在自家门前水沟,头部撞至围墙。原告当时头部两处受伤,手脚不听使唤,后被路人救起,送至桐城市人民医院急诊,诊断为外伤性脊髓损伤。原告又先后转住安徽医科大学第一附属医院及桐城市中医院治疗。

原告于2009年12月28日在被告公司投保了意外医疗保险,原告在受伤治疗后向被告提出理赔申请,但某保险公司安庆支公司于2013年9月10日作出不予理赔的通知。请求法院判令被告赔偿原告保险赔偿款20 000元,本案诉讼费用由被告承担。

被告辩称:双方签署的保险合同的主险和两个附加险是合法有效的;原告诉称与事实不符,其理赔事由不符合保险金给付条件,理由如下:第一,原告就诊时医院病历记载原告系头晕摔伤,且三家医院诊断原告患有颈椎病,根据意外伤害医疗保险合同7.2条约定,不符合保险理赔条件;第二,根据三家医院诊断,原告系颈椎间盘突出症的一类,根据意外伤害医疗保险合同2.3条约定,椎间盘突出症治疗费属于被告免赔范围;第三,根据意外伤害医疗保险合同3.3条的约定,原告提交的理赔材料不符合理赔条件,第四,根据7.16条的约定,原告就诊的医院不是合同中约定的定点医院。

经审理查明:

一、2003年原告与被告订立健康保险合同,主险为某终身重大疾病保险,被保险人为程某,保险期限为终身。被告提供的保险合同变更申请书显示:"申请日期:2009年12月28日。新增附险:险种简称:意外医疗;保额2万元;交费年期1年;保险期间1年;投保人签名:程某。"

《某保险公司某附加意外伤害医疗保险条款》(以下简称保险条款)约定"2.2保险责任:在本附加险合同有效期内,我们承担如下保险责任:意外伤害医疗保险:被保险人因遭受意外伤害(见7.2)并进行治疗,我们就其事故发生之日起180天内实际支出的、符合签发保险单分支机构所在地社会医疗保险规定的、合理的医疗费用超过人民币100元部分给付'意外伤害医疗保险金'。补偿原则:若被保险人已从其他途径(包括社会医疗保险机构、公费医疗、农村合作医疗保险、工作单位、本公司在内的任何商业保险机构等)取得补偿,我们在保险金额的限额内对剩余部分按本附加险合同的约定仅承担相应的保险责任。""2.3责任免除:因下列情形之一造成被保险人医疗费用支出的,我们不承担给付保险金的责任……(8)椎间盘出症……""3.3保险金申请:在申请保险金时,请按照下列方式处理:由受益人填写保险金给付申请书,并提供下列证明和资料……(3)医院出具的医疗证明和医疗费用原始凭证;(4)所能提供的与确认保险事故的性质、原因等有关的其他证明和资料。""7.16医院:指在本附加险合同中列明的定点医院。……""7.2意外伤害,指遭受外来的、突发的、非本意的、非疾病的使身体受到伤害的客观事件。"

被告提供的《医疗保险附加特别说明》中载明:……4.被保险人/其他被保险人如因突发疾病或意外事故在非定点医院住院,须在三日内通知本公司。并在病情稳定后尽快转入本公司定点医院。5.被保险人/其他被保险人如因为突发疾病或意外事故在非定点医院治疗,须向本公司提交书面申请,经本公司同意后方可进行。该特别说明尾部"本特别说明属于保险合同的重要组成部分……保险公司已向本人明确说明解释以上说明,本人也已认真阅读理解以上说明,同意以上约定"程某在投保人签名栏签字。

被告提供健康保险投保书、人身保险投保提示书、医疗保险附加特别说明上均有程某本人签名。其中人身保险投保提示书尾部显示"某保险公司已提供本人所投保产品条款,对条款进行了说明,尤其是对免除保险人责任条款、合同解除条款进行明确说明……投保人签名:程某。日期2009年12月28日"。庭审中,原告方认可投保人签名栏为程某签名。

二、庭审中原告方口述2013年5月26日,原告骑电动自行车下雨路滑跌倒在自家门前,被旁人救起,就医。2013年9月,原告村委会出具的证明显示"程某因下雨路滑不慎跌倒门前水沟,头部撞至围墙,当时被路人救起,发现头部两处受伤,手脚不听使唤、不省人事,随即送往市人民医院急诊",原告提供了事发当天天气情况网页打印件证明当天天气情况是雨天。

三、2013年5月26日程某去桐城市人民医院就医,当日门诊病历、诊断证明书显示"软组织损伤,请口腔科、骨科会诊",6月10日诊断证明显示"颈椎间盘突出症",桐城市人民医院外科入院记录显示"现病史:患者一周前由于头晕有摔伤病史,后出现颈背部疼痛及双前臂痛麻等症状",既往史"一般健康状况:良好",出院日期为同年6月10日。同年6月24日原告就诊于安徽医科大学第一附属医院,出院小结显示:"入院诊断:脊髓损伤(外伤性颈脊髓损伤),脊髓型颈椎病。出院诊断:脊髓损伤(外伤性颈脊髓损伤),脊髓型颈椎病;""入院时主要症状及体征:患者一月前头晕不慎在水沟旁边跌倒,双下肢自感麻木不适,患者为求诊治就诊于桐城市人民医院……诊断为颈椎间盘突出症收治入院……患者为求进一步诊治,就诊于我院门诊,拟诊断为外伤性颈脊髓损伤收治我院……”。同年7月9日原告又就诊于桐城市中医院,诊断结果为“脊髓损伤(外伤性)、颈椎病脊髓型”。

2013年9月被告以原告申请理赔事由不符合意外医疗保险的条件为由做出了拒赔决定。

上述事实有原告提供的健康保险合同、保险费发票、保险条款、诊断证明等病历材料及医疗费票据、村委会证明,被告提供的健康保险变更申请书、理赔决定通知书、健康保险投保书、人身保险投保提示书、医疗保险附加特别说明等证据在案佐证。

本院认为,程某与某保险公司之间的保险合同系双方当事人之间的真实意思表示,未违反法律、行政法规的强制性规定,应为合法有效。本案的争议焦点可以归纳为以下几点:

一、本案中原告事故是否符合“意外伤害”

被告称本案拒赔的理由主要是原告病历中显示“因头晕不慎摔伤”,“头晕”不符合条款中意外伤害定义中“外来的、非疾病的”,另原告诊断证明显示原告患有颈椎病,该病是长期造成的,很可能是颈椎病导致头晕。对此,本院认为,首先,头晕是一种生理反应,并不必然是疾病引起的,被告未提供证据证明原告头晕是自身颈椎病造成的,也未举证证明头晕是由原告患有的其他疾病引起的;其次,原告受伤当天即去当地桐城市人民医院就诊,门诊病历显示“病史:一小时前因外伤致全身多处疼痛;初步诊断:软组织损伤”“请口腔科、骨科会诊”,上述证据可以证明原告在2013年5月26日中午摔伤的事实;最后,单纯的头晕不会导致“脊髓损伤(外伤性颈脊髓损伤)”,可见导致原告“脊髓损伤(外伤性颈脊髓损伤)”的直接原因是摔伤。综上,因摔伤导致脊髓损伤(外伤性颈脊髓损伤)符合保险条款中关于意外伤害的约定,原告本次事故属于意外伤害医疗保险的保险责任范围。

二、原告因本次事故造成的损伤,是否属于免赔范围

被告认为原告在桐城市人民医院诊断为颈椎间盘突出症,该病是保险条款2.3中的免赔范围。对此,本院认为,原告受伤后曾三次在不同的医院就医,第一次诊断为颈椎间盘突出症,后两次医院的诊断一致为脊髓损伤(外伤性颈脊髓损伤),而脊髓损伤并不是条款的免赔范围,故本院对被告的该意见不予采信。

三、原告未在定点医院就诊,被告是否应当给付保险金

被告称,根据合同条款7.16条的约定,原告就诊的医院不是合同中约定的定点医院。对此本院认为,虽然合同条款和医疗保险附加特别说明中有相关的提示。但就本案而言,被告提供的定点医院均在北京,原告居住地点及受伤地点均不在北京,要求原告摔伤后去北京就医,不具合理性,且会增加原告成本,故本院对被告的该点意见不予采纳。

综上,本案原告事故属于意外伤害医疗保险的理赔范围。

四、被告应给付原告保险金的数额

庭审中,原告认可本案医疗费通过农村合作医疗保险三次分别报销1992.66元、2436.35元、2677元。被告称如果法院认定本案属于保险责任范围,依据保险条款2.2条的约定,保险金计算方法应当是医疗保险范围内实际产生的医疗费扣减100元,再扣减农村合作医疗保险赔付的部分。对此本院认为,首先,因保险条款2.2条约定了补偿原则,故本院对原告通过农村合作医疗保险报销的医疗费不予支持;第二,保险条款2.2条约定“……我们就其事故发生之日起180天内实际支出的、符合签发保险单分支机构所在地社会医疗保险规定的、合理的医疗费用超过人民币100元部分给付‘意外伤害医疗保险金’……”本院认为被告作为该格式条款的制定者,应以清晰、无争议的表述直接表达条款的含义,而就本条而言,无法从文义上直接得出“医保外用药不予理赔”的含义,在投保人对北京社会医疗保险的标准不了解的情况下,保险人应该充分履行其明

确说明义务。但是被告未提交相关证据证明其向原告以口头或书面方式对该条款进行了“医保外用药不予理赔”的明确提示说明。故本院对被告提出的只在医保范围内产生费用予以赔付的意见不予采纳。综上，本院认为，被告应给付原告保险金的计算方法为：原告实际产生的医疗费18 526.76 元扣减100 元，再扣减原告通过农村合作医疗保险已支付的金额。

综上所述，依据《中华人民共和国保险法》第二条的规定，判决如下：

一、被告某保险公司于本判决生效之日起十日内给付原告程某保险金一万一千三百二十元七角五分。

二、驳回原告其他诉讼请求。

案件受理费一百五十元，由原告程某负担六十五元（已交纳），由被告某保险公司北京分公司负担八十五元，于本判决生效之日起七日内向本院交纳。

如不服本判决，可在判决书送达之日起十五日内，向本院递交上诉状，并按对方当事人的人数提出副本，上诉于北京铁路运输中级法院。上诉期满后七日内仍未交纳上诉案件受理费的，按自动撤回上诉处理。

审 判 员 王 丹
二〇一四年九月十九日
书 记 员 张斯迪

【评析】

本案法院经审理认定：1. 头晕是一种生理反应，并不必然是疾病引起的，而且保险人并无证据证明原告的头晕是自身颈椎病造成的。2. 三家医院的病历记载，均为“脊髓损伤（外伤性颈脊髓损伤）、脊髓型颈椎病”，原告此次保险理赔的主诉是脊髓损伤（外伤性颈脊髓损伤）。单纯的头晕不会导致“脊髓损伤（外伤性颈脊髓损伤）”，导致原告脊髓损伤的直接原因是摔伤。因此，原告的事故符合保险条款中关于“意外伤害”的约定，判决保险人承担保险责任。

实践中，法院对于“意外伤害”的认定标准比较严格，因此保险公司需全面搜集客户相关病历资料，根据客户在不同医院的病历情况综合认定事故主因，以便确定保险公司承担责任的比例。

16. 团体意外伤害保险中保险责任范围的认定

四川省成都市中级人民法院
（2014）成民终字第5283号民事判决书

（2014年11月3日）

【案情】

2013年4月8日，被保险人潘甲所在的建筑安装工程公司在某保险公司投保建筑工程团体意外伤害保险,意外身故保额60万元/人,该项目工地位于某市某区。2013年8月11日,被保险人潘甲下班后,从项目工地回家途中发生交通事故出险,经抢救无效死亡。原告向某保险公司申请理赔,某保险公司以被保险人出险并非保险责任范围为由拒赔。原告遂诉至法院。

【判决书正文】

上诉人(原审原告):潘乙,男,汉族,1933年7月31日出生,住四川省乐山市市中区。

上诉人(原审原告):万某,女,汉族,1935年10月2日出生,住四川省乐山市市中区。

上诉人(原审原告):朱某,女,汉族,1969年10月4日出生,住四川省乐山市市中区。

上诉人(原审原告):潘丙,男,汉族,1984年8月28日出生,住四川省乐山市市中区。

被上诉人(原审被告):某保险公司四川分公司,住所地:成都市锦江区。

上诉人潘乙、万某、朱某、潘丙因与被上诉人某保险公司四川分公司保险合同纠纷一案,不服成都市锦江区人民法院(2014)锦江民初字第2011号民事判决,向本院提起上诉。本院于2014年9月25日立案受理后,依法组成合议庭,于2014年10月11日公开开庭进行了审理。本案现已审理终结。

原审判决认定,2012年11月6日,某城市建设投资有限责任公司与四川某矿业有限公司、某建安公司签订《建筑工程施工合同》,合同约定由四川某矿业有限公司、某建安公司承建某城市建设投资有限责任公司发包的位于乐山市五通桥区竹根镇中心路的五通桥区中心路回迁房工程。

2013年4月3日,某建安公司在某保险公司四川分公司处为其承建的上述工程投保了建筑工程团体意外伤害保险及附加建筑工程团体意外伤害医疗保险,其中建筑工程团体意外伤害保险每人保险金额为60万元。保险期限自2013年4月4日0时起至2015年9月20日24时止。《建筑工程团体意外伤害保险条款》载明:凡年满16周岁、不满66周岁,身体健康能正常工作或工程劳动、与投保人有劳动关系或其他保险利益、在投保人的建筑施工工程项目中从事管理和作业的人员均可作为被保险人参加本保险;在本合同保险期间内,被保险人在施工现场从事建筑施工或与建筑施工相关的工作,或在施工期间指定的生活区域内,或在施工期间指定的生活区域和建筑工地的往返途中,或在与建筑施工相关的外出时因遭受意外伤害导致残疾、烧烫伤或身故的,保险人承担保险责任;被保险人自意外伤害发生之日起180日内因该意外伤害身故的,保险人按该被保险人的保险金额给付意外伤害身故保险金,保险人对该被保险人的保险责任终止;申请意外伤害身故保险金时,由受益人或其他有权领取保险金的人作为申请人填写保险金给付申请书,并提供下列证明和资料……(4)建筑安全主管部门出具的事故证明(经保险人同意,也可提供由其他相关机构出具的事故证明),(5)投保人出具的与被保险人的劳动关系证明或其他符合本公司要求的证明。《建筑工程团体意外伤害保险投保书》中的"投保人被保险人声明栏"载明:保险人已向投保人提供保险条款,说明保险合同内容,特别提示并明确说明了免除保险人责任的条款,投保人已认真阅读理解保险条款,对保险责任、责任免除、保险事故通知等保险条款的各项内容均已了解且同意遵守,投保人某建安公司在该栏加盖公章。《建筑工程团体意外伤害保险被保险人名单》中载明保险受益人为法定继承人。

2013年8月11日,潘甲因交通事故死亡。乐山市公安局交通警察支队直属一大队出具道路交通事故认定书,认定:案外人蒙某驾驶小型客车与潘甲驾驶的两轮摩托车在乐山市市中区大件路大渡河桥红绿灯路口相撞,造成潘甲死亡,蒙某、潘甲承担此次事故的同等责任。

2013年9月3日,某建安公司出具《情况说明》,载明:某建安公司乐山市五通桥区中心路回迁房工程A区项目部施工员潘甲于2013年8月11日驾驶摩托车从施工场地回生活住所过程中发生车祸，后经乐山市人民医院抢救无效死亡。潘乙、万某、朱某、潘丙向某保险公司四川分公司主张潘甲的身故保险金60万元，某保险公司四川分公司拒赔，潘乙、万某、朱某、潘丙提起本案诉讼，请求判令某保险公司四川分公司支付保险金60万元并承担本案诉讼费。

原审庭审中，双方当事人确认本案涉案工程乐山市五通桥区中心路回迁房工程的施工场所内设置了生活区。原审另查明，潘甲未居住在上述工程施工场所内的生活区，而是居住在乐山市市中区的家中。

本案原告潘乙、万某系死者潘甲的父母，朱某系死者潘甲的妻子，潘丙系死者潘甲的唯一子女，即本案原告潘乙、万某、朱某、潘丙系潘甲的法定继承人。

原审判决认定上述事实所依据的证据有：身份证复印件、户口簿复印件、结婚证、乐山市市中区土主镇杨家河村村委会及乐山市市中区土主镇人民政府出具的《证明》、《建设工程施工合同》、保险单、《建筑工程团体意外伤害保险被保险人名单》、《保险合同》、保险发票、《道路交通事故认定书》、死亡证明、某建安公司出具《情况说明》、《建筑工程团体意外伤害保险投保书》、《建设工程施工合同》、《建筑工程团体意外伤害保险条款》、《情况说明》、施工平面图、《道路交通事故认定书》；证人高某、余某的证人证言及当事人陈述等。

原审判决认为，投保人某建安公司与保险人某保险公司四川分公司建立了合法有效的保险合同关系，投保人已按约履行了交纳保险费的义务，被保险人在保险期间内遭受意外事故，保险人应当按约定在保险责任范围内承担赔偿责任。根据庭审查明的事实，潘甲系某建安公司在乐山市五通桥区中心路回迁房工程A区项目部的施工员，其在下班回家的途中发生交通事故身亡。本案的争议焦点在于：本次事故是否属于本案建筑工程团体意外伤害保险的保险责任范围。原审法院认为，本案《建筑工程团体意外伤害保险条款》明确约定，保险责任的范围是在本合同保险期间内，被保险人在施工现场从事建筑施工或与建筑施工相关的工作，或在施工期间指定的生活区域内，或在施工期间指定的生活区域和建筑工地的往返途中，或在与建筑施工相关的外出时因遭受意外伤害导致的残疾、烧烫伤或身故。对于“指定的生活区域”，双方当事人产生分歧，原告潘乙、万某、朱某、潘丙认为保险合同并未指定生活区域，故潘甲下班回家的途中属于保险条款中约定的“在施工期间指定的生活区域和建筑工地的往返途中”；某保险公司四川分公司则认为由于先有涉案工程及生活区后成立保险合同，故指定生活区域的义务方为施工单位，且施工单位在施工过程中已经在施工场所内划定并设置了生活区域，潘甲选择在家居住并在回家的途中发生交通事故不属于保险条款中约定的“在施工期间指定的生活区域和建筑工地的往返途中”。对此原审法院认为，根据建筑工程保险的目的即保障施工人员在施工现场的利益之特点，并结合保险条款中约定的保险金申领人应提供建筑安全主管部门出具的事故证明等相关事实，某保险公司四川分公司对“指定的生活区域”的相应解释更符合常理。本案中，由于本案涉案工程的施工单位在施工场所内划定并设置了生活区，但潘甲并未在该生活区居住而是选择在家中居住，并在下班回家途中发生交通事故身亡，故该事故并不属于保险条款约定的“在施工期间指定的生活区域和建筑工地的往返途中”；虽然原告潘乙、万某、朱某、潘丙根据证人余某的证言主张潘甲系在回家的途中为工地打印图纸而发生交通事故，但其并未提供其他证据对该主张予以佐证，即无法认定潘甲发生交通事故身亡属于保险条款约定的“在与建筑施工相关的外出时因遭受意外导致的身故”，故原审法院对原告潘乙、万某、朱某、潘丙的该项主张不予认可。综上，本次事故不属于双方约定的保险责任范围，某保险公司四川分公司不应负保险赔偿责任。

据此，原审法院依照《中华人民共和国合同法》第八条、第四十四条，《中华人民共和国保险法》第十四条（法律条文全文附后）之规定，判决驳回原告潘乙、万某、朱某、潘丙的诉讼请求。一审案件受理费9800元,减半收取4900元,由原告潘乙、万某、朱某、潘丙负担。

宣判后,原审原告潘乙、万某、朱某、潘丙不服,向本院提起上诉,请求撤销原判,改判支持其在原审中的全部诉讼请求。其主要上诉理由是:潘甲系在下班途中为工地打印图纸而发生的交通事故,原审应采信证人余某的证人证言:案涉工程不存在生活区域;原审对保险合同中约定的"指定生活区域"理解片面,从家到施工工地的往返途中应属于保险合同中约定的"在施工期间指定的生活区域和建筑工地的往返途中"等。

被上诉人某保险公司四川分公司答辩称,潘甲系下班回家途中遭遇车祸,所谓为单位打印图纸的说法没有证据证明;双方在原审中均确认施工工地设置了生活区。请求驳回上诉,维持原判。

为支持其上诉主张,潘乙、万某、朱某、潘丙在二审中提交了一张施工平面图的复印件,意图证明施工工地没有设置生活区域;申请证人罗某、李某出庭作证,意图证明潘甲系在为单位打印图纸途中发生的交通事故。某保险公司四川分公司质证认为,潘乙、万某、朱某、潘丙提交的施工平面图为复印件,不能证明其真实性,不予认可;两位证人证言存在矛盾之处,且与原审起诉状及公司出具的情况说明不符,不予认可。本院认为,潘乙、万某、朱某、潘丙提交的施工平面图为复印件,其真实性无法确认,本院不予采信;罗某、李某的证人证言缺乏其他证据予以佐证,其证明力不足以推翻某建安公司出具《情况说明》,本院不予采信。

本院除对原审已经查明的事实予以确认外,另查明:某保险公司四川分公司在原审中出示施工总平面图作为证据,意图证明施工工地设置有生活区,潘乙、万某、朱某、潘丙的质证意见为:"施工平面图无异议。该平面图可以看出工地确实存在生活区,但因为工地生活条件较差,潘甲每天回家居住"。

本院认为,根据案涉《建筑工程团体意外伤害保险条款》的约定,该保险的保险责任范围为"被保险人在施工现场从事建筑施工或与建筑施工相关的工作,或在施工期间指定的生活区域内,或在施工期间指定的生活区域和建筑工地的往返途中,或在与建筑施工相关的外出时因遭受意外伤害导致残疾、烧烫伤或身故的",潘乙、万某、朱某、潘丙依据《建筑工程团体意外伤害保险条款》向某保险公司四川分公司主张保险金,负有证明导致潘甲死亡的交通事故属于《建筑工程团体意外伤害保险条款》所约定的保险责任范围。潘乙、万某、朱某、潘丙主张潘甲系在为工地打印图纸途中发生交通事故,故属于双方保险合同约定的"与建筑施工相关的外出"之情形。但潘乙、万某、朱某、潘丙除了在原审及二审中的证人证言外,并无其他证据予以佐证,且该主张与潘甲所在某建安公司向某保险公司四川分公司出具《情况说明》的内容及潘乙、万某、朱某、潘丙在原审起诉状中陈述的内容不符,潘乙、万某、朱某、潘丙在本案中不能证明案涉交通事故发生于"与建筑施工相关的外出时";潘乙、万某、朱某、潘丙主张案涉交通事故发生于潘甲"在施工期间指定的生活区域和建筑工地的往返途中",但根据双方当事人在原审中一致确认的事实,施工工地设置有生活区,潘甲在乐山市区的住所不属于保险合同所约定的"施工期间指定的生活区域",故潘甲在从施工工地返回位于乐山市区的住所途中发生的交通事故不属于保险合同所约定的"在施工期间指定的生活区域和建筑工地的往返途中"。综上,潘乙、万某、朱某、潘丙不能证明导致潘甲死亡的交通事故属于案涉《建筑工程团体意外伤害保险条款》所约定之保险责任范围。根据《中华人民共和国保险法》第十六条第七款"保险事故是指保险合同约定的保险责任范围内的事故"之规定,潘乙、万某、朱某、潘丙不能证明发生了案涉保险合同约定之保险事故,其要求某保险公司四川分公司依据某建安公司投保之建筑工程团体意外伤害保险支付保险金的上诉主张没有事实和法律依据,其上诉请求本院不予支持。原审审判程序合法,原审判决认定事实清楚,适用法律正确，应予维持。据此，依照《中华人民共和国民事诉讼法》第一百七十条第一款第（一）项之规定，判决如下：

驳回上诉，维持原判。

本案二审案件受理费9800元由上诉人潘乙、万某、朱某、潘丙负担。本案一审诉讼费负担方式不变。

本判决为终审判决。

审 判 长 黄 寅
审 判 员 余 杨
代理审判员 毛 星
二〇一四年十一月三日
书 记 员 谈光丽

【评析】

本案保险产品条款约定，在本合同保险期间内，被保险人在施工现场从事建筑施工或与建筑施工相关的工作，或在施工期间指定的生活区域内，或在施工期间指定的生活区域和建筑工地的往返途中，或在与建筑施工相关的外出时因遭受意外伤害导致残疾或身故的，保险公司承担相应保险责任。本案中，根据施工平面图，工地设置了生活区域。交通事故认定书认定，潘甲系因交通事故导致死亡，事故地点为某市市中区大件路大渡河大桥红绿灯路口，距离投保工地的直线距离为17.2公里。该交通事故不属于涉案保险的责任范围。由于涉案工程的施工单位在施工场所内划定并设置了生活区，但被保险人潘甲并未在该生活区居住而是选择在家中居住，并在下班回家途中因交通事故导致死亡，事故地点距离投保工地的直线距离为17.2公里，故该交通事故不属于涉案保险条款约定的“在施工期间指定的生活区域和建筑工地的往返途中”，因而不属于保险人的责任承担范围。

17. 意外伤害保险中特别保险金条款是否属于隐形免责条款的认定

新疆维吾尔自治区博尔塔拉蒙古自治州中级人民法院（2014）博中民一终字第161号民事判决书

（2014年9月12日）

【案情】

投保人沙甲于2013年5月27日为被保险人沙乙投保某保险公司终身寿险并附加意外伤害

保险,保单生效日期为2013年5月27日。被保险人沙乙于2013年11月14日乘车发生事故死亡,某保险公司按条款正常赔付身故保险金。

该保单指定身故受益人沙甲对于某保险公司未赔付《某附加意外保险条款》约定的10万元“交通意外身故特别保险金”不满,遂于2014年2月13日向法院提出诉讼。

【判决书正文】

上诉人(原审被告):某保险公司博乐中心支公司,住所地:博乐市。

被上诉人(原审原告):沙甲,女,回族,1962年9月25日出生,住博乐市。

上诉人某保险公司博乐中心支公司因与被上诉人沙甲人身保险合同纠纷一案,不服博乐市人民法院(2014)博民一初字第257号民事判决,向本院提起上诉。本院于2014年7月7日受理后,依法组成由审判员丁国强担任审判长,审判员陈建荣、阿不都西克·阿不都英参加的合议庭,于2014年7月15日公开开庭进行了审理,书记员黄欢担任法庭记录。上诉人某保险公司博乐中心支公司的委托代理人、被上诉人沙甲及其委托代理人到庭参加诉讼。本案现已审理终结。

原审法院经审理查明:2013年5月27日,原告沙甲为其儿子沙乙在被告处投保了某保险公司某终身寿险,并附加了某意外伤害保险,其中主险种某终身寿险的保险限额为10万元,附加某意外伤害保险中意外身故保险限额为10万元,交通意外伤害身故特别保险金额为10万元,合同的被保险人为沙乙,受益人为本案原告即沙甲。投保当日,原告即交纳了保险费,并按照被告提供的格式要求书写了内容为“本人已阅读保险条款、产品说明书和投保提示书,了解本产品的特点和保单利益的不确定性”的确认书。当日,被告并未给原告提供保险单及保险费发票。2013年6月3日,被告向原告提供了保险单及保险费发票。

2013年11月14日0时50分许,刘某醉酒后驾驶新E－×××××号小型客车(私家车)沿S305线由北向南行驶至99公里处段时,车辆失控驶入西侧路基翻车肇事,造成乘车人沙乙当场死亡。事故发生后,原告向被告申请《某附加意外伤害保险条款》交通意外身故特别保险金额10万元,被告拒绝理赔。

原审法院认为,保险合同依法成立后,双方应当按照保险合同的约定履行权利义务。根据《中华人民共和国保险法》第十七条第二款之规定“对保险合同中免除保险人责任的条款,保险人在订立合同时应当在投保单、保险单或者其他保险凭证上作出足以引起投保人注意的提示,并对该条款的内容以书面或者口头形式向投保人作出明确说明;未作提示或者明确说明的,该条款不产生效力。”本案被告某保险公司博乐中心支公司并未于投保当日向原告沙甲提供保险单及保险费发票,原告沙甲虽按照被告某保险公司博乐中心支公司提供的格式要求书写了内容为“本人已阅读保险条款、产品说明书和投保提示书,了解本产品的特点和保单利益的不确定性”的确认书,但并不能证实被告某保险公司博乐中心支公司对《某附加意外伤害保险条款》中交通意外身故保险责任的内容以书面或者口头形式向原告沙甲作出明确说明,该条款中被告某保险公司博乐中心支公司的免责内容部分对原告沙甲不产生法律效力。故原告沙甲主张给付交通意外身故特别保险金10万元的诉讼请求,本院予以支持。综上,依照《中华人民共和国保险法》第十七条第二款之规定,判决:被告某保险公司博乐中心支公司于本判决生效后十日内向原告沙甲赔付交通意外身故特别保险金10万元。案件受理费1150元,由被告某保险公司博乐中心支公司负担。

宣判后,上诉人某保险公司博乐中心支公司不服原审法院上述民事判决,向本院提起上诉称:一、原判决认定事实错误。原判决认定被保险人沙乙在2013年11月14日死亡后,被上诉人依据《某附加意外伤害保险条款》向上诉人申请10万元交通意外身故保险金时，被告拒绝赔偿的事实错误。上诉人在收到被上诉人的理赔申请后，已依据《某终身寿险》保险条款、《某附加意外伤害》保险条款的约定，向被上诉人赔付了《某终身寿险》约定的10万元身故保险金和《某附加意外伤害保险条款》约定的10万元意外身故保险金。上诉人未承担“交通意外身故特别保险金”的保险责任，是因为被保险人发生的保险事故不符合《某附加意外伤害保险条款》第二条第三款“保险责任”的约定。二、原判决认定即使原告亲自书写了“本人已阅读保险条款、产品说明书和投保提示书，了解本产品的特点和保单利益的不确定性”的确认书，但并不能证明被告对《某附加意外伤害保险条款》中“交通意外身故特别保险金责任”的内容向原告作出明确说明的事实错误。上诉人向一审法院提交的由被上诉人亲自签字确认的《某保险股份有限公司电子投保申请确认书》证实上诉人已提供被上诉人所投保产品的条款，并对条款进行了说明，且对免除保险人责任条款、合同解除条款进行了提示和明确说明；被上诉人在2013年5月27日向上诉人提出投保邀约时，被上诉人是非常清楚其所投保险种及保险金额的；且已阅读了保险条款。三、原判决认定《某附加意外伤害保险条款》中“保险责任”第二条第三款“交通意外身故特别保险金”属于免责条款，无事实根据。《保险法》第十八条明确规定“保险合同”应当包括下列事项“保险责任和责任免除”。四、原判决适用法律错误。原判决适用《保险法》第十七条第二款之规定，将“保险责任”条款认定为“责任免除”条款，属适用法律错误。综上，请求二审法院依法撤销原判，支持上诉人的上诉请求。

被上诉人沙甲答辩称：根据博乐市公安交警大队事故认定书，被保险人沙乙因乘坐小型客车发生交通事故，造成意外死亡。因是交通意外导致身故，保险公司解释为被保险人交通事故只有乘坐客运公共交通工具。《合同法》第四十一条规定，对格式条款发生争议的，应当按照通常理解。某保险有两个交通意外身故。通常理解为发生交通意外造成的，本案被保险人的死亡符合通常理解。2013年5月27日，投保人为其儿子在某保险公司博乐中心支公司投保，附加了某意外伤害保险，投保人交纳了保险费，保险公司业务员让被上诉人在两张纸张上签名，没有保险条款。合同文本在5月26日制作的，6月3日，保险公司业务员向被上诉人提供了保险合同。合同法和保险法都对保险合同是否有效做出了规定，最高院的批复也做了明确规定，保险人员应当对免责条款以书面或者口头形式向投保人做出解释。本案中保险公司以投保申请确认书来说明是不够的，不能免除给付交通意外身故的保险金的责任。条款的责任免除部分，共列举了11个免责情形，但未规定被保险人乘坐非客运车辆发生意外不承担保险责任。本案被保险人在事故中不属于任何一种免责情形。某保险公司博乐中心支公司对免责条款未采取合理方式引起投保人注意。故免责部分不产生效力。被保险人的交通意外身故属于交通意外身故保险责任，上诉人应当承担赔付保险金的责任。

本院经审理查明：上诉人某保险公司博乐中心支公司与被上诉人沙甲签订的《某附加意外伤害保险合同》条款中的“交通意外身故特别保险金”“保险责任”第二条第三款约定“被保险人以乘客身份乘坐客运公共交通工具期间遭受意外伤害，并自事故发生之日起180日内身故的，除按第(一)项给付‘意外身故保险金’外，我们按第一项确定的‘意外身故保险金’金额给付‘交通意外身故特别保险金’……”

以上事实有双方当事人签订的《某附加意外伤害保险条款》及双方当事人的当庭陈述予以证实。

本院二审查明的其他事实与原审法院查明的事实一致。

本院认为，关于被上诉人沙甲要求上诉人某保险公司博乐中心支公司承担“交通意外身故特别保险金"的保险责任有无事实根据和法律依据。因保险责任是保险人在保险事故发生后依据保险合同约定所承担的赔偿或给付保险金的责任。而本案被上诉人沙甲之子沙乙系乘坐私家车意外身故。该交通事故不符合《某附加意外伤害保险条款》第二条第三款中关于"被保险人以乘客身份乘坐客运公共交通工具期间遭受意外伤害……""保险责任"的约定。被上诉人沙甲以保险合同相关责任条款不产生效力为由要求上诉人某保险公司博乐中心支公司给付保险金时,人民法院应当审查保险条款关于保险责任范围的具体规定,以确定事故是否属于保险责任的范围。事故不属于保险责任范围的,无需审查相关免责条款的效力。据此,上诉人某保险公司博乐中心支公司的该项上诉理由成立,本院依法予以支持。原判决适用法律错误。经本院审判委员会2014年9月12日会议讨论决定,依照《中华人民共和国民事诉讼法》第一百七十条第一款第(二)项,《最高人民法院关于民事诉讼证据的若干规定》第二条之规定,判决如下:

一、撤销博乐市人民法院(2014)博民一初字第257号民事判决;

二、驳回被上诉人沙甲的诉讼请求。

一审案件受理费1150元,二审案件受理费2300元,合计3450元,由被上诉人沙甲负担。

本判决为终审判决。

审 判 长 丁国强

审 判 员 陈建荣

审 判 员 骆 玲

二〇一四年九月十二日

书 记 员 黄 欢

【评析】

《最高人民法院关于保险法司法解释(二)理解与适用》关于"正确认定免除保险人责任条款的范围"规定,对于免除保险人责任条款的审查,应先审查保险合同约定的保险责任范围以及案涉事故是否属于保险责任范围内。保险责任条款是确定保险人承保范围的条款。只有保险人依据保险责任条款需要承担保险责任,才可能存在免除保险人责任条款的问题。保险人责任条款是确定免除保险人责任条款的前提,不属于免除保险人责任条款。在确定保险责任的范围后,应当审查案涉事故是否属于保险责任范围内的保险事故。如果不属于保险事故,保险公司无须承担保险责任,但这是因不存在保险人应承担保险责任的事故,而不是存在免责事由。《江苏省高级人民法院关于审理保险合同纠纷案件若干问题的讨论纪要》第二条规定:"保险责任范围与免责条款之间的关系不限于包含关系。被保险人或者受益人以相关免责条款不产生效力为由要求保险人赔偿或者给付保险金的,人民法院应当审查保险条款关于保险责任范围的具体规定,以确定事故是否属于保险责任范围。事故不属于保险责任范围的,无须审查事故是否属于免责范围以及相关免责条款的效力;事故属于保险责任范围的,应进一步审查事故是否属于免责条款规定的情形,以及免责条款是否有效"。本案二审法院认可了该观点。

18. 意外伤害保险中被保险人无证驾驶无行驶证的摩托车发生事故溺水身亡是否属于免责范围的认定

广西壮族自治区玉林市玉州区人民法院 (2014)玉初法民初字第1675号民事判决书

(2014年9月19日)

【案情】

2013年7月11日,莫甲在某保险公司购买某款意外伤害保险一份,保险金额10万元,主被保险人为投保人本人,连带被保险人为钟某(投保人母亲)。2014年1月23日深夜,莫甲驾驶助力车回家途中意外跌倒至路边水渠,后经抢救无效死亡。为此,原告向某保险公司提出理赔申请。某保险公司经核查,得知被保险人莫甲驾驶车辆为无牌证机动车出险,遂做出拒赔决定。原告不服,遂提起诉讼。

【判决书正文】

原告:钟某,女,1954年3月20日出生,汉族,住广西兴业县。

原告:莫乙,男,1980年7月23日出生,汉族,住广西兴业县。

原告:莫丙,女,1983年3月17日出生,汉族,住广西兴业县。

原告:莫丁,女,1985年8月21日出生,汉族,住广西兴业县。

原告:莫戊,男,1990年1月25日出生,汉族,住广西兴业县。

被告:某保险公司玉林中心支公司,住所地:广西玉林市。

原告钟某、莫乙、莫丙、莫丁、莫戊与被告某保险公司玉林中心支公司人身保险合同纠纷一案,本院于2014年5月26日立案受理后,依法由审判员梁代坚适用简易程序于2014年7月1日公开开庭审理了本案,书记员张安彬担任法庭记录。本案现已审理终结。

原告诉称,原告莫戊于2013年7月11日向被告某保险公司购买家庭保障保险系列的意外伤害保险,保险费为200元,保险金额为10万元,其中每位连带被保险人的意外伤害保险金额为5万元,原告莫戊的父亲莫甲为该意外伤害保险连带被保险人。2014年1月23日凌晨2时35分莫甲驾驶助力车回家,约3时许,莫甲在回家途中意外跌倒到村道旁的水渠,莫甲被水流不断冲流头部,约30分钟后才被前来寻找的原告莫乙等人发现,当时莫甲淹溺于水中。原告莫乙等人即送莫甲到兴业县卖酒镇卫生院进行抢救,莫甲经抢救30分钟无效死亡,该院诊断:1. 急性心跳呼吸骤停;2. 脑死亡;3. 溺水。原告向被告索赔连带被保险人莫甲的意外伤害保险金5万元,被告于2014年4月14日作出《理赔决定通知书》:1. 理赔结论:整案拒付;2. 拒赔原因:免除责任;3. 拒赔依据:无证驾驶。原告认为被告拒赔的理由不成立,被告应当向原告支付保险赔偿金50 000元。具体理由有:一、莫甲虽因驾驶助力车出事,但事故后仅受伤未死,当他跌落至水渠时,被水流不断冲流头部,约30分钟后才被人发现淹溺于水中,经医院抢救无效死亡,其死亡的直接原因是溺水死亡,骑车仅是诱因,保险公司以此拒赔不合理;一起事故可分成两个阶段,区分两种性质,需具体问题具体分析,本案中莫甲死亡骑车仅是诱因,真正的死亡原因是溺死。二、被告在与原告莫戊签订保险合同时,被告没有在投保单、保险单或者其他保险凭证上对免除被告责任的条款以足以引起原告注意的文字字体、符号或其他明显标志作出提示,也未作出明确说明,该投保单、保险单上的免责条款的免责事由不产生效力。被告拒绝赔偿意外伤害赔偿金 50 000 元给原告没有事实与法律依据,为此请求法院依法判令被告支付保险赔偿金 50 000 元给五原告并承担本案的全部诉讼费用。

原告对其主张在举证期限内提供的证据有:1. 身份证,证明原告的诉讼主体资格;2. 人身意外保险合同,证明原告莫戊购买意外保险的事实,及证明莫甲是连带被保险人之一;3. 派出所证明,证明死者莫甲因意外事故死亡被注销户口的事实及死者莫甲与原告的关系;4. 疾病证明,证明死者莫甲死亡诊断的事实;5. 被告理赔决定通知书,证明被告拒赔原因、依据的结论。

被告某保险公司辩称,一、关于原告第一项诉讼请求问题,其诉求与事实和法律不符。根据本案所涉及保险合同约定,在本保险合同项下享受保险保障的人员包括主被保险人和连带被保险人,其中主被保险人为莫戊,连带被保险人为莫甲、钟某二人,根据涉案合同【保险责任】一项明确约定:每位连带被保险人的意外伤害保险金额为 5 万元/连带被保险人人数。因此,作为该保险合同两个连带被保险人之一的莫甲所享受的保险保障金额应为:50 000 元/2 = 25 000 元。二、关于保险公司的拒赔理由问题,根据相关证据资料可以查明,原告家属莫甲出险时所驾驶的车辆为无牌照的机动车,且其也不具有相关驾驶证件,属于国家道路交通安全法规所明令禁止的行为,而莫甲出险系因为其无牌无证驾驶所引起的,符合涉案保险合同【责任免除】第(五)项的约定情形,因此保险公司的拒赔理由合法合理。三、原告以保险公司未对合同免责条款履行说明、提示义务为由主张该条款无效不应得到支持。根据《保险法》司法解释第二十条“保险人将法律、行政法规中的禁止性规定情形作为保险合同免责条款的免责事由,保险人对该条款作出提示后,投保人、被保险人或者受益人以保险人未履行明确说明义务为由主张该条款不生效的,人民法院不予支持”之规定,保险公司在涉案两份保险合同中约定的免责条款“被保险人酒后驾驶、无合法有效驾驶证驾驶或驾驶无效行驶证的机动车”等内容属于国家法律、行政法规中的禁止性规定;另外,在本案原告莫戊向保险公司业务员苏某(系其大嫂)购买本案所涉保险产品时,保险公司业务员已就本保险合同的保险责任、责任免除等内容向其做了明确的讲解,并且签单时,两连带被保险人均在场,这足以说明保险公司已就保险责任以及责任免除等相关内容作了充分的说明和提示义务,因此该免责条款内容应属于合法有效内容,应得到法院的支持。综上所述,原告诉讼请求不具有任何法律和事实依据,不应予以支持,请求法院依法驳回原告的诉讼请求。

被告为其辩解在举证期限内提供的证据有:1. 出险车辆相片,证明原告家属莫甲出险时所驾驶的车辆系一部摩托车,属于机动车管理范畴;2.《理赔访谈笔录》两份,证明原告家属莫甲出险时存在无牌无证驾驶等违法行为;3.《理赔访谈笔录》,证明保险公司业务员在承保时已就保险条款“责任免除”等相关内容向原告进行了明确的说明;4. 家庭保险系列卡,证明合同已明确约定每位连带被保险人的意外伤害保险金额为 5 万/N(N 为连带被保险人人数)。

经质证,被告对原告提供的证据 1—5 的真实性、关联性、合法性及证明内容均无异议,本院予以确认;原告对被告提供的证据 2、4 的真实性无异议,本院予以确认;对证据 1 中摩托车的照片没有异议,但对其中的零件照片有异议,本院对无异议部分确认;对证据 3 的真实性有异议,不能证明被告的业务员苏某履行了对保险合同的说明义务,本院认为,证据 3

是被告进行的理赔访谈记录,结合原告莫戊签名的客户回执,可证明被告已履行说明义务,对该证据本院确认。

经审理查明,原告莫戊于2013年7月8日向被告某保险公司玉林中心支公司购买保险保障系列家庭卡保险。保险卡的主被保险人为原告莫戊,连带被保险人为莫甲、钟某。该保险卡载明:意外伤害保险责任的保险金额为10万元,包括因遭受意外伤害导致的残疾或身故保险责任,主被保险人的意外伤害保险金额为5万元,每位连带被保险人的意外伤害保险金额为5万元/N(N为连带被保险人数,1人<N≤4人)。保险卡的客户回执上载明:"贵公司已对本保险卡的保险合同条款内容履行了说明义务,对免除保险人责任的条款内容履行了明确说明义务,并对保单生效条件进行了明确告知。本人已详细阅读本手册全部内容,同意遵守保险合同手册内容,同时确认投保激活时填写资料正确有效。"原告莫戊在该客户回执上签名确认。《家庭意外伤害保险条款》(简明版)第六条约定"责任免除":"1.被保险人因下列情形之一残疾、身故或发生医疗费用的,本公司不承担保险责任……(5)被保险人酒后驾驶、无合法有效驾驶证驾驶或驾驶无有效行驶证的机动车"。2014年1月23日凌晨3时许,莫甲无证驾驶无车辆行驶证的摩托车在回家途中发生交通事故,跌倒在村道旁的水沟中,约30分钟后被前来寻找的原告莫乙等人发现,经送兴业县卖酒镇卫生院进行抢救无效死亡,该院诊断:1.急性心跳呼吸骤停;2.脑死亡;3.溺水。莫甲死亡后,原告向被告索赔连带被保险人莫甲的意外伤害保险金5万元,被告于2014年4月14日作出《理赔决定通知书》予以拒赔,其拒赔的原因是免除责任;拒赔依据是无证驾驶。原告不服被告的决定,为此向本院提起诉讼。

本院认为,原告莫戊与被告签订的保险合同合法有效,对双方具有约束力。作为连带被保险人的原告亲属莫甲2014年1月23日凌晨3时许,无证驾驶无车辆行驶证的摩托车在回家途中发生交通事故导致死亡。原告要求被告支付保险金50 000元,属于《家庭意外伤害保险条款》第六条"责任免除"第一项第(五)目规定的免责情形,对其诉讼请求本院不予支持。原告诉称死者莫甲死亡的直接原因是溺水死亡,骑车仅是诱因。本院认为,莫甲的死亡是因为其无证驾驶无行驶证的摩托车发生事故从而导致死亡,这是一个整体,对事故不能割裂开来,单独拿某一方面来分析。原告还诉称,被告在与原告莫戊签订保险合同时,被告没有在投保单、保险单或者其他保险凭证上对免除被告责任的条款以足以引起原告注意的文字字体、符号或其他明显标志作出提示,也未作出明确说明,该投保单、保险单上的免责条款的免责事由不产生效力。本院认为,原告莫戊在向被告购买保险时,在保险卡客户回执上签名确认,而客户回执已载明:"贵公司已对本保险卡的保险合同条款内容履行了说明义务,对免除保险人责任的条款内容履行了明确说明义务,并对保单生效条件进行了明确告知。本人已详细阅读本手册全部内容,同意遵守保险合同手册内容,同时确认投保激活时填写资料正确有效。"这说明被告已履行了对合同条款的说明义务,对原告以被告未对免责条款进行说明而认为免责事由无效的主张本院不予以支持。

依照《中华人民共和国民事诉讼法》第六十四条的规定,判决如下:

驳回原告钟某、莫乙、莫丙、莫丁、莫戊对被告某保险公司玉林中心支公司的诉讼请求。

本案受理费1050元,减半收取525元,由原告钟某、莫乙、莫丙、莫丁、莫戊负担。

如不服本判决,可在本判决书送达之日起十五日内,向本院或玉林市中级人民法院递交上诉状,并按对方当事人的人数提出副本,上诉于玉林市中级人民法院,于上诉期限届满之日起七日内预交上诉案件受理费1050元(受理费户名:广西玉林市中级人民法院诉讼费专户,帐号:20-405201012000407,开户行:中国农业银行玉林城东支行),逾期不交也不提出免交、缓交申请的,则按自动撤回上诉处理。

审　判　员　梁代坚
二〇一四年九月十九日
书　记　员　张安彬

【评析】

本案中,被保险人莫甲出险时所驾驶的车辆为无牌照的机动车,且其也不具有相关驾驶证件,符合涉案保险合同中“责任免除”第(五)项约定的免责情形:被保险人酒后驾驶、无合法有效驾驶证驾驶或驾驶无有效车辆行驶证的机动车。某保险公司提供的《保单电子凭证》出险车辆照片、《理赔访谈笔录》、业务员苏某的《理赔访谈笔录》、《意外伤害保险条款折页》、涉案产品《客户回执联》等证据材料证明了上述内容。根据《最高人民法院关于适用〈保险法〉若干问题的解释(二)》第十条的规定,“保险人将法律、行政法规中的禁止性规定情形作为保险合同免责条款的免责事由,保险人对该条款作出提示后,投保人、被保险人或者受益人以保险人未履行明确说明义务为由主张该条款不生效的,人民法院不予支持”。本案中,业务员苏某的《理赔访谈笔录》以及投保人亲笔签名的回执联,足以证明保险公司已履行相应的提示和告知义务,因此,保险合同的责任免除内容应当合法有效。莫甲的死亡是因其驾驶无牌照、无驾驶证的摩托车出险导致的溺水死亡,这是一个整体,对事故不能割裂开来,不能就某一方面环节来认定事故发生的原因。原告投保人主张的溺水死亡是原因,驾车是诱因割裂了事故的发生原因,不能成为认定免责条款无效的理由。

19.意外伤害保险中被保险人出险情形是否符合免责范围的认定

江苏省南京市秦淮区人民法院(2014)秦商初字第1881号民事判决书

(2014年11月18日)

【案情】

原告徐甲之父于2012年1月1日向某保险公司投保某款重大疾病保险附加个人意外伤害保险、某款终身寿险,并指定原告徐甲为受益人。2014年6月6日,原告父亲因交通事故死亡,保险公司经调查发现交警事故认定书中记载原告父亲存在醉酒驾驶情形,同时将其驾驶的电动三轮车认定为机动车,故以免责条款约定为由拒赔,原告不服遂诉至法院。

【判决书正文】

原告:徐甲,男,汉族,1989年4月3日生,住江苏省如皋市。

被告:某保险公司江苏分公司,住所地:江苏省南京市。

原告徐甲与被告某保险公司江苏分公司保险合同纠纷一案,原告徐甲于2014年10月20日向本院起诉,本院于同日立案受理。依法由代理审判员唐风华适用简易程序独任审理,于2014年11月14日公开开庭进行了审理。原告徐甲,被告某保险公司江苏分公司到庭参加诉讼。本案现已审理终结。

原告徐甲诉称,徐甲系徐乙的儿子。2012年1月1日,徐乙在某保险公司江苏分公司处投保了某款终身寿险,被保险人为徐乙,受益人为徐甲。某保险公司江苏分公司在保险合同中承诺如被保险人因意外伤害或于本合同生效之日起一年后因疾病身故或身体全残,保险人按照保险金额给付身故或身体全残保险金。保险合同签订后,徐乙按约交纳了保险费。2014年6月6日,徐乙因交通事故意外死亡,徐甲要求某保险公司江苏分公司理赔未果,故诉至法院,请求依法判令:1.被告立即给付原告保险金120 000元;2.被告承担诉讼费。

被告某保险公司江苏分公司辩称,对双方的保险合同及保险法律关系不持异议,如果符合理赔条件,徐甲主张的保险金数额也符合合同约定。但徐乙因酒后驾驶机动车出险,符合保险条款中免责条款的约定,对该免责条款保险人在徐乙投保时已尽到必要的提示、说明义务,因此某保险公司江苏分公司有权拒赔。

经审理查明,2012年1月1日,徐乙在某保险公司江苏分公司处投保了某款终身寿险,被保险人为徐乙,受益人为徐甲,保险金额为120 000元,保险期间为2012年1月2日0时起至被保险人终身。保险条款载明:被保险人因意外伤害或于本合同生效之日起一年后因疾病身故或身体全残,本公司按本合同保险金额给付身故或身体全残保险金;被保险人酒后驾驶、无合法有效驾驶证驾驶或驾驶无有效行驶证的机动车身故或身体全残的,本公司不承担保险责任。

个人业务投保书"客户声明"载明:本人已认真阅读并理解保险责任、责任免除、犹豫期、合同生效、合同解除、未成年人身故保险金限额、保险事故通知等保险条款的各项内容,以及投资连接保险、分红保险、万能保险等新型产品的产品说明书。徐乙在投保人及被保险人签名处签名。

2014年6月6日19时28分左右,徐乙驾驶电动三轮车发生交通事故死亡。如皋市公安局交通巡逻警察大队认定徐乙醉酒后驾驶机动车通过交叉路口时,未按照交通信号灯的指挥通过,确保行车安全,承担事故的主要责任。

以上事实有保险单、保险条款、道路交通事故责任认定书、死亡医学证明、殡葬证、户口注销证明、个人业务投保书以及当事人陈述等证据予以证实。

本院认为,徐乙与某保险公司江苏分公司之间签订的保险合同,系双方当事人的真实意思表示,且不违反法律、行政法规的强制性规定,应当认定为合法有效,双方均应全面履行合同约定的义务。

《中华人民共和国保险法》第十七条规定:"订立保险合同,采用保险人提供的格式条款的,保险人向投保人提供的投保单应当附格式条款,保险人应当向投保人说明合同的内容。对保险合同中免除保险人责任的条款,保险人在订立合同时应当在投保单、保险单或者其他保险凭证上作出足以引起投保人注意的提示,并对该条款的内容以书面或者口头形式向投保人作出明确说明;未作提示或者明确说明的,该条款不产生效力。"对于用保险人提供的格式条款订立的保险合同中,责任免除、免赔额、比例赔付等免除或者减轻保险人责任的条款,属于保险法第十七条第二款规定的免责条款。案涉保险条款关于被保险人酒后驾驶、无合法有效驾驶证驾驶或驾驶无有效行驶证的机动车身故或身体全残的,保险人不承担保险责任的约定,属免责条款,保险人应履行明确说明义务。本案中,某保险公司江苏分公司以投保书的形式进行了明确说明,投保人徐乙亦签字确认,故上述免责条款为有效条款。

本案的争议焦点在于,徐乙驾驶的电动三轮车是否属于机动车。原告徐甲认为,现有的法律法规及相关解释未确认电动三轮车属于机动车,公安机关出具的交通事故责任认定书将案涉电动三轮车认定为机动车,仅是在行政领域依据行政规章所作的认定;实践中,电动三轮车无法登记上牌、领取驾驶证、投保交强险;结合目前法律法规和国家(行业)标准、电动车的社会管理实际、社会公众认知水平和普遍接受程度,不宜将案涉电动三轮车认定为机动车。被告某保险公司江苏分公司认为,交通事故认定书已明确载明案涉电动三轮车为机动车,电动三轮车无法上牌及交纳交强险是因为该种车辆属于国家限制发展的车辆,但并不妨碍该种车辆被认定为机动车。本院认为,案涉电动三轮车是否属于机动车,应结合其最高时速、空车质量、外形尺寸等因素综合考量,是否能领取牌照及交纳交强险并非区分机动车与非机动车的标准。如皋市公安局交通巡逻警察大队在道路交通事故认定书中认定徐乙驾驶的电动三轮车为机动车,徐甲未能提供证据证明如皋市公安局交通巡逻警察大队该认定有误,故对于徐甲认为案涉电动三轮车为非机动车的意见,本院不予采纳。由此,本案保险事故的发生是由于投保人及被保险人醉酒后驾驶机动车所致,某保险公司江苏分公司的拒赔理由成立。

根据《中华人民共和国合同法》第八条、第六十条第一款,《中华人民共和国保险法》第十七条、第二十三条第一款,《最高人民法院关于适用〈中华人民共和国保险法〉若干问题的解释(二)》第九条、第十一条,《中华人民共和国民事诉讼法》第六十四条第一款、第一百四十二条之规定,判决如下:

驳回原告徐甲的诉讼请求。

案件受理费2700元,减半收取为1350元,由原告徐甲负担。

如不服本判决,可在判决书送达之日起十五日内,向本院递交上诉状,并按对方当事人的人数提出副本,上诉于江苏省南京市中级人民法院,同时根据《诉讼费用交纳办法》的有关规定,向该院预交上诉案件受理费。(江苏省南京市中级人民法院开户行:农行南京市鼓楼支行,账号:10105901040001276)

代理审判员　唐风华

二〇一四年十一月十八日

见习书记员　桑　颖

【评析】

《道路交通法》对于非机动车采取了列举式的规定,明确认定电动自行车属于非机动车,但并未明确电动三轮车的属性。实践中,有些地区由于电动三轮车无法取得牌照,也无法购买保险,对驾驶人的资质(是否取得驾照)亦没有要求,存在将电动三轮车视为非机动车的情况。按照此种情况,被保险人的出险情形不符合保险公司免责条款中的"醉酒驾驶机动车"情形。但在本案出险地江苏省南通市,交通事故认定书明确将电动三轮车认定为机动车。其主要依据为,公安部于2007年给江苏省公安厅的回复中要求将电动三轮车按照机动车处理,在没有其他法律法规对其作出规定时该回复应视为部门规章,具有法律效力,且电动三轮车属于国家限制发展的车辆,并不能因为其不能上牌,无法购买保险等实际限制改变其法律属性。对于电动三轮车,应当结合其最高时速、空车质量、外形尺寸等因素综合考量其是否属于非机动车。因此,法院最终认定电动三轮车属于机动车的范围,被保险人的出险情形符合免责条款中的“醉酒驾驶机动车”情形。

20. 两全保险中保险责任条款及保险责任免除条款中法律禁止性规定的认定

江苏省镇江市中级人民法院
(2014)镇商终字第286号民事判决书

(2014年11月17日)

【案情】

2012年10月,姜甲通过某银行以其自己为被保险人向购买了某保险公司两全型保险(万能型)。2013年7月,姜甲因交通事故死亡。其法定继承人向某保险公司申请理赔未果,遂向人民法院提起诉讼。

【判决书正文】

上诉人(原审被告):某保险公司江苏分公司,地址:南京市白下区。

被上诉人(原审原告):吴某,女,汉族,1928年6月16日生,住址丹阳市皇塘镇。

被上诉人(原审原告):葛某,女,汉族,1949年11月24日生,住址丹阳市皇塘镇。

被上诉人(原审原告):姜乙,男,汉族,1975年6月28日生,住址丹阳市皇塘镇。

被上诉人(原审原告):姜丙,女,汉族,1970年5月17日生,住址丹阳市皇塘镇。

被上诉人(原审原告):姜丁,女,汉族,1972年5月15日生,住址常州市武进区奔牛镇。

上诉人某保险公司江苏分公司(以下简称某保险公司)因与被上诉人吴某、葛某、姜乙、姜丙、姜丁保险合同纠纷一案,不服江苏省丹阳市人民法院(2013)丹商初字第1029号民事判决,向本院提出上诉。本院依法组成合议庭进行了审理。本案现已审理终结。

一审中,吴某、葛某、姜乙、姜丙、姜丁诉称,姜甲于2012年10月10日通过保险代理机构向某保险公司投保了一份两全保险,被保险人为其本人,保险期间为5年,身故保险金受益人为法定继承人。2013年7月15日,姜甲发生交通事故死亡。吴某、葛某、姜乙、姜丙、姜丁系姜甲的法定继承人,于2013年8月18日诉至法院,要求某保险公司给付保险金20万元,并承担本案诉讼费。本院受理案件后,吴某、葛某、姜乙、姜丙、姜丁于第一次庭审前变更诉讼请求,要求被告给付保险金50万元和保单现金价值9889.99元,合计509 889.99元。

吴某、葛某、姜乙、姜丙、姜丁为证明其主张,向一审法院提交了如下证据:

1. 死者家庭情况说明书、情况说明书各一份,证明五原告系姜甲的法定继承人。

2. 道路交通事故认定书、居民死亡医学证明书、户口注销证明各一份,证明姜甲于2013年7

月15日发生道路交通事故,经医院抢救无效于当日死亡。

3.投保单、保险条款、收费凭证各一份,证明姜甲在被告处投保了某两全保险。

一审中,某保险公司辩称,死者姜甲生前确实在某保险公司处投保了某两全保险,但是其因驾驶无有效行驶证的机动车发生交通事故死亡,属于保险合同约定的免责情形,因此某保险公司不承担保险责任。即使某保险公司应当给付保险金,按照保险合同约定,也只能给付保单现金价值9889.99元的105%与5000元之和,故要求驳回原告的诉讼请求。

某保险公司为证明其主张,向本院提交如下证据:

1.某两全保险条款一份,证明无行驶证驾驶属于保险条款第2.3条第(五)项约定的免责事由,且被告通过黑体加粗的方式向投保人姜甲作出了提示。

2.投保单、人身保险投保提示书、产品说明书各一份,证明被告已经在姜甲投保时向其就相关免责条款作出了提示和说明。

3.道路交通事故认定书、理赔谈话记录各一份,证明姜甲驾驶无有效行驶证的机动车发生交通事故。

4.保险单一份,证明姜甲在被告处投保情况。

5.账户价值计算方式一份,证明涉案保险合同账户价值的计算方式。

一审审理查明,2012年10月10日,姜甲通过某银行丹阳市蒋墅营业所投保了某两全保险(万能型),并于当日缴纳了保险费10 000元。次日,某保险公司向姜甲签发了保险单,载明投保人及被保险人为姜甲,身故保险金受益人为法定继承人,险种名称为“某两全保险(万能型)”,缴费年期为趸交,保险期间5年,保险费10 000元,未明确约定保险金额。某两全保险(万能型)保险条款第2.2条保险责任部分约定,在本合同有效期内,保险公司承担如下保险责任:疾病身故或全残保险金、意外伤害身故或全残保险金、交通工具意外伤害身故或全残保险金、满期保险金、未成年人身故保险金。其中意外伤害身故或全残保险金给付方式约定,被保险人发生意外伤害事故,且自该事故发生之日起180日内(含180日当日)因该意外伤害事故导致身故或全残的,我们按以下两项中的较小者给付意外伤害身故或全残保险金,本合同终止。(1)被保险人身故或全残时本合同项下保单账户价值的205%;(2)被保险人身故或全残时本合同项下保单账户价值的105%与50万元之和。若被保险人身故或全残时年龄超过65周岁(含65周岁),则为本合同项下保单账户价值的105%与5000元之和。保险条款第2.3条责任免除部分第一款约定,因下列情形之一,导致被保险人身故或全残的,我们不承担给付保险金的责任:……(5)被保险人酒后驾驶(见9.8)、无合法有效驾驶证驾驶(见9.9)或驾驶无有效行驶证(见9.10)的机动车:……保险条款第9.10条无有效行驶证指下列情形之一:(1)机动车被依法注销登记的;(2)未依法按时进行或通过机动车安全技术检验。

2013年7月15日6时50分许,姜甲驾驶未经注册登记的普通二轮摩托车,沿312国道由西往东行驶,行至该道路208公里200米处时,撞上同方向临时停靠在机动车道内的邵某驾驶的苏DJL192号小型普通客车尾部,造成车辆受损、姜甲受伤的道路交通事故。姜甲经医院抢救无效于当日死亡。

2013年9月22日,吴某、葛某、姜乙、姜丙、姜丁向一审法院提起诉讼,要求某保险公司赔偿保险金20万元,后又变更诉讼请求,要求某保险公司赔偿保险金500 000元、保单现金价值9889.99元及逾期利息。

另查明,被保险人姜甲生于1948年6月28日,2012年10月10日投保时年满64周岁,2013年7月15日发生交通事故死亡时年满65周岁。

上述事实,有当事人提供的证据及双方当庭陈述所证实。

本案一审争议焦点在于:1. 本案保险合同约定被保险人驾驶未经注册登记的机动车免除某保险公司赔偿责任的条款是否生效;2. 本案保险合同的保险金如何确定。

对于焦点1,一审法院认为某保险公司未在姜甲投保时就驾驶未经注册登记的机动车免除赔偿责任的条款向其进行明确说明和解释,故该免责条款不发生法律效力。

吴某、葛某、姜乙、姜丙、姜丁、某保险公司双方对于姜甲驾驶未经注册登记的机动车的事实均无异议,一审法院依法予以确认。某保险公司举证人身保险投保提示、投保单、产品说明书用以证明其向姜甲履行了关于免责条款的说明和解释义务。首先,某保险公司未在交付投保人的保险单后附上保险条款,也未能举证证明将相关保险条款交付投保人。其次,吴某、葛某,姜乙、姜丙、姜丁提供投保单第二联(客户留存联)上仅仅有姜甲签名的复写,并无关于"本人已阅读保险条款、产品说明书和投保提示书,了解本产品的特点和保单利益的不确定性"等抄录内容的复写,因此对某保险公司提供的投保单抄录内容本院不予认可。最后,某保险公司提供投保提示、投保单上姜甲的签名与产品说明书上姜甲的签名明显不一致,且吴某、葛某,姜乙、姜丙、姜丁否认姜甲签名的真实性,某保险公司又不申请进行笔迹鉴定,因此一审法院对姜甲签名的真实性不予认可。综上,本院认为,某保险公司在姜甲投保时未能就相关免责条款内容对其作出明确的说明和解释,故该免责条款不发生法律效力。

对于焦点2,一审法院认为某保险公司应当赔偿原告保险金50万元与9889.99元的105%之和即510 384.49元。

吴某、葛某、姜乙、姜丙、姜丁、某保险公司双方对于被保险人姜甲驾驶机动车发生交通事故导致死亡属于保险条款第2.2条意外伤害身故或全残保险责任均无异议,本院予以确认。吴某、葛某、姜乙、姜丙、姜丁提供的投保单以及保险单上均无关于保险金额的约定,因此本案应当根据保险条款的约定确定某保险公司如何承担保险责任。保险条款关于保险金的给付约定为"……我们按以下两项中的较小者给付意外伤害身故或金残保险金……(1)被保险人身故或全残时本合同项下保单账户价值的205%;(2)被保险人身故或全残时本合同项下保单账户价值的105%与50万元之和。若被保险人身故或全残时年龄超过65周岁(含65周岁),则为本合同项下保单账户价值的105%与5000元之和。"首先,在(2)项内部存在两种保险金的理赔方式,显然当被保险人身故时年龄超过65周岁的保险金远远低于65周岁之前发生保险事故,该项约定实际是减轻某保险公司赔偿责任的条款,因此某保险公司应当就该条款在姜甲投保时向其作出明确的说明和解释。在5年的保险期间内保险金因年龄而产生巨大变化,这势必对投保人的投保意愿产生巨大的影响。某保险公司明知姜甲在投保时即将年满65周岁,对此却未予提示和告知投保人关于保险金的悬殊。因此65周岁后减轻保险人赔偿责任的条款不发生法律效力。其次,按照某保险公司提供的账户价值计算公式及产品说明书关于账户利益的演算表可以确认,在保险期间内本案保单账户价值的205%远远低于50万元,亦即在姜甲投保时乃至整个保险期间内按照(1)项方式计算的保险金是确定且恒定远远低于(2)项中保单账户价值的105%与50万元之和的。相比较于(2)项而言,(1)项约定的理赔方式也是降低某保险公司赔偿责任的条款。某保险公司亦未就该条款向投保人作出明确的说明和解释,该降低其赔偿责任的条款不发生法律效力。综合而言,某保险公司提供的格式条款中在同一种保险事故下存在三种保险金的理赔方式,但是关于保险金的确定却是单方面由某保险公司援以格式条款决定"取较小者",而且这种降低其赔偿责任的约定并非由于被保险人的相关违法或者过错行为,因此,应当认定保险条款载明的理赔方式是保险法规定的"免除保险人责任的条款"。某保险公司在投保人投保时未就该免责条款对其进行说明和解释,因此降低其赔偿责任的条款不发生法律效力。某保险公司应当按照保险合同约定赔偿吴某、葛某、姜乙、姜丙、姜丁保单价值的105%与50万元之和即510 384.49元的保险金。

综上,姜甲与某保险公司之间的保险合同依法成立生效。某保险公司未就相关免责条款在姜甲投保时向其作出明确的说明和解释,相关免责条款不发生法律效力。某保险公司应当按照保险合同约定给付受益人保单价值的105%与50万元之和即510 384.49元。吴某、葛某、姜乙、姜丙、姜丁作为被保险人的法定继承人,系保险合同约定的身故保险金受益人,故有权要求某保险公司给付保险金。吴某、葛某、姜乙、姜丙、姜丁诉请要求某保险公司给付保险金509 889.99元,低于上述按保险合同约定方式计算的保险金,系对其自身权利的处分,一审法院依法予以准许。为维护当事人的合法权益,依照《中华人民共和国保险法》第十四条、第十七条、第十八条第三款,《最高人民法院关于适用〈中华人民共和国保险法〉若干问题的解释(二)》第九条第一款之规定,判决如下:

一、某保险公司于本判决生效之日起十日内给付原告吴某、葛某、姜乙、姜丙、姜丁保险金509 889.99元。如果未按本判决指定的期间履行给付金钱义务,应当依照《中华人民共和国民事诉讼法》第二百五十三条之规定,加倍支付迟延履行期间的债务利息。二、案件受理费8899元,由被告承担。

上诉人不服一审法院判决,向本院提出上诉称:1.某两全保险(万能型)保险条款第2.2条是属于保险责任条款,一审法院认定为免责条款和减轻责任条款无法律依据,是认定事实与适用法律错误。2.对于保险条款中免责条款,上诉人已依《最高人民法院关于适用〈中华人民共和国保险法〉若干问题有解释》执行,投保人也分别在〈投保单〉、《人身保险投保书》、《产品说明书》签字予以确认上诉人已履行了提示和明确说明义务。一审法院认为上诉人未履行上述义务错误。3.被上诉人若对〈投保单〉、《人身保险投保书》、《产品说明书》上姜甲签名的真实性有异议,应由被上诉人承担举证责任。一审法院在被上诉人未提出关于姜甲签名真实性异议的证据情况下,也未依据职权或被上诉人申请鉴定的情况下,主观判断上述签名的真实性,也是认定事实与适用法律错误。综上,请求二审法院撤销原判,依法改判驳回被上诉人的诉讼请求。

被上诉人辩称:投保单上仅有姜甲的一个签名,对其他内容均由上诉人填写,这足以认定上诉人没有尽到明确说明的义务。毕竟保险合同属于射幸合同,而无证驾驶仅仅是行政处罚事由,且法律明确规定对免责条款保险人应尽到说明义务,否则无效。一审判决正确。

关于保险金额,依据江苏省高级人民法院的审理保险合同若干意见,认为减轻保险人的赔偿责任条款也属于免责条款,保险人同样应尽到明确说明的义务。且就本案保险条款,"较小者赔偿",对投保人并不公平。其约定的事故发生时满65周岁,同样属于减轻其赔偿责任,均属于免责条款。从上诉人提供的证据来看,根本没有尽到明确说明的义务。请求法庭驳回上诉人的上诉。

本院查明事实与一审法院查明事实一致。

二审中上诉人与被上诉人的争议焦点同一审法院一致。

本院认为,投保人姜甲向上诉人投保了《某两全保险(万能型)》保险,现投保人姜甲发生保险事故,上诉人应依照合同依法向被上诉人承担保险责任。

焦点1,上诉人是否尽到免责条款的明确说明义务。

被上诉人提供的投保单第二联(客户留存联)上仅仅有姜甲签名的复写,其余需填写内容均为空白,且上诉人未能举证证明将相关保险条款交付投保人。故本院认为上诉人在姜甲投保时未能就相关免责条款内容对其作出明确的说明和解释,免责条款不发生法律效力。

焦点2,本院认为被告应当赔偿原告保险金50万元与9889.99元的105%之和即510 384.49元。

保险条款第2.2条关于保险金的给付约定为"……我们按以下两项中的较小者给付意外伤害身故或全残保险金……(1)被保险人身故或全残时本合同项下保单账户价值的205%;(2)被保险人身故或全残时本合同项下保单账户价值的105%与50万元之和。若被保险人身故或全残时年龄超过65周岁(含65周岁),则为本合同项下保单账户价值的105%与5000元之和。"该条款的前提显然是所交纳保险金额达不到一定数额,条款(1)的赔付是恒定低于条款(2)的前款,也即以姜甲的投保额计算,不可能得到条款(2)前款的理赔。作为提供格式条款的上诉人,此条款的设计,会对投保人的理解形成一定的误导。由于上诉人未作出明确说明,由此形成的不利后果应由上诉人承担。对于条款(2),也实际存在两种赔付情形。即在交纳保险金额不变的情形下,以年满65岁作为降低赔付的标准,实为减轻上诉人的保险责任的条款,被告应当就该条款在姜甲投保时向其作出明确的说明和解释。而且在5年的保险期间内保险金因年龄而产生巨大变化,这势必对投保人的投保意愿产生巨大的影响。因此,一审法院认定该条款为免责条款并无不当,因上诉人未就条款尽到明确说明义务,对上诉人不产生法律效力。上诉人应当支付被上诉人保险金509 889.99元。

综上,原审法院判决认定事实清楚,适用法律正确。上诉人的上诉理由不能成立。依据《中华人民共和国民事诉讼法》第一百七十条第一款第(一)项之规定,判决如下:

驳回上诉,维持原判。

二审案件受理费8899元,由上诉人某保险公司江苏分公司负担。

本判决为终审判决。

审 判 长 许宏亮
审 判 员 谢 铭
代理审判员 丁奕帆
二〇一四年十一月二十七日
书 记 员 王巧梅

【评析】

《最高人民法院关于适用〈中华人民共和国保险法〉若干问题的解释(二)》第十条规定:"保险人将法律、行政法规中的禁止性规定情形作为保险合同免责条款的免责事由,保险人对该条款作出提示后,投保人、被保险人或者受益人以保险人未履行明确说明义务为由主张该条款不生效的,人民法院不予支持。"《中华人民共和国道路交通安全法》第八条规定:"国家对机动车实行登记制度。机动车经公安机关交通管理部门登记后,方可上道路行驶。尚未登记的机动车,需要临时上道路行驶的,应当取得临时通行牌证。"本案法院在认定姜甲驾驶未经注册登记的机动车事实的情况下,认为保险公司未履行明确说明义务,从而认定保险条款对于姜甲不发生法律效力是值得商榷的。

21. 意外伤害保险中"禁止性规范"范围的界定

辽宁省营口市中级人民法院
(2014)营民三终字第00294号民事判决书

(2014年7月7日)

【案情】

2013年4月6日,许某驾驶摩托车行驶到营口沿海产业基地新和大街时,因避险措施不当发生交通事故。许某雇主刘某在某保险公司为许某投保了意外伤害保险。某保险公司根据营口市产业基地交通队交警出具的事故认定书,认定被保险人许某当时驾驶的为无牌摩托车,属责任免除情形,故按保险条款约定拒赔。许某家属遂将某保险公司诉至法院。

【判决书正文】

上诉人(原审原告):许甲,男,1949年11月21日出生,汉族,农民,现住辽宁省大石桥市钢都管理区。

上诉人(原审原告):陈某,女,1950年11月10日出生,汉族,农民,现住辽宁省大石桥市钢都管理区。

上诉人(原审原告):许乙,男,2009年5月11日出生,汉族,幼儿,现在大石桥市钢都管理区。

被上诉人(原审被告):某保险股份公司营口中心支公司,住所地:辽宁省营口市站前区。

上诉人许甲、陈某、许乙因保险合同纠纷一案,不服营口市站前区人民法院(2012)站民二初字第00282号民事判决,向本院提起上诉。本院依法组成合议庭,公开开庭审理了本案。上诉人许甲、陈某、许乙的委托代理人班某,被上诉人某保险股份有限公司营口中心支公司的委托代理人吴某到庭参加诉讼。本案现已审理终结。

原判认定:原告许甲系许某之父、原告陈某系许某之母、原告许乙系许某之子。2013年4月3日,投保人刘某在被告处为其雇员许某投保了"意外伤害保险",并代许某签字。同时,被告将该类保险的权利义务及保险风险告知投保人刘某,保险合同中关于免责条款的约定:"被保险人驾驶无有效行驶证的机动交通工具"。2013年4月6日17时30分许,许某驾驶无有效行驶证的摩托车在营口市新和大街发生单方交通事故,经抢救无效死亡。营口市公安局交通警察大队于同年4月16日作出事故认定书,认定许某负事故全部责任。原告持保险单到被告处办理理赔,被告作出"拒赔通知书",理由为"被保险人驾驶无有效行驶证的机动交通工具"。现三原告诉至法院,要求被告给付保险金。庭审中,三原告要求被告给付保险金200 000.00元,被告以许某违反保险合同约定为由拒付。

原判认为:原、被告双方的人身保险合同依法成立,双方均应按合同约定履行义务。被告以对实际保险人尽到告知义务,且原告驾驶无牌摩托车单方责任发生事故,违反保险合同约定。三原告以被告未尽告知义务为由要求被告给付保险赔偿金,证据不足,本院不予支持。综上,依照《中华人民共和国民事诉讼法》第六十四条之规定,判决:驳回原告许甲、陈某、许乙的全部诉讼请求。案件受理费4300.00元,由三原告自行承担。

宣判后,许甲、陈某、许乙不服,向本院提出上诉,请求依法改判支持上诉人的诉讼请求。理由:1.本案的焦点问题是被上诉人是否向被保险人许某履行了"提示及明确说明"义务。死者许某未收到保险合同,也未在投保单上签字,更不清楚保险条款的内容,其代理人刘某的签字行为,只能证明保险合同有效,并不能证明保险公司对免责条款履行了明确说明义务。2.死者许某驾驶无证照车辆虽然违反了《道路交通安全法》的禁止性规定,并不必然导致保险公司免责。对《最高人民法院关于保险法司法解释二》第十条内容如何理解问题,上诉人认为应理解为"保险人如未将禁止性规定情形作为免责事由向投保人进行提示和说明,投保人即使知道禁止性规定的内容,也无从知悉违反禁止性规定将导致保险人免责",因此,保险人必须对将禁止性规定情形作为免责事由的格式条款进行提示和说明。

被上诉人某保险股份有限公司营口中心支公司答辩称,原判认定事实清楚,适用法律正确,二审法院应予维持。

本院二审查明的事实与原判认定的基本事实一致。

本院认为,刘某为包括许某在内的多名雇员与被上诉人某保险股份有限公司营口中心支公司签订的意外伤害保险合同合法有效,双方均应按合同的约定全面履行各自的义务。本案争议的焦点是:一、保险公司对保险条款的免责条款应向谁履行明确说明义务即是向投保人还是向被保险人?二、死者许某驾驶无证照车辆肇事是否必然导致保险公司免责?关于争议焦点1,《中华人民共和国保险法》第十七条规定"订立保险合同,采用保险人提供的格式条款的,保险人向投保人提供的投保单应当附格式条款,保险人应当向投保人说明合同的内容。对保险合同中免除保险人责任的条款,保险人在订立合同时应当在投保单、保险单或者其他保险凭证上作出足以引起投保人注意的提示,并对该条款的内容以书面或者口头形式向投保人作出明确说明;未作提示或者明确说明的,该条款不产生效力"。该条明确规定保险条款包括责任免除条款保险公司均是向投保人告知,而非被保险人。因保险公司已向投保人刘某尽到提示说明义务,故上诉人的死者许某未收到保险合同、也未在投保单上签字、更不清楚保险条款的内容,故不能证明保险公司对免责条款履行了明确说明义务的上诉理由,本院不予支持。关于争议焦点2,保险合同关于免责条款约定:"被保险人驾驶无有效行驶证的机动交通工具"保险人不承担保险金的给付责任。《中华人民共和国道路交通安全法》第八条规定"国家对机动车实行登记制度。机动车经公安机关交通管理部门登记后,方可上道路行驶",上诉人不否认该条为禁止性法律规定。《〈中华人民共和国保险法〉若干问题的解释(二)》第十条规定:"保险人将法律、行政法规中的禁止性规定情形作为保险合同免责条款的免责事由,保险人对该条款作出提示后,投保人、被保险人或者受益人以保险人未履行明确说明义务为由主张该条款不生效的,人民法院不予支持"。从以上规定可以看出,被上诉人的免责条款对上诉人是有效的,因此,上诉人的死者许某驾驶无证照车辆虽然违反了《道路交通安全法》的禁止性规定、并不必然导致保险公司免责的观点亦不能成立。综上,上诉人的上诉请求和理由无事实与法律依据,本院不予支持。根据《中华人民共和国民事诉讼法》第一百七十条第一款第(一)项之规定,判决如下:

驳回上诉,维持原判。

二审案件受理费4300.00元,由上诉人许甲、陈某、许乙负担。

本判决为终审判决。

审　判　长　王　莹
审　判　员　于立民
代理审判员　朱　丹
二〇一四年七月七日
书　记　员　夏铭铭

【评析】

法律规范按其性质和调整方式的不同可分为授权性规范、义务性规范。后者又可分为命令性规范和禁止性规范。不同类型的规范,都有其自身特有的表述方式,如“禁止性规范”,通常表述为“不得”“禁止”等否定词。《道交法》第八条“机动车经公安机关交通管理部门登记后,方可上路行驶”是典型的命令性规范。该法律条文是以命令设定义务,必须履行义务不得违反。法律规范依权利、义务的刚性程度,又可分为任意性规范和强制性规范。后者同样是设定义务,不得违反,一般会表述为“应当”“必须”“不得”等。《道交法》第八条是典型的强制性规范。实践中,司法机构应把握好“禁止性规定”范围,避免对该司法解释的盲目扩大适用,而对于违反规定会损害国家利益和社会公共利益的,又应当认定属于“禁止性规定”,适当减轻保险人说明义务,以起到遏制投保人道德风险和违约行为的作用。

22. 团体意外伤害保险中退保生效时间的界定

江苏省南京市白下区人民法院
(2013)白商初字第90号民事判决书

(2013年7月4日)

【案情】

原告系海安县某纸业有限公司(以下简称投保人)员工方甲的法定继承人。2011年8月,投保人为其员工方甲等向被告某保险公司江苏分公司(以下简称被告)投保某A款套餐2份,涉案保险责任为团体意外伤害保额合计30万元,保险责任受益人为法定,保险期限自2011年8月18日至2012年8月17日。投保人于2011年12月21日向被告提出对保单项下的被保险人方甲进行退保的申请,该申请书中“投保人声明栏”明确载明:“投保人已知晓自保险公司收到本申请之日起相关的保险责任终止并已经告知所有相应被保险人。”被告于2011年12月22日收到退保申请。2011年12月25日,方甲驾驶未定期年检的二轮摩托车发生交通事故身故。2011年12月29日,被告向投保人退还保费94.38元。原告未申请理赔直接向法院起诉,要求被告支付意外伤害保险金30万元。

【判决书正文】

原告:许某,女,1945年12月11日生,汉族,住江苏省海安县。

原告:丁某,女,1968年5月2日生,汉族,住江苏省海安县。

原告:方乙,女,1990年3月27日生,汉族,住江苏省海安县。

原告:方丙,男,1997年5月3日生,汉族,住江苏省海安县。

被告:某保险公司江苏分公司,住所地:江苏省南京市。

原告许某,丁某、方乙、方丙与被告某保险公司江苏分公司保险合同纠纷一案,原告许某、丁某、方乙、方丙于2012年11月9日向本院提起诉讼,本院2013年1月6日立案受理,依法组成合议庭于2013年2月1日、5月14日公开开庭进行了审理。原告许某、丁某、方乙、方丙的委托代理人陈某,被告某保险公司江苏分公司的委托代理人王某到庭参加诉讼。本案现已审理终结。

原告许某、丁某、方乙、方丙诉称,2011年8月23日,原告亲属方甲所在工作单位海安县某纸业有限公司(以下简称某纸业公司)作为投保单位,在被告处为方甲投保某A款团体保险两份,每份保险包括团体意外伤害等险种,保险期限自2011年8月18日至2012年8月17日。

2011年12月25日7时22分左右,方甲驾驶苏F8号二轮摩托车与谭某驾驶的鲁BF/鲁U8(挂)号重型半挂牵引车,在新204国道海安县墩头镇发生交通事故,方甲在事故中当场死亡。事故发生后,原告作为方甲的法定继承人至被告处申请理赔遭拒。原告认为,方甲作为被保险人,发生保险合同约定的意外事故致死亡,被告应按保险合同约定承担保险责任,原告作为方甲的法定继承人有权获得保险金。故原告诉至法院,请求依法判令被告赔偿保险金30万元。

被告某保险公司江苏分公司辩称,2011年12月21日,某纸业公司已申请变更了被保险人,故事故发生时,方甲已不是案涉保险合同的被保险人,被告无需承担保险责任;方甲无合法有效的驾驶证及驾驶未按时进行年检的车辆发生事故,属于保险合同的免责范围,应免除被告的赔偿责任。

经审理查明,2011年8月,某纸业公司向某保险公司江苏分公司投保团体人身险。同年8月23日,某保险公司江苏分公司出具团体人身保险保险单,投保单位为某纸业公司,保险期间自2011年8月18日零时起至2012年8月17日二十四时止,保险项目为某A款2份,每份某A款包括民航班机意外伤害险(保险金额100 000元)、汽车意外伤害险(保险金额20 000元)、列车轮船意外险(保险金额50 000元)、团体意外伤害险(保险金额150 000元)、附加意外医疗(保险金额20 000元)、附加残疾(保险金额150 000元)、附加现金补贴5份,被保险人共30人,方甲系被保险人之一。被告公司团体意外伤害保险条款第一条约定,本保险合同由保险单或其他保险凭证及所附条款、投保单、被保险人名册等与本合同有关的投保文件、合法有效的声明,批注、批单、其他书面协议构成;第四条约定保险责任为本合同有效期内,本公司承担下列保险责任:(一)意外身故保险金,被保险人因遭受意外事故,并自事故发生之日起180日内因该事故身故的,本公司按其意外伤害保险金额给付意外身故保险金,对该被保险人的保险责任终止;(二)意外残疾保险金……第五条责任免除约定,因下列情形之一导致被保险人身故、伤残的,本公司不承担给付保险金的责任;(一)投保人对被保险人的故意杀害、故意伤害……(四)被保险人酒后驾驶、无合法有效驾驶证驾驶,或驾驶无有效驾驶证的机动车……第十六条约定,本合同有效期内,投保人因参加本保险的团体成员离职或丧失会员资格需退保的,应书面通知本公司,本公司对相应被保险人的保险责任自该员离职或会员资格丧失之日起终,本公司对投保人退还相应被保险人的未满期净保险费;第二十二条约定,无合法有效驾驶证指下列情形之一:(1)没有取得驾驶资格;(2)驾驶与驾驶证准驾车型不相符合的车辆;(3)持审验不合格的驾驶证驾驶;(4)持学习驾驶证学习驾车时,无教练员随车指导,或不按指定时间、路线学习驾车。无有效行驶证指下列情形之一:(1)未取得行驶证;(2)机动车被依法注销登记的;(3)未依法按时进行或通过机动车安全技术检验。

2011年12月25日7时22分左右,谭某驾驶鲁BF/鲁U8(挂)号重型半挂牵引车沿新204国道由北向南行经海安县墩头镇时,遇有禁止通行信号灯仍驾车通行,同时方甲持超过有效期的驾驶证、驾驶未定期检验的苏F8号二轮摩托车由东向西行驶亦经该地段,谭某所驾车辆前部左侧与方甲所驾车辆右侧发生碰撞,致方甲跌倒被重型半挂牵引车碾压当场死亡,两车受损。根据现场勘查、当事人陈述、证人证言、检验鉴定结论、影像资料等证据证实:本事故谭某驾驶机动车通过灯控路口时,未按交通信号灯规定通行;方甲持超过有效期的驾驶证,驾驶未定期检验的机动车,未确保安全。2012年1月17日,海安县公安局交通巡逻警察大队作出道路交通安全事故认定书,谭某行为违反了《中华人民共和国道路交通安全法》第三十八条:"车辆、行人应当按照交通信号通行……"的规定,是事故发生的主要因素,方甲行为违反了《中华人民共和国道路安全法实施条例》第二十八条:"机动车驾驶人在机动车驾驶证丢失……超过有效期的……不得驾驶机动车。"《中华人民共和国道路交通安全法》第十三条第一款:"对登记后上路行驶的机动车,应当……定期进行安全技术检验……"的规定,亦是事故发生的因素。根据《中华人民共和国交通安全法实施条例》第九十一条和《道路交通事故处理程序规定》第四十六条第一款第(二)项的规定:谭某承担本起事故的主要责任,方甲承担本起事故的次要责任。

2012年5月10日,许某、丁某、方乙、方丙诉至江苏省海安县人民法院(以下简称海安法院),要求某财产保险股份有限公司莱西支公司赔偿220 000元,青岛某运输公司、官某共同赔偿损失314 166.65元。海安法院经审理查明,方甲生前系某纸业公司的锅炉操作工,持有江苏省南通质量技术监督局核发的特种设备作业人员证,方甲死亡后,某纸业有限公司申请工伤认定,海安县人力资源和社会保障局作出海人社工认定(2012)第0085号认定工伤决定书,认定方甲的事故伤害属于工伤认定范围,认定为工伤。许某系方甲母亲,丁某与方甲系夫妻关系,方乙、方丙系丁某与方甲所生子女。2012年6月18日,海安法院作出(2012)安墩民初字第0080号民事判决,判决某财产保险股份有限公司莱西支公司赔偿许某、丁某、方乙、方丙220 000元,官某赔偿许某、丁某、方乙、方丙306 816.3元,青岛某运输公司对官某的赔偿义务承担连带责任。

审理中,本院曾组织双方进行调解,但因调解意见分歧较大,未达成一致意见。

上述事实,有原告许某、丁某、方乙、方丙提供的保险合同、交通事故责任认定书、(2012)安墩民初字第0080号民事判决书及当事人陈述等证据予以证实。

原告许某、丁某、方乙、方丙为证明保险事故发生时,方甲系被保险人,提供如下证据:1. 2012年7月24日,某纸业公司出具的情况说明,内容为"我公司于2011年8月为公司员工在某保险公司江苏分公司投保团体人身保险,保险期限从2011年8月18日至2012年8月17日。我公司于2010年8月23日交纳保险费后收到保单及保险条款。合同签订时保险公司并未向我公司说明免责条款及免责事项,更未向被保险人说明免责条款及免责事项。特此说明。"2. 2012年12月20日,某纸业公司出具的情况说明,内容为"2011年8月23日我公司为公司员工在某保险公司江苏分公司投保团体人身险(详情见保单)。2011年12月21日我公司要求对部分被保险人作变更,但某保险公司江苏分公司一直未予答复,我公司未收到某保险公司江苏分公司同意变更的批单。2011年12月25日公司员工方甲发生交通事故死亡,我公司员工朱某在事故现场电话告知保险业务员,方甲发生交通事故的情况,要求不要变更。特此说明。”上述两份情况说明证明了保险事故发生时,方甲系被保险人,同时在投保时被告未就免责条款及免责事项向投保人某纸业公司尽到明确说明义务。

对于上述证据,被告某保险公司江苏分公司质证意见如下:对两份情况说明的真实性、合法性、关联性均有异议,应以被告提供的证据为准,不应采信某纸业公司事后出具的说明。

被告某保险公司江苏分公司为证明事故发生时,方甲已非被保险人及其已就免责条款尽到明确说明义务,提供如下证据:1. 2011年12月21日团体人身险简易保全变更(加、减人)申请书,该份申请书系某纸业公司出具的,委托裴某全权办理,申请书载明增加被保险人7人,减少被保险人7人(方甲系减少的被保险人之一),申请原因为离职,投保人声明:投保人已知晓自保险公司收到本申请之日起相关保险责任终止并已经告知所有相应被保险人。某保险公司江苏公司于2012年12月21日收到该申请。2. 电子同城票据交换提入借方补充凭证,经结算,2012年12月29日某保险公司江苏分公司向某纸业公司退还保险费94.38元。3. 短期险人员变更清单,其中增加的7名被保险人生效时间为2011年12月22日零时起,7人层级均为1级,减少的7名被保险人生效时间为2011年12月21日二十四时起,其中一人层级为2级。4. 投保单一份,其中团体投保人告知声明书内容为:“我单位已就保险事宜与全部被保险人进行了宣导和沟通,凡参与该保险的全部被保险人均符合险种条款所约定的投保条件,并了解保障内容且同意由我单位统一办理投保事宜;我单位确认已收到投保险种条款,且保险人对投保险种条款进行了说明尤其对保险责任的条款、免除保险人责任的条款、合同解除条款等进行了明确说明;对投保险种条款尤其是保险责任条款、免除保险人责任的条款、合同解除条款以及产品说明书(如有)、投保须知、特别约定等,我单位均已认真阅读、理解并同意遵守。本投保单填写、本告知声明书、投保人告知材料、被保险人告知材料以及所附的被保险人清单的各项内容均属真实,并作为保险合同的组成部分,如有隐瞒或不实告知,本单位愿意承担由此带来的法律后果。”朱某作为投保单位负责人签字,某纸业公司在投保单位处盖章,时间为2011年8月22日。5. 某保险公司回执一份,证明被告已将保险合同送给了某纸业公司,并履行了明确说明义务。

对于上述证据,原告许某、丁某、方乙、方丙质证意见如下:对证据1的真实性无异议,但证据1只是一份申请书,上面投保人声明的内容系被告提供的格式条款,并非某纸业公司真实意思的表示,某纸业公司申请变更被保险人应征得被保险人同意,否则该变更申请没有效力。对证据2的真实性无异议,但该份证据只能证明被告向某纸业公司汇款94.38元,不能证明方甲本人退保,且被告向某纸业公司退还保费差额的时间是2011年12月29日,事故发生在2011年12月25日,不能证明保险事故发生时被告已与投保人就被保险人的变更达成一致意见。证据3系被告于2013年5月27日自行打印时,不能证明保险事故发生时被告已与某纸业公司达成被保险人变更的合意。依据保险合同的约定,只有在被保险人丧失投保人的会员资格时,投保人才能向保险人提出被保险人变更,且该变更应以保险人出具的批单为准。本案中,方甲生前一直在某纸业公司工作,某纸业公司与被告无权合意剥夺方甲的被保险人资格。虽然某纸业公司提出变更被保险人的要约申请,但保险事故发生时,被告并未向某纸业公司作出同意变更的书面承诺。综上,上述三份证据不能证明保险事故发生时方甲已丧失被保险人资格。对证据4真实性无异议,但该投保单系被告制作的格式合同,声明的内容均是被告事先印制好的,且投保单签章时间是2011年8月22日,而实际保险合同期限自2011年8月18日开始,通过原告向投保人了解,该份保险合同是被告海安公司业务员在2011年8月底多次要求某纸业公司投保,后碍于多方原因,某纸业公司同意投保,但保险期限从2011年8月18日开始,事后才补办的交费和领取保单的相关手续的。被告对免责条款的明确说明义务应在2011年8月18日前履行,而不是在保险合同订立后投保人交纳保险费时才告知,且仅凭投保单不能证明被告于2011年8月22日就免责条款对投保人进行了明确说明。证据5真实性无异议,但回执仅盖有某纸业公司的公章,并没有签收时间,回执上标注了“9.9”的字样,应该是9月9日,不能证明被告在投保时已就免责条款及免责事项向投保人作了明确说明。

本院认为,某纸业公司与某保险公司江苏分公司签订的保险合同系双方当事人真实意思的表示,合法有效,双方均应按约履行各自的义务,合同签订后,某纸业公司交纳了保险费,某保险公司江苏分公司应按保险合同的约定承担保险责任。案涉两份人身意外伤害保险身故保险金合计为30万元,双方均无异议,本院予以确认。方甲原系被保险人之一,双方均无异议,本院予以确认。方甲发生保险事故死亡后,因保险合同未指定受益人,许某、丁某、方乙、方丙作为方甲的法定继承人向某保险公司江苏分公司主张保险金符合法律规定,本院予以确认。

本案争议的焦点为:

一、保险事故发生时,方甲是否系案涉保险合同被保险人。2011年12月21日,某纸业公司向某保险公司江苏分公司提出变更被保险人的申请,委托裴某全权办理,并声明投保人已知晓自保险公司收到申请之日起相关保险责任终止并已经告知所有相应被保险人,某保险公司江苏分公司于2011年12月21日收到申请;结合某保险公司江苏分公司制作的短期险人员变更清单,新增加的被保险人保险责任自2011年12月22日零时起,减少的被保险人保险责任2011年12月21日二十四时止;2011年12月29日,某保险公司江苏分公司退还某纸业公司保险费94.38元,系因减少的被保险人中有1人层级为2级,而增加的被保险人的层级均为1级,从而退还了部分保险费。故某纸业公司向某保险公司江苏分公司递交了申请并承诺自某保险公司江苏分公司收到申请之日起原7名被保险人保险责任终止,该份申请书应作为双方保险合同的附件,出具批单应只是某保险公司江苏分公司的手续,并不能以出具批单的时间来确定保险责任开始及终止的时间。本案交通事故发生于2011年12月25日,故保险事故发生,方甲非保险合同的被保险人,保险责任已终止。

二、事故发生时,方甲持超过有效期的驾驶证,且驾驶未定期检验的车辆发生交通事故,是否应免除某保险公司江苏分公司的赔偿责任。

案涉保险合同的保险期限自2011年8月18日零时起至2012年8月17日二十四时止,而投保人某纸业公司在投保单上盖章的时间为2011年8月23日,保险合同的印制时间亦为2011年8月23日,但双方经协商将保险期限提前至2011年8月18日,并不违反法律规定,某纸业公司虽向本院出具说明称投保时某保险公司江苏分公司未对免责条款尽到明确说明义务,但其作为投保人在投保单投保人声明内容加盖了公章,声明某保险公司江苏分公司就免除保险责任的条款已尽到明确说明义务,现亦未提供证据推翻投保单,故对某纸业公司出具的说明,本院不予采信。保险合同明确约定了未依法按时进行或通过机动车安全技术检验属于无有效行驶证的情形,且投保时某保险公司江苏分公司已就免责条款尽到明确说明义务,应免除某保险公司江苏分公司的赔偿责任。故本院认为,即使方甲系被保险人,也应免除某保险公司江苏分公司的赔偿责任。

综上,原告许某、丁某、方乙、方丙要求被告某保险公司江苏分公司赔偿保险金30万元的诉讼请求,证据不足,于不无据,本院难以支持。依据《中华人民共和国保险法》第十七条、第二十三条第一款、第四十二条,《中华人民共和国民事诉讼法》第六十四条、第一百四十二条之规定,判决如下:

驳回原告许某、丁某、方乙、方丙的诉讼请求。

案件受理费5800元，由原告许某、丁某、方乙、方丙负担。

如不服本判决，可在判决书送达之日起十五日内向本院递交上诉状及副本五份，上诉于江苏省南京市中级人民法院。同时根据《诉讼费用交纳办法》的有关规定，向该院预交上诉案件受理费（江苏省南京市中级人民法院开户行：农行鼓楼分理处，账号：03340105904000l276）。

审 判 长 褚爱芳
人民陪审员 马润珍
人民陪审员 鲁莉萍
二〇一三年七月四日
见习书记员 陆宁蓉

【评析】

退保是指在保险合同没有完全履行时，经投保人向保险人申请，保险人同意，解除双方由合同确定的法律关系，保险人按照法律规定及合同约定退还保险金的现金价值。本案中，被告收到申请材料的日期为2011年12月22日。根据《保险法》第十五条"除本法另有规定或者保险合同另有约定外，保险合同成立后，投保人可以解除合同，保险人不得解除合同"及《合同法》第九十六条"当事人一方依照本法第九十三条第二款、第九十四条的规定主张解除合同的，应当通知对方。合同自通知到达对方时解除。对方有异议的，可以请求人民法院或者仲裁机构确认解除合同的效力"的规定，投保人有权主张部分或全部解除保险合同，且合同自通知到达保险人时解除。即从2011年12月22日被告收到申请材料起，原告已不是本案所涉保险合同项下的被保险人。方甲于2011年12月25日出险，其事故发生于退保（即保险合同解除）之后，保险公司不应对该事故承担责任。同时，根据《保险法》第四十七条"投保人解除合同的，保险人应当自收到解除合同通知之日起三十日内，按照合同约定退还保险单的现金价值"的规定，被告在收到投保人解除合同的通知后，在30日内退还保险单的现金价值即可。保险人一旦接受了投保人的退保材料，就解除了保险合同。在30日内保险人未返还保险单的现金价值不影响解除合同的效力。

23. 意外伤害保险中被保险人职业类别的认定

河北省保定市中级人民法院
（2014）保民三终字第277号民事判决书

（2014年11月24日）

【案情】

杨甲和崔某及其两个孩子于2013年6月向某保险公司投保人身保险家庭型意外伤害保险。

2013年9月5日,被保险人杨甲在帮助村民的拖拉机安装轮胎时,因拖拉机轮胎钢圈弹出,击中杨甲头部,致杨甲重伤并于当日死亡。某保险公司以杨甲在投保时隐瞒自己职业类别为由拒赔。崔某等人遂向法院起诉,要求某保险公司赔付。

【判决书正文】

上诉人(原审被告):某保险公司保定中心支公司,住所地:保定市新市区。

被上诉人(原审原告):杨乙,男,1960年11月11日出生,汉族,现住保定市望都县高岭乡。

被上诉人(原审原告):王某,女,1961年6月9日出生,汉族,现住保定市望都县高岭乡。

被上诉人(原审原告):崔某,女,1980年6月26日出生,汉族,现住保定市望都县高岭乡。

被上诉人(原审原告):杨丙,女,2005年2月9日出生,汉族,现住保定市望都县高岭乡。

被上诉人(原审原告):杨丁,女,2008年3月13日出生,汉族,现住保定市望都县高岭乡。

上诉人某保险公司保定中心支公司(以下简称某保险公司)因人身保险合同纠纷一案,不服河北省保定市新市区人民法院(2014)新民初字第718号民事判决,向本院提起上诉,本院依法组成合议庭,公开开庭审理了本案。本案现已审理终结。

原审法院认定,2013年6月,杨甲、崔某、杨丙、杨丁向某保险公司投保某人身保险系家庭型意外伤害保险,每个被保险人的意外身故金均为90 000元,该保险签订之日即生效。2013年9月5日,被保险人杨甲在帮助村民的拖拉机安装轮胎时,拖拉机轮胎钢圈弹出,击中杨甲头部,致杨甲重伤,于当日死亡。杨甲户籍为农民,其所在村委会及证人吴某、王某证明杨甲在望都县某汽车配件门市主要负责销售经营,安装由工人负责,杨甲只是偶尔给熟人安装,自己平时不安装轮胎。某保险公司提供杨甲死亡时在换轮胎的照片、调查笔录均不能证明杨甲的职业为修理工,某保险公司以未如实告知被保险人的职业为由拒赔。本案原告分别是杨甲的父、母、妻、女。原告诉至本院,请求某保险公司给付保险赔偿金90 000元,由某保险公司承担本案诉讼费用。上述事实,有双方当事人陈述、保险卡单、社区证明、证人证言、村委会证明、死亡医学证明书等可以证实。

原审法院认为,杨甲户籍为农民,其所在村委会及证人吴某、王某证明了杨甲在望都县某汽车配件门市主要负责销售经营,安装由工人负责,杨甲只是偶尔给熟人安装,自己平时不安装轮胎。杨甲死于安装轮胎的过程中,并不能说明杨甲的职业就是汽车、拖拉机修理工,某保险公司提供杨甲死亡时在换轮胎的照片、调查笔录均不能证明杨甲的职业为修理工,某保险公司以未如实告知其职业为由拒赔,证据不足,原审法院不予支持。某保险公司应该依保险合同约定进行理赔。依照《中华人民共和国保险法》第五条、第十四条、第三十条,《最高人民法院〈关于适用中华人民共和国保险法〉若干问题的解释(二)》第八条,《最高人民法院关于民事诉讼证据的若干规定》第二条之规定,判决:某保险公司于本判决生效后十日内支付杨乙、王某、崔某、杨丙、杨丁赔偿金90 000元。案件受理费2050元,由某保险公司负担。

判后,某保险公司不服原审判决上诉称,被保险人杨甲自2010年至身故自主经营着一家位于保定市望唐公路南侧的某轮胎修理部,主要经营大车(半挂)的更换轮胎、补胎、电焊,换滤芯等工作。正是由于被保险人在为他人拖拉机安装轮胎时发生事故,造成其头部遭到弹出的车辆轮胎重击而身故,上述被保险人自主经营轮胎修理部的事实均由其租用经营房的房主证言证词相互印证。原审法院错误地认为本案被保险人的工作并非为汽车拖拉机修理工是严重的认定基本事实错误。请求二审法院撤销原审判决,发回重审或改判,一、二审诉讼费用由被上诉人承担。

被上诉人辩称,杨甲生前确系农民,有村委会证明和证人证言加以证明,杨甲在投保时做到了如实告知,保险承保后杨甲因意外身故,上诉人在出险后拒不理赔的行为构成违约,也属于商业信誉的丧失。上诉人主张杨甲职业是汽车修理工,但是上诉人未提出合法有效证据加以证实,只提供了经营房的房东的证言,但是在原审开庭时该房东没有到庭作证,根据民事诉讼法相关规定,其证言欠缺真实性,故原审判决并无不妥,请求二审法院驳回上诉,维持原判。

经审理,二审所查明的事实与原审无异。二审期间双方均没有向法庭提交新的证据。

本院认为,关于被保险人杨甲的职业分类问题,上诉人主张杨甲为汽车、拖拉机修理工人,其在投保时告知上诉人为"农夫",没有履行如实告知义务,根据《中华人民共和国保险法》第十六条规定,上述情况保险人有权解除合同,对解除前发生的保险事故,不承担赔偿或者给付保险金的责任。根据原审及二审查明的事实,杨甲生前为农业户口,居住在农村,业余时间经营汽车配件门市,对此,其所在村委会出具了证明,证人吴某、王某也出庭进行了证明,证明杨甲主要从事汽车配件的销售经营,只是偶尔给熟人安装轮胎,对上述证明及证人证言本院予以采信。上诉人只是根据杨甲所开门市及对经营房的房主的询问记录而认定其为汽车、拖拉机修理工人,但该证人未出庭作证,对该询问记录本院不予采信,上诉人提交的证据无法证明杨甲职业为汽车、拖拉机修理工,对上诉人主张本院不予支持。综上所述,原审判决认定事实清楚,适用法律正确,审判程序合法。依据《中华人民共和国民事诉讼法》第一百七十条第一款第(一)项之规定,判决如下:

驳回上诉,维持原判。

二审案件受理费2050元,由上诉人某保险公司负担。

本判决为终审判决。

审 判 长 苑汝成
代理审判员 王清江
代理审判员 曲 刚
二〇一四年十一月二十四日
书 记 员 郝 彬

【评析】

本案中,从双方提供的证据来看,投保人生前系农民,在业余时间经营了一家轮胎修理部,也确实会帮助客户修理轮胎。其在向某保险公司投保时,并未说明这一事实,而该事实应属于如实告知的范围。这一事实的未告知已经严重影响保险公司决定是否承保或提高保费。现有保险合同是存在问题的,即在职业选择上填写农民并不违背事实,但是却使保险公司处于因信息不对称而受损的一方的地位。因此,保险合同应对职业选择进行多元化处理,保险公司应做出进一步说明。

23

24. 团体意外伤害保险中对被保险人赔偿标准的认定

湖北省武汉市中级人民法院
(2014)鄂武汉中民商终字第01399号民事判决书

(2014年12月31日)

【案情】

2013年5月24日,安徽某钢结构(集团)公司为包括原告田某在内的9名员工投保了团体人身意外伤害保险。原告田某于2013年6月3日在湖北崇阳县天城镇工业园建房工地施工时,不慎由高处坠落致头部受伤,后经治疗,评定为7级伤残。因原告和某保险公司就赔偿标准产生争议,无法达成一致,遂诉至法院。

【判决书正文】

上诉人(原审原告):田某,男,1987年5月1日出生,汉族,住湖北省十堰市竹溪县县河镇。

被上诉人(原审被告):某保险公司湖北分公司,住所地:湖北省武汉市武昌区。

原审第三人:安徽某钢结构(集团)公司,住所地:安徽省合肥市。

上诉人田某为与被上诉人某保险公司湖北分公司及原审第三人安徽某钢结构(集团)公司人身保险合同纠纷一案,不服湖北省武汉市武昌区人民法院(2014)鄂武昌民商初字第00468号民事判决,向本院提起上诉。本院依法组成合议庭审理了本案,现已审理终结。

原审法院审理查明:2013年5月24日,安徽某钢结构(集团)公司(以下简称鸿路公司)为包括田某在内的9名员工向某保险公司湖北分公司投保团体人身意外伤害保险,保险金额270万元,每名员工的保险金额为30万元;附加意外伤害医疗保险,保险金额36万元,每名员工的保险金额为4万元;保险期间自2013年5月25日零时起至2013年8月24日二十四时止,保险费共计4106.70元。鸿路公司已于2013年5月24日足额缴纳保险费。

某保险公司的《团体人身意外伤害保险条款》:该条款总则第五条规定,在保险期间内,被保险人因遭受意外伤害事故导致身故、残疾或烧烫伤的,保险人依照下列约定给付保险金,且给付各项保险金之和不超过保险金额。(二)残疾保险责任,在保险期间内,被保险人遭受意外伤害事故,并自该事故发生之日起180日内因该事故造成本保险合同所附《人身保险残疾程度与保险金给付比例表》(以下简称《给付表一》)所列残疾之一,保险人按该表所列给付比例乘以保险金额给付残疾保险金。如第180日治疗仍未结束的,按当日的身体情况进行残疾鉴定,并据此给付残疾保险金。2013年6月3日,田某在工地施工时不慎从高处坠落致头部受伤后被送至湖北省崇阳县人民医院就诊,医院诊断为颅骨缺损,住院至2013年7月12日。经崇阳浩然法医司法鉴定所法医鉴定,鉴定意见为:田某损伤程度评定重伤二级,七级伤残;后期医疗费用评定7000元;休息时间从受伤之日起至评残之日止，护理时间评定120天；营养时间评定120天。按照《人身保险残疾程度与保险金给付比例表》的给付比例，七级伤残给付保险金的比例为保险金额30万元的10%。因某保险公司拖延理赔，田某遂于2014年5月20日提起诉讼，请求判令某保险公司支付其伤残赔偿金183 248元、后期治疗费7000元、护理费12 434.10元，并承担本案诉讼费、鉴定费用。

原审法院另查明：田某诉请某保险公司支付伤残保险赔偿金183 248元，是参照人体伤残赔偿的标准进行计算而来，某保险公司认为田某的伤残保险赔偿金应当依据保险合同条款的标准进行计算，而不应当依人身侵权责任法规定的人身侵权赔偿的标准进行计算。

某保险公司的《团体人身意外伤害保险附加医疗险条款》第五条规定，在本附加合同保险责任有效时间内，保险人承担下列保险责任：被保险人因遭受意外伤害事故，保险人就其发生之日起180日内而支付的符合卫生、医疗行政主管部门规定，直接用于治疗的治疗费、检查费、手术费、药费等实际支出的合理医疗费用中超过人民币100元的部分按照约定比例给付"意外伤害医疗保险金"。田某提出某保险公司应支付给自己后期治疗费、护理费、法医鉴定费的诉讼请求，其理由是上述费用属于《团体人身意外伤害保险附加医疗险条款》中医疗费的赔偿范围。某保险公司认为田某提出的上述费用不属于《团体人身意外伤害保险附加医疗险条款》中医疗费的赔偿范围，其理由是田某提出的上述费用不符合该条款中任一条款的规定，且发生的医疗费用为直接用于治疗的治疗费、药费、手术费等实际支出的合理医疗费用，田某所列的上述费用不在合理医疗费用的范围内，故应驳回田某的此项诉讼请求。

原审法院认为：田某和某保险公司之间的人身保险合同依法成立并生效。依法成立并生效的合同，依据《中华人民共和国合同法》第六十条第一款的规定，当事人应当按照约定全面履行自己的义务。田某提出的某保险公司应支付田某伤残保险赔偿金183 248元，根据双方签订的《团体人身意外伤害保险条款》第五条第（二）项的规定，七级伤残给付保险金为保险金额30万元的10%，即3万元。田某所称的应给付伤残保险赔偿金183 248元，是根据侵权法规定的人体伤害的标准计算而来的，因本案所涉及的法律关系为保险合同的法律关系，而非人身侵权法律关系，不应当适用侵权法关于人体伤害的标准进行计算，应适用保险法和合同法规定的人身保险合同的约定进行计算，故某保险公司应当支付田某伤残保险赔偿金3万元。至于田某的其他诉讼请求可依法律法规另外主张自己的合法权益，从而使自己的权益得到保护和获得救济。另需阐述的是，保监会制定的《人身保险残疾程度与保险金给付比例表》（保监发〔1999〕237号）中关于七级伤残的标准为手指缺失等……在庭审中，某保险公司认为保监会的人体鉴定标准要比法医鉴定标准严格，田某的七级伤残是因为田某颅脑受伤被鉴定为七级伤残，而保监会的七级伤残是手指缺失，虽然人体伤害的器官不同，但可以相互比照，某保险公司在被问及是否重新鉴定，某保险公司明确明示不愿意重新鉴定。田某因颅脑受伤被鉴定为七级伤残，某保险公司亦认可田某的鉴定结论，依据《最高人民法院关于民事证据的若干规定》第八条规定，一方当事人对另一方当事人陈述的案件事实明确表示承认的另一方当事人无须举证。鉴于田某和某保险公司对法医鉴定均无异议，故对法医鉴定结论因颅脑受伤为七级伤残的鉴定结论依法予以认可。虽然该法医鉴定是因颅脑受伤而定的七级伤残，而非保监会所列手指缺失而定的七级伤残标准，但基于双方当事人对于鉴定结论均无异议双方均不同意重新进行鉴定，原审只能参照法医鉴定的七级伤残标准比照保监会的七级伤残标准进行判别和认同。

田某主张后期治疗费、护理费、鉴定费的诉讼请求，田某认为该项请求符合《团体人身意外伤害保险附加医疗险条款》第五条的规定,属于某保险公司承担保险责任的范围。根据《团体人身意外伤害保险附加医疗险条款》第五条的规定,被保险人因遭受意外伤害事故,保险人就其发生之日起180日内而支付的符合卫生、医疗行政主管部门规定,直接用于治疗的治疗费、检查费、手术费、药费等实际支出的合理医疗费用超过人民币100元部分按照约定比例给付"意外伤害医疗保险金"。某保险公司认为田某提出的上述费用不属于《团体人身意外伤害保险附加医疗险条款》中医疗费的赔偿范围,其理由是田某提出的上述费用不符合该条款中任一条款的规定,且发生的医疗费用为直接用于治疗的治疗费、药费、手术费等实际支出的合理医疗费用,田某所列的上述费用不在合理医疗费用的范围内,故应驳回田某的此项诉讼请求。某保险公司抗辩的理由成立,依法不支持田某的此项诉讼请求。

综上所述,依据《中华人民共和国合同法》第四十四条、第六十条第一款,《最高人民法院关于民事诉讼证据的若干规定》第二条及《中华人民共和国民事诉讼法》第一百四十二条的规定,原审法院判决:一、某保险公司于判决生效之日起十日内一次性支付田某残疾保险金30 000元;二、驳回田某其他诉讼请求。如果未按判决指定的期间履行给付金钱义务,应当依照《中华人民共和国民事诉讼法》第二百五十三条之规定,加倍支付延迟履行期间的债权利息。案件受理费4341元,减半收取2170.50元,由某保险公司负担。

上诉人田某不服原审法院上述民事判决,向本院提起上诉,请求撤销原判,依法改判某保险公司支付其保险金202 682元。其上诉理由是:一、原审判决认定事实不清。某保险公司没有就保险合同中的免责条款做出说明,田某更没有收到团体人身意外伤害保险条款和《人身保险伤残程度与保险金给付比例表》。二、原审法院在没有查明某保险公司是否就保险合同中的免责条款向投保人作出说明就直接适用免责条款,系适用法律错误。

被上诉人某保险公司辩称,原审判决公平合理,请求驳回上诉,维持原判。

原审第三人安徽某钢结构(集团)公司述称,同意田某的上诉意见,购买保险时没有收到保险条款。

二审查明:《团体人身意外伤害保险单》载明"友情提示:……2.请详细阅读所附保险条款,特别是有关责任免除和投保人、被保险人义务的部分"。安徽某钢结构(集团)公司在《投保单》中投保单位声明与授权一栏签名盖章确认"本单位向你公司申请投保上述保险,对投保须知、保险条款、费率、责任免除事项、退保规定等均已了解并同意遵守"。本案二审查明的其他事实与原审查明的一致,本院予以确认。

本院认为:通过《团体人身意外伤害保险单》中"友情提示"及安徽某钢结构(集团)公司《投保单》的内容,说明某保险公司向投保人安徽某钢构(集团)公司提供了保险合同条款,否则安徽某钢结构(集团)公司会及时通知某保险公司并提出异议,故田某上诉称没有收到保险合同条款、《人身保险伤残程度与保险金给付比例表》与事实不符,其该项上诉理由不成立。《中华人民共和国保险法》第十七条第二款规定"对保险合同中免除保险人责任的条款,保险人在订立合同时应当在投保单、保险单或者其他保险凭证上作出足以引起投保人注意的提示,并对该条款的内容以书面或者口头形式向投保人作出明确说明;未作提示或者明确说明的,该条款不产生效力。"《最高人民法院关于适用〈中华人民共和国保险法〉若干问题的解释(二)》第十一条规定"保险合同订立时,保险人在投保单或者保险单等其他保险凭证上,对保险合同中免除保险人责任的条款,以足以引起投保人注意的文字、字体、符号或者其他明显标志作出提示的,人民法院应当认定其履行了保险法第十七条第二款规定的提示义务。保险人对保险合同中有关免除保险人责任条款的概念、内容及其法律后果以书面或者口头形式向投保人作出常人能够理解的解释说明的,人民法院应当认定保险人履行了保险法第十七条第二款规定的明确说明义务。”该解释第十三条规定:“保险人对其履行了明确说明义务负举证责任。投保人对保险人履行了符合本解释第十一条第二款要求的明确说明义务在相关文书上签字、盖章或者以其他形式予以确认的,应当认定保险人履行了该项义务。但另有证据证明保险人未履行明确说明义务的除外。”根据上述规定对于保险合同中的免责条款,保险人除应尽到提示义务外,还应尽到向投保人明确说明该条款内容的义务。本案中,某保险公司提交了《投保单》,安徽某钢结构(集团)公司在投保人声明处签名盖章确认的内容,可证明某保险公司对安徽某钢结构(集团)公司尽到提示及明确说明的义务,故免责条款对安徽某钢结构(集团)公司具有法律效力。田某上诉称某保险公司对免责条款没有尽到明确告知义务,与事实不符,依法不予支持。

综上,上诉人田某的上诉理由均缺乏事实和法律依据,其上诉请求本院不予支持。原审判决认定事实清楚,适用法律正确,实体处理恰当。依照《中华人民共和国民事诉讼法》第一百七十条第一款第(一)项的规定,判决如下:

驳回上诉,维持原判。

本案二审案件受理费4341元,由上诉人田某负担。

本判决为终审判决。

审　判　长　程敬华
审　判　员　何国安
审　判　员　王　伟
二〇一四年十二月三十一日
书　记　员　左　菁

【评析】

《最高人民法院关于审理人身损害赔偿案件的司法解释》第十一条第三款规定,属于《工伤保险条例》调整的劳动关系和工伤保险范围的,不适用本条规定。本案中,原告田某和第三人安徽某钢结构(集团)公司为劳动合同关系,事故发生时原告在履行工作职责,应依法认定为工伤事故,且应依据《工伤保险条例》规定主张自己的权益。

《最高人民法院关于适用〈中华人民共和国保险法〉若干问题的解释(二)》第十一条规定:“保险合同订立时,保险人在投保单或者保险单等其他保险凭证上,对保险合同中免除保险人责任的条款,以足以引起投保人注意的文字、字体、符号或者其他明显标志作出提示的,人民法院应当认定其履行了保险法第十七条第二款规定的提示义务。保险人对保险合同中有关免除保险人责任条款的概念、内容及其法律后果以书面或者口头形式向投保人作出常人能够理解的解释说明的,人民法院应当认定保险人履行了保险法第十七条第二款规定的明确说明义务。”本案中,保险公司充分履行了免责条款和限制条款说明的义务,保险合同的约定对双方均有约束力,合同双方应该按照保险合同的约定确定双方的权利义务。

25. 两全保险中被保险人死亡原因证据的认定

四川省达州市达川区人民法院
(2014)达达民初字第60号民事判决书

(2014年2月24日)

【案情】

投保人张某以自己为被保险人,投保某保险公司两全保险(分红型)一份,保额5490元;投保两全保险(分红型C款2013)两份,保额分别为12 756元、5315元。2013年7月18日,被保险人在街道上突然摔倒死亡。2013年11月6日,其受益人提出理赔申请。某保险公司经调查认定被保险人属于突发疾病死亡,决定给付疾病死亡保险金及保单累计生息合计23 852.34元。其受益人不服提起诉讼。

【判决书正文】

原告:郑甲,男,生于1979年11月8日,汉族,住达县某街。

原告:郑乙,女,生于1977年2月2日,汉族,住达县河市镇某街。

被告:某保险公司达州中心支公司。

原告郑甲、郑乙诉被告某保险公司达州中心支公司人身保险合同纠纷一案,本院于2013年12月13日立案受理后,依法由审判员张小松适用简易程序,公开开庭进行了审理。原告郑甲及其委托代理人,原告郑乙的委托代理人,被告某保险公司的委托代理人到庭参加了诉讼。本案现已审理终结。

原告郑甲、郑乙诉称,2009年1月7日,二原告的母亲(投保人张某)向某保险公司达县麻柳某银行营业厅代办点投保了某两全保险(分红型)A款保险,一次性交保险费5000元。2013年1月29日、2013年5月15日二原告的母亲(投保人张某)再次分别向某保险公司投保某两全保险两份,分别交一次性保费12 000元、5000元。2013年7月18日上午9时左右投保人张某去交电费途中在达县麻柳镇某街与某街的十字路口时不慎摔倒后死亡,经公安机关调查得出张某属意外死亡的结论,按照张某生前投保的前述保险险种约定意外死亡应赔偿47 122元。2013年11月13日某保险公司达州中心支公司对张某按疾病死亡做出理赔,赔偿金额为23 561元。为此双方产生纠纷,为维护原告的合法权益,二原告现诉讼来院,请求:一、由被告支付给原告(母亲张某)三份合同的意外身故保险金47 122元,以及按银行同期存款利息计算的资金累计生息;二、本案诉讼费由被告承担。

被告某保险公司辩称,一、某保险公司已于2013年11月13日依照保险合同约定,按疾病死亡标准向原告方支付了23 561元保险赔偿金,故双方债务已因清偿而消灭,双方不再具有法律上的权利义务关系。二、原告要求按意外身故保险金赔偿标准对其赔偿，但未能提供被保险人张某属于意外死亡的充分证明，原告方在保险事故发生后未及时通知被告，其过错导致了无法对被保险人张某进行尸检。原告方虽提供了一份达县公安局某派出所出具的一份证明，但该证明并不能排除被保险人系由自身疾病引起的死亡之可能，因而该证明并不能达到证明被保险人系非由疾病引起之外来突发事件所致死亡之效。故原告的主张不应得到支持，其诉讼请求应当依法驳回。

原告为支持其诉讼请求，向法庭提交了如下证据：1. 原告的身份证复印件；2. 保险单三份；3. 达川区某村委会证明两份；4. 达县公安局某派出所证明两份；5. 调查笔录两份及被告方作出的《关于张某身故赔案的调查报告》。

对原告所提交的证据，被告做如下质证意见：对第 1 份、2 份、3 份证据无异议；第 4 份证据的户口注销无异议，但原告所主张的被保险人张某系意外死亡有异议，当时出警的民警证明仅指排除他杀和自杀，是否因疾病死亡派出所无法判定；第 5 份调查笔录的证明人并没有出庭作证，不予认可，原告提供的调查报告没有被告方盖章，不予认可。

被告某保险公司向法庭提交了如下证据：投保单（书）. 三份、保险单三份、保险合同、某派出所出具的证明两份。

对被告提供的证据，原告的质证意见：对被告提供的投保单（书）、保险单无异议。2013 年 8 月 26 日某派出所出具的证明无异议；2014 年 1 月 2 日某派出所出具的证明与被告的证明目的不一样，某派出所证明了被保险人张某是意外死亡的事实。

经审理查明，2009 年 1 月 7 日原告郑甲、郑乙之母张某向某保险公司投保了被保险人与受益人均为张某的 5 年期某两全（分红型）（A 款）保险，一次交清保险费 5000 元，约定疾病身故保险金 5490 元，意外身故保险金 10 980 元，红利分配选择为累积生息；2013 年 1 月 28 日张某向某保险公司投保了被保险人与受益人均为张某的 5 年期的某两全保险（分红型 C 款 2013），一次交清保险费 12 000 元，约定疾病身故保险金 12 756 元，意外身故保险金 25 512 元，红利选择方式为累积生息；2013 年 5 月 14 日张某向某保险公司投保了被保险人与受益人均为张某的 5 年期的某两全保险（分红型 C 款 2013），一次交清保险费 5000 元，约定疾病身故保险金 5315 元，意外身故保险金 10 630 元，红利选择方式为累积生息。

2013 年 7 月 18 日上午 9 时左右二原告的母亲（投保人张某）在达县麻柳镇某街与某街的十字路口摔倒死亡，2013 年 8 月 26 日达县公安局某派出所出具了张某在某街道意外死亡的证明，2014 年 1 月 2 日某派出所又出具了一份张某的死亡原因系排除他杀和自杀的证明。二原告在张某生前并不知道其购买了保险，因此在张某死亡后未及时向某保险公司报案，也未对其进行尸检，便对其进行了安葬。后原告在整理张某的遗物时、发现了三份保险单，才向某保险公司报案。2013 年 11 月 13 日某保险公司对张某按疾病死亡作出了《理赔决定通知书》，赔偿金额为 213 561 元，二原告对被告确定的赔偿金额不服，遂诉至法院。

张某与某保险公司签订的三份保险合同的身故保险金受益人均为法定，原告郑甲、郑乙为张某的法定继承人。张某签订的三份保险合同应收取的红利为 273.03 元。

本院认为，原告郑甲、郑乙之母张某与被告签订的三份保险合同，是双方真实意思的表示，不违反法律的规定，合同合法有效。有效成立的合同，对双方均具有约束力，双方当事人均应依约履行。原告方提交的某派出所出具的张某系意外死亡的证明真实有效，本院予以认定。按照证据规则，被告主张张某系因疾病死亡，被告应对此承担举证责任，在张某死亡后，二原告不知道张某在被告处保险，未及时向保险公司报案，原告对此并无过错。因此，被告以原告在保险事故发生后未及时通知保险人,其过错导致不能查清张某死因的抗辩理由不成立,被告应承担举证不能的法律责任。《中华人民共和国保险法》第三十条规定:对于保险合同的条款有两种以上解释的,人民法院应当做有利于被保险人和受益人的解释,故被告应按照三份保险合同中约定的意外身故保险金赔偿标准赔偿张某的法定继承人。即本案的原告郑甲、郑乙。被告称已经向原告方支付保险赔偿金23 561元,双方债务已因清偿而消灭,但庭审中并未向法庭提交其已经支付的相关证据,本院不予认定。据此,依照《中华人民共和国合同法》第八条、第四十一条、第一百零七条,《中华人民共和国保险法》第二十三条、第三十条之规定,判决如下:

被告某保险公司达州中心支公司于本判决生效之日起10日内向原告郑甲、郑乙支付三份保险合同的意外身故保险金10 980元、10 630元、25 512元,合计保险理赔款人民币47 122元,并支付红利273.03元。

案件受理费489元,由被告某保险公司达州中心支公司承担。

如果未按本判决指定的期间履行给付金钱义务,应当依照《中华人民共和国民事诉讼法》第二百五十三条之规定,加倍支付迟延履行期间的债务利息。

如不服本判决,可在判决书送达之日起十五日内,向本院递交上诉状,并按对方当事人的人数提出副本,上诉于四川省达州市中级人民法院。

审　判　员　张小松
二〇一四年二月二十四日
书　记　员　唐生敏

【评析】

《保险法》第二十二条第一款规定:"保险事故发生后,按照保险合同请求保险人赔偿或者给付保险金时,投保人、被保险人或者受益人应当向保险人提供其所能提供的与确认保险事故的性质、原因、损失程度等有关的证明和资料。"本案中,被保险人张某的受益人向某保险公司提供了相关证明材料。某县某村委会分别出具的《土葬证明》以及某派出所出具的《证明》均载明被保险人为"意外死亡"。上述材料可以证明被保险人为"意外死亡",其受益人已经按照《保险法》的相关要求履行了提供证明资料的举证责任。某保险公司在理赔调查后,无确凿证据证明被保险人非"意外死亡",从某保险公司的理赔调查结果即"被保险人张某死亡属实,其死亡原因不明,既往健康未发现异常"以及掌握证据材料的情况看,亦难以认定被保险人为"疾病死亡",故保险公司以其"疾病死亡"为由作出相关理赔决定的依据不足。

另据《民事诉讼法》第六十四条第一款"当事人对自己提出的主张,有责任提供证据"之规定,在法庭上某保险公司若要主张被保险人为"疾病死亡",而非"意外死亡",必须要提供被保险人为"疾病死亡"的证据材料。虽然根据某保险公司《关于张某身故赔案的调查报告》及调查录音显示,某保险公司理赔调查员曾走访过某镇卫生院参与现场抢救的医生口头表示"张某死亡原因考虑为脑血管意外死亡",但当时因相关部门未出具对被保险人张某医院检查或尸体检验的报告,某保险公司无法收集到其为"疾病死亡"的充分证明材料。根据《最高人民法院关于民事诉讼证据的若干规定》第七十二条"一方当事人提出的证据,另一方当事人认可或者提出的相反证据不足以反驳的,人民法院可以确认其证明力"之规定,某保险公司最终将承担举证不利的后果。

26. 附加医疗保险中病历证据效力的认定

山东省烟台市中级人民法院
(2014)烟商二终字第360号民事判决书

(2014年8月22日)

【案情】

2012年3月13日,王某为自己投保某保险公司住院医疗保险。2013年5月,王某以诊断为双侧股骨头坏死、双髋关节腔积液等住院治疗为由向某保险公司提出理赔。某保险公司以王某投保前即患病,而非于合同生效日起六十天后首次发病,不属于保险责任范围为由拒赔。王某不服拒赔决定,遂诉至法院。

【判决书正文】

上诉人(原审被告):某保险公司山东分公司,住所地:山东省济南市。

被上诉人(原审原告):王某,住招远市辛庄镇。

上诉人某保险公司山东分公司因与被上诉人王某人身保险合同纠纷一案,不服招远市人民法院(2014)招商初字第133号民事判决,向本院提起上诉。本院受理后,依法组成合议庭审理了本案。本案现已审理终结。

被上诉人在一审中诉称,2012年3月13日,被上诉人在上诉人处投保人身意外伤害保险及附加住院费用补偿医疗保险(C)型,其中附加住院费用补偿医疗保险(C)型共计四份,每期保险费1513元,每份给付限额包含住院手术费5000元/次、住院医药费3000元/次、其他医疗费用2000元/次。2013年1月20日,被上诉人就诊于蓬莱同步骨科医院,诊断为双侧股骨头坏死、双髋关节腔积液等,共花诊疗费45 432.56元。被上诉人向上诉人索赔被拒,要求上诉人给付被上诉人住院费用补偿医疗保险金40 000元。

上诉人在一审中辩称,被上诉人在投保前已患病且病发,该情况不属于保险赔偿责任范围,故不同意被上诉人的诉讼请求。

原审法院经审理查明,2012年3月13日,被上诉人在上诉人处投保人身意外伤害保险和附加住院费用补偿医疗保险(C型),被保险人为被上诉人。其中附加住院费用补偿医疗保险(C型)共投4份,条款中约定,每期保费为1513元,保险合同成立及生效日期为2012年3月13日零时,保险期间为一年,自生效日的零时起到满期日的零时止,住院医疗保险金基数指保险单或批注上所载的投保份数乘以100元人民币。第2.4条保险责任条款中以普通字体约定,在本附加合同有效期内,被保险人因发生意外伤害事故或于本附加合同生效日起六十天后因首次发病的疾病,经专科医生诊断必须住院治疗,保险人将对被保险人入住其指定或认可的医院期间的实际的合理必要的医疗费用,按照以下比例给付第2.4.1条至第2.4.3条中对应的住院医疗保险金:1. 如果被保险人以社会基本医疗保险参保人员的身份在医院住院且接受治疗,并且已经获得社会基本医疗保险补偿,保险人按扣除被保险人从机构、个人或社会保险、福利计划所取得的任何赔偿后的90%给付住院医疗保险金予被保险人。2. 如果被保险人在医院住院且接受治疗,并且没有获得社会基本医疗保险补偿,保险人按扣除被保险人从机构、个人或社会保险、福利计划所取得的任何赔偿后的70%给付住院医疗保险金予被保险人。第2.4.1条约定的手术费为符合当地政府公布的社会基本医疗保险报销范围内的下列住院手术费用:1. 手术材料费,2. 麻醉费和手术操作费,单次住院的住院手术费以住院医疗保险金基数的五十倍为限。第2.4.2条住院药费为符合当地政府公布的社会基本医疗保险报销范围内的下列住院药费:1. 中药费,2. 西药费。单次住院的药费以住院医疗保险金基数的三十倍为限。第2.4.3条其他住院医疗费为符合当地政府公布的社会基本医疗保险报销范围内除第2.4.1条和第2.4.2条以外的其他医疗费用。单次住院的其他住院医疗费以住院医疗保险金基数的二十倍为限。健康险投保提示中亦有同样的内容。在附加住院费用补偿医疗保险(C型)投保说明书中,上诉人对"发病"的解释为"发病指出现疾病的前兆或异常身体状况,或已经显现足以促使一般普通谨慎人士引起注意、寻求诊断、治疗或护理的疾病"。

在人身保险投保单投保须知中约定,投保人在投保时,应就投保人及被保险人的有关情况对投保单、与投保有关的问卷及文件、体检表格之各项内容如实完整地予以告知并填写清楚,所有告知事项以书面告知为准。如果投保人故意或因重大过失未履行如实告知义务,足以影响本公司决定是否同意承保或者提高保险费率的,本公司有权解除保险合同。投保人故意不如实告知,或因重大过失未如实告知对保险事故有严重影响的,本公司对于保险合同解除前发生的保险事故,依法不承担给付保险金的责任。

投保单健康资料部分,在征询被保险人是否曾或正在接受或准备接受医疗咨询、药物治疗、手术治疗或其他治疗、是否存在身体残障状况、是否曾经患有或被告知患有疾病或因此接受治疗栏中,上诉人均填写的"否",其中是否曾经患有或被告知患有下列疾病和症状,或因此接受治疗有一部分内容为"关节疼痛或变形、脊柱、颈背腰部肌肉、骨骼疾病……以及其他骨、关节或结缔组织疾病"。该投保单"授权与声明"中用与其他内容同样的字体载明"投保人与被保险人授权与声明:1. 本人已知晓所有保险责任均以保险合同所载为准,已阅读保险条款及投保说明书,已完全理解各项免除保险公司责任的条款……2. 若本人接受贵公司签发的保险合同及任何经本人签署的文件,均视为本人已承认贵公司在投保单内的批注或任何附加及更改……"

2012年3月15日,上诉人采取邮寄方式向被上诉人发出保险合同,上诉人打印的保单回执上载明"本人已收到保险合同,并仔细审阅全部合同内容以及个人资料,并已确认材料齐全……本人在投保本保险产品前已认真阅读并理解投保险种的保险条款、产品说明书、投保说明书和投保提示书……本人已收到保险合同正本,已阅读并理解其内容所述事项,理解保险责任和自身承担的风险,知晓本人的权利和义务"。2012年3月20日,被上诉人收到合同并在保单回执上签名。2012年3月31日,上诉人向被上诉人发出新契约回访照会,在新契约客户书面回访函中"您在购买这份保险时,销售人员是否已向您出示并请您阅读了产品条款,提示您一些投保权益和事项的《人身险投保提示书》,还有产品说明书""投保时您是否已经了解这个保险产品的合同条款、特别是保险责任、责任免除(除外责任)等相关内容""如您购买的保险中包含健康条款,请注意条款中是否有医疗费用补偿原则、免赔额或免赔比例、观察期,保证续保等内容"中,被上诉人均在"是"一栏中打了"√"。

2013年1月20日,被上诉人到蓬莱同步骨科医院就诊,在门诊病历中手记的主诉为"病人1个月前出现腰及髋痛,未曾治疗,于今上午来院治疗"。2013年1月20日至2月8日,被上诉人在该院住院治疗,花住院费45 432.56元。其中西药费5149.08元、治疗费1617元、材料费

3617.48元、检查费3249元、手术费2340元、置入材料费28 500元、床位费450元、麻醉费510元。在住院记录中打印的主诉部分载明:双髋疼痛活动受限二年,加重伴跛行一年。现病史中载明:患者三年前左膝部疼痛,随后出现右膝部疼痛,未行检查及治疗,症状一直存在,二年前出现双髋部疼痛,不能下蹲,可坐位,活动受限,曾口服药物及贴敷膏药治疗,效果不佳,最近一年双髋膝部疼痛加重伴行走呈跛行,行走呈摇摆步态,不能下蹲,上下楼梯疼痛加重,功能活动明显受限,症状逐渐加重未做系统治疗。诊断为:1. 双侧股骨头坏死并骨性关节炎(Ⅳ)(主要诊断);2. 双髋关节腔积液并骨水肿;3. 双侧股骨、胫骨骨梗死;4. 腰椎退行性变;5. 高血压;6. 双下肢动脉硬化;7. 酒精性肝硬化;8. 窦性心律不齐;9. 糖尿病。被上诉人及其妻在该打印的住院记录末页签名。

审理中,上诉人主张,一、即使进行理赔的话,医疗费是有限额的,被上诉人在诉状中也已讲明,手术费每份每次最高额为5000元,住院的药费每份每次最高额为3000元,其他住院医疗费用每份每次最高额为2000元,对于被上诉人在诉状中认可的事实,除非对方当事人同意,否则是不能撤回的。二、被上诉人的手术费中不应包括置入材料费。被上诉人并没有真实地陈述自己的病情,其填写的投保单上的健康资料身体无异常表现,所以上诉人未组织被上诉人进行体检。三、被上诉人的住院病历主诉部分记载,被上诉人的双髋疼痛活动受限两年,加重伴跛行一年,说明股骨头已坏死到比较严重的程度,被上诉人的发病时间应为2012年1月20日之前,2013年1月20日只是被上诉人治疗的时间。四、保险合同约定被上诉人没有获得社会基本医疗保险补偿,而是从其他机构或个人处获得赔偿,应扣除已经获得的赔偿后,余额按70%由上诉人理赔。如果上诉人保险责任成立,在上诉人没有证据证明被上诉人已经获得赔偿的情况下,上诉人应按总额的70%理赔。该项内容属于免责性条款,上诉人提交的健康险投保提示、人身保险投保提示书、投保单、保单回执、回访照会等证据说明上诉人已向被上诉人进行了明确说明。上诉人提交了由胥少汀、葛宝丰、徐印坎编写的《实用骨科学》一书,该书第1826页股骨头缺血性坏死的临床表现的描述为"股骨头缺血性坏死早期可以没有临床症状,而是在拍摄X线片时发现的,而最先出现的症状为髋关节或膝关节疼痛。在髋部又以骨收肌痛出现较早。疼痛可呈持续性或间歇性。如果是双侧病变可呈交替性疼痛。疼痛性质在早期多不严重,但逐渐加剧。也可在受到轻微外伤后骤然疼痛。经过非手术治疗症状可以暂时缓解,但过一段时间疼痛会再度发作。可有跛行,行走困难,甚至扶拐行走"。

被上诉人则主张,一、被上诉人诉状中讲的手术费每次最高额为5000元,住院的药费最高额为3000元,其他费用每次最高额为2000元,是对保险合同内容的简单描述,并不意味着对合同条款效力的认定。置入材料费是经过手术后置入体内的内固定材料及其他手术材料费,应当属于手术费范畴。上诉人所讲的保险责任应是免责性条款,在未向被上诉人做出明确说明的情况下,是不具有法律效力的,所以上诉人主张的减轻或免除其保险责任的条款及分项理赔无依据。二、疼痛并不意味着发病,被上诉人首次发病的时间是2013年1月20日,经过蓬莱同步骨科医院确诊,在此之前被上诉人未经过其他医疗机构的确诊或治疗。蓬莱同步骨科医疗住院病历中入院情况的记载不是被上诉人本人的陈述,被上诉人的陈述应以门诊病历中记载为准。三、保险合同约定如果被上诉人没有获得社会基本医疗保险补偿,而是从其他机构或个人处获得了赔偿的话,扣除已经获得的赔偿款金额70%后余额应由上诉人理赔,被上诉人参保的是新型农村合作医疗保险,因蓬莱同步骨科医院不在报销医院范围内,被上诉人未获得任何补偿,在被上诉人没有获得其他任何补偿的情况下,上诉人应按总额45 432.56元予以理赔,由于投保的投保金额为40 000元,因此上诉人应给付被上诉人保险金40 000元。四、上诉人提交的人身保险投保单上的签名是被上诉人所签,但被上诉人签名时是空白的,其他内容是上诉人后添加的。

原审法院认为,本案有三个焦点问题:一是上诉人以被上诉人在投保前已患病而拒绝理赔的理由是否正当;二是理赔的分项最高限额;三是理赔的总额。第一个焦点问题上诉人拒绝理赔的理由是否正当涉及被上诉人是否明知其患病及是否已履行明确告知义务。投保人明知是指投保人通过某种方法、手段实际了解到相关情况或事实。被上诉人在到蓬莱同步骨科医院初诊时,在门诊病历中手记的主诉记载的是"病人1个月前出现腰及髋痛,未曾治疗……",而在打印的住院病历主诉部分载明"双髋疼痛活动受限2年,加重伴跛行1年",时间上不一致,因住院病历系医院打印形成,被上诉人在末页签名时会缺乏审慎的注意,故应以被上诉人入院时门诊记录的手写主诉为依据符合客观实际,且被上诉人系初诊,上诉人没有证据证明被上诉人在此之前曾经因双侧股骨头坏死并骨性关节炎等进行过治疗,应认定被上诉人在投保前并不知自己患有双侧股骨头坏死并骨性关节炎(Ⅳ)等疾病。在上诉人健康资料部分,虽有对是否有"关节疼痛或变形、脊柱、颈背腰部肌肉、骨骼疾病……以及其他骨、关节或结缔组织疾病"的询问,即使被上诉人在住院病历主诉部分的陈述的确存在,在被上诉人的病症未经确诊前,被上诉人也并不必然明知其是否患有上述疾病或其症状的发病部位,且健康资料系上诉人打印,系上诉人填写,客观上使被上诉人对于保险代理人代填内容的准确性和重要性缺乏足够的认识,被上诉人不存在故意或重大过失,应认定被上诉人已履行明确告知义务。且在上诉人未行使合同解除权的情况下,以被上诉人未履行如实告知义务拒绝理赔,依法不予支持。

第二个焦点是理赔的分项最高限额问题。对此,在双方的保险合同中约定,保险金基数是指保险单或批注上所载的投保人数乘以一百元人民币,即投保一份的保险金基数为100元。保险责任第2.4.1条约定,单次住院的住院手术费以住院医疗保险金基数的五十倍(5000元)为限,即投保一份附加住院费用补偿医疗保险单次住院的住院手术费理赔限额为5000元,四份即为20 000元;保险责任第2.4.1条并约定的手术费包括手术材料费、麻醉费和手术操作费,故置入材料费28 500元和麻醉费510元应列入手术费的范畴,即被上诉人住院手术费共花31 350元。保险责任第2.4.2条约定住院药费以住院医疗保险金基数的三十倍(3000元)为限,即投保一份附加住院费用补偿医疗保险单次住院的住院药费理赔限额为3000元,四份即为12 000元,被上诉人住院药费共花5149.08元。第2.4.3条约定其他住院医疗费以住院医疗保险金基数的二十倍(2000元)为限,即投保一份附加住院费用补偿医疗保险单次住院的其他住院医疗费理赔限额为2000元,四份即为8000元,被上诉人其他住院医疗费共计8933.48元。综上,被上诉人所投的每份附加住院费用补偿医疗保险(C)型最高理赔限额为10 000元,四份的最高理赔限额为40 000元,这与被上诉人在诉状中主张的一致。

第三个焦点是理赔的总额问题。上诉人主张保险合同保险责任第2.4条约定被上诉人没有获得社会基本医疗保险补偿,而是从其他机构或个人处获得赔偿,应扣除已经获得的赔偿后,余额按总额70%由上诉人理赔,如果上诉人保险责任成立,在上诉人没有证据证明被上诉人已经获得赔偿的情况下,上诉人应按总额的70%理赔。而被上诉人则认为被上诉人参保的是新型农村合作医疗保险,因蓬莱同步骨科医院不在报销医院范围内,被上诉人未获得任何补偿,在被上诉人没有获得其他任何补偿的情况下,上诉人应按总额45 432.56元予以理赔,由于投保的投保金额为40 000元,因此上诉人应给付被上诉人保险金40 000元。原审法院认为,上诉人提交的健康险投保提示、人身保险投保提示书、投保单、保单回执、回访照会,对提醒投保人注意的保险合同中免赔比例的条款,单独列明,多次提示说明,并在回访函中再次注明,足以引起投保人的注意,故应认定上诉人已履行其提示义务,针对该条款的内容向被上诉人进行了明确说明,故该条款中免赔比例的条款是合法有效的。第2.4条保险责任明确了被上诉人未获得社会基本医疗保险补偿的情况下,保险人按扣除被保险人从机构、个人或社会保险、福利计划所取得的任何赔偿后70%给付住院医疗保险金,上诉人的理解符合通常理解,因被上诉人未从任何其他机构取得补偿或赔偿,故上诉人应按总额45 432.56元的70%给付被上诉人保险金。保险合同第2.4.1条—第2.4.3条约定了分项理赔的最高限额,被上诉人住院手术费花31 350元,70%为21 945元;已超出4份的限额20 000元,故住院手术花费应按20 000元给付保险金,住院药费共计5149.08元,70%为3604.36元,其他住院医疗费为8933.48元,70%为6253.44元,均未超过4份的限额,故理赔的总金额应为29 857.80元(20 000 +3604.36+6253.44)。

综上,被上诉人与上诉人签订的保险合同系双方当事人的真实意思表示,合法有效。被上诉人已履行明确告知义务,被上诉人的发病时间符合保险合同约定的情况,在上诉人未行使合同解除权的情况下,上诉人的抗辩理由违背了保险合同应遵循的最大诚信原则,为保护保险合同的效力、保障双方的合法权益,上诉人应当按照保险合同的约定给付被上诉人保险金29 857.80元。依照《中华人民共和国保险法》第十条、第十四条、第十六条、第十七条、《最高人民法院关于适用〈中华人民共和国保险法〉司法解释(三)》第八条、第十一条的规定,判决:上诉人于判决生效后30日内给付被上诉人保险金29 857.80元。如果上诉人未按本判决指定的期间履行给付金钱义务,应当依照《中华人民共和国民事诉讼法》第二百五十三条之规定,加倍支付迟延履行期间的债务利息。案件受理费400元,由被上诉人负担127元,上诉人负担273元。

26

原审宣判后,上诉人不服原审判决,向本院提起上诉称,一、原审判决认定事实错误。1.原审法院对上诉人拒赔理由及案件争议焦点认定错误。上诉人拒赔是因为被上诉人的理赔申请不属于保险责任范围,不涉及被上诉人是否履行了如实告知义务;2.原审认定"健康资料系被告填写"无事实依据;3.原审认为上诉人无证据证明被上诉人在投保前因双侧股骨头坏死并股性关节炎等进行过治疗,故认定被上诉人所患疾病为在保险期间内的首次发病。混淆了"首次就诊"和"首次发病"的概念;4.原审对被上诉人病历中的两份不同"主诉"的效力认定错误。病历主诉部分系被上诉人对自己病情的描述,在两种不同主诉发生冲突时,应认定对其不利的证据效力较高,且手写部分的主诉为门诊病例,系未经过医生检查确诊的被上诉人的陈述,证据效力较低,而打印部分的主诉记载系住院病历,该内容系在医院进行检查后的确认,且经被上诉人签字确认,证据效力明显高于手写部分;5.原审未明确认定被上诉人的股骨头坏死的发病时间;6.原审认定的理赔数额未扣除按合同约定需被上诉人承担的自费部分,总额应26 528.84元(原审认定的理赔数额29 857.8元扣除被上诉人原审提交的住院病人费用明细清单中记载的自费部分)。二、原审判决适用法律错误。上诉人对被上诉人的理赔申请予以拒绝,依据的是保险合同中关于首次发病后首次确诊的保险责任范围的约定,本案不涉及被上诉人是否履行了如实告知义务,原审适用《保险法》第十六条错误。综上所述,请求二审法院撤销原判,依法改判驳回被上诉人的诉讼请求,诉讼费用由被上诉人负担。

被上诉人辩称,一审判决认定事实清楚,适用法律正确,请求二审驳回上诉,维持原判。

本院二审查明的其他事实与原审法院认定的一致。

本院认为,本案的焦点问题是被上诉人申请理赔的该次医疗费用是否是因首次发病而支出。《最高人民法院关于民事诉讼证据的若干规定》规定,当事人对自己主张的事实有责任提供证据加以证明,没有证据或证据不足以证明当事人的事实主张的,由负有举证责任的当事人承担不利后果。本案中,根据被上诉人投保的附加住院费用补偿医疗保险的规定,被上诉人于合同生效日起六十天后因首次发病的疾病,经专科医生诊断,必须住院治疗的,上诉人将对被上诉人住院期间的实际支出的合理必要的医疗费用,按约定的比例给付保险金。在上诉人向被上诉人出具的投保说明书中记载,发病指出现疾病的前兆或异常的身体状况,或已经显现足以促使一般普通谨慎人士引起注意、寻求诊断、治疗或护理的病症。对此,被上诉人提交其2013年住院治疗的相关材料证实其首次发病并治疗的情况,上诉人认为被上诉人该次住院并非首次发病应承担举证责任。上诉人主张被上诉人提交的门诊病历和住院病历内容相互矛盾,应认定对被上诉人不利的证据效力较高。但上诉人的该主张并无法律依据,且被上诉人提交的门诊病历和住院病历记载的内容均为被上诉人的主诉,即被上诉人向医院的陈述,并无证据证实其陈述的真实性,且被上诉人在本案诉讼过程之外的陈述,即使承认了对己不利的事实亦不构成法律意义上的自认,故不能认定医院在住院病历中记载的被上诉人陈述的效力高于其在门诊病历中的陈述。另外,医院仅是对被上诉人就诊时的病情进行诊断,不具有对其就诊前的状况作出鉴定的资质,实际在病历中对此亦无相关认定。因此,在被上诉人提交的病历中的自诉内容相互矛盾,两份病历的证明力并无明显差别的情况下,该病历证明的争议事实难以认定,那么上诉人应承担举证责任,证实被上诉人在该次住院之前即已发病,现上诉人无证据证实该事实,则应承担不利的法律后果,即上诉人应按合同约定向被上诉人支付保险金。

本案中,上诉人主张依据双方保险合同中关于保险责任的约定,上诉人对符合当地政府公布的社会基本医疗保险报销范围内的费用予以理赔,故原审认定的理赔数额应按照被上诉人提交的住院费用明细清单中记载的自费金额予以扣除,但被上诉人提交的住院费用明细清单中明确注明"此报销比例只对公费医疗病人有效",而公费医疗和社会基本医疗的报销范围并不相同,上诉人以公费医疗的报销比例主张本案理赔数额中应扣除的自费部分无事实和法律依据,本院不予支持。上诉人对此亦应承担举证不能的法律后果。因此,原审根据双方合同约定的保险金理赔限额和被上诉人的住院费用认定的理赔金额并无不当,应予维持。

另外,根据现有证据和当事人的陈述,无法确认投保单中的健康资料部分由谁填写,但被上诉人在投保单上签字的行为确认了投保单上的内容。原审认定健康资料系上诉人填写无依据,但不影响本案争议事实的认定和判决结果。综上,依照《中华人民共和国民事诉讼法》第一百六十九条、第一百七十条第一款第(一)项、第一百七十五条之规定,判决如下:

驳回上诉,维持原判。

二审案件受理费800元,由上诉人某保险公司山东分公司负担。

本判决为终审判决。

审 判 长　李学泉
审 判 员　张建庆
代理审判员　纪晓静
二〇一二年八月二十二日
书 记 员　张丽丽

【评析】

司法实践中,保险公司在作出拒赔决定之前,应当进行充分的理赔调查,收集被保险人投保前发病的证据,收集的证据应当翔实充分,而且应当是一些直接证据,比如医院有明确的诊断意见。倘若只是诸如患者主诉记载之类的间接证据,很可能会被法院认定为证据不足,因而存在举证不能的风险。

27. 团体意外伤害保险中授权转账声明书的法律效力

福建省漳州市中级人民法院
(2014)漳民终字第1275号民事判决书

(2014年12月1日)

【案情】

2012年1月13日漳州开发区某集装箱运输有限公司为其员工罗某在某保险公司投保团体意外伤害保险、附加意外伤害团体医疗保险、附加意外伤害住院现金补贴团体医疗保险,受益人为罗某。2012年3月2日,罗某驾驶闽EK1052号重型半挂牵引车牵引闽E2727号挂重型半挂车运载木头时,因操作不当发生交通事故,受伤住院治疗110天,花费医疗费111 365.97元。漳州开发区某集装箱运输有限公司向某保险公司出具《授权转账声明书》,以罗某已经授权其领取理赔金为由向某保险公司提出理赔申请,并承诺将理赔款付给罗某。2012年8月23日,某保险公司向漳州开发区某集装箱运输有限公司转账支付保险金人民币25 500元。其中附加意外伤害住院现金补贴团体医疗保险赔付5500元、附加意外伤害团体医疗保险赔付20 000元。漳州开发区某集装箱运输有限公司未将上述保险金支付给罗某。

2013年5月21日,罗某起诉漳州开发区某集装箱运输有限公司和某保险公司,要求漳州开发区某集装箱运输有限公司支付保险金25 500元,某保险公司负连带责任。案件经龙海市人民法院、漳州市中级人民法院两审,考虑到罗某家庭情况,某保险公司同意向罗某支付保险金25 500元,并承担案件诉讼费219元,案件调解结案。

执行完漳州市中级人民法院(2014)漳民终字第299号民事调解书后,某保险公司向漳州开发区某集装箱运输有限公司主张返还已支付的保险金25 500元,遭到漳州开发区某集装箱运输有限公司拒绝。某保险公司遂起诉漳州开发区某集装箱运输有限公司返还保险金。

【判决书正文】

上诉人(原审被告):漳州开发区某集装箱运输有限公司,住所地:福建省漳州开发区。

被上诉人(原审原告):某保险公司。

上诉人漳州开发区某集装箱运输有限公司因与被上诉人某保险公司不当得利一案,不服龙海市人民法院(2014)龙民初字第1883号民事判决,向本院提出上诉。本院依法组成合议庭,公开开庭审理了本案。上诉人漳州开发区某集装箱运输有限公司的法定代表人陈某,被上诉人某保险公司的委托代理人到庭参加诉讼。本案现已审理终结。

原审查明,2012年1月13日,被告为其员工罗某向原告投保,同年3月2日,罗某驾驶闽EK1052号重型半挂牵引车牵引闽E2727号挂重型半挂车运载木头时,因操作不当发生交通事故,受伤治疗花费医疗费 111 365.97 元,于2012年6月20日支付治疗单位一七五医院。被告向原告出具《授权转账声明书》,以罗某已经授权其领取理赔金为由向原告提出理赔申请,并承诺将理赔款付给罗某。2012年8月23日,原告向被告转账支付保险金 25 500 元。被告未将该保险金支付给罗某。2013年5月21日,罗某起诉原、被告,请求被告支付保险金 25 500 元,原告负连带责任。同年12月4日,龙海市人民法院(2013)龙民初字第2347号民事判决书判决:某保险公司于判决生效十日内支付给罗某 25 500 元及利息,并负担案件受理费219元等。2014年3月18日,(2014)漳民终字第299号民事调解书双方自愿达成协议:某保险公司于调解书送达之日起十个工作日内将保险金 25 500 元支付给罗某。并负担二审案件受理费219元。若未按照约定期限支付罗某 25 500 元,则按龙海市人民法院(2013)龙民初字第2347号民事判决书判决履行。2014年4月2日,原告从银行汇款执行完漳州中院(2014)漳民终字第299号民事调解书。事后,原告要求被告返还已支付的 25 500 元,被告拒绝。请求判令被告归还不当得利 25 500 元;赔偿自不当得利之日始至法院判决生效之日止,按照中国人民银行同期贷款基准利率计算不当得利的利息2513.50元(暂计算至2014年3月31日);赔偿原告多支付之前诉讼成本219元和案件的诉讼费用。

原审判决认为,根据保险法的规定,投保人为其有劳动关系的劳动者投保人身保险,不得指定被保险人及其近亲属以外的人为受益人。被告为其员工罗某向原告投保,只能指定罗某及罗某的近亲属为受益人,不能指定被告为受益人。被告在向原告投保时确定的受益人是罗某本人,被告无保险金给付请求权,无权获取保险金。被告无合法依据接受原告 25 500 元保险金的事实以及未将保险金支付罗某的事实,在已发生法律效力的(2013)龙民初字第2347号民事判决书和(2014)漳民终字第299号民事调解书中均被法院认定属实;原告已根据(2014)漳民终字第299号民事调解书内容履行了支付保险金的义务。原告要求被告返还不当得利和孳息,依法应当支持;要求被告赔偿原告多支付之前诉讼成本219元,与法无据,不予支持。被告辩称,没有提供相应的证据和法律依据,不予采信。该院依照《中华人民共和国民法通则》第九十二条,《中华人民共和国保险法》第三十九条,最高人民法院《关于贯彻执行〈中华人民共和国民法通则〉若干问题的意见(试行)》第131条,《中华人民共和国民事诉讼法》第六十四条第一款之规定,判决:一、被告漳州开发区某集装箱运输有限公司应于判决生效之日起十日内返还原告某保险公司 25 500 元和孳息(从2012年8月23日起到还款之日止按照中国人民银行同期同类贷款基准利率计算不当得利的孳息)。二、驳回原告的其他诉讼请求。案件受理费251元,由原告某保险公司负担25元,被告漳州开发区某集装箱运输有限公司负担226元。

漳州开发区某集装箱运输有限公司不服上述民事判决,向本院提出上诉称:1. 其取得保险金合法有据,原审法院认定其无合法依据取得被上诉人的保险金是错误的。其向被上诉人发出的《授权转账声明书》,要求理赔及理赔款的领取由其统一办理,该声明书经过了被上诉人确认同意后,被上诉人才将理赔款打入其账户,其根据被上诉人的确认取得保险金并不违法。2. 被上诉人应承担审查不严的法律后果,原审法院对该事实没有认定是错误的。该《授权转账声明书》只有上诉人的盖章及被保险人"罗某"的虚假签名,被上诉人并没有尽到保险人的审查义务而同意授权转账,现发生不利后果应由其承担审查不严的责任。3. 理赔的保险金已用于为受害人罗某支付医疗费,原审法院未认定其将理赔款的保险金支付给罗某是错误的。4. 被上诉人自愿与受害人达成调解,自愿赔付理赔款给受害人,系其对自己权利的处分,现又向上诉人提出主张,是错误的。综上,请求二审撤销一审判决,改判驳回被上诉人的原审诉讼请求或发回重审。

某保险公司答辩称:上诉人未经被保险人罗某的真实授权,伪造罗某签字的授权声明书领取保险理赔款 25 500 元，后未支付给被保险人罗某，导致罗某起诉答辩人要求支付保险理赔款 25 500 元，答辩人最终与罗某达成调解支付其 25 500 元结案，造成答辩人公司财产损失，上诉人的行为构成不当得利，应予以返还。综上，请求二审驳回上诉，维持原判。

二审经审理查明，对一审查明的事实，双方当事人均无异议，本院予以确认。

二审另查明，上诉人在向被上诉人提出保险理赔的过程中提供的《授权转账声明书》载明：其公司(上诉人)郑重声明本授权书委托书上的被保险人签字是真实有效的，如因签名虚假导致被保险人向贵公司(被上诉人)主张权利的，我司将已领取的理赔款全额返还……

本院认为，上诉人在向被上诉人提出保险理赔过程中提供的《授权转账声明书》中被保险人"罗某"的签名，经鉴定该签名并非被保险人罗某的真实签名，被保险人罗某已向被上诉人提出索赔，被上诉人已支付罗某保险理赔款 25 500 元。根据上诉人提供的《授权转账声明书》中的声明，上诉人应将其已向被上诉人领取的理赔款 25 500 元全额返还被上诉人。上诉人提出其领取保险理赔款合法有据的上诉理由，缺乏依据。对于上诉人提出其向被上诉人领取的保险理赔款都用于被保险人罗某的医药费，应认定保险理赔款已支付给罗某的上诉理由，经查，本案中罗某并没有作为当事人出庭应诉，对于该主张上诉人可另案起诉。综上，上诉人的上诉理由依据不足；上诉请求，本院不予支持。原审判决并无不当，应予维持。据此，依照《中华人民共和国民事诉讼法》第一百七十条第一款第(一)项之规定，判决如下：

驳回上诉，维持原判。

本案二审案件受理费人民币 251 元，由上诉人漳州开发区某集装箱运输有限公司负担。

本判决为终审判决。

审　判　长　孟庆彩
审　判　员　张海泉
代理审判员　翁云芳
二〇一四年十二月一日
书　记　员　蔡燕玲

【评析】

《民法通则》第九十二条规定，没有合法根据，取得不当利益，造成他人损失的，应当将取得的不当利益返还受损失的人。根据该条规定，漳州开发区某集装箱运输有限公司构成不当得利当无异议，其原因有如下几点：(1)没有合法根据。本案中罗某本人为受益人，授权转账声明书非罗某真实签字，漳州开发区某集装箱运输有限公司无保险金给付请求权，无权获取保险金。(2)取得不当利益。漳州开发区某集装箱运输有限公司无合法依据接收某保险公司保险金，获得不当利益 25 500 元及其孳息。(3)造成他人损失。漳州开发区某集装箱运输有限公司获得不当利益 25 500 元，造成某保险公司损失 25 500 元。(4)一方获得利益与另一方利益受损具有因果关系。漳州开发区某集装箱运输有限公司无合法依据接受某保险公司保险金与某保险公司损失具有直接的因果关系。

本案中，某保险公司和漳州开发区某集装箱运输有限公司是保险合同法律关系，罗某和漳州开发区某集装箱运输有限公司是劳动法律关系。在保险合同法律关系中，漳州开发区某集装箱运输有限公司是投保人，并无保险金请求权，无受益人授权获得保险金构成不当得利。漳州开发区某集装箱运输有限公司代罗某支付医疗费是基于劳动法律关系，由此产生的纠纷，与某保险公司无涉,应另案处理。

对于理赔申请材料,尽职审查以确保申请真实性及支付准确性不单是保险公司赔付风险管理的需要,也是保险合同义务的体现。审查义务履行的瑕疵导致的不利结果针对的权利人是受益人。

在授权转账声明书使用中,保险公司应根据不同情况对授权转账声明书真实性进行审查,对于申请人要求赔付给受益人之外的第三方的理赔大额案件应对受益人授权真实性予以调查核实,无法进行调查的,应通过电话回访、笔迹核对、要求投保人提供与受益人签订的赔偿协议等措施核实其授权的真实性。

第二部分

财产保险诉讼案例

28. 交强险约定生效时间的认定

广东省湛江市中级人民法院
(2014)湛中法民二终字第280号民事判决书

(2014年12月15日)

【案情】

2013年11月18日12时20分许,陆某驾驶粤G46号车辆在广东省吴川市国道325线行驶时,与李某驾驶搭载叶某的电动车发生碰撞,造成李某当场死亡、叶某受伤及两车损坏的交通事故。交警认定陆某与李某承担此次事故同等责任,叶某无责任。肇事车辆粤G46号在某保险公司投保交强险,保单生成时间为2013年11月18日12时07分,保险期间自2013年11月19日零时起至2014年11月18日二十四时止,保单特别约定:保单自2013年11月18日13时起生效。事故发生后,死者李某家属索赔未果,遂诉至法院。

【判决书正文】

上诉人(原审被告):某甲保险公司湛江中心支公司,住所地:湛江市人民大道。

上诉人(原审被告):某乙保险公司湛江中心支公司,住所地:湛江市赤坎区。

被上诉人(原审原告):李甲,男,1995年11月5日出生,住广东省吴川市。

被上诉人(原审原告):李乙,女,1980年5月9日出生,汉族,住广东省吴川市。

被上诉人(原审原告):李丙,女,1981年9月10日出生,汉族,住广东省吴川市。

被上诉人(原审原告):李丁,女,1983年12月15日出生,汉族,住广东省吴川市。

被上诉人(原审原告):李戊,女,1990年9月27日出生,汉族,住广东省吴川市。

被上诉人(原审原告):李己,女,1982年9月25日出生,汉族,住广东省吴川市黄坡镇。

被上诉人(原审被告):陆某,男,1985年7月5日出生,汉族,住广东省湛江市坡头区。

被上诉人(原审被告):赵某,男,1965年3月5日出生,汉族,住广东省湛江市坡头区。

上诉人某甲保险公司湛江中心支公司、某乙保险公司湛江中心支公司因与被上诉人李甲、李乙、李丙、李丁、李戊、李己(以下简称李甲等六人)、陆某、赵某机动车交通事故责任纠纷一案,不服吴川市人民法院(2014)湛吴法塘民初字第39号民事判决,向本院提起上诉。本院于2014年10月30日立案受理后,依法组成由审判员陈某担任审判长,审判员李庚、审判员梁某参加的合议庭对本案进行了审理,书记员郑某担任记录。上诉人某乙保险公司湛江中心支公司,某甲保险公司湛江中心支公司,被上诉人李甲到庭参加诉讼。被上诉人陆某、赵某经本院传票合法传唤无正当理由不到庭参加诉讼。本案现已审理终结。

李甲等六人向吴川市人民法院提起诉讼称,2013年11月18日,陆某驾驶粤G46号中型自卸货车由湛江市龙头镇方向往吴川市黄坡镇方向行驶,当日12时20分,当车行至国道325线385KM+900M(即黄坡镇岭头西村)时,与同方向行驶的李某驾驶的电动车搭载着叶某转弯横过公路时发生碰撞,造成李某当场死亡、叶某受伤及两车损坏的交通事故,肇事车的车主为赵某。肇事车在某乙保险公司湛江中心支公司购买有机动车交通事故责任强制保险(以下简称交强险),在某甲保险公司湛江中心支公司购买有限额为人民币50万元的第三者商业责任险。事故发生后,李甲等六人在本次交通事故中因叶某死亡而造成的损失为人民币792 196.9元(其中医疗费人民币104 012.9元、住院伙食补助费500元、护理费人民币1400元、丧葬费人民币28 250元、死亡赔偿金604 534元、交通费人民币2000元、误工费1500元、精神损害抚慰金人民币50 000元),因李某死亡而造成的损失为人民币413 244.2元(其中丧葬费人民币28 250元、死亡赔偿金332 494.2元、交通费人民币1000元、误工费1500元、精神损害抚慰金人民币50 000元)。李甲等六人因叶某、李某受害而应获得的赔偿合计为人民币837 944.66元,为维护李甲等六人的合法权益,特具状诉请法院:1.请求依法判决某乙保险公司湛江中心支公司在交强险责任限额内赔偿李甲等六人人民币12.2万元(其中精神抚慰金人民币10万元在交强险中优先赔偿),请求法院判决某甲保险公司湛江中心支公司在商业险责任限额内赔偿人民币50万元给李甲等六人,陆某、赵某对上述赔偿承担连带赔偿责任。2.请求人民法院依法判决某乙保险公司湛江支公司、某甲保险公司湛江支公司、陆某、赵某承担本案全部诉讼费用。

某乙保险公司湛江中心支公司答辩称,1.本案的肇事车辆粤G46号中型自卸货车在我公司购买有交强险,但本次交通事故发生在2013年11月18日12时20分,该交强险保单交费时间为2013年11月18日12时08分,双方约定当日13时生效,第二天开始承保交强险,因此本事故并不在交强险承保的期间内,而且交强险的保单在事故发生时还没有生效,公司不应承担相应的赔偿责任。2.在李甲等六人主张赔偿的人民币12.2万元中,其中人民币2000元属于财产损失,但是在李甲等六人的请求中没有财产损失。3.根据交强险的条款约定,因交通事故产生的诉讼费不应由我们承担,4.关于丧葬费的标准,依照规定应该是人民币28 200.5元/人,而不应人民币28 250元。5.死亡赔偿金由于李甲等六人没有提供足够证明本案的受害人叶某、李某应按城镇居民标准计算,故认为李甲等六人的该请求过高,应当按照农村标准计算死亡赔偿金。6.交通费由法院酌定。7.对医疗费、伙食费等费用没有异议。

首先某甲保险公司湛江中心支公司答辩称,本案的肇事车辆粤G46号中型自卸货车所有人赵某在我公司购买商业第三者责任险,保单号为:AGUZ×××××××××××××772G,事故发生在承保期限内。湛江中心支公司对于费用的意见与某乙保险公司湛江中心支公司的意见是一致的,但对两受害人的工作性质有异议。其次,对于交通费,应按人民币1000元/人为宜;对于误工费,应按人民币1000元/人为宜;对于精神损害抚慰金,应按25 000元/人为宜,但据商业第三者险的约定,我公司不承担此费用。最后,本案肇事方在事故中负同等责任,故上述损失在超出交强险分项责任限额外的,按50%的比例在商业第三者险内承担合理损失,因肇事车在事故中超载,按商业第三者险合同的约定,增加10%的绝对免赔。对于本案的诉讼费用,根据商业第三者险合同的约定,我公司不予承担。

赵某、陆某答辩称,本次交通事故发生后,经与李甲等六人方协商和解,已订立《道路交通事故损害赔偿协议书》,协议书约定:陆某驾驶的粤G46号中型自卸货车在这次交通事故所得的保险理赔款(包括医疗费、丧葬费、死亡赔偿金、精神抚慰金、交通费等)全归李甲等六人所有。陆某方一次性补助李某、叶某家属12.8万元作安家费,并已给付。双方约定李甲等六人应得的赔偿,由承保交强险和商业第三者险的保险公司负担,李甲等六人不得追究陆某和赵某的任何经济责任。因此,请求法院驳回李甲等六人对赵某、陆某的起诉。

吴川市人民法院经审理查明:2013年11月18日,陆某驾驶属赵某所有的粤G46号中型自卸货车由湛江市龙头镇方向往吴川市黄坡镇方向行驶,当日12时20分,当车行至国道325线385KM+900M(即黄坡镇岭头西村)时,与同方向行驶的李某驾驶的电动车自行车(电机号:2012×××3615)搭载叶某转弯横过公路时发生碰撞,造成李某当场死亡,叶某受伤及两车损坏的交通事故。事故发生当天,叶某被送至中国人民解放军第四二二医院住院救治,伤情为:1.重型颅脑损伤;2.胸部闭合性损伤;3.吸入性肺炎;4.全身多次软组织挫伤。叶某在住院救治期间,于2013年11月28日死亡,共住院10天,发生医疗费104 012.9元。本次交通事故发生后,经吴川市公安局交通警察大队于2013年12月12日作出的吴公交认字〔2013〕第147号《道路交通事故认定书》认为,陆某违反《中华人民共和国道路交通安全法》第二十二条第一款及第五十四条第(一)项的规定,其行为是造成此事故的一方面过错;李某违反《中华人民共和国道路交通安全法》第七十条第一款的规定,其行为是造成此事故的另一方面过错;双方过错相当,叶某无过错。故认定陆某和李某承担此事故的同等责任,叶某无责任。

本案肇事车粤G46号中型自卸货车在某乙保险公司湛江中心支公司投保交强险,被保险人为赵某,保单号为2100××××××××101×,该交强险收费确认时间为2013年11月18日12时7分,保单生成时间为2013年11月18日12时7分,保单打印时间为2013年11月18日12时9分。该保单载明保险期间自2013年11月19日零时起至2014年11月18日二十四时止,该保单另再特别约定:本保单自2013年11月18日13时起生效。该肇事车即粤GX号中型自卸货车向某乙保险公司湛江支公司投保交强险时处于交强险脱保状态。另外,本案肇事车粤GX号中型自卸货车亦在某甲保险公司湛江支公司投保有不计免赔的赔偿限额为人民币50万元的第三者商业责任险,事故发生在该保险承保期限内。

28

再查明,陆某是粤G46号中型自卸货车车主赵某的雇用司机,交通事故发生后,赵某、陆某已与李甲等六人达成损害赔偿协议,一次性补助给付人民币12.8万元给李甲等六人作安家费,因本次交通事故所得的保险理赔(包括医疗费、丧葬费、死亡赔偿金、精神抚慰金、交通费等)全部归李甲等六人所有,李甲等六人不得追究赵某、陆某的任何经济责任。另查明,受害人李某、叶某属农业家庭户口,为夫妻关系,其婚生子女为李甲、李乙、李丙、李丁、李戊、李己。其中,吴川市黄坡城区社区双桥居民委员会及吴川市公安局黄坡派出所出具的证明证实受害人李某、叶某与李甲于2011年9月1日至2013年11月18日前在其辖区吴川市黄坡镇共同居住,该居住地属于城镇范围。

根据李甲等六人与陆某、赵某、某乙保险公司湛江支公司、某甲保险公司湛江支公司在诉讼中的诉辩理由,本案争议的焦点问题是:1.李甲等六人诉请赔偿项目和标准的合法、合理性。2.本次交通事故是否发生在某乙保险公司湛江中心支公司承保的交强险承保期限内,陆某、赵某、某乙保险公司湛江支公司、某甲保险公司湛江中心支公司的赔偿责任。

吴川市人民法院经审理认为,吴川市公安局交通警察大队于2013年12月12日作出的吴公交认字[2013]第147号《道路交通事故认定书》程序合法,责任认定依据充分,故予以采信。

本案受害人李某、叶某在事故中死亡造成的损失和数额,根据《最高人民法院关于审理人身损害赔偿案件中适用法律若干问题的解释》(以下简称解释)、《侵权责任法》和参照广东省2013年人身损害赔偿标准,作如下核定:

一、受害人叶某在事故中死亡造成的损失和数额(1)医疗费。根据《解释》第十九条的规定,医疗费根据医疗机构出具的医药费、住院费等收款凭证,结合病历和诊断证明等相关证据确定;医疗费的赔偿数额,按照一审法庭辩论终结前实际发生的数额确定。叶某因本案交通事故在中国人民解放军第四二二医院住院救治期间共10天,发生医疗费为人民币104 012.9元,以上数额有医疗费发票确认,予以认定。(2)住院伙食补助费,根据《解释》第二十三条的规定,李甲等六人请求该费用为500元,予以支持。(3)住院护理费,根据《解释》第二十一条的规定,护理人员的误工费酌情核定应按70元/天的统一标准计算,受害人叶某住院10天,护理人员核定为1人,李甲等六人请求该费用为1400元过高,予以核定该项费用为700元。(4)丧葬费,根据《解释》第二十七条的规定,核定该项费用为28 200.5元。(5)死亡赔偿金。根据《解释》第二十九条规定,受害人叶某虽然属农业家庭户口,但有其生前居住地辖区吴川市黄坡城区社区双桥居民委员会及吴川市公安局黄坡派出所出具的证明及其他辅助证据予以证实其在城镇居住、生活超过一年,故核定死亡赔偿金按照受诉法院所在地上一年度城镇居民人均可支配收入标准计算,因受害人叶某死亡时未满六十周岁,现李甲等六人诉请该项赔偿为30 226.71元/年(受诉法院所在地上一年度城镇居民人均可支配收入)×20年=604 534元,予以支持。对于某乙保险公司湛江中心支公司、某甲保险公司湛江中心支公司认为死亡赔偿金应按农村居民人均纯收入标准计算的主张不予采纳。(6)交通费,根据《解释》第二十二条的规定,根据受害人就医住院的具体情况,酌情核定交通费为1000元。(7)误工费,根据《解释》第二十条的规定,发生的误工费可酌情核定为30 226.71元/年(受诉法院所在地上一年度城镇居民人均可支配收入)÷365天×10天=828元。(8)精神抚慰金。应根据侵权人的过错程度,侵权行为所造成的后果,当地平均生活水平、赔偿义务人赔付的积极性等方面酌情予以计算。由于被害人叶某在本次交通事故中遭受伤害并已经死亡,给其家属的生活带来一定的影响,其家属精神遭受痛苦。因此,李甲等六人请求赔偿一定数额的精神损害抚慰金,应予以支持。因受害人叶某在本次交通事故中无责任,李甲等六人诉请赔偿精神抚慰金50 000元并要求在交强险赔偿限额内优先赔偿,予以支持。综上核定,受害人叶某因本次交通事故造成的损失合计为789 775.4元。

二、受害人李某在事故中死亡造成的损失和数额(1)丧葬费,根据《解释》第二十七条的规定,核定该项费用为人民币28 200.5元。(2)死亡赔偿金。根据《解释》第二十九条规定,受害人李某虽然属农业家庭户口,但有其生前居住地辖区吴川市黄坡城区社区双桥居民委员会及吴川市公安局黄坡派出所出具的证明及其他辅助证据予以证实其在城镇居住、生活超过一年,故核定死亡赔偿金按照受诉法院所在地上一年度城镇居民人均可支配收入标准计算,因受害人李某死亡时已满六十八周岁,现李甲等六人请求死亡赔偿金为30 226.71元/年(受诉法院所在地上一年度城镇居民人均可支配收入)×11年=332 494.2元,予以支持。对于某乙保险公司湛江中心支公司、某甲保险公司湛江中心支公司认为死亡赔偿金应按农村居民人均纯收入标准计算的主张不予采纳。(3)交通费,根据《解释》第二十二条的规定及受害人发生事故时已死亡的具体情况,对李甲等六人诉请的交通费1000元予以支持。(4)误工费,根据《解释》第二十条的规定及受害人发生事故时已死亡的具体情况,对李甲等六人诉请的误工费1300元不予支持。(5)精神抚慰金。应根据侵权人的过错程度,侵权行为所造成的后果,当地平均生活水平、赔偿义务人赔付的积极性等方面酌情予以计算。由于受害人李某在本次交通事故中遭受伤害并已经死亡,给其家属的生活带来一定的影响,其家属精神遭受痛苦。因此,李甲等六人请求赔偿一定数额的精神损害抚慰金,应予以支持。因受害人李某在本次交通事故中负同等责任,李甲等六人诉请赔偿精神抚慰金50 000元略高,酌情核定精神抚慰金为30 000元。综上核定,受害人李某因本次交通事故造成的损失合计为391 694.7元。

关于陆某、赵某、某乙保险公司湛江中心支公司、某甲保险公司湛江中心支公司在本案中的赔偿责任问题。本案肇事车粤G46号中型自卸货车在某乙保险公司湛江支公司投保交强险,该交强险收费确认时间为2013年11月18日12时7分,保单生成时间为2013年11月18日12时

7分,保单打印时间为2013年11月18日12时9分。因此,应认为保险合同于2013年11月18日12时7分成立。该保单载明保险期间自2013年11月19日零时起至2014年11月18日24时止,而且也于特别约定栏提示“本保单自2013年11月18日13时起生效”的字样。根据《中华人民共和国保险法》第十三条及依照中国保险监督委员会于2009年3月25日发布的“关于加强机动车交强险承保工作管理的通知”和2010年3月3日的保监厅函(2010)79号《关于机动车交强险承保中“即时生效”有关问题的复函》的规定,交强险合同的生效规则有两种:一是法定生效规则,即是依法成立的交强险合同自成立“即时生效”;二是约定生效规则,即投保人和保险人约定对合同的生效可以附条件或者附期限,根据约定的条件是否出现或期限是否届至来确定合同是否生效。赵某向某乙保险公司湛江中心支公司投保交强险并由其签发的交强险保单,该机动车交强险保单属格式合同,保单中的条款属格式条款。根据《中华人民共和国保险法》第十七条的规定,保险人应向投保人作提示及明确说明。未作提示或者明确说明的,该条款不产生效力。对于某乙保险公司湛江支公司签发的交强险保单中“零时起保”和特别约定的“于2013年11月18日13时起生效”的格式条款,本案赵某认为,其购买交强险时,某乙保险公司湛江中心支公司未就交强险保单的特别约定“生效时间”及“零时起保”向其作提示及明确说明,而且投保的肇事车辆粤G46号中型自卸货车在购买该交强险时亦处在脱保状态,赵某认为其向某乙保险公司湛江中心支公司购买的交强险应为“即时生效”。而某乙保险公司湛江中心支公司虽然向法院提供一份“赵某”的投保单及另页有投保人即“赵某”签名字样的提示,以证明其已向投保人即“赵某”作出提示及明确说明。但依照最高人民法院(法研〔2000〕5号)《关于对保险法第十七条规定的“明确说明”应如何理解的问题的答复》规定:《中华人民共和国保险法》第十七条规定:“保险合同中规定有保险责任免除条款的,保险人应当向投保人明确说明,未明确说明的,该条款不发生法律效力。”这里所规定的“明确说明”,是指保险人在与投保人签订保险合同之前或者签订保险合同之时,对于保险合同中所约定的免责条款,除了在保险单上提示投保人注意外,还应当对有关免责条款的概念、内容及其法律后果等,以书面或者口头形式向投保人或其代理人作出解释,以使投保人明了该条款的真实含义和法律后果”的内容,某乙保险公司湛江中心支公司提供的证据的内容及形式不足以证明某乙保险公司湛江支公司就上述格式条款向投保人即“赵某”作出明确说明,故上述格式条款不发生法律效力。另外,该交强险保单中的特别约定“于2013年11月18日13时起生效”的格式条款亦存在法律禁止的内容,根据《中华人民共和国保险法》第十三条第三款及第十九条的规定,某乙保险公司湛江中心支公司制定的上述格式条款不仅加重投保人的责任,而且排除了投保人在投保后至保单格式条款所确定的未生效期间依法享有的权利。由于该格式条款的内容出现了保险法禁止性规定,因而属于无效条款,而无效条款自始没有约定力。综上所述,再根据《中华人民共和国保险法》第三十条的规定,赵某向某乙保险公司湛江支公司投保的交强险应为“即时生效”,本次交通事故的发生时间为2013年11月18日12时20分,为某乙保险公司湛江支公司的承保期限内,故某乙保险公司湛江支公司应在交强险赔偿限额内承担赔偿责任。

在本案中,肇事车辆粤G46号中型自卸货车在某乙保险公司湛江支公司购买有赔偿限额为人民币12.2万元的交强险、在某甲保险公司湛江支公司购买有不计免赔的赔偿限额为人民币50万元的第三者商业责任险,投保人均为赵某。因此,李甲等六人因交通事故所造成的各项损失先由交强险的承保保险公司即某乙保险公司湛江支公司依《中华人民共和国道路交通安全法》第七十六条第一款、《中华人民共和国保险法》第六十五条第一款及《最高人民法院关于审理道路交通事故损害赔偿案件适用法律若干问题的解释》(以下简称《道交解释》)第十六条第一款、第十八条之规定,先从交强险限额赔偿款中分项赔偿,不足赔偿的部分,由责任方按过错比例承担相应的赔偿责任,并由承保第三者商业责任险的保险公司即某甲保险公司湛江支公司据保险合同予以赔偿,仍有不足的,依照道路交通安全法和侵权责任法的相关规定由侵权人予以赔偿。

根据《机动车交通事故责任强制保险条例》第二十三条及《机动车交通事故责任强制保险条款》第八条的规定,交强险的责任限额包括死亡伤残赔偿限额 110 000 元,医疗费用赔偿限额 10 000 元,财产损失赔偿限额 2000 元。受害人叶某属于死亡伤残赔偿限额项下的赔偿项目包括护理费 700 元、丧葬费 28 200.5 元、死亡赔偿金 604 534 元、交通费 1000 元、误工费 828 元、精神损害抚慰金 50 000 元,合计 685 262 元。受害人李某属于死亡伤残赔偿限额项下的赔偿项目包括丧葬费 28 200.5 元、死亡赔偿金 332 494.2 元、交通费 1000 元、精神损害抚慰金 30 000 元,合计 391 694 元。上述两人合计该损失为 1 076 956 元,先由某乙保险公司湛江中心支公司在交强险赔偿限额 110 000 元范围内赔偿给李甲等六人,超出该赔偿限额部分的损失为 966 956 元。受害人叶某属于医疗费用赔偿限额项目为医疗费 104 012.9 元、住院伙食补助费 500 元,合计为人民币 104 512 元,由某乙保险公司湛江中心支公司在交强险赔偿限额 10 000 元范围内向李甲等六人赔偿,超出该赔偿限额部分的损失为 94 512 元。

因此,受害人叶某、李某因本次交通事故造成的损失超出交强险赔偿限额的部分合计为人民币 1 061 468 元。因赵某及受害人李某承担本次交通事故的同等责任,叶某无责任,而且受害人李某驾驶的电动自行车属非机动车。被告陆某是赵某雇用的司机,发生交通事故时属职务行为,因本案发生交通事故的肇事车辆粤 G46 号中型自卸货车有超载行为,故其对本次交通事故的发生应承担过错责任。因此,赵某、陆某应承担受害人叶某、李某因本次交通事故超出交强险赔偿限额的损失人民币 1 061 468 元的 60% 即 636 880 元,先由某甲保险公司湛江中心支公司在不计免赔额的赔偿限额为 50 万元的第三者商业责任险赔偿限额内承担赔偿受害人叶某、李某超出交强险赔偿限额部分即 50 万元。不足赔偿部分为 136 880 元,应由赵某、陆某承担连带赔偿责任,但李甲等六人与赵某、陆某已于本案诉讼前达成赔偿和解协议进行赔偿,协议确认其已赔付的数额外,不再承担应由其承担的赔偿责任,故确认赵某、陆某在本案中不再承担赔偿责任。对于某甲保险公司湛江中心支公司认为本案发生交通事故的肇事车辆粤 G46 号中型自卸货车有超载行为而根据合同条款,其公司应增加 10% 的绝对免赔的抗辩主张,该院认为,赵某向某甲保险公司湛江支公司投保的属不计免赔条款的第三者商业责任保险合同,而且某甲保险公司湛江中心支公司所提供的合同条款属格式条款,其没有提供证据证明其已向投保人即赵某进行明确说明,故对其提出的该抗辩主张不予采纳。另外,本案诉讼费不属保险公司赔偿范围,而且李甲等六人与赵某、陆某在本案诉讼前已达成赔偿和解协议进行赔付,本案不再承担应由其承担的赔偿责任,故本案诉讼费应由李甲等六人承担。综上所述,依照《中华人民共和国民法通则》第一百零六条第二款、第一百一十九条,《中华人民共和国道路交通安全法》第七十六条第一款,《中华人民共和国保险法》第六十五条第一款、第二款,《中华人民共和国侵权责任法》第十六条、第四十八条,《最高人民法院关于审理人身损害赔偿案件适用法律若干问题的解释》第十七条第一款、第二款、第十八条、第十九条、第二十条、第二十一条第一款、第二款、第二十二条、第二十三条第一款、第二十七条、第二十九条、第三十三条,《最高人民法院关于审理道路交通事故损害赔偿案件适用法律若干问题的解释》第十六条、第二十五条,《中华人民共和国民事诉讼法》第六十四条、第一百四十四条,参照《广东省 2013 年人身损害赔偿计算标准》等规定,判决:一、某甲保险股份有限公司湛江中心支公司应赔偿给李甲、李乙、李丙、李丁、李戊、李己人民币 12 万元(机动车交通事故责任强制保险部分),限于本判决书发生法律效力之日起七日内付清给李甲、李乙、李丙、李丁、李戊、李己。二、某乙保险股份有限公司湛江中心支公司应赔偿给李甲、李乙、李丙、李丁、李戊、李己人民币50万元(机动车第三者商业责任险部分),限于本判决书发生法律效力之日起七日内付清给李甲、李乙、李丙、李丁、李戊、李己。三、驳回李甲、李乙、李丙、李丁、李戊、李己的其他诉讼请求。如果未按本判决书指定的时间履行给付金钱义务,应当依照《中华人民共和国民事诉讼法》第二百五十三条之规定,加倍支付迟延履行期间的债务利息。本案件受理费人民币10 020元,由李甲、李乙、李丙、李丁、李戊、李己共同负担。

某甲保险公司湛江中心支公司不服吴川市人民法院上述民事判决,向本院提起上诉称:一、原审法院对受害人的损失按城镇居民标准计算依据不足。李甲等六人所提供房产证明与本案无关联性,黄坡镇某村委会非受害人工作单位,不能作为受害人有固定收入的证明主体,李甲等六人提供的湛江市某建筑工程公司"证明"既没有劳动合同、工资签领证明,也没有从事建筑行业的相关资质证明或实际从事的项目情况,不足以证明受害人在该单位工作。综上,无法形成有效的证据链来证实相关损失需按城镇标准计赔,应纠正按农业居民收入计算。二、原审判定我司的商业险条款中关于超载需增加10%绝对免赔为格式条款的依据不足。商业第三者属于投保人自愿购买的责任保险,应尊重当事人合法的意思表示,合同中的保险人和被保险人的权利义务由双方协商确定,超载增加绝对免赔的条款不违反我国法律规定,也有加大对驾驶员的违法成本从而促使其遵章守法的导向作用;且赵某在我司已非首次投保商业险,赵某及其允许驾驶的驾驶员视为应当知道该保险约定,超载行为客观上增加了我司的承保风险,我司亦可据合同条款增加免赔率。因此,请求二审法院撤销原判第二项并依法改判。

28

某乙保险公司湛江支公司不服吴川市人民法院上述民事判决,向本院提起上诉称:一、我司与赵某对于保险合同何时生效的特别约定不属于格式条款,该条款不可能重复使用且预先拟定,原审法院将该特别约定认定为格式条款属认定事实不清、适用法律错误。二、我司已就保险合同特别约定"生效时间"及"零时起保"向赵某作出了明确说明,该特别约定不属于免责条款且并未违反法律禁止性规定。保险合同的生效时间以及保险期限均明确记载于投保单和正式保单上,如未与赵某协商确定,我司显然无法自行主观臆测填写上去。合同的生效条款、保险期限条款与免责条款分属不同的概念,不能混为一谈。该特别约定并未加重投保人责任、排除投保人依法享有的权利。在实际生活中,为了避免保险有意的衔接不上,绝大多数投保人都会在保险期限未到期之前提前购买保险并约定具体的生效及保险的起止期限。原审法院认定该特别约定违反保险法禁止性规定判定无效,属认定事实不清,适用法律错误。因此,请求二审法院撤销原判第一项,改判驳回李甲等六人对我司的全部诉讼请求。

李甲等六人答辩称:原审认定事实清楚,适用法律正确,请求二审法院驳回某甲保险公司湛江支公司、某乙保险公司湛江支公司的上诉请求,维持原判。

本院经审理,对原审法院查明的事实予以确认。

二审诉讼期间,某甲保险公司湛江中心支公司于2014年11月30日以与李甲等六人协商,拟按庭外和解并履行赔付义务,根据民事诉讼法的规定,在二审判决宣告前放弃对李甲等六人的各项诉讼请求为由,向本院申请撤回上诉。

本院认为,本案系基于李甲等六人请求陆某、赵某及某乙保险公司湛江中心支公司、某甲保险公司湛江中心支公司赔偿因机动车交通事故造成受害人李某、叶某死亡所产生的损失而引发的纠纷,原审法院将本案定性为机动车交通事故责任纠纷正确。

根据《中华人民共和国民事诉讼法》第一百七十三条"第二审人民法院判决宣告前,上诉人申请撤回上诉的,是否准许,由第二审人民法院裁定。"的规定,某甲保险公司湛江中心支公司以与李甲等六人已达成和解协议为由向本院申请撤回上诉,是对自己民事权利和诉讼权利的处分,符合法律规定,应予准许。

依据《中华人民共和国民事诉讼法》第一百六十八条“第二审人民法院应当对上诉请求的有关事实和适用法律进行审查。”的规定,本院只对某乙保险公司湛江中心支公司上诉的请求和理由进行审查,不再对某甲保险公司湛江中心支公司原上诉的请求和理由进行审查。因某乙保险公司湛江中心支公司上诉只对交强险是否生效存有异议,而对于原审判决认定的李甲等六人应得赔偿项目的赔偿数额并无异议,故本院对于各方当事人无异议的赔偿项目数额予以确认。根据某乙保险公司湛江中心支公司的上诉请求和理由,本案争议的焦点问题是某乙保险公司湛江中心支公司应否在交强险的限额内承担赔偿的问题。

本案交强险收费确认和生成保单时间均为2013年11月18日12时07分,保单载明保险期自2013年11月19日零时起,约定保单自2013年11月18日13时起生效,发生交通事故时间为2013年11月18日12时20分。由于我国实行机动车强制保险制度,在通常情况下,投保人投保交强险是需要保险合同即时生效的,否则,将导致在合同生效前车辆无交强险保障,存在保险理赔的真空期,有违强制保险的规定,也不符合投保人的合同预期目的。某乙保险公司湛江中心支公司主张保单“生效时间”及“零时起保”属于附期限的合同约定,是与投保人赵某协商确定的结果,并在原审期间提供投保单以证实已向赵某明确说明。由于投保单与保险单是某乙保险公司湛江中心支公司负责印制的保险凭证,其所载明的特别约定及保险期间均系某乙保险公司湛江支公司打印而成,且某乙保险公司湛江中心支公司提供的投保单中“投保人声明及保险销售事项确认书”一栏并未涉及保险人对保险合同生效时间及保险期间的提示和说明问题,投保人也未签署日期。某乙保险公司湛江中心支公司所提供的证据未能证明其与投保人赵某之间就“生效时间”及“零时起保”进行了协商约定,该保单打印的“生效时间”及保险期间为某乙保险公司湛江中心支公司单方意思表示,其实质是对保险责任开始时间所附加的限制,故原审法院认定为免除保险人责任的条款并无不妥。某乙保险公司湛江中心支公司应就该内容约定向投保人赵某履行提示说明义务,而投保单显示某乙保险公司湛江中心支公司向赵某明确说明的合同条款并未包含该内容约定,某乙保险公司湛江中心支公司未对赵某尽到该内容约定的明确说明义务,该内容约定对赵某不产生效力。故原审法院认定某乙保险公司湛江支公司应在交强险赔偿限额承担赔偿责任并无不当。

综上所述,原审判决认定事实基本清楚,实体处理正确,应予维持。某乙保险公司湛江支公司的上诉理由不成立,本院予以驳回。依照《中华人民共和国民事诉讼法》第一百七十条第一款第(一)项之规定,判决如下:

驳回上诉,维持原判。

某甲保险公司湛江中心支公司已预交的二审案件受理费8800元,减半收取4400元由某甲保险公司湛江中心支公司负担;某乙保险公司湛江中心支公司已预交的二审案件受理费2700元由某乙保险公司湛江中心支公司负担。

本判决为终审判决。

审 判 长 陈 某
审 判 员 李 庚
审 判 员 梁 某
二〇一四年十二月十五日
书 记 员 郑 某

【评析】

《保险法》第十三条规定:"依法成立的保险合同,自成立时生效。投保人和保险人可以对合同的效力约定附条件或者附期限。"《保监厅函〔2009〕91 号》规定交强险合同的生效规则有两种,一是法定生效规则,即依法成立的交强险合同自成立"即时生效";二是约定生效规则,即投保人和保险人约定对合同的生效可以附条件或者附期限。本案审理法院根据《保险法》第十三条及《保监厅函〔2009〕91 号》推定交强险应"即时生效",认为"特别约定:本保单自 2013 年 11 月 18 日 13 时起生效"属于格式免责条款,以保险公司未尽明确说明义务为由判决其承担保险责任。

格式条款是指为重复使用而预先拟定的条款,存在两大特征:一是重复多次使用,二是事先拟定即在订立合同时未与相对方协商。本案"特别约定"事项明确载明:保单自 2013 年 11 月 18 日 13 时起生效,根据保单次日零时生效的通常惯例,这一特别约定显然是投保人和保险人协商一致的结果,并且也不存在重复多次使用的可能,因此本案中的约别预定理应不属于格式条款。根据《最高院关于适用〈中华人民共和国保险法〉若干问题的解释(二)》第九条的相关规定,免责条款包括责任免除条款、免赔额、免赔率、比例赔付或者免除减轻保险人责任的条款。"特别约定"条款是否属于免责条款应当依据其内容而定,本案中"特别约定"条款的内容是保单的生效时间,应不属于免责条款。

本案中,保险人所提供的证据不能证明其与投保人就"生效时间"及"零时起保"进行了约定,保单打印的"生效时间"及保险期间为保险人单方的意思表示,缺少合同另一方当事人的承诺,因此该条款并未成立。法院认为其"实质是对保险责任开始时间所附加的限制",因此应当将其认定为免责条款。该认定是值得商榷的。

综上所述,本案审理法院判决保险公司在交强险合同生效之外承担赔偿责任的判决结果是合理的,但是判决依据有待商榷。

29. 机动车保险中保险合同代签字的法律后果

浙江省温州市中级人民法院
(2014)浙温民终字第 385 号民事判决书

(2014 年 4 月 14 日)

【案情】

2011 年 5 月 2 日,陈甲驾驶在某保险公司承保交强险和第三者责任险的浙 CPC 轿车,沿浙江省苍南县灵溪镇人民大道由东往西方向行驶,当日 23 时 30 分许,途经灵溪镇人民大道时代广场路段时,与王某发生碰撞,造成王某受伤及车辆损坏的道路交通事故。经苍南县公安局交警大队认定,陈甲负事故全部责任,王某无事故责任。后王某向法院提起诉讼,要求被告陈甲就其医疗费、误工费、护理费、精神抚慰金、伤残赔偿金等承担赔偿责任,要求被告某保险公司在交强险限额内对上述款项先予赔偿,不足部分在第三者责任险限额内继续赔偿。

【判决书正文】

上诉人(原审被告):某保险公司苍南支公司,住所地:苍南县灵溪镇。

被上诉人(原审原告):王某,男,1970年2月7日出生,汉族,户籍所在地苍南县灵溪镇,现住苍南县灵溪镇。

被上诉人(原审被告):陈甲,男,1986年8月29日出生,汉族,住杭州市临安市。

上诉人某保险公司苍南支公司因机动车交通事故责任纠纷一案,不服浙江省苍南县人民法院(2013)温苍民初字第173号民事判决,向本院提出上诉。本院于2014年3月12日受理后,依法组成合议庭,于同月27日公开开庭进行了审理。被上诉人王某、陈甲经本院依法传唤,无正当理由拒不到庭。本案现已审理终结。

原审判决认定:2011年5月2日,陈甲驾驶浙CPC轿车沿苍南县灵溪镇人民大道由东往西行驶,于23时30分许途经人民大道的时代广场路段时,因未注意道路上行人动态而与王某发生碰撞,造成王某受伤及车辆损坏的道路交通事故。经交警部门认定,陈甲负事故全部责任,王某无事故责任。受伤后,王某在苍南县人民医院、温州医学院附属第一医院、解放军第一一八医院、苍南县人民医院住院治疗,共计38日,并且还在上述医院及上海华山医院、北京协和医院等医疗机构接受门诊治疗。2012年11月12日,温州律证司法鉴定因受王某的委托作出温律司鉴所(2012)临鉴字第1326号鉴定意见书。该鉴定意见认定,伤残等级为一个Ⅷ(8)级和三个X(10)级,误工期限拟为360日,护理期限、营养期限拟为180日(以上期限自受伤之日起计算,均包括住院期间及择期拆除内固定材料所需的期限)。王某为此支付鉴定费用(包括鉴定费、检查费及复印材料费)4320.50元。2013年5月9日,丽水天平司法鉴定所因受原审法院委托作出丽天司鉴所(2013)临鉴字第207号司法鉴定意见书。该鉴定意见认定,(一)王某2011年5月2日车祸致左颞脑挫裂伤伴出血,左额颞顶急性硬膜下血肿,多发脑挫裂伤,右枕急性硬膜外血肿,颅底骨折等,经开颅手术治疗,术中形成一约10cm×6.0cm颅骨缺损(已原位回植),构成X(拾)级伤残;遗留颅脑外伤所致神经功能障碍(边缘智力),日常活动能力轻度受限,构成X(拾)级伤残;遗留外伤性癫痫,脑电图示"中度不正常",目前服用药物控制,构成X(拾)级伤残;遗留左耳极度听觉障碍,构成Ⅷ(捌)级伤残。(二)提供费用清单经审核,说明如下:1.伙食费不属于医疗费用范畴。2.非治伤必需及不合理费用:陈德福韦酯片(贺维力);2011年7月12日苍南县人民医院门诊发票示:强力枇杷露、阿奇霉素分散片、辛芩颗粒、氧氟沙星片;2011年7月19日苍南县人民医院门诊发票示:复方鲜竹沥口服液、辛芩颗粒;2012年2月13日复旦大学附属华山医院门诊发票示:头孢克肟胶囊、甲硝唑片。3.超出国家基本医疗保险范围费用(自负费用)计人民币7774.21元(其中无不合理费用)。某保险公司为此支付鉴定费用2340元,王某为此支付鉴定费2000元及检查费300元。2013年6月27日,温州医学院司法鉴定中心因受原审法院委托作出温医司鉴中心(2013)精鉴字第72号司法鉴定意见书.该鉴定意见认定,1.精神状态:王某符合"脑外伤所致:器质性智能损害(边缘智力)"的诊断标准。2.民事行为能力:目前王某为完全民事行为能力。王某为此支付鉴定费2040元及检查费508元。2013年11月20日,温州律证司法鉴定所因受原审法院委托作出温律司鉴所(2013)文鉴字第96号司法鉴定意见书。该鉴定意见认定,落款日期均为"2010年5月10日的《某保险公司机动车辆保险责任免责明确说明书》、《机动车交通事故责任强制保险费率浮动告知单》、《机动车辆保险单证送达签收单》、《投保单》上的4处“陈乙”签名与样本“陈乙”签名不是同一人的笔迹。陈甲为此支付鉴定费3000元。

原审判决另认定:1. 王某户籍性质为非农业家庭户,职业为高级中学教师,交通事故发生前其在苍南县灵溪第二高级中学从事化学教学工作,事故发生后被调整至该校后勤部门工作。2. 肇事车辆浙CPC轿车登记所有人为案外人陈乙,使用性质为非营运,检验有效期至2012年6月,该车在某保险公司处投保了机动车交通事故责任强制保险(以下简称交强险)和第三者责任商业保险(以下简称商业三者险),但没有投保不计免赔特约险。保险期间均为2010年6月11日至2011年6月10日。交强险分项的赔偿限额为:死亡伤残赔偿限额110 000元、医疗费用赔偿限额10 000元、财产损失赔偿限额2000元。商业三者险限额为300 000元。3. 事故发生后,陈甲已支付王某赔偿款49 500元,并代为支付了医疗费3046.86元。4. 王某要求精神损害抚慰金在交强险中先予赔偿。5. 王某的父亲出生于1934年8月1日,母亲鲁某出生于1940年7月18日,均为非农业家庭户,其父母生育有三个儿子、二个女儿。王某与其妻蔡某婚后于1997年5月9日生育有一子。2012年浙江省全社会单位在岗职工年平均工资为40 087元,教育行业在岗职工年平均工资为70 380元,城镇居民人均可支配收入34 550元,人均消费支出21 545元。

王某于2013年1月25日以机动车交通事故责任纠纷为由,向原审法院起诉称:2011年5月2日,陈甲驾驶浙CPC轿车与王某发生碰撞,造成王某受伤及车辆损坏的道路交通事故,陈甲负事故全部责任,王某无事故责任。该肇事车在某保险公司投保了交强险和商业三者险。诉请判令:一、陈甲赔偿王某医疗费59 993.07元、后续治疗费23 159.04元、住院伙食补助费990元、营养费6000元、误工费32 400元、护理费17 620.80元、伤残赔偿金222 991.20元及项下被扶养人生活费26 486.35元、交通费4168元、精神抚慰金25 000元、鉴定费4320.50元、物品损失费3480元、住宿费及护理人员护理费6806.60元,扣除陈甲已支付的医疗费53 000元,还应赔偿380 415.56元;二、某保险公司在交强险限额内对上述款项先行赔付,不足部分在商业三者险限额内赔付。2013年7月17日,王某变更其第一项诉讼请求为:陈甲赔偿医疗费68 706.54元、后续治疗费暂定23 159.04元、住院伙食补助费990元、营养费6000元、误工费69 480元、护理费19 800元、残疾赔偿金248 760元及项下被扶养人生活费34 126元、交通费11 728元、精神抚慰金25 000元、鉴定费6868.50元、物品损失费4530元、住宿费9039.40元、扣除陈甲已支付的48 000元,还应赔偿480 187.48元。

陈甲在原审答辩称:1. 对本案交通事故的事实及责任认定没有异议;2. 王某提出的各项损失中的不合理部分,应予剔除;3. 事故发生后,陈甲向王某总共已支付53 046.86元,其中3046.86元是事发当日支付的医疗费,48 000元是通过交警部门交给原告的,另2000元是王某在苍南县人民医院住院治疗时交的押金;4. 本案应由某保险公司在交强险与商业三者险限额内先行赔付,不足部分由陈甲赔偿。

某保险公司在原审答辩称:1. 对本案交通事故的事实及责任认定没有异议;2. 肇事车辆在保险公司投保了交强险和商业三者险,但没有投保不计免赔,依合同约定,肇事车负全部责任,保险公司享有20%的免赔率;3. 事故发生于2011年5月2日,而人身损害的诉讼时效为一年,故王某的诉请已超过诉讼时效;4. 王某诉请的部分赔偿不合理,应不予支持。

原审判决认为,交通事故责任者应当按照所负交通事故责任承担相应的损害赔偿责任。苍南县公安局交通警察大队对本案中发生的交通事故事实认定清楚,责任分担准确,予以采纳。某保险公司系承保肇事车交强险的单位,对王某因交通事故造成的各项损失,应由某保险公司在交

29

强险责任限额内先行赔偿,超出部分由陈甲按责任比例赔偿。依据《最高人民法院关于适用〈中华人民共和国保险法〉若干问题的解释(二)》第九条第一款的规定,可以认定本案中投保人陈乙与某保险公司对于免赔率的约定属《中华人民共和国保险法》第十七条规定的"免除保险人责任的条款"。鉴于《某保险公司机动车辆保险责任免责明确说明书》等保险文书中有关投保人的签名并非陈乙所书写,故无法认定某保险公司作为保险人已履行了对免责条款明确说明的义务,且某保险公司也未提供充分证据证实其已就有关免除保险人责任条款的概念、内容及法律后果以书面或口头形式已向投保人作出常人能够理解的解释说明,故该免责条款视为无效。由此,某保险公司主张享有免赔率缺乏依据,不予支持。同时,依照有关法律规定,免责条款无效,并不影响保险合同的成立和保险合同其他条款的效力,故某保险公司作为肇事车辆商业三者险的承保单位,对陈甲应负的上述赔偿责任应按保险合同的约定在商业三者险限额300 000元内予以先行赔付。由于王某因本案交通事故受伤终结接受治疗时间与其提起本案诉讼时同的间隔尚未超过一年,故某保险公司主张王某诉请超出诉讼时效于法无据,亦不予支持。根据有关法律规定和司法实践所掌握的标准,各个赔偿项目合理的数额为医疗费62 270.51元(其中包括陈甲支付的3046.86元)、误工费24 000元、护理费19 769元、营养费5400元、住宿费3000元、交通费6000元、残疾赔偿金及其项下的被扶养人生活费275 131.08元、精神损害抚慰金15 000元、四次司法鉴定的鉴定费14 508.50元,住院伙食补助费扣除住院期间已实际支出的333元应为363元,后续治疗费可待实际发生后另行起诉,上述费用合计425 442.09元。王某对其财产损失的诉请没有提供相关证据,对方予以否认,不予支持。王某诉请赔偿中的不合理部分,以及某保险公司关于医疗费中3046.86元系陈甲自愿支付其不予赔付的主张,于法无据,均不予支持。综上,确定王某在交强险死亡伤残赔偿限额项下的损失为342 900.08元,在交强险医疗费用赔偿限额下的损失为68 033.51元.某保险公司应在交强险死亡伤残赔偿限额项下赔偿王某110 000元,在交强险医疗费用赔偿限额项下赔偿王某10 000元,超出交强险部分290 933.59元,由某保险公司按商业三者险保险合同的约定先行赔偿。某保险公司申请的温律司鉴所(2013)文鉴字第96号司法鉴定意见书结论对其不利,鉴定费3000元应由其承担;双方当事人因申请鉴定而支出的鉴定费用11 508.50元不属于保险合同的赔偿范围,均由陈甲承担。如前所述,某保险公司扣除已支付的鉴定费2340元,合计应赔偿411 593.59元,陈甲合计应赔偿鉴定费损失计11 508.50元。陈甲在本案中已支付王某赔偿款49 500元,代王某支付医疗费3046.86元,支付鉴定费3000元,合计支付55 546.86元,其中超出赔偿范围部分44 038.36元依法可从某保险公司的赔偿款中予以扣回。依照《中华人民共和国侵权责任法》第三条、第六条、第十六条、第二十二条、第四十八条,《中华人民共和国道路交通安全法》第七十六条,《中华人民共和国保险法》第十七条、第六十五条第一款,《最高人民法院关于审理人身损害赔偿案件适用法律若干问题的解释》第十七条第一款、第十九条、第二十条、第二十一条、第二十二条、第二十三条、第二十四条、第二十五条、第二十八条,《最高人民法院关于确定民事侵权精神损害赔偿责任若干问题的解释》第八条、第十条,《最高人民法院关于适用〈中华人民共和国保险法〉若干问题的解释(二)》第九条第一款及《中华人民共和国民事诉讼法》第六十四条的规定,判决如下:一、某保险公司于本判决生效之日起十日内在交强险限额内赔偿王某各项损失120 000元,在商业三者险限额内赔偿王某各项损失291 593.59元;陈甲赔偿王某及某保险公司鉴定费损失合计11 508.50元,其已支付55 546.86元,故本案中不再赔偿,其多付部分44 038.36元在某保险公司支付王某的赔偿款中予以扣回后直接支付给陈甲。二、驳回王某的其他诉讼请求。如果未按本判决指定的期间履行给付金钱义务,应当依照《中华人民共和国民事诉讼法》第二百五十三条之规定,加倍支付迟延履行期间的债务利息。案件受理费8503元,由王某负担1994.50元,陈甲负担6508.50元。

宣判后,某保险公司不服,向本院提出上诉,称:法院应认定保险公司享有20%的免赔率。根据保险合同的约定,关于保险公司享有免赔率的约定属于一般条款,并非免责条款,无须免责告知,以往的司法实践也是如此。投保人不想计算免赔率,可以投保不计免赔险。如果仅因为保险公司没有对该条款进行说明而认定免赔率的主张不成立,那么对于那些已经投保不计免赔险的人是极不公平的。退一步来讲,因此免赔率条款属于免责条款,实际上保险公司已经履行了说明告知义务,该免责条款也是有效的。因为根据《最高人民法院关于适用〈中华人民共和国保险法〉若干问题的解释(二)》第三条的规定,本案《责任免除明确说明书》系他人代签,代签的同时,保险公司已经对免责条款进行说明,而投保人也已经缴纳了保费,对代签行为进行追认,对告知行为进行追认,故保险公司已经尽到了免责条款的提示说明义务,该条款当然生效。综上,一审认定事实及适用法律错误,请求二审撤销原审判决,依法进行改判。

被上诉人王某提出答辩状,称其对原审判决没有异议。

被上诉人陈甲未作答辩。

在二审审理过程中,各方当事人均无新的证据提供。

本院经审查当事人在原审提供的证据,对原审判决认定的事实依法予以确认。

本院认为,《×××保系列投保单》证实本案系由他人代为陈乙与某保险公司订立保险合同,而陈乙对该人代为订立保险合同的行为亦予以认可,故该人代为陈乙订立保险合同的行为对陈乙具有约束力。在此情形下,保险人某保险公司就格式合同文本中的免赔率等条款向该人提示说明,与向投保人陈乙本人提示说明具有同等的法律效力。而《某保险公司机动车辆保险责任免责明确说明书》、《机动车辆保险单证送达签收单》、《×××保系列投保单》证实该人以签名"陈乙"的方式确认某保险公司已就格式合同文本中的免赔率等条款向其作了明确的提示说明。故原审因投保人陈乙的签名非其本人所签而认定某保险公司对格式合同文本中的免责条款未作明确说明的处置错误,本院予以纠正。投保的肇事车一方在事故中负全部责任,因该车未投保不计免赔险,按照机动车第三者责任保险条款第十七条关于免赔率的约定,某保险公司应享有20%的免赔率,故对其提出的上诉主张,本院予以支持。按上述保险合同条款的约定,某保险公司在商业三者险范围内赔偿的金额应为232 746.87元(290 933.59×80%),故其赔偿总额为353 406.87元(120 000 +232 746.87 +3000-2340)。某保险公司赔偿后的不足部分69 695.22元(425 442.09 -120 000 -232 746.87 -3000)由陈甲予以赔偿,扣减已支付的金额55 546.86元,其还需赔偿14 148.36元。据此,依照《中华人民共和国民事诉讼法》第一百七十条第一款第(二)项的规定,判决如下:

一、维持浙江省苍南县人民法院(2013)温苍民初字第173号民事判决第二项及案件受理费负担部分;

二、撤销浙江省苍南县人民法院(2013)温苍民初字第173号民事判决第一项;

三、某保险公司苍南支公司于本判决生效之日起十五日内赔偿王某353 406.87元;

四、陈甲于本判决生效之日起十五日内赔偿王某14 148.36元。

如果未按本判决指定的期间履行给付金钱义务,应当依照《中华人民共和国民事诉讼法》第二百五十三条的规定,加倍支付迟延履行期间的债务利息。

二审案件受理费1255元,由被上诉人陈甲负担。

本判决为终审判决。

审　判　长　刘伟达
审　判　员　吴跃玲
代理审判员　王　蕾
二〇一四年四月十四日
代 书 记 员　潘文舒

【评析】

《民法通则》规定,民事法律行为的委托代理,可以采用书面形式,也可以采用口头形式;没有代理权、超越代理权或者代理权终止后的行为,只有经过被代理人的追认,被代理人才承担民事责任,未经追认的行为,由行为人承担民事责任。《最高人民法院关于适用〈中华人民共和国保险法〉若干问题的解释(二)》规定:"投保人或者投保人的代理人订立保险合同时没有亲自签字或者盖章,而由保险人或者保险人的代理人代为签字或者盖章的,对投保人不生效。但投保人已经交纳保险费的,视为其对代签字或者盖章行为的追认。"本案中,保险公司已就免赔率等条款向代理人作了明确的提示说明,虽然保险合同系代理人代签,但是代签的同时投保人已经缴纳了保费并对代签行为进行追认,因此,免责条款有效。

在车险业务中,投保人因无暇办理,可能委托他人或者默许他人代其在投保单上签字。对非直销业务,保险公司无从确认投保单上的签字是否为投保人本人签字。这为将来保险合同的成立、免责条款的生效等问题都埋下了隐患。《最高人民法院关于适用〈中华人民共和国保险法〉若干问题的解释(二)》的出台,起到了定纷止争的作用。投保人应谨慎行使自己的权利,即便委托他人代为投保,在缴纳保费之前应全面了解保险合同的内容,特别是免责条款的含义及其法律后果,避免产生不必要的争议。

30. 机动车保险中法规禁止性规定作为免责事由时的提示和明确说明义务

吉林省长春市中级人民法院
(2014)长民二终字第671号民事判决书

(2014年10月23日)

【案情】

2012年11月23日2时30分许,孙某驾驶吉ALP号轻型箱式货车在长春市繁荣路某超市门口倒车时,将李某所有的吉ADG号轿车尾部撞坏,孙某逃逸。经交警认定,孙某负事故全部责任。吉 ALP 号车在某保险公司长春中心支公司投保了交强险和商业第三者责任险。某保险公司长春中心支公司同意在交强险限额内进行赔偿,因孙某交通肇事后逃逸,故对商业三责险部分进行拒赔。李某遂诉至法院。

【判决书正文】

上诉人(原审被告):某保险公司长春中心支公司,住所:吉林省长春市。

被上诉人(原审原告):李某,男,1975 年 8 月 10 日生,汉族,住吉林省长春市朝阳区。

被上诉人(原审被告):长春市某超市有限公司,住所:吉林省长春市。

上诉人某保险公司长春中心支公司因机动车交通事故责任纠纷一案,不服长春市朝阳区人民法院(2013)朝民初字第 1700 号民事判决,向本院提起上诉。本院受理后,依法组成合议庭,公开开庭进行了审理。本案现已审理终结。

原审原告李某在原审诉称,2012 年 11 月 23 日 2 时 30 分许,被告司机孙某驾驶被告长春市某超市有限公司所有的吉 ALP 号货车在繁荣路某超市二店门口处倒车时,将原告停放在门前的吉 ADG 号本田车尾部撞坏,司机孙某肇事后逃逸,经多方查找后将该车找到。经交警部门认定,孙某驾车负事故全部责任。肇事车辆实际车主为被告长春市某超市有限公司,该车辆在被告某保险公司长春中心支公司处投保了交强险及商业险。现原告诉讼至法院,请求被告赔偿原告车辆损失费、交通费、评估费、目击证人误工费共计 23 665.00 元

原审被告长春市某超市有限公司在原审辩称,对事故及责任认定无异议,与孙某系雇佣关系,同意对保险公司赔偿后不足部分进行赔偿。

原审被告某保险公司长春中心支公司在原审辩称,同意在交强险限额内进行赔偿,因孙某肇事后逃逸,故依据保险合同约定,肇事逃逸的不在商业险理赔范围内。

本案经原审法院审理认定,2012 年 11 月 23 日 2 时 30 分,孙某驾驶吉 ALP 号北京牌轻型厢式货车在繁荣路某超市二店门口卸货后倒车时与停放在后方的原告车辆(吉 ADG 号本田轿车)尾部相撞,原告车辆损坏,孙某驾车逃逸。经交警部门认定,孙某负事故的全部责任。2012 年 11 月 28 日,吉林省某保险公估有限公司对原告受损车辆进行了车损鉴定,鉴定结论为:标的车净损金额为人民币 6443.00 元,评估鉴定费为 422.00 元。原告对车辆实际进行了修理。被告长春市某超市有限公司及被告某保险公司长春中心支公司对上述鉴定报告无异议。肇事车辆车主为被告长春市某超市有限公司,该车辆在某保险公司长春中心支公司处投保了交强险及商业第三者责任险。肇事者孙某与被告长春市某超市有限公司系雇佣关系,被告长春市某超市有限公司同意合理赔偿。被告某保险公司长春中心支公司同意在交强险限额内进行赔偿,因孙某肇事后逃逸,故依据双方签订的保险合同约定,在商业第三者责任险中不予赔偿。本案庭审中,被告长春市某超市有限公司认为吉 ALP 号车辆在办理保险时被告某保险公司长春中心支公司并未向投保人明确告知上述条款,被告长春市某超市有限公司不同意被告某保险公司长春中心支公司上述主张。经查某保险公司长春中心支公司××车保机动车综合险(2009)版机动车第三者责任保险条款第 7 条 1 款规定,交通肇事逃逸保险人不负赔偿责任。庭审中,被告某保险公司长春中心支公司未出示其向投保人尽告知义务的证据。

原审法院认为,原、被告间机动车交通事故责任纠纷一案事实较为清楚,被告长春市某超市有限公司司机驾车肇事且负事故的全部责任,故被告长春市某超市有限公司应对原告车辆损失进行赔偿。另因肇事车辆在被告某保险公司长春中心支公司处投保了交强险及商业第三者责任险,故被告某保险公司长春中心支公司应在保险限额内对原告进行赔偿,不足部分由被告长春市某超市有限公司赔偿。关于原告所做车损鉴定,因各方当事人对鉴定报告均无异议,故吉林省某保险公估有限公

30

司对原告车辆所作车损鉴定,本庭应予采信。关于被告某保险公司长春中心支公司主张的因肇事车辆司机肇事后逃逸而拒绝在商业第三者责任险中理赔意见,因被告某保险公司长春中心支公司未能提供有效证据证明其已向投保人尽了告知义务,故被告某保险公司长春中心支公司该主张本庭不予支持。原审法院依据《中华人民共和国道路交通安全法》第七十六条,《中华人民共和国保险法》第十七条,《中华人民共和国民法通则》第一百一十九条之规定,判决如下:一、被告某保险公司长春中心支公司在其承保的交强险责任限额内赔偿原告李某车辆损失人民币2000.00元;二、被告某保险公司长春中心支公司在其承保的商业第三者责任险限额内赔偿原告李某车辆损失人民币4443.00元;三、被告长春市某超市有限公司赔偿原告李某评估鉴定费422.00元。(上述款项于本判决生效之日起十日内给付完毕)如果被告未按本判决指定的期间履行给付金钱义务,应当依照《中华人民共和国民事诉讼法》第二百五址三条之规定,加倍支付迟延履行期间的债务利息。案件受理费50.00元、公告费260.00元由被告长春市某超市有限公司负担。

宣判后,某保险公司长春中心支公司不服,向本院提起上诉。上诉请求为:一审判决认定事实不清、适用法律错误,请求二审法院依法改判上诉人在商业第三者责任险内不承担赔偿责任;二审诉讼费由被上诉人承担。上诉理由为:2012年11月23日,长春市某超市有限公司的司机孙某驾驶的吉ALP号北京牌轻型厢式货车在繁荣路某超市二店门口卸货后倒车时与停放在后方的被上诉人车辆(吉ADG号本田轿车)尾部相撞,原告车辆损坏,孙某驾车逃逸。经交警部门认定,孙某负事故的全部责任。一审中被告长春市某超市有限公司的司机孙某驾驶的吉ALP肇事后逃逸,而根据机动车商业第三者责任保险条款规定,交通肇事后逃逸的保险人不负赔偿责任。一审法院认为上诉人未能提供证据证明其已向投保人尽了告知义务判决上诉人承担商业险的赔偿责任。上诉认为其事实不清、适用法律错误。根据《最高人民法院关于适用〈中华人民共和国保险法〉若干问题的解释(二)》第十条规定保险人将法律、行政法规中的禁止性规定的情形作为保险合同责任免除事由,保险人对该条款作出提示后,投保人、被保险人以保险人未履行明确说明义务为由主张该条款不生效的,人民法院不予支持。交通肇事后逃逸属于法律规定的禁止性行为。保险人已经向被保险人提供了保单及保险条款,告知被保险人阅读保险条款,责任免除条款也作了加黑处理。这充分的证明上诉人尽到了明确的说明提示义务。综上所述,上诉人为维护自己的合法权益,特上诉法院,请求法院依法改判。

被上诉人李某二审答辩称,请求维持原审判决。

被上诉人长春市某超市有限公司二审答辩称,请求维持原审判决。

本院经审理查明的事实与原审判决认定的事实一致。二审庭审中,上诉人某保险公司长春中心支公司提供神行车保系列产品投保单一份、××车保系列产品保险单副本一份。投保单投保人声明部分记载"……本人已经收到了条款全文,仔细阅读了保险条款,尤其是加黑突出标志的、免除保险人责任的条款部分的条款内容。对保险人就保险条款内容的说明和明确说明完全理解……",投保人签章处有长春市某汽车服务有限公司的公章用以证明上诉人已经向投保人尽到提示及明确说明义务。被上诉人长春市某超市有限公司质证,对证据的真实性、合法性没有异议,对证明的问题有异议,上述证据不能证明其履行了告知义务。被上诉人李某未发表质证意见。上诉人及被上诉人长春市某超市有限公司对肇事车辆的投保人为长春市某汽车服务有限公司均无异议,李某对肇事车辆的投保人是谁表示不清楚。某保险公司长春中心支公司称对交通肇事后逃逸免责部分做了加黑处理,长春市某超市有限公司称保险单过期,没有保留保险单,不清楚保险单是否附有保险条例。

本院认为,投保人长春市某汽车服务有限公司在投保人声明部分盖章证明其已收到了条款全文,其在二审不能提供保险条款,则某保险公司长春中心支公司称对交通肇事后逃逸免责条款做了加黑处理的主张成立。依据《最高人民法院关于适用〈中华人民共和国保险法〉若干问题的解释(二)》第十一条之规定,保险合同订立时,保险人在投保单或者保险单等其他保险凭证上,对保险合同中免除保险人责任的条款,以足以引起投保人注意的文字、字体、符号或者其他明显标志作出提示的,人民法院应当认定其履行了保险法第十七条第二款规定的提示义务。《最高人民法院关于适用〈中华人民共和国保险法〉若干问题的解释(二)》第十条规定,保险人将法律、行政法规中的禁止性规定情形作为保险合同免责条款的免责事由,保险人对该条款作出提示后,投保人、被保险人或受益人以保险人未履行明确说明义务为由主张该条款不生效的,人民法院不予支持。《中华人民共和国道路交通安全法》第一百零一条规定,造成交通事故后逃逸的,由公安机关交通管理部门吊销机动车驾驶证,且终生不得重新取得机动车驾驶证。本案中,司机孙某肇事后逃逸为法律明令禁止之行为,保险公司对该条款做了加黑处理已尽到了提示说明义务,交通肇事后逃逸保险公司免责的条款即产生效力。上诉人的上诉理由成立,本院予以支持。

综上,依据《中华人民共和道路交通安全法》第七十六条、第一百零一条,《最高人民法院关于民事诉讼证据的若干规定》第七十五条,《最高人民法院关于适用〈中华人民共和国保险法〉若干问题的解释(二)》第十条、第十一条,《中华人民共和国民事诉讼法》第一百七十条第一款(二)项之规定,判决如下:

一、维持长春市朝阳区人民法院(2013)朝民初字第1700号民事判决第一项、第三项;

二、撤销长春市朝阳区人民法院(2013)朝民初字第1700号民事判决第二项;

三、被上诉人长春市某超市有限公司赔偿被上诉人李某车辆损失人民币4443.00元。

上述款项于本判决生效后立即给付。

如未按本判决指定的期限履行给付金钱义务,应当依照《中华人民共和国民事诉讼法》第二百五十三条之规定,加倍支付迟延履行期间的债务利息。

一审二审案件受理费合计100.00元、公告费260元由被上诉人长春市某超市有限公司负担。

本判决为终审判决。

审 判 长 郭 宇
代理审判员 王海兵
代理审判员 肖 遥
二○一四年十月二十三日
书 记 员 李蓬勃

【评析】

《中华人民共和国道路交通安全法》第九十九条规定,造成交通事故后逃逸,尚不构成犯罪的,由公安机关交通管理部门处二百元以上二千元以下罚款。《中华人民共和国刑法》第一百三十三条规定,交通肇事后逃逸或者有其他特别恶劣情节的,处三年以上十年以下有期徒刑;因逃逸致人死亡的,处七年以上有期徒刑。因此,交通肇事是法律明令禁止的严重违法行为。《最高人民法院关于适用〈中华人民共和国保险法〉若干问题的解释(二)》第十条规定:"保险人将法律、行政法规中的禁止性规定情形作为保险合同免责条款的免责事由,保险人对该条款作出提示后,投保人、被保险人或受益人以保险人未履行明确说明义务为由主张该条款不生效的,人民法院不予支持。"根据《最高人民法院关于适用〈中华人民共和国保险法〉若干问题的解释(二)》第十一条规定,保险合同订立时,保险人在投保单或者保险单等其他保险凭证上,对保险合同中免除保险人责任的条款,以足以引起投保人注意的文字、字体、符号或者其他明显标志作出提示的,人民法院应当认定其履行了保险法第十七条第二款规定的提示义务。本案中,保险人在对法律禁止行为的免责条款作了加黑提示后,该免责条款即已生效,无须进一步履行明确说明义务。

31.机动车保险中投保人发生变更情形下保险人的明确说明义务

四川省成都市中级人民法院
(2014)成民终字第2733号民事判决书

(2014年10月14日)

【案情】

2012年8月21日,甲物流有限公司为川A货车向某保险公司投保交强险和商业险,保险期限自2012年10月21日0时起至2013年10月20日24时止。2012年11月8日,该车交强险和商业险两份保险合同的投保人、被保险人均由甲物流有限公司更改为原告乙物流有限公司,某保险公司出具了相应的批单。2013年4月22日,赖某驾驶川A货车沿牧华路由华阳方向往双流方向行驶,行驶至迎宾大道路口时,与从右侧驶来的杨某驾驶的川E号货车相撞,致两车受损。经公安局交警大队认定,赖某违反了《道路交通安全法》第四十八条有关机动车装载的规定,应承担全部责任。原告向某保险公司索赔,某保险公司认为原告超载驾驶,属于免责范围,因此拒赔。乙物流有限公司遂将某保险公司诉至法院。

【判决书正文】

上诉人(原审被告):某保险公司成都中心支公司,住所地:成都市青羊区。

被上诉人(原审原告):乙物流有限公司,住所地:双流县。

上诉人某保险公司成都中心支公司(以下简称某保险公司)与被上诉人乙物流有限公司财产保险合同纠纷一案,不服成都市青羊区人民法院(2013)金牛民初字第4682号民事判决,向本院提起上诉。本院受理后依法组成合议庭审理了本案,现已审理终结。

原审法院审理查明:甲物流有限公司于2012年8月21日为川A号货车向某保险公司投保"机动车交通事故责任强制保险",保险期间自2012年10月21日零时起至2013年10月20日二十四时止,财产损失赔偿限额为2000元。甲物流有限公司为川A号货车向某保险公司投保"机动车综合险2009版",保险期限自2012年10月21日0时起至2013年10月20日24时止;承保险别为:车辆损失险(限额为301 800元)、车上责任险(驾驶员限额为50 000元、乘客为50 000元×1座)、第三者商业责任险(限额为1 000 000元)、全车盗抢损失险(限额为206 733元)、自燃损失险(限额为 206 733 元)、车损险不计免赔条款、车责险不计免赔条款、三责险不计免赔条款。某保险公司向其出具了保险单;《机动车损失保险条款》“责任免除”部分第八条约定“下列原因导致的保险机动车的损失和费用,保险人不负责赔偿:……(五)保险机动车违反《中华人民共和国道路交通安全法》及其他法律法规中有关机动车装载的规定”;保单“投保人声明”处均载明“本人兹声明在本投保单上填写的各项内容均属事实,如有隐瞒或与事实不符,贵司可按《保险法》及合同约定进行处理。本人已经收到了条款全文,仔细阅读了保险条款,尤其是加黑突出标注的、免除保险人责任的条款部分的条款内容。对保险人就保险条款内容的说明和明确说明完全理解。同意并接受本投保单所载各项内容”。甲物流有限公司在投保人签章处加盖公章。

2012 年 11 月 8 日,涉案两份保险合同的投保人、被保险人、索赔权益人均由甲物流有限公司更改为乙物流有限公司,某保险公司向乙物流有限公司出具批单,对上述变更情况予以确认。

2013 年 4 月 22 日,赖某驾驶川 A 号重型自卸货车沿牧华路由华阳方向往双流方向行驶,当车行驶到迎宾大道路口,与从右侧迎宾大道驶来的杨某驾驶的川 AE 重型自卸货车相撞,致两车受损。双流县公安局交通警察大队(事故)中队于 2013 年 4 月 23 日作出《道路交通事故认定书》,认定赖某违反《中华人民共和国道路交通安全法》第四十八条及《中华人民共和国道路交通安全法实施条例》第五十二条第(二)项的规定,由赖某承担全部责任,两车损失及施救费由赖某承担。事故发生后,乙物流有限公司支出川 A 号货车维修费 34 474 元、拖车费 1800 元、吊车费 1400 元。

另查明,某保险公司于 2013 年 5 月 27 日对川 A 号车进行估损,并制作《机动车辆估损单》,载明:出险险别为机动车辆强制三责险;定损为换件金额 24 474 元、辅材金额 1000 元、维修工时 9000 元、其他金额(拖车费,含吊车费)2500 元,修理费总金额(含税) 34 474 元。

原审法院认定上述事实的证据有:乙物流有限公司身份证明、某保险公司营业执照、机动车行驶证、道路运输证、赖某机动车驾驶证、保险单、《机动车损失保险条款》、投保单、批单、《道路交通事故认定书》、发票、《机动车辆估损单》及当事人陈述等。 31

原审法院经审理认为,《中华人民共和国保险法》第十七条第二款规定:“对保险合同中免除保险人责任的条款,保险人在订立合同时应当在投保单、保险单或者其他保险凭证上作出足以引起投保人注意的提示,并对该条款的内容以书面或者口头形式向投保人作出明确说明;未作提示或者明确说明的,该条款不产生效力。”该条规定的“明确说明”,是指保险人在与投保人签订保险合同之前或者签订保险合同之时,对于保险合同中所约定的免责条款,除了在保险单上提示投保人注意外,还应当对有关免责条款的概念、内容及其法律后果等,以书面或者口头形式向投保人作出解释,以使投保人明了该条款的真实含义和法律后果。本案中,保险合同在履行过程中,投保人主体发生变更,由甲物流有限公司变更为乙物流有限公司承受涉案保险合同约定的权利义务,保险人应对新的投保人重新履行告知义务,特别是保险合同中有关保险人免责条款内容,且保险人应对其是否履行明确说明义务承担举证责任。涉案两份投保单上投保人声明签章处仅有甲物流有限公司的公章,某保险公司未提交有乙物流有限公司加盖公章的投保单或其他证据证明某保险公司已向乙物流有限公司履行了相关明确说明义务,该免责条款对乙物流有限公司不产生效力,某保险公司关于乙物流有限公司车辆违反有关机动车装载的规定应适用“责任免除”条款予以免责的辩称意见缺乏事实和法律依据,原审法院不予采信。涉案交通事故发生后,乙物流有限公司实际支出川 A 号货车维修费 34 474 元、拖车费 1800 元、吊车费 1400 元,共计 37 674 元,在车辆损失险的保险范围内,某保险公司应当按约予以赔付,故对乙物流有限公司关于某保险公司在车辆损失险范围内支付车辆维修费 34 474 元、施救费 3200 元的主张,原审法院予以支持。

据此,原审法院依照《中华人民共和国合同法》第六十条第一款,《中华人民共和国保险法》第十七条第二款及《中华人民共和国民事诉讼法》第六十四条、第一百四十二条之规定,判决:某保险公司成都中心支公司在判决生效之日起七日内向乙物流有限公司支付车辆维修费 34 474 元、施救费 3200 元,共计 37 674 元。如果某保险公司成都中心支公司未按照判决指定的期间履行上述给付金钱义务,应当依照《中华人民共和国民事诉讼法》第二百五十三条之规定,加倍向乙物流有限公司支付迟延履行期间的债务利息。一审案件受理费 742 元,减半收取 371 元,由某保险公司成都中心支公司负担(此款已由乙物流有限公司预交,某保险公司成都中心支公司在履行上述给付义务时一并支付给乙物流有限公司)。

宣判后,原审被告某保险公司不服,向本院提起上诉,请求:撤销原判,改判驳回乙物流有限公司的诉讼请求。其主要上诉理由为:某保险公司就保险合同免责条款对甲物流有限公司进行的告知,对乙物流有限公司继续有效;拖车费、吊车费金额应以某保险公司制作的《机动车辆估损单》记载为准,为 2500 元。

被上诉人乙物流有限公司辩称,原判认定事实清楚,适用法律正确,应予维持。

二审查明的事实与一审查明的一致,本院对一审查明的事实予以确认。

本院认为,《中华人民共和国合同法》第八十八条规定"当事人一方经对方同意,可以将自己在合同中的权利和义务一并转让给第三人",第八十一条规定"债权人转让权利的,受让人取得与债权有关的从权利,但该从权利专属于债权人自身的除外",第八十六条规定"债务人转移义务的,新债务人应当承担与主债务有关的从债务,但该从债务专属于原债务人自身的除外"。本案中,经某保险公司同意,甲物流有限公司已将其在保险单中的权利义务概括转移给了乙物流有限公司,相应地,某保险公司向甲物流有限公司已尽明确说明义务的免责条款,对乙物流有限公司继续产生效力。发生交通事故时,驾驶员赖某违反了《中华人民共和国道路交通安全法》第四十八条有关机动车装载的规定,按照约定,某保险公司对川 A 号重型自卸货车的车辆损失,不负责赔偿。

综上,原审审判程序合法,认定事实清楚,但适用法律错误,应予纠正。依照《中华人民共和国民事诉讼法》第一百七十条第一款第(二)项之规定,判决如下:

一、撤销成都市青羊区人民法院(2013)金牛民初字第 4682 号民事判决;

二、驳回乙物流有限公司的诉讼请求。

本案一审案件受理费 371 元、二审案件受理费 742 元,均由被上诉人乙物流有限公司负担。

本判决为终审判决。

审 判 长 王卫红
代理审判员 姚 兰
代理审判员 叶 歆
二〇一四年十月十四日
书 记 员 陈皓杰

【评析】

根据《合同法》第八十八条规定"当事人一方经对方同意,可以将自己在合同中的权利和义务一并转让给第三人",第八十一条规定"债权人转让权利的,受让人取得与债权有关的从权利,但该从权利专属于债权人自身的除外",第八十六条规定"债务人转移义务的,新债务人应当承担与主债务有关的从债务,但该债务专属于原债务人自身的除外",保险公司原来已经向投保人履行的合同义务，即向原投保人甲物流有限公司履行的明确说明义务，应对变更后的投保人继续有效。《最高人民法院关于适用〈中华人民共和国保险法〉若干问题的解释(二)》第十条规定："保险人将法律、行政法规中的禁止性规定情形作为保险合同免责条款的免责事由，保险人对该条款作出提示后，投保人、被保险人或受益人以保险人未履行明确说明义务为由主张该条款不生效的，人民法院不予支持"。根据交通责任书的认定，赖某违反了《道路交通安全法》第四十八条有关机动车装载的规定，应承担全部责任。赖某违反的是法律中的禁止性规定，因此即便保险公司未履行明确说明义务，该免责条款也是有效的。

32. 交通事故中事故责任无法认定时不计免赔条款的效力

苏州市中级人民法院
(2014)苏中民终字第02470号民事判决书

(2015年3月10日)

【案情】

2013年4月9日，王甲驾驶苏E3H号轻型货车与驾驶电动自行车的王乙发生交通事故。交警队出具了事故责任无法认定的道路交通事故证明。后王乙诉至法院。

【判决书正文】

上诉人(原审被告)：某保险公司苏州市中心支公司，住所地：江苏省苏州市。

被上诉人(原审原告)：王乙，男，1956年6月20日生，汉族，住浙江省东阳市。

被上诉人(原审被告)：王甲，男，1981年11月18日生，汉族，住江苏省阜宁县。

被上诉人(原审被告)：苏州某货运有限公司，住所地：江苏省苏州市相城区。

上诉人某保险公司苏州市中心支公司(以下简称某保险公司)与被上诉人王乙、王甲、苏州某货运有限公司(以下简称某货运公司)机动车交通事故责任纠纷一案，不服苏州市姑苏区人民法院(2014)姑苏民一初字第0187号民事判决，向本院提出上诉。本院于2014年7月7日立案受理后，依法组成合议庭进行审理，本案现已审理终结。

原审法院经审理查明：2013年4月9日18时左右，王甲驾驶苏E号轻型厢式货车沿苏州市城北西路由南向北行驶至城北西路与金政路口向西左转弯时，车头与王乙驾驶的车号为020由西向北左转弯的电动自行车相碰，电动自行车后座搭载金某，事故造成王乙倒地受伤，车辆受损。2013年5月27日，苏州市公安局交通巡逻警察支队姑苏大队作出苏公交姑认字〔2013〕第0419001号《道路交通事故证明》，确认在该事故中王乙驾驶电动自行车后座搭载金某的行为违反了《江苏省道路交通安全条例》第十四五条第一款"自行车、电动自行车只准搭载一名十二周岁以下的人员”之规定,鉴于事发地点在有方向交通信号灯控制的交叉路口,通过调查访问,无法查明事发时双方当事人进入路口的交通信号灯的状态,即无法查清哪一方有违反交通信号灯的违法事实,且该事实是证明事故成因不可或缺的主要依据,故根据《道路交通事故处理程序规定》第五十条之规定制作道路交通事故证明。事故发生后,王乙自2013年4月9日起在苏州市立医院进行治疗。王甲垫付了医疗费47 032元,某保险公司向王乙垫付了医疗费10 000元。

另查明:苏E号轻型厢式货车行驶证登记车主系某货运公司,实际车主为王甲,该车挂靠在某货运公司名下,并在某保险公司投保了保险期间均自2012年6月4日0时起至2013年6月3日24时止的交强险及商业三责险,其中商业三责险赔偿限额为500 000元,无附加不计免赔额险。商业三责险保险条款第七条第(七)项约定,仲裁或者诉讼费用以及其他相关费用,保险人不负责赔偿;第九条第(一)项约定,负次要事故责任的免赔率为5%,负同等事故责任的免赔率为10%,负主要事故责任的免赔率为15%,负全部事故责任的免赔率为20%;第二十七条第二款约定,保险人按照国家基本医疗保险的标准核定医疗费用的赔偿金额。在商业三责险投保单“投保人声明”部分载明“保险人已将投保险种对应的保险条款(包括责任免除、投保人/被保险人义务部分、赔偿处理等内容)向本人作了明确说明,本人已充分理解……”某货运公司在投保人声明签章处加盖了公章。

庭审中,王乙、王甲、某货运公司、某保险公司一致确认在王乙的医疗费用中扣除用于治疗糖尿病的胰岛素药费339.68元。

一审中,王甲申请证人李某出庭作证。李某在法庭上陈述:“苏州某包装公司安排我与王甲一起去送货,在新区出口处桥下电动车与货车发生了碰撞。我当时坐在王甲驾驶车辆的副驾驶座上,我可以确定王甲是在绿色信号灯情况下左转弯,同时我也看到东西方向是红色信号灯。”

上述事实,有交通事故证明,苏号轻型厢式货车行驶证、交通事故责任强制保险单、商业险保单及条款、机动车保险投保单、医药费票据、住院费用清单、入院记录、出院记录及当事人陈述等证据予以证实。

原审原告王乙的诉讼请求为:1.各原审被告赔偿原告医疗费582 251.04元(计算至2013年11月25号),扣除已垫付的40 000元,还应赔偿542 251.04元;2.某保险公司在交强险和商业三责险范围内承担赔偿责任;3.诉讼费用由各原审被告承担。

原审法院认为:公民的健康权受法律保护,造成侵害的,责任人应当予以赔偿。根据法律规定,机动车与非机动车之间发生交通事故造成人身伤亡的,首先由保险公司在机动车交强险限额范围内予以赔偿,不足的部分,由承保商业三责险的保险公司根据保险合同予以赔偿,仍有不足的,依照法律规定由侵权人予以赔偿;有证据证明非机动车一方有过错的,根据过错程度适当减轻机动车一方的赔偿责任。本案的交通事故发生在机动车与非机动车之间,交警部门虽然没有作出具体的责任认定,但是确认王乙存在驾驶电动自行车违法搭载金某的行为。原审法院根据现有证据也无法确认事故发生的全部过程,但王乙驾驶电动自行车违法搭载金某的行为,对导致自身损害后果的发生存在一定过错,故应酌情减轻机动车一方的赔偿责任,原审法院确定减轻机动车一方责任的比例以20%为宜,相应的机动车一方应承担的责任比例为80%。关于证人李某的陈述,因事发时李某与王甲为苏E号一方的驾乘人员,又无其他证据佐证,原审法院无法采信。王甲将苏E号轻型厢式货车挂靠在原审被告某货运公司名下,以某货运公司的道路运营证从事道路运输经营活动,故苏E号机动车方的80%赔偿责任由侵权人王甲承担,被挂靠人某货运公司承担连带责任。对某货运公司以未收取挂靠费用为由主张不应当承担赔偿责任,原审法院不予采纳。

关于某保险公司主张按照法院认定的事故责任,参照保险条款的约定确定具体的免赔率并扣除相应的赔偿金额。原审法院认为公安部制定的《道路交通事故处理程序规定》第一节道路交通事故认定中的"责任"一词,其本身并不等同于法律责任中的民事责任。交警部门在本起交通事故中未认定王甲的事故责任,而原审法院确定的苏E号机动车方80%的赔偿责任系民事责任,故原审被告某保险公司根据保险合同条款第九条第(一)项约定,主张按原审法院确定的民事责任确定免赔率,理由不能成立。

关于医疗费中非医保用药是否可以认定以及是否扣除的问题,虽然机动车交强险保险条款和商业三责险保险条款均约定了保险人根据交通事故人员创伤临床诊疗指南和国家基本医疗保险标准在限额范围内核定赔偿金额,但是对于受害人而言,诊疗项目、范围以及用药标准之决定权在于实施救治的医疗机构,现并无任何证据否定医疗机构救治的合理性,对于受害人或者被保险人而言,其并无能力对医疗费用项目和标准加以控制。某保险公司提出应予扣除非医保用药部分医疗费用,但并未举证证明该部分非医保用药可有相关替代性用药予以弥补的具体构成,对此应承担举证不能的法律后果。根据王乙医药费票据、住院费用清单,认定为581 911.06元(计算至2013年11月25号),由某保险公司在交强险医疗费用赔偿限额内赔偿10 000元。超出交强险疗费用赔偿限额的医疗费用571 911.06元,由王甲承担80%计457 528.85元,王甲承担的457 528.85元未超出商业三责险50万元的范围,故由某保险公司在商业三责险范围内赔偿457 528.85元,某保险公司在交强险及商业三责险范围内合计应赔偿467 528.85元,扣除已垫付的10 000元,还应赔偿457 528.85元。王甲垫付给王乙的47 032元由某保险公司返还给王甲,某保险公司的赔偿款457 528.85元扣除47 032元后尚应给付王乙410 496.85元.

据此,原审法院遂依照《中华人民共和国侵权责任法》第十六条、第四十八条、《中华人民共和国道路交通安全法》第七十六条、《最高人民法院关于审理道路交通事故损害赔偿案件适用法律若干问题的解释》第三条、第十六条、《最高人民法院关于审理人身损害赔偿案件适用法律若干问题的解释》第十七条第一款、第十九条的规定,判决如下:被告某保险公司苏州市中心支公司于本判决生效之日起10日内支付原告王乙410 496.85元,返还被告王甲47 032元。如未按判决指定的期间履行给付金钱义务,应当依照《中华人民共和国民事诉讼法》第二百五十三条的规定,加倍支付迟延履行期间的债务利息。一审案件受理费减半收取4611元,由原告王乙负担1120元,被告王甲、某货运有限公司共同负担3491元。被告应负担部分于判决生效之日起10日内直接支付给原告。

上诉人某保险公司不服原审法院上述民事判决,向本院提起上诉称:1. 因为一审期间保险人已经通过举证由被保险人盖章的投保单和商业三责险保险条款证明自己尽到了提示和明确告知义务,且提供了非医保用药清单,所以应根据商业三责险保险条款第二十七条第二款的约定扣减非医保用药。2. 因为事故车辆没有投保不计免赔特约条款,根据商业三责险保险条款第九条第(一)款的约定,在原审法院判决机动车一方承担事故80%赔偿责任的前提下,应当扣减15%的免赔率。据此,请求撤销原判,根据上诉请求依法改判,并判令被上诉人承担二审诉讼费用。

被上诉人王甲答辩称:认可一审判决结果,请求驳回上诉,维持原判。

被上诉人某货运公司答辩称:认可一审判决结果,请求驳回上诉,维持原判。

被上诉人王乙未作答辩。

二审查明的事实与原审查明的事实一致。

本院认为:本案所涉商业三责险条款系苏州某保险公司向投保人某货运公司提供的格式条款,其第二十七条第二款"保险人按照国家基本医疗保险标准核定医疗费用的赔偿金额"的约定是减轻保险人责任的约定,根据《中华人民共和国保险法》第十七条第二款的规定,应当由某保险公司向投保人尽到提示和明确说明义务。但是,该条并未在商业三责险保险条款中用明显的加粗、加黑字体加以提示,因此,保险人并未就该条尽到提示义务。就其内容而言,该条系对医疗费用核定标准的约定,并非免除保险人对交通事故受害人在治疗期间因使用非医保用药所致费用的免责条款。某保险公司如欲援引该条约定核定医疗费用,则必须就与治疗期间使用的非医保用药疗效相同或者相近的医保用药的名目和价格尽到相应的举证责任。某保险公司举证的非医保用药清单不能达到上述证明标准,故本院对某保险公司主张扣除非医保用药费用的上诉请求,不予支持。

根据苏号机动车投保单和保险单正本的记载,某货运公司为该车均投保了保险金额为 50 万元的商业三责险,但均未投保不计免赔额险。"不计免赔额险"又称为"附加不计免赔率特约",其附加于商业三责险上,与商业三责险中与免赔率有关的条款相关联,并成为免赔率条款所附的生效条件。根据商业三责险条款第九条第(一)款的约定,在机动车一方就事故承担主要责任的情况下,保险人按照 15% 的免赔率在保险限额内免赔。交警部门就本案所涉交通事故出具了《事故证明书》,但是没有作出责任认定,其原因是交警部门无法查明何方存在违反交通信号灯指示的违法事实。本案诉讼期间,某保险公司并未就机动车一方违反交通信号灯加以举证,根据现有证据,亦无法查明交通事故各方当事人违反信号灯指示的具体情况。

本案所涉交通事故发生在机动车和非机动车之间,原审法院根据《中华人民共和国道路交通安全法》第七十六条关于机动车一方推定过错的规定,结合《事故证明书》关于非机动车一方存在违规载人之过错的认定,再根据《中华人民共和国侵权责任法》第二十六条关于过失相抵的规定判决减轻机动车一方 20% 的责任而承担 80% 的责任,是基于民事法律的规定而作出的民事赔偿责任的判决,而并非基于各方对导致事故的原因力大小而作出的交通事故主、次责任的事实认定。因此,本案中,商业三责险条款第九条第(一)款得以适用的前提不成立. 原审法院判决不支持某保险公司关于按照 15% 免赔率免赔,并无不当。本院对上诉人某保险公司要求按照 15% 免赔率免赔的上诉请求,本院不予支持。

综上,上诉人某保险公司的上诉理由均不能成立,原审判决认定事实清楚,适用法律正确,应予维持. 据此,依照《中华人民共和国民事诉讼法》第一百七十条第一款第(一)项的规定,判决如下:

驳回上诉,维持原判。

二审案件受理费 9222 元,由上诉人某保险公司负担。

本判决为终审判决。

审 判 长　顾　平
代理审判员　赵　东
代理审判员　姚　望
二〇一四年八月二十九日
书 记 员　沈华君

【评析】

本案涉及两种责任,一是交通事故责任,二是民事赔偿责任。一般来说,在机动车交通事故责任纠纷案件中,交警队对于事故责任的认定是确定赔偿责任的重要依据,直接影响到各方当事人的民事赔偿责任。保险公司商业第三者险中关于免赔率的约定,也是基于交通事故的责任,即负次要事故责任的免赔率为5%,负同等事故责任的免赔率为10%,负主要事故责任的免赔率为15%,负全部事故责任的免赔率为20%。

本案中,原告王乙驾驶电动自行车搭载成年人的行为,明显违反道路交通安全法规,一审法院根据原告的该种过错,酌情认定原告自负20%的责任,机动车方承担80%的赔偿责任。不计免赔率也应根据法院认定的赔偿比例来计算。

33. 机动车保险中保险责任条款不属于免责条款

广东省深圳市宝安区人民法院
(2014)深宝法民二初字第150号民事判决书

(2014年3月26日)

【案情】

2012年10月10日,黄甲驾驶粤BK号车在机荷高速上与护栏发生碰撞,致粤BK号车起火燃烧并完全报废,护栏损坏。交警认定,黄甲负此事故的全部责任。某保险公司以该次事故属于单方事故,对于粤BK号车车辆予以损失拒赔。粤BK号车被保险人黄乙遂诉至法院。

【判决书正文】

原告:黄乙,男,汉族,1973年7月20日出生,住址:福建省厦门市集美区。

被告:某保险公司深圳分公司,住所地:深圳市福田区深南中路与广深高速公路交界。

原告诉被告财产损失保险合同纠纷一案,原告诉请:1. 被告在本案机动车交通事故责任强制保险和机动车第三者责任保险的责任限额内赔付原告人民币(以下币种均为人民币)5080元;2. 被告支付原告机动车损失保险赔偿金79 401.42元;3. 被告承担本案全部诉讼费用。本院受理后依法进行审理。本案现已审理终结。

本案相关情况:

2011年11月28日,原告就其所有的车辆粤BK号小轿车向被告购买了机动车交强险和商业保险,被告向原告出具了投保单。机动车商业保险投保单中载明:"承保险种明细:车碰车车辆损失险,全损保额79 401.42元,分损保额138 330元";"第三者责任险,每次事故赔偿限额300 000元";"险期期间2012年1月8日至2013年1月7日""保费合计2966.14元"。机动车交强险投保单中载明:财产损失赔偿限额2000元。

被告保险公司车碰车车辆损失保险条款第二条第二款约定:本合同所称车碰车是指保险车辆与其他机动车发生意外撞击,造成损害后果的事实。保险责任部分第四条约定:在本合同的保险期间内,因"车碰车"造成保险车辆损失,且该事故已经公安交通管理部门处理或者由事故当事人依法自行协商解决的,对保险车辆损失,本公司按照本合同的规定负责赔偿。

2012 年 10 月 10 日,案外人黄甲驾驶涉案车辆在机荷高速东行石岩往溪之谷路段发生事故。同日,深圳市公安局交通警察支队高速公路大队作出《道路交通事故认定书》,认定交通事故事实及责任为:"上述时间地点,黄甲驾驶粤 BK 号小车,因操作不当碰撞右侧防护设施后起火燃烧,并完全报废,造成粤 BK 号小车车头损坏及整车烧毁,右侧防护栏损坏。此事故由黄甲承担全部责任。"同日,广东省公路管理局向黄甲发出《公路赔偿通知书》,要求黄甲赔偿护栏损失 5080 元。2013 年 12 月 20 日,原告向广东省公路管理局交付赔偿款 5030 元。

原告现主张被告赔偿原告所赔付的护栏损失 5080 元及车辆损失 79 401. 42 元。被告同意赔付原告已赔付的护栏损失 5030 元(包括在交强险中赔付 2000 元,第三者责任险中赔付 3030 元),但主张涉案车辆事故损失不属于车碰车保险责任范围。

判决结果:

被告同意赔付原告已赔偿的护栏损失 5030 元,对此事实,本院予以确认。原告仅支付了护栏损失赔偿款 5030 元,但主张被告赔偿 5080 元,多余的 50 元没有事实依据,本院不予支持。被告应支付原告保险金 5030 元。

本案争议的焦点:涉案事故导致的损失是否属于原告投保的车辆损失保险责任范围。投保单中明确记载原告投保的险种为"车碰车车辆损失险",而保险条款第二条第二款明确约定:本合同所称车碰车是指保险车辆与其他机动车发生意外撞击,造成损害后果的事实。涉案事故是因驾驶员操作不当碰撞右侧防护设施后起火燃烧,事故中并没有其他机动车与保险车辆发生碰撞,故涉案车辆损失并不是因"车碰车"造成的,不属于车碰车车辆保险损失责任范围。原告主张保险责任条款属于格式条款,免除了被告的责任,应为无效条款。但本院认为,"保险责任"条款不属于免除保险人责任条款,不因保险公司未履行提示与明确说明义务而无效,且本案原告投保的险种已明确界定为"车碰车车辆损失险",排除了车辆的"车碰车"外的其他损失情况。综上,原告主张被告支付机动车损失保险赔偿金 79 401. 42 元,于法无据,本院不予支持。综上,依据《中华人民共和国保险法》第二条、第十四条、《中华人民共和国民事诉讼法》第六十四条的规定,判决如下:

一、被告某保险公司深圳分公司在本判决生效之日起三日内赔偿原告黄乙保险金人民币 5030 元。

二、驳回原告黄乙的其他诉讼请求。

如果未按本判决指定的期间履行给付金钱义务,应当依照《中华人民共和国民事诉讼法》第二百五十三条之规定,加倍支付迟延履行期间的债务利息。

本案案件受理费 956 元,由被告负担 25 元,原告负担 931 元。

如不服本判决,可在判决书送达之日起十五日内,向本院递交上诉状,并按对方当事人的人数提出副本,上诉于广东省深圳市中级人民法院。

审 判 员 方永梅
二〇一四年三月二十六日
书记员(兼) 何 莎
书 记 员 江伟娣

【评析】

保险责任范围和保险责任免除条款是两个不同的概念。保险责任范围规定保险人对哪些原因引起的事故、造成的损失承担赔付责任,而保险责任免除条款规定的是保险人对于何种原因引起的事故、造成的损失和费用不承担赔付责任。保险责任条款不能认定为免责条款。

本案中,原告主张保险人的"车碰车车辆损失险"属于格式条款,免除了保险人的责任,应为无效条款。法院认定涉案的"保险责任条款"不属于"免责条款",不因保险公司未履行提示和明确说明义务而无效,不能使用保险法关于保险责任免除条款的规定。本案原告投保的险种已明确界定为"车碰车车辆损失险",明确规定了保险责任的范围,排除了"车碰车"外的其他情况,故原告主张"车碰车车辆损失险"属于免除保险人责任的无效条款是没有法律依据的。

34. 交通事故中受害人被甩出车外是否为"车上人员"的认定

厦门市中级人民法院
(2014)厦民终字第347号民事判决书

(2014年3月31日)

【案情】

2013年5月20日,黄某驾驶某彩印有限公司所有的闽DF号轻型箱式货车,载陈甲在厦门市同安区某路段与李某驾驶的闽DM号小轿车发生碰撞,致闽DF号货车翻车损坏,该车车上乘客陈甲跌落车外被压当场死亡,闽DM号小轿车损坏,李某受伤。交警认定黄某负主责,李某负次责,陈甲不负事故责任。闽DF货车在某甲保险公司投保交强险,在某乙保险公司投保第三者责任险、车上人员责任险且均不计免赔率;闽DM号小轿车在某丙保险公司投保交强险、第三者责任险及不计免赔率。死者陈甲家属诉至法院。

34

【判决书正文】

上诉人(原审被告):某甲保险公司厦门分公司,住所地:福建省厦门市思明区。

上诉人(原审被告):某乙保险公司,住所地:福建省厦门市思明区。

被上诉人(原审原告):王某,女,1933年7月20日出生,汉族,住福建省厦门市集美区。

被上诉人(原审原告):郑某,女,1965年7月12日出生,汉族,住福建省厦门市集美区。

被上诉人(原审原告):陈乙,男,1990年7月13日出生,汉族,住福建省厦门市集美区。

被上诉人(原审原告):陈丙,1999年12月23日出生,汉族,住福建省厦门市集美区。

被上诉人(原审被告):黄某,男,1986年3月10日出生,汉族,住福建省漳州市龙海市港尾镇。

被上诉人(原审被告):厦门市某彩印有限公司,住所地福建省厦门市集美区。

被上诉人(原审被告):李某,女,1965年9月2日出生,汉族,住福建省厦门市思明区。

被上诉人(原审被告):某丙保险公司厦门分公司,住所地:福建省厦门市。

上诉人某甲保险公司厦门分公司、某乙保险公司因与被上诉人王某、郑某、陈乙、陈丙、黄某、李某、厦门市某彩印有限公司(以下简称某彩印公司)、某丙保险公司厦门分公司机动车交通事故责任纠纷一案,不服厦门市同安区人民法院(2013)同民初字第3062号民事判决,向本院提起上诉。本院依法组成合议庭进行了审理。本案现已审理终结。

原审判决查明,2013年5月20日12时10分,黄某驾驶某彩印公司所有的闽DF号轻型厢式货车载陈甲沿美禾六路由北往南方向行驶,至同安区轻工食品园美禾三路与美禾六路十字交叉路口,与沿美禾三路由西往东方向行驶的由李某驾驶的闽DM号小轿车发生碰撞,造成闽DF号轻型箱式货车翻车损坏,该车车上乘客陈甲跌落车外被压当场死亡,闽DM小轿车损坏,李某受伤的损坏后果。事故经同安区交警大队认定,被告黄某负事故主要责任,李某负事故次要责任,陈甲不负事故责任。

原审判决同时查明,陈丁(已故)与王某夫妇共生育五个子女,即长子陈戊、次子陈己、长女陈庚、三子陈辛、四子陈甲(在本案事故中死亡),陈甲与郑某系夫妻关系,共生育两个子女,即陈乙、陈丙。王某于1933年7月20日出生,在本案事故发生时已满79周岁,陈丙于1999年12月23日出生,在本案事故发生时已满13周岁。

原审判决另查明,黄某驾驶的闽DF号轻型厢式货车系某彩印公司所有;该车事故发生时在某甲保险公司厦门公司投保交强险,保险金额为:医疗赔偿限额人民币(币种为人民币,下同)10 000元、伤残死亡赔偿限额110 000元、财产损失赔偿限额2000元;该车事故发生时在某乙保险公司投保第三者责任险、车上人员责任险且均不计免赔率,保险金额为:第三者责任保险500 000元、车上人员险10 000元/座×3座。李某驾驶的闽DM号小型轿车系李某所有,该车在某丙保险公司厦门分公司投保交强险及第三者责任保险及不计免赔率,交强险保险金额为:医疗赔偿限额10 000元、伤残死亡赔偿限额110 000元、财产损失赔偿限额2000元,第三者责任保险保险金额300 000元且不计免赔率。两份保险条款中均约定:"……本保险合同中的第三者是指因被保险车辆发生意外事故遭受人身伤亡或者财产损失的人,但不包括投保人、被保险人、保险人和保险事故发生时被保险车辆上的人员。……本保险合同的车上人员是指保险事故发生时在被保险机动车上的自然人。"黄某与某彩印公司系雇佣关系,事故发生时其正在履行职务行为,其准驾记录为C1。

原审判决并查明,事故发生后,某彩印公司支付王某、郑某、陈乙、陈丙22 000元。(2013)同民初字第3509号案件李某因事故造成交强险伤残死亡赔偿限额项下损失共计10 810元。

一审诉讼中,王某、郑某、陈乙、陈丙自愿表示放弃精神损害抚慰金的诉讼请求。

原审法院认为,本案焦点主要是王某、郑某、陈乙、陈丙因亲属陈甲死亡造成的经济损失如何确认及本案赔偿责任如何确定。

一、王某、郑某、陈乙、陈丙经济损失如何确定。

(一)丧葬费问题。王某、郑某、陈乙、陈丙主张丧葬费26 262元(6月×4377元/月),并未超过法定标准,予以照准。

(二)死亡赔偿金问题。王某、郑某、陈乙、陈丙主张按2012年厦门城镇人均可支配收入37 576元/年计算死亡赔偿金的请求,依法予以准许,即死亡赔偿金为751 520元(37 576元/年×20年)。

(三)被扶养人生活费问题。王某、陈丙主张其二人被抚养人生活费93 453.75元(24 921元/

年×5年÷4+24 921元/年×5年÷2)。因王某在陈甲死亡时已满79周岁,扶养年限为5年,陈甲承担的扶养份额为20%;陈丙在陈甲死亡时已满13周岁,扶养年限为5年,陈甲承担的扶养份额为50%;王某主张被扶养人生活费计算错误,原审法院依法按87 223.5元(24 921元/年×5年÷5+24 921元/年×5年÷2)予以支持。

(四)亲属处理丧葬事宜交通、误工损失问题。王某、郑某、陈乙、陈丙主张亲属处理丧葬事宜交通费1544.2元、误工费500元,虽未提供相关证据证明,但王某、郑某、陈乙、陈丙因亲属在事故中死亡,处理丧葬事宜必然造成交通费、误工费的损失,其主张亦属合理,予以照准。

综上,原审法院确认陈甲的继承人因陈甲在事故中死亡造成的各项损失共计867 049.7元(均属于交强险伤残死亡赔偿限额的赔偿项目)。

二、本案赔偿责任如何确定。

(一)李某、某丙保险公司厦门分公司的赔偿责任。李某在事故中负次要责任,其驾驶的闽DM号车在某丙保险公司厦门分公司投保交强险、第三者责任保险且不计免赔率。故某丙保险公司厦门分公司应在交强险赔偿限额对王某、郑某、陈乙、陈丙因近亲属死亡造成的经济损失承担赔偿责任,超过交强险部分由李某承担30%,某丙保险公司厦门分公司在第三者责任保险赔偿限额300 000元内按李某承担的赔偿数额直接支付给王某、郑某、陈乙、陈丙,第三者责任保险保险金额不足的部分由李某自行承担。

(二)黄某、某彩印公司、某甲保险公司厦门公司、某乙保险公司的赔偿责任。王某、郑某、陈乙、陈丙主张死者陈甲系闽DF号车的第三者,而要求某甲保险公司厦门公司在交强险赔偿限额、某乙保险公司在第三者责任保险限额承担相应的赔偿责任,保险赔偿不足部分由黄某、某彩印公司连带赔偿。某甲保险公司厦门公司辩称陈甲在本案事故中属于车上人员,请求法院驳回王某、郑某、陈乙、陈丙对其的诉讼请求。某乙保险公司辩称陈甲在本案事故中属于车上人员,同意在车上人员责任险赔偿限额内承担赔偿责任。某彩印公司辩称,事故车辆有投保交强险及第三者责任险,应由保险公司承担赔偿责任。原审法院认为,首先,黄某与某彩印公司存在雇佣关系,事故发生时正在履行雇佣行为,其侵权责任应由雇主某彩印公司承担赔偿责任,因黄某在事故中存在重大过错,应与雇主承担连带赔偿责任。其次,某彩印公司与某甲保险公司厦门公司、某乙保险公司分别订立了机动车交通事故强制责任保险合同、机动车保险合同,其中约定:"……本保险合同中的第三者是指因被保险车辆发生意外事故遭受人身伤亡或者财产损失的人,但不包括投保人、被保险人、保险人和保险事故发生时被保险车辆上的人员……本保险合同的车上人员是指保险事故发生时在被保险机动车上的自然人。"王某、郑某、陈乙、陈丙亲属陈甲不属于投保人、被保险人、保险人。根据交警认定书认定,陈甲由于本案事故中闽DF号发生翻车,跌落车外被压当场死亡,该事故发生前,陈甲的确乘坐于闽DF号车之上,属于车上人员,但由于意外事故发生,导致陈甲跌落车外,随后被压导致当场死亡,属于因保险车辆发生意外事故遭受人身伤亡或者财产损失的保险车辆下的受害者,当然属于闽DF号车交强险、第三者责任保险条款中所规定的"第三者"。某甲保险公司厦门公司、某乙保险公司的抗辩理由不能成立,因此王某、郑某、陈乙、陈丙因近亲属在本案交通事故中死亡,应当由某甲保险公司厦门公司、某乙保险公司根据其与某彩印公司就涉案车辆订立的交强险、第三者责任险条款进行理赔。故某甲保险公司厦门公司应在交强险赔偿限额对王某、郑某、陈乙、陈丙因近亲属死亡造成的经济损失承担赔偿责任,超过交强险部分由某彩印公司承担70%,某乙保险公司在第三者责任保险赔偿限额500 000元内按某彩印公司承担的赔偿数额直接支付给王某、郑某、陈乙、陈丙,第三者责任保险保险金额不足的部分由某彩印公司自行承担,黄某对某彩印公司的赔偿责任承担连带责任。因闽DF号车共造成李某受伤、陈甲死亡的损害后果,故闽DF号车交强险赔偿限额应由李某与王某、郑某、陈乙、陈丙按损失数额的比例分配。

综上,王某、郑某、陈乙、陈丙因近亲属陈甲死亡造成的交强险限额内损失,由某丙保险公司厦门分公司在交强险限额内承担110 000元,由某财产财险厦门分公司承担108 451.41元[(867 049.7 - 110 000)÷(867 049.7 - 110 000 + 10 810)×110 000];王某、郑某、陈乙、陈丙因近亲属陈甲死亡造成的超过交强险限额的损失,由某彩印公司承担454 018.8元[(867 049.7 - 110 000 - 108 451.41)×70%],扣除已经支付的22 000元,某彩印公司尚应支付王某、郑某、陈乙、陈丙432 018.8元,该款由某乙保险公司在第三者责任保险限额内直接支付给王某、郑某、陈乙、陈丙,某彩印公司已经支付的22 000元,由其自行向保险公司理赔;李某承担194 579.49元[(867 049.7 - 110 000 - 108 451.41)×30%],该款项由某丙保险公司厦门分公司在第三者责任保险限额内直接支付给王某、郑某、陈乙、陈丙。据此,依照《中华人民共和国侵权责任法》第六条、第十六条,《中华人民共和国道路交通安全法》第七十六条第一款,《最高人民法院关于审理人身损害赔偿案件适用法律若干问题的解释》第十七条,《最高人民法院关于审理道路交通事故损害赔偿案件适用法律若干问题的解释》第十六条,《中华人民共和国民事诉讼法》第六十四条第一款之规定,判决:一、某甲保险公司厦门公司于判决生效之日起十五日内支付王某、郑某、陈乙、陈丙人民币108 451.41元;二、某丙保险公司厦门分公司于判决生效之日起十五日内支付王某、郑某、陈乙、陈丙人民币304 579.49元;三、某乙保险公司于判决生效之日起十五日内支付王某、郑某、陈乙、陈丙人民币432 018.8元;四、驳回王某、郑某、陈乙、陈丙的其他诉讼请求。本案一审案件受理费人民币5006.4元,适用简易程序减半收取人民币2503.2元,由王某、郑某、陈乙、陈丙负担人民币17.86元,由某彩印公司负担人民币2485.34元,款均于判决生效之日起三日内交纳。

宣判后,某甲保险公司厦门公司、某乙保险公司不服,向本院提起上诉。

上诉人某甲保险公司厦门公司上诉称,根据交警的现场视频记录,本案所涉交通事故发生时,受害人陈甲处于上诉人承保的闽DF号车辆上并未脱离车辆,而是在车辆侧翻倒地时直接将其压死。并非如原审判决所认定的事故发生时受害人跌落车外,随后被压致死。原审判决存在认定事实错误。交强险的赔偿对象是本车人员以外的第三者。因陈甲在发生事故前一直处于车上,并未处于车体下,故对闽DF号车辆而言,陈甲在本案事故中不存在身份转化的问题,其仍系车上人员,不属于上诉人承保车辆交强险的受害人(第三者)。原审法院适用交强险的相关法律规定判决上诉人承担交强险的赔偿责任,明显错误。请求二审法院撤销原审第二项判决,改判上诉人不承担本案交强险赔偿责任。

上诉人某乙保险公司上诉称,交强险合同中和商业三者险中的"第三者"均指因被保险机动车发生交通事故遭受人身伤亡或者财产损失的人,但不包括本车车上人员、被保险人。本案中,陈甲在事故发生时"系闽DF号轻型厢式货车上乘客",应当适用车上人员责任险理赔。两车碰撞致本车乘客甩出车外伤亡属于连续的一次交通事故,而非两次事故。受害人是否被甩出车外并不影响其于事故发生时系本车乘客的身份,其伤亡只是两车碰撞侵权行为损害后果的延续。原审判决对此认定事实和适用法律错误。请求二审法院撤销原审第三项判决,改判驳回王某、郑某、陈乙、陈丙对上诉人的全部诉讼请求,并由被上诉人共同承担本案一、二审诉讼费用。

被上诉人王某、郑某、陈乙、陈丙答辩称,本案事故中闽DF号车辆因与闽DM号车辆发生碰撞而侧翻,导致受害人陈甲从车上跌落在地,被闽DF号车辆碾压致死。事故发生时,陈甲已经跌落车外,而非车上。车上人员仅指发生意外事故时身处保险车辆之上的人员。若事故发生的车上人员,在意外事故发生时已经置身于保险车辆之下,则属于"第三者",就应纳入交强险的理赔范围。交强险主要目的是保障受害者能够得到及时有效的补偿,因此因交通事故受到损害的人员应尽量纳入“第三者”范畴。且陈甲并非司机,没有直接控制车辆,其处于被动的地位,与其他普通“第三者”对机动车危险的控制力并无实质差别,均处于弱势地位,故应当将其纳入交强险关于“第三者”的赔偿范围。交强险条款第五条属免责格式条款。在上诉人未能提供证据证明其已经对投保人进行了明确告知情况下,该条款对答辩人不适用。上诉人的免责主张不成立。请求二审法院驳回两上诉人的上诉请求,维持原判。

被上诉人李某答辩称,陈甲是两上诉人承保的闽DF号车辆第三者。答辩人曾另案在原审法院提起相应的民事赔偿诉讼,原审法院判决认定两上诉人应按比例承担责任,两上诉人对此判决并无异议。本案一审法院认定事实清楚,请求二审法院驳回两上诉人的上诉请求,维持原判。

被上诉人黄某、某彩印公司同被上诉人李某的答辩一致。

被上诉人某丙保险公司厦门分公司答辩称,根据本案交通事故监控录像及事故认定书记录,导致陈甲死亡的原因是其因两车碰撞跌落在车外才被闽DF号车辆碾压致死。原审法院认定事实清楚。两上诉人上诉对陈甲身份界定的说法仅是理论观点,而非法律观点。请求二审法院维持原判。

两上诉人均对对方的上诉人意见不持异议。

经审理查明,二审庭审中,除上诉人某甲保险公司厦门公司、某乙保险公司对原审认定的“造成闽DF号轻型箱式货车翻车损坏,该车车上乘客陈甲跌落车外被压当场死亡”事实有异议外,双方当事人对原审判决认定的其他事实均无异议,本院予以确认。且双方当事人在二审庭审期间未提交新的证据,均以双方在一审各自提交的证据支持其主张。针对上述异议部分,上诉人某甲保险公司厦门公司认为陈甲在事故中并未脱离所乘坐的车辆。某乙保险公司认同某甲保险公司厦门公司的意见。本院认为,原审判决认定的事故发生过程的表述与公安交警部门对本案交通事故作出的《交通事故认定书》上的记载一致。原审判决对此事实的认定并无不当之处。两上诉人的异议不成立,本院不予支持。

同时查明,陈甲系被闽DF号轻型箱式货车右侧车身压到导致当场死亡。

本院认为,《机动车交通事故责任强制保险条例》第二十一条第一款规定,被保险机动车发生道路交通事故造成本车人员、被保险人以外的受害人人身伤亡、财产损失的,由保险公司依法在机动车交通事故责任强制保险责任限额范围内予以赔偿。由此可见,“本车人员”不属于本车承保的交强险赔偿范围之列。因此,本案的争议焦点在于受害人陈甲在本起交通事故中是否属于闽DF号车辆的“本车人员”。根据查明的事实,受害人陈甲系因其乘坐的闽DF号轻型厢式货车与闽DM号小轿车发生碰撞,造成闽DF号轻型箱式货车翻车损坏,致其跌落车外被压当场死亡。从上述事实看,涉案交通事故发生的那一时刻,陈甲正处于闽DF号肇事车辆内,应属于上述规定所称的“本车人员”。即使由于车辆撞击致使陈甲脱离本车,并受到本车的二次伤害,仍然还是属于上述规定所界定的“本车人员”范畴,不应有转化为“车外人员”的问题。故,上诉人某甲保险公司厦门公司、某乙保险公司上诉认为陈甲系涉案交通事故中闽DF号车辆的车上人员的主张成立,本院予以支持。而对于闽DM号车辆而言,陈甲则是该车投保的交强险和商业第三者险的理赔对象。原审判决认定陈甲属于闽DF号车辆的车外人员,并以此确定涉案车辆承保交强险的保险公司理赔责任,属事实认定错误,应予纠正。

对于原审判决对两肇事车辆投保的险种及保险金额、被上诉人黄某与被上诉人某彩印公司的雇佣关系及事故发生时黄某正在履行职务行为、某彩印公司已先行支付被上诉人王某、郑某、陈乙、陈丙22 000元等事实的查明,各方当事人均无异议,本院予以确认。对于原审判决对被上诉人王某、郑某、陈乙、陈丙的经济损失项目及金额、本案交通肇事人员的责任比例分担的认定，各方当事人均未对此提起上诉，视为认可，本院亦予以确认。

本案系被上诉人黄某驾驶被上诉人某彩印公司所有的闽DF号轻型箱式货车与被上诉人李某所有的并驾驶的闽DM小轿车发生碰撞，造成了闽DF号车上乘员被害人陈甲死亡后果的损害赔偿纠纷案件。经公安交警部门认定，黄某应负本事故主要责任，李某负本事故次要责任、陈甲不负本事故责任。根据《中华人民共和国侵权责任法》第六条、第十二条的规定，确定某彩印公司、黄某连带承担本案70%的赔偿责任，李某承担30%的赔偿责任。因黄某系某彩印公司的雇员，且事故发生时黄某驾驶车辆系履行职务行为。根据《最高人民法院关于审理人身损害赔偿案件适用法律若干问题的解释》第九条第一款的规定，黄某对某彩印公司的责任承担连带赔偿责任。被上诉人王某、郑某、陈乙、陈丙的经济损失经认定为，丧葬费26 262元(6月×4377元/月)、死亡赔偿金751 520元(37 576元/年×20年)、被扶养人生活费87 223.5元(24 921元/年×5年÷5+24 921元/年×5年÷2)、交通费1544.2元、误工费500元，各项损失共计867 049.7元(均属于交强险伤残死亡赔偿限额的赔偿项目)。闽DF号车在上诉人某乙保险公司投保车上人员责任险10 000元/座且不计免赔率。闽DM车辆在被上诉人某丙保险公司厦门分公司投保交强险(其中本案受害方的赔偿权利人可主张的保险金额为伤残死亡赔偿限额110 000元)及第三者责任保险保险金额300 000元且不计免赔率。根据《中华人民共和国道路交通安全法》第七十六条第一款、《最高人民法院关于审理道路交通事故损害赔偿案件适用法律若干问题的解释》第十六条的规定，本院对本案各赔偿义务主体承担的赔偿金额确定为，由某丙保险公司厦门分公司在交强险限额内承担110 000元。李某应承担227 114.91元[(867 049.7－110 000)×30%]，该款由某丙保险公司厦门分公司在第三者责任保险限额内直接支付。某彩印公司应承担529 934.79元[(867 049.7－110 000)×70%]，由某乙保险公司在车上人员责任险限额内直接支付10 000元。余款497 934.79元(已扣除先行已支付的22 000元)由某彩印公司自行承担，黄某承担连带赔偿责任。

综上，依照《中华人民共和国侵权责任法》第六条第一款、第十二条、第十六条，《中华人民共和国道路交通安全法》第七十六条第一款，《中华人民共和国民事诉讼法》第一百七十条第一款第(二)项，《最高人民法院关于审理人身损害赔偿案件适用法律若干问题的解释》第九条第二款、第十七条第三款，《最高人民法院关于审理道路交通事故损害赔偿案件适用法律若干问题的解释》第十六条之规定，判决如下：

一、撤销厦门市同安区人民法院(2013)同民初字第3062号民事判决；

二、某丙保险公司厦门分公司应于本判决生效之日起十五日内支付王某、郑某、陈乙、陈丙337 114.91元；

三、某乙保险公司应于本判决生效之日起十五日内支付王某、郑某、陈乙、陈丙10 000元；

四、厦门市某彩印有限公司应于本判决生效之日起十五日内支付王某、郑某、陈乙、陈丙497 934.79元(已扣除先行已支付22 000元)，被上诉人黄某承担连带赔偿责任；

五、驳回王某、郑某、陈乙，陈丙的一审其他诉讼请求。

如果未按本判决指定的期间履行给付金钱义务的，应当依照《中华人民共和国民事诉讼法》第二百五十三条之规定，加倍支付迟延履行期间的债务利息。

本案一审案件受理费人民币5006.4元，减半收取人民币2503.2元，按照一审判决执行。二审案件受理费2802.35元，由上诉人某乙保险公司负担100元，由被上诉人某丙保险公司厦门分公司负担280元，由被上诉人厦门市某彩印有限公司与被上诉人黄某共同负担

2422.35元。

本判决为终审判决。

审 判 长 李 桦
代理审判员 郑文雅
代理审判员 郑 敏
二〇一四年三月三十一日
书 记 员 潘辉文

【评析】

《机动车交通事故责任强制保险》第五条规定："交强险合同中的受害人是指因被保险机动车发生交通事故遭受人身伤亡或者财产损失的人，但不包括被保险机动车车上人员和被保险人。"因此，本车"车上人员"不属于本车承保的交强险赔偿范围。我国法律对于"车上人员"没有明确界定，致使发生保险事故时，理论上对如何定义"车上人员"存在分歧，通常有如下几种学说：一是依附说。即车上人员必须依附于车辆本身，如人员脱离了车辆，则不再属于"车上人员"。二是承运关系说。如果承运人购买了附加车上人员责任险，不管旅客受伤时处于何种状态（车上或是车下），都应当视为"车上人员"。三是条款解释说。根据2000年中国保监会发布的《机动车辆保险条款解释》的规定，本车人员是指意外发生瞬间在保险车辆上的一切人员，包括此时在车下的驾驶员、车辆行驶中或车辆未停稳时非正常下车的人员。司法实务中，全国各地法院对于"车上人员"的认定也有很大差异，如山东省《高级人民法院关于审理保险合同纠纷案件若干问题的意见（试行）》第二十六条规定："车上人员在发生交通事故时摔出车外导致人身伤亡，被保险人或受害人要求保险人按照责任强制保险和第三者责任保险合同承担责任的，除合同另有约定外，人民法院不予支持。车上人员在发生交通事故时摔出车外后与所乘机动车发生碰撞导致人身伤亡，除合同另有约定外，保险人应按照责任强制保险和第三者责任保险承担保险责任。"

35.交通事故中"车上人员"与"第三者"的认定

徐州市泉山区人民法院
（2014）泉民初字第02634号民事判决书

（2014年11月24日）

【案情】

2014年5月20日，邓某乘坐骆某驾驶的苏C19号公交客车，至徐州市水漫桥加油站公交站台下车时，与唐某驾驶的三者车苏CH0号小型客车发生碰撞，造成邓某受伤的交通事故。苏C19号公交客车在某保险公司投保交强险。因邓某在该承保车辆的下车过程中（一脚在车上另一脚刚着地)发生事故,其身体大部分还处于该车上,某保险公司以不属于交强险的“第三者”为由拒赔。邓某不服,遂诉至法院。

【判决书正文】

原告:邓某,女,1988 年 12 月 17 日出生,汉族,住江苏省徐州市。

被告:唐某,男,1960 年 8 月 15 日出生,住徐州市泉山区。

被告:某甲保险公司徐州中心支公司,营业场所:徐州市泉山区。

被告:某乙保险公司徐州中心支公司,营业场所:徐州市。

被告:某丙保险公司徐州中心支公司,营业场所:徐州市泉山区。

被告:某巴士有限公司,住徐州市泉山区。

原告邓某诉被告唐某、某甲保险公司徐州中心支公司、某乙保险公司徐州中心支公司、某丙保险公司徐州中心支公司、某巴士公司机动车交通事故责任纠纷一案,本院于 2014 年 6 月 18 日受理后,依法由代理审判员刘某独任审判,于 2014 年 8 月 11 日公开开庭进行了审理。因案件的审理需要,本院依法追加某巴士公司作为被告参加诉讼。后依法组成合议庭,于 2014 年 10 月 15 日公开开庭进行了审理。原告邓某,被告唐某,被告某甲保险公司徐州中心支公司,被告某乙保险公司徐州中心支公司,被告某丙保险公司徐州中心支公司及某巴士公司到庭参加诉讼。本案现已审理终结。

原告邓某诉称,2014 年 5 月 20 日,被告唐某驾驶小型轿车在本市水漫桥矿山路公交站台与原告发生交通事故,当时原告正在下公交车,刚下一只脚,就被唐某驾车轧伤。为维护原告的合法权益,故诉至法院,请求法院判令被告赔偿原告医疗费等共计 50 000 元,并承担本案的诉讼费和保全费。

被告唐某辩称,事故是真实的,被告的车辆投保有交强险和商业险,原告请求的赔偿应由保险公司承担。

被告某甲保险公司徐州中心支公司辩称,涉案车辆仅在被告公司投保了交强险,被告愿意在交强险责任限额内承担相应的责任,本案涉及原告乘坐的公交车也投有交强险,其投保的某丙保险公司徐州中心支公司应在交强险范围内承担责任,另外被告不承担诉讼费。

被告某乙保险公司徐州中心支公司辩称,对事故的真实性及责任认定均无异议,被告唐某在被告公司投保的第三者责任险的限额为 30 万元,且投保了不计免赔险,被告同意按照事故责任比例对超出交强险赔偿范围的部分承担赔偿责任,另外被告不承担诉讼费和鉴定费。

被告某丙保险公司徐州中心支公司辩称,对事故的真实性及责任认定无异议,但是由于原告没有起诉直接侵权人公交公司及其驾驶员,而直接起诉保险公司,被告的主体不适格。另外,原告属于公交车的乘坐人员,应由承运人险承担赔偿责任,不应由被告公司承保的交强险承担责任。

被告某巴士公司辩称,对事故的真实性及责任认定没有异议,原告属于公交公司车上人员,虽然事故发生时一只脚着地,但是躯体的大部分仍在公交车上,被告公司愿意在承运人责任险范围内对原告赔偿,但需先由被告唐某车辆投保的交强险进行赔偿,赔付不足的部分由承运人责任险按照事故责任进行赔偿,并愿意承担本案相应的诉讼费。

原告为证实其诉讼主张,向本院提交了如下证据:

1. 事故认定书,证明本案交通事故发生的事实情况。

2. 被告唐某的车辆的驾驶证、行驶证、三份保险单的复印件,证明被告车辆投保的情况及原告乘坐的公交车在某丙保险公司徐州中心支公司投保了交强险的事实。

3. 住院期间的门诊病历、诊断证明书、X光片检查报告,证明原告的骨折的位置在右足第一末节趾骨骨折、第二、三跖骨骨折。

4. 医疗费票据及复查票据计款4315.91元,证明因本次事故产生的医疗费用情况。

5. 住院期间的用药清单,证明原告住院期间的用药情况。

6. 工资收入清单,每月2000元,原告以此计算误工费6个月,误工损失12 000元。

经质证,被告某甲保险公司徐州中心支公司及某乙保险公司徐州中心支公司认为,对证据1. 的真实性无异议,在民事赔偿中,应考虑事故责任方的过错大小,本案中公交公司驾驶员骆某承担事故的次要责任,公交车投保了交强险,应予以考虑;对证据2. 无异议,原件请法庭依法核实;对证据3. 无异议;对证据4. 医疗费票据及复查票据的真实性无异议;对证据5. 住院期间的用药清单的真实性无异议,但医药费用中应扣除非医保用药,扣除比例为医药费用的20%;对证据6. 工资收入清单的真实性不认可,该证据系证人证言,公司及其法定代表人应出庭作证,证明其真实性,原告应提供事故发生前6个月的工资以及事故发生后的工资单,证明因本次事故造成的误工损失,工资证明应以银行打款记录为准,同时原告应提供劳动合同及社保,证明其工资收入的真实性。另外,原告没有提供交通费票据,交通费不支持,护理费用没有证据支持,按照每天50元计算住院期间,营养费按照每天15元计算住院期间,住院伙食补助费按照每天18元计算。住院期间,诉讼费、保全费保险公司不承担,原告没有构成伤残,精神抚慰金不应支持。被告唐某对原告提供的上述证据无异议。某丙保险公司徐州中心支公司及某巴士公司对本案交通事故的真实性无异议,事故经过是原告邓某下公交车时发生事故,从事故认定书能够反映出原告应为公交车上乘客,并不能作为公交车上第三者,所以不适用交强险,赔偿损失应由承运人险来承担,对于其他证据的质证意见同某甲保险公司徐州中心支公司及某乙保险公司徐州中心支公司的意见。

被告唐某为证明其抗辩主张,向本院提交了如下证据:

1. 医疗费门诊收据3张,及救护费收据1张,证明支付原告医疗费用706元。

2. 提供收条1份,证明原告收到被告垫付的押金2000元。

经质证,原告对被告提供的上述证据无异议。

经审理查明,2014年5月20日9时30分许,原告邓某乘坐骆某驾驶的苏C19号公交客车至本市水漫桥路加油站公交站台,原告下公交车时与被告唐某驾驶的苏CH0小型客车发生交通事故,致使原告受伤。原告受伤后即被送往徐州矿山医院救治,伤情被诊断为右足第二、三跖骨骨折,右第一跖骨远节骨骨折,原告于2014年6月5日出院,共住院16天,出院医嘱为:右足石膏外固定制动共需6—8周,6—8周厚拆除石膏不负重进行了跖骨伸屈功能锻炼,术后6周,三个月,半年来院复查X线,以了解骨折愈合情况,视骨折愈合情况决定下地负重行走时间,不适及时来院就诊。原告住院治疗期间共花费医疗费4315.91元,其中含被告唐某垫付了2000元,并支付了检查治疗及急救费706元。

该事故发生后,经徐州市公安局交通巡逻警察支队泉山大队认定,被告唐某负事故的主要责任,骆某负事故的次要责任,原告邓某无责任。

被告唐某是CH0小型客车的所有权人,并以自己的名义在被告某甲保险公司徐州中心支公司投保了交强险,在被告某乙保险公司徐州中心支公司投保了商业三者险,含不计免赔险;苏C19号公交客车登记所有人为徐州新巴士有限公司,但实际由被告某巴士公司运营,该车在某丙保险公司徐州中心支公司投保了交强险和承运人责任险(限额为50 000元),本次事故均发生在保险期间内。

另查明,原告邓某为某通信局职工,每月实发工资为1900元。

本院认为,公民的生命健康权受到法律保护,侵害公民身体造成伤害的,应赔偿医疗费、误工费、护理费、交通费等。本案中,被告唐某驾驶机动车与从骆某驾驶的公交车下站的原告邓某发生交通事故,致邓某健康受到损伤,经交警部门认定唐某对本次事故负主要责任,骆某负次要责任,邓某无责任,被告应当按照道路交通安全法及有关法律规定承担赔偿责任。

原告邓某的各项损失确定为:1. 医疗费,根据原告提供的住院费收款凭证计款4315.91元,同时应扣除被告唐某垫付额2000元,原告个人支付部分为2315.91元;2. 误工费,原告提供了收入清单,可以证明其每月实发工资为1900元,并参照出院医嘱记录,本院酌定原告的误工期限为伤后120天(含住院期间的16天),计款7600元(1900元×4个月);3. 住院伙食补助费,原告实际住院16天,按每天18元,计款288元;4. 营养费,结合原告住院情况及伤情,营养期限为住院期间16天及出院后30天,每天15元,计款690元;5. 护理费,原告主张在住院期间由其母孟某进行护理,但未提供孟某因护理原告期间减少的收入状况,故参照本地护工的标准每天50元计算,计算伤后60天,计款3000元;6. 原告主张交通费300元,原告未提供交通费票据,结合原告住院治疗情况,本院酌定为200元;7. 对于原告请求的精神抚慰金10 000元,因原告的伤情并未构成伤残等级,不属严重后果,故对此项请求,本院不予支持;以上合计16 093.91元。

机动车发生交通事故造成损害的,同时投保机动车交通事故责任强制保险和第三者责任保险的,应先由承保机动车交通事故责任强制保险的保险公司在责任限额范围内予以赔偿,不足部分,由承保第三者责任保险的保险公司根据保险合同予以赔偿,仍有不足的,由侵权人依照相关规定予以赔偿。因原告邓某在本案事故发生时正从骆某驾驶的公交车上下车,身体并未完全离开公交车,并不属于交强险承保的第三人,故某丙保险公司徐州中心支公司不应承担交强险赔偿责任。就本案而言,被告唐某驾驶的机动车在被告某甲保险公司徐州中心支公司投保有交强险,在某乙保险公司徐州中心支公司投保了商业第三者责任险,该商业险含不计免赔险,故被告某甲保险公司徐州中心支公司应首先在交强险各责任限额内承担赔偿责任。原告的医疗费2315.91元、误工费7600元、护理费3000元、住院伙食补助费288元、营养费690元、交通费200元,合计16 093.91元,均在交强险各责任限额内,故应由某甲保险公司徐州中心支公司进行赔付。

对于被告唐某垫付的原告的医疗费2706元,被告唐某请求垫付费用在本案中一并解决,为了减轻当事人诉累,被告某甲保险公司徐州中心支公司应在交强险限额内承担,故被告某甲保险公司徐州中心支公司应在交强险限额内向被告唐某支付医药费2760元。

综上,依照《中华人民共和国侵权责任法》第十六条、第四十八条,《中华人民共和国道路交通安全法》第七十六条,《最高人民法院关于审理人身损害赔偿案件适用法律若干问题的解释》第十七条、第十九条、第二十条、第二十一条、第二十二条、第二十三条、第二十四条的规定,判决如下:

一、本判决生效后十五日内,被告某甲保险公司徐州中心支公司在交强险责任限额内赔偿原告邓某各项经济损失16 093.91元;

二、本判决生效后十五日内,被告某甲保险公司徐州中心支公司在交强险责任限额内支付被告唐某垫付的医药费2706元;

三、驳回原告邓某的其他诉讼请求。

如果未按本判决指定的期间履行给付金钱义务,应当依照《中华人民共和国民事诉讼法》第二百五十三条之规定,加倍支付迟延履行期间的债务利息。

案件受理费400元,财产保全费520元,合计920元,由被告唐某负担640元,被告某巴士公司负担280元(原告已预交,被告于本判决生效之日起十日内支付给原告)。

如不服本判决,可在判决书送达之日起十五日内,向本院递交上诉状,并按对方当事人的人数据提出副本，上诉于江苏省徐州市中级人民法院。

审 判 长 刘 某
代理审判员 丁 某
人民陪审员 牛 某
二〇一四年十一月二十四日
见习书记员 魏 某

【评析】

在机动车交强险中，"第三者"是指除投保人、被保险人和保险人以外的，因保险车辆发生意外事故遭受人身伤亡或财产损失的保险车辆之下的人员；"车上人员"是指发生意外事故时身处保险车上的人员。"第三者"和"车上人员"在一定的特殊时空条件下，是可能出现二者身份相互转变的情形。本案中，受害人在事故发生前乘坐在事故公交车辆之上，属于该车辆的车上人员。在事故发生时，受害人处于下车状态，未离开公交车辆，其躯体的大部分仍置身于事故公交车辆之上，且在该起事故中被唐某驾驶的小型客车碰撞受伤，其身份并非由"车上人员"转变成"第三者"。因此，判断因保险车辆发生意外事故而受害的人属于"第三者"还是属于"车上人员"，应以其在事故发生当时这一特定时间点是否身处保险车辆之上为依据。

36. 交通事故中驾驶员死亡于车外是否属于"第三者"的认定

重庆市石柱土家族自治县人民法院
（2014）石法民初字第01388号民事判决书

（2014年9月3日）

【案情】

2013年12月18日，马某驾驶渝HD6号车行驶时，因该车离合片损坏不能继续行驶，遂停车后下车推车。在推车过程中，车辆后退，该车货箱右侧与后方另一三者车辆货箱左侧接触，马某避让不及导致头部受挤压致死。交警部门认定，马某承担事故主要责任。事后马某家属诉至法院。

【判决书正文】

原告：胡某（系死者马某之妻），生于1967年11月25日，土家族，居民，住重庆市石柱土家族自治县。

原告：马甲（系死者马某之子），生于1991年7月29日，土家族，居民，住重庆市石柱土家族自治县。

原告:马乙(系死者马某之女),生于1996年4月25日,土家族,居民,住重庆市石柱土家族自治县。

被告:尹某,男,生于1988年3月11日,土家族,居民,住重庆市石柱土家族自治县。

被告:陈某,女,生于1988年8月17日,土家族,居民,住重庆市石柱土家族自治县。

被告:某甲财产保险股份有限公司重庆分公司黔江营销服务部,住所地:重庆市黔江区。

被告:某乙财产保险股份有限公司重庆市涪陵中心支公司,住所地:重庆市培陵区。

原告胡某、马甲、马乙诉被告尹某、陈某、某甲财产保险股份有限公司重庆分公司黔江营销服务部(以下简称甲保险公司)某乙财产保险股份有限公司重庆市涪陵中心支公司(以下简称乙保险公司)机动车交通事故责任纠纷一案,本院于2014年6月9日立案受理后,依法由代理审判员任毅独任审判,适用简易程序于2014年8月22日公开开庭进行了审理。原告胡某、马甲、马乙及其委托代理人郎某,被告尹某、陈某的委托代理人尹某,被告某甲保险公司的委托代理人叶某,被告某乙保险公司的委托代理人徐某到庭参加了诉讼。本案现已审理终结。

原告胡某、马甲、马乙诉称,2013年12月18日,三原告亲人马某驾驶石柱土家族自治县某食品有限公司(以下简称某食品公司)所有的渝HD6号轻仓棚式货车从六塘乡至某食品公司方向行驶,13时50分,车行驶至石柱县都督大道0Km+500m处因离合片损坏车辆无法继续行驶,后马某将车停放在路边,马某与同车人员在推车过程中估计不足致使车辆后退,其货车货箱右侧与后方由尹某停放的渝HD1号中型自卸货车货箱左侧接触,马某避让不及导致其头部受到两车挤压致死的交通事故。渝HD6号车在被告某乙保险公司投保交强险和50万元的第三者责任保险,渝HD1号车在被告某甲保险公司投保交强险和第三者责任保险。事故发生后,三原告与被告某乙保险公司因保险责任产生争议而协商无果。故原告请求人民法院判令:1. 被告某甲保险公司在交强险责任限额范围内赔偿11万元;2. 被告某乙保险公司在交强险责任限额范围内赔偿11万元;3. 三原告的损失为丧葬费22 696元、死亡赔偿金504 320元、被抚养人生活费891元共计527 907元,在扣除交强险赔偿额后的30%,由被告尹某、陈某连带承担,并由被告某甲保险公司在第三者责任保险限额范围内承担给付责任;其余的70%由被告某乙保险公司在第三者责任保险限额范围内承担给付责任;4. 本案诉讼费用由被告承担。

被告尹某、陈某辩称,原告诉称的交通事故发生的事实属实,我们的车在被告某甲保险公司投保了交强险和第三者责任保险,赔偿的问题由保险公司负责。

被告某甲保险公司辩称,对交通事故发生的事实以及公安机关的责任认定无异议;被告尹某停放的陈某所有的渝HD1号车在我公司投保交强险和第三者责任保险,本次交通事故发生在保险期间内;保险公司不承担本案诉讼费用;该车未投保不计免赔,根据第三者责任保险条款第九条的约定,我公司在第三者责任保险限额范围内免赔5%;死者马某的死亡赔偿金应当按照农村的标准计算。

被告某乙保险公司辩称,对交通事故发生的事实以及公安机关的责任认定无异议;死者马某驾驶的渝HD6号车在我公司投保交强险和第三者责任保险,本次交通事故发生在保险期间内;保险公司不承担本案诉讼费用;死者马某的死亡赔偿金应当按照农村居民标准计算;死者马某是投保车辆的驾驶人员,不属于第三者,按照规定保险公司不应当在交强险和第三者责任保险限额内承担赔偿责任。

经审理查明,2013年12月18日,马某驾驶渝HD6号轻仓棚式货车从六塘乡至某食品公司方向行驶,13时50分,车行驶至石柱县都督大道0Km+500m处因离合片损坏车辆无法继续行驶,后马某将车停放在路边,马某与同车人员在推车过程中估计不足致使车辆后退,其货车货箱右侧与后方由尹某停放的渝 HD1 号中型自卸货车货箱左侧接触,马某避让不及导致其头部受到两车挤压致死。2014 年 1 月 17 日,重庆市石柱土家族自治县公安局交通巡逻警察大队作出渝公交认字(2013)第 00118 号道路交通事故认定书,认定马某承担本次事故的主要责任,尹某承担本次事故的次要责任。

另查明,马某驾驶的渝 HD9 号车属于某食品公司所有,马某系该公司驾驶员。经本院释明,原告方不要求某食品公司在本案中承担赔偿责任。该车在某乙保险公司投保交强险和第三者责任保险,本次事故发生在保险期间内。

被告尹某与被告陈某系夫妻关系。被告尹某停车的渝 HD1 号车在被告某甲保险公司投保交强险和第三者责任保险,本次事故发生在保险期间内。在庭审中,被告尹某、陈某与被告某甲保险公司协商一致,认可某甲保险公司在第三者责任保险限额范围内免赔 5%。

被告尹某、陈某主张已经向三原告支付 15 000 元,要求在本案抵扣。在庭审中,原告方对此予以认可,同意在本案中予以抵扣。

经查明,从 2009 年 3 月起,马某与家人在园林街租赁马丙的房屋居住至今,该房屋的房屋产权证字号为石房权证 302 字第 2××××3 号。

以上事实,有民事诉状,三原告的身份证、户口簿复印件,六塘乡平桥村民委员会证明,道路交通事故认定书,死亡注销户口证明,保险单,房租合同及房屋产权证复印件,南宾第一派出所证明,某食品公司证明及工资单以及庭审笔录等证据在卷佐证,并经双方当事人质证,本院予以确认。

本案的争议焦点有两个:一、马某的死亡赔偿金是否应当按照城镇居民标准计算;二、马某能否认定为渝 HD6 号车的"第三者"?

关于焦点一,死亡赔偿金是否应当按照城镇居民标准计算?本院认为,根据南宾第一派出所的证明以及租房合同可以证明,马某与家人从 2009 年 3 月起租赁马丙位于南宾镇园林街的房屋居住生活至今,马某从 2012 年 1 月 1 日起在某食品公司从事驾驶员工作。其居住地以及收入来源地均为城镇,因此马某的死亡赔偿金应当按照城镇居民标准计算 20 年。本院对于原告主张的死亡赔偿金 504 320.00 元、被扶养人生活费 891.00 元、丧葬费 22 696.00 元予以认定。

关于焦点二,马某能否认定为渝 HD9 号车的"第三者"?原告认为,虽然马某在事故发生前系渝 HD6 号车的驾驶员,但在事故发生时下车推车,已经置身于车外,转化为车外人员,应当认定为该车的"第三者",承担该车交强险和第三者责任保险的某乙保险公司应当在交强险和第三者责任保险限额范围内承担赔偿责任。被告某乙保险公司认为,马某系渝 HD6 号车的驾驶员,在下车推车过程中因自身过错造成事故的发生,不能转化为"第三者",仍然属于该车的车上人员。根据交强险条例以及第三者责任保险条款的规定,保险公司不应当承担赔偿责任。本院认为,机动车是一种交通工具,任何人不可能永久地置身于机动车辆之上,"车上人员"以及"第三者"均为特定时空条件下的临时身份,二者可以因特定时空条件的变化而转化。本车人员在正常下车、下车休息、指引倒车等情形下因本车交通事故受到伤害的,由于其车上人员身份已经正常发生转化,应当认定为"第三者"。但如果本车驾驶员下车后,由于驾驶员自身的过错发生交通事故受到本车伤害的,因自己不能成为自己权益的侵害者及责任承担者,故该种情形下驾驶员不能转化为"第三者"。本案中,马某在事故发生前系渝 HD6 号车的驾驶员,在驾驶过程中因离合片损坏导致车辆无法继续行驶,后将车停放在路边,与同车人员在推车过程中因估计不足致使车辆往后退,因此发生交通事故。马某从事故发生前驾驶车辆到事故发生时推车,该车一直处于马某支配、掌控之下,其车上人员的身份并不因掌控方式的不同而转化。且交通事故的发生是因马某自身的过错而导致的,因不存在侵权责任,缺乏适用责任险的前提。故对于某乙保险公司在交强险和第三者责任保险限额内不承担赔偿责任的抗辩主张,本院予以支持。

三原告的损失死亡赔偿金 504 320.00 元、被扶养人生活费 891.00 元、丧葬费 22 696.00 元共计 527 907.00 元,由被告某甲保险公司在交强险责任限额范围内赔偿 11 000.00 元,剩下的 417 907.00 元,由被告尹某、陈某赔偿 30% 即 125 372.10 元。根据被告尹某、陈某与被告某甲保险公司的约定,某甲保险公司在第三者责任保险限额范围内承担 95% 的赔偿责任即 19 103.50 元,其余的 5% 即 6268.60 元由被告尹某、陈某承担,扣除二被告已经垫付的 15 000.00 元,原告方应当退还 8731.40 元。双方均同意该款在本案中抵扣,因此该款直接由被告某甲保险公司支付给被告,相应的金额在某甲保险公司应当赔偿给原告的款项中予以扣除。

综上,依据《中华人民共和国侵权责任法》第四十八条、《中华人民共和国道路交通安全法》第七十六条、《最高人民法院关于审理人身损害赔偿案件适用法律若干问题的解释》第二十七条、第二十八条、第二十九条,《中华人民共和国民事诉讼法》第六十四条第一款之规定,判决如下:

一、被告某甲财产保险股份有限公司重庆分公司黔江营销服务部于本判决生效之日起十五日内赔偿原告胡某、马甲、马乙各项费用共计 220 372.10 元;

二、被告某甲财产保险股份有限公司重庆分公司黔江营销服务部于本判决生效之日起十五日内支付被告尹某、陈某超额垫付的 8731.40 元;

三、驳回原告胡某、马甲、马乙的其他诉讼请求。

如果被告未按本判决指定的期间履行给付金钱义务,应当依据《中华人民共和国民事诉讼法》第二百五十三条之规定,加倍支付迟延履行期间的债务利息。

案件受理费 3039.00 元,减半收取 1519.50 元(原告已预缴),由原告胡某、马甲、马乙承担 885.50 元,由被告尹某、陈某承担 634.00 元。

如不服本判决,可在判决书送达之日起十五日内,向本院递交上诉状,并按对方当事人的人数提出副本,上诉于重庆市第四中级人民法院。同时,直接向该院预交上诉案件受理费,递交上诉状七日内仍未预交诉讼费又不提出缓交申请的,按自动撤回上诉处理。

双方当事人在法定上诉期内均未提出上诉或上诉后又撤回的,本判决发生法律效力。当事人应当自觉履行判决的全部义务,一方不履行的,自判决生效后,权利人可以向本院申请强制执行。申请执行的期限为二年,该期限从法律文书规定履行期间的最后一日起计算,并适用法律有关诉讼时效中止、中断的规定。

代理审判员　任　毅
二〇一四年九月三日
书　记　员　吴　平

【评析】

本案中,死者马某系渝 HD6 号车辆驾驶人员,但其死亡事故是发生在该车辆之外,且与该车辆有碰撞。从法理分析,本案情形是不适用第三者责任险的,因为第三者责任险适用的前提是侵权法律关系的成立和侵权法律责任的发生。在侵权法律关系中,侵权行为人和受害人不能是同一的。本案中死者下车后系因自身原因导致受到伤害,其本身既成为侵权关系中的侵权者同时也成为该关系中的受害者,故侵权法律关系不成立,侵权责任自然也不存在。

37. 机动车驾驶员醉驾发生交通事故被甩出车外导致死亡情形下保险人的赔偿责任

辽宁省营口市中级人民法院
(2014)营民一终字第1664号民事判决书

(2014年12月3日)

【案情】

2014年2月11日凌晨22时0分左右,宋甲醉酒驾驶一捷达牌轿车在大石桥市虎庄镇液化气站附近时驶入行进方向路面左侧与对向侯某驾驶的帕萨特车辆相撞,致使宋甲当场死亡及对方车司机侯某及乘坐人受伤。经交警部门认定,宋甲负事故的主要责任,侯某负事故的次要责任。宋甲驾驶的车辆在某甲保险公司辽宁分公司投保交强险及限额为100万的商业三责险。后宋甲的近亲属诉至法院。

【判决书正文】

上诉人(原审被告):某甲保险公司辽宁分公司,住所地:沈阳市沈河区。

被上诉人(原审原告):张某,女,1938年11月17日出生,汉族,住大石桥市。

被上诉人(原审原告):封某,女,1973年10月22日出生,汉族,住大石桥市。

被上诉人(原审原告):宋乙,男,1999年12月11日出生,汉族,住大石桥市。

原审被告:侯某,男,汉族,1961年8月7日出生,汉族,住大石桥市虎庄镇。

原审被告:某乙保险公司营口中心支公司,住所地:营口市站前区。

原审被告:薛某,男,1964年6月13日出生,汉族,个体,系涉案捷达车原车主。

上诉人某甲保险公司辽宁分公司与被上诉人张某、封某、宋乙及原审被告侯某、某乙保险公司营口中心支公司、薛某机动车交通事故责任纠纷一案,辽宁省大石桥市人民法院于2014年7月3日作出(2014)大民一初字第00223号民事判决,某甲保险公司辽宁分公司不服该判决,向本院提起上诉。本院依法组成合议庭,于2014年11月26日公开开庭审理了本案。上诉人某甲保险公司辽宁分公司的委托代理人,被上诉人张某、封某、宋乙的委托代理人到庭参加诉讼。原审被告侯某、某乙保险公司营口中心支公司、薛某经依法传唤未到庭参加诉讼,本案现已审理终结。

一审法院审理查明:2014年2月11日22时0分左右,宋甲醉酒驾驶捷达牌轿车,沿大石桥市官虎路由东向西行驶至虎庄镇液化气站附近路段时,驶入行进方向路面左侧,与对向第一被告侯某驾驶的帕萨特牌小型轿车相撞,致宋甲当场死亡。侯某和帕萨特轿车乘坐人李某受伤,车辆损坏,造成一起道路交通事故。该起道路交通事故,经大石桥市公安局交通警察大队作出大公交认字(2014)第524号道路交通事故认定书认定:宋甲醉酒驾驶机动车驶入行进方向路面左侧,未保持安全车速上路行驶,其过错及作用是形成本起道路交通事故的主要原因。侯某驾驶机动车未保持安全车速上路行驶,其过错及作用是形成本起道路交通事故的次要原因。因此,宋甲应该负本起道路交通事故的主要责任。侯某负次要责任。2014年4月11日大石桥市公安局交警大队又出具了现场勘查情况说明:事故时间2014年2月11日23时00分左右,事故地点:大石桥市官虎镇液化气站附近路段,捷达牌轿车头北尾南停于路南侧路外,左前、后轮距南侧路边1.7米、4.0米,帕萨特牌小型轿车停于路西南侧,左前,后轮距南侧路边0.5米、2.5米,尸体倒在路南侧道下,头脚距南侧路边5.5米、5.5米,脚距捷达牌轿车右前轮2.5米,后轮距北侧路边保持12.0米,挫划痕起点距南侧路边7.0米,长度为18米,两车相距0米。2014年3月24日,大石桥市公安司法鉴定中心对死者宋甲的鉴定意见为:宋甲因严重的颅脑损伤而死亡。同时查明,第一被告所有的帕萨特轿车在第二被告处投保了交强险和商业险限额50万元。事故发生在保险期内。原第三被告薛某所有的捷达牌轿车,于2013年6月30日卖给了死者宋甲。此车以第三被告名义在第四被告处投保了交强险和商业险限额100万元,且事故发生在保险期内。另查,死者宋甲与母亲张某,妻子封某,儿子宋乙均系城市户籍。母亲张某生于1938年11月17日共有儿子宋甲和女儿宋丙二位子女。宋乙于1999年12月11日出生。事故发生后,原告方花销的费用,有尸检费700元,施救费800元,看车费600元,处理丧事时5人5天误工费(90.47×5×5天=2261.75元),交通费3800元,食宿费4200元,其中第一被告垫付2万元。再查,捷达牌受损车辆经营口市中级人民法院技术处委托,由营口财物价格评估有限公司评估金额为21 104元(已扣处残值)。

一审法院认为:在该起道路交通事故中,由大石桥市公安局交通警察大队作出大公交认字(2014)第524号责任认定书和现场勘查情况说明。原、被告双方均未提出异议,应予采信。但死者宋甲系醉酒驾车,违反了保险合同的相关规定。虽因两车撞击而被甩出车外死亡,除在本车的强制险分项限额得以赔偿外,其商业保险拒绝赔偿,另第一被告所有的帕萨特轿车所投保的公司即第二被告应对原告的经济损失在交强险和商业险中按事故的责任比例分项限额承担直接赔偿责任。原告主张的死亡赔偿金,被抚养人生活费、丧葬费、尸检费、交通费、食宿,及亲属参加丧事活动的误工费、车辆损失、施救费、看车费与法有据,应予支持,但其主张的精神抚慰金8万元偏高,应下调至5万元为宜。据此原审法院判决:一、第二被告某乙保险公司营口中心支公司赔偿原告张某、封某、宋乙经济损失237 955.07元(详见赔偿明细表);二、第四被告某甲保险公司辽宁分公司赔偿原告张某、封某、宋乙经济损失112 000元;三、原告张某、封某、宋乙得到第二、第四被告赔偿款后于当日返还第一被告垫付款2万元;四、上述赔偿款项限第二、第四被告于本判决发生法律效力之日起五日内履行完毕;五、如果未按本判决指定的期间履行给付金钱义务,应当依照《中华人民共和国民事诉讼法》第二百五十三条之规定,加倍支付迟延履行期间债务利息。案件受理费6650元,减半收取3325元,车辆评估费3000元,共计6325元由第一被告负担1897.5元,原告自负4427.5元。

某甲保险公司辽宁分公司的上诉理由及请求:一审判决上诉人在交强险限额内赔偿被上诉人损失,适用法律错误。一、宋甲系捷达车司机,属上诉人承保车辆车上人员,不属本车第三者,其被甩出车外系两车撞击产生的一个后果,并不能认定为车外人,因此不应由我司在交强险限额内承担赔偿责任。二、宋甲系醉酒驾驶,负事故主要责任,其为侵权人,根据法律规定,本车不应承担交强险和商业险责任。

本院审理查明:原审认定事实属实。

本院认为:本起道路交通事故经大石桥市公安局交通警察大队作出"道路交通事故认定书"和现场勘查情况说明,上诉人、被上诉人双方均未提出异议,一审法院予以采信正确。但死者宋甲系醉酒驾车,违反了保险合同的相关规定,因两车撞击而被甩出车外死亡,除在本车的强制险分项限额得以赔偿外,商业保险拒赔,一审法院这一认定并无不当。实践中,车辆驾乘人员在特殊情况下脱离本车,并受到本车碾压、挤压、撞车导致人员损害的情况确有发生,车辆乘用人员无论何种原因脱离本车后,因外力作用于本车来说,均构成第三者责任强制保险意义上的"第三者"。故上诉人的上诉理由不能成立,本院不予支持。原审判决认定事实清楚,适用法律正确。依据《中华人民共和国民事诉讼法》第一百七十条第一款(一)项之规定,判决如下:

驳回上诉,维持原判。

二审案件受理费2540元,由上诉人某甲保险公司辽宁分公司负担。

本判决为终审判决。

审　判　长　崔　卿
代理审判员　徐　丹
代理审判员　鲍世帅
二〇一四年十二月三日
书　记　员　金镇学

【评析】

本案一二审法院均判决宋甲身份为"第三者",认为实践中,车辆驾乘人员在特殊情况下脱离本车,并受到本车碾压、挤压、撞车导致人员损害的情况时有发生,车辆乘用人员无论何种原因脱离本车后,因外力作用于本车来说,均构成第三者责任强制保险意义上的"第三者",由此,判决宋甲系本车外人员,某甲保险公司辽宁分公司承担交强险赔偿责任。两审法院均支持某甲保险公司辽宁分公司商业险拒赔。因司机宋甲系醉酒驾驶,故根据保险条款约定,某甲保险公司辽宁分公司免责。综观本案判决,其在交强险部分将死者视为本车第三者,在商业三者险部分又将死者视为本车人员,并据此作出不同的判决,是值得商榷的。

38. 家庭自用车挂靠租车公司租车后保险人的赔偿责任

重庆市第一中级人民法院 (2014)渝一中法民终字第07723号民事判决书

(2015年2月11日)

【案情】

2013年8月1日,陈某将其所有的渝AA号小型普通客车以自己的名义向某保险公司投保交强险和机动车(家庭自用汽车)商业险。2014年4月25日,张某驾驶从重庆某租赁公司租用陈某所有的渝AA号小型普通客车,在江津区107省道柏林镇秦柴沟路段因操作不当发生交通事故,造成渝AA号车受损。经重庆市江津区公安局交通巡逻警察大队认定,张某负全部责任。之后,陈某为修复车辆支付各项费用共计55 375元。某保险公司以交通事故发生在张某租用过程中为由拒赔。陈某遂诉至法院。

【判决书正文】

上诉人(原审原告):陈某,女,1980年11月19日出生,汉族,住重庆市九龙坡区。

被上诉人(原审被告):某保险公司重庆分公司,住所地:重庆市江北区。

上诉人陈某与被上诉人某保险公司重庆分公司保险合同纠纷一案,重庆市江北区人民法院于2014年9月16日作出(2014)江法民初字第05053号民事判决,陈某对该判决不服,向本院提起上诉。本院于2014年12月2日受理后,依法组成合议庭审理了本案。依照《中华人民共和国民事诉讼法》第一百六十九条之规定,本院于2014年1月12日组织各方当事人进行了询问调查。上诉人陈某的委托代理人王某、被上诉人某保险公司重庆分公司的委托代理人罗某参加了询问调查。本案现已审理终结。

陈某在一审中诉称:其是渝AA车的车主,为该车向某保险公司重庆分公司购买了交强险、车辆损失险等险种。2014年4月25日17时许,其朋友张某在驾驶该车至江津区107省道时因操作不当发生交通事故,经重庆市江津区公安局交通巡逻警察大队认定,张某负全责。上述事故发生后,张某及时地向某保险公司重庆分公司报案,该公司派员到现场进行了查勘。之后,陈某为修复车辆支付材料款38 930元、修复工时费2600元、修理工时费9800元、施救费800元、吊车费1400元、条石挡土墙225元,共计55 375元,某保险公司重庆分公司以交通事故发生在张某租用过程中为由拒赔。现请求法院判令某保险公司重庆分公司支付保险金共计53 755元,并承担诉讼费用。

某保险公司重庆分公司在一审中辩称:陈某在我司为其所有的渝AA车购买了交强险、车辆损失险等属实。所投保车辆的使用性质为家庭自用,是非营运车辆。但陈某将该车交由出租公司出租,张某是从租车公司租赁而使用该车,并在租用过程中发生交通事故。陈某变更了保险车辆的用途,依照保险条款的约定及相关保险法规定,我司不应赔付。

一审法院审理查明:陈某是渝AA小型普通客车的车主。2013年8月1日,陈某为该车向某保险公司重庆分公司投保了交强险和商业险,并于同日交纳交强险保险费665元、商业险保险费3632元,某保险公司重庆分公司于同日向陈某出具《机动车交通事故责任强制保险单》、《机动车车辆保险单》。《机动车交通事故责任强制保险单》、《机动车商业保险投保单》均载明:车辆为非营业—家庭自用车,保险期间1年,从2013年8月15日起至2014年8月14日止,其中商业险中车辆损失险赔偿限额为183 510元。《机动车(家庭自用汽车)商业保险条款》总则第二条约定:家庭自用汽车是指在中华人民共和国境内(不含港、澳、台地区)行驶的家庭或个人所有,且用途为非营业运输的客车;第十六条第二款约定:在保险期间内,被保险机动车改装、假装或从事营业运输等,导致被保险机动车危险程度显著增加的,应当及时书面通知保险人。否则,因被保险机动车危险程度显著增加而发生的保险事故,保险人不承认赔偿责任。

同日,陈某在《机动车商业保险投保单》投保人声明处签字确认:“本人已仔细阅读保险条款,尤其是字体加粗部分的条款内容,并对保险公司就保险条款内容的说明和提示完全理解,没有异议,申请投保”,并在《投保提示事项确认书》上签字。《投保提示事项确认书》第五部分保险术语解释中"营业运输",是指经由交通运输管理部门核发营运证书,被保险人或其允许的驾驶人利用被保险机动车从事旅客运输、货物运输的行为。未经交通运输管理部门核发营运证书,被保险人或其允许的驾驶人以牟利为目的,利用被保险机动车从事旅客运输、货物运输的,视为营业运输。

2014年4月24日,张某从重庆某汽车租赁有限公司租用该车,租期两天,450元/天。2014年4月25日17时许,张某单独驾驶该车至重庆市江津区秦柴沟路段时,因操作不当发生交通事故,经重庆市江津区公安局交通巡逻警察支队认定,张某负事故全责。

事故发生后,陈某为修复该车,共支付材料款38 930元、修复工时费2600元、修理工时费9800元、施救费800元、吊车费1400元、条石挡土墙费用225元,共计53 755元,并向某保险公司重庆分公司索赔。某保险公司重庆分公司以陈某擅自将车辆用于租赁,改变了车辆非营运的性质,导致被保险车辆危险程度显著增加为由拒绝理赔,并于2014年5月6日发出拒赔通知书。

一审庭审中,某保险公司重庆分公司为证明陈某将保险车辆用于租赁,提交了《机动车辆保险出险通知书》(以下简称《出险通知书》)、询问笔录、《汽车租赁合同》复写联,张某在《出险通知书》及询问笔录中明确该车系从重庆某汽车租赁有限公司租用,其在驾驶该车开往重庆某汽车租赁有限公司还车途中发生交通事故。陈某认为《汽车租赁合同》系复写件,不是原件,对其真实性不认可;对《出险通知书》及询问笔录上张某的签字真实性均无异议,但对其内容不认可,认为张某是在不清醒的状态下在《出险通知书》及询问笔录上签字,并称其与张某是朋友关系,其将车辆借给张某使用,不存在将车交给租赁公司租赁的情况;同时称交通事故发生后,其朋友陪同张某到医院处理伤情,19时左右又陪同张某返回现场处理事故,此时保险公司也派人到现场查勘,其朋友看到张某没有什么事情就离开了,由张某在现场处理事故,并确认从发生事故到医院接受处理期间,保险公司未对张某进行询问并作笔录。

一审庭审中,陈某陈述其在投保之时,保险公司未向其出具保险条款,未向其尽到合理的解释说明义务。某保险公司重庆分公司为证明其尽到了合理的解释说明义务,提交了《机动车商业保险投保单》、《投保提示事项确认书》。陈某对上述证据中其签字的真实性无异议,但称其在投保时并未见到上述两份材料。

一审法院认为:双方签订的交强险、商业险保险合同系双方当事人的真实意思表示,且内容不违反法律、行政法规的强制性规定,合法有效,对双方当事人均有拘束力,双方当事人均应按照约定享有权利和履行义务。《机动车(家庭自用汽车)保险条款》与《机动车商业保险投保单》、保险单及发票所载内容吻合,应予采信,并作为认定案件事实的依据。张某在《出险事故通知书》、询问笔录中明确陈述其从重庆某汽车租赁有限公司租用渝AA车,并在还车途中发生交通事故,且该陈述与《汽车租赁合同》载明的内容一致,足以认定陈某将渝AA车交由重庆某汽车租赁有限公司出租,将使用性质由非营业用车改为出租经营,变更了车辆用途,从而显著增加了车辆的危险程度。陈某提出张某是在去医院处理好伤口并返回事故现场之后某保险公司重庆分公司的工作人员才对其就事故进行询问并进行现场查勘,对于陈某有关张某是在不清醒状态下在出险通知书和询问笔录上签字的辩解意见,与庭审查明的事实不符,不予采信。陈某在《机动车商业保险投保单》、《投保提示事项确认书》上签字,确认其对保险条款中投保人义务、保险术语释义内容仔细阅读并已完全理解,某保险公司重庆分公司已经尽到了合理的解释说明义务。陈某作为具有完全民事行为能力人,对于合同约定以及对其将车辆交由租赁公司出租的事故风险增加均应明知,陈某未就上述变更车辆用途的情形向某保险公司重庆分公司履行通知义务,亦未办理批改申请,故某保险公司重庆分公司对保险事故不承担赔偿责任。依照《中华人民共和国保险法》第五条、第五十二条,《中华人民共和国民事诉讼法》第一百四十二条之规定,判决:驳回陈某的全部诉讼请求。本案一审案件受理费1144元,减半收取572元,由陈某负担。

一审判决宣判后,陈某不服,向本院提起上诉,请求撤销原判;依法改判被上诉人支付保险金53 755元;本案一审、二审诉讼费用由被上诉人承担。其主要理由:1.一审法院认定事故车辆系由重庆某汽车租赁有限公司租赁给张某使用,属认定事实证据不足。一审对车主陈某与重庆某汽车租赁有限公司之间的关系未查清,本案中无证据证明陈某将其车辆交重庆某汽车租赁有限公司出租。2.即使车辆租赁属实,《机动车(家庭自用汽车)保险条款》、《投保提示事项确认书》上约定的"营业运输"与租赁也不能混为一谈,一审以陈某将车辆用于营运增加被保险车辆危险程度为由驳回诉请,依据不足。3.《机动车商业保险投保单》和《投保提示事项确认书》上陈某的签字非其本人签署,故被上诉人未就免责条款尽到合理的解释说明义务,亦不能免责。

某保险公司重庆分公司在二审中答辩称,一审判决认定事实清楚,适用法律正确,请求驳回上诉,维持原判。

双方当事人在二审举证期限内均未提交新证据。上诉人陈某在二审中称其系通过电销方式投保车辆,在投保时保险公司仅交付了保险费发票和电销专用保险单,未交付《机动车商业保险投保单》和《投保提示事项确认书》,并当庭申请对上述两份文件上陈某的签字进行笔迹鉴定。本院经审查认为,陈某在一审中曾认可其在上述两份文件上签字的真实性,其在二审举证期限后当庭提出鉴定申请,不符合法定申请程序,且该签字是否属实与本案责任认定无法律上的必然联系(本院在争议焦点部分详细评述),故本院对上诉人的鉴定申请不予采纳。

本院二审查明的事实与一审查明的事实一致。

本院二审还查明:在上诉人陈某认可其投保车辆时所收到的电销专用机动车辆保险单上,注明的投保车辆使用性质为"非营业家庭自用车","明示告知"一栏注明"保险车辆转卖、转让、赠送他人、变更用途等,应书面通知本保险人并办理批改手续"。

本院认为:1.关于陈某上诉认为一审对陈某与重庆某汽车租赁有限公司之间的关系未查清,本案中无证据证明陈某将其车辆交重庆某汽车租赁有限公司出租的问题,本院认为,张某作为事故车辆的驾驶员,在《出险通知书》及询问笔录中明确陈述该车系从重庆某汽车租赁有限公司租用,并有《汽车租赁合同》复写联相互佐证,足以认定,并不必须要取得陈某与重庆某汽车租赁有限公司之间的租赁协议才能认定该事实。陈某亦未提出充分证据推翻该事实,其辩称张某是在不清醒的情况下在《出险通知书》及询问笔录中作出相关陈述,但无任何证据证明,本院对该事实不予确认。2.本案的关键问题并不在于上诉人是否在《机动车商业保险投保单》和《投保提示事项确认书》上签字从而被上诉人就免责条款尽到了合理的解释说明义务,也不在于"营业运输"与租赁是否是同一个范畴的问题,而在于上诉人是否在保险标的危险程度显著增加的情况下,未按照合同约定及时通知保险人,从而保险人有权拒绝承担赔偿保险金的责任。根据《保险法》第五十二条之规定"在合同有效期内,保险标的的危险程度显著增加的,被保险人应当按照合同约定及时通知保险人,保险人可以按照合同约定增加保险费或者解除合同。保险人解除合同的,应当将已收取的保险费,按照合同约定扣除自保险责任开始之日起至合同解除之日止应收的部分后,退还投保人。被保险人应当按照合同约定及时通知。被保险人未履行前款规定的通知义务的,因保险标的的危险程度显著增加而发生的保险事故,保险人不承担赔偿保险金的责任"。根据本案查明的事实,即使如陈某所称其在投保时保险公司未向其提供《机动车商业保险投保单》和《投保提示事项确认书》,上述两份文件上陈某的签字均不属实,但陈某所认可收到的机动车辆保险单(电销)应当作为双方权利义务的合同依据。该机动车辆保险单明确记载投保车辆使用性质为"非营业家庭自用车",保险公司亦在"明示告知"一栏注明"保险车辆转卖、转让、赠送他人、变更用途等,应书面通知本保险人并办理批改手续”。因此,双方就《保险法》第五十二条所规定的保险标的危险程度显著增加的通知义务在保险单中作出了明确约定。在保险合同有效期内,陈某将保险车辆交重庆某汽车租赁有限公司出租,显然超出了非营业家庭自用车的用途范围,并导致保险标的危险程度显著增加。陈某就此未尽通知义务,则保险公司有权依据《保险法》第五十二条第二款之规定,不承担赔偿保险金的责任。

综上,上诉人的上诉理由均不能成立。一审判决认定事实清楚、适用法律正确。依照《中华人民共和国民事诉讼法》第一百七十条第一款第(一)项之规定,判决如下:

驳回上诉,维持原判。

二审案件受理费 1144 元,由上诉人陈某负担。

本判决为终审判决。

审 判 长 钟 拯
审 判 员 章兴东
代理审判员 黄清山
二〇一五年二月十一日
书 记 员 金 秋

【评析】

《机动车(家庭自用汽车)商业保险条款》总则第二条约定:“家庭自用汽车是指在中华人民共和国境内(不含港、澳、台地区)行驶的家庭或个人所有,且用途为非营业运输的客车。”其第十六条第二款约定:“在保险期间内,被保险机动车……从事营业运输等,导致被保险机动车危险程度显著增加的,应当及时书面通知保险人。否则,因被保险机动车危险程度显著增加而发生的保险事故,保险人不承认赔偿责任。”《保险法》第五十二条规定:“在合同有效期内,保险标的的危险程度显著增加的,被保险人应当按照合同约定及时通知保险人,保险人可以按照合同约定增加保险费或者解除合同。保险人解除合同的,应当将已收取的保险费,按照合同约定扣除自保险责任开始之日起至合同解除之日止应收的部分后,退还投保人。被保险人应当按照合同约定及时通知。被保险人未履行前款规定的通知义务的,因保险标的危险程度显著增加而发生的保险事故,保险人不承担赔偿保险金的责任。”本案中,在保险合同有效期内,陈某将保险车辆交汽车租赁公司出租,显然超出了非营业家庭自用车的用途范围,并导致保险标的危险程度显著增加。陈某就此未尽通知义务,则保险公司有权依据《保险法》第五十二条之规定,不承担赔偿保险金的责任。

保险是经营风险的行业。保险合同的主要条款是保险人以何种费率承担何种风险,而费率系根据承保风险程度运用大数法则精算而得,即风险的大小和性质直接影响保险人是否承保或者以何等费率承保。保险人作为合同一方对其承保风险的判断,是通过其制作的费率表中载明的费率系数或保险金额表体现出来的,而费率表是保险人判断其承保风险的依据,也是认定危险程度是否显著增加的依据。

38

39. 机动车商业三者险中持有 A2 驾照的司机在实习期内开主挂车出险时赔偿责任的认定

上海市第二中级人民法院
(2014)沪二中民一(民)终字第2738号民事判决书

(2015年2月15日)

【案情】

2014年3月21日,被保险人上海某汽车运输有限公司的驾驶员何某在持有A2驾照实习期内驾驶主挂车造成重大财产损失的交通事故。某保险公司上海分公司以商业三者险条款中"实习期内驾驶的机动车牵引挂车,保险人不负责赔偿"为依据拒赔。后三者方诉至法院。

【判决书正文】

上诉人(原审被告):某保险公司上海分公司,营业地:上海市虹口区。

被上诉人(原审原告):涂甲,男,1965年8月18日出生,汉族,住安徽省安庆市。

被上诉人(原审被告):何某,男,1987年1月26日出生,汉族,住江苏省盐城市。

被上诉人(原审被告):上海某汽车运输有限公司,住所地:上海庙镇经济开发区。

被上诉人(原审被告):王某,男,1957年8月26日出生,汉族,住河南省沈邱县。

上诉人某保险公司上海分公司(以下简称某保险公司)因机动车交通事故责任纠纷一案,不服上海市崇明县人民法院(2014)崇民一(民)初字第3825号民事判决,向本院提起上诉。本院依法组成合议庭对本案进行了审理。本案现已审理终结。

原审法院经审理查明,2014年3月21日11时50分许,何某(副驾驶室坐驾驶员褚某)驾驶牌号为沪BT半挂牵引汽车行驶至江苏省苏州市市辖区上海市往苏州方向G2高速1135KM线处,与涂甲驾驶的牌号为皖轿车追尾碰撞,致涂甲车辆损坏的交通事故。2014年5月22日,本起事故经苏州市公安局交通巡逻警察支队某大队认定,何某负事故全部责任,涂甲不负事故责任。2014年6月,涂甲诉至原审法院.请求判令赔偿其车辆修理费272 000元(以下币种均为人民币),清障费250元、路产损失费2520元、误工费3000元(300元/天×10天)、住宿费2000元(200元/天×10天)、租车费9000元(100元/天×90天)、律师费12 000元、交通费4500元.上述损失要求某保险公司在交强险及商业险范围内先予赔偿,交强险及商业险以外的损失,由何某、上海某汽车运输有限公司(以下简称某运输公司)承担连带责任。

原审法院另查明,沪BT车辆在某保险公司处投保了机动车交强险及商业险,事故发生时该车辆在保险期限内。何某驾驶的沪BT车辆系王某所有,该车辆挂靠于某运输公司。事故发生时,王某雇佣何某驾驶车辆。何某驾驶的沪BT车辆曾于2014年3月8日发生交通事故,某保险公司根据2013年6月6日签订的交强险及商业险投保单于2014年4月28日对该起事故向某运输公司在交强险限额内赔付了2000元,在商业险范围内赔付了1400元。

原审审理中,涂甲对藏怡公司已给付其现金50 000元及某保险公司在交强险范围内已向其赔付了车辆修理费2000元均表示无异议。某保险公司表示,2013年6月6日由其将全部填写好后的两份保单及保险合同条款传真给某运输公司,由某运输公司在保单上盖章后再邮寄给其,并表示对特别条款的约定,保单上有红字提示,何某持A2驾驶证在实习期内驾驶半挂牵引车,违反了保险合同的规定,故在商业险内应免责,至于某保险公司对2013年3月8日发生的交通事故在商业险范围内进行理赔,只是对小额事故的初步理赔行为,是某保险公司的疏漏。某运输公司表示其只收到了某保险公司传真过来的保单两份,没有收到保险合同条款,因为保单都是传真件,故保单上根本没有红字提示,且某保险公司曾对2014年3月8日由何某驾驶的该半挂牵引车发生的交通事故在交强险、商业险范围内进行了理赔,故某保险公司也理应对本起事故进行赔偿。

原审法院经审理后认为,公安机关在查明事实的基础上认定何某负事故全部责任,涂甲不负事故责任,并无不当。何某驾车违法行驶,导致本起事故的发生,应依法承担民事赔偿责任。事故发生时,王某雇佣何某驾驶车辆,故何某的行为所产生的后果应由王某承担。某运输公司系沪BT车辆之挂靠单位,故某运输公司对王某的赔偿承担连带责任。同时,订立保险合同,采用保险人提供的格式条款的,保险人向投保人提供的投保单应当附格式条款,保险人应当向投保人说明合同的内容.对保险合同中免除保险人责任的条款,保险人在订立合同时应当在投保单、保险单或者其他保险凭证上作出足以引起投保人注意的提示,并对该条款的内容以书面或者口头形式向投保人作出明确说明,未作提示或明确说明的,该条款不产生效力。某保险公司以传真的方式与某运输公司签订保险合同,对免责条款未履行提示说明义务,免责条款不产生效力,故涂甲要求某保险公司在交强险及商业险范围内承担赔付责任,依法予以支持,因某保险公司在交强险限额内已经进行赔偿,故在本案中不再予以考虑,商业险以外的损失,由王某承担,某运输公司承担连带责任。

具体损失确认如下:1. 车辆修理费272 000元、清障费250元。经审查,上述费用并无不当,应当予以确认。2. 原告主张路产损失费2520元。该路产损失虽系行政处罚,但与本起事故存在因果关系,系涂甲实际发生的费用,故应予确认。3. 误工费3000元、交通费4500元、住宿费2000元、律师费12 000元。因上述费用与法有悖,故不予确认。4. 租车费9000元。鉴于涂甲主张的租车费属于非经营性车辆无法使用产生的通常替代性交通工具的合理费用,故根据涂甲的车辆租赁合同及车辆修理出厂情况,确定租车费为5200元(100元/天×52天)。原审法院据此做出判决:一、某保险公司于判决生效之日起十日内在商业险范围内赔偿涂甲车辆修理费270 000元;二、王某赔偿涂甲清障费250元,路产损失费2520元、车辆租赁费5200元,共计7970元,与某运输公司已给付涂甲50 000元相抵,涂甲于判决生效之日起十日内应返还某运输公司42 030元;三、涂甲的其他诉讼请求,不予支持。

原审判决后,上诉人某保险公司不服,向本院提起上诉称:根据商业三者险合同相关免责条款,何某持有的A2驾驶证尚在实习期内,违反了实习期内驾驶机动车不得驾驶挂车的法律规定,其公司不承担商业三者险的赔偿责任。上述免责条款在商业三者险条款中以黑色加粗字体予以标示,且在保单正本正面"重要提示栏"中有红色字体提示被保险人阅读保险条款,尤其是免责条款。而某保险公司在与某运输公司订立保险合同之前向某运输公司传真了投保单及相应的保险条款,某运输公司在投保人声明栏盖章,说明某保险公司已经在订立保险合同之前尽到了告知提示义务。同时,某运输公司作为一家专业的运输公司2012年至2014年在某保险公司投保了148份车辆保险,出险88次,理赔完成77次,对于相应保险条款应当非常熟悉。至于2014年4月28日对于何某驾驶挂车出险进行了理赔一事,因该次理赔金额较小,属于错误赔付与本案没有关联性。综上,要求本院撤销原审判决,改判某保险公司不承担赔偿责任。

被上诉人涂甲答辩称:某保险公司没有提供证据证明在签订保险合同时对于保险免责条款尽到了提示义务,故某保险公司应当承担商业三者险的赔付责任。同时,何某和王某之间不是雇佣关系,王某和某运输公司之间也不是挂靠关系,何某是某运输公司聘请的,双方之间构成劳动关系。何某在本次事故中系履行职务的行为,造成的损失应当由其雇用单位某运输公司承担赔偿责任。同时,何某具备相应的驾驶技能,且在实习期内驾驶挂车有老驾驶员陪同,符合相应行政法规。综上,要求本院驳回上诉,维持原判。

被上诉人某运输公司答辩称:某保险公司先将投保单传真给其公司,其公司收到投保单传真时并未收到保险条款,之后虽然收到了商业三者险保单的正本,但并未收到保险条款,因此某保险公司未尽到免责条款的告知义务。且对于何某驾驶挂车发生的另一起交通事故,某保险公司进行了理赔,而对于本案就不予理赔,违背了保险理赔的原则。故,要求本院驳回上诉,维持原判。

被上诉人何某答辩称:事发时,其虽然在实习期,但是驾驶车辆有老驾驶员陪同,其行为并无违法之处。某保险公司应当承担商业三者险的赔偿责任。要求本院驳回上诉,维持原判。

被上诉人王某未作答辩。

本院经审理查明,原审查明事实属实,本院予以确认。

本院另查明,沪BT车辆投保单投保人声明记载:“本人(单位)已经仔细阅读保险条款,尤其是黑体字部分的条款内容,并对保险公司就保险条款内容的说明和提示完全理解,没有异议,申请投保……”该声明栏有某运输公司加盖公章。上述事实,有机动车辆保险投保单为证,本院予以确认。

本院认为,本案争议焦点为某保险公司对于商业三者险的免责条款是否尽到提示说明的义务,该免责条款是否有效。本案中,某保险公司称在订立保险合同之前已经将商业三者险条款传真给某运输公司,且在交付保单正本时附上商业三者险条款,对此某运输公司予以否认,认为仅收到商业三者险的保单正本但从未收到过商业三者险条款。根据肇事车辆投保单,某运输公司在投保人声明栏加盖公章的行为应当视为某运输公司对于该处声明所表示的意思清楚,现其抗辩称未收到相应保险条款,应当对此事实进行举证。同时,考虑到某运输公司系专业从事公路货运的法人,有多次投保经验,其对于保险投保方面的专业知识远胜于一般投保的自然人,应当清楚知道相关保险条款的存在,即使在收到投保单传真件时未收到相关保险条款也应当要求保险公司提供或对相关保险条款进行说明。故对于某运输公司称其未收到保险条款的意见,本院不予采信。根据某保险公司商业三者险条款第六条之约定,实习期内驾驶的被保险机动车牵引挂车的,保险人不负责赔偿。该条款以加粗黑体字标示,可以认定某保险公司已经对该免责条款作出足以引起投保人注意的提示,该免责条款有效。至于某保险公司对另案的赔付,不能认为是对相应保险条款的变更。本案事发时,何某尚处于实习期内,其驾驶牌号为沪BT牵引挂车发生交通事故,根据上述免责条款的约定,肇事车辆的保险人某保险公司不承担商业三者险的赔偿责任。相应的赔偿责任由侵权赔偿义务人承担。本案中,何某系履行职务行为过程中发生交通事故,而肇事车辆系挂靠在某运输公司,故本案涂甲的损失应当由王某赔偿,某运输公司承担连带赔偿责任。据此,依照《中华人民共和国民事诉讼法》第一百七十条第一款第(三)项之规定,判决如下：

一、撤销上海市崇明县人民法院（2014）崇民一（民）初字第3825号民事判决；

二、王某应于本判决生效之日起十日内赔偿涂甲车辆修理费人民币270 000元、清障费人民币250元，路产损失费人民币2520元，车辆租赁费人民币5200元，共计人民币277 970元；

三、某运输公司对上述王某的赔偿责任承担连带责任；

四、涂甲应于本判决生效之日起十日内返还某运输公司人民币50 000元。

五、对涂甲的其余诉讼请求，本院不予支持。

如果未按本判决指定的期间履行给付金钱义务，应当依照《中华人民共和国民事诉讼法》第二百五十三条之规定，加倍支付迟延履行期间的债务利息。

一审案件受理费2939.50元，由某运输公司负担，二审案件受理费人民币5350元，由某运输公司负担人民币2675元，由王某负担人民币2675元。

本判决为终审判决。

审　判　长　李伊红
代理审判员　王屹东
代理审判员　姚　敏
二〇一五年二月十五日
书　记　员　龚　轶

【评析】

本案被上诉人何某在持有A2驾照实习期内驾驶主挂车造成发生重大财产损失的交通事故，违反了《道路交通安全法实施条例》第二十二条第三款之规定即"实习期内驾驶的机动车不得牵引挂车"。保险公司将该法定禁止性情形列为商业险免责条款，其对该免责条款的提示说明义务适用《最高人民法院关于适用〈中华人民共和国保险法〉若干问题的解释（二）》第1条的规定。该条规定："保险人将法律、行政法规中的禁止性规定情形作为保险合同免责条款的免责事由，保险人对该条款作出提示后，投保人、被保险人或者受益人以保险人未履行明确说明义务为由主张该条款不生效的，人民法院不予支持"。因此，保险公司尽到提示义务即可据以认定免责条款有效。为了尽到提示义务，案涉保险公司将投保单和保险条款传真给被保险人，由被保险人盖章后提交给了保险公司，这说明保险人和被保险人对自己的权利义务都足够清楚和审慎。被保险人有着严格的公司印章使用审批制度，对该公司签订合同的行为应当认定为成熟的商业关系下的合同行为，投保人声明栏反映出被保险人对保险条款尤其是免责条款是明知和无异议的，应当认定保险公司尽到了明确说明义务。

40. 交强险中残疾赔偿金的认定是否考虑旧有伤情参与度

上海市第一中级人民法院
(2014)沪一中民一(民)终字第1909号民事判决书

(2014年10月27日)

【案情】

2013年1月18日,秦某驾驶沪E号小客车在上海市闵行区报春路由东向北拐弯进龙茗路时同田某驾驶的摩托车相撞,造成田某受伤的交通事故。本起事故经公安机关认定,秦某负事故全部责任,田某无责任。沪E号小客车在某保险公司投保了交强险。事故发生后,双方因赔偿金额发生争议。田某遂将秦某及该保险公司诉至人民法院。

【判决书正文】

上诉人(原审被告):某保险公司上海分公司,住所地:上海市黄浦区。

被上诉人(原审原告):田某,男,1968年2月8日出生,汉族,住湖北省蕲春县。

被上诉人(原审被告):秦某,男,1957年1月30日出生,汉族,住上海市闵行区。

上诉人某保险公司上海分公司(以下简称为保险公司)因机动车交通事故责任纠纷一案,不服上海市闵行区人民法院(2013)闵民一(民)初字第19764号民事判决,向本院提起上诉。本院于2014年7月28日立案受理后,依法组成合议庭进行了审理,本案现已审理终结。

原审法院查明,2013年1月18日17时20分许,在本市闵行区报春路龙茗路处,秦某驾驶的沪E号小客车与田某驾驶的摩托车相撞,致田某受伤。公安机关认定秦某负事故全部责任。

田某经医院诊断为左股骨远端骨折,经手术治疗共产生医疗费33 645.87元。田某的上述损伤经上海华医司法鉴定所鉴定,构成十级伤残,予以休息180日、营养90日、护理90日;若后期行内固定取出术治疗,酌情休息期60日,营养期30日、护理期30日。田某支出鉴定费1900元。田某外伤前已有左胫骨平台骨折并内固定中,与事故无因果关系。经保险公司申请,司法鉴定科学技术研究所司法鉴定中心经鉴定认为田某目前后遗症为交通事故与其既往外伤共同作用所致(外伤参与度拟定为45%—55%)。

原审法院另查明,田某居住在本市闵行区,并经上海某人才服务有限公司派遣至本市宝山区某幼儿园工作,其因伤休息期间,单位停发每月1830元工资。田某在本市城镇居住及工作均已满一年。

田某驾驶的电动自行车在事故中受损,经保险公司定损,物损为1200元。

田某因诉讼支出律师代理费6000元。

沪E号小客车于保险公司投保了交强险,事故发生于保险期内。

田某治疗期间,秦某给付田某现金12 000元。

原审法院审理后认为,机动车发生交通事故造成人身伤亡、财产损失的,由保险公司在交强险责任限额范围内予以赔偿。因此,承保沪E号小客车交强险的保险公司应当在责任限额范围内向田某赔付。公安机关认定秦某负事故全部责任,故对于田某损失中超出交强险赔付部分,由秦某赔偿。

关于田某本身的疾病与损害后果的关联度问题,田某在外伤前已有左胫骨平台骨折并内固定中,对损害后果的发生具有一定的影响,但这不是侵权责任法等法律规定的过错,不应因个人体质状况对交通事故导致的伤残存在一定影响而自负相应责任,故保险公司关于田某的伤残等级应考虑旧伤的意见,难以采纳。

原审法院审核了田某的损失依据后,作出如下判决:1. 保险公司于判决生效之日起10日内赔偿田某112 369元;2. 秦某于判决生效之日起10日内赔偿田某21 655. 87元。

保险公司不服原判,上诉称,田某事故发生前已经存在左胫骨平台骨折(内固定尚存),本次事故造成左股骨远端骨折,两者共同作用,构成十级伤残,请求撤销原判,按50%的参与度确定赔偿金额。田某未提出答辩意见,秦某请求依法判决。

本院经审理查明,原审法院认定的事实无误,本院依法予以确认。

本院认为,《中华人民共和国民事诉讼法》第六十四条规定,当事人对自己提出的主张,有责任提供证据。《最高人民法院关于民事诉讼证据的若干规定》第二条规定,当事人对自己提出的诉讼请求所依据的事实或者反驳对方诉讼请求所依据的事实有责任提供证据加以证明。没有证据或者证据不足以证明当事人的事实主张的,由负有举证责任的当事人承担不利后果。本案中,田某事故发生之前已经存在左胫骨平台骨折(内固定尚存),本次事故造成左股骨远端骨折。田某目前左膝关节活动受限,而膝关节由股骨内、外侧髁和胫骨内、外侧髁共同组成,胫骨平台骨折会在一定程度上影响膝关节功能。因此,田某左膝关节活动受限是胫骨平台骨折、股骨远端骨折共同作用的结果,即损伤后果与前次骨折之间存在密切的联系,故应考虑原有损伤的参与度,结合鉴定结论,本院酌定参与度为50%。除残疾赔偿金外,田某的其他损失确因本次事故而起,秦某应予赔偿,保险公司作为肇事车辆的交强险保险人依法承担相应的赔付义务。

经核,田某损失包括:医疗费33 645. 87元、住院伙食补助费110元、营养费3000元;残疾赔偿金40 188元、误工费10 980元、交通费467元、护理费4050元、辅助器具费96元、精神损害抚慰金5000元;衣物损失200元、车辆修理费1200元;鉴定费1900元、律师代理费5000元。

保险公司在交强险责任限额中赔付田某72 181元,秦某赔偿田某33 655. 87元,秦某已经垫付田某12 000元,实际应付21 655. 87元。

据此,依照《中华人民共和国民事诉讼法》第一百七十条第一款第(二)项的规定,判决如下:

一、维持上海市闵行区人民法院(2013)闵民一(民)初字第19764号民事判决第二项;

二、撤销上海市闵行区人民法院(2013)闵民一(民)初字第19764号民事判决第一项;

三、某保险公司上海分公司于本判决生效之日起十日内在交强险范围内赔付田某72 181元。

负有金钱给付义务的当事人,如未按本判决指定的期间履行给付义务,应当依照《中华人民共和国民事诉讼法》第二百五十三条之规定,加倍支付迟延履行期间的债务利息。

一审案件受理费3180元,由田某负担220元,秦某负担2960元,因果关系及参与度鉴定费2600元由某保险公司上海分公司负担;二审案件受理费804. 70元,由某保险公司上海分公司负担。

本判决为终审判决。

40

审　判　长　沙茹萍
代理审判员　宋　赟
代理审判员　杨奇志
二〇一四年十月二十七日
书　记　员　庄人杰

【评析】

依据侵权责任一般理论,侵权责任由四要件构成,包括违法行为、损失结果、因果关系与过错。同时,根据证据规则,应由主张侵权责任方举证侵权责任要件事实。本案秦某碰撞田某是违法行为,致田某十级伤残是损失结果,秦某承担主要责任即是对其过错的认定,对于这三项要件没有争议。争议在于对因果关系的认定。一审的判决结果是认为秦某的违法行为直接导致最终的损害结果,具有直接的因果关系。二审的判决结果则是根据外伤参与度伤残鉴定意见书认为,秦某违法行为与田某旧伤共同导致损害结果,两种行为共同构成侵权行为的结果,其中秦某违法行为对田某10级伤残的参与度为45%—55%之间。二审的判决结果其实是认为田某的旧伤也与最终的损害后果构成因果关系。根据侵权法关于侵权行为中断的理论,虽然旧有伤情与损害结果有因果关系,但是由于秦某的违法行为,前者因果关系中断。按照该种理论,秦某应当承担全部的侵权责任。本案二审判决田某承担50%的责任似乎过重。

41. 交通事故受害人定残后由于其他原因致死情形下的残疾赔偿金赔偿标准的认定

佛山市中级人民法院
(2014)佛中法民一终字第2938号民事判决书

(2014年11月4日)

【案情】

2013年9月6日12时许,冯某驾驶粤Y号小轿车因转弯与吕某驾驶的粤Y号摩托车发生碰撞。事故造成两车损坏,摩托车司机及乘客受伤。经交警认定,冯某负全部责任。伤者吕某于2014年1月8日经广东某司法鉴定中心评定为交通事故导致两处十级伤残,并于2014年4月15日在家中猝死。后吕某的法定继承人诉至法院。

【判决书正文】

上诉人(原审原告):朱某,女,汉族,1962年1月3日出生,住广东省佛山市南海区,系死者吕甲之妻。

上诉人(原审原告):吕乙,男,汉族,1993年7月18日出生,住广东省佛山市南海区,系死者吕甲之子。

上诉人(原审原告):吕丙,女,汉族,1992年4月24日出生,住广东省佛山市南海区,系死者吕甲之女。

上诉人(原审原告):吕丁,女,汉族,1988年1月15日出生,住广东省佛山市南海区,系死者吕甲之女。

被上诉人(原审被告):冯某,男,汉族,1979年2月2日出生,住广东省佛山市南海区。

被上诉人(原审被告):某保险公司佛山市南海支公司,住所地:广东省佛山市南海区。

上诉人朱某、吕乙、吕丙、吕丁因与被上诉人冯某、某保险公司佛山市南海支公司(以下简称某保险公司)机动车交通事故责任纠纷一案,不服广东省佛山市南海区人民法院(2014)佛南法民五初字第1093号民事判决,向本院提出上诉。本案经本院依法组成合议庭进行了审理,现已审理终结。

原审法院经审理,依照《中华人民共和国侵权责任法》第三条、第十六条、第二十二条、第四十八条,《中华人民共和国道路交通安全法》第七十六条,《最高人民法院关于审理人身损害赔偿案件适用法律若干问题的解释》第十九条、第二十条、第二十一条、第二十二条、第二十三条、第二十四条、第二十五条,《中华人民共和国民事诉讼法》第一百四十八条第一款、第二款、第三款的规定,作出如下判决:一、某保险公司应于判决发生法律效力之日起十日内赔偿34 310.39元(该款不包含冯某先行赔付的款项)予朱某、吕乙、吕丙、吕丁;二、驳回朱某、吕乙、吕丙、吕丁的其他诉讼请求。

上诉人朱某、吕乙、吕丙、吕丁上诉提出,死者吕甲的残疾赔偿金应当按照20年计算为78 589元,并不是原审法院认定的1055.04元,主要理由如下:一、法律明确规定残疾赔偿金为财产损害赔偿,是已经固定和明确的。依据《最高人民法院关于审理人身损害赔偿案件适用法律若干问题的解释》的相关规定,可以确定残疾赔偿金的性质是对赔偿权利人收入损失的赔偿;《中华人民共和国侵权责任法》再次对残疾赔偿金的性质予以确认,明确规定残疾赔偿金属于财产损害赔偿,而不属于精神损害赔偿。既然残疾赔偿金属于财产损害赔偿,等于受害人实际已经减少的财产损失,该损失应当是固定的和明确的,而不会因为受害人在定残之后的身体状况的变化甚至死亡而发生变化。本案中,吕甲因交通事故受伤,经鉴定为左上肢活动功能部分受限,评定为十级伤残,多根肋骨骨折评定为十级伤残。吕甲因此而遭受的财产损失,应当由赔偿义务人进行赔偿,才能实现对残疾受害人合法权益的完整保护。二、《最高人民法院关于审理人身损害赔偿案件适用法律若干问题的解释》确定残疾赔偿金的性质是对赔偿权利人收入损失的赔偿,是采用"定型化"的赔偿方式,不考虑受害人实际的生存年限和实际收入的减少。本案中,吕甲因事故受伤构成两处十级伤残,并在定残之后在家中猝死,依照定型化赔偿的原则,残疾赔偿金的年限应当计算为20年,而不能依照其实际生存年限对残疾赔偿金进行折算。该计算采取的是劳动能力丧失说,即不管受害人实际能活多长时间,其残疾赔偿只按照20年计算,也就是说,不管受害人定残之后是于诉讼前、诉讼中、判决后死亡,其赔偿固定地都计算20年时间,故本案残疾赔偿金应为78 589元(30 226.71元/年×20年×13% =785 589元)。三、吕甲因本次交通事故实际已经遭受的损失非常巨大,远远大于原审法院的认定。吕甲是整个家庭的主要收入来源者及顶梁柱。交通事故发生后,吕甲所经营的猪肉档无法继续经营,失去收入,造成巨大的经济损失。其在2013年的第一天就一次性缴纳猪肉档位全年费用36 000元,因受伤而在中途不得不退租。由于发生了交通事故,被迫停业115天,直接损失就达11 500元。因此,原审法院认定残疾赔偿金只计算到吕甲死亡之日不合理,也不符合实际情况,只有计算20年才能弥补实际损失。四、原审法院认定的残疾赔偿金有悖于法律的公平原则。如果残疾赔偿金的计算按照原审法院的认定方法,则在造成人员受伤的交通事故中,作为肇事者及其承保保险公司,为了尽可能减少自己的损失,面对受害人的理赔申请时一定会尽可能拖延,甚至会采取一些不法手段,直至受害人死亡。因此,原审判决的计算方法完全违背法律的公平原则,致使受害人不能及时得到赔偿,减轻了责任者本应承担的责任。

被上诉人某保险公司答辩称,原审判决正确,请求二审法院驳回上诉,维持原判。

被上诉人冯某未作答辩。

在二审诉讼中,各方当事人均未提交新的证据。

经审查,原审判决认定的事实清楚,本院予以确认。

本院认为,本案系机动车交通事故责任纠纷。根据《最高人民法院关于民事经济审判方式改革问题的若干规定》第三十五条"第二审案件的审理应当围绕当事人上诉请求的范围进行,当事人没有提出请求的,不予审查。但判决违反法律禁止性规定、侵害社会公共利益或者他人利益的除外"的规定,本院对朱某、吕乙、吕丙、吕丁的上诉作如下分析审查:本案中,吕甲于2013年9月6日发生交通事故受伤,其伤残于2014年1月8日经广东某司法鉴定中心鉴定为左上肢活动功能部分受限评定为十级伤残,多根肋骨骨折评定为十级伤残。后吕甲因自身疾病于2014年4月15日在家中猝死。朱某、吕乙、吕丙、吕丁主张吕甲的残疾赔偿金应计算20年。《最高人民法院关于审理人身损害赔偿案件适用法律若干问题的解释》第二十五条第一款规定:"残疾赔偿金根据受害人丧失劳动能力程度或伤残等级,按照受诉法院所在地上一年度城镇居民人均可支配收入或者农村居民人均纯收入标准,自定残日起按二十年计算。但六十周岁以上的,年龄每增加一岁减少一年;七十五周岁以上的,按五年计算。"根据该规定,我国法律对于残疾赔偿金的计算是以受害人劳动能力丧失为基础,以受诉法院所在地上一年度城镇居民人均可支配收入或者农村居民人均纯收入为计算标准,对于赔偿期限则按照二十年固定期限确定。由此可知,我国人身损害赔偿中残疾赔偿金实行定型化赔偿,且系对受害人未来收入损失的赔偿,此定型化赔偿是建立在受害人存在未来收入损失以及20年赔偿期限为合理期限的预设基础之上。法院裁判案件,应以司法程序查明的案件事实为基础;当法院通过司法程序查明的案件事实与法律制度设立时预设的基础不相符时,法院亦应以司法程序查明的案件事实为基础进行裁判。本案中,虽吕甲因交通事故受伤,但其在本案诉讼中已因自身疾病而死亡,故吕甲不存在未来收入损失问题。因此,原审法院仅支持吕甲从评残之日起至死亡之日止的残疾赔偿金,处理正确,本院予以维持;朱某、吕乙、吕丙、吕丁主张吕甲残疾赔偿金应计算20年,缺乏依据,故本院不予支持。据此,依照《中华人民共和国民事诉讼法》第一百七十条第一款第(一)项的规定,判决如下:

驳回上诉,维持原判。

二审案件受理费906.97元(朱某已预交1765元),由上诉人朱某、吕乙、吕丙、吕丁负担;上诉人朱某多预交的二审案件受理费部分858.03元,经其书面申请后,由本院予以退还。

本判决为终审判决。

审　判　长　翟林彬
代理审判员　何美健
代理审判员　唐铭焕
二〇一四年十一月四日
书　记　员　张嫒嫒

【评析】

《最高人民法院关于审理人身损害赔偿案件适用法律若干问题的解释》第二十五条规定，残疾赔偿金根据受害人丧失劳动能力程度或者伤残等级，按照受诉法院所在地上一年度城镇居民人均可支配收入或者农村居民人均纯收入标准，自定残之日起按二十年计算。但六十周岁以上的，年龄每增加一岁减少一年；七十五周岁以上的，按五年计算。受害人因伤致残但实际收入没有减少，或者伤残等级较轻但造成职业妨害严重影响其劳动就业的，可以对残疾赔偿金作相应调整。根据该规定，我国法律对于残疾赔偿金的计算是以受害人劳动能力丧失为基础，以受诉法院所在地上一年度城镇居民人均可支配收入或者农村居民人均纯收入为计算标准，对于赔偿金额期限则按照二十年固定期限确定。由此可知，我国人身损害赔偿中残疾赔偿金实行定型化赔偿，且系对受害人未来收入损害的赔偿，此定型化赔偿是建立在受害人未来收入损失以及20年赔偿年限为合理期限的预设基础之上。

在本案中，虽然吕某因交通事故受伤，但是其在本案诉讼前已因自身疾病而死亡，故吕甲不存在未来收入损失问题。所以一、二审法院均仅支持受害人残疾赔偿金从定残之日至死亡之日计算。

42. 交通事故受害人能否同时请求残疾辅助器具费与终身完全护理费的认定

福建省罗源县人民法院
(2014)罗民初字第1368号民事判决书

(2014年11月24日)

【案情】

2013年12月6日晚，王某驾驶闽AB2号重型货车，与醉酒驾驶闽C1M号二轮摩托车的杜某及一无牌电动三轮车发生碰撞，导致杜某受伤。事故后，无牌电动三轮车逃逸。罗源县公安局交通管理大队认定，杜某和无牌电动三轮车驾驶员应共负事故主要责任，王某负事故次要责任。

2014年1月10日，经福建南方司法鉴定中心鉴定，杜某构成二级伤残。后杜某诉至法院。

2014年8月28日，杜某起诉王某及闽AB2号重型货车交强险、第三者责任保险(保额100万元)的承保保险公司。要求被告王某、某保险公司共同赔偿其诉请医疗费、误工费、护理费、住院伙食补助费、营养费、交通费、残疾赔偿金，精神损害抚慰金、残疾辅助器具费、鉴定费等损失共计1 163 129.9元(按责任比例分摊后)。

【判决书正文】

原告:杜某,男,1992年11月26日出生,汉族,贵州省思南县人,务工,住贵州县思南县。

被告:王某,男,1982年3月15日出生,汉族,四川省荣县人,司机,住四川县荣县。

被告:某财产保险股份有限公司福州中心支公司,住所地:福建省福州市鼓楼区。

原告杜某与被告王某、某财产保险股份有限公司福州中心支公司(以下简称某保险公司)机动车交通事故责任纠纷一案,本院于2013年8月28日立案受理,依法由审判员马榕武适用简易程序,公开开庭进行审理。原告委托代理人关某,被告王某,被告某保险委托代理人林某到庭参加诉讼。本案现已审理终结。

原告杜某诉称:2013年12月6日,原告杜某驾驶闽CIM号二轮摩托车,由罗源县松山镇岐头村往罗源城关文身行驶时,与对向驶来无牌电动三轮车相碰后,被被告王某驾驶的闽AB2重型货车碾压,造成原告受伤及三车局部损坏的交通事故,罗源县公安局认定原告负本事故主要责任,被告王某负本事故次要责任,事发当晚,原告被送至罗源县医院治疗,次日转宁德市医院治疗,共住院220天。福建南方司法鉴定中心鉴定,原告构成二级伤残,被告王某所驾驶车辆闽AB2在被告某保险公司投保了交强险和商业险。请求判令:1. 被告王某赔偿原告医疗费431 216.63元、误工费29 731.9元、护理费1 016 291.9元、住院伙食补助费11 050元、营养费50 000元、交通费952元、残疾赔偿金554 695.2元、精神损害抚慰金100 000元、残疾辅助器具费1 401 762元、鉴定费1400元,扣除被告某保险公司已付交强险120 000元及原告承担的事故主要责任比例,合计1 043 129.9元;2. 被告保险公司在商业险限额内赔偿原告各项经济损失;3. 保留向被告追诉其他未尽事宜的权利;4. 本案诉讼费用由被告承担。

被告某保险公司辩称:1. 对本事故的事实及责任认定没有异议。2. 肇事车辆投保交强险及商业三者险,已投保不计免赔,愿意按照保险合同规定承担赔偿义务,已经在交强险内先行支付了120 000元,交强险的赔偿义务已履行完毕。3. 对医疗费,认可406 256.63元,其他数额与本案不具有关联性,不予认可,医疗费中含有非医保90 943.09元,该费用不予承担;误工费,原告定残时间是2014年1月10日,误工时间为34天,计算标准为农林牧渔业平均工资,每天按88.74元计算,误工费为3017.16元;护理费,应按照每天88.74元计算,共计19 522.8元,对于出院后的护理费,因原告所作的完全护理依赖的鉴定是在其未安装假肢前提下,待原告安装完假肢之后,其依赖程度必定不同,原告在主张器具费用的前提下再行主张完全依赖费用,属于重复主张,与原告之后的生存状态不相符,出院后的护理费可待原告安装完假肢之后再行护理依赖程度的鉴定;住院伙食补助费,按照每天30元计算;营养费按照6000元认定;交通费按500元认定;残疾赔偿金554 695.2元,原告在事故发生之前,在罗源县办理了暂住,在本案中,原告也未提供任何其在城镇居住、生活、工作及收入来源于城镇的证据材料,残疾赔偿金应当按照农村居民标准计算,共计201 315.6元;对于精神损害抚慰金,应按照双方过错程度,被告驾驶员负次要责任,被告可承担15 000元;对于残疾辅助器具费,原告至今并未安装假肢,没付装配实际费用,无法认定,应待实际发生后再另行主张,而对于大腿假肢的费用应当是36 000元,更换周期也应按该文件的数据进行;对于假肢所需要更换的周期,先行酌定两到三个周期,之后再行主张;对于鉴定费,因不属于保险责任,不承担,鉴定费中护理依赖的鉴定费用,不应支持;不承担诉讼费用。

被告王某辩称:已先行垫付87 000元,其他答辩意见与某保险一致。

经审理查明:2013年12月6日晚,原告杜某醉酒后驾驶闽C1M车二轮摩托车,由罗源县松山镇岐头村往城关方向行驶,途经松山镇江滨南路岐头新村路段,超越前方同向行驶由被告王某驾驶的闽AB28号重型货车时,与对向驶来无牌电动三轮车相碰,导致二轮摩托车及原告向前右滑移后被闽AB2号重型货车碾压,造成原告受伤及三车局部损坏的交通事故,事后电动三轮车驾驶员驾车逃离事故现场。罗源县公安局交通管理大队认定,原告杜某和无牌电动三轮车驾驶员应共负事故主要责任,被告王某负事故次要责任。事发当晚,原告被送至罗源县医院治疗,次日转宁德市医院治疗,于2014年7月15日出院,共住院220天,用去医疗费431 216.63元,其中非医保费用90 943.09元。福建南方司法鉴定中心鉴定,原告双大腿自上段以远缺失构成二级伤残。

闽AB2号肇事车辆系被告王某所有,向被告某保险公司投保了交强险和商业三者险1 000 000元。案发后某保险公司先行支付给原告交强险费120 000元,被告王某支付医疗费87 000元。原告杜某于2012年11月起暂住于罗源县松山镇岐后村,事发时在罗源县滨海新城务工。

本院依据相关法律规定,对原告诉请的各项赔偿具体数额核定如下:

1. 原告诉请医疗费431 216.63元,被告提出异议,依据宁德市医院疾病证明书,原告治疗需要替加环素32支,因医院无该药,同意原告外购,因此,原告诉请的医疗费数额本院予以支持;福建鼎力司法鉴定中心鉴定非医保费用为90 943.09元,该数额依法不属于保险赔付范围,某保险的该项抗辩,本院予以支持。

2. 原告诉请误工费29 731.9元(49 328元/年÷365天×220天),被告提出异议,因事发时原告在罗源县滨海新城务工,收入来源于城镇,误工标准可以2014年度单位从业人员平均工资计算,对于误工日期,原告诉请计算为住院期间,于法有据,因此,原告该项诉请,本院予以支持。

3. 原告诉请护理费出院后护理费共计1 016 291.9元,被告抗辩住院期间以每天88.74元计算,护理费为19 522.8元,该抗辩于法有据,予以支持;对于出院后护理费,被告抗辩完全护理依赖的鉴定是原告未安装假肢情况下做出,而安装假肢后护理依赖必定不同,应待原告安装假肢之后再行鉴定,被告该抗辩于法有据,本院予以支持。因此,本院确认护理费数额应为19 522.8元,出院后的护理费用原告应另行主张。

4. 原告诉请住院伙食补助费11 050元,被告抗辩应以每天30元计算,本院予以支持,因此,该项费用数额应为6600元(30元/天×220天)。

5. 原告诉请营养费50 000元,被告提出异议,依据原告伤情,住院期间增加营养是必要的,原告诉请数额偏高,本院酌情确定为6600元。

6. 原告诉请交通费952元,被告提出异议,因原告提供交通费票据不足以对应就医的时间、人数、次数,但考虑交通费用确有必要,被告认可500元,本院予以支持。

7. 原告诉请残疾赔偿金554 695.2元(30 816元/年×18年),被告提出异议,因原告可以城镇标准计算残疾赔偿金,依据司法鉴定原告伤残等级为二级,因此该项数额计算于法有据,本院予以支持。

8. 原告诉请精神损害抚慰金100 000元,被告抗辩可承担15 000元,依据原告伤残程度及本事故责任比例,被告抗辩的数额比较合理,本院予以支持。

9. 原告诉请残疾辅助器具费用1 401 762元,被告抗辩应以福建省人力资源和社会保障厅印发的《福建省工伤职工辅助器具配置项目和指导价目(价格限额)》中所规定价格计算假肢费用,被告抗辩于法有据,予以支持,依据人社厅指导项目,原告假肢费用每具36 000元,保修期3年,使用年限8年,保修期后年度维修保养费用不超过产品价格的10%,则原告每具假肢装配维修保养费用应为108 000元(36 000元×2具+36 000元×2具×10%×5年),事发时原告21岁,福建省男性平均预期寿命73.27岁,则需更换6.54具[(73.27岁-21岁)÷8年],因此,原告残疾辅助器具费用应为 706 320 元(108 000 元/具×6.54 具),原告装配维修保养残疾辅助器具的其他费用可待实行发生后另行主张;

10. 原告诉请鉴定费 1400 元,被告抗辩该费用系护理依赖程度及护理期限的鉴定费用,不应支持,且不由保险公司承担,关于护理依赖及护理期限的鉴定,本院未予采纳,因此该项费用本院不予支持。

原告诉请上述各项费用经核定合计 1 679 243.44 元。

上述事实,有原、被告的庭审陈述,原、被告身份证明材料,交强险、商业险保险单,道路交通事故认定书,罗源县医院、宁德市医院住院病历、入院出院记录、医疗费发票、用药清单,暂住证明,司法鉴定意见书等证据予以证实。

本院认为:公民的生命健康权应当受到法律保护。罗源县公安局交通管理大队做出事故认定,被告王某负事故次要责任,原告杜某和无牌电动三轮车驾驶员共负事故主要责任,事实清楚、程序合法,本院予以采信。被告王某驾驶其所有的闽 AB2 号重型货车造成原告人身伤害,依法应承担赔偿责任,该车已向被告某保险公司投保了交强险及商业三者险,原告要求被告某保险公司在保险限额内赔偿,本院予以支持。被告某保险公司已支付交强险限额赔偿费,还应当在商业三者险限额内,依照事故责任比例,赔付原告 467 773 元[(1 679 243.44 －120 000)×30%],不属于保险赔付的非医保数额 90 943.09 元,依照事故责任比例,应由被告王某负担 27 283 元(90 943.09×30%),被告王某已支付赔偿款 87 000 元,其超额支付的 59 717 元,可抵扣被告某保险公司在商业三者险内赔付的金额,即被告某保险公司应支付 408 056.2 元。被告王某超额支付的款项可向被告某保险公司另行主张。据此,依照《中华人民共和国侵权责任法》第六条、第十六条、第二十二条、第四十八条,《中华人民共和国道路交通安全法》第七十六条,《最高人民法院关于审理道路交通事故损害赔偿案件适用法律若干问题的解释》第十六条,《最高人民法院关于审理人身损害赔偿案件若干问题的解释》第十七条、第十九条、第二十条、第二十一条、第二十二条、第二十三条、第二十四条、第二十五条、第二十六条,《最高人民法院关于民事诉讼证据若干规定》第二条之规定,判决如下:

一、被告某财产保险股份有限公司福州中心支公司应于本判决生效之日起十日内在商业三者险责任限额内,赔偿原告杜某人民币 467 773 元,扣除被告王某已垫付的 59 717 元,应付款项 408 056 元;

二、被告王某应赔偿原告杜某人民币 27 283 元(该款已支付);

三、驳回原告杜某的其他诉讼请求。

如果被告未按本判决指定的期间给付金钱义务,应当依照《中华人民共和国民事诉讼法》第二百五十三条之规定,加倍支付迟延履行期间的债务利息。

本案案件受理费 14 188 元,减半收取 7094 元,由被告王某负担 3367 元,原告负担 3727 元。

如不服本判决,可在判决书送达之日起十五日内,向本院递交上诉状,并按对方当事人的人数提出副本,上诉于福州市中级人民法院。

审　判　员　马榕武

二〇一四年十一月二十四日

书　记　员　游晓欢

【评析】

本案中,对于出院后的护理费,原告主张其经鉴定为终身完全护理依赖,依法应获得20年护理费,20年后护理费可再行主张。保险公司提出原告的护理依赖鉴定在其未装配假肢之前,原告装配假肢的目的是能够实现生活自理,而原告在主张假肢费用情况下再行主张终身完全护理,与原告装配完假肢后的生存状态不符。《最高人民法院关于审理人身损害赔偿案件若干问题的解释》规定:"受害人定残后的护理,应当根据其护理依赖程度并结合配制残疾辅助器具的情况确定护理级别"。最终,法院以本案原告的护理依赖鉴定是在假肢配制前,主张的护理依赖程度与其配制假肢后的程度不具有关联性,驳回原告关于器具费的诉讼请求,并告知其可以在配制假肢、重新鉴定后再行请求。

43. 交通事故出现"无名尸"情形下保险人的赔偿责任

江西省九江市中级人民法院
(2014)九中民一终字第606号民事判决书

(2014年12月3日)

【案情】

2011年5月30日21时40分,徐某驾驶吉利牌小型轿车在304省道由东向西行驶,当车在304省道260KM+284.6米处与一男性无名氏发生碰撞,造成无名氏死亡。经交警部门认定,徐某承担事故的全部责任。徐某按照当地政府部门要求支付了包括死亡赔偿金、丧葬费、查找尸源费、施救费等共计130 826元。徐某车辆在某保险公司江西分公司购买了交强险及商业第三者险。徐某据此为由向某保险公司江西分公司理赔未果,遂向江西省瑞昌市人民法院提起诉讼。

【判决书正文】

上诉人(原审原告):徐某,男,1965年7月16日出生,汉族,教师,住江西省瑞昌市夏畈镇。

被上诉人(原告被告):某保险公司江西分公司,住所地:江西省南昌市东湖区。

上诉人徐某与被上诉人某保险公司江西分公司因保险合同纠纷一案,江西省瑞昌市人民法院于2014年9月12日作出(2014)瑞民初字第636号民事判决。上诉人徐某不服该判决,向本院提起上诉,本院依法组成合议庭进行了审理,本案现已审理终结。

原审查明,2011年3月29日,原告徐某为其吉利牌小型轿车向被告某保险公司江西分公司投保了机动车交通事故强制保险和机动车交通事故商业险,保险期间为2011年3月30日至2012年3月29日,其中机动车商业险保险限额为500 000元。2011年5月30日21时40分,原告徐某驾驶投保车辆在江西304省道上由东向西行驶,至304省道262KM+284.6M处时,与一男性无名氏发生碰撞,造成无名氏死亡,吉利牌车辆受损的交通事故。2011年6月11日,九江县公安局交通警察大队作出赣公交认字第251号道路交通事故认定书,认定原告徐某负事故的全部责任,无名氏对事故不负责任。2011年6月3日,原告向九江日报广告中心缴纳查找尸源公告费200元。2011年6月27日,原告向九江县某汽车服务部交纳事故车辆施救费用300元。2011年7月5日,无名氏尸体在瑞昌市殡葬服务中心火化,瑞昌市殡葬服务中心出具了交纳无名氏殡葬服务费和火化费用共计22 568元的发票三张。2012年5月25日,九江县公安局交通警察大队作出道路交通事故损害赔偿调解书,内容为:"丧葬费14 546元,死亡赔偿金115 780元,以上费用共计人民币13 326元全部由徐某承担,经公安机关交通管理部门主持调解达成协议,各方签字生效后任何一方不履行的,当事人可以向人民法院提起民事诉讼",在当事人或代理人签名处仅有原告的签名。同日,九江县公安局交通警察大队向原告出具收到原告徐某赔付丧葬费、死亡赔偿金130 326元的交通事故赔偿凭证。2013年11月29日,九江县公安局交通警察大队向九江县民政局支付了其代收的原告交纳的无名氏交通事故死亡赔偿金107 758元,支付方式为提供中国农业银行九江县支行转账给九江县财政局集中管理账户。2014年4月15日,原告诉至原审法院,请求判决被告赔付原告垫付的丧葬费14 546元、死亡赔偿金115 780元、查找尸源费200元、施救费300元,共计130 826元。

在原审庭审中,原告对其诉请的无名氏丧葬费支出14 546元、死亡赔偿金115 780元,共计130 326元,解释为:原告按照道路交通事故损害赔偿调解书的内容,向九江县公安局交通警察大队给(垫)付了无名氏死亡赔偿金115 780元、丧葬费14 546元,共计130 326元。九江县公安局交通警察大队在实际支付了无名氏丧葬费22 568元后,以无名氏死亡赔偿金的名义将剩余款项107 758元给付了九江县民政局。原告诉请要求被告赔付其给(垫)付的无名氏丧葬费支出14 546元、死亡赔偿金115 780元,总计款为130 326元,如果法院认定原告给(垫)付的无名氏死亡赔偿金为107 758元,则原告要求被告赔付其给(垫)付的无名氏丧葬费为22 568元。

原审认为,原告诉请要求被告赔付的其给(垫)付的无名氏丧葬费14 546元、死亡赔偿金115 780元,实际应是丧葬费22 568元、死亡赔偿金107 758元。对于原告诉请的无名氏死亡赔偿金。原审认为,依据法律规定,被侵权人死亡的,其近亲属有权请求侵权人承担侵权责任;赔偿权利人是指因侵权行为或者其他致害原因直接遭受人身损害的受害人、依法由受害人承担扶养义务的被扶养费以及死亡受害人的近亲属;被侵权人因道路交通事故死亡无近亲属或者近亲属不明,侵权人以已向未经法律授权的机关或者有关组织支付死亡赔偿金为理由,请求保险公司在交强险责任限额内予以赔偿的,不予支持。原告认为依据《江西省道路交通事故社会救助基金管理实施细则(修订稿)》第二十九条之规定,九江县民政局属于法律授权的机关,原告将无名氏的死亡赔偿金给付给九江县民政局后,有权请求保险公司进行赔付。原审认为,《江西省道路交通事故社会救助基金管理实施细则(修订稿)》属于行政规章,不属于"未经法律授权的机关或者有关组织"中"法律"的范围,原审对原告要求被告赔付无名氏死亡赔偿金的诉讼请求,不予支持。对于原告诉请的无名氏丧葬费,原审认为,依据法律规定,被侵权人因道路交通事故死亡,无近亲属或者近亲属不明,支付被侵权人医疗费、丧葬费等合理费用的单位和个人,有权请求保险公司在交强险责任限额内予以赔偿。关于原告诉请的具体数额,依据《江西省道路交通事故社会救助基金管理实施细则(修订稿)》第三十条规定,本省丧葬费的垫付标准按本省上一年度职工月平均工资的六个月总额执行。对未知名死者的丧葬费按实际发生额予以垫付,最高不得超过本省丧葬费的垫付标准。但本案中由于查找尸源,无名氏尸体停放时间较长,自2011年3月29日至2011年7月5日,导致丧葬费超出了上述垫付标准,但该费用为无名氏丧葬费的实际和合理支出,由丧葬服务部门实际收取,被告应当赔付,原审对原告的该诉请予以支持。关于原告诉请的施救费300元,原审认为,施救费用属于车辆损失险的赔付范围,不属于原告投保的机动车交通事故责任强制保险、机动车商业险的赔付范围,原审对原告的该诉请不予支持。关于原告诉请的查找尸源费200元,原审认为符合法律规定及原、被告保险条款的约定,原审予以支持。据此,被告应赔付原告给(垫)付的无名氏丧葬费22 568元、查找尸源费200元,共计22 768元。综上,依据《中华人民共和国保险法》第二条、《最高人民法院关于审理人身损害赔偿案件适用法律若干问题的解释》第十七条第三款,《最高人民法院关于审理道路交通事故损害赔偿案件适用法律若干问题的解释》第二十六条第二款、第三款之规定,判决:一、限被告某保险公司江西分公司于本判决生效后十日内赔付原告徐某保险赔付款22 768元。二、驳回原告徐某的其他诉讼请求。案件受理费2917元,由被告某保险有限公司江西分公司负担370元,原告徐某负担2547元。如果未按本判决指定的期间履行给付金钱义务的,应当按照《中华人民共和国民事诉讼法》第二百五十三条之规定,加倍支付迟延履行期间的债务利息。

宣判后,原审原告徐某不服该判决,以"其已垫付了本案中无名氏的死亡赔偿金,一审认为《江西省道路交通事故社会救助基金管理实施细则》(修订稿)属于行政规章,不属于未经法律授权的机关或有关组织中的法律范围"等不当为由,向本院提起上诉,请求二审依法改判支持上诉人垫付的死亡赔偿金107 758 万元。

在本院二审审理过程中,上诉人向本院申请证人傅某出庭作证,证明其死亡赔偿金是在处理事故的交警中队的要求下支付的。

本院二审查明事实与一审查明事实一致。

本院认为,上诉人要求被上诉人保险公司赔偿的主要依据是《江西省道路交通事故社会救助基金管理实施细则》(修订稿)第二十九条的规定,即对道路交通事故无法确认身份的未知名死者的遗体,由公安部门按照有关规定处理,其人身损害赔偿金应由当地救助金管理机构提存。上诉人称其已将死亡赔偿金给付九江县民政局,故其有权请求被上诉人保险公司进行赔付,但原审认定《江西省道路交通事故社会救助基金管理实施细则》(修订稿)为行政规章,不属于"未经法律授权的机关或者有关组织"中的"法律"范畴,并由此认定九江县民政局并非法律授权的机关或组织,并无不当。根据侵权责任法的规定,被侵权人死亡的,其近亲属有权请求侵权人承担侵权责任,故赔偿权利人是指因侵权行为或者其他致害原因直接遭受人身损害的受害人、依法由受害人承担抚养义务的被抚养人以及死亡受害人的近亲属。因上诉人并未提供证据证明九江县民政局得到无名氏近亲属的授权或是法律、法规授权处理无名氏赔偿事宜的机关,故上诉人要求二审改判被上诉人保险公司返还其垫付的死亡赔偿金的上诉请求,并无事实与法律依据,本院不予支持。原审认定事实清楚,适用法律正确,处理并无不当,应予维持。依照《中华人民共和国民事诉讼法》第一百七十条第一款第(一)项之规定,判决如下:

驳回上诉,维持原判。

二审案件受理费2455元,由上诉人徐某负担。

本判决为终审判决。

审 判 长 陈江颖
代理审判员 刘 敏
代理审判员 黄丽丽
二〇一四年十二月三日
书 记 员 查晓鹄

【评析】

本案因一起特殊的交通事故而起,其特殊之处在于交通事故受害人也就是死者为身份不明者,经登报等穷尽各类手段都无法确认死者身份。事故发生后,原告即肇事人向九江县公安局交通警察大队支付了 130 326 元,其中包括丧葬费 14 546 元,死亡赔偿金 115 780 元。九江县公安局交通警察大队将其中 107 758 元作为死亡赔偿金转入了九江县民政局集中管理账户内。原告向保险公司申请理赔,保险公司依《最高人民法院关于审理道路交通事故损害赔偿案件适用法律若干问题的解释》第二十六条规定拒绝赔付死亡赔偿金项目。一审法院依法驳回了原告死亡赔偿金的诉求,二审法院的认定与一审法院一致,维持原判。

交通事故中时常会有受害人身份不明的案例发生。全国各地通过行政规章等规定给予了公安局交通警察大队代收死亡赔偿金的权利,也给予了民政局提存的权利。但随着侵权责任法的实施,对于民政局等单位和组织是否有主张死亡赔偿金的权利一直成为此类案情争议的焦点。各地法院认定不一,同一类型案例时常会出现截然不同的判决结果。最高人民法院的司法解释对此给出了明确意见,既减少了此类案件的诉讼量,又为审理案件提供了法律依据。

44. 交通事故中道路救助基金是否有权代收无名氏死亡赔偿金

湖北省荆门市中级人民法院
(2014)鄂荆门民二终字第 00045 号民事判决书

(2014 年 6 月 27 日)

【案情】

2013 年 9 月 1 日 2:10,驾驶员吴某驾驶标的车行驶在 207 国道襄阳市黄集镇路段与横穿马路的行人发生碰撞,造成三者无名氏死亡、本车受损的交通事故。事故发生后,交警以某道路救助基金的名义向被保险人收取了 11 万元的死亡赔偿金。后被保险人据此向保险公司申请理赔遭拒,遂诉至法院。

【判决书正文】

上诉人(原审被告):某保险公司荆门中心支公司,住所地:荆门市东宝区。

被上诉人(原审原告):荆门市某科技有限责任公司,住所地:荆门市掇刀区。

上诉人某保险公司荆门中心支公司(以下简称保险公司)因与被上诉人荆门市某科技有限责任公司(以下简称科技公司)财产保险合同纠纷一案,不服荆门市东宝区人民法院(2013)鄂东宝民二初字第 00561 号民事判决,向本院提起上诉。本院于 2014 年 3 月 27 日受理后,依法组成合议庭，于2014年4月10日公开开庭审理了本案。本案现已审理终结。

原判认定，2012年12月31日，科技公司就其鄂H号货车向保险公司投保了交强险，保险期间为一年，死亡伤残赔偿限额为11万元。2013年9月2日，科技公司司机吴某驾驶鄂H号货车行至207国道襄阳市襄州区襄北农场农科所地段时，与一无名氏发生交通事故，致该无名氏死亡。此起事故经交警部门认定，吴某负事故的主要责任。事故发生后，因未查找到无名氏的具体身份信息，科技公司按交警部门的要求，向某道路交通事故社会救助基金管理机构（以下简称救助基金管理机构）交纳了11万元的赔偿金。科技公司支付赔偿金后，向保险公司申请理赔，保险公司拒赔。为此，科技公司诉请法院判令保险公司支付保险赔偿金11万元并承担本案诉讼费。

原审法院认为，科技公司与保险公司的保险合同，是当事人的真实意思表示，且不违背法律法规禁止性的规定，是有效合同，双方当事人应按合同约定履行义务。

关于科技公司就无名氏的交通事故向救助基金管理机构交纳了11万元的赔偿金后，可否向保险公司主张权利的问题。因受害的第三者为无名氏，其身份信息无法确认，因此，是否对无名氏进行赔偿，赔偿款由谁保管成为争议问题。由于无法确认无名氏的身份信息，也不能查找到其权利继承人，如果侵权人以此免于赔偿，显然有违公平、公正的价值取向。如果赔偿，由谁保管赔偿款的问题，根据《湖北省道路交通事故社会救助基金实施办法（试行）》第三十一条的规定，交通事故受害人死亡，没有请求损害赔偿权利人或者无法确定权利人的，事故发生地救助基金管理机构代行赔偿请求权。该规定明确了事故发生地救助基金管理机构可以代行赔偿请求权。故，科技公司将无名氏的赔偿金11万元交到救助基金管理机构，可认定为向第三者履行了赔偿义务。而且科技公司在交强险限额内的赔偿，并未加重保险公司的保险责任，也不属保险公司的免责范围。因此，保险公司应按保险合同向科技公司支付保险赔偿金。关于保险公司认为救助基金管理机构不是法律授权的机关或者有关组织，科技公司向救助基金管理机构交纳无名氏的赔偿金，不是向第三者履行赔偿义务的问题。该院认为，救助基金管理机构可以代行赔偿请求权，由《湖北省道路交通事故社会救助基金实施办法（试行）》作出规定，该办法虽不是法律，但是由中国保险监督管理委员会湖北监管局等部门制订，中国保险监督管理委员会湖北监管局是保险公司的管理机构，其作出该项规定，属处分自己的民事权利，不适用"法律授权"这一规定。因此，对保险公司的抗辩意见不予采纳。关于保险公司还提出无名氏应按农村居民标准计算赔偿金的问题，因无名氏的身份无法确定，不能确定是城镇居民，也不能确定是农村居民，为保护弱势群体利益，应按就高不就低的原则，按城镇居民的赔偿标准计算。保险公司应在交强险限额内支付赔偿金11万元。

综上，科技公司要求保险公司支付11万元的保险赔偿金的证据充分，理由正当，予以支持。依照《中华人民共和国保险法》第十四条、第二十三条第一款的规定，判决：某保险公司荆门中心支公司于判决生效之日起10日内支付荆门市某科技有限责任公司保险赔偿金11万元。如未按该判决指定的期间履行金钱给付义务，应当按照《中华人民共和国民事诉讼法》第二百五十三条之规定，加倍支付迟延履行期间的债务利息。案件受理费2500元，减半收取1250元，由某保险公司荆门中心支公司负担。

宣判后，保险公司不服，向本院提起上诉称，一审判决适用法律错误。1.《最高人民法院关于审理道路交通事故损害赔偿案件适用法律若干问题的解释》（以下简称《交通事故损害赔偿解释》）第二十六条第二款中规定的"法律"应做狭义解释，即仅指全国人大及其常委会颁布的法律。即使对该处的"法律"作广义解释，根据立法法的规定，也不包括省厅颁布的管理办法。因此，救助基金管理机构非法律授权的机关，不能代领无名氏的赔偿款。2.从司法实践来看，最高人民法院及湖北省高级人民法院在审判工作中也不认可救助基金管理机构的赔偿请求权主体资格。综上,原判认定救助基金管理机构有权收取无名氏的死亡赔偿金错误,请求二审法院依法撤销原判,改判保险公司不承担赔偿责任,并由科技公司承担诉讼费。

被上诉人科技公司答辩称,保险公司认为原审法院适用法律错误不成立。1.《交通事故损害赔偿解释》第二十六条第二款中规定的"法律"作广义解释,符合保护受害人利益的原则,亦符合侵权责任法及民法上的公平原则。2.湖北省五部门制定的《湖北省道路交通事故社会救助基金实施办法》,一审法院适用该办法的规定正确。而湖北省高级人民法院2013年9月的座谈会纪要,仅作为判决参考使用,不能作为依据,并且对于基金救助管理机构能否代无名氏主张赔偿权利又有了新的意见。保险公司的上诉理由不能成立,依法应予驳回。

二审查明,原判认定事实属实。

本院认为,双方当事人二审主要争议:科技公司向救助基金管理机构交纳11万元赔偿金后,是否有权向保险公司索赔该款。

保险公司坚持认为救助基金管理机构不属于《交通事故损害赔偿解释》第二十六条第二款规定的"经法律授权的组织",因此依据该条规定,其不应向科技公司给付保险金。保险公司并称最高人民法院及湖北省高级人民法院民事审判工作座谈会纪要均持此观点。

科技公司则称湖北省五部门制定的《湖北省道路交通事故社会救助基金实施办法》规定救助基金管理机构可代行赔偿请求权,该办法应属《交通事故损害赔偿解释》第二十六条第二款所称的"法律",故对于科技公司向救助基金管理机构交纳的赔偿金,保险公司应予赔付。

本院认为,《交通事故损害赔偿解释》第二十六条规定:"被侵权人因道路交通事故死亡,无近亲属或者近亲属不明,未经法律授权的机关或者有关组织向人民法院起诉主张死亡赔偿金的,人民法院不予受理。侵权人以已向未经法律授权的机关或者有关组织支付死亡赔偿金为理由,请求保险公司在交强险责任限额范围内予以赔偿的,人民法院不予支持。被侵权人因道路交通事故死亡,无近亲属或者近亲属不明,支付被侵权人医疗费、丧葬费等合理费用的单位或者个人,请求保险公司在交强险责任限额范围内予以赔偿的,人民法院应予支持。"科技公司起诉请求保险公司支付保险金11万元,对这11万元虽未明确是死亡赔偿金,但因科技公司于本案中未主张其曾支付其他费用,而交强险死亡赔偿金数额为11万元,由此其请求的该11万元只能理解为死亡赔偿金。依据上述规定,科技公司之请求得以满足的前提在于该11万元系向经法律授权的机关或者有关组织支付,因科技公司实际向救助基金管理机构支付了该款,故争执点为救助基金管理机构是否系该条规定的"经法律授权的机关或者有关组织"。该争议涉及两个层面的问题:一是救助基金管理机构是否可为死亡赔偿金的请求权主体,二是法律是否授权救助基金管理机构行使该权利。

对于死亡赔偿金的请求权主体,应为其权益受到侵害之人。就实体法规定来看,《中华人民共和国侵权责任法》第十八条规定,被侵权人死亡的,其近亲属有权请求侵权人承担侵权责任。《最高人民法院关于审理人身损害赔偿案件适用法律若干问题的解释》第一条规定"赔偿权利人",是指因侵权行为或者其他致害原因直接遭受人身损害的受害人、依法由受害人承担扶养义务的被扶养人以及死亡受害人的近亲属。依据上述规定,因道路交通事故死亡的被侵权人,其赔偿权利人应为其近亲属。法律并未规定其他机关或者组织可作为赔偿权利人,故救助基金管理机构并非可得行使赔偿请求权的主体。

继而审查法律是否授权救助基金管理机构行使赔偿请求权,科技公司提出《湖北省道路交通事故社会救助基金实施办法(试行)》第三十一条明确规定救助基金管理机构可代行赔偿请求权,并认为《交通事故损害赔偿解释》第二十六条所谓"法律"应作广义解释。对此,本院认为,据该条文义及司法解释起草单位的条文释义，此处“法律”不应作扩大解释。救助基金管理机构系依据《中华人民共和国道路交通安全法》（以下简称《道交法》）第十七条设立，而《道交法》及《道路交通事故社会救助基金管理试行办法》均未明确授权救助基金管理机构具有在“无名死者”道路交通事故案件中作为适格原告主张死亡赔偿金的权利。

同时，《湖北省道路交通事故社会救助基金实施办法（试行）》系由中央五部委联合发布的《道路交通事故社会救助基金管理试行办法》第三十九条授权制定的实施细则，而五部委制定的《道路交通事故社会救助基金管理试行办法》则系由《机动车交通事故责任强制保险条例》第二十六条授权制定的救助基金的具体管理办法。《机动车交通事故责任强制保险条例》第二十五条第（三）项规定救助基金的来源包括救助基金管理机构依法向道路交通事故责任人追偿的资金。追偿须以先行垫付为前提，而死亡赔偿金显然不在垫付之列，因此，该条例也并未明确授权救助基金管理机构在交通事故致无名氏死亡的案件中可主张死亡赔偿金。

综上，因救助基金管理机构不属于经法律授权的机关或者有关组织，故科技公司以已向救助基金管理机构支付死亡赔偿金为由，请求保险公司支付死亡赔偿金11万元的请求，不能得到支持。

原判适用法律错误。依照《中华人民共和国侵权责任法》第十八条，《最高人民法院关于审理人身损害赔偿案件适用法律若干问题的解释》第一条，《最高人民法院关于审理道路交通事故损害赔偿案件适用法律若干问题的解释》第二十六条，《中华人民共和国民事诉讼法》第一百七十条第一款第（二）项之规定，经合议庭评议，并提交本院审判委员会讨论决定，判决如下：

一、撤销荆门市东宝区人民法院（2013）鄂东宝民二初字第00560号民事判决；

二、驳回荆门市某科技有限责任公司的诉讼请求。

一审案件受理费1250元，二审案件受理费2500元，均由被上诉人荆门市某科技有限责任公司负担。

本判决为终审判决。

审　判　长　王小云
代理审判员　王晓明
代理审判员　冯　杰
二〇一四年六月二十七日
书　记　员　马咏莲

【评析】

《最高人民法院关于审理道路交通事故损害赔偿案件适用法律若干问题的解释》第二十六条第二款规定：“侵权人以已向未经法律授权的机关或者有关组织支付死亡赔偿金为理由，请求保险公司在交强险责任限额范围内予以赔偿的，人民法院不予支持”。此条规定中的“法律”应当做狭义解释，即只有通过全国人大及其常委会颁布的规定才能称之为法律。即使对该司法解释中的“法律”做广义解释，根据本案审判时的立法法的规定，也仅包括法律、行政法规、地方性法规、自治条例和单行条例、国务院部门规章和地方政府规章。其中地方政府规章，仅省、自治区、直辖市和较大的市的人民政府有权限制定，而被保险人所依据的湖北省五部门制定的《湖北省道路交通事故社会救助基金实施办法》及襄阳市制定的《襄阳市道路交通事故社会救助基金实施细则》这两份文件都不符合立法法中关于法律的规定。因此，道路救助基金不是获得法律授权的机关，不能代领无名氏的死亡赔偿金。

道路救助基金的设立及运营的授权来源是中央五部委根据《道交法》、《交强险条例》等法律法规所制定的《道路交通事故社会救助基金管理试行办法》。该办法并未授权道路救助基金代为行使无名氏的死亡赔偿金请求权。2011年10月14日最高人民法院印发的《全国民事审判工作会议纪要》认为:"鉴于侵权责任法只明确规定被侵权人死亡,其近亲属有权请求侵权人承担侵权责任,没有赋予有关机关或者单位提起请求的权利,故侵权行为造成身份不明人死亡,如果没有赔偿权利人或者赔偿权利人不明,有关机关或者单位提起民事诉讼主张死亡赔偿金的,应不予受理;已经受理的,应驳回起诉。"

45. 商业三者险中代签名且肇事逃逸情形下保险人的赔偿责任

广东省江门市中级人民法院 (2014)江中法民三终字第211号民事判决书

(2014年6月4日)

【案情】

2012年11月30日22时左右,李某驾驶浙B号车行至某公路路段时,碰撞行人张甲,造成张甲受伤经抢救无效死亡、车辆损坏的交通事故。交警认定李某未按操作规范安全驾驶,发生交通事故后逃逸,承担事故的全部责任。经交警调解,李某已赔偿张甲家属各项人身损失并自行支付车辆修理费。浙B号车在某保险公司投保交强险、商业三者险、车损险及不计免赔率特约。因理赔纠纷,李某起诉至法院。

【判决书正文】

上诉人(原审被告):某保险公司佛山中心支公司,住所地:广东省佛山市。

被上诉人(原审原告):李某,男,汉族,住浙江省宁波市。

上诉人某保险公司佛山中心支公司(以下简称某保险公司)因与被上诉人李某责任保险合同纠纷一案,不服鹤山市人民法院(2013)江鹤法交初字第510号民事判决,向本院提起上诉。本院依法组成合议庭进行了审理,现已审理终结。

原审法院经审理查明:2012年11月30日22时左右,李某驾驶浙B号小型客车沿连古线由古劳往沙坪方向行驶,行至连古线古劳镇某路段时,车头与同向在前的行人张甲发生碰撞,造成张甲受伤送院抢救无效于2012年12月2日死亡及车辆损坏的交通事故。2012年12月7日,鹤山市公安局交通警察大队作出《交通事故认定书》,认定李某驾驶机动车未按操作规范安全驾驶,发生交通事故后逃逸,违反《中华人民共和国道路交通安全法》第二十二条第一款、第七十条第一款的规定,是导致此事故的过错,无证据证明张甲有导致此事故发生的过错。依照《道路交通事故处理程序规定》第四十六条、《中华人民共和国道路交通安全法实施条例》第九十二条第一款的规定，李某承担事故的全部责任。鹤山市公安局交通警察大队于2012年12月18日作出《交通事故损害赔偿调解书》，确认李某应当赔偿张甲家属各项人身损失医疗费27 491.50元，死亡赔偿金187 434.60元，丧葬费25 352.50元(50 705 ÷12个月×6个月)，家属处理误工费231.08元(9371.73÷365天×3人×3天)，住宿费1350元(150×3人×3天)，被抚养人生活费82 948.45元（父亲64岁34 588.54元、母亲63岁36 830.39元、儿子14岁11 529.51元)，及精神抚慰金、交通费合共430 491.50元，上述赔偿款李某已赔付给张甲家属。此次交通事故造成李某的车辆维修费5040元，拖车费，停车费，检查费的费用717元，合计5757元，李某向某保险公司索赔，某保险公司拒不赔付，李某向法院提起诉讼，请求法院1.判令某保险公司在机动车交通事故责任强制保险范围内给付李某保险赔偿金12万元(李某赔偿受害者的精神抚慰金优先赔付李某)；2.判令某保险公司在第三者商业险范围内给付李某保险赔偿金316 248.50元；3.判令某保险公司承担本案的诉讼费。

原审法院另查明，浙B号小型轿车车主为穆某，在某保险公司处以李某为被保险人(投保人)购买了机动车交通事故责任强制保险，保险合同约定，被保险人在使用被保险机动车过程中发生交通事故，致使受害人人身伤亡或财产损失，依法应由被保险人承担损害赔偿责任，保险人按照交强险合同的约定对每次事故在下列赔偿限额内负责赔偿：(一)死亡伤残赔偿限额110 000元；(二)医疗费用赔偿限额10 000元；(三)财产损失赔偿限额2000元及机动车辆保险(其中A－车辆损失险赔偿限额140 000元，B－商业第三者责任保险赔偿限额500 000元及不计免赔率特约A、B等)，该事故发生在保险期限内。

原审法院再查明，死者张甲父亲张乙，1948年8月10日出生，出事时为64周岁又3个月；母亲赵某，1949年8月14日出生，出事时为63周岁又3个月；儿子何甲，1998年1月24日出生(死者张甲与丈夫何乙于2010年6月29日被云南省保山市某人民法院判决离婚，婚生儿子何甲由死者张甲抚养)，出事时为14周岁又10个月，上述3人均为农业户口，弟弟张丙(1975年2月17日出生)、张丁(1978年4月28日出生)。

经原审法院审理认为：本案为责任保险合同纠纷，本案的争议焦点为某保险公司有无向李某提供保险条款及有无向李某以书面或者口头形式作出明确说明义务。

根据《中华人民共和国保险法》第十七条“订立保险合同，采取保险人提供的格式条款的，保险人向投保人提供的投保单应当附格式条款，保险人应当向投保人说明合同的内容。对保险合同中免除保险人责任的条款，保险人在订立合同时应当在投保单、保险单或者其他保险凭证上作出足以引起投保人注意的提示，并对该条款的内容以书面或者口头形式向投保人作出说明；未作提示或者明确说明的，该条款不产生效力”的规定。李某、某保险公司订立合同时，某保险公司向李某提供的投保单应附格式条款，但李某在庭审中称，其没有在保险单上签名，也没有收到某保险公司的机动车商业保险条款；而某保险公司在第一次开庭后提供有投保人“李某”签名的《机动车交通事故责任强制保险/机动车商业保险投保单》，认为其已履行了明确说明义务，但该投保单在第二次庭审质证时，李某认为该投保单上投保人“李某”的签名并不是其本人亲笔签写的，并申请法院对该投保单上投保人“李某”的签名进行司法鉴定；经法院委托广东某司法鉴定所对该投保单上投保人“李某”的签名进行鉴定，经鉴定，该所认为投保单上投保人“李某”的签名不是李某书写。而根据《最高人民法院关于适用〈中华人民共和国保险法〉若干问题的解释(二)》第十三条“保险人对其履行了明确说明义务负举证责任。投保人对保险人履行了符合本解释第十一条第二款要求的明确说明义务在相关文书上签字、盖章或者以其他形式予以确认的，应当认定保险人履行了该项义务。但另有证据证明保险人未履行明确说明义务的除外”的规定,某保险公司虽然提供有投保人“李某”签名的《机动车交通事故责任强制保险/机动车商业保险投保单》,但该投保单上投保人“李某”的签名,经广东某司法鉴定所鉴定,该投保单上投保人“李某”的签名不是李某书写的,因此,某保险公司并未对李某履行明确说明义务。

根据李某提供的证据表明,本案事故造成死者张甲的经济损失有:

1. 医疗费 27 491.50 元;有李某提供的医疗费发票证实。

2. 丧葬费 25 352.50 元;按照上一年度职工月平均工资标准 50 705 元/年 ÷12 个月 ×6 个月 = 25 352.50 元。

3. 死亡赔偿金 281 592.31 元;死亡赔偿金应按农村居民人均纯收入标准计算,即为 9371.73 元/年 ×20 年 =187 434.60 元;死者张甲父亲张乙,1948 年 8 月 10 日出生,出事时为 64 周岁又 3 个月,扶养费为 6725.55 元/年 ÷12 个月 ×189 个月(15 年 9 个月) ÷3 人 =35 309.14 元,母亲赵某,1949 年 8 月 14 日出生,出事时为 63 周岁又 3 个月,扶养费为 6725.55 元/年 ÷12 个月 ×201 个月(16 年 9 个月) ÷3 人 =37 550.99 元,儿子何甲,1998 年 1 月 24 日出生(死者张甲与丈夫何乙于 2010 年 6 月 29 日被云南省保山市某区人民法院判决离婚,婚生儿子何甲由死者张甲抚养),出事时为 14 周岁又 10 个月,扶养费为 6725.55 元/年 ÷12 个月 ×38 个月 =21 297.58 元,合共 281 592.31 元。

4. 误工费 231 元;死者张甲家属处理事故的误工费,按照相关规定,以 3 人 3 天为宜,即 9371.73 元/年 ÷365 天 ×3 人 ×3 天 =231 元。

5. 住宿费 1350 元;按照相关住宿费标准以 3 人 3 天为宜,即 150 元 ×3 人 ×3 天 =1350 元。

6. 精神抚慰金 50 000 元;本案事故造成张甲死亡,且张甲是无责的,其死亡给其家人的身心健康造成较大的伤害,根据本地区的实际情况,应赔偿精神抚慰金 50 000 元为宜。

7. 交通费 3000 元;死者张甲是云南省保山市人,其家属 3 人到鹤山处理事故,路途较远,酌情每人交通费 1000 元,合共 3000 元。

以上共计 389 017.31 元(此款李某已赔偿了死者张甲的家属)。

死者张甲的经济损失属于死亡伤残赔偿限额项下的有:丧葬费 25 352.50 元,死亡赔偿金 281 592.31 元,误工费 231 元,住宿费 1350 元,交通费 3000 元,精神损害抚慰金 50 000 元,共计 361 525.81 元。该数额超过了交强险有责死亡伤残赔偿限额 110 000 元,由某保险公司在死亡伤残赔偿限额 110 000 元内赔付,超出部分 251 525.81 元(361 525.81 - 110 000)按责应由李某赔偿。

属于医疗费用赔偿限额项下的有:医疗费 27 491.50 元。该数额超过了交强险有责医疗费用赔偿限额 10 000 元,由某保险公司在医疗费用赔偿限额 10 000 元内赔付,超出部分 17 491.50 (27 491.50 - 10 000)元按责应由李某赔偿。

因李某在某保险公司购买商业第三者责任保险(赔偿限额 500 000 元)及不计免赔率特约,超出交强险赔偿限额部分 269 017.31 元(251 525.81 + 17 491.50)应由某保险公司在商业第三者责任保险赔偿限额 500 000 元范围内予以赔偿。

本次交通事故造成李某的车辆维修费 5040 元,拖车费、停车费、检查费等费用 717 元,合计 5757 元,有李某提供的发票证实,因李某在某保险公司购买车辆损失险(赔偿限额 140 000 元)及不计免赔率特约,因此,该损失应由某保险公司在车辆损失险赔偿限额 140 000 元范围内予以赔偿。

综上所述,原审法院依照《中华人民共和国侵权责任法》第五十三条、《中华人民共和国保险法》第十七条、第五十五条、第六十四条、第六十五条、《中华人民共和国道路交通安全法》第七十六条、《最高人民法院关于适用〈中华人民共和国保险法〉若干问题的解释(二)》第十三条、《机动车交通事故责任强制保险条例》第二十一条、第二十三条、《最高人民法院关于审理人身损害赔偿案件适用法律若干问题的解释》第十七条、第十八条、第十九条、第二十七条、第二十八条、第二十九条、《最高人民法院关于确定民事侵权精神损害赔偿责任若干问题的解释》第八条第二款、第十一条、《中华人民共和国民事诉讼法》第六十四条、《最高人民法院关于民事诉讼证据的若干规定》第二条的规定,作出如下判决:一、某保险公司在判决发生法律效力之日起十五日内在机动车交通事故责任强制保险责任限额范围内支付120 000元给李某。二、某保险公司在判决发生法律效力之日起十五日内在商业第三者责任保险赔偿限额范围内支付269 017.31元给李某。三、某保险公司在判决发生法律效力之日起十五日内在车辆损失险赔偿限额范围内支付5757元给李某。四、驳回李某其他诉讼请求。本案受理费1340.62元(已减半收取),鉴定费9560元,合共10 900.62元,李某负担145.62元,某保险公司负担10 755元。

上诉人某保险公司不服原审判决,向本院上诉称:一、一审法院适用法律错误。经交警认定及一审法院审查查明,李某在发生交通事故致人死亡后逃逸,该事实是明确的。根据《保险法》司法解释二第十条的规定"保险人将法律、行政法规中的禁止性规定情形作为保险合同免责条款的免责事由,保险人对该条款作出提示后,投保人、被保险人和受益人以保险人未履行明确说明义务为由主张该条款不生效的,人民法院不予支持。"本案中我司已在保险单上提示要求李某注意保险条款及相应免赔责任,李某即使在投保当时未收到条款也应及时向我司索取并查阅,而且李某作为有多年驾龄的驾驶人,涉案车辆也非第一次投保,按照常理其应当知道肇事逃逸属于严重违法犯罪行为,对于此类行为保险公司是不承担责任的。由此可见,李某说不清楚保险条款内容,也不知道肇事逃逸系保险公司免责理由这一说法与事实不符。为此,一审法院明显适用法律错误。二、一审判决违背公序良俗的原则。一审判决在认定李某肇事逃逸致人死亡这一违法犯罪行为后,仍然判决我司为其犯罪行为承担保险责任,该判决明显违背了相应道德准则,纵容肇事逃逸行为,导致李某的违法犯罪行为无需承担相应民事责任,对社会的公序良俗明显有害,也违背了民事法律的基本原则。

综上,某保险公司请求本院:1.撤销一审判决第二项和第三项。2.本案一、二审诉讼费用由李某负担。

被上诉人李某答辩称:1.按照保险人陈述,保险人的保险条款是格式条款,无论肇事逃逸属于何种性质的行为,法律并没有规定肇事逃逸保险人有权拒赔。肇事逃逸行为与保险拒赔没有法律上的必然联系,肇事逃逸是否拒赔是基于双方保险合同的约定。根据一审时某保险公司陈述,某保险公司与我方的保险合同关系仅仅是保险单,保险单中并没有保险条款在内,也没有约定该种情形可以拒赔。除保险单外,保险人没有收到保险条款。保险单第二条载明"收到本保险单承保险别对应的保险后,请立即签收核对"的内容,我方至今没有某保险公司的保险条款的签收证明,可以证明我方确实没收到某保险公司的保险条款。根据《保险法》第17条,订立保险合同采用保险人提供的格式条款的,保险人向投保人提供的投保单应当附格式条款,保险人应当向投保人说明合同的内容。再根据保险单第二条"收到本保险单……立即签收核对"的约定,可以得出保险条款应当由某保险公司提供给我方,这是某保险公司的法定义务(《保险法》第17条规定),也是合同约定义务。某保险公司不履行该义务,就应当承担相应的法律后果,其不应当以我方应当查阅或索取等为由,转嫁某保险公司的责任。2.保险条款是某保险公司单方制作的格式条款,根据某保险公司陈述,肇事逃逸免责条款是该条款的内容,那么向我方提出并交付该格式条款是某保险公司作为保险人提示和明确说明义务的前提和基础,从《保险法》第17条也可以得出该结论。虽然保险单中有仔细阅读保险承保险别对应的保险条款等内容,如果作为被保险人的我方根本没有收到保险条款,也不知晓保险条款的内容,又如何能注意保险条款之一免除责任条款?又如何能够注意保险条款之中免除责任的条款?所谓提示义务就是要以合理的方式提醒被保险人知晓和注意该免责条款,如这一条款都不曾向我方出示过又何来提示和说明?最高人民法院就保险法司法解释二答记者问中"实践中有些保险公司所涉及的网络投保形式未出示格式条款,或虽出示格式条款但未对免除保险人的内容采取特别的标识,不能认为其履行了提示或明确说明义务",这段内容可以作为本案的参考。3. 对于某保险公司在上诉状中所述肇事逃逸行为属于严重的犯罪行为,无论肇事逃逸行为是属于何种性质的行为,法律并没有规定肇事逃逸保险人有权拒赔。肇事逃逸行为与保险拒赔没有法律上的必然联系。其次,保险条款是保险人单方制作的格式条款,法律已经规定了某保险公司的提示和明确说明义务,这一义务并不因被保险人行为性质而豁免。更何况按一般人认知,肇事逃逸与保险拒赔之间没有必然的联系,如交强险就没有这样的条款。4. 被保险人是第一次购买保险,该车辆在某保险公司也是第一次投保,我方确实不知道某保险公司的保险条款中有这样的条款。5. 针对上诉状中所述的违背公序良俗原则,我方认为我方肇事逃逸应当受到应有的处罚,但这与本案无关。在法律适用上,保险法以及司法解释相对于民法通则及合同法属于特别法,应当优先适用。保险法及其司法解释既然已经明确规定了某保险公司的提示及说明义务,该义务不应当因违反所谓的公序良俗而受影响。

各方当事人在二审期间均未提交新的证据材料。

本院经审理,确认原审法院查明的事实属实。

本院另查明,某保险公司在一审庭审时提交的作为涉案商业保险合同组成部分的某保险公司机动车商业保险条款(2011 年版)第一章第四条的内容(相关文字是用加黑字体标示)包括:"发生意外事故时,驾驶人有以下情形之一的,保险人不负赔偿责任:(一)……(八)事故发生后,被保险人或驾驶人在未依法采取措施的情况下驾驶保险车辆或者遗弃保险车辆逃离事故现场,或故意破坏、伪造现场、毁灭证据的……";第二章第四条的内容(相关文字是用加黑字体标示)包括:"发生意外事故时,保险车辆有以下情形之一的,保险人不负赔偿责任:(一)……(八)事故发生后,被保险人或驾驶人在未依法采取措施的情况下驾驶保险车辆或者遗弃保险车辆逃离事故现场,或故意破坏、伪造现场、毁灭证据的……"

本院再查明,李某在一审时提交的《机动车辆保险单(正本)》(以下简称保险单)上重要提示栏上包括如下内容:"1. 请仔细阅读承保险别对应的保险条款,特别是责任免除、投保人/被保险人义务、赔偿处理等条款……"

本院认为:本案属于财产保险合同纠纷。根据《中华人民共和国民事诉讼法》第一百六十八条"第二审人民法院应当对上诉请求的有关事实和适用法律进行审查"的规定,对各方当事人没有提出上诉的部分,本院不予审查。本案中,本院仅围绕某保险公司的上诉请求进行审理。

关于涉案机动车商业保险条款第四条第(八)项(以下简称涉案争议条款)是否对李某发生效力的问题。依照《最高人民法院关于适用〈中华人民共和国保险法〉若干问题的解释(二)》[以下简称保险法司法解释(二)]第九条"保险人提供的格式合同文本中的责任免除条款、免赔额、免赔率、比例赔付或者减轻保险人责任的条款,可以认定为保险法第十七条第二款规定的免除保险人责任的条款"的规定,涉案争议条款属于免除保险人责任的条款(以下简称免责条款)。依照《中华人民共和国保险法》(以下简称保险法)第十七条"订立保险合同,采用保险人提供的格式条款的,保险人向投保人提供的投保单应当附格式条款,保险人应当向投保人说明合同的内容。对保险合同中免除保险人责任的条款,保险人在订立合同时应当在投保单、保险单或者其他保险凭证上作出足以引起投保人注意的提示，并对该条款的内容以书面或者口头形式向投保人作出明确说明；未作提示或者明确说明的，该条款不产生效力”的规定，某保险公司主张涉案争议条款产生效力，其有义务举证证明其在与李某订立涉案商业保险合同时已经向李某履行了上述规定的提示、明确说明义务，其该主张方能得到支持。在本案中，某保险公司提供的《机动车商业保险/机动车交通事故强制责任保险投保单》（以下简称投保单）上的投保人（或其受托人）签字（签章）栏处的“李某”签名字样虽非被上诉人（投保人）李某本人所签，但由于李某与某保险公司均对本案涉案商业保险合同成立及生效均无异议，保险单系李某所提交（可以证明李某收到了保险单）且在本案发生前李某亦没有向某保险公司索要涉案保险合同条款的情形，结合保险单上的相关内容（“1.请仔细阅读承保险别对应的保险条款，特别是责任免除、投保人/被保险人义务、赔偿处理等条款；……”）表明某保险公司已经向李某提示仔细阅读相关保险条款，故综合以上情形，应认定李某是知晓涉案机动车商业保险条款的内容及其文字字体并且在本案诉讼发生前是没有提出异议的，又由于涉案机动车商业保险条款规定的相应免责条款内容属于将法律、行政法规中的禁止性规定情形作为免责条款的免责事由的情形；因此依照保险法司法解释（二）第十条“保险人将法律、行政法规中的禁止性规定情形作为保险合同免责条款的免责事由，保险人对该条款作出提示后，投保人、被保险人或者受益人以保险人未履行明确说明义务为由主张该条款不生效的，人民法院不予支持”和第十一条第一款“保险合同订立时，保险人在投保单或者保险单等其他保险凭证上，对保险合同中免除保险人责任的条款，以足以引起投保人注意的文字、定体、符号或者其他明显标志作出提示的，人民法院应当认定其履行了保险法第十七条第二款规定的提示义务”的规定，本院认为，基于上述案情结合日常生活经验，应依法认定某保险公司提供的证据已足以证明其就涉案争议条款履行了向李某的提示义务和明确说明义务的情况，某保险公司所提涉案争议条款产生效力的主张及据此所提不承担本案损失赔偿责任的诉求及理由，理据充足，本院予以支持。

综上所述，原审判决实体处理不当，应予纠正。某保险公司的上诉请求及理由理据充分，应予支持。依照《中华人民共和国侵权责任法》第五十二条、《中华人民共和国道路交通安全法》第七十六条、《中华人民共和国道路交通安全法》第七十六条、《中华人民共和国合同法》第八条、第六十条、《最高人民法院关于适用〈中华人民共和国保险法〉若干问题的解释（二）》第九条、第十条、第十一条、《中华人民共和国民事诉讼法》第一百七十条第一款第（二）项的规定，判决如下：

一、维持鹤山市人民法院（2013）江鹤法交初字第510号民事判决中的第一项；

二、撤销鹤山市人民法院（2013）江鹤法交初字第510号民事判决中的第二项和第三项；

三、驳回被上诉人李某的其他诉讼请求。

本案一审案件受理费1340.62元、鉴定费9560元，二审案件受理费5362.46元，合计16 263.08元，由某保险公司负担5362.46元，由李某负担10 900.62元。

本判决为终审判决。

审　判　长　梁宇俊
审　判　员　陈史豪
代理审判员　肖文文
二〇一四年六月四日
书　记　员　陈惠玲

45

【评析】

《保险法》司法解释(二)第三条规定“投保人或者投保人的代理人订立保险合同时没有亲自签字或者盖章,而由保险人或者保险人的代理人代为签字或者盖章的,对投保人不生效。但投保人已经交纳保险费的,视为其对代签字或者盖章行为的追认”。本案中,投保单上签名经司法鉴定为非投保人本人书写,但根据原告提交的购买保险的发票、保险单(正本),且原告在诉讼中对保险合同的成立未提出异议,不存在可撤销、无效的情形,可以视为投保人追认了代签字行为,保险合同依法成立。在代签名情况下,投保人的追认可以证明保险合同成立与生效,但对证明保险人已尽到对责任免除条款的提示和说明义务是存在障碍的。因此,保险公司应严禁其业务人员、代理人代替投保人签字。

46. 交通事故无责方未投保交强险情形下损害赔偿义务的认定

湖北省恩施土家族苗族自治州中级人民法院(2014)鄂恩施中民终字第00759号民事判决书

(2014年10月23日)

【案情】

2013年6月5日21时,田某驾驶鄂Q8H轻型自卸车自恩施州建始县红岩县向业州镇方向行驶时,与迎面正常行驶的余某驾驶的鄂Q80号中型自卸货车发生碰撞,造成田某受伤两车受损的交通事故。经交警认定,田某在本次事故中负全部责任,余某无责任。田某驾驶的车辆鄂Q8H在某保险公司投保了车上人员责任险(驾驶员)限额20 000元。田某向保险公司索赔时,该保险公司根据车上人员座位险条款的相关规定,提出田某损害赔偿应由余某无责方交强险先行赔付无责限额1万元后,不足部分再由车上人员座位险进行赔偿。田某遂向法院起诉。

【判决书正文】

上诉人(原审被告):某财产保险股份有限公司恩施中心支公司,住所地:湖北省恩施市民族西路。

被上诉人(原审原告):田某,男,生于1975年1月12日,土家族,湖北省建始县人,农民,住湖北省建始县花坪乡。

上诉人某财产保险股份有限公司恩施中心支公司(以下简称某保险公司)因与被上诉人田某保险合同纠纷一案,不服恩施市人民法院(2014)鄂恩施民初字第00656号民事判决,向本院提起上诉。本院于2014年9月2日立案受理后,依法组成合议庭进行了审理,本案现已审理终结。

田某一审时诉称:2013年6月5日21时,田某驾驶鄂Q8H号轻型自卸货车自建始县红岩镇方向往业州镇方向行驶,行驶至业红公路汪家寨隧道口处,与迎面正常行驶的由余某驾驶的鄂Q80号中型普通货车发生碰撞,造成田某受伤,两车受损的交通事故。经建始县交警大队认定,田某在本次事故中负全部责任,余某无责任。田某因右腓骨骨折在建始县人民医院进行了外固定手术,后为住院治疗方便,转院到建始县花坪镇民族中心卫生院,住院治疗一个月后,于2013年7月5日出院。田某所驾驶鄂Q8H号轻型自卸货车在某保险公司投保了机动车车上人员座位险(驾驶员),保险金额为每座20 000元,鄂Q80号车在发生交通事故时已脱保。田某受伤出院后,要求某保险公司理赔,遭到拒绝,遂诉至法院,请求某保险公司赔偿医疗费979.2元、误工费13 300元、护理费2400元,住院伙食补助费600元,共计17 279.2元。

某保险公司一审时辩称:某保险公司与被保险人签订的《机动车车上人员责任保险条款》真实有效,该条款第七条第四项约定:应当由机动车交通事故责任强制保险赔偿的损失和费用,保险公司不负赔偿责任。田某的损失属于某保险公司的免责范围,保险公司不承担赔偿责任;保险理赔的主体必须是被保险人或者其允许的合法驾驶人,田某的诉讼主体资格不适格;根据田某提交的医院费用清单,其住院时间应认定为三天;在鄂Q80号货车的交强险范围外的损失,某保险公司按照合同赔偿。

46

原审查明:田某系建始县村民,于2012年8月8号取得机动车驾驶证,准驾车型为C1。2013年6月5日21时,田某驾驶登记车主为冉某的鄂Q8H号轻型自卸货车,自建始县红岩镇方向往业州镇方向行驶,行驶至业红公路汪家寨隧道口处,与迎面正常行驶的由余某驾驶的鄂Q80号中型普通货车发生碰撞,造成田某受伤,两车受损的交通事故。经建始县交警大队做出的建公交(2013)第90号《道路交通事故认定书》认定,田某在本次事故中负全部责任,余某无责任。田某受伤后即被送往建始县人民医院治疗,伤情经X光检查为右腓骨骨折,在该院行外固定手术后,于2013年6月6日转院至建始县花坪镇民族中心卫生院住院治疗,于2013年7月5日出院,住院治疗30天,遵医嘱休息3个月,共花费医疗费979.20元。另查明,鄂Q8H号自卸汽车车主冉某于2013年5月23日为该车在某保险公司投保交强险及机动车车上人员责任保险(驾驶员),保险期间为一年,每座限额20 000元。鄂Q80号车辆的各项保险在2013年6月5日发生交通事故时已脱保。

原审认为:鄂Q8H号自卸汽车由车辆所有人冉某向某保险公司投保了交强险及机动车车上人员责任保险(驾驶员)在内的商业险,保险合同合法有效。根据双方订立的《机动车车上人员责任保险条款》第四条约定,保险期间内,被保险人或其允许的合法驾驶人在使用被保险机动车过程中发生意外事故,致使车上人员遭受人身伤亡,依法应当由被保险人承担的损害赔偿责任,保险人依照本保险合同的约定负责赔偿。田某在冉某的授意下驾驶鄂Q8H自卸汽车应视为被保险人允许的合法驾驶人,其人身受保险合同保障,属于车上人员责任险的被保险人,享有保险金请求权。某保险公司主张田某不是本案的适格主体,无权向某保险公司主张车上人员责任险保险金赔偿,缺乏法律依据,不予支持。某保险公司《机动车车上人员责任保险条款》关于保险人责任免除第七条第四项约定:应当由机动车交通事故责任强制保险赔偿的损失和费用,保险人不负赔偿责任。某保险公司辩称对超出鄂Q80号货车的交强险赔付范围的损失部分按照合同赔偿。发生交通事故时,鄂Q80号车辆未投保交强险,且鄂Q80号车驾驶员余某在此次事故中无责任,不承担赔偿责任。因此,某保险公司主张的免责条件并不成就,其辩解理由,不予采纳。对田某主张的各项具体赔偿,根据庭审查明的事实认定如下:1. 医疗费:根据建始县人民医院和花坪镇民族中心卫生院的收费票据医疗费为979.2元。2. 误工费:田某依据驾驶证,主张其职业为交通运输行业,年平均工资收入为40 456元,误工损失为13 300元[(40 456元÷365天×120天)=

13 300 元]。但其并未提交从事交通运输行业的证据,对此不予认可。根据《2013 年度湖北省道路交通事故损害赔偿标准》中农业人均年平均工资收入为 22 886 元,田某的误工损失(含休息天数)为:22 886 元÷365 天×120 天=7524.2 元。3. 护理费:按照《2013 年度湖北省道路交通事故损害赔偿标准》中居民服务业在岗职工年平均工资 23 624 元,计算护理费为 23 624 元÷365 天×30 天=1941.7 元,田某请求高于该数额的部分,不予支持。4. 住院伙食补助费:田某主张每天的住院伙食补助费为 20 元,计算住院伙食补助费为:20 元×30 天=600 元,参照恩施州国家机关一般工作人员的出差伙食补助标准 20 元/天,适用标准合理,计算方式正确,予以认可。综上,田某因此次交通事故受到的各项实际损失共计 11 045.1 元,田某请求某保险公司赔偿机动车车上人员(驾驶员)责任险,应予支持。由某保险公司在机动车车上人员责任险限额内予以赔偿。据此,依照《中华人民共和国合同法》第八条,《中华人民共和国保险法》第二条、第十条、第十一条、第十二条第五款、第十三条,《中华人民共和国道路交通安全法》第七十六条,《最高人民法院关于审理人身损害赔偿案件适用法律若干问题的解释》第十七条、第十九条、第二十条、第二十一条、第二十三条,《中华人民共和国民事诉讼法》第六十四条第一款之规定,判决:一、被告某保险公司于本判决生效后十日内一次性赔偿原告田某医疗费、误工费、护理费、住院伙食补助费共计 11 045.1 元;二、驳回原告田某的其他诉讼请求。案件受理费 230 元,减半交纳 115 元,由某保险公司负担。

某保险公司不服原审判决,向本院提起上诉称:一、某保险公司与被保险人冉某签订的《机动车车上人员责任保险条款》真实有效,未违反法律、行政法规的强制性规定,应当按照该条款内容确定赔偿责任。保险条款第七条第(四)项规定应当由机动车交通事故责任强制保险赔偿的损失和费用,保险人不负赔偿责任。该条款没有以对方车辆是否购买交通事故强制保险为标准确定是否免责。二、田某提交的费用清单可看出其并未实际住院治疗,其中 27 天仅显示床位费,无其他治疗记录,明显存在故意扩大损失的嫌疑,应不予采信。三、田某完全可以另行起诉余某,要求其在交强险范围内承担赔偿责任,从而获得双倍赔偿。四、田某未提交证据证实鄂 Q80 号车未购买交强险。五、免责范围外的损失,某保险公司按照合同予以赔偿。因此,请求二审法院撤销原判,依法改判并由田某承担一、二审诉讼费用。

田某在二审中未提交书面的答辩意见。

双方当事人在二审中均未向本院提交新的证据。

经审理查明:原审判决查明的事实属实,本院予以确认。

本院认为:对于保险免责条款,即便保险人订立合同时向投保人履行了明确说明义务,但若符合《中华人民共和国合同法》第四十条、《中华人民共和国保险法》第十九条规定的条件,也应当认定这类保险免责条款无效。

《中华人民共和国保险法》第十九条规定:"采用保险人提供的格式条款订立的保险合同中的下列条款无效:(一)免除保险人依法应承担的义务或者加重投保人、被保险人责任的;(二)排除投保人、被保险人或者受益人依法享有的权利的。"《中华人民共和国合同法》第四十条规定:"格式条款具有本法第五十二条和第五十三条规定情形的,或者提供格式条款一方免除其责任、加重对方责任、排除对方主要权利的,该条款无效。"

本案中,某保险公司与鄂 Q8H 号机动车的投保义务人之间签订的机动车车上人员责任保险(驾驶员)是一份商业保险合同。《机动车车上人员责任保险条款》第四条约定,保险期间内,被保险人或其允许的合法驾驶人在使用被保险机动车过程中发生意外事故,致使车上人员遭受人身伤亡,依法应当由被保险人承担损害赔偿责任,保险人依照本保险合同的约定负责赔偿。据此,当保险车辆发生意外事故,且符合《机动车车上人员责任险条款》第四条规定的保险责任,某保险公司就应当承担保险理赔责任。但是,该条款第七条责任免除之第(四)项“应当由机动车交通事故责任强制保险赔偿的损失和费用”的规定,实际上剥夺了被保险人直接向保险人求偿的权利,也不符合及时分散社会风险的保险功能,属于对向保险人索赔设置障碍条款。作为提供格式条款的保险人某保险公司免除了其直接给付保险金的义务,限制了被保险人田某直接要求保险公司给付保险金的权利,应当依照《中华人民共和国保险法》第十九条、《中华人民共和国合同法》第四十条的规定认定该条款无效。综上所述,《机动车车上人员责任保险条款》第七条责任免除之第(四)项关于“应当由机动车交通事故责任强制保险赔偿的损失和费用”的规定无效,某保险公司应承担向田某给付保险金的责任。

另,关于某保险公司上诉提出田某提交的费用清单中27天仅显示床位费,无其他治疗记录,明显存在故意扩大损失嫌疑的问题,经查明,田某于2013年6月5日受伤后被送往建始县人民医院治疗,伤情经X光检查为右腿腓骨骨折,在该院进行外固定手术后,于2013年6月6日转院至建始县花坪镇民族中心卫生院住院治疗,于2013年7月5日出院,住院治疗30天,遵医嘱休息3个月,共花费医疗费979.20元。上述事实有诊断证明书、住院病人费用清单、住院志和出院记录等证据证实。某保险公司的该项上诉理由与查明的事实不符,本院不予支持。

47

综上,原审判决认定事实清楚,审判程序合法,实体处理恰当。某保险公司的上诉理由不能成立,本院依法予以驳回。经合议庭评议,根据《中华人民共和国民事诉讼法》第一百七十条第一款第(一)项、第一百七十五条的规定,判决如下:

驳回上诉,维持原判。

二审案件受理费80元,由上诉人某保险公司负担。

本判决为终审判决。

审 判 长　朱华忠
审 判 员　郜帮勇
审 判 员　李　丽
二〇一四年十月二十三日
书 记 员　谭绍丹

【评析】

本案中,保险公司主张的《机动车车上人员责任保险条款》第七条责任免除之第(四)项“应当由机动车交通事故责任强制保险赔偿的损失和费用”的规定,实际上剥夺了被保险人直接向保险人求偿的权利。《保险法》第十九条规定:“采用保险人提供的格式条款订立的保险合同中的下列条款无效:(一)免除保险人依法应承担的义务或者加重投保人、被保险人责任的;(二)排除投保人、被保险人或者受益人依法享有的权利的。”《机动车车上人员责任保险条款》第七条责任免除之第(四)项的规定属于无效的免责条款。本案保险公司根据该条款约定,要求先由对方车的交强险赔偿,不足部分再由车上人员责任险赔偿,是不合理的。

47. 交通事故中车辆受损造成贬值损失情形下保险人赔偿责任的认定

浙江省余姚市人民法院
(2014)甬余民初字第761号民事判决书

(2014年5月21日)

【案情】

2013年8月,宁波某集装箱储运有限公司雇佣的驾驶员张某驾驶机动车与曾某驾驶的运输车辆发生碰撞,造成运输车辆上装载的尚未销售的三辆商品车受损。经鉴定商品车的修理费共83 510元,贬值损失共116 376元。交警认定张某负事故的全部责任。张某驾驶的车辆向保险公司投保了交强险和第三者责任险(含不计免赔率险)。后双方因赔偿事宜不能达成一致,遂诉至法院。

【判决书正文】

原告:沈阳市某运输有限责任公司,住所地:辽宁省辽中县。

被告:张某,男,1964年10月21日出生,汉族,住安徽省宿州市灵璧县。

被告:宁波某集装箱储运有限公司,住所地:浙江省宁波市高新区。

被告:某保险公司宁波市高新区支公司,住所地:浙江省宁波市高新区。

原告沈阳市某运输有限责任公司诉被告张某、宁波某集装箱储运有限公司、某保险公司宁波市高新区支公司机动车交通事故责任纠纷一案,于2013年8月26日向本院提起诉讼。本院根据《中华人民共和国民事诉讼法》第一百二十二条的规定,征得原告同意后,进行先行调解。2013年8月26日,原告对受损车辆的维修费用及贬值费用提出评估申请,本院予以准许。2014年1月12日及15日,安徽某公估有限公司分别出具评估报告书及贬值报告书(出具公估费的发票日期为2014年3月21日)。因调解未成,本院于2014年4月1日立案受理后,依法由审判员严联江适用简易程序独任审判,于2014年4月25日公开开庭进行了审理。原告沈阳市某运输有限责任公司的委托代理人吴某、陈某,被告宁波某集装箱储运有限公司的委托代理人杜某,被告某保险公司宁波市高新区支公司的委托代理人范某到庭参加诉讼。被告张某经本院合法传唤,无正当理由拒不到庭参加诉讼。本案现已审理终结。

原告沈阳市某运输有限责任公司起诉称:2013年8月12日14时多,原告职工曾某驾驶装载宝马商品车的牌照为辽AX3/辽J83(挂)的汽车运输车,驾驶至G92南线高速宁波方向余姚服务区内,停车休息期间由被告张某驾驶,被告宁波某集装箱储运有限公司所有的牌照为浙B15/浙B21(挂)重型集装箱平板车刮擦,导致原告车辆的货物(商品车),即三辆宝马新车不同程度受损的交通事故。经交警部门认定,被告张某负事故全部责任。事后,原告的车辆和货物经评估,三辆商品宝马车和运输车的车辆维修费用共为113 426.68元,由于商品宝马新车已不能按新车正常销售,其中两台必须作降价处理,评估车辆贬值费为160 000元。上述损失经原告多次与被告张某、宁波某集装箱储运有限公司交涉，均推诿由被告某保险公司宁波市高新区支公司赔偿，但未果。现请求人民法院判决：1. 被告张某、宁波某集装箱储运有限公司连带赔偿原告车辆维修费 113 426.68 元、车辆贬值费 160 000 元，合计 273 426.68 元；2. 被告某保险公司宁波市高新区支公司在保险责任范围内承担赔偿责任；3. 本案受理费、评估费等均由三被告承担。

被告张某未作答辩。

被告宁波某集装箱储运有限公司答辩称：运输车辆的损失不认可，其他按照评估报告来计算。

被告某保险公司宁波市高新区支公司答辩称：以保险公司的定损为准。两辆宝马商品车的维修费用以评估报告为准。

被告张某经本院合法传唤，无正当理由拒不到庭参加诉讼，视为放弃质证的权利。

原告沈阳市某运输有限责任公司为证明其诉称的事实，向本院提供下列证据，经质证，本院作如下认定：

1. 事故认定书 1 份，拟证明发生交通事故及车辆受损事实。被告宁波某集装箱储运有限公司、某保险公司宁波市高新区支公司对上述证据均无异议。经审查本院予以采信。

2. 降价证明 2 张、维修费评估清单 2 份，拟证明原告向宝马 4S 店咨询了两辆车损失费用及贬值的损失。被告宁波某集装箱储运有限公司提出异议，认为应以评估报告为准；被告某保险公司宁波市高新区支公司提出异议，认为应以评估报告为准，贬值损失不予认可。经审查，本院认为上述证据系单方的咨询意见，且被告提出异议，故本院不予采信。

3. 证明 1 张，拟证明涉案的两辆宝马车辆已转让给原告的事实。被告宁波某集装箱储运有限公司、某保险公司宁波市高新区支公司对上述证据均提出异议。经审查，并结合其他证据，本院予以采信。

4. 维修清单 1 张、估价单复印件 1 张，拟证明辽 AX3/辽 J83（挂）车辆的损失等情况。被告宁波某集装箱储运有限公司、某保险公司宁波市高新区支公司均提出异议。在庭审中，原告与被告宁波某集装箱储运有限公司、某保险公司宁波市高新区支公司一致认可运输车辆的维修费为 20 610 元及另一辆宝马车的损失为 1000 元，本院予以确认。

5. 汽车销售合同 2 份、发票复印件 1 份、收条 2 份，拟证明受损的两辆宝马车已降价销售、赔付的事实。被告宁波某集装箱储运有限公司不认可，被告某保险公司宁波市高新区支公司对上述证据的真实性无异议，但对关联性提出异议。经审查，本院对上述证据的真实性予以采信。

被告张某未提供证据。

被告宁波某集装箱储运有限公司未提供证据。

被告某保险公司宁波市高新区支公司为证明其辩称的事实，向本院提供下列证据，经质证，本院作如下认定：

第三者保单 1 份、免责条款 1 份，拟证明被告宁波某集装箱储运有限公司在被告某保险公司宁波市高新区支公司投保的事实。原告及被告宁波某集装箱储运有限公司对真实性均没有异议。经审查，本院对上述证据予以采信。

根据原告的申请，本院依法委托安徽某保险公估有限公司对受损车辆的维修费用及贬值费用进行评估。安徽某保险公估有限公司出具 33ZH××××××0024 号评估报告书及 33ZH××××××00025 号贬值报告各 1 份、公估费票据 1 份。经质证，原告无异议。被告宁波某集装箱储运有限公司对评估报告及鉴定费票据没有异议，对贬值报告不认可。被告某保险公司宁波市高新区支公司均提出异议。经审查，本院认为该评估报告系在诉讼中由本院合法委托，被告虽提

47

出异议,但没有相应的证据予以佐证,故本院予以采信。

经审理本院查明:2013 年 8 月 12 日 14 时 01 分许,被告宁波某集装箱储运有限公司的驾驶员即被告张某驾驶浙 B15/浙 B21(挂)重型集装箱半挂车,行驶至 G92 南线高速往宁波方向余姚服务区,刮擦原告驾驶员曾某驾驶的装载宝马商品车的辽 AX3/辽 J83(挂)的重型半挂车,导致浙 B21(挂)车及辽 J83(挂)车上的三辆宝马商品车受损,无人员受伤的交通事故。经公安交警部门认定,被告张某承担全部责任。2013 年 8 月 16 日,宁波某汽车销售服务有限公司出具证明 1 份,载明:本公司所有的二辆宝马 5 系 F18(底盘编号为 LBVC××××××××8438 和 LBVC××××××××7702)和一辆宝马 5 系 F18(底盘编号为 LBVC××××××××2419)商品车,在沈阳市某运输有限责任公司运输途中,在余姚境内发生了二起交通事故,造成上述三辆商品车严重损坏,我公司已无法正常销售,为此,我公司已将上述三辆商品车按原价转让给了沈阳市某运输有限责任公司,由该公司享受相应的物权权利。2013 年 8 月 27 日,原告支付叶某因购买车架号为 LBVC××××××××2419 宝马车的车辆损失款 80 000 元。2013 年 10 月 31 日,原告支付忻某因购买车架号为 LBVC××××××××7702 宝马车的车辆损失款 110 000 元。经评估,车架号 LBVCU1102DSG62419 的宝马车损失评估总金额合计为 11 669.70(材料)+8100(工时费)-269.70(残值)=19 500 元;车架号 LBVC××××××××7702 的宝马车损失评估总金额合计为 30 056(材料)+12 600(工时费)-256(残值)=42 400 元;两辆商品车损失总金额为 19 500+42 400=61 900 元。车架号 LBVC××××××××7702 宝马 525 商品车贬值金额为 59 748 元,宝马 520 商品车贬值金额为 56 628 元,合计贬值金额为 116 376 元。原告花费公估费 20 063 元。辽 J83(挂)车修理费损失为 20 610 元、第三辆宝马商品车修理费损失为 1000 元。浙 B15 重型集装箱车在被告某保险公司宁波市高新区支公司投保了交强险和商业三者险,浙 B21(挂)半挂车在被告某保险公司宁波市高新区支公司投保了商业三者险,均投了不计免赔率。在机动车辆保险责任免除明确说明书第三条第二款第(四)项载明:第三者财产因市场价格变动造成的贬值、修理后价值降低引起的损失;及第(七)项仲裁或者诉讼费用以及相关费用,保险人均不负赔偿。本院认为:同时投保机动车交强险和商业三者险的机动车发生交通事故造成损害的,当事人同时起诉侵权人和保险公司的,先由承保交强险的保险公司在责任限额范围内予以赔偿;不足部分,由承保商业三者险的保险公司根据保险合同予以赔偿;仍有不足,依照道路交通安全法和侵权责任法的相关规定由侵权人予以赔偿。在本起交通事故中,被告张某承担全部责任,而被告张某系被告宁波某集装箱储运有限公司的驾驶员,且又系履行公司职务,故先由被告某保险公司宁波市高新区支公司在交强险范围内赔偿原告沈阳市某运输有限责任公司车辆修理费损失 2000 元。因被告宁波某集装箱储运有限公司投保了商业三者险,故被告某保险公司宁波市高新区支公司在商业三者险范围内赔偿原告沈阳市某运输有限责任公司车辆修理费损失 81 510 元。关于车辆的贬值损失,本院认为本案的受损车辆尚未销售,且又系宝马新车,因交通事故造成车辆损坏,虽经修理能得到修复,但对销售的确造成了明显影响,故对此损失以赔偿为妥。被告某保险公司宁波市高新区支公司在机动车辆保险责任免除明确说明书中载明第三者财产因修理后价值降低引起的损失不负赔偿,故两辆车辆的贬值损失 116 376 元,应由被告宁波某集装箱储运有限公司予以赔偿。被告张某经本院合法传唤,无正当理由拒不到庭参加诉讼,并不影响本院依法作出判决。据此,依照《中华人民共和国侵权责任法》第六条、第十九条、第四十八条,《中华人民共和国道路交通安全法》第七十六条、《最高人民法院关于审理道路交通事故损害赔偿案件适用法律若干问题的解释》第十六条,《中华人民共和国民事诉讼法》第六十四条第一款、第一百四十四条之规定,判决如下:

一、被告某保险公司宁波市高新区支公司在交强险范围内赔偿原告沈阳市某运输有限责任公司车辆修理费损失2000元；

二、被告某保险公司宁波市高新区支公司在商业三者险范围内赔偿原告沈阳市某运输有限责任公司车辆修理费损失81 510元；

三、被告宁波某集装箱储运有限公司赔偿原告沈阳市某运输有限责任公司车辆的贬值损失116 376元；

四、驳回原告沈阳市某运输有限责任公司的其他诉讼请求。

以上款项限在本判决发生法律效力后十日内付清。如果未按本判决指定的期间履行给付金钱义务，应当依照《中华人民共和国民事诉讼法》第二百五十三条之规定，加倍支付迟延履行期间的债务利息。

本案案件受理费5401元，减半收取2700.50元，公估费20 063元，合计22 763.50元，原告沈阳市某运输有限责任公司承担721.50元；被告某保险公司宁波市高新区支公司承担250元，被告宁波某集装箱储运有限公司承担21 792元，限于本判决发生法律效力后七日内交纳。

如不服本判决，可在判决书送达之日起十五日内向本院递交上诉状，并按对方当事人的人数提出副本，上诉于浙江省宁波市中级人民法院。上诉人在收到本院送达的上诉案件受理费交纳通知书后七日内，凭判决书到宁波市中级人民法院立案大厅收费窗口预交上诉案件受理费。如邮政汇款，收款人为宁波市中级人民法院立案室，汇款时一律注明原审案号。逾期不交，作自动放弃上诉处理。

47

审　判　员　严联江

二〇一四年五月二十一日

书　记　员　茅忆慧

【评析】

本案争议焦点是贬值损失是否应当由保险公司进行赔偿。

车辆贬值损失，是指车辆因道路交通事故导致重要部件受损，虽经修复但仍无法恢复车辆原有性能，而给无过错或过错程度较轻的车辆所有人造成的车辆转让价格的损失。车辆贬值损失的实质是车辆在交通事故发生前后的二手车交易价格的差额。关于车辆贬值损失是否属于保险公司赔偿范围的问题，司法实践中存在不同的意见，笔者认为车辆贬值损失不属于保险公司的赔偿范围。理由如下：

第一，从保险法的基本原理考虑。根据保险法的损失补偿原则，即保险赔偿是弥补被保险人由于保险标的遭受损失而失去的经济利益，被保险人不能因保险赔偿而获得额外的利益。其目的是为了真正发挥保险的经济补偿功能，避免将保险演变成赌博行为，诱发道德危机。因此，保险人在履行赔偿责任时，就必须在保险金额、可保利益、直接损失的范围内，赔偿实际损失。本案中，受损车辆在修复后的使用价值已经得以恢复到保险事故发生前的状态，在受损车辆未转让之前，该车的价值的减少并未实际产生，且根据保险法的近因原则，机动车出让的价格受市场价格波动的影响，保险事故的发生并非机动车价值减损的直接的、决定性因素，因此，贬值损失不属于直接损失的范畴，不属于保险公司的赔偿范围。

第二，从立法、司法解释的角度考虑，保监会对此种情形有批复。《中国保险监督管理委员会关于机动车辆保险第三者财产贬值损失问题的批复》："《机动车辆保险条款》第二条规定……由于意外事故造成第三者财产(包括机动车辆)直接损毁致使该财产贬值,不是第三者财产的直接损毁,而是间接损失,因此该损失不属于保险责任。"并且,根据双方签订的车辆损失险保险条款约定,保险人不负责赔偿"市场价格变动造成的贬值、修理后因价值降低引起的损失"。保险公司以黑色加黑字体进行标识、已经尽到提示义务,该条款应作为约束双方权利义务的有效条款。2012年河南省高级人民法院《全省民事审判工作会议纪要(征求意见稿)》关于侵权案件的第十七(项)规定:车辆因事故造成的价值贬损,一般不予赔偿,但具有交易目的的车辆因事故造成车辆价值贬损,直接影响该车销售价值的,赔偿权利人可以就该损失请求赔偿。

故保险公司不需要对贬值损失进行赔偿,其法理依据在于贬值损失不是直接损失。

48. 机动车保险中非暴雨情况下发动机进水时保险人的赔偿责任

绍兴市柯桥区人民法院
(2014)绍柯商初字第1243号民事判决书

(2014年11月6日)

【案情】

2012年1月30日,王某驾驶蒋某所有的浙DA5轿车行驶至浙江省绍兴市柯岩街道永进村涵洞下面时,因路面积水导致车辆熄火,造成车辆损坏的交通事故。此事故经交警认定,驾驶员负全责。该车辆在某保险公司投保了商业车损险。事发当天非暴雨天气,受损车辆亦未投保发动机附加险。某保险公司根据保险合同约定拒赔。2013年2月20日,车主蒋某将某保险公司诉至法院。

【判决书正文】

原告:蒋某,男,1963年3月25日出生,汉族,住绍兴市柯桥区。

被告:某保险公司绍兴县支公司,营业场所:绍兴市柯桥区。

原告蒋某与被告某保险公司绍兴县支公司保险合同纠纷一案,于2013年2月20日起诉。本院于同日立案受理后,依法由代理审判员范某独任审判,于2014年6月18日公开开庭进行了审理。后因案情复杂,依法转为普通程序,由审判员刘某担任审判长,与代理审判员范某、人民陪审员俞某组成合议庭,于2014年10月16日第二次公开开庭进行了审理。原告蒋某,被告某保险公司绍兴县支公司到庭参加诉讼。本案现已审理终结。

原告蒋某诉称,原告将其所有的浙DA5车辆向被告投保了交强险及商业险,商业险项下包括车辆损失险、第三者责任险等,保险期限自2011年6月2日零时起至2012年6月1日24时止。2012年1月30日,原告方驾驶员王某驾驶上述保险车辆在途经柯岩永进涵洞时,车辆发生进水熄火而损坏。事故发生后,原告驾驶员向被告进行报案,而被告拒绝对车辆进行定损及理赔。事故造成原告车辆损失 419 953 元、评估费 5200 元，施救费 360 元，其他费用 200 元。上述费用，被告至今尚未理赔，故起诉要求被告支付给原告保险赔偿金 425 713 元。

被告某保险公司绍兴县支公司在答辩期内未提交书面答辩状，但在庭审中辩称：1. 发动机进水损坏造成的损失不属于原、被告签订的车损险保险范围；2. 被告未投保附加发动机损失险；3. 被告在和原告签订保险合同的时候已经履行了相关的告知义务，且原告方也已经确认。综上，原告要求被告赔偿损失无事实与法律依据，请求法院驳回原告的诉讼请求。

原告向本院提供了下列证据材料：

1. 行驶证复印件一份、商业险保险单复印件一份，用以证明原告将其所有的涉案车辆在被告处投保商业险的事实，商业险项下包括机动车损失险，保险车辆损失金额为 1 404 810 元，同时投保了不计免赔险的事实；

2. 交通事故认定书一份，驾驶证复印件一份，用以证明被保险车辆在保险年度中发生保险事故的事实；

3. 价格评估结论书一份，用以证明事故造成原告方车辆损失 419 953 元的事实；

4. 评估费发票、施救、停车费发票、发动机钢印费发票各一份，用以证明原告为本次事故支出评估费 5200 元、施救费用 360 元、钢印费 200 元的事实；

5. 通话录音资料四份，用以证明对于被告对免责事项没有明确履行过告知义务的事实。

原告同时指出，其中证据 3、4、5 均系复印件，原件保存于绍兴市柯桥区人民法院（2012）绍商初字第 1217 号案卷中。

被告向本院提交了下列证据材料：

6. 机动车保险投保单及附件、商业车险保险单（抄单）打印件、车辆商业险责任免除明确说明书、保险条款、浙江大学司法鉴定中心司法鉴定意见书各一份，用以证明被告已向原告告知保险合同、免责说明等相关内容，以及机动车涉水行驶致发动机损失，不属于车损险范围、应投附加发动机特别损失险的事实；

7. 气象证明一份，用以证明事故发生当天天气情况的事实。

被告同时指出，其中证据 6、7 均系复印件，原件保存于绍兴市柯桥区人民法院（2012）绍商初字第 1217 号案卷中对原告提交的证据，被告质证认为：对证据 1，真实性无异议，且商业保险单可证明原告没有投保附加发动机特别损失险；对证据 2，真实性无异议，但其并不能够证明发生了保险事故；对证据 3，对评估结论书的真实性有异议，因为这是原告单方制作，且与本案无关联性；对证据 4，真实性无异议，关联性有异议，不属于保险公司责任范围；对证据 5，对于通话录音有异议，属于证人证言，应当由证人出庭作证。

对被告提交的证据，原告质证认为：对证据 6，对于机动车保险投保单以及责任免除明确说明书、保险条款真实性无异议，但对于蒋某签字的真实性有异议，原告并未在相关的投保单、责任免责明确说明书上签字；对浙江大学司法鉴定中心的鉴定书的真实性无异议，对其结论有异议，不符合本案客观事实，要求予以重新鉴定；对证据 7，真实性无异议，但发生事故的地段是桥梁涵洞，地势低于一般道路，即使出现了较小范围的降雨，其路面情况与一般路面的暴雨下情况也类似。

结合原、被告质证意见，本院对上述证据作如下认定：

本院认证认为，证据 1、2、3、4、7，其来源合法，内容真实，与本案事实相关联，可以作为认定本案事实的依据，并依法确认其证明力；对证据 6，其中机动车保险投保单以及责任免除明确说明书、保险条款，来源合法，内容真实，与本案事实相关联，可以作为认定本案事实的依据，对浙江大学司法鉴定中心司法鉴定意见书，虽原告对鉴定结论有异议，并向本院申请重新鉴定，但因并不符合法律规定进行重新鉴定的条件,本院不予准许,故对该鉴定意见书真实性本院予以确认,可以作为认定本案事实的依据;对证据5,原告并未提供通话双方的具体人员信息、电话号码,也未能提供通话服务供应商出具的通话记录详单,且其中通话人员陶志梅、王姓工作人员、沈勇均未到庭说明相关情况,在被告否认的情况下,本院对其真实性难以确认,同时,即使通话录音可反映出保险单及相关保险材料实际由沈勇及原告方驾驶员经手,亦不能排除原告方驾驶员向原告交付保险单等材料,并由原告签字的可能性。综上,结合本院对浙江大学司法鉴定中心司法鉴定意见书的认定,该证据尚不足以证明原告主张的待证事实。

综上认证意见,本院经审理认定以下事实:

2012年1月30日,原告方驾驶员驾驶原告所有的浙DA5轿车途经绍兴市柯岩街道永进村涵洞下面时,因道路积水,导致车辆熄火,造成车辆损坏的交通事故。原告以该事故造成原告车辆损失419 953元、评估费5200元,施救费360元,其他费用200元为由,要求被告进行赔付,但被告至今尚未理赔,遂成讼。

另查明,原告所有事故车辆已向被告投保了商业险,保险期间为2011年6月2日零时起2012年6月1日24时止。商业车辆损失险的保险金额为1 404 810元;2012年1月30日,绍兴全市范围出现降雨,绍兴本站(柯桥站)出现小到中雨,24小时降水量(1月29日20时至1月30日20时)6.7毫米。

本院认为,原、被告双方签订的机动车辆保险合同属双方真实意思表示,依法应受法律保护。根据原告陈述的事故经过,保险车辆是在涵洞中涉水行驶导致发动机进水。保险条款中的保险责任条款约定,因暴雨、洪水造成的机动车损失,保险人依照保险合同约定负责赔偿。保险条款中的免责条款约定,发动机进水后导致发动机损坏的损失和费用,保险人不负责赔偿。根据鉴定意见书,原告已在机动车保险投保单特别约定及投保人声明中签字确认,且被告对车损险的责任免除条款以文字加黑的形式特别注明,应当认为保险公司已就该免责条款向投保人作了明确说明,故该免责条款有效,对被保险人产生法律效力。本案中,事故发生当天降雨并未达到暴雨标准,且在该降雨天气下,涵洞作为地势较低的特殊路面,也极易积水,车辆涉水行驶极易造成机动车进水而导致发动机熄火、损坏。作为具有驾驶资格的驾驶人应当预见到这一后果,在驾驶车辆遇到降雨造成涵洞积水时应尽充分的注意义务,考察积水深度是否可保证车辆安全行驶,而不能对是否会造成发动机进水持放任的态度。原告驾驶员在非暴雨天气下,未尽妥善注意义务,造成车辆发动机进水后损坏,在保险公司已对免责条款进行明确说明的情况下,保险公司依约对发动机的损坏不承担赔偿责任。据此,依照《中华人民共和国合同法》第五条、《中华人民共和国保险法》第五条及《中华人民共和国民事诉讼法》第六十四条第一款之规定,判决如下:

驳回原告蒋某的诉讼请求。

案件受理费7686元,由原告蒋某负担。

如不服本判决,可在判决书送达之日起十五日内,向本院递交上诉状,并按对方当事人的人数提出副本,上诉于浙江省绍兴市中级人民法院。

审 判 长　刘　某
代理审判员　范　某
人民陪审员　俞　某
二〇一四年十一月六日
书 记 员　徐　某

【评析】

本案中，某保险公司的保险责任条款约定，因暴雨、洪水造成的机动车损失，保险人依照保险合同约定负责赔偿。同时，其保险条款中的免责条款约定：发动机进水后导致发动机损坏的损失和费用，保险人不负责赔偿。根据相关部门的笔迹鉴定意见书，原告已经在投保单声明中签字确认，某保险公司对免责条款履行了明确说明义务。原告驾驶员在非暴雨天气下，未尽到妥善注意义务，造成车辆发动机进水后损坏，在被告某保险公司已对免责条款进行明确说明的情况下，法院依法判决某保险公司对发动机的损坏不承担赔偿责任。

49. 车辆维修保养期间保险责任的认定

呼和浩特市中级人民法院
(2014)呼民一终字第00262号民事判决书

(2014年11月21日)

【案情】

2012年10月6日14时许，内蒙古某汽车有限公司(以下简称内蒙古某公司)员工祁某驾驶客户闫某修理期间的蒙AVG号奔驰小客车，在回民区与李某驾驶的雇主为蔡某的蒙AR1号小客车发生碰撞，造成两车受损的交通事故。呼和浩特市回民区交警队认定，祈某应负本次事故的次要责任，李某应负本次事故的主要责任。蒙AVG车辆在某甲保险公司内蒙古分公司(以下简称某甲保险公司)投保交强险、商业险、车损险，保险期间为：2011年11月4日至2012年11月3日。

蒙AVG号奔驰车刚发生过事故，尚未修理完毕，某甲保险公司做出不予赔付的决定。内蒙古某公司遂将李某、蔡某、三者车投保的某乙保险公司呼和浩特市新城支公司及投保车损险的某甲保险公司起诉至法院。

【判决书正文】

上诉人(原审原告)：内蒙古某汽车有限公司，住所地：呼和浩特市回民区。

被上诉人(原审被告)：李某，男，1985年8月6日出生，汉族，无固定职业，住呼和浩特市回民区。

被上诉人(原审被告)：蔡某，男，1961年2月24日出生，汉族，无固定职业，住呼和浩特市新城区。

被上诉人(原审被告)：某乙保险公司呼和浩特市新城支公司，住所地：呼和浩特市新城区。

被上诉人(原审被告)：某甲保险公司内蒙古分公司，住所地：呼和浩特市新城区。

上诉人内蒙古某汽车有限公司(以下简称内蒙古某公司)因与被上诉人李某、蔡某、某乙保险公司呼和浩特市新城支公司(以下简称某乙保险公司新城支公司)、某甲保险公司内蒙古分公司(以下简称某甲保险公司)机动车交通事故责任纠纷一案,不服呼和浩特市回民区人民法院(2013)回民一初字第00205号民事判决,向本院提起上诉。本院依法组成合议庭,于2014年7月17日公开开庭审理了本案。上诉人内蒙古某公司的委托代理人,被上诉人李某的委托代理人,被上诉人蔡某,被上诉人某乙保险公司新城支公司的委托代理人,被上诉人某甲保险公司的委托代理人到庭参加诉讼。本案现已审理终结。

原审法院经审理查明,2012年10月6日14时15分许,李某驾驶蒙AR1号小客车沿回民区成吉思汗大街由东向西行驶至内蒙古广电厅工地门前向南左转弯掉头时,与由西向东直行的祁某驾驶蒙AVG号小客车上路试车的过程中发生碰撞(祁某为内蒙古某公司的雇员,AVG号小客车的车主为闫某,闫某的车辆发生碰撞后,送到内蒙古某公司维修。维修后,祁某开车上路试车)。致乘车人张某、田某受伤,双方车辆受损的交通事故。同年10月16日,回民区交警大队出具公交认字【2012】第1-323号道路交通事故认定书,结论为:李某负此事故的主要责任,祁某负次要责任,张某、田某无责任。同年11月20日,祁某与李某签订《交通事故协议书》,约定:双方一致同意将蒙AVG号小客车送去4s店定损。同年12月22日,内蒙古某公司(祁某的雇主)与杨某(蒙AVG号小客车车主闫某的丈夫)签订《和解协议书》,约定:内蒙古某公司以车辆维保卡的形式补偿蒙AVG号小客车车主180 000元。内蒙古某公司为闫某车辆进行了维修并单方出具《估价单》和《维修账单》:蒙AVG号小客车因本次事故估价定损金额为361 021.97元,内蒙古某公司为维修蒙AVG号小客车支出直接维修费314 750.93元。2013年4月18日,闫某签订《权利转让书》,内容为:内蒙古某公司在赔偿了闫某的损失后,即取得了其对有关责任人的追偿权利,内蒙古某公司有权向负有赔偿义务的单位或个人追偿损失,对此闫某不予干涉,追回的损失亦全部归内蒙古某公司所有。另查明,从内蒙古某公司提交的蒙AVG号车辆在2012年10月6日维修单价单显示2012年10月6日该车进内蒙古某公司处修理时,里程数为31 010 ML。在车辆修理完毕后,试车的过程中发生该次事故,后在内蒙古之星公司提交的修理车辆账单预览中该车修理时间为2013年3月18日,上次维修一栏的时间为2013年2月26日,里程数为35 046 ML。又查明,李某驾驶的蒙AR1号小客车在某乙保险公司新城支公司处投保了商业三者险,责任限额为50 000元,事故发生时尚在保险有限期内。受损车辆蒙AVG号小客车在某甲保险公司处投保了车损险,事故发生时尚在保险有限期内。还查明,2013年11月22日,经该院委托,内蒙古呼和浩特市某二手车评估鉴定有限责任公司出具呼某鉴报字【2013】第163号机动车鉴定评估报告书,评估结论为蒙AVG号小型越野车在鉴定评估基准日因交通事故造成的损失鉴定评估价格为333 930元。该评估价格既包括车辆损失,又包含车辆贬值损失。李某、蔡某、某乙保险公司新城支公司、某甲保险公司对该鉴定均提出异议,认为该鉴定的价格包含贬值损失。内蒙古某公司诉至呼和浩特市回民区人民法院,请求判令某乙保险公司新城支公司、某甲保险公司在其责任限额内共同赔偿内蒙古某公司333 930元,判令李某、蔡某连带赔偿内蒙古某公司为客户支付的赔偿12.6万元(18万元×70%),以上共计459 930元。

原审法院认为,本案是道路交通事故导致的财产损害纠纷案件。本案的争议焦点为:第一,内蒙古某公司是否是适格主体。第二,内蒙古某公司的诉请有没有事实和法律依据。关于第一个争议焦点,从道路交通事故认定书可知,交通事故的双方当事人是李某和祁某,祁某作为内蒙古某公司的雇员,发生事故时是在执行职务。另《和解协议书》是由内蒙古某公司与事故车辆蒙AVG奔驰轿车的所有人闫某的丈夫杨某签订,也得到了闫某以《权利转让书》的形式追认,该合同系债权让与的行为，且转让的财产性权利并不存在人身专属性或依法、依约定不能转移的属性，故内蒙古某公司作为交通事故侵权行为的受害方是适格的主体。车主闫某和某乙保险公司新城支公司是侵权关系，与某甲保险公司是保险合同关系，这两种权利的效力因为《道路交通安全法》第七十六条的规定延伸到赔偿权利人，进而可以延伸到追偿权利人，因此内蒙古某公司在本诉中作为原告主张权利是符合法律规定的。关于第二个争议焦点，关于内蒙古某公司诉请的汽车修理费，依据是内蒙古某公司自行出具的估价单，由自己定损，该证据证明效力不充分，而对方又不予认可，故内蒙古某公司提供的估价单该院不予认定。对于某二手车评估鉴定结论，经李某申请，呼和浩特市某二手车评估鉴定公司的鉴定人刘某、田某出庭接受质询，鉴定人表示：鉴定结论中的车辆损失包括维修费用和贬值，未区分本次交通事故车辆维修前和试车后各自造成的损失，鉴定依据为内蒙古某公司提供的修理方案、报价单以及第一现场车损的照片。对该鉴定结论该院则认为蒙AVG奔驰轿车是在维修后试车时发生的碰撞，没有将发生该次碰撞前的维修部分与该次碰撞所维修部分区分开来。从内蒙古某公司提供的车辆估价单及修车账单预览中的修车前后的公里里程数中也很难确定该鉴定损失是2012年10月6日造成的损失，还是在2013年2月26日该车修理完毕后在2013年3月18日又进行的修理。因此该证据不足以证明该次事故车辆的实际损失，因此某二手车评估鉴定结论，该院不予采信。而内蒙古某公司又不重新提出鉴定，也未能提供其他充分的证据，证明车辆该次事故的实际损失。故依照《中华人民共和国民事诉讼法》第六十四条之规定，判决：驳回原告内蒙古某汽车有限公司的诉讼请求。案件受理费7920元，减半收取，由内蒙古某汽车有限公司承担3960元。

内蒙古某公司不服一审判决，向本院提起上诉称：（一）一审法院认为“对该鉴定结论本院认为蒙AVG奔驰轿车是在维修后试车时发生碰撞，没有将发生该次碰撞前的维修部分区分开来……，因此某二手车评估鉴定结论，本院不予采信”完全错误。1.既然一审法院查明“在车辆修理完毕后，试车的过程中发生该次事故。”可见发生本次事故前，本案车辆已维修好，处于完好状态而非待修状态，在维修完毕上路试车时被李某车辆碰撞，何需对该次碰撞前的维修部分与该次碰撞维修部分进行区分，况且本案车辆在发生该次碰撞前所谓的“维修”是所有人将该车辆送内蒙古某公司处进行车辆保养。因此，一审法院认为该鉴定意见未将发生该次碰撞前维修部分与该次碰撞维修部分未区分，因此无法确定车辆损失，完全错误。2.既然一审法院查明“2013年11月22日，经我院委托，内蒙古呼和浩特市某二手车评估鉴定有限公司出具内呼某车鉴报字【2013】第163号机动车鉴定评估报告书，评估结论为蒙AVG号小型越野车在鉴定评估基准日因交通事故造成的损失鉴定评估价格为333 930元”。可见，车辆损失鉴定是经各方当事人共同选定，一审法院依法委托呼和浩特市某二手车评估鉴定有限责任公司有资质的鉴定机构对涉案车辆损失进行的评估，由各方当事人共同参与鉴定机构对车辆现场予以查勘，鉴定机构依据的检材是交警部门勘察现场的车辆照片和第三方某丙保险公司提供的第一事故现场车辆受损照片，鉴定人也在一审时到庭陈述了作出评估报告的过程和依据。因此，根据《最高人民法院关于民事证据的若干规定》第二十六条“当事人申请鉴定经人民法院同意后由双方当事人协商确定有鉴定资格的鉴定机构、鉴定人员协商不成的由人民法院指定”之规定，鉴定依据科学合理，鉴定方法科学正确，不符合《司法鉴定程序通则》第二十九条可以重新鉴定的情形，我方完全认可；虽然对方对该评估报告存在异议，但没有提供充分证据推翻上述评估报告，那么鉴定机构作出的车辆受损鉴定意见，对双方具有法律约束力，该鉴定意见应当作为本案确定车辆受损的定案依据，而一审法院在查明该事实的基础上不予采纳，完全错误。（二）一审法院不支持内蒙古某公司支付车辆所有人车辆贬值损失，完全错误。该次事故对本案车辆造成了内在结构的结构性损伤，虽然该车完全可以全面修理,但无法恢复到原来车辆的性能、规格、安全性等要求,且在汽车交易市场上,对于发生过交通事故的车辆,显然估价远比无事故的车辆要低。因此,在机动车受损时,其价值的减少实际存在,应当属于赔偿内容。而且财产损害赔偿的最高原则为恢复原状,对此不仅应当包含财物外观使用功能的修复,还应当包含其内在价值的性能的复原,因此,应当将修复费用及修复后的车辆贬值损失一并计入赔偿损失范围,才能与恢复原状的赔偿原则相吻合。根据《中华人民共和国民法通则》第一百一十七条第二款、第三款规定:"损坏国家的、集体的财产或者他人财产的,应当恢复原状或者折价赔偿。受害人因此遭受其他重大损失的,侵害人并应当赔偿损失。"《中华人民共和国物权法》第三十七条规定:"侵害物权,造成权利人损害的,权利人可以请求损害赔偿,也可以请求承担其他民事责任。"据此,民法对于财产损害在确定赔偿范围时原则上实行完全赔偿,以受害人实际遭受的损失为准,这与侵权法补偿受害人所受损失、恢复被侵害权利的基本功能相一致,也体现了民法上的公平和等价有偿原则。车辆贬值损失作为车主的实际损失是李某直接造成的财产损失,内蒙古某公司对此已经支付车主闫某,李某应当予以赔偿。综上,李某辩称车辆不存在贬值费损失的理由不能成立,内蒙古某公司要求其对车辆客观存在的贬值费损失进行赔偿有事实和法律依据。(三)保险公司应在保险限额内赔偿内蒙古某公司修理费333 930 元。某乙保险公司新城支公司作为承保李某驾驶车辆的保险人,因该车辆在某乙保险公司新城支公司投保交强险及商业三者险,应由某乙保险公司新城支公司在交强险中承担我方2000 元的财产损失,在商业三者险中承担 50 000 元的财产损失的赔偿责任,合计承担 52 000 元的赔偿责任。因蒙 AVG 号奔驰车在某甲保险公司处投保了车损险等,应在责任限额内对予以赔偿。(四)李某作为侵权人应当对内蒙古某公司损失进行赔偿,蔡某作为其雇主应承担连带赔偿责任。李某在为蔡某运送酒类货物时,也就是从事雇佣活动期间与我方车辆相撞,李某为蔡某履行职务,应在保险公司赔偿差额加上我方车辆贬损价值,按照责任比例连带赔偿我方车辆损失,而且在张某诉李某等被告由呼和浩特市回民区人民法院(2013)回民一初字第 00114 号判决书予以判决,蔡某对李某的赔偿责任承担连带赔偿责任。因此,李某、蔡某应当在上述两保险公司承担赔偿 333 930 元修理费承担 70% 的连带赔偿责任的同时,还应当对我方为客户支付赔偿金 18万元中承担 70% 的连带赔偿责任。综上,一审法院认定事实不清,适用法律错误。请求撤销一审判决,改判支持内蒙古某公司的一审诉讼请求,判令一、二审诉讼费用全部由对方承担。

李某答辩称:(一)不同意内蒙古某公司的上诉请求及事实与理由。(二)本案事实为 2012 年10 月 6 日下午 2 点左右,李某驾驶的车辆号牌为蒙 AR1 的小客车,与祁某驾驶的车牌号为蒙AVG 的奔驰轿车,在呼和浩特市内蒙古广电厅工地门前发生交通事故。该次事故造成乘车人张某、田某受伤,两辆事故车受损的情形。其中车牌号为蒙 AR1 的车辆系李某自有车辆,车牌号为蒙 AVG 的奔驰轿车所有人为闫某。李某驾驶的车辆在某乙保险公司新城支公司投保了交强险以及商业三者险等险种。本次事故发生时,事故车辆在保险期间。李某与蔡某系父子关系,不存在雇佣关系。(三)呼和浩特市某二手车评估鉴定有限责任公司作出的内呼某车鉴报字【2013】第163 号机动车鉴定评估报告书不能作为本案的定案依据,一审法院认定正确。上述鉴定意见,既包含了维修损失也包含了贬值损失。且该鉴定意见无法分辨出本次事故的车损与本次事故前该车既已送修之时的车损。故该鉴定意见不能得到采信。该鉴定意见作出 333 930 元车辆损失,内蒙古某公司依据该鉴定结论变更了诉讼请求,既然是追偿权,内蒙古某公司应当追偿赔付给被侵权人的实际数额,而不是还能从中渔利。(四)内蒙古某公司主体不适格。本案的案由为机动车交通事故损害赔偿纠纷,系侵权之诉,本案事故车辆蒙 AVG 奔驰轿车的实际所有人为闫某,不是内蒙古某公司,内蒙古某公司只是售车、修车作售后服务的 4S 店,因此,本案的实际被侵权人为闫某。况且该车系贷款车辆,受益人系农业银行,不是内蒙古某公司。根据《中华人民共和国侵权责任法》第三条“被侵权人有权请求侵权人承担侵权责任”之规定,内蒙古某公司不是本案的被侵权人,其没有权利请求侵权人承担侵权责任。(五)车辆贬值损失不在法定赔偿范围,且与内蒙古某公司在一审中的第一项诉求存在计算重复。根据《最高人民法院关于审理道路交通事故损害赔偿案件适用法律若干问题的解释》第十五条规定,因道路交通事故造成的财产损失范围,并不包含车辆贬值损失。另内蒙古某公司依据鉴定意见变更了第一项诉讼请求,而鉴定人员在一审质证过程中,也承认鉴定结论,既包含了车辆维修损失也包含了车辆贬值损失。因此,内蒙古某公司的两项诉求存在计算重复、不当之处。(六)李某与蔡某不存在雇佣关系,不承担连带责任。2011年10月20日,李某与蔡某签订了购车协议,购买了涉案车辆蒙AR1,并已实际交付使用。因此,李某与蔡某之间并不存在雇佣关系,李某与蔡某对内蒙古某公司第二项诉求不承担连带责任。应当驳回内蒙古某公司的上诉请求。

蔡某答辩称,同意李某答辩意见。

某乙保险公司新城支公司答辩称,一审法院认定事实清楚,鉴定评估书鉴定结论中的车辆损失包括维修费用和贬值,未区分本次车辆事故维修前和试车后的损失。并且,鉴定依据是内蒙古某公司提供的报价单。因此,一审法院未采信该鉴定报告认定事实清楚,判决结果公正。请求驳回上诉,维持原判。

某甲保险公司答辩称:(一)我方不认可内蒙古某公司的上诉请求。(二)蒙AVG投保车损险,但根据保险规定,维修养护期间不属于保险责任。(三)内蒙古某公司不是适格主体。根据法律规定,第三者应当是本次事故的被侵权人,某公司不是本案中的被侵权人,所以不是本案适格主体。(四)根据保险法的规定,保险利益不允许转让,协议无效。(五)一审鉴定报告无效。事故是在2012年,鉴定是在2013年,且鉴定时车辆已经完全修复。一审法院不采用鉴定报告符合法律规定。

二审中,各方当事人均未提交新证据。经二审审理,本院对一审法院查明的事实予以确认。

本院认为,本案主要的争议焦点为:(一)呼和浩特市某二手车评估鉴定有限责任公司作出的内呼某车鉴报字【2013】第163号机动车鉴定评估报告书是否应作为本案的定案依据;(二)某乙保险公司新城支公司、某甲保险公司是否应在保险限额内赔偿内蒙古某公司333 930元,不足部分是否应由李某、蔡某按照事故责任比例连带赔偿;(三)内蒙古某公司请求的18万元车辆贬值损失是否应得到支持。

针对第一个争议焦点,此次事故造成蒙AVG奔驰车受损的事实存在,内呼某车鉴报字【2013】第163号机动车鉴定评估报告鉴定程序合法,且此次事故发生在该车辆修理完毕后试车过程中,内蒙古某公司已完成了举证责任。李某等人并无充分相反、反驳证据推翻该鉴定结论,亦无证据证明此次损失包含先前车辆损失,该鉴定结论应作为本案认定事实的依据。内蒙古某公司的此项上诉理由成立,本院对于该项上诉请求予以支持。

针对第二个争议焦点,此次事故经呼和浩特市公安局交通警察支队回民区大队公交认字【2012】第1-323号道路交通事故认定书认定,李某负此次事故的主要责任,祁某负此次事故的次要责任。内呼某车鉴报字【2013】第163号机动车鉴定评估报告书评估结论为,蒙AVG小型越野车在鉴定评估基准日因交通事故造成的损失鉴定评估价格为333 930.00元。经过原审审理中询问鉴定人,该鉴定的价格包含车辆贬值损失。

对于蒙AVG车辆损失,应由保险公司在责任范围及保险限额内承担赔偿责任,不足部分由李某承担70%的赔偿责任,内蒙古某公司承担30%的责任。内蒙古某公司主张蔡某与李某之间系雇佣关系,应承担连带赔偿责任,本院认为,内蒙古某公司并未提交充分证据证明李某与蔡某为雇佣关系,对于雇佣关系的事实不能确认。虽然蔡某为蒙AR1车辆的登记车主,但内蒙古某公司亦未举证证明蔡某在此次事故中存在过错,故蔡某不应与李某承担连带赔偿责任。

李某驾驶车辆在某乙保险公司新城支公司投保交强险及商业三者险,事故发生在保险期间内,某乙保险公司新城支公司应在交强险限额内赔偿蒙AVG车辆损失2000元,在商业三者险限额内赔偿蒙AVG车辆损失50 000元,以上两项共计52 000元。李某应赔偿蒙AVG车辆损失182 351元[(333 930元-2000元)×70%-50 000元=182 351元]。祁某驾驶车辆在某甲保险公司投保车损险,但事故发生在维修、保养期间,属于保险合同中家庭自用汽车损失保险条款第六条第(三)项约定的责任免除范围,即"第六条下列情况下,不论任何原因造成被保险机动车损失,保险人均不负责赔偿……(三)竞赛、测试,在营业性维修、养护场所修理、养护期间"。蒙AVG车辆损失99 579元[(333 930元-2000元)×30%=99 579元]部分本院不予支持。

针对第三个争议焦点,内呼某车鉴报字【2013】第163号机动车鉴定评估报告中的评估价格已包含车辆贬值损失,本院对于内蒙古某公司请求的18万元贬值损失不予支持。内蒙古某公司与客户自行和解并以车辆维保卡的形式赔偿闫某18万元属双方意愿,内蒙古某公司无权追偿除车辆损失之外的赔偿客户款项,而本案车辆损失由鉴定报告确认,且鉴定评估数额包含了维修费用及车辆贬值损失,赔偿义务人对于内蒙古某公司自行和解的额外费用不负有赔偿责任。

对于内蒙古某公司是否是本案适格主体的问题,本院认为,内蒙古某公司与闫某丈夫签订《和解协议书》,闫某以书面《权利转让书》形式将追偿权利让与内蒙古某公司。该债权转让行为合法,内蒙古某公司已取得债权请求权。原审判决对于该债权不存在人身专属性或依法、依约不能转移的属性,内蒙古某公司是适格主体的认定正确。

综上所述,原审判决认定事实清楚,适用法律不当,内蒙古某公司的上诉理由部分成立,对其上诉请求本院部分支持。依照《中华人民共和国民事诉讼法》第一百七十条第一款第(二)项的规定,判决如下:

一、撤销呼和浩特市回民区人民法院(2013)回民一初字第00205号民事判决;

二、被上诉人某乙保险公司呼和浩特市新城支公司于本判决生效后三十日内赔偿上诉人内蒙古某汽车有限公司52 000元;

三、被上诉人李某于本判决生效后三十日内赔偿上诉人内蒙古某汽车有限公司182 351元;

四、驳回上诉人内蒙古某汽车有限公司的其他诉讼请求。

如未按本判决指定期间履行给付金钱义务,则依照《中华人民共和国民事诉讼法》第二百五十三条的规定,加倍支付迟延履行期间的债务利息。

一、二审案件受理费11 880元(上诉人内蒙古某汽车有限公司已预交),由上诉人内蒙古某汽车有限公司负担3255元,由被上诉人李某负担8625元。

本判决为终审判决。

审 判 长 杨海鹰
代理审判员 杨蔚堃
代理审判员 张蒙江
二〇一四年十一月二十一日
书 记 员 于文硕

【评析】

《家庭自用汽车损失保险条款》规定，下列情况下，不论任何原因造成被保险机动车损失，保险人均不负责赔偿……（三）竞赛、测试，在营业性维修、养护场所修理、养护期间；以及在被保险人未允许的驾驶员驾驶车辆发生事故均不予赔偿。本案中的涉案车辆在维修期间发生事故，因此保险公司不应当承担赔偿责任。且根据《最高人民法院关于审理道路交通事故损害赔偿案件适用法律若干问题的解释》第十五条规定，因道路交通事故造成的财产损失范围不包含车辆贬值损失。在财产保险合同中，保险人、被保险人、投保人为合同主体，享受合同权利和义务。若成为合同主体，必须具备以下条件：一是具有民事权利能力和民事行为能力；二是对保险标的必须具有保险利益；三是承担缴付保险费的义务。

内蒙古某公司作为车辆的修理方，对该车不具有固有的保险利益，既未向涉案保险公司投保，也未缴纳保费，与保险公司不存在保险关系，所以不能成为保险的主体，既无权向某甲保险公司提出索赔，也无权获得某甲保险公司对保险标的所遭受损失的赔偿。

50. 交通意外事件造成三者损失时保险人应予免赔

辽宁省鞍山市铁东区人民法院（2013）铁东民二初字第1088号民事判决书

（2014年2月11日）

【案情】

2012年8月4日，刘甲、马某乘坐陈某驾驶的车辆途经大连万家河大桥，由于桥头塌陷，导致三人连人带车坠落桥下坡上。刘甲身体被卡车内无法移动。此时，辽CA5号辽CD2挂号货车因忽视瞭望开到桥下，起挂车砸在陈某驾驶的车上，导致车辆损坏和刘甲死亡的结果。刘甲家属遂向法院起诉。

【判决书正文】

原告：曹某，女，1959年3月27日出生，汉族，无业，住所地：辽宁省沈阳市皇姑区。

原告：刘乙，男，1956年2月22日出生，汉族，无业，住所地：辽宁省沈阳市皇姑区。

被告：张乙，男，1971年3月18日出生，汉族，个体，住所地：鞍山市铁东区。

被告：鞍山市某运输有限公司，住所地：鞍山市千山区。

被告：某保险股份有限公司鞍山市分公司，住所地：鞍山市铁东区。

原告曹某、刘乙因与被告张乙，鞍山市某运输有限公司（以下简称某运输公司）、某保险股份有限公司鞍山市分公司（以下简称保险公司）机动车交通事故责任纠纷一案，本院于2013年8月20日受理后，依法组成合议庭。本案现已审理终结。

二原告诉称:2012年8月3日22时,刘甲、马某乘坐陈某驾驶的轿车途经大连万家河大桥,由于桥头塌陷,导致三人连人带车坠落桥下坡上,刘甲因身体被卡车内无法移动,正当马某和陈某设法救援时,被告某运输公司司机驾驶辽CA5号及辽CD2挂号重型货车驶过,由于其忽视瞭望,将车开到桥下,其挂车砸在陈某驾驶的车上,导致刘甲当场死亡。原告认为,被告单位司机驾驶重型货车违法超载,忽视瞭望,未尽到安全行为的注意义务,对我方施救人员阻止车辆前行视而不见,导致原告女儿被被告的挂车砸死,被告对原告的女儿刘甲死亡应承担直接责任,肇事车辆投保于被告保险公司处,故原告诉至法院请求法院判决:被告赔偿原告死亡赔偿金、丧葬费、被扶养人生活费等各项费用合计668 696.5元。

被告张乙辩称:我是辽CA5,辽CD2挂的实际车主,与被告某运输公司是挂靠关系。

被告某运输公司辩称:一、不同意赔偿,原告亲属的死亡与我方没有任何关系,因本案是侵权纠纷,我方没有任何过错,不应承担任何责任;二、原告的死亡系因大桥塌陷,不应向本案各被告主张赔偿,应该向桥梁的管理机构和施工机构提出请求;三、如计算赔偿,本案也不应承担精神抚慰金。

被告保险公司辩称:一、本案不属于交通事故纠纷,桥面坍塌是由于桥梁的质量问题,属于生产责任事故,不属于保险责任,不同意赔偿;二、交强险合同中的受害人是指被保险人因交通事故遭受人身伤亡,本案不属于交通事故,原告也不是法定交强险的赔偿权利人,因此在交强险和三者险限额内,我公司没有法定赔偿义务。

经审理查明,刘甲系二原告之女。2012年8月3日22时20分左右,案外人张甲驾驶辽AH9号中型客车载另外九人沿滨海路由东向西行驶至瓦房店市驼山乡万家河大桥桥东头路基处时,路面突然坍塌,导致该车掉进河里,紧接着,陈某驾驶辽A43号轿车载刘甲及马某两人行驶至该处也掉进河里,同时案外人李某驾驶辽B80号吉普车载一人行驶至此次也掉进河里。后辽A43车辆上陈某与马某逃离该车,刘甲未离开车。23时20分左右,韩某驾驶辽CA5号及辽CD2挂号货车由东向西行驶至此处也掉到河里。车辆尾部砸到辽A43车上,当时刘甲仍在车里。后刘甲于2012年8月4日6时20分被打捞上岸,6时50分被抬出,经急救中心院前急救,初步诊断为:呼吸心跳骤停,溺水,右膝外伤。后经抢救无效,宣布临床死亡。2012年8月21日,经瓦房店市公安局交警大队认定,此次事件系受台风"达维"的影响,瓦房店市遭遇有气象记录以来最强降雨,由于雨量过大过急,引发山洪暴发,导致河水改道,将驼山乡万家河大桥桥东头与道路交接处的路基掏空,车辆相继掉进河里,是由于无法抗拒或者不能预见的自然原因引起的,故此事件属于交通意外事件。

另查:被告张乙系辽CA5号及辽CD2挂号货车的实际车主,车辆挂靠在被告某运输公司名下,该车在交强险及商业三者险范围内投保于被告保险公司,三者险分别为200 000元和100 000元。

以上事实,原告提供的证据有:社区及公安机关证明各一份,"08.03"时间说明一份、院前急救病历一份。被告某运输公司提供的证据有:"挂靠协议"一份,保险单二份。以上证据经庭审质证及本院审查,所证事实足资认定,予以采信。原告提供的发货单等证据以及证人证言,与本案关联性无法认定,不予采信。

本院认为:二原告主张被告承担侵权责任,应举证证明案外人韩某有过错,且其过错行为与刘甲的死亡存在因果关系。本案中,事件系受台风影响,事故所在地区遭受强降雨,由于雨量过大过急引发山洪暴发,导致河水改道,将大桥的路基掏空,车辆才相继掉进河里,该起事件已经公安交通管理部门认定为交通意外事件,因此案外人韩某的驾驶行为并无过错,且与刘甲的死亡之间不存在因果关系,被告张乙以及被告某运输公司作为车主不应承担责任,被告保险公司亦不能作为交通事故的赔偿义务人承担相应的民事责任。综上,依照《中华人民共和国民法通则》第一

百零六条第二款,《中华人民共和国道路交通安全法》第七十六条,《机动车交通事故责任强制保险条例》第八条之规定,判决如下:

驳回原告刘乙、曹某的诉讼请求。

案件受理费 10 487 元(原告已预交),由原告刘乙、曹某承担。

如不服本判决,可在判决书送达之日起十五日内,向本院递交上诉状并按对方当事人的人数提出副本,上诉于辽宁省鞍山市中级人民法院。

审 判 长 智旭升
人民陪审员 巴 琳
人民陪审员 郭丹竹
二○一四年二月十一日
代理书记员 焦丽娜

【评析】

《保险法》第六十五条第四款规定:“责任保险是指以被保险人对第三者依法应负的赔偿责任为保险标的的保险。”责任保险中保险公司所承担的赔偿责任是被保险人对第三者依照法律规定所应承担的赔偿责任,依照法律规定不应赔偿的当然不属责任保险的赔偿范围。本案中,根据交警部门认定,本事故是被保险人车辆在运输途中因台风暴雨造成桥面坍塌多辆车相继掉入河中的事故,不属于交通事故,而是因台风引起的交通意外事件。该事故不是在道路路面直接碰撞而发生的,其不属于保险合同约定的保险范围,保险公司依合同约定不应承担赔偿责任。

51. 机动车保险中车辆全损保险价值的认定

辽宁省大连市中级人民法院
(2014)大民三终字第 514 号民事判决书

(2014 年 10 月 21 日)

【案情】

2013 年 8 月 24 日,在长深高速公路 991KM + 700M 处,白某驾驶辽 B1/辽 B2 重型半挂货车与杨某驾驶的冀 DJ/冀 DT 挂车后尾相撞,致使辽 B1/辽 B2 货车受损。经交警大队认定,白某负主要责任,杨某负次要责任。辽 B1/辽 B2 货车的车辆所有人为某物流公司,该车在保险公司投保了交强险、车辆损失险 52 万元、商业三者险和车上责任险(驾驶员),保险期限自 2013 年 6 月 5 日 0 时起至 2014 年 6 月 4 日 24 时止。某物流公司因此事故支付施救费、拆解费和公估费 43 800 元,对该费用某物流公司要求保险公司赔偿。双方协商不成,某物流公司遂诉至法院。

【判决书正文】

上诉人(原审被告):某保险公司大连市金州支公司,住所地:大连市金州区。

被上诉人(原审原告):某物流公司,住所地:大连保税区。

上诉人因保险公司合同纠纷一案,不服大连市金州区人民法院(2013)金民初字第2586号民事判决,向本院提起上诉。本院受理后,依法组成合议庭公开开庭审理了本案。本案现已审理终结。

原审法院审理查明,2013年8月24日2时,在长深高速公路991KM+700M深圳方向,原告公司司机白某驾驶辽B1/辽B2沃尔沃重型半挂货车与杨某驾驶的冀DJ/冀DT挂车后尾相撞。原告所有辽B1/辽B2沃尔沃重型半挂货车已达到报废程度,无修复价值。经河北省公安厅高速交警总队唐山支队丰南大队道路交通事故认定书(冀公交认字201300012号)认定:白某负事故的主要责任,杨某负事故的次要责任。驾驶员白某是原告某物流公司司机,车辆所有人为原告某物流公司。辽B1/辽B2沃尔沃重型半挂车辆,其中辽B1在被告处投保了交强险、车辆损失险520 000元、商业三者险500 000元和车上责任险(驾驶员) 100 000元。保险期限2013年6月5日00时至2014年6月4日24时止。保单号:ADAL206ZH913B001216E。

另查,原告因该次事故所发生的施救费、拆解费、公估费共计43 800元。

原告的诉讼请求为:要求被告理赔损失39 2660元。

原审法院认为,机动车肇事遭受财产损害的,被告应当承担损害赔偿责任。辽B1沃尔沃重型货车在交通事故中已达到全损,且被告认可,被告理应按照机动车损失保障条款对原告进行赔付,即被告应向原告赔付2000元。关于被告抗辩拆解费用当中包括拆解的挂车,因辽B2沃尔沃挂车在本次事故中未有损害,拆解费用当中不包括拆解挂车的费用。关于被告抗辩施救费和公估费付款方是薛某不是原告,因薛某是原告单位的职工,其付款应为职务行为,故对被告的抗辩,不予采纳,被告理应赔偿原告施救费、拆解费、公估费计30 660元(43 800 ×70%的责任)。被告关于在车辆实际价值应按月折旧率折旧的计算方法,违背了当初双方当事人投保时的真实意思表示,2013年6月5日,原告在被告处以投保的新车购置价520 000元向被告交纳的保费,2013年8月24日出险,按照新《保险法》第五十五条规定,投保人和保险人约定保险标的的保险价值并在合同中载明的,保险标的发生损失时,以约定的保险价值为赔偿计算标准。故被告应赔偿原告的车辆损失520 000元的投标额×70%的责任=364 000元。综上,被告在商业险范围内应赔偿原告392 660元(364 000+30 660-2000)。依照《中华人民共和国侵权责任法》第十五条、第十六条,《中华人民共和国道路交通安全法》第七十六条,《最高人民法院关于审理道路交通事故损害赔偿案件适用法律若干问题的解释》第十六条,《中华人民共和国保险法》第五十五条,《最高人民法院关于民事诉讼证据的若干规定》第二条之规定,判决如下:一、被告于判决生效后十日内在交强险限额内赔付原告2000元;二、被告于判决生效后十日内在商业三者险限额内赔偿原告392 660元。如未按判决指定的期间履行给付金钱义务,应当依照《中华人民共和国民事诉讼法》第二百五十三条的规定,加倍支付迟延履行期间的债务利息。本案诉讼费6800元(原告已预交),由被告承担。

宣判后,上诉人不服,以原审适用法律错误为由,向本院提起上诉,要求撤销一审判决,依法改判由上诉人按照保险合同承担责任。具体理由:一是双方均未约定保险标的的保险价值,应以保险事故发生时保险标的的实际价值计算依据;二是交通事故强制保险的赔偿对象为标的车以外的第三者,原审判决由上诉人承担交通事故强制保险责任适用法律错误。

上诉人表示服从一审判决。

二审所查明的事实与一审认定的事实一致。

另查,上诉人与被上诉人签订《某保险公司机动车综合险(2009 年版)》中的“机动车损失保险条款”第二十条第(四)款约定,出险时的实际价值是指出险时的新车购置价减去折旧金额后的价格。折旧按月计算,不足一个月的部分,不计折旧。最高折旧金额不超过新车购置价的 80%。出险时的实际价值 = 出险时的新车购置价 ×(1 – 保险机动车已使用约束 × 月折旧率)。“机动车损失保险条款”第二十条第(一)款约定,机动车全部损失或推定全损,当保险金额高于出险时的实际价值时,赔款 =(出险时实际价值 – 应由机动车交通事故责任强制保险赔偿的金额)× 事故责任比例 ×(1 – 事故责任免赔率)×(1 – 1 绝对免赔率)。

又查,上诉人与被上诉人签订《某保险公司机动车综合险(2009 年版)》第一条约定,本保险合同为不定值商业保险合同。第三十五条保险合同术语约定,不定值保险合同,指双方当事人在订立保险合同时不预先确定保险标的的保险价值,而是按照保险事故发生时保险标的的实际价值确定保险价值的保险合同。

再查,案涉车辆属于带拖挂的载货汽车,月折旧率 12‰。出险时,车辆已使用 87 个月。案涉车辆出险时的实际价值为负值。计算方式:520 000 ×(1 – 87 × 12‰)。

上述所查明的事实,有交通事故认定书、投保单、票据、《某保险公司机动车综合险(2009 年版)》等在案为凭,已经开庭质证及本院的市查,可以采信。

本院认为,上诉人与被上一诉人之间签订的机动车保险合同合法有效,机动车肇事遭受财产损害的,保险公司应当承担赔偿责任。辽 B1/辽 B2 沃尔沃重型货车在交通事故中已达到全损,且上诉人认可,上诉人应按照机动车推定全损条款对被上诉人予以赔付。本案中、上诉人与被上诉人双方在签订保险合同时,并未明确约定保险标的的保险价值,依据《中华人民共和国保险法》第五十五条第二款之规定,保险标的发生损失时,应以保险事故发生时保险标的的实际价值为计算依据。依据上诉人与被上诉人签订的《某保险公司机动车综合险(2009 年版)》中的“机动车损失保险条款”第二十条第(四)款约定,出险时的实际价值是指出险时的新车购置价减去折旧金额后的价格。折旧按月计算,不足一个月的部分,不计折旧。最高折旧金额不超过新车购置价的 80%。依据上述约定、本案中肇事车辆的新车购置价的 80% 为 416 000 元。在案涉车辆折旧率折算之后,车辆价值已经出现负数的情况下,按照合同最高折旧金额不超过新车购置价 80% 的约定,案涉车辆出险时的实际价值为 520 000 元 – 416 000 元 = 104 000 元。依据“机动车损失保险条款”第二十条第(一)款约定,机动车全部损失或推定全损,当保险金额高于出险时的实际价值时,赔款 =(出险时的实际价值 – 应由机动车交通事故责任强制保险赔偿的金额)× 事故责任比例 ×(1 – 事故责任免赔率)×(1 – 绝对免赔率)。依据该约定,本案肇事车辆应获的赔款 =(104 000 元 – 2000 元)× 70% ×(1 – 0)×(1 – 0)= 71 400 元。再行累加交通肇事后由被上诉人支付用于善后所必需的施救费及公估费、拆解费 30 660 元(438 00 元 × 70%),上诉人总计应当给付被上诉人理赔款 102 060 元。

根据《机动车交通事故责任强制保险条例》第三条规定,本条所称机动车交通事故责任强制保险,是指由保险公司对被保险机动车发生道路交通事故造成本车人员、被保险人以外的第三人的人身伤亡、财产损失,在责任限额内予以赔偿的强制性责任保险。机动车交通事故责任强制保险属于第三者责任,本案中,即为被上诉人(被保险人)以外的受害人的财产损失由交强险赔付,而不属于本案出险车辆的车辆损失险范畴。故交通事故强制保险的赔偿对象为标的车以外的第三者,原审判决由上诉人向被上诉人承担案涉车辆的强制保险责任有误。

51

而关于保险机动车遭受损失后的残余部分的价值及处理方式则由保险人与投保人或被保险人协商确定,在双方并未协商的前提下,本案不予一并处理,但本人可另案主张。

综上,原审判决对案涉车辆的保险价值确认和交强险赔偿适用范围上存在不当之处,本院予以纠正,上诉人上诉有理,本院予以支持。

依照《中华人民共和国保险法》第五十五条第二款,《中华人民共和国民事诉讼法》第一百七十条第一款(二)项之规定,判决如下:

一、撤销大连市金州区人民法院(2013)金民初字第2586号民事判决第一项。

二、变更大连市金州区人民法院(2013)金初字第2586号民事判决第二项为:上诉人某保险公司大连市金州支公司于本判决生效之日起十日内赔偿被上诉人某物流公司102 060元。

如未按本判决指定的期限内履行给付金钱义务,应当按照《中华人民共和国民事诉讼法》第二百五十三条之规定,加倍支付延迟履行期间的债务利息。

三、驳回被上诉人某物流公司的其他诉讼请求。

一审案件受理费6800元,由被上诉人某物流公司承担5000元,上诉人某保险公司大连市金州支公司承担1800元;二审案件受理费6800元,由被上诉人某物流公司承担5000元,上诉人某保险公司大连市金州支公司承担1800元。

本判决为终审判决。

审　判　长　白　波
审　判　员　吕风波
审　判　员　孙　琳
二零一四年十月二十一日
书　记　员　葛美玲

【评析】

《保险法》第五十五条规定:"投保人和保险人约定保险标的的保险价值并在合同中载明的,保险标的发生损失时,以约定的保险价值为赔偿计算标准。投保人和保险人未约定保险标的的保险价值的,保险标的发生损失时,以保险事故发生时保险标的的实际价值为赔偿计算标准"。本案中,投保人和保险人未约定保险价值,因此应该以事故发生时保险标的的实际价值为计算依据。这也是保险法损失补偿原则的体现,即当被保险人因保险事故而遭受损失时,其从保险人处所能获得的赔偿只能以其实际损失为限,而不能因此而获益。

《机动车交通事故责任强制保险条例》第三条规定:"本条例所称机动车交通事故责任强制保险,是指由保险公司对被保险机动车发生道路交通事故造成本车人员、被保险人以外的受害人的人身伤亡、财产损失,在责任限额内予以赔偿的强制性责任保险"。因此,交强险的赔偿对象应该是"本车人员、被保险人以外的受害人"即第三者。"施救费、拆解费和公估费"不是第三者的损失,因此不应在交强险项下予以赔偿。

52. 交强险中多个受害人赔付限额的分配

河南省安阳市中级人民法院
(2014)安中民三终字第1198号民事判决书

(2014年8月27日)

【案情】

2012年3月3日,刘某在某保险公司河北省分公司为其个人所有的冀J号小型轿车投保了交强险。2012年5月16日14时许,郭某无证醉酒驾驶该车辆,沿307国道由东向西行驶至河北省沧县境内景城路段时,驶入逆行车道,与由西向东行驶的杜某驾驶的豫E号小客车相撞,造成豫E号小客车乘车人呼某当场死亡,杜某、郭某、豫E号小客车乘车人赵某、张甲、张乙、杨某、冀J号小型轿车乘车人孟某受伤,其中杜某、赵某、孟某经抢救无效死亡,两车不同程度损坏。交管部门认定,郭某负此次事故的全部责任,其他人均无责任。

本次事故发生后,伤者张甲、死者呼某的家属、死者赵某的家属、伤者杨某、伤者张乙均诉至法院,要求赔偿。

【判决书正文】

上诉人(原审被告):某保险公司河北省分公司。

上诉人(原审被告):王某,女,1976年11月3日出生,汉族,住河南省内黄县。

上诉人(原审被告):某保险公司安阳市中心支公司。

被上诉人(原审原告):陈甲,男,1963年10月21日出生,汉族,住河南省内黄县。

被上诉人(原审原告):陈乙,男1987年1月28日出生,汉族,住云南省昆明市。

被上诉人(原审原告):陈丙,女,1990年3月27日出生,汉族,住河南省内黄县。

被上诉人(原审原告):呼某,男,1937年6月21日出生,汉族,住河南省内黄县。

被上诉人(原审原告):刘甲,女,1941年8月6日出生,汉族,住河南省内黄县。

被上诉人(原审被告):郭某,男,1992年11月1日出生,汉族,住河北省沧县。

被上诉人(原审被告):刘乙,男,1976年7月3日出生,汉族,住河北省沧县。

上诉人某保险公司河北省分公司、王某、某保险公司安阳市中心支公司因与被上诉人陈甲、陈乙、陈丙、呼某、刘甲、郭某、刘乙机动车交通事故责任纠纷一案,不服河南省内黄县人民法院(2013)内民一初字第26号民事判决,向本院提起上诉,本院依法组成合议庭,公开开庭进行了审理。上诉人某保险公司河北省分公司的委托代理人,上诉人某保险公司安阳中心支公司的委托代理人,上诉人王某的委托代理人,被上诉人陈甲、陈乙、陈丙、呼某、刘甲的共同委托代理人到庭参加诉讼,被上诉人郭某、刘乙经本院合法传唤,未到庭参加诉讼。本案现已审理终结。

原审查明,2012年5月16日14时许,郭某驾驶冀J号小型轿车,沿307国道由东向西行驶至沧县境内景城路段时,驶入逆行车道,与杜某驾驶的由西向东行驶的豫E号小客车相撞,造成两车损坏、豫E号小客车乘车人呼某死亡、杜某、豫E号小客车乘车人赵某、张甲、张乙、杨某、郭某和冀J号小型轿车乘车人孟某受伤,其中杜某、赵某、孟某经抢救无效死亡的交通事故。沧县公安交警大队经处理认定:驾驶冀J号小型轿车的驾驶人郭某无证驾驶、醉酒驾驶,郭某应负此次事故的全部责任,杜某、赵某、呼某、孟某、张甲、张乙、杨某无责任。

事故发生后,经沧县公安局检测,受害人呼某系车祸致严重颅脑损伤而死亡。沧州市人民医院救护车费600元,院前急诊及出诊费60元。

事故车辆冀J号小型轿车的登记所有人为刘某。驾驶该车的郭某是借用刘某的车辆。某保险公司河北省分公司承保了冀J号小型轿车的交强险。交强险责任限额共计122 000元,其中医疗费赔偿限额为10 000元、死亡伤残赔偿限额为110 000元、财产损失赔偿限额为2000元。保险期间为2012年3月3日零时起至2013年3月2日二十四时止。该事故发生在保险期间。豫E号小客车的登记所有人为杜某。王某为杜某之妻。某保险公司安阳中心支公司承保了豫E号小客车的车上人员责任保险,保险金额为10 000元×7座,保险期间为2011年12月15日零时至2012年12月14日二十四时,且不计免赔率,该事故发生在保险期间。

另查明,原告呼某、刘甲系受害人呼某的父母亲,原告呼某、刘甲夫妇有四个子女,受害人呼某有抚养义务。陈甲系受害人呼某之夫,二人育有陈乙、陈丙。该事故受害人张甲于2012年起诉,法院判决已将冀J号小型轿车的交强险中医疗费赔偿限额10 000元用完,死亡伤残赔偿限额110 000元中已用28 407.46元,余下81 592.54元。

原审认为,被告郭某驾驶冀J号小型轿车,与杜某驾驶的豫E号小客车相撞,造成两车损坏、本案受害人呼某死亡、其他人伤亡的重大交通事故。沧县公安交警大队处理认定,郭某应负此次事故的全部责任,受害人呼某无责任。公安交警部门的认定,并无不当,本院予以采信。原告所受损失依法应由被告予以赔偿。被告某保险公司安阳中心支公司称该车投保的机动车上人员责任险,其承担责任的前提是被保险人承担事故责任时,保险公司才能承担责任,但此条款不应针对第三人,依据保险法的立法宗旨,保险公司应承担车上人员责任险为宜。因此原告的损失,首先应由被告某保险公司安阳中心支公司在车上人员责任险限额内赔偿,不足部分由被告某保险公司河北省分公司在交强险赔偿范围及限额内赔付,剩余部分及不属于交强险赔付的部分,由被告郭某及刘某按照事故责任比例赔付原告,刘某将车辆交由没有驾驶资格的郭某驾驶,应负一定的责任,即应承担不足部分的20%的赔偿责任,郭某承担不足部分的80%的赔偿责任。

原告的损失应依照法律规定结合有效证据进行认定和计算。本院依法核定其损失为:医疗费660元、死亡赔偿金132 080.6元(6604.03×20)、丧葬费17 101.5元、被扶养人呼某生活费6479.93元(4319.95×6/4)、被扶养人刘甲生活费10 799.88元(4319.95×10/4)、精神抚慰金50 000元,合计217 121.91元。对原告的上述损失,首先应由被告某保险公司安阳中心支公司在车上人员责任保险(乘客)限额内赔偿原告10 000元,然后由被告某保险公司河北省分公司在交强险各分项限额内赔付原告37 453.48元,剩余169 668.43元,由被告刘某承担20%,即33 933.69元,由被告郭某承担80%即135 734.74元。原告诉讼请求中计算不当或缺乏证据的部分,不应支持。依照《中华人民共和国侵权责任法》第六条、第十六条、第二十二条、第四十八条,《中华人民共和国道路交通安全法》第七十六条第一款第一项,《最高人民法院关于审理人身损害赔偿案件适用法律若干问题的解释》第十七条、第十八条、第二十五条、第三十一条第一款,《中华人民共和国保险法》第六十五条,《中华人民共和国民事诉讼法》第六十四条、第一百四十四条之规定,判决:一、被告某保险公司安阳中心支公司赔偿原告陈甲、陈乙、陈丙、呼某、刘甲损失10 000 元;二、被告某保险公司河北省分公司赔偿原告陈甲、陈乙、陈丙、呼某、刘甲各项损失共计37 453.48 元;三、被告郭某赔偿原告陈甲、陈乙、陈丙、呼某、刘甲各项损失共计 135 734.74 元;四、被告刘某赔偿原告陈甲、陈乙、陈丙、呼某、刘甲各项损失共计 33 933.69 元;五、驳回原告陈甲、陈乙、陈丙、呼某、刘甲的其他诉讼请求。案件受理费 4557 元,由被告郭某负担 3450 元,由被告刘某负担 1127 元。

某保险公司河北省分公司、王某、某保险公司安阳中心支公司不服原审判决,分别向本院提起上诉。某保险公司河北省分公司上诉称一审判决未考虑到多人多地起诉,导致赔偿数额超过交强险限额,属于认定事实部分不清,损失核定不合理,请求发回重审。

某保险公司安阳中心支公司上诉称,车上人员险是以车方有责任为前提的,本案中,被保险人没有过错,按照合同约定不属于赔偿范围,不应承担赔偿责任。

王某上诉称一审判决未在交强险限额内给上诉人预留份额,请求发回重审或改判。

被上诉人陈甲、陈乙、陈丙、呼某、刘甲辩称河北法院的判决没有综合考虑多人死伤的事实,是错误的判决;一审法院已经查清事实,请求二审法院依法判决;如实改判,刘某、郭某应承担连带责任。

被上诉人郭某、刘某未到庭亦未答辩。

经本院审理查明,本次交通事故三死三伤,死者有杜某(王某丈夫)、呼某(陈甲妻子)、赵某,伤者有张甲、杨某、张乙。王某于 2012 年向河北省沧州市沧县人民法院提起诉讼,判得 40 254.5 元交强险赔偿款(并经二审判决维持);张甲于 2012 年向内黄县人民法院提起诉讼,判得38 407.46 元交强险赔偿款;被害人赵某的家属、陈甲、杨某、张乙于 2013 年向内黄县人民法院提起诉讼,此四人一审分别判得交强险赔偿额分别为:1352.36 元、37 453.48 元、2554.84 元、231.85 元。在内黄县人民法院起诉的五起案件交强险赔偿总额为:119 999.99 元(即 12 万元),加上河北沧县人民法院判决给王某的 40 254.5 元,总计为 160 254.49 元,超出交强险赔付限额12 万元。本次事故中,各被侵权人损失总额为 944 978.55 元,减去车上人员险应赔偿的数额 6 万元后,各被侵权人损失总和为 784 978.55 元,被上诉人陈甲、陈乙、陈丙、呼某、刘甲应得的交强险赔偿数额为 31 662.8 元(120 000 ÷ 784 978.55 × 207 121.91),相应的,刘某应赔偿的数额为 140 367.28 元[(207 121.91 − 31 662.8) ×80%]。查明的其他事实与原审查明事实相同。

本院认为,本案系机动车交通事故责任纠纷,各方对被上诉人陈甲、陈乙、陈丙、呼某、刘甲的亲属呼某在事故中死亡的事实不持异议,各方上诉争议的焦点在于:1. 某保险公司安阳中心支公司在车上人员险限额内应否赔偿受害人;2. 应否给上诉人王某预留交强险份额;3. 超交强险限额问题。关于第一个争议焦点,某保险公司安阳中心支公司关于车上人员险的约定不应对抗第三人,故上诉人某保险公司安阳中心支公司的上诉理由不能成立,本院不予支持;关于第二个争议焦点,因王某已先于被上诉人张甲在河北沧县起诉,并获得了交强险赔偿,其要求再预留交强险份额的上诉理由,没有法律依据,本院不持异议;关于第三个焦点,因本次事故造成三死三伤,各受害人应在交强险法定限额内按照各自的份额得到赔偿。根据《最高人民法院关于审理道路交通事故损害赔偿案件适用法律若干问题的解释》第二十二条的规定,各被侵权人应重新确定交强险赔偿数额。综上,原审法院认定事实清楚,但适用法律不当,依法应予纠正。依照《中华人民共和国民事诉讼法》第一百七十条第一款第(二)项,《最高人民法院关于审理道路交通事故损害赔偿案件适用法律若干问题的解释》第二十二条之规定,判决如下:

一、维持河南省内黄县人民法院(2013)内民楚初字第 26 号民事判决第一项、第五项,即:一、某保险公司安阳中心支公司赔偿陈甲、陈乙、陈丙、呼某、刘甲物质性损失 10 000 元;五、驳回原告其

52

他诉讼请求。

二、变更河南省内黄县人民法院(2013)内民楚初字第26号民事判决第二项为某保险公司河北省分公司赔偿陈甲、陈乙、陈丙、呼某、刘甲各项损失共计31 662.8元。

三、变更河南省内黄县人民法院(2013)内民楚初字第26号民事判决第三项为郭某某赔偿陈甲、陈乙、陈丙、呼某、刘甲各项损失共计140 367.28元。

四、变更河南省内黄县人民法院(2013)内民楚初字第26号民事判决第四项为刘某赔偿陈甲、陈乙、陈丙、呼某、刘甲各项损失共计35 091.82元。

二审案件受理费260元,由上诉人某保险公司河北省分公司负担160元,由上诉人王某负担50元,由上诉人某保险公司安阳中心支公司负担50元。

本判决为终审判决。

审 判 长 崔素萍
审 判 员 段合林
审 判 员 王书卿
二〇一四年八月二十七日
书 记 员 刘 悦

【评析】

《机动车交通事故责任强制保险条例》第三条规定:"机动车交通事故责任强制保险,是指由保险公司对被保险机动车发生道路交通事故造成本车人员、被保险人以外的受害人的人身伤亡、财产损失,在责任限额内予以赔偿的强制性责任保险。"该条例第二十三条规定:"机动车交通事故责任强制保险在全国范围内实行统一的责任限额。责任限额分为死亡伤残赔偿限额、医疗费用赔偿限额、财产损失赔偿限额以及被保险人在道路交通事故中无责任的赔偿限额。"我国交强险的死亡伤残赔偿限额为110 000元;医疗费用赔偿限额为10 000元;财产损失赔偿限额为2000元;被保险人无责任时,无责任死亡伤残赔偿限额为11 000元,无责任医疗费用赔偿限额为1000元,无责任财产损失赔偿限额为100元。

《最高人民法院关于审理道路交通事故损害赔偿案件适用法律若干问题的解释》第二十二条规定:"同一交通事故的多个被侵权人同时起诉的,人民法院应当按照各被侵权人的损失比例确定交强险的赔偿数额。"因此,一起事故中存在多个受害人,各被害人同时起诉的,按照该司法解释处理。但本案二审法院最终判决由某保险公司河北省分公司承担赔款总金额超出了交强险限额,是值得商榷的。

根据《最高人民法院关于审理道路交通事故损害赔偿案件适用法律若干问题的解释》第十八条和《机动车交通事故责任强制保险条例》第二十二条的相关规定,被保险车辆驾驶人未取得相应的驾驶资格、醉酒驾驶被保险车辆发生交通事故的,保险公司有权在赔偿范围内向侵权人主张追偿权。追偿权的诉讼时效期间自保险公司实际赔偿之日起计算。本案中,某保险公司河北省分公司在履行完法院生效判决后,有权根据相关规定向实际侵权人行使追偿权。

53. 交通事故中人身损害赔偿诉讼时效起算点的认定

广东省惠东县人民法院
（2013）惠东法稔民初字第274号民事判决书

（2014年11月12日）

【案情】

2012年5月9日，熊某驾驶货车与王某驾驶的由某保险公司承保的车辆发生碰撞，造成熊某受伤的交通事故。经交警认定，熊某负主要责任，王某负次要责任。熊某于事故发生后住院治疗，并于2012年7月14日出院。2013年6月20日，熊某所受损伤经某司法鉴定所鉴定，鉴定意见为：两处九级伤残、一处十级伤残。2013年11月19日，熊某诉至法院。

【判决书正文】

原告：熊某，男，汉族，1974年9月11日出生，住丰城市尚庄镇。

被告：王某，男，汉族，1978年11月16日出生，住广东省深圳市盐田区，系事故车辆粤BJ9号重型半挂牵引车、粤B45号挂车的驾驶员。

被告：深圳市甲物流有限公司，住所地：广东省深圳市盐田区，系事故车辆粤BJ9号重型半挂牵引车的登记所有人。

被告：深圳市乙物流有限公司，住所地：广东省深圳市盐田区，系事故车辆粤B45号挂车的登记所有人。

被告：某保险公司深圳市分公司盐田支公司，住所地：广东省深圳市盐田区，系事故车辆粤BJ9号重型半挂牵引车、粤B45号挂车的保险人。

原告熊某诉被告王某、深圳市甲物流有限公司、深圳市乙物流有限公司、某保险公司深圳市分公司盐田支公司（以下简称某保险公司）机动车交通事故责任纠纷一案，本院于2013年11月19日立案受理后，依法适用普通程序公开开庭进行了审理。本案现已审理终结。

原、被告诉辩争议

原告熊某诉讼请求：被告赔偿原告交通事故损失共312 333元；诉讼费由被告负担。

被告王某、深圳市甲物流有限公司未到庭应诉，未提交书面答辩。

被告深圳市乙物流有限公司未到庭应诉，书面答辩状对诉讼请求争议为：1. 我公司不是事故车辆的实际所有人，实际所有人是李某，李某把主、挂车分别挂靠在我公司与甲物流公司名下，我公司不应承担责任。2. 原告的起诉超过诉讼时效。原告出院日期是2012年7月14日，起诉时已超过一年，伤残鉴定不属于时效中止、中断的情形。3. 事故车辆投保了二份机动车交通事故责任强制保险（以下简称交强险）和一份商业险，应由保险公司先行赔偿。4. 医疗费按发票计135 434.52元，而不是原告提出的136 321元。5. 误工费，原告误工计住院加全休共156天，不是246天，原告主张每月工资4000元没有依据。6. 营养费，没有医嘱，不予赔偿。7. 残疾赔偿金按农村标准计算。8. 被扶养人生活费，按农村居民标准计算。9. 精神损害抚慰金，不应超过

10 000 元。

被告某保险公司对诉讼请求争议为:1. 医疗费没有清单,不能证明是因本案事故发生。2. 误工费应按每月1500 元计算至评残前一天。3. 护理费按每天50 元计算。4. 营养费明显过高,不应超过2000 元。5. 交通费明显过高。6. 残疾赔偿金按农村居民标准计算。7. 九级伤残不影响劳动能力,抚养费不应计算。8. 精神损害抚慰金过高。9. 交强险只有一份。

本院查明的事实

本院经审理查明:2012 年5 月9 日5 时37 分,原告熊某驾驶粤 E9E 号轻型厢式货车乘载杨某,由广州往汕头方向行驶,行至 G324 线 791KM + 100M 路段时,与被告王某驾驶粤 BJ9 号重型半挂牵引车、粤 B45 号挂车发生碰撞,造成熊某、杨某受伤及两车损坏的交通事故。惠东县公安局交通警察大队作出的公交认字第 0357 号《道路交通事故认定书》,认定原告熊某承担事故的主要责任,被告王某承担事故的次要责任,杨某无责任。

粤 BJ9 号重型半挂牵引车的登记所有人系深圳市甲物流有限公司,粤 B45 号挂车的登记所有人是被告深圳市乙物流有限公司。被告深圳市甲物流有限公司主张该车实际支配人是李某,没有提交证据证明。被告王某准驾车型 A2。该车在被告某保险公司投保了两份交强险和商业第三者责任险(保险限额 1 000 000 元)。本案事故发生在保险期间。

原告熊某于事故发生后至2012 年5 月12 日在惠东协和医院住院治疗,时间3 天,医疗费用 47 113.48 元。随后,原告转到佛山市中医院住院治疗,于同年7 月14 日出院,时间63 天,医疗费 88 321.04 元。2013 年6 月20 日,原告申请广东西湖司法鉴定所对其伤残等级、后续治疗费、休息期、营养期、护理期进行鉴定。该所鉴定原告构成两处九级伤残、一处十级伤残,后续治疗费 16 000 元,休息期180 日,营养期90 日,护理期90 日。鉴定费3000 元,由原告支付。

原告熊某准驾车型 B2D,驾驶粤 E9E 号轻型厢式货车,该车所有人是蔡某。蔡某是惠东县某购物商场的业主。发生事故时原告与同事即同车乘客杨某正在执行送货任务。

原告熊某属于农业家庭户口,与妻子龚某生育一子一女,女儿熊甲,1995 年2 月12 日出生,儿子熊乙,2000 年7 月9 日出生。母亲鄢光英,1949 年2 月8 日出生。原告有兄弟姐妹共4 人。

原告熊某主张其有关赔偿费用按城镇居民标准计算,提交的证据有:惠东县某购物商场出具的工作及工资证明、营业执照。该证明记载:熊某于 2010 年5 月至2012 年5 月在本公司从事专职司机工作,月薪4000 元,因交通事故受伤期间没有发工资。

本院判决理由和结果

本院认为:本案交通事故认定书认定原告熊某承担事故的主要责任,被告王某承担事故的次要责任,杨某无责任,原、被告均无异议,且该认定未违反法律的规定,本院予以采信。

原告经鉴定为两处九级、一处十级伤残,原、被告均无异议,本院予以采信。

有关争议问题,确认如下:

关于诉讼时效。《中华人民共和国民法通则》第一百三十六条规定,身体受到伤害要求赔偿的,诉讼时效为一年。《最高人民法院关于贯彻执行〈中华人民共和国民法通则〉若干问题的意见》第一百六十八条的规定,人身损害赔偿的诉讼时效期间,经检查确诊并能证明是由侵害引起的,从伤势确诊之日起算。本案原告于2012 年7 月14 日出院,应当认定伤势于出院之日确诊,诉讼时效从出院之日起算一年。在这一年里,并无证据显示原告向被告提出过索赔请求。因此,有关医疗费用、住院伙食补助费、误工费、护理费、交通费、营养费等费用的请求,均超过诉讼时效,不受法律保护。原告在2013 年6 月20 日申请评残,知道自己身体的伤害程度,且该伤害与本次交通事故有直接因果关系,原告有权对该伤害提出索赔主张。原告的该项请求,符合《中华人民共和国民法通则》第一百三十五条的规定,没有超过诉讼时效,本院予以处理。

关于残疾赔偿金。原告是农业家庭户口,主张适用城镇居民标准计算,提交证据证明其在惠东县某购物商场工作一年以上,这与其驾驶的车辆登记所有人是蔡某、蔡某是该商场的业主的情况相吻合,本院予以采纳。但该证明记载月薪4000元,没有工资表和领款记录佐证,本院不予确认。

关于被扶养人生活费,被扶养人均在农村生活,适用农村居民标准计算。

关于精神损害抚慰金,考虑原告承担主要责任,结合其伤残程度,可计18 000元。

本案具体赔偿项目和赔偿金额合计135 138.62元,详见本判决书附《赔偿权利人损失数额认定表及赔偿表》。

原告熊某的损失由被告某保险公司在交强险死亡伤残赔偿限额220 000元内赔偿。被告王某、被告深圳市甲物流有限公司、深圳市乙物流有限公司无需承担赔偿责任。

依照《中华人民共和国民法通则》第一百一十九条、《中华人民共和国侵权责任法》第十六条,《中华人民共和国道路交通安全法》第七十六条,《中华人民共和国保险法》第六十五条,《最高人民法院关于审理人身损害赔偿案件适用法律若干问题的解释》第八条、第十七条至第二十六条,《最高人民法院关于确定民事侵权精神损害赔偿责任若干问题的解释》第八条、第九条、第十条、第十一条,《广东省2012年度人身损害赔偿计算标准》和《中华人民共和国民事诉讼法》第六十四条第一款、第一百四十四条的规定,判决如下:

一、被告某保险公司深圳市分公司盐田支公司在机动车交通事故责任强制保险死亡伤残赔偿限额220 000元内赔偿135 138.62元给原告熊某,该款于本判决生效之日起十五日内付清。

二、驳回原告熊某的其他诉讼请求。

如果未按本判决指定的期间履行给付金钱义务,应当依照《中华人民共和国民事诉讼法》第二百五十三条之规定,加倍支付迟延履行期间的债务利息。

案件受理费5980元,由原告熊某承担3410元,被告王某、被告深圳市某物流有限公司、深圳市某物流有限公司连带承担2570元。

如不服本判决,可在判决书送达之日起十五日内,向本院递交上诉状,并按对方当事人的人数提出副本,上诉于广东省惠州市中级人民法院。

审 判 长 杨志立
审 判 员 黄新娣
人民陪审员 林小华
二〇一四年十一月十二日
书 记 员 练新贵

【评析】

司法实践中,人们对于道路交通事故损害赔偿案件的诉讼时效期间为一年没有争议,但是,对于诉讼时效期间从何时起算争议较大,主要有以下观点。

第一种观点认为应以道路交通事故发生日起算。根据《最高人民法院关于贯彻执行〈中华人民共和国民法通则〉若干问题的意见》第一百六十八条规定,"人身损害赔偿的诉讼时效期间,伤害明显的,从受伤害之日起算"。受害人通常是在事故发生的当场受伤,故诉讼时效期间自事故发生日起算。实践中有很多受害者伤情严重需要长时间治疗,若必须在交通事故发生日一年内提起诉讼,即意味着受害人要在治疗期间提起诉讼,且仅能对已实际发生的医疗费、住院伙食补助费等提起诉讼,待后续进行伤残鉴定结果出来后,需再次起诉,会浪费司法资源给当事人双方带来诉累。

第二种观点认为诉讼时效应自治疗终结之日起算。治疗终结是一个医学概念,在临床医学上一般认为损伤后病理变化经临床治疗后得到完全和部分恢复并维持稳定的时期算是治疗终结。针对每一个具体的损伤,在什么情形和什么时间属于医疗终结,医学上没有规定具体的时间。以治疗终结之日起算时效期间,最主要缺陷就是治疗终结时间难以确定,现实生活中的理解也是多种多样,有以出院之日作为治疗终结之日,有的以康复之日作为治疗终结之日,这样一来,时效期间的起算点就不是一个确切的时间。法院很难认定超过期间是受害人主观上不积极主张权利,还是客观上不能主张权利。

第三种观点认为诉讼时效应当自伤残评定日起算。因为从伤残评定之日起,受害人才知道自己遭受的损失大小,其损失在伤残评定之日才能最终确定下来。不是所有受害人均需要伤残评定,有的受害人虽符合构成伤残条件,但却不积极地进行伤残评定,因此这个观点也有缺陷。

综上,交通事故人身损害赔偿案件自损失固定之日起计算诉讼时效为宜,因为交通事故受害人受伤后处于治疗之中,其对自己需医治多久、是否构成残疾等情形均不知晓,也还不清楚自己将遭受的最终损失。其不能及时、完全行使侵权请求权是因客观原因造成的,若仍以超过诉讼时效为由而不保护权利人的利益,将有悖于诉讼时效制度的初衷。具体来讲,对受害人伤情不严重未构成伤残的案件,以受害人出院之日为损失固定之日;对受害人伤情严重并构成伤残的案件,受害人出院或遵医嘱休息完毕后及时进行鉴定的,以鉴定机构出具鉴定意见书之日为损失固定之日;对受害人伤情构成伤残的案件,若受害人出院后未及时进行鉴定的,对于其医疗费等诉求的起算点从出院之日起计算,对于其后期伤残鉴定后才能确定的,残疾赔偿金的起算点以自伤残评定之日起计算。

54. 交通事故中保险人代位求偿权的行使

广东省佛山市顺德区人民法院
(2014)佛顺法乐民初字第535号民事判决书

(2014年7月20日)

【案情】

2013年9月2日,龙某驾驶微型客车与潘某驾驶凯宴越野车发生碰撞。交警认定双方各负该起事故的同等责任。事发后,潘某诉至法院要求某甲保险公司承担保险责任。某甲保险公司在履行赔偿责任后,取得了向龙某行使代位求偿的权利。2014年4月,某甲保险公司诉至法院。

【判决书正文】

原告:某甲保险公司,住所地:广东省广州市。

被告:龙某,住所地:广东省高要市。

被告:某乙保险公司佛山分公司,住所地:广东省佛山市。

原告某甲保险公司诉被告龙某、某乙保险公司佛山分公司保险人代位求偿权纠纷一案,本院于2014年4月28日立案受理。本案依法由审判员杨荣波适用简易程序独任审判,于2014年6月10日公开开庭进行了审理。原告某甲保险公司的委托代理人裴某、钱某,被告龙某的委托代理人张某,被告某乙保险公司佛山分公司的委托代理人黄某到庭参加了诉讼。本案现已审理终结。

原告某甲保险公司诉称,2013年9月2日,被告龙某驾驶粤Y微型客车与潘某驾驶的粤X车在顺德区乐从镇镇安路与建设路交叉路口发生碰撞。佛山市顺德区公安局交通警察大队认定,被告龙某和潘某各负该起事故的同等责任。潘某驾驶的粤X车由原告承保,被告龙某驾驶的粤Y微型客车由被告某乙保险公司佛山分公司承保。事发后,潘某诉至贵院,请求原告支付保险金。贵院已作出判决,判令原告赔偿潘某人民币344 043.48元。2014年4月10日,原告已履行判决,向潘某支付了保险金,依法取得代位求偿权。原告为维护自身合法权益,现依法提起诉讼,请求判令:1.被告赔偿原告人民币173 021.74元及自2014年4月11日起至实际偿还之日止的利息(按同期银行贷款利率计算,暂计至2014年4月24日为人民币349.89元),其中被告某乙保险公司佛山分公司在交强险限额内赔偿2000元,不足部分由被告某乙保险公司佛山分公司在商业三者险内赔偿,仍有不足的,由被告龙某赔偿;2.本案的诉讼费由两被告承担。

被告龙某辩称,涉案车辆已向被告某乙保险公司佛山分公司购买了交强险及商业第三者责任险(保险限额200 000元,并有购买不计免赔),涉案交通事故属于保险责任范围,相关的赔偿责任应当由被告某乙保险公司佛山分公司承担。涉案交通事故也造成被告龙某车辆损失5190元、评估费410元,合计损失5600元,粤X号车应承担被告龙某的损失3800元,在本案中应直接扣减。

被告某乙保险公司佛山分公司辩称,一、涉诉车辆粤Y号车,于被告某乙保险公司佛山分公司处投保交强险及商业三者险200 000元(附加不计免赔),交强险保单期限:2012年9月30日零时起至2013年9月29日23时59分59秒止,商业险保单期限:2012年9月30日零时起至2013年9月29日23时59分59秒止。二、对于粤X号车车辆损失344 043.48元,根据原告提供的机动车信息查询结果单,粤Y号车未经过年检。根据《机动车辆保险条款》第一章商业第三者责任保险第三条第(二)款"发生意外事故时,未在规定检验期限内进行机动车安全技术检验或检验未通过,保险人不负赔偿责任",因此,被告某乙保险公司佛山分公司仅在交强险财产损失限额2000元范围内承担赔偿责任。另原告并未提供维修费发票及定损单。原告方前期曾委托佛山市景顺价格鉴证有限公司对车辆粤X进行价格评估,评估的金额为修理工时费14 950元、材料费104 985元,合计119 935元。因此,被告某乙保险公司佛山分公司主张按该金额赔付。三、被告某乙保险公司佛山分公司并非本案交通事故的加害方,不存在任何过错;原告未向被告某乙保险公司佛山分公司主张赔偿,被告某乙保险公司佛山分公司对于诉讼的发生没有任何责任;另根据《机动车交通事故责任强制保险条款》第十条第四项"因交通事故产生的仲裁或者诉讼费用以及其他相关费用,交强险不负责赔偿和垫付。"因此被告某乙保险公司佛山分公司不应承担本案的诉讼费用。

诉讼中,原告某甲保险公司提供的证据材料及被告某乙保险公司佛山分公司、龙某的质证意见

如下:

1.原告的企业法人营业执照、组织机构代码证复印件各一份,证明原告的诉讼主体资格。

被告某乙保险公司佛山分公司、龙某的质证意见:无异议。

2.被告龙某的常住人口登记卡及机动车驾驶证复印件各一份、被告某乙保险公司佛山分公司的企业信息及组织机构代码证(网上打印件)各一份,证明二被告的诉讼主体资格。

被告某乙保险公司佛山分公司、龙某的质证意见:无异议。

3.道路交通事故认定书(简易程序)复印件一份,证明本次交通事故发生的经过及龙某、潘某承担事故的同等责任。

被告龙某的质证意见:无异议,经交警部门认定龙某发生事故的原因与其车辆未经过安全检验没有任何关系。

被告某乙保险公司佛山分公司的质证意见:无异议。

4.机动车辆保险单(正本)复印件一份、机动车商业险保险条款一份、机动车辆保险批单(正本)复印件一份、(2014)佛顺法乐民初字第235号民事判决书一份、某银行现金管理交易凭证复印件一份、权益转让书一份,证明原告支付了保险金,并取得代位求偿权。

被告某乙保险公司佛山分公司的质证意见:对这组证据的真实性无异议,但原告并未提交机动车辆保险维修协议书、服务预售结算单,且根据被告某乙保险公司佛山分公司答辩状后面的补充,原告的承保车辆曾在佛山市某价格鉴证有限公司进行物价评估,经评估得出的损失为119 935元,原告主张的344 043.48元只是其单方认可的定损金额,且没有提供维修清单以便被告某乙保险公司佛山分公司核实维修项目的合理性,并不必然对被告产生法律效力。

被告龙某的质证意见:与被告某乙保险公司佛山分公司的质证意见一样,补充以下意见:双方肇事车辆都到该鉴定公司进行物价评估,双方都对评估结果没有提出过异议,原告提供的证据显示估损时间是在事故两个月后,相关的维修项目及费用是否与本次交通事故有关联,原告应当提供相应的证据予以证实。

5.龙某的驾驶人信息查询结果单复印件一份、粤Y小型汽车的机动车信息查询结果单一份,证明被告龙某的驾驶信息。

被告龙某的质证意见:无异议。

被告某乙保险公司佛山分公司的质证意见:无异议。根据机动车信息查询结果单显示粤Y车辆事故时已过检验有效期,且该车辆的出厂日期为1999年,根据道路交通安全法的相关规定,粤Y车辆应正常年检才能上路行驶。

6.机动车交通事故责任强制保险单(正本)复印件一份、机动车辆保险单(正本)复印件一份、保卡复印件一份、保险费发票复印件二份,证明被告某乙保险公司佛山分公司是粤Y车辆的交强险、商业险承保人。

被告某乙保险公司佛山分公司、龙某的质证意见:无异议。

诉讼中,被告龙某提供的证据材料及原告某甲保险公司、被告某乙保险公司佛山分公司的质证意见如下:

评估费发票一份、车物损失价格鉴定结论书一份及明细表二份、广东某汽车拆解有限公司业务受理单一份,证明被告龙某驾驶的粤Y车辆因本次事故导致的损失为5190元,并支付了评估费410元,被告龙某损失中的3800元应当由原告承担。由于车辆受损严重,维修价值不大,故在2014年1月18日对粤Y车辆进行报废处理,并取得残值720元。

原告某甲保险公司的质证意见:上述证据与本案没有关联,不予质证。

被告某乙保险公司佛山分公司的质证意见:对证据无异议。

诉讼中,被告某乙保险公司佛山分公司提供的证据材料及原告某甲保险公司、被告龙某的质证意见如下:

1. 机动车辆保险条款一份,证明根据条款第一章第三条第二款的规定,发生事故时未在规定检验期限内进行机动车辆安全技术检验或检验未通过的,保险人不负赔偿责任。

原告某甲保险公司的质证意见:对真实性、合法性、关联性无异议,但被告某乙保险公司佛山分公司没有举证证实其已履行明确说明义务,免责条款不生效。

被告龙某的质证意见:对真实性无异议,对免责条款不生效的意见与原告的意见一样。

2. 粤X车辆的道路交通事故车物损失价格鉴定表一份,证明原告承保的粤X车辆曾在佛山市某价格鉴证有限公司进行物价评估,经评估损失为119 935元,在原告没有提供定损清单及维修清单的前提下,被告某乙保险公司佛山分公司主张按119 935元确定为粤X车辆的损失。

原告某甲保险公司的质证意见:对真实性、合法性、关联性不予确认,被告某乙保险公司佛山分公司没有提交鉴定机构和鉴定人员具有合法资质的证明,且鉴定程序违法,《广东省道路交通事故车物定损价格鉴定操作规程》明确规定,进行价格鉴定时应通知保险公司到场,被告某乙保险公司佛山分公司从未履行通知义务,故鉴定程序违法。

被告龙某的质证意见:对真实性、合法性、关联性无异议。

经过庭审辨证、质证,本院对证据材料作以下认证:

1. 原告提供的证据1、2、3、5、6,两被告无异议,本院予以采信;

2. 原告提供的证据4,两被告对其真实性无异议,经审查该证据客观真实,可作为认定本案事实的依据,本院予以采信;

3. 被告龙某提供的证据,与本案争议内容无关联,本院不予采信;

4. 被告某乙保险公司佛山分公司提供的证据1,原告和被告龙某对其真实性无异议,经审查该证据客观真实,本院予以采信;

5. 被告某乙保险公司佛山分公司提供的证据2,因粤X车辆的损失已有判决确认,该证据与已确认的损失不符,故本院不予采信。

根据本院采纳的证据,结合双方当事人的陈述,本院对事实确认如下:

2013年9月2日17时许,被告龙某驾驶粤Y号微型普通客车自西向东方向行至佛山市顺德区乐从镇镇安路与建设路交叉路口时,遇潘某驾驶粤X号小型越野客车自西向北方向行驶,因被告龙某未让右边道路来车先行、潘某没有按照操作规范安全文明驾驶,造成两车不同程度损坏的道路交通事故。同日,经佛山市顺德区公安局交通警察大队认定,被告龙某及潘某各承担此次事故的同等责任。事故发生后,原告于2013年10月29日对粤X号小型越野客车进行定损,确认该车的损失金额为344 043.48元,潘某也于2014年1月7日支付了粤X号小型越野客车的维修费用344 043.48元。潘某为粤X号小型越野客车在原告处投保了车辆损失险1 036 500元及基本险不计免赔特约险,保险期限自2013年6月11日至2014年6月10日,案涉事故发生在保险期间内。因原告未向潘某履行其赔付责任,潘某遂于2014年2月21日向本院提起诉讼。本院立案案号为(2014)佛顺法乐民初字第235号,该案于2014年3月18日作出判决书,判决原告于判决发生法律效力之日起十日内赔偿潘某人民币344 043.48元。原告在判决生效后,已履行判决,支付了344 043.48元给潘某。原告认为已取得代位求偿权,为此,遂引起本案纠纷。

另查明,被告龙某驾驶的粤Y号微型普通客车在被告某乙保险公司佛山分公司处投保了交强险和商业第三者责任险200 000元并有不计免赔,本起事故发生在上述保险期间内。

本院认为,原告赔偿了潘某因本案所涉交通事故造成的损失人民币 344 043.48 元后,依法取得相应的代位求偿权,有权请求相关赔偿义务人承担赔偿责任。被告龙某负事故的同等责任,其驾驶的粤 Y 号微型普通客车在被告某乙保险公司佛山分公司处投保了交强险和商业三者险,故依照《最高人民法院关于审理道路交通事故损害赔偿案件适用法律若干问题的解释》第十六条,被告某乙保险公司佛山分公司应在交强险财产损失责任限额 2000 元内先赔偿潘某因本案所涉交通事故造成的损失,即应先赔偿 2000 元,对于其余损失,应由被告某乙保险公司佛山分公司按被告龙某在事故中的责任在商业险限额内承担,因 344 043.48 元扣除 2000 元后的 50% 为 171 021.74 元未超过商业险限额,故被告某乙保险公司佛山分公司应赔偿该损失。被告某乙保险公司佛山分公司认为商业三者险保险合同约定未年检不承担保险责任,但该约定是保险人预先拟定,未有证据证实已向投保人明确告知,属格式条款,应为无效条款,故对被告某乙保险公司佛山分公司的抗辩不予支持。合计交强险和商业三者险,被告某乙保险公司佛山分公司应赔偿原告 173 021.74 元。因被告龙某按责任应承担的损失未超保险限额,故被告龙某在本案无需承担赔偿责任。因原告未有证据证实已向被告主张过代位求偿权,故其要求支付利息,本院不予支持。

综上所述,根据《中华人民共和国保险法》第六十条,《中华人民共和国道路交通安全法》第七十六条以及《最高人民法院关于审理道路交通事故损害赔偿案件适用法律若干问题的解释》第十六条的规定,判决如下:

一、被告某乙保险公司佛山分公司应于本判决发生法律效力之日起十日内赔偿 173 021.74 元予原告某甲保险公司;

二、驳回原告某甲保险公司的其他诉讼请求。

本案受理费减半收取为 1883.72 元(原告立案时已预付),由被告某乙保险公司佛山分公司负担。

如不服本判决,可在判决书送达之日起十五日内,向本院递交上诉状,并按对方当事人的人数提出副本,上诉于广东省佛山市中级人民法院。

审　判　员　杨荣波
二〇一四年十月二十日
书　记　员　黎艳芳

【评析】

《保险法》第六十条第一款规定,因第三者对保险标的的损害而造成保险事故的,保险人自向被保险人赔偿保险金之日起,在赔偿金额范围内代位行使被保险人对第三者请求赔偿的权利。在本案中,某甲保险公司承担车辆损失险的保险责任,向潘某支付了赔款。双方签订了《权益转让书》,潘某同意转让因涉案交通事故而享有的向事故责任方追偿的权利。某甲保险公司因此取得代位求偿权。

某乙保险公司佛山分公司不能证明其对免责条款履行了说明义务,该免责条款无效,并且其赔偿数额没有超过商业险限额,故某乙保险公司佛山分公司应当赔偿该损失。

55. 交通事故中肇事逃逸致使事故原因无法核实情形下举证责任的分配

河北省武强县人民法院
(2014)武民一初字第205号民事判决书

(2014年12月12日)

【案情】

2013年2月20日,温某驾驶马某所有的冀TJT号小型轿车,沿新开街自西向东行驶,行至新开街与向阳路交叉口,与步行由南向北通过路口的范某发生碰撞,造成温某车辆损坏、范某受伤的交通事故。事故发生后,温某驾驶肇事车辆逃离现场。后温某到某县交警大队投案自首。事故认定书认定温某负事故全部责任,范某无责任。冀TJT号小型轿车在某保险公司投保交强险和商业三者险、不计免赔特约条款等。范某因不能得到足额赔偿,遂诉至法院。

【判决书正文】

原告:范某,男,1947年5月21日出生,汉族,现住武强县武强镇。

被告:温某,男,1986年7月6日出生,现住杨武寨村,系肇事车司机。

被告:马某,现住武强县新开街26号2栋2单元302室,系肇事车车主。

被告:某财产保险股份有限公司衡水中心支公司,住址:桃城区。

原告范某与被告温某、马某、某财产保险股份有限公司衡水中心支公司(以下简称保险公司)因机动车交通事故责任纠纷,向本院提起诉讼,本院于2014年6月5日受理后,依法由审判员武万党独任审判,因原告伤情未愈,痊愈后需做伤残鉴定,本院依法中止审理。恢复审理后于2014年11月6日公开开庭审理了本案。原告范某的委托代理人于某、被告保险公司委托代理人万某、荆某到庭参加诉讼。被告温某、马某经本院合法传唤无正当理由拒不到庭参加诉讼。本案现已审理终结。

原告范某诉称:2014年2月20日19时27分许被告温某驾驶被告马某所有的冀TJT小型轿车沿新开街自西向东行驶,行至新开街与向阳路交叉口时与步行的原告范某发生碰撞,当场将原告致伤,该事故经武强县交警大队认定,被告温某为全部责任,原告无责任。原告受伤后被送往武强县医院抢救,因伤势严重,后转至哈励逊国际和平医院治疗,经诊断伤为:左尺桡骨骨折、左内踝骨折。共住院67天。该事故给原告造成的损失:医疗费40 970.75元,二次手术费8000元;住院伙食补助费,原告住院67天,每天100元,为6700元;护理费,原告住院期间,护理67天,每天110元,为7370元;营养费,原告住院67天,每天20元,为1340元;轮椅(辅助费)530元;交通费2046元;司法鉴定费300元。共计损失67 256.75元。原告伤后被告温某已付给原告35 000元,故被告应再赔偿32 256.75元。原告认为,由于被告的肇事车辆在被告保险公司投保了机动车交强险和商业第三者责任险,对于原告的损失首先由保险公司在交强险限额内赔偿,不足部分再由商业险限额赔偿,再不足部分由被告温某、马某赔偿。

被告温某未提交书面答辩意见。

被告马某未提交书面答辩意见。

被告保险公司辩称:一、本案没有充分证据证明肇事车辆为被告保险公司所承保冀TJT轿车。所谓"肇事司机被告温某"对于事故经过的陈述在关键点上与事实完全不符,详见以下几点:(1)事故发生时间不相符。(2)轿车碰撞位置不相符。(3)事故发生与受害人所在位置不相符。被告温某在事故经过关键上的陈述差异,充分说明他对事故经过不了解。二、(1)从常识上来讲,肇事车辆逃逸,当事人不知道肇事车辆车牌号码,交警应当调取监控录像,核实事故经过。但是办案交警并没有调查监控录像或者询问证人。(2)肇事逃逸致人重伤且驾驶员负全责,是一种严重的违法犯罪行为,而肇事者却没有受到任何刑事和行政拘留的处罚,违反法律规定。(3)武强县公安交通警察大队对被告温某作出的行政处罚决定与事实不相符合,该文件载明对温某一次性记12分,但是机动车驾驶人信息服务网(截止到2014年10月23目的数据)却显示温某"没有查到该驾驶人未接受处理的交通违法信息记录"。(4)在明知道肇事车辆在车主被告马某的情况下,交警也没有采取任何措施保全该车辆、核实被告温某说的是否属实,也没有拿着所谓"遗留的后视镜"与肇事车辆进行痕迹鉴定,不符合法律的规定。三、交通事故责任认定书不是认定案件事实和责任的唯一依据,法院可以根据审理查明的事实进行重新认定。四、交警处理事故过程中程序严重违法、证据自相矛盾、认定冀TJT轿车为肇事车辆依据不足。1. 受害人陈述不能证明其是被冀TJT撞伤所致。2. 勘验笔录部分内容与事实不相符合。3. 交通事故认定书载明内容与事实不相符合。4. 所谓物证破损的后视镜不符合作为证据的基本条件。5. 交警处理此次事故中,存在严重的违法违规行为。冀TJT轿车肇事车在被告保险公司投保交强险和商业险,但被告保险公司没有事故报案记录。

综上,被告保险公司认为:交通事故认定书认定冀TJT轿车为肇事车辆依据不足,被告保险公司依法不承担保险责任。

根据当事人的诉辩意见,征得各方当事人的同意,确定本案的争议焦点是:1. 本案交通事故事实经过,肇事司机是否是被告温某,肇事车辆是否是被告保险公司承保的冀TJT轿车致伤原告?2. 原告的损失是多少,有何依据,各被告如何承担赔偿责任?

围绕第一个争议焦点,原告提供的证据如下:

1. 武强县交警大队出具的道路交通事故认定书,证明本案交通事故的肇事车辆冀TJT号轿车,肇事司机系被告温某。

2. 冀TJT号轿车保险单复印件2份,证明该肇事车为保险公司所承保的车辆。

被告保险公司提供的证据如下:

提交被告温某驾驶证记录、被告保险公司申请的法院调取的事故卷宗以及石家庄中级人民法院的类似判决书案例一份,证明本案交警大队事故认定不能作为有效证据使用。

被告保险公司对原告提供证据的质证意见是:原告提交的证据不充分,自相矛盾。被告温某是在事故发生10日后自称是肇事司机,但是没有证据相佐证,同时对案件事实关键点与事实不符,事故认定书不符合法律规定作出的认定。根据被告保险公司申请法院调取的事故卷宗中显示,没有录像和照片,对被告马某的询问也没有,法院不应采纳,原告举证不充分。

原告对被告保险公司提供证据的质证意见是:对交警大队事故卷宗真实性无异议,依据事故的事实所作出的事故认定书应该为合法有效的。对于民事判决案例复印件有异议,首先判决是复印件,对真实性表示怀疑,该判决不是最高人民法院确定的指导性判例,且两个判决与本案无任何关联性,不能作为有效证据使用。网上信息复印件,根据证据规则,不具有任何法律效力,不能作为有效证据使用。

本院对上述证据的认证意见是:本院调取的武强县交通警察大队本案交通事故的卷宗中,对原告范某和被告温某的询问笔录,原被告无异议,具有真实性、合法性、关联性,予以认定。对原告的证据1武强县交通警察大队出具的冀公交认字[2014]第50006号道路交通事故认定书,根据事故卷宗中,对原告范某与被告温某的询问笔录,对本案被告温某驾驶机动车在新开街与向阳路交叉口与原告发生碰撞,致原告受伤的交通事故事实予以认定。原告提交的被告保险公司保险单原被告无异议,予以认定。对被告保险公司相似事故的判决书案例,原告提出异议,对该于判决书并非指导性案例,故不予认定。对被告温某驾驶证网络记录,未显示扣分,且属于行政行为,与本案不具有关联性,故不予认定。

围绕第二个争议焦点,原告提供的证据如下:

1. 武强县医院病历、诊断证明、费用明细各1份,医疗费票据7张,哈励逊国际和平医院病历、诊断证明、费用清单各1份、医疗费票据9张。外购药物5张。病人辅助器材票据1张。证明原告为治疗花费的损失。

2. 衡水市司法鉴定中心鉴定意见书1份,证明原告需要做二次手术费8000元。

3. 护理人员范甲误工证明1份,事发前三个月工资表,工作单位营业执照复印件1份。证明护理人员误工损失。

4. 原告本村后西代村委会证明1份,证明原告与护理人范甲系父子关系。

5. 鉴定费票据1张。证明原告鉴定费用支出。

6. 交通费票据230张。证明原告交通费支出。原告由武强县医院转院至衡水市租车一次,衡水出院返回武强县租车一次,复查去衡水租车一次,去衡水做司法鉴定租车二次,武强至衡水市往返一次210元。其他交通费票据是原告住院期间亲属对原告送衣物、钱等产生的。

被告保险公司提供的证据:被告马某的投保单及提示和说明。对投保人有充分提示和说明义务,证明本案不在保险赔偿范围。

原告范某对被告保险公司提供证据的质证意见是:与本案没有关联性。

被告保险公司对原告提供证据的质证意见是:对证据1真实性无异议。住院伙食补助费认可每天50元。对证据2真实性有异议,不是医疗机构实际发生的,二次手术费应实际发生后再主张。对证据3没有护理人所在单位劳动合同,单位的工资卡和存折支付的证明,对真实性有异议。对证据4无异议。对证据5鉴定费无异议。证据6交通费过高。该交通事故不属于保险责任。上述证据原告合法损失,被告保险公司不承担原告合理合法损失。 55

本院对上述证据的认证意见是:对原告的证据1武强县医院病历、诊断证明、费用明细、医疗费票据,哈励逊国际和平医院病历、诊断证明、费用清单、医疗费票据及外购药物收据、辅助器材票据,被告保险公司对其真实性无异议,该证据具有客观真实性、合法性、关联性,予以认定。对证据2衡水市司法鉴定中心司法鉴定意见书,系本院委托依法鉴定,具有客观真实性、合法性、关联性,予以认定。对证据3护理人范甲误工证明、工资表,工作单位营业执照复印件,能够证明护理人在原告发生事故前的收入情况和误工损失,被告方提出劳动合同、工资卡及存折并非具有必要性。该证据具有客观真实性、合法性、关联性,予以认定。对证据4和证据5被告方无异议,具有真实性、合法性、关联性,予以认定。对证据6交通费票据,原告陈述的转院、出院及复查、鉴定交通费840元,系合理支出范围,予以认定。其他护理人的必要交通费,原告不能证明其相应的人次数,酌情给付200元,交通费认定1040元。对被告保险公司提供的被告马某冀TJT号保单中提示和说明,原告提出异议,认为其与本案不具有关联性,该证据系投保合同的内容,予以认定。

本院经审理查明:2014 年 2 月 20 日 19 时 27 分许,被告温某驾机动车,沿新开街自西向东行驶,行至新开街与向阳路交叉口,与步行由南向北通过路口的原告范某发生碰撞,造成温某车辆损坏,原告范某受伤的交通事故。事故发生后,被告温某驾驶肇事车辆逃离现场。后被告温某到武强县交警大队投案自首。该事故经武强县交警大队认定,被告温某负此道路交通事故全部责任,原告无责任。事故卷宗中,2014 年 3 月 1 日对原告范某的询问笔录中,原告陈述称,2014 午 2 月 20 日 19 时 27 分,原告和妻子一起由体育场回家,沿向阳路由南向北行驶,行至新开街十字路口,走到路口中间,等由东向西行驶的车辆,这时由西向东驶来一辆黑色轿车,撞上原告,轿车没停就跑了。2014 年 3 月 1 日对被告温某的询问笔录中,被告温某陈述:被告温某开车撞人了,是上周四五,发生地点是新开街计生委十字路口处,被告温某当天晚上开着车顺着新开街自西向东行驶,行至计生委十字口时,从路口南边走出一个老头和一个老太太,被告温某当时有急事,车开得较快,当时在躲避一辆电瓶车,没注意到这两个行人,就刮上了其中一个,车的左侧反光镜刮了老头的胳膊。出事后,被告温某没有停车就跑了,车开到某小区。被告称开着奥迪牌冀 TJT 小型轿车。事故发生第二天,就知道了受伤者,想和对方私下解决,但是这几天一直没有谈妥,所以投案自首。

原告受伤后被送往武强县医院抢救,因伤势严重,后转至衡水市哈院治疗,经诊断伤为:左尺桡骨骨折、左内踝骨折,两医院共住 67 天。

关于原告的损失认定:医疗费 40 970.75 元,二次手术费 8000 元;伙食补助费,50 元 ×67 天 =3350 元;护理费 110 元 ×67 天 =7370 元;营养费 20 ×67 天 =1340 元;轮椅(辅助费)530 元;交通费 1040 元;鉴定费 300 元,共计 62 900.75 元。

被告温某已给付原告范某医疗费 35 000 元。

本院认为:本案交通事故,被告温某驾驶机动车致原告范某身体受伤,并负此次道路交通事故的全部责任,具有过错,应当承担侵权责任。现原告范某要求赔偿,合理合法,应予支持。发生交通事故后,被告温某驾驶机动车逃逸,武强县交警大队事故认定书中认定温某驾驶冀 TJT 号轿车发生交通事故,被告保险公司提出异议,事故卷宗中没有现场照片、录像资料之证据,原告及被告温某、马某也未提供相应证据证明被告温某驾驶的机动车系被告保险公司承保的冀 TJT 号轿车是本案肇事车辆。原告称被告温某驾驶的肇事车系被告保险公司承保的冀 TJT 号轿车,依据不足,本院不能采信。被告温某、马某未提交书面答辩,也没有提供相应证据予以证明,无正当理由拒不到庭参加诉讼,应承担不利后果。综上所述,依据《中华人民共和国侵权责任法》第六条第一款、第十六条,《最高人民法院关于审理人身损害赔偿案件适用法律若干问题的解释》第十九条、第二十条、第二十一条、第二十二条、第二十三条、第二十四条、第三十六条第二款的规定,判决如下:

一、被告温某赔偿原告范某医疗费 40 970.75 元,二次手术费 8000 元,住院伙食补助费 3350 元,护理费 7370 元,营养费 1340 元,轮椅(辅助费)530 元,交通费 1040 元,鉴定费 300 元。以上共计 62 900.75 元。扣除被告温某已给付原告范某的医疗费 35 000 元,被告温某应再赔付原告范某 27 900.75 元。于本判决生效后五日内履行。

二、驳回原告范某的其他诉讼请求。

如果未按照本判决指定的时间履行给付金钱义务,应当依照《中华人民共和国民事诉讼法》第二百五十三条的规定,加倍支付迟延履行期间的债务利息。

案件受理费 300 元,减半收取,由被告温某负担。

如不服本判决,可在判决书送达之日起十五日内,向本院或河北省衡水市中级人民法院递交上诉状,并按对方当事人的人数提出副本,上诉于河北省衡水市中级人民法院。

审 判 员 武万党
二〇一四年十二月十二日
书 记 员 张艳艳

【评析】

《最高人民法院关于审理道路交通事故损害赔偿案件适用法律若干问题的解释》第二十七条规定:"公安机关交通管理部门制定的交通事故认定书,人民法院应依法审查并确定其相应的证明力,但有相反证据推翻的除外。"该规定要求人民法院对于交通事故的事实情况进行审查。本案中,人民法院根据原告和另外两名被告的陈述、交通事故认定书等证据,认定肇事者承担侵权责任。

56. 交通事故中损伤参与度鉴定在实务中的应用

河南省罗山县人民法院
(2014)罗民初字第434号民事判决书

(2014年12月15日)

【案情】

2013年8月1日,邓某驾驶保险车辆与徐甲驾驶的正三轮摩托车发生相撞,造成徐甲及正三轮摩托车乘坐人胡某受伤的交通事故。经交警部门认定,邓某负事故的主要责任,徐甲负次要责任。事故发生后,徐甲被送往医院治疗,其病情有所好转。同年12月,徐甲以肾病综合征、脑梗死再次住院。2014年1月出院。同月徐甲又因心力衰竭、肾衰、肺部感染再次住院,后抢救无效死亡。死者家属遂诉至法院。

56

【判决书正文】

原告:龚某,女,1957年10月25日出生,汉族,住罗山县城关镇,系受害人徐甲之妻。

原告:徐乙,女,1980年9月12日出生,汉族,住罗山县城关镇,系受害人徐甲长女。

原告:徐丙,女,1982年7月20日出生,汉族,住罗山县城关镇,系受害人徐甲次女。

原告:徐丁,女,1984年11月9日出生,汉族,住罗山县城关镇,受害人徐甲三女。

原告:徐戊,女,1989年5月11日出生,汉族,住罗山县城关镇,系受害人徐甲四女。

被告:邓某,男,1977年2月11日出生,汉族,住罗山县竹竿镇。

被告:某保险公司信阳市中心支公司,住所地:信阳市北京路中段。

原告龚某、徐乙、徐丙、徐丁、徐戊与被告邓某、某保险公司信阳市中心支公司(以下简称某保险公司)机动车交通事故责任纠纷一案,本院受理后,依法组成合议庭,公开开庭进行了审理。原告的委托代理人赵某、被告邓某及某保险公司委托代理人郑某到庭参加了诉讼,本案现已审理终结。

原告诉称,被告邓某驾车与徐甲驾驶的正三轮摩托车侧面相撞,致两车损坏,受害人徐甲及乘坐人胡某受伤的交通事故,交警认定邓某负此事故的主要责任,徐甲负此事故的次要责任。事故发生后,徐甲被送往罗山县人民医院治疗,治疗期间,医院建议回家休养。受害人在休养期间,精神比较差,意识不清,病情加重,家人再次将其送往医院治疗。2014 年 2 月 16 日因肺部感染、肾病综合征、脑梗死导致心衰、肾衰、肺部感染治疗无效死亡。被告邓某在受害人治疗期间支付医疗费 26 000 元,后又支付安葬费 19 000 元。邓某驾驶的车辆在被告某保险公司投有保险。请求二被告赔偿损失 659 766.70 元。

被告邓某辩称,事故属实,受害人住院的费用还有本人付的一部分,在交警队交了 40 000 元,医院垫付了 6000 元,请求一并处理。

被告某保险公司辩称,被告邓某驾驶车辆发生交通事故,已构成交通肇事罪,请法院查明是否构成刑事案件,如构成本案应当中止审理,精神抚慰金我公司不应赔偿,被告邓某在我公司投保了交强险和商业险 500 000 元(不计免赔),若涉及免赔事由,应当扣除免赔部分;不承担诉讼费及鉴定费等间接损失。

经审理查明,2013 年 8 月 1 日 9 时 10 分许,被告邓某驾驶豫 S58 号车沿灵山大道由南向北行驶至罗山新区灵山大道与龙池大道交叉口,与沿龙池大道由西向东徐甲驾驶正三轮摩托车侧面相撞,致两车损坏,徐甲及乘坐人胡某受伤,造成交通事故。2013 年 8 月 12 日,罗山县公安交通警察大队出具罗公交认字[2013]第 275 号《道路交通事故认定书》,认定邓某负事故主要责任,徐甲负事故次要责任。事故发生后,徐甲即被送往罗山县人民医院治疗,入院诊断为:1. 颅脑外伤:外伤性脑梗塞右颞顶头皮挫伤。2. 领面部外伤:领面部多处皮肤裂伤;牙齿 12 骨折脱落。3. 颈部外伤;C6 椎体横突骨折。4. 胸部外伤;左肺上叶下舌段挫伤,左侧 2、3、4、5 肋骨骨折。治疗经过:入院给予清创缝合、消炎、止血、胸腔闭式引流术及对症处理,患者病情好转出院。出院情况:一般情况可,心肺腹未见明显异常,颈部活动差,左胸廓仍疼痛。出院医嘱:1. 营养支持治疗;2. 定期复查;3. 不适随诊。出院时间为 2013 年 9 月 7 日,住院 38 天,支付医疗费 32 045.11 元。原告方提供证据证明徐甲精神状态差,意识不清,经常随地大小便。2013 年 12 月 26 日,徐甲以肾病综合症、脑梗死再次入住罗山县人民医院,2014 年 1 月 27 日出院,住院 32 天,支付医疗费 9958 元。2014 年 1 月 31 日徐甲又因心力衰竭、肾衰、肺部感染入住罗山县人民医院。至 2014 年 2 月 16 日 19 时 35 分 10 秒抢救无效死亡。此次住院 17 天,支付住院费用 7219.20 元。受害人于 2013 年 11 月 16 日支付化验、拍片等费用计 899 元。事故发生后,徐甲在治疗过程中,邓某给付原告方 6000 元用于治疗,后原告方又从交警队领取 20 000 元用于治疗。受害人死亡后,原告方又从交警队领取 19 000 元用于受害人的安葬事宜。在诉讼中,被告某保险公司申请对徐甲死亡的原因与交通事故之间的因果关系及参与度进行鉴定。司法鉴定科学技术研究所司法鉴定中心接受本院委托,于 2014 年 9 月 23 日出具司鉴中心[2014]病鉴字第 370 号《鉴定意见书》,其第四部分"分析说明":一、关于死因,因患者徐甲死亡后未进行尸体解剖,无法明确其确切的死亡原因,仅就现有病史材料分析认为,患者道路交通事故原发损伤尚不足以致死,且未见相关严重并发症,患者交通事故损伤治疗出院后以"肾病综合症、脑梗死"两次入院,且病史中反映其既往"肾病综合征"病史 1 年余,"脑梗塞"病史 2 年余,最终出院诊断:1. 心衰;2. 肾衰;3. 肺部感染。据此分析,导致徐甲死亡的主要原因较符合其自身潜在性疾病(肾病综合征、脑梗死等),以及肺部感染等并发症。二、关于道路交通事故损伤与徐甲死亡的因果关系。徐甲道路交通事故损伤明确,主要为:右颞顶头皮擦伤,颌面部外伤,C6 椎体横突骨折,左肺上叶下舌段挫伤,左侧 2、3、4、5 肋骨骨折等,上述损伤范围较广,但均非致命伤,且患者经相应治疗后伤情好转出院,说明上述交通事故损伤并非导致其死亡的主要原因。但审查送检材料发现,徐甲系 2013 年 8 月 1 日交通事故受伤,后分别于 2013 年 12 月 26 日、2014 年 1 月 31 日两次入院治疗,并最终死亡,在时间上与道路交通事故损伤之间存在一定连续性。且,本例交通事故所致其颈椎损伤、肋骨骨折及肺挫伤等,一定程度上可以引起失血、疼痛,并导致活动受限、血压波动等,也可以使机体抵抗力下降,从而加重或促进其自身原有基础疾病的发展,且更易并发感染。上述交通事故损伤与徐甲死亡之间存在一定因果关系,可构成徐甲最终死亡的辅助因素。三、关于损伤参与度评定。参与度评定的依据应遵循法医学因果关系判定准则,在法医学鉴定实践中,参与度评定尚属于学理性探讨内容,参与度大小的把握存在一定的主观因素。因此,鉴定人对于参与度的评定仅为供审判参考的学术性意见,而非确定审判赔偿程度的法定依据。就本例而言,2013 年 8 月 1 日道路交通事故损伤与徐甲死亡之间存在一定因果关系,建议道路交通事故损伤在其死因构成中的参与度为 30%—40%。该中心根据上述分析得出的鉴定意见为:2013 年 8 月 1 日道路交通事故损伤与徐甲死亡之间存在一定因果关系,构成其最终死亡的辅助因素,建议道路交通事故损伤在其死因构成中的参与度为 30%—40%。鉴定费用 8000 元。被告对此鉴定意见无异议。徐甲之女徐乙(未婚)患有"先天性心脏病",经原告方申请,驻马店蔚康法医临床司法鉴定所接受本院委托于 2014 年 6 月 24 日出具驻蔚康司鉴所[2014]临鉴字第 169 号《司法鉴定意见书》,结论为被鉴定人徐乙已完全丧失劳动能力。原告方为鉴定支付费用 1606 元(206 + 1400)。被告对此鉴定结论亦无异议。某保险公司确认原告方车辆损失 800 元。

另查明,邓某驾驶车辆在被告某保险公司投保有机动车交通事故责任强制保险和商业第三者责任保险(不计免赔,金额 500 000 元)。事故发生在保险期间内。五原告及受害人徐甲均为非农业人口。受害人生前以驾驶载货正三轮摩托车为生。河南省上年度城镇居民人均可支配收入 22 398.03 元/年;城镇居民人均消费性支出 14 821.98 元/年;城镇非私营单位在岗职工年平均工资 37 958 元;居民服务业和其他服务业职工平均工资为 29 041 元/年。本次事故另一受害人胡某亦在本院提起诉讼,其损失确定为医疗费限额项下 2964 元、死亡伤残赔偿限额项下 1236 元。

本院认定上述事实有当事人陈述、事故认定书、死亡证明书、病历、证人证言、驾驶证、户口本复印件、司法鉴定书、收条、医疗费票据等证据证实,并经庭审质证和本院审查,可以采信。

本院认为,公民生命健康权受法律保护,权利人在其身体受到伤害时产生的医疗费、护理费、住院伙食补助费、必要的营养费、交通费以及因误工减少的收入,侵权人依法应予赔偿。造成死亡的,还应当赔偿丧葬费和死亡赔偿金、精神抚慰金等合理费用。本案被告邓某驾豫 S58 号车与徐甲驾驶的正三轮摩托车相撞,致两车损坏,徐甲及乘坐人胡某受伤,造成交通事故,罗山县公安交警大队认定邓某负事故主要责任,徐甲负事故次要责任。该认定本院予以确认,被告邓某应对事故造成的损失承担 70% 的责任。徐甲因事故受伤,后在治疗过程中死亡,就徐甲死亡与此次交通事故的因果关系及参与度,司法鉴定科学技术研究所司法鉴定中心的鉴定结论为:2013 年 8 月 1 日道路交通事故损伤与徐甲死亡之间存在一定因果关系,构成其最终死亡的辅助因素,建议道路交通事故损伤在其死因构成中的参与度为 30%—40%。据此,本院确定该事故的参与度为 40%,被告邓某应对受害人的死亡承担相应责任。受害人徐祖安自第一次住院治疗截止其死亡,扣除后续第二、三次住院期间的天数为 151 天,故原告主张因事故受伤第一次治疗产生的误工期和护理期按151天计算,本院依法予以支持。经审查,原告方要求可纳入赔偿范围的有,第一次治疗费用:1.医疗费32 944.11元;2.住院伙食补助费1140元(30元×38天);3.营养费2265元(15元×151天);4.护理费12 014.22元(29 041元÷365天×151天);5.误工费12 014.22元(29 041元÷365天×151天);6.交通费本院酌定为1300元;7.车辆维修费用800元。上述1—7项费用共计62 477.55元。第二次和第三次治疗及死亡相关费用为:1.医疗费17 177.20元(9958元+7219.20元);2.住院伙食补助费1470元[30元×(32天+17天)];3.营养费735元[15元×(32天+17天)];4.护理费3898.65元[(29 041元÷365天×32天)+(29 041元÷365天×17天)];5.误工费3898.65元[(29 041元÷365天×32天)+(29 041元÷365天×17天)];6.死亡赔偿金447 960.60元(22 398.03元×20年);7.丧葬费18 979元(37 958元÷2);8.徐乙生活费148 219.80元(14 821.98元/年×20年÷2);9.精神抚慰金酌定为20 000元。上述1—8项累计为642 338.90元。综上,本案可纳入赔偿的金额共计为339 413.11元[62 477.55元+256 935.56元(642 338.90元×40%)+精神抚慰金20 000元]。因被告邓某驾驶车辆在被告某保险公司投保有机动车交通事故责任强制保险和商业第三者责任保险(不计免赔,金额500 000元),扣除为该事故另一受害人预留的赔偿款4200元,被告某保险公司首先应在交强险中赔偿原告方116 600元(医疗费限额7036元+死亡伤残赔偿限额108 764元+财产损失800元)。超出交强险限额的剩余款222 813.11元(339 413.11元-116 600元),应由被告某保险公司在商业第三者责任险限额内按70%承担赔偿责任,即155 969.18元(222 813.11元×70%)。被告某保险公司共应赔偿五原告272 569.18元(116 600元+155 969.18元)。被告邓某诉前给付原告的45 000元,待保险公司赔偿款到位后由五原告退还给邓某。依照《中华人民共和国侵权责任法》第十六条、第二十二条,《最高人民法院关于审理人身损害赔偿案件适用法律若干问题的解释》第十七条、第十八条、第十九条、第二十条、第二十一条、第二十二条、第二十三条、第二十四条、第二十五条、第二十八条,《中华人民共和国保险法》第六十五条之规定,判决如下:

一、被告某保险公司信阳市中心支公司于本判决生效后十日内赔偿原告272 569.18元(被告邓某诉前给付的45 000元待保险公司赔偿款到位后由五原告退还给邓某)。

二、驳回五原告的其他诉讼请求。

如未按判决指定的期间履行给付金钱义务,应当依照《中华人民共和国民事诉讼法》第二百五十三条的规定,加倍支付迟延履行期间的债务利息。

案件受理费10 397元,鉴定费9606元,共计20 003元,由五原告负担1000元,被告邓某负担14 803元,被告某保险公司信阳市中心支公司负担4200元。

如不服本判决,可在判决书送达之日起十五日内,向本院递交上诉状,并按对方当事人的人数提出副本,上诉于河南省信阳市中级人民法院。

审 判 长　徐　刚
代理审判员　彭学彬
二〇一四年十二月十五日
书 记 员　姜朝奎

【评析】

损伤参与度是指在有外伤、疾病(包括老化和体质差异)等因素共同作用于人体,损害了人体健康的事件中,损伤在人身死亡、伤残、后遗症的发生上所起作用的比例关系。损伤参与度可以分为五级:1.既有损伤又有疾病,后果完全由损伤所造成,疾病未起作用,损伤与后果之间有必然的因果关系,为100%;2.既有损伤又有疾病,后果主要由损伤所造成,疾病只起辅助作用,则损伤与后果之间有直接因果关系,为70%—90%;3.既有损伤又有疾病,两者单独存在都不能造成目前的后果,或者在造成目前后果的作用上同等重要,主次难分,则损伤与后果之间系界限型因果关系,为40%—60%;4.既有损伤又有疾病,损伤是诱发或加重因素,即损伤比较轻微,对人体没有大的危害,但能诱发或者促进疾病的发作,为10%—30%;5.既有损伤又有疾病,若后果完全由疾病所致,则损伤与后果之间无因果关系,为0%。

损伤参与度是个法医学概念,在法律中并没有明确的规定和依据。但依据对损伤参与度概念的分析以及侵权法理论可以看出,损伤参与度与"原因力"这个法律概念相对应。所谓原因力,指在构成损害结果的共同原因中,每一个原因对于损害结果发生或扩大所发挥的作用。《最高人民法院关于审理人身损害赔偿案件适用法律若干问题的解释》第三条第二款规定:"二人以上没有共同故意或者共同过失,但其分别实施的数个行为间接结合发生同一损害后果的,应当根据过失大小或原因力比例各自承担相应的赔偿责任。"我国《侵犯责任法》虽然没有明确规定"原因力"的概念,但第二十六条规定,"被侵权人对损害的发生也有过错的,可以减轻侵权人的责任",从侧面支持了原因力理论。无论过错责任还是无过错责任,通常情况下,行为人均是对自己的行为(作为或不作为)造成的后果承担责任。"损伤参与度"也就是对自己行为后果的一种责任范围的界定。所以说侵权赔偿考虑"损伤参与度"虽没有法律明文规定,但有法理依据。针对损伤参与度的五种情形来看,对于直接因果关系不考虑损伤参与度尚能解释,因为没有损伤其疾病可能永远也不会产生损害后果。但对于损伤仅是诱发特别是仅加重或加速因素造成的损害后果,疾病是主要原因,即便没有损伤,损害后果也会发生。如果这种情况下不考虑损伤参与度,显然是不符合民法公平理念的。

在处理涉及损伤参与度的人身损害赔偿案件中,首先应确定损伤参与度系数,然后考虑事故责任的比例,再根据损伤参与度系数对不同类型赔偿项目的影响分别计算,最后确定赔偿义务人的赔偿责任。损伤参与度系数是指经过因果关系鉴定后得出的对原因力的量化、比例,确定损伤参与度系数的主要依据就是司法鉴定机构出具的有关损伤参与度的鉴定意见。而事故责任是指事故中责任方对事故的发生及后果的产生所承担的责任,分为全部责任、主要责任、同等责任、次要责任和不承担责任等,确定事故责任的主要依据有事故现场证据等。至于赔偿责任则是指依据事故责任、损害责任以及法律规定确定的赔偿义务人应承担的具体赔偿义务。

在本案中,死者徐甲在交通事故发生后三次住院治疗,第一次住院系以颅脑、颌面、颈部、胸部外伤,肺挫伤,肋骨骨折住院,第二次以肾病综合征、脑梗死住院,第三次以心力衰竭、肾衰、肺部感染住院直至死亡。其病历中载明其患肾病综合征病史一年余,脑梗塞病史二年余。保险公司因此认为徐甲的死亡并非单纯因交通事故所致,故向法院申请该起交通事故损伤与徐甲死亡的因果关系及参与度鉴定。经司法鉴定科学技术研究所司法鉴定中心鉴定,得出相关鉴定意见:2013年8月1日道路交通事故损伤与徐甲死亡之间存在一定因果关系,构成其最终死亡的辅助因素,建议道路交通事故损伤在其死亡构成中的参与度为30%—40%。根据鉴定意见,法院确定受害人的损伤参与度系数为40%。因第一次住院所治疗伤情系交通事故所致,故判决相关费用由赔偿义务人全额承担,第二次和第三次住院治疗费用及死亡相关费用按照损伤参与度系数(40%)确定。总赔偿数额确定后再根据事故责任比例(70%)确定赔偿义务人的最终赔偿义务。

57. 机动车损失险中物价评估报告证据效力的认定

天津市第一中级人民法院
(2014)一中民三终字第314号民事判决书

(2014年10月17日)

【案情】

云某为其所有的津MV号轿车向保险公司投保了车辆损失险。2014年5月31日7时许,张某驾驶该车沿某渔阳路自西向东行驶至事故地点左转弯时,该车右前侧与孙某驾驶的大众轿车左前侧相撞,造车两车损坏的交通事故。交警部门出具交通事故证明书认定,张某负事故的主要责任,孙某负事故的次要责任。事故发生后,被保险人云某就车辆损失与保险公司未达成一致,遂诉至法院。

【判决书正文】

上诉人(原审原告):云某,女,1972年5月23日出生,住所地:天津市马家店镇。

被上诉人(原审被告):某保险公司天津分公司,住所地:天津市河西区。

上诉人云某因与被上诉人某保险公司天津分公司(以下简称保险公司)保险合同纠纷一案,不服天津市某人民法院(2014)宝民初字第4158号民事判决,向本院提起上诉。本院依法组成合议庭,公开开庭审理了本案,本案现已审理终结。

一审法院经审理查明,云某为自有的保险车辆在保险公司处投保了车损险,保险期间自2013年7月20日至2014年7月19日止,保险金额为66 900元。

2014年5月31日7时10分许,张某驾驶保险车辆沿渔阳路自西向东行驶至事故地点左转弯,遇孙某驾驶的大众轿车自东向西至此,保险车辆右前侧与大众轿车的左前侧相撞,造成两车损坏的事故。该事故经天津市公安局宝坻分局交通警察支队认定:张某负事故的主要责任,孙某负事故的次要责任。

事故发生后,天津市某价格认定中心对保险车辆进行了评估,认定保险车辆的损失为15 955元,云某另支付施救费500元,停车费280元和车损鉴定费790元。其后,保险车辆在天津市某汽车修理厂进行拆解、维修,云某支付拆解费1400元和维修费15 955元。

事故发生当日,保险公司委托北京某保险公估有限公司对保险车辆进行查勘、定损,该机构认定保险车辆扣除车辆残值90元后的损失为12 487元。

另查明,北京某保险公估有限公司为中国保险监督管理委员会批准成立的一家全国性、综合性保险公估机构,从事保险事故的评估、勘验、鉴定、估损和理算等。

云某投保的车损险约定:保险期间内,被保险人或其允许的合法驾驶人在使用被保险机动车过程中,因下列原因造成被保险机动车的损失,保险人按照合同约定负责赔偿:(一)碰撞、倾覆、堕落……

云某一审诉讼请求为:1. 保险公司立即赔偿云某保险金11 847.5元;2. 本案诉讼费48元由

保险公司负担。

一审法院认为，原、被告之间的保险合同系双方真实意思表示，不违反法律，行政法规的强制性规定，为有效合同，双方应严格按照合同约定履行义务。

本案中，双方对保险车辆损伤数额持有异议，云某为证明实际车损，提供了单方委托的天津市某价格认定中心作出的评估结论书，而保险公司亦提供单方委托的公估公司作出的公估报告作为证据进行反驳，上述证据作为证明车辆损失的直接证据，具有合法性、关联性，但结合事故认定书的认定，保险车辆应是右前部受损，左前部并未受损，比较评估结论书和公估报告，前者确认的损失项目中，包含左杠灯和左大灯，显然不符合事实；其他损失项目和价格而言，两份鉴定结论基本相吻合，因此，一审法院认定评估结论书不具有客观性，一审法院不予采纳；保险公司提供的公估报告，与车辆实际损失更为相符，一审法院予以采纳，并据此确认保险车辆的损失为12 387 +90（残值价值）=12 577元。保险公司主张扣除残值，与法律规定不符，一审法院不予支持。

此外，保险车辆的施救费500元，保险公司予以认可，一审法院予以确认；云某主张的拆解费1400元，因保险车辆拆解和维修均在同一单位进行，参考《天津市道路交通事故车辆定点拆解管理办法》的相关规定，一审法院不予支持；云某主张的停车费，查明与确定车辆损失无关，且非保险合同约定赔偿范围，一审法院不予支持；保险车辆的评估费790元，因评估结论书与事实并不相符，该评估费用一审法院亦不支持。据此，一审法院确定保险车辆的实际损失为：12 577 +500 =13 077元。该损失，应由事故大众轿车的交强险赔偿2000元，不足的部分的70%为11 077 × 70% =7753.9元，由保险公司在承保的车损险责任范围和赔偿限额内赔偿。

综上，依照《中华人民共和国保险法》第十四条、第六十四条，《最高人民法院关于民事诉讼证据的若干规定》第二条之规定，判决："一、被告某保险公司天津分公司于判决生效后三日内在车损险范围内赔偿原告云某保险金7753.9元；二、驳回原告云某的其他诉讼请求。如果被告未按本判决指定的期间履行给付金钱义务，应当按照《中华人民共和国民事诉讼法》第二百五十三条之规定，加倍支付迟延履行期间的债务利息。本案诉讼费用48元（原告已缴纳），由原告负担23元，被告负担25元（此款由被告给付原告，给付时间同上）。"

上诉人云某不服一审判决，向本院提出上诉称，一审法院以被上诉人单方委托北京某保险公估有限公司作出的公估报告作为定案依据，没有法律依据，应依据天津市某价格认定中心作出的评估结论书作为定案依据，因为天津市某价格认证中心作出的评估结论书更具有客观性，且上诉人依据该评估结论书对事故车辆进行了修理，所产生的费用上诉人已经实际花费，且被上诉人提供的照片能够显示事故车辆的损失包括做左杠灯和左大灯。请求撤销一审判决，改判支持上诉人的一审诉讼请求。

被上诉人保险公司答辩称，天津市公安交通管理局道路交通事故认定书及被上诉人提供的车辆受损照片均证实上诉人车辆因事故所产生的损失在车辆的右侧，不包括左杠灯和左大灯，上诉人提供的天津市某价格认定中心作出的评估结论书与实际不符，请求驳回上诉，维持原判。

经审理查明，本院查明的事实与一审法院一致，对一审法院查明的事实本院予以确定。二审审理过程中，双方当事人均未提交新证据。

经本院主持调解，双方当事人各执己见，未能达成调解协议。

本院认为，本案的争议焦点为应以天津市某价格认定中心作出的评估结论书还是北京某保险公估有限公司作出的公估报告作为定案依据。根据天津市公安交通管理局道理交通事故认定书的认定和双方当事人的认可，保险车辆的右前部受损，左前部在事故中并未受到撞击，而天津市某价格认定中心作出的评估结论书确认的损失项目中包括了左杠灯和左大灯，不符合事实，一审法院不宜采用,于法有据。上诉人关于停车费、拆解费、车损鉴定费的主张,缺少事实和法律依据,本院不予支持。综上,一审判决认定事实清楚,适用法律准确,本院予以维持。依照《中华人民共和国民事诉讼法》第一百七十条第一款第(一)项的规定,判决如下:

驳回上诉,维持原判。

二审案件受理费97元,由上诉人云某负担。

本判决为终审判决。

审　判　长　张吉堂
代理审判员　李　权
代理审判员　刘　芳
二零一四年十月十七日
书　记　员　王　权

【评析】

根据中国保监会制定并于2009年10月1日施行的《保险公估机构监管规定》,保险公估机构的经营范围包括"保险标的出险后的查勘、检验、估损理算及出险保险标的残值处理"。国家发展和改革委员会《价格鉴定行为规范(2010年版)》明确规定,中华人民共和国行政区域内经当地编委批准、由各级政府价格主管部门依法设立的价格鉴证机构,对公安机关、检察机关、审判机关和仲裁机构在办理各类案件中涉及的价格不明或价格有争议的涉案财物或其他标的进行价格鉴定的行为。也就是说,物价评估部门只有确定损失标的价格的职权,而对事故损失的范围,损失标的是否属于保险责任等有关保险合同纠纷的鉴定事项,只有拥有保险公估资质的机构才有鉴定资格。

本案中,物价评估部门的评估报告明细中存在左杠灯及左前大灯等损失项目,而根据事故认定书和前期查勘结果,被保险车辆左侧并未发生碰撞。保险公司当庭提供事故现场绘制草图、查勘报告、保险车辆损失照片、公估定损报告及定损明细单以及公估机构的鉴定资格证明,最终法院认定按照保险公司评估定损报告认定车辆损失。

58. 货物运输保险中预约保险合同履行是否属于"事后投保"的认定

江苏省无锡市惠山区人民法院
(2014)惠商初字第0404号民事判决书

(2014年12月10日)

【案情】

2013年3月29日,无锡市某货运有限公司与某保险公司签订了公路货运承运人责任保险预约保险合同，保险期间为2013年3月30日0时至2014年3月29日24时止。该合同约定，每车次的起保时间以某保险公司“收到《公路货物承运人责任险起运通知书》传真、手机短信或电子邮件一小时后”或“自承运货物完全装上运输工具时”，两者以后发生者为准。2013年4月5日7时50分，驾驶员王某驾驶皖KF车辆发生交通事故，造成货物损失共计68 764.2元。滁州市公安局交警支队高速四大队出具道路交通事故认定书，认定王某负全责。2013年4月5日8时36分，无锡市某货运有限公司向某保险公司传真了编号为0006309的起运通知书，载明：驾驶员为王某、车牌号码为皖KF等信息，保险期限为2013年4月4日至14日止。事故发生后，无锡市某货运有限公司与某保险公司就赔偿事宜未达成一致，遂诉至法院。

【判决书正文】

原告：无锡市某货运有限公司，住所地：无锡市惠山区。

被告：某保险公司无锡市惠山支公司，住所地：无锡市惠山区。

原告无锡市某货运有限公司与被告某保险公司惠山支公司财产损失保险合同纠纷一案，本院立案受理后，依法组成合议庭，公开开庭进行了审理。本案现已审理终结。

原告无锡市某货运有限公司诉称：2013年3月29日，与某保险公司惠山支公司签订公路货运承运人责任保险预约保险合同。2013年4月5日，王某驾驶皖KF（皖KV挂）号车在进入服务区拐弯时，因操作不当，未注意，致使货物侧滑坍塌，造成车辆及货物损坏。因事故发生在保险期间内，故诉至本院请求判令某保险公司惠山支公司赔偿货物损失68 764.2元。

被告某保险公司惠山支公司辩称：1. 无锡市某货运有限公司于事故发生后才向其公司投保，不应承担赔偿责任；2. 发生事故的车辆属于超载运输，双方约定所运货物超限时，不负赔偿责任；3. 无锡市某货运有限公司主张的损失中有27 030.2元为油污损失，油污损失系环境损失，且系无锡市某货运有限公司将货物拉回过程中产生的扩大损失，不予赔偿；4. 双方保险合同约定，非道路交通事故造成的损失免赔金额为20%。

经审理查明：2013年3月29日，无锡市某货运有限公司与某保险公司惠山支公司签订公路货运承运人责任保险预约保险合同。该合同约定：1. 每次事故赔偿限额为300 000元/份/次，本预约保险合同预收保险费5000元，保险费采取每月结算方式，每月20日根据上月实际投保单进行结算；2. 易碎品、液体产品免赔为10 000元/份/次或损失金额的20%，两者以高为准；非道路交通事故造成的货物挤压、受损，免赔为损失金额的20%，道路交通事故需提供交警证明；3. 保险费为一般地区100元/份/次，云、贵、川、重庆及新疆线路150元/份/次；4. 每车次的起保时间以某保险公司惠山支公司收到“公路货物承运人责任险起运通知书”（以下简称起运通知书）传真、手机短信或电子邮件一小时后承担保险责任，或每车次运输货物保险责任期间自承运货物完全装上运输工具时，两者以后发生者为准；5. 每车次保险终止时间为车辆抵达目的地后承运货物完全卸离运输工具时，最长不超过承运货物抵目的地次日之二十四小时；6. 特别约定，所运货物超限时，某保险公司惠山支公司不负责赔偿；7. 本保险按出运车次逐单投保，在每批货物启运前，无锡市某货运有限公司应清晰、详细地逐项填写某保险公司惠山支公司提供的起运通知书并盖章后，向某保险公司惠山支公司传真，某保险公司惠山支公司收到传真后盖章确认回传，并以此作为保险标的发生保险事故时无锡市某货运有限公司向某保险公司惠山支公司索赔的必要依据之一；8. 投保方式为传真起运通知书；9. 本预约合同期限为2013年3月30日0时至2014年3月29日24时止；10. 运输路线为无锡至兰州。上述合同签订后，无锡市某货运有限公司分别于2013年3月29日、5月15日支付保险费5000元、3300元，某保险公司惠山支公司向无锡市某货运有限公司开具金额为5000元及3300元的保险费发票。

2013年4月5日7时50分,王某驾驶皖KF(皖KV挂)号车在进入宁洛高速大溪河服务区拐弯时,因操作不当,未注意,致使货物侧滑坍塌,造成车辆及货物损坏。同日,滁州市公安局交警支队高速四大队出具道路交通事故认定书,认定王某在事故中负全部责任。

2013年4月5日8时36分,无锡市某货运有限公司向某保险公司惠山支公司传真编号为0006309号起运通知书一份。载明:驾驶员为王某,车辆牌号为皖KF,货物名称为窗帘轨道、机油、电缆盘、门板、袋子、木箱、服装,货运单号为0610225,起止地点自无锡至兰州,保险费100元,保险期限为2013年4月4日至2013年4月14日止。2013年4月7日9时,某保险公司惠山支公司将此份起运通知书加盖公章后回传给无锡市某货运有限公司。

2013年4月5日19时许,某保险公司无锡分公司委托某保险公估公司对无锡市某货运有限公司货运受损案进行现场查勘。某保险公估公司接受委托后立即指派公估人员与承运车辆驾驶员王某取得联系。2013年4月6日10时30分,某保险公估公司指派公估人员到达受损货物存放地点无锡市惠山区仓库对受损货物进行现场查勘。2013年6月7日,某保险公估公司出具查勘报告。

另查明:皖KF重型半挂牵引车的准牵引总质量为39 935千克,皖KV挂重型特殊机构半挂车的装备质量为8100千克。事故发生时,皖KF0运输的货物重量为38 020千克。

事故发生后,海澜之家、无锡市某物流有限公司、江阴某润滑油有限公司、江阴市某塑料制品厂、江阴某养护产品有限公司分别就自身损失向无锡市某货运有限公司索赔,后分别确认收到2013年4月4日王某(皖KF0)造成的货物损失费1106元、10 436元、22 948元、9053.2元、22 978元,合计66 521.2元。

诉讼中,无锡市某货运有限公司表示:事故发生后,无锡市某货运有限公司向某保险公司惠山支公司报案,在向某保险公司惠山支公司传真起运通知书前通过电话方式告知事故已发生、货物已受损的情况。某保险公司惠山支公司表示:由于与无锡市某货运有限公司之间存在较多业务往来,故在无锡市某货运有限公司报案后未审查无锡市某货运有限公司是否已经传真起运通知书、某保险公司惠山支公司是否已经盖章确认并回传,而是立即委托某保险公估公司进行现场查勘;无锡市某货运有限公司在报案时未告知事故中所涉货物的起运通知书尚未传真及回复确认,在传真起运通知书时也未告知事故已经发生。

以上事实由预约保险合同、保险费发票、付款凭证、起运通知书、交通事故认定书、查勘报告、证明、发票、托运单及庭审笔录等在案佐证。

本院认为:我国保险法所称保险,是指投保人根据合同约定,向保险人支付保险费,保险人对于合同约定的可能发生的事故因其发生所造成的财产损失承担赔偿保险金责任,或者当被保险人死亡、伤残、疾病或者达到合同约定的年龄、期限等条件时承担给付保险金责任的商业保险行为。本案所涉公路货运承运人责任险为受保险法调整的商业保险的一种。保险的本质特性在于对未来不确定的风险承保,以分散风险。如果危险已经确定发生,则不能再利用保险加以分散。本案中,王某所驾驶的皖KF货车于2013年4月5日7时50分发生交通事故,无锡市某货运有限公司于2013年4月5日8时36分向某保险公司惠山支公司传真起运通知书时,该事故已经发生,不再符合保险的要件,且无锡市某货运有限公司未能提供证据证明某保险公司惠山支公司在明知事故已发生的情形下仍同意承保。故无锡市某货运有限公司要求赔付保险金的诉请,与法相悖,本院不予支持。对某保险公司惠山支公司所提出的本案保险事故系事后投保,不予理赔的抗辩意见,本院予以采信。依照《中华人民共和国保险法》第二条、第五条,《中华人民共和国民事

诉讼法》第六十四条,《最高人民法院关于民事诉讼证据的若干规定》第二条之规定,判决如下:

驳回无锡市某货运有限公司的诉讼请求。

本案案件受理费1520元,由无锡市某货运有限公司负担。

如不服本判决,可在判决书送达之日起十五日内,向本院提交上诉状,并按对方当事人的人数提出副本,上诉于江苏省无锡市中级人民法院,同时根据《诉讼费用交纳办法》的有关规定,向该院预交上诉案件受理费。

审 判 长 凌 芝
审 判 员 陶勇达
人民陪审员 杨汉良
二〇一四年十二月十日
书 记 员 浦湖焉

【评析】

本案中,无锡市某货运有限公司与某保险公司之间的预约保险合同已经成立,且约定了预约合同期限,但合同有效期并不等同于保险期间。根据预约保险合同的约定,保险责任起始时间是始于"以某保险公司收到《公路货物承运人责任险起运通知书》传真、手机短信或电子邮件一小时后,或自承运货物完全装上运输工具时,两者以后发生者为准"。王某所驾驶的皖KF货车于2013年4月5日7时50分发生交通事故,无锡市某货运有限公司于2013年4月5日8时36分向某保险公司传真起运通知书。保险事故发生之时某保险公司的保险责任尚未开始,故无锡市某货运有限公司不能得到相应的保险赔偿。

货物运输保险中的预约保险是投保人将一系列货物一次性投保的简便投保方式。在这种方式下,投保人不必为每一笔业务与保险人协商合同内容,简化了投保程序并节省了保险费;对保险人而言,订立预约保险合同在简化业务程序的同时,可以取得稳定的保险费收入。一般认为,预约保险合同在法律性质上是一种总合同。在预约保险合同中规定的期限内,就每一批具体货物的保险仍需订立独立的分合同或由保险人分别签发保险单证。分合同的有关基本保险条款已在总合同中进行了统一约定,因此在分合同中无须重新约定,而是以保险人向被保险人出具小保单的形式简化订立。预约保险合同项下就每一批货物分别签发的保险凭证可以构成一个独立的货物运输保险合同,即都是预约保险总合同下独立的分合同。在预约保险合同中,被保险人应将出运货物通知保险人并将保险合同约定期限内所有出运的货物都向保险人投保。

为了有效防控事后投保,保险公司对于投保时间与事故发生时间极为接近的案件,要引起高度重视,在同意承保前务必确保保险标的尚未发生保险事故;对于接到的报案,要第一时间核查保险标的是否已经承保,及时理清涉案材料,尽快排查事后投保风险。

59. 财产保险合同中特别约定效力的认定

新疆维吾尔自治区高级人民法院
(2014)新民二终字第127号民事判决书

(2014年9月26日)

【案情】

某纸业公司于2011年6月14日向保险公司投保财产基本险,保险金额按账面原值确定,其中房屋建筑120万元、机器设备776万元,产成品200万元,另特别约定"每次事故赔偿限额50万元"。保险期间内,被保险人生产区发生火灾,导致其厂区内厂房、机器设备、产成品受损。公安消防大队于2012年6月6日出具火灾事故认定书,确认火灾造成的直接财产损失为779 723.8元。保险公司提出按照50万元进行赔付。被保险人不予认可,遂将保险公司诉至法院。

【判决书正文】

上诉人(原审原告):昌吉市某纸业公司,住所地:昌吉回族自治州昌吉高新技术产业开发区。

被上诉人(原审被告):某保险公司昌吉中心支公司,住所地:昌吉市健康西路。

上诉人昌吉市某纸业公司(以下简称某纸业公司)因与被上诉人某保险公司昌吉中心支公司(以下简称某保险公司)财产损失保险合同纠纷一案,不服昌吉州中级人民法院(2014)昌中民二初字第7号民事判决,向本院提起上诉。本院依法组成合议庭,公开开庭审理了本案。上诉人某纸业公司委托代理人李某以及被上诉人某保险公司委托代理人刘某、杨某到庭参加诉讼。本案现已审理终结。

原审法院经审理查明:2011年6月14日,某纸业公司向某保险公司投保财产基本险。投保金额为:房屋建筑1 200 000元、机器设备7 760 000元、产成品2 000 000元。总保险金额10 960 000元。保险期间12个月,自2011年6月14日至2012年6月14日止。投保单特别约定一栏以手写体注明:1. 本保险为财产基本险,标的物为新疆昌吉市高新技术产业开发区×路×号,其中房屋建筑投保金额为1 200 000元,机器设备7 760 000元,产成品2 000 000元,均按账面原值投保。2. 每次事故绝对免赔额为500元或损失金额的10%,两者以高者为准。3. 出险及时报案。4. 每次事故赔偿限额500 000元。5. 本保单如为不足额投保,出险后按比例赔付。6. 无其他约定。某纸业公司在投保人签章处盖章确认,并缴纳保费33 976元。2011年6月14日,某保险公司出具财产基本险保单。2012年5月22日,某纸业公司生产区发生火灾,厂房、机器设备、产成品受损。2012年6月6日,昌吉市公安消防大队出具火灾事故认定书,确认火灾造成直接财产损失779 723.8元。某纸业公司认为,厂房实际损失2 300 000元,某保险公司应按保险金额1 200 000元理赔;机器设备实际损失1 215 260元,某保险公司按实际损失理赔;产成品损失

9 150 000 元,某保险公司应按保险金额 2 000 000 元理赔。某保险公司认为,保险事故实际损失应以昌吉市公安消防大队出具火灾事故认定书中确认的损失 779 723.8 元为准。根据双方保险合同特别约定,每次事故赔偿限额 500 000 元,只同意向某纸业公司支付保险金 500 000 元。双方就保险金支付数额发生争议,遂引发诉讼。

另查明:2013 年 2 月 5 日,某纸业公司向昌吉市人民法院提起诉讼,请求撤销本案保单中第十条第四项即"每次事故限额赔偿 50 万"的约定。昌吉市人民法院作出(2013)昌民二初字第 104 号民事判决书,以显失公平为由撤销"每次事故限额赔偿 50 万"的约定。某保险公司不服上诉于昌吉州中级人民法院,原审法院于 2013 年 6 月 25 日作出(2013)昌中民二终字第 193 号民事判决书,撤销昌吉市人民法院(2013)昌民二初字第 104 号民事判决,驳回某纸业公司的诉讼请求,(2013)昌中民二终字第 193 号民事判决书已生效。

原审法院认为:第一,关于保险单特别约定中"每次事故限额赔偿 50 万"的效力。保险合同系诺成合同,投保人做出要约,保险人同意承保,保险合同即成立。投保单,是投保人据实填写交付给保险人表明投保人愿意与保险人订立保险合同的书面要约。保险单,是保险人同意承保后签发给投保人,完整记载合同双方当事人约定的权利和义务的保险合同,是被保险人在保险标的因保险事故发生损失时向保险人提出索赔或给付的依据和凭证。因此,保险单应当忠实地反映双方当事人缔约过程中协商一致的内容。本案中,投保单中特别约定一栏中以手写体注明了五项约定,其中第四项为"每次事故限额赔偿 50 万"。某纸业公司在该投保单投保人声明一栏上盖章确认,也缴纳了相应的保费。某保险公司承保后根据投保单的内容制作了保险单。现某纸业公司认为"每次事故限额赔偿 50 万"的内容系某保险公司单方添加,仅提供某纸业公司工作人员出具的情况说明予以证明。由于公司工作人员与某纸业公司存在利害关系,原审法院对情况说明的有效性不予确认,某纸业公司所称"每次事故限额赔偿 50 万"的内容系某保险公司单方添加的诉讼主张,没有相应的证据证明,原审法院不予支持。原审法院(2013)昌中民二终字第 193 号民事判决书已确认,双方签订的保险合同"既不属于显失公平,也不违反相关法律规定,为有效合同"。因此,某纸业公司主张"每次事故限额赔偿 50 万"条款违法和无效的诉讼请求,没有事实和法律依据,原审法院不予支持。第二,关于某纸业公司实际损失的数额。某纸业公司认为,厂房实际损失 2 300 000 元,机器设备实际损失 1 215 260 元,产成品损失 9 150 000 元。某保险公司认为,保险事故实际损失应以昌吉市公安消防大队出具火灾事故认定书中确认的损失 779 723.8 元为准。对此原审法院认为,根据《最高人民法院关于适用〈中华人民共和国保险法〉若干问题的解释(二)》第十八条的规定,行政管理部门依据法律规定制作的交通事故认定书、火灾事故认定书等,人民法院应当依法审查并确认其相应的证明力,但有相反证据能够推翻的除外。现某纸业公司认为火灾事故认定书确认的损失数额小于实际损失数额,提供钢结构建设工程施工合同以及向施工方的付款凭证,拟证明厂房实际损失为 2 300 000 元。但从施工合同的内容来看,该项工程除了维修钢结构部分之外,还包括厂区库房续建,因此 2 300 000 元并非仅仅是修复的费用。某纸业公司提供火灾烧坏机件统计表以及向供货商支付货款的收据,拟证明机器设备损失为 1 215 260 元。但该火灾烧坏机件统计表系某纸业公司单方制作,而收款收据也只能反映某纸业公司向案外人支付了货款,不能证明与本案有何关联性。某纸业公司提供原纸购销合同,拟证明产成品损失 9 150 000 元。该购销合同反映 2011 年 12 月 31 日某纸业公司以 4210 元、3120 元、2330 元每吨的单价与案外人签订购销合同的事实。但该购销合同中的单价仅能反映某纸业公司与案外人之间意思表示的内容,不能作为计算产成品实际损失的依据。综上,某纸业公司不能提供相反的证据推翻昌吉市公安消防大队出具的火灾事故认定书,原审法院对火灾事故认定书予以采信。关于某纸业公司主张的火灾施救费,某纸业公司只提供了单方制作的统计表,并没有提供相应的支付凭证,对其该项主张原审法院不予支持。综上,某纸业公司实际损失数额为779 723.80元。第三,关于保险金的数额。根据保险合同的约定,每次事故绝对免赔额为500元或损失金额的10%,两者以高者为准。每次事故赔偿限额500 000元。本案中,某纸业公司实际损失779 723.8元,减去免赔额77 972.38元,理赔金额701 751.42元,某保险公司应在赔偿限额内向某纸业公司支付保险金500 000元。依照《最高人民法院关于民事诉讼证据的若干规定》第二条,《最高人民法院关于适用〈中华人民共和国保险法〉若干问题的解释(二)》第十一条、第十三条、第十八条之规定,判决:一、某保险公司于本判决生效后十日内向某纸业公司支付保险金500 000元;二、驳回某纸业公司的其他诉讼请求。案件受理费48 174元,由某纸业公司负担43 356.60元,由某保险公司负担4817.40元。

某纸业公司上诉称:一、本案投保单"特别约定"栏中"每次事故限额赔偿50万"的内容,因违反公平和权利义务相一致原则,限制投保人权利,加重投保人风险,减轻保险人责任,是无效的。"特别约定"栏中的内容是被上诉人的工作人员私自添加的,并不是上诉人所填写。上诉人向法庭提交的经过公证的宋某所写的"证明",证实本案投保单"特别约定"栏中的内容在上诉人加盖公章时是不存在的。本案投保单"特别约定"栏中的内容是单方面限制上诉人的权利而减轻被上诉人责任的,属于我国《保险法》第十七条第二款规定的保险合同中免除保险人责任的条款,那么保险人在订立合同时就应当在投保单、保险单或者其他保险凭证上作出足以引起投保人注意的提示,并对该条款的内容以书面或者口头形式向投保人作出明确的说明。本案中,被上诉人没有履行上述"法定"的提示和明确说明的义务,那么"特别约定"栏里的内容依法就不应产生效力。二、被上诉人应遵循实事求是的原则,在上诉人已投保财险的保险限额内赔偿上诉人的火灾损失及支出的火灾施救费。从本案投保单和保险人签发的保险凭证均明确约定了本案保险标的总价值为10 960 000元。其中房屋建筑为1 200 000元;机器设备为7 760 000元;产成品为2 000 000元。上诉人为此已缴纳保费33 976元。本案"火灾事故认定书"中的损失金额,消防大队是按照上诉人提供的材料确定的,也是按领导的要求上报的,上诉人对上报该数额的无奈之举,只能说体现的是当时政治上的需要,并不能反映本次火灾真实的损失情况,而法院则应对本案相关的证据进行全面、公正的认定。实际上诉人火灾造成的房屋损失达2 000 000元,机器设备的损失金额为1 215 260元,产成品的损失远远超过2 000 000元,还支出781 120元施救费。根据上诉人投保标的的价值要求保险公司在保险限额内赔付5 196 380元是完全合理的。

被上诉人答辩称:上诉人与被上诉人签订的保险合同中特别约定的内容是由双方工作人员在签订正式保险合同之前提出投保意向并经多次协商后达成的,是双方真实意思的表示,是有效的约定。该合同特别约定的合同效力已经在上诉人提起的合同撤销之诉中由昌吉回族自治州中级人民法院生效民事判决确定为合法有效。上诉人认为在保险合同中约定了明确的保险价值,被上诉人认为上诉人混淆了保险价值与保险金额的区别,本案保险合同中没有约定保险价值,只是对保险金额进行约定,保险金额只是保险人承担最高赔付金额的约定。对于上诉人提出5 196 380元的损失,但没有提供有效证据予以证明,上诉人投保的是一期的厂房、设备及产成品,但上诉人提出的厂房损失中包含二期厂房和设备。请求二审驳回上诉,维持一审判决。

上诉人在二审中向本院提交了三份证据,昌吉回族自治州公证处2014年6月27日作出的(2014)昌州证民字第1864号公证书、新疆正祥资产评估有限责任公司2014年6月28日出具的新正资评字(2014)第35号资产评估报告书、昌吉高新技术产业开发区管委会2014年6月20日出具的证明，上诉人用以证明挖掘火灾中被烧成品纸的过程、数量和价值3 347 272元，以及火灾中上诉人确实投入机械设备和人员参与火灾施救的事实。

经质证，被上诉人对三份证据的关联性有异议，认为公证书和资产评估报告距离事故两年后做出的，也未通知被上诉人参与，对于是否是当时的火灾现场及在两年中是否有人为因素不得而知，估价对象是否是事故中的产品不能确认，证明只是证实上诉人投入了挖掘机等，但没有具体的支出费用，对费用的客观真实性应另行举出证据加以证实。本院对该三份证据的真实性予以确认。

本院查明的其他事实与一审查明的事实一致，本院予以确认。

本院认为，本案的争议焦点有两个：一是由于火灾而造成的上诉人的经济损失问题；二是投保单和保险单中"每次事故限额赔偿50万"的约定是否可以作为本案认定赔付依据的问题。

关于上诉人经济损失数额的问题。上诉人提供证明建筑损失的证据，除维修费外还包括续建的费用，不能证明厂房的损失；火灾烧坏机件统计表系上诉人单方制作，而供货商支付货款的收款收据也只能反映上诉人向案外人支付了货款，不能证明与本案的关联；公证书仅能证明被毁纸品的挖掘过程和纸品数量，但不能证明挖掘出的全部毁损纸品与本案火灾的关联性。评估报告对公证书中所清点的毁损纸品依据焚烧之前成品而评估的价值，与双方签订的保险合同中《某保险公司财产基本险条款》第二十九条的约定不相符，因此评估报告确定的成品纸的价值不能作为计算产成品实际损失的依据；上诉人仅能证明有施救行为，但未提供相应的支付凭证。综上，上诉人提供的证据不足以推翻昌吉市公安消防大队出具的火灾事故认定书对经济损失779 723.8元的认定。

关于投保单和保险单中"每次事故限额赔偿50万"的约定的效力及是否可以作为本案中最高赔付限额的依据问题。本案中投保单在特别约定栏内手写的"每次事故限额赔偿50万"的内容，上诉人主张该内容是由被上诉人的工作人员私自填写，对于被上诉人是降低保险责任的条款，该约定应为无效或不生效条款。但上诉人未能提供自己持有的投保单以证明没有特别约定栏的内容或另有约定，以及特别约定栏的内容是由被上诉人私自添加或改动的事实，亦未提供有效证据证明投保单特别约定栏的内容是由被上诉人的工作人员填写。投保单特别约定栏内容为手写与其他印刷体内容有着明显的区别，并且除"每次事故限额赔偿50万"之外还有其他五项内容，足以引起上诉人注意，上诉人在该投保单投保人签章处上盖章确认的行为亦可认定上诉人对该项约定是知晓的。被上诉人为降低保险风险，促使上诉人减少安全隐患，与上诉人通过协商达成一定的免责约定，不违反法律规定。被上诉人不是投保财产所在地唯一提供财产保险的保险公司，上诉人有自由选择保险公司订立保险合同的权利。上诉人选择被上诉人进行了投保，并缴纳了相应的保费，被上诉人根据投保单的内容制作了保险单，以上这些行为足以证明保险单中的约定是上诉人与被上诉人自愿达成的一致意见。因此上诉人关于"每次事故限额赔偿50万"的约定无效或不生效的上诉理由不能成立，此约定可作为本案认定赔偿数额的依据。

综上，原审认定事实清楚，适用法律正确，依法应予维持。上诉人某纸业公司的上诉请求无事实和法律依据，本院予以驳回。依照《中华人民共和国民事诉讼法》第一百七十条第一款第(一)项、第一百七十五条之规定，判决如下：

驳回上诉，维持原判。

二审案件受理费44 371.04元(昌吉市某纸业公司已预交)，由昌吉市某纸业公司负担。

本判决为终审判决。

审　判　长　易湘虎
代理审判员　周亚卉
代理审判员　陆建蔚
二〇一四年九月二十六日
书　记　员　杜春婷

【评析】

本案中,保险公司与被保险人均系具有完全民事行为能力的平等民事主体,保险合同的订立是双方平等、自愿协商的过程。合同的内容体现了双方真实的意思表示,且未违反国家法律规定或社会公共利益,依法应当确认其为合法有效。

保险合同双方当事人在保险条款之外作出特别约定是符合法律规定的。《最高人民法院关于适用〈保险法〉若干问题的解释二》第十四条规定,保险合同中记载的内容不一致的,按照下列规则认定:(一)投保单与保险单或者其他保险凭证不一致的,以投保单为准。但不一致的情形系经保险人说明并经投保人同意的,以投保人签收的保险单或者其他保险凭证载明的内容为准;(二)非格式条款与格式条款不一致的,以非格式条款为准;(三)保险凭证记载的时间不同的,以形成时间在后的为准;(四)保险凭证存在手写和打印两种方式的,以双方签字、盖章的手写部分的内容为准。

本案双方在保险合同中约定的特别约定内容具有法律效力。

60. 财产综合险中保险合同特别约定的效力

福建省福州市中级人民法院
(2014)榕民终字第3869号民事判决书

(2014年12月12日)

【案情】

2012年9月25日和2013年9月22日福建省长乐市某鞋业有限公司在某保险公司为其工厂的机器设备、原材料、产品、房屋建筑和办公设备投保了财产保险综合险,并特别约定,与发泡工艺相关所发生的火灾损失,每次事故绝对免赔50 000元或总损失金额的50%,二者以高者为准。2013年9月25日,该公司位于长乐市某镇的生产车间发生火灾。经长乐市公安消防大队出具的《火灾事故认定书》认定,本次火灾起火的原因系该公司发泡车间内一台发泡成型机下端金属软管接头脱落、漏油并点燃车间内的易燃物所致。某保险公司依照特别约定扣除50%的损失进行了赔偿。该公司不服,遂诉至法院。

【判决书正文】

上诉人(一审原告):福建省长乐市某鞋业有限公司,住所地:福建省长乐市。

被上诉人(一审被告):某保险公司福州市鼓楼支公司,住所地:福建省福州市鼓楼区。

上诉人福建省长乐市某鞋业有限公司(以下简称某公司)因与被上诉人某保险公司福州市鼓楼支公司财产保险合同纠纷一案,不服福建省长乐市人民法院(2014)长民初字第3869号民事判决,向本院提起上诉。本院受理后,依法组成合议庭适用第二审程序对本案进行了审理。本案现已审理终结。

一审原告某公司请求判令:某保险公司向某公司支付剩余的保险赔偿金1 317 826.09元,并承担自起诉之日起至实际付款之日止的逾期违约金(按银行同期逾期贷款年利率8.4%计算,即在银行贷款年利率5.6%的基础上增加50%的罚息);由某保险公司承担本案诉讼费用及其他相关费用。

一审判决认定:2012年9月25日,某公司为其公司的机器设备等向某保险公司投保财产保险综合险(保单号2010×××××××××××0052),保险标的地址:长乐市,保险标的项目:机器设备、原材料、产品、在产品及半成品,其中机器设备的保险金额为350万元,原材料的保险金额为200万元,产品的保险金额为300万元,在产品和半成品的保险金额为200万元,总保险金额合计1050万元,保险期间12个月,自2012年9月30日0时起至2013年9月29日24时止。讼争双方在该财产保险综合险的《保险合同双方特别约定说明》中,载明“本保单项下每次事故绝对免赔额(率)为RMB 10 000元或损失金额的25%,二者以高者为准;与发泡工艺相关所发生的火灾损失,每次事故绝对免赔RMB 50 000元或总损失金额的50%,二者以高者为准”(保险单上的“特别约定”栏亦加注该内容)。2013年9月22日,某公司为其公司的房屋建筑等又向被告投保财产保险综合险(保单号2010××××××××××××055),保险标的地址同上,保险标的项目:房屋建筑、办公设备/空调,其中房屋建筑的保险金额为12 602 550元,办公设备/空调的保险金额为397 450元,总保险金额合计1300万元,保险期间12个月,自2013年9月23日0时起至2014年9月22日24时止。讼争双方在该财产保险综合险的《保险合同双方特别约定说明》中,载明“本保单项下因火灾造成的保险责任事故,每次事故绝对免赔额(率)为10 000元或损失金额的20%,二者以高者为准;其他原因造成的保险责任事故,每次事故绝对免赔额(率)为10 000元或损失金额的10%,二者以高者为准。另外,与发泡工艺相关所发生的火灾损失,每次事故绝对免赔50 000元或总损失金额的50%,二者以高者为准”(保险单上的“特别约定”栏亦加注该内容)。某公司在分别载明有“本人已经仔细阅读保险条款,尤其是黑体字部分的条款内容,并对保险公司就保险条款内容的说明和提示完全理解,没有异议”的《财产综合险投保单》上的“投保人声明”栏和“投保人已详细阅审并充分理解以上各项特别约定及其他相关内容。若保险合同双方自本《特别约定说明》签发之日起5日内不提出书面异议,则视同上述内容为双方协商并同意作为保险合同之全部约定”的《保险合同双方特别约定说明》上加盖了公司印章确认,并在《保险合同签收回执》中承诺并声明投保人对保险合同的内容,尤其是保险合同中关于免除保险人责任条款的内容,已全部知悉并完全理解,愿意受保险合同约束。

2013年9月25日14时50分许,某公司位于长乐市的生产车间发生火灾,事故发生后,某公司方向长乐市公安局接警中心报警称:“位于长乐市的某鞋业炼塑车间发生火灾,过火建筑面积2790平方米,烧毁仓库炼塑机台等。无人员伤亡,统计火灾直接经济损失为270 000元”。2013年9月27日,讼争双方共同委托保险公估机构某保险公估有限公司福建省分公司(以下简称某公估公司)对本次火灾事故进行现场查勘,取证、损失确定、损失原因鉴定、确定保险责任并理算。某公估公司经过现场勘验,并根据长乐市公安消防大队出具的长公消火认字[2013]第003号《火灾事故认定书》,确认本次火灾事故的起火原因系某公司发泡车间内一台发泡成型机下端全型软管接头脱落、漏油并点燃车间内的易燃物所致,属于保险合同约定的与发泡工艺相关所发生的火灾的保险责任事故,适用免赔率50%的特别约定。在经某公司对公估定损金额及残值的书面确认后(某公司盖章确认的《损失确认书》内容除定损全部金额及残值外,还明确"本案最终理算赔付金额按照保单相关约定进行计算"),某公估公司于2013年12月7日和2014年3月10日先后完成并出具了编号为FHFJ2013A11023及编号为FHFJ2013A11042的两份《保险公估最终报告》,确定某公司因本次火灾事故造成保单号2010×××××××××××0052项下的机器设备、原材料、产品、在产品及半成品的损失金额为971 847.56元。残值金额为54 484.63元,理算金额为971 847.56元;保单号2010×××××××××××0055项下的房屋建筑、办公设备/空调的损失金额为732 340.78元,残值金额为2469.04元,理算金额为345 978.53元。某保险公司按照上述两份公估报告所确定的理算金额。于2014年1月29日、4月17日分别向某公司赔付了保险金971 847.56元和345 978.53元,合计1 317 826.09元。2014年5月29日,某公司以本次火灾事故与发泡工艺无关,且某保险公司未告知并明确说明50%免赔率的核定及计算。该免责条款不能生效为由诉至一审法院,要求某保险公司根据某公估公司公估扣减50%免赔率的计算方式金额支付保险金。

一审法院认为:某公司与某保险公司之间因机器设备和房屋建筑等保险标的而确立的财产保险合同关系,是适格主体双方当事人的真实意思表示,其内容没有违反法律或行政法规禁止性规定,为有效合同。《中华人民共和国合同法》第八条规定:"依法成立的合同,对当事人具有法律约束力,当事人应当按照约定履行自己的义务,不得擅自变更或者解除合同。依法成立的合同,受法律保护。"这是法律规定的依合同履行义务原则,即在依法成立合同的前提下,当事人行使权利和履行义务,都必须依合同约定为原则。根据上述查明的事实,除了在某保险公司签发给某公司的《财产保险综合保险单》的"特别约定"栏加注提示外,某公司与某保险公司共同盖章确认的《保险合同双方特别约定说明》中亦载明"与发泡工艺相关所发生的火灾损失,每次事故绝对免赔50 000元或总损失金额的50%,二者以高者为准"的内容,该特别约定内容不属于由保险公司预先拟定,并在订立合同未与对方协商的格式保险条款范畴,是讼争双方在订立保险合同时通过平等协商后确定的,为保险合同的组成部分。况且,某公司在投保单等相关保险凭证上加盖印章声明"本人已经仔细阅读保险条款,尤其是黑体字部分的条款内容,并对保险公司就保险条款内容的说明和提示完全理解,没有异议",以及"投保人已详细阅审并充分理解以上各项特别约定及其他相关内容。若保险合同双方自本《特别约定说明》签发之日起5日内不提出书面异议,则视同上述内容为双方协商并同意作为保险合同的补充特别约定,保险合同双方应遵守本保险合同之全部约定"等,并承诺投保人对保险合同的内容,尤其是保险合同中关于免除保险人责任条款的内容,已全部知悉并完全理解,愿意受保险合同约束。而上述加注和载明的特别约定内容,足以引起作为投保人的某公司的注意,但某公司在收到某保险公司签发的保险单及其盖章确认的《保险合同双方特别约定说明》后,并没有提出异议。即便该特别约定内容属于讼争保险合同的格式条款,也应作为约束双方权利义务的有效条款予以适用。某公司认为该特别约定不能生效的主张,理由不能成立,一审法院不予采纳。本案中,某保险公司对某公司投保的机器设备和房屋建筑等财产在保险有效期间发生火灾,构成保险责任事故的事实不持异议,一审法院对此予以认定。《中华人民共和国保险法》第一百二十九条第一款规定:"保险活动当事人可以委托保险公估机构等依法设立的独立评估机构或者具有相关专业知识的人员,对保险事故进行评估和鉴定。”本次火灾事故发生后,某公司和某保险公司共同委托了具备经营保险公估业务资质的保险公估机构某公估公司对火灾事故进行现场查勘、取证、损失确定、损失原因鉴定、确定保险责任,并理算保险赔偿金额。这是作为被保险人的某公司,因在保险事故发生时对保险标的具有保险利益,而对其行使并处置权利方式的一种选择。某公估公司系依法设立的第三方独立评估机构,具备保险标的出险后的勘验、鉴定、估损理算等经营业务的资格和专业技术条件,以及对保险标的出险原因及其性质的分析和识别判断能力。某公司并没有证据证明某公估公司在办理本案讼争保险事故的公估理算过程中存在违法或违规的行为,该公司接受某公司和某保险公司的共同委托,经过现场勘验、鉴定,并根据长乐市公安消防大队对火灾事故的认定,确认本次火灾事故的起火原因系原告发泡车间内一台发泡成型机下端金属软管接头脱落、漏油并点燃车间内的易燃物所致,属于与发泡工艺相关所发生的火灾的保险责任事故,故适用上述免赔率50%的特别约定,而且是在某公司确认定损金额及残值金额,并认可“本案最终理算赔付金额按照保单相关约定进行计算”的情况下出具《保险公估最终报告》,该公估报告对本案保险合同双方当事人具有约束力,讼争双方应当依该公估报告主张权利和履行义务。某保险公司关于讼争50%免赔率的特别约定内容合法有效,以及本次火灾事故是与发泡工艺相关所发生的,某公估公司出具的公估报告对双方具有法律效力的抗辩理由成立,一审法院予以采纳。综上,某保险公司已根据某公估公司出具的公估报告所确定的理算金额,向某公司赔付了合计1 317 826.09元的保险金,按照讼争保险合同的约定承担了赔偿保险金责任。某公司主张要求某保险公司根据某公估公司公估扣减50%免赔率的计算方式金额支付保险金之诉讼请求,与合同约定不符,一审法院不予支持。

一审法院判决:驳回福建省长乐市某鞋业有限公司的诉讼请求。

上诉人某公司上诉称:一、在本案中,某公估公司与保险合同当事人双方成立的是“委托关系”,其作出的公估结论在性质上属于单方的鉴定意见,仅是保险理赔的参考文件,因而《公估报告》对上诉人不产生必然的法律效力。上诉人仅确认某公估公司核定的火灾事故造成的实际损失及残值,从未就理算结果盖章确认,上诉人有权对该报告错误的部分予以反驳。二、本案讼争“发泡工艺”仅指整个生产流程中的“常压发泡”这一环节,而本次火灾事故是由锅炉导热油供油管系统爆裂所渗漏出的高温油引燃周边的可燃物导致,即火灾事故发生在“常压发泡”的机台之外,与“发泡工艺”并无关联。《公估报告》以“本次火灾事故与发泡工艺及流程”相关为由,认定应当适用50%的免赔率,在此混淆了“发泡工艺”和“发泡流程”这两个概念,前者仅指一个生产环节,后者则是指整个生产过程。由于被上诉人未就“与发泡工艺相关”在保险合同(包括投保单、保险条款等)中进行释义,导致双方对此概念的理解产生分歧,根据《保险法》第三十条的规定,应当按照“发泡工艺”的通常理解进行解释。三、被上诉人并未就保险合同中的免责条款向上诉人履行明确说明义务,而且由于“绝对免赔率”条款的设置,导致上诉人永远都无法获得所投保财产损失的金额赔偿,根据《保险法》第十九条的规定,该条款依法为无效条款。因此,保单关于绝对免赔率的条款依法对上诉人不产生法律效力。

上诉人某公司请求:撤销一审判决,改判支持上诉人的诉讼请求;诉讼费用由被上诉人承担。

被上诉人某保险公司辩称:一、本案某公估公司出具的两份《保险公估最终报告》对上诉人与被上诉人双方具有法律约束力,双方应按公估报告进行理赔。某公估公司作为中立的第三方,是由双方共同委托对事故原因进行鉴定、理算赔偿金额等,其出具的《保险公估最终报告》是依据《保险法》第一百二十九条的规定,在独立、客观、公正的基础上作出的合法有效的鉴定结论。上诉人在没有证据的情况下,对该《保险公估最终报告》中的理算赔偿金额提出的异议不能成立。

二、本案火灾事故是与发泡工艺相关所发生的,应当适用50%的免赔率。所谓"发泡工艺"(或称发泡工艺流程),指的是从发泡原材料(树脂、发泡剂等配料投料)至发泡制成品(冷却后成型的鞋底片材)的全过程。上诉人提供的"练塑车间工艺漉程"及"生产工艺流程"可以证实从"PVC"的配料开始至冷却成型均是与发泡工艺相关的过程,而上诉人所称的"常压发泡"仅系发泡工艺流程中的一个环节而已。本案根据以下三个方面可以认定此次事故与"发泡工艺"相关:1.事故发生在发泡车间内;2.火灾近因是由于发泡机的部件(金属软管接头)脱落导致高温油渗漏引起;3.高温油是参与发泡过程的热介质。因此,上诉人认为本次火灾事故与"发泡工艺"无关没有事实依据。三、关于绝对免赔率条款,被上诉人已依法向上诉人告知并履行了明确说明义务,对双方产生法律效力。双方签订保险合同时,被上诉人已在投保单、保险合同特别约定说明、保单及保险合同签收回执中告知上诉人并履行明确说明义务,上诉人盖章予以确认知悉并完全理解免除保险人责任条款的内容。之所以在讼争保险合同中对绝对免赔率进行特别约定是因为发泡工艺流程中火灾风险很高(温度高、易燃物多),极易造成重大损失,保险公司为了督促被保险人平时加强风险防范与管控、实现风险共担。同时,该约定也是保险公司决定是否承保该业务的前提条件。该免赔约定是经过保险双方反复协商并最终达成一致后,才在保险合同中以书面的形式确定下来的,并非是上诉人所称的格式条款。

当事人在一审程序中提交的证据均已随一审案卷移送至本院。双方当事人在二审中均未有新的证据材料向本院提交。

根据本案现有证据,本院确认一审认定事实正确。

根据现有证据,本院另审理查明:长乐市公安消防大队于2013年10月30日作出的长公消火认字[2013]第003号《火灾事故认定书》中,对本案讼争火灾事故的起火原因认定如下:起火时间为2013年9月25日14时50分左右,起火部位位于靠近炼塑车间后门0.5m处,起火点位于车间的北侧面,起火原因锅炉导热油供油管系统爆裂引起火灾。

经审理,本案争议焦点为:一、讼争保险合同绝对免赔率条款是否有效;二、本案保险事故是否属于免赔率条款约定之情形。

本院认为:

一、关于讼争保险合同绝对免赔率条款的效力问题。

本案《财产综合险投保单》中"保险合同双方特别约定说明"中明确投保人与保险人双方"经友好协商达成下述保险合同的特别约定内容",包括了本案讼争的"与发泡工艺相关所发生的火灾损失,每次事故绝对免赔人民币50 000元或总损失金额的50%,二者以高者为准"的绝对免赔率条款,投保人某公司与保险人某保险公司均在落款处盖章确认,故本案讼争绝对免赔率条款是经双方协商后达成的合同约定内容,并非被上诉人某保险公司为重复使用而预先拟定的格式条款,故不适用于《保险法》第十七条、第十九条关于保险合同格式条款的规制规则。并且,保险公司虽系保险合同当事人,具有营利目的,但保险亦具有分摊社会风险的公益性质,保险公司兼具危险管理人角色,故在保险合同中约定免赔率,亦有利于督促投保人或被保险人谨慎防范风险发生,符合保险业的行业惯例,故保险合同关于绝对免赔率的约定并不会导致双方利益失衡。因此,讼争保险合同绝对免赔率条款合法有效,一审对此认定正确。上诉人主张讼争绝对免赔率条款无效的观点不能成立。

二、本案保险事故是否属于免赔率条款约定之情形。

本案所涉火灾事故是否系"与发泡工艺相关"之事故,上诉人与被上诉人双方存在争议。对此,本院分析如下:

其一,根据消防大队的火灾事故认定,本案讼争火灾事故的起火部位位于靠近炼塑车间后门0.5m处,起火点位于车间的北侧面,起火原因锅炉导热油供油管系统爆裂引起火灾。某公估公司经过现场勘验,并根据《火灾事故认定书》,进一步确认火灾事故的起火原因系某公司发泡车间内一台发泡成型机下端金属软管接头脱落、漏油并点燃车间内的易燃物所致。故本案火灾事故系因发泡车间内的发泡生产设备出现问题而引发。

其二,"发泡工艺"之概念并不存在明确的行业界定,保险合同中亦未对该含义进行进一步阐释,因上诉人某公司系采用"发泡工艺"进行生产的制鞋公司,其相较于保险公司对于"发泡工艺"概念以及"与发泡工艺相关"的范围应当更为了解,但其并未在签订合同时向保险公司提出并予明确。在发生本案火灾事故后,上诉人某公司主张"发泡工艺"仅指发泡工艺生产流程中的"常压发泡",缺乏合同依据,且上诉人亦无法作出足以令人信服之解释。故对上诉人将"发泡工艺"等同于"常压发泡"的主张,本院不予采纳。

其三,上诉人某公司二审中明确陈述其制作鞋材的生产工艺均为发泡工艺,并无其他工艺(见二审庭审笔录第10页)。并且,本案火灾事故损失是由发泡车间内一台发泡成型机下端金属软管接头脱落、漏油并点燃车间内的易燃物所致。上诉人认为该事故发生在发泡机台外部,与发泡工艺无关,但"与发泡工艺相关"的表述并未将事故起因限定在发泡机台内部,因发生破裂的锅油导热管是发泡机的组成部分,且渗漏的导热油是发泡工艺的热介质。故依常理足可认定火灾事故原因系"与发泡工艺相关"。

其四,某公估公司系专业的保险公估机构,作为中立的第三方,是由双方共同委托对火灾事故进行现场查勘、取证、损失确定、损失原因鉴定,以确定保险责任,并理算赔偿金额等,在上诉人某公司未能举证推翻其出具的《保险公估最终报告》之结论情况下,某公估公司作出本案事故系与发泡工艺相关的结论,并无不当。一审对此认定正确。

由上分析,本案所涉火灾事故产生的损失系属"与发泡工艺相关所发生的火灾损失",应当适用事故总损失金额的50%绝对免赔率的合同约定。扣除约定免赔额,被上诉人某保险公司已依约向上诉人某公司履行了赔付保险金的义务,上诉人要求被上诉人再支付人民币1 317 826.09元保险金及违约金的诉请,于法无据,一审对其诉请不予支持是正确的。

综上,一审认定事实清楚,适用法律正确,应予维持。依照《中华人民共和国民事诉讼法》第一百七十条第一款第(一)项的规定,判决如下:

驳回上诉,维持原判。

本案二审案件受理费16 670元,由上诉人福建省长乐市某鞋业有限公司负担,一审案件受理费执行一审法院的决定。

本判决为终审判决。

审 判 长　陈光卓
代理审判员　陈贤东
代理审判员　田始凤
二〇一四年十二月十二日
书 记 员　卓垚磊

【评析】

保险合同作为一种格式合同,一定程度上限制了保险合同双方的缔约自由。为保障合同当事人的意思自治,《保险法》第十八条在规定保险合同基本内容的前提下,赋予了合同当事人针对保险合同进行特别约定的权利。特别约定条款是与基本格式条款相对应的概念。基本格式条款是保险合同所必须具备的条款,由保险公司事先拟定并印制,投保人根据基本条款的内容了解险种并决定是否投保。保险合同成立并生效后,保险合同当事人依照基本条款履行合同。特别约定条款应当为保险合同基本格式条款之外当事人双方特别约定的其他条款,或者保险合同当事人对于基本格式条款的修正、变更。实务中,在保险人制作的投保单上,一般留有由投保人填写特约事项的空白部分,保险单上也有注明"特别约定"的空白栏,皆可以由投保人和保险人在订约时达成某项合意或要求对方承诺履行某种义务。特别约定条款是保险合同双方就对保险基本格式条款的变更,或者就对基本格式条款的补充达成的合意,亦构成保险合同一部分,保险合同双方当事人均应受其约束。

本案《财产综合险投保单》中"保险合同双方特别约定说明"表述为:"与发泡工艺相关所发生的火灾损失,每次事故绝对免赔人民币 50 000 元或总损失金额的50%,二者以高者为准"。该特别约定不是规定在保险公司的格式条款当中,而是单独约定并经过了投保人和保险人的盖章确认,应认定为合法有效。

附 录

附录一：中国保监会关于修改《中国保险监督管理委员会行政处罚程序规定》的决定

附录二：保险违法行为举报处理工作办法

附录三：中国保监会关于印发《保险公司经营评价指标体系（试行）》的通知

附录四：关于印发《保险公司服务评价管理办法（试行）》的通知

附录五：中国保监会关于印发《互联网保险业务监管暂行办法》的通知

附录六：中国保监会关于印发《相互保险组织监管试行办法》的通知

附录七：中国保监会关于印发《保险集团并表监管指引》的通知

附录八：中国保监会关于印发《保险机构董事、监事和高级管理人员培训管理办法》的通知

附录九：关于印发《中国保监会关于加强保险消费者权益保护工作的意见》的通知

附录十：中国保监会关于进一步规范保险公司关联交易有关问题的通知

附录十一：中国保监会关于保险机构开展员工持股计划有关事项的通知

附录十二：中国保监会关于印发《保险公司所属非保险子公司管理暂行办法》的通知

附录十三：中国保监会关于印发《农业保险承保理赔管理暂行办法》的通知

附录十四：中国保监会关于印发《深化商业车险条款费率管理制度改革试点工作方案》的通知

附录十五：中国保监会关于深化商业车险条款费率管理制度改革的意见

附录十六：中国保监会关于开展首台（套）重大技术装备保险试点工作的指导意见

附录十七:财政部保监会关于印发《会计师事务所职业责任保险暂行办法》的通知

附录十八:国务院食品安全办食品药品监管总局保监会关于开展食品安全责任保险试点工作的指导意见

附录十九:中国保监会　工业和信息化部　商务部　人民银行　银监会关于大力发展信用保证保险　服务和支持小微企业的指导意见

附录二十:中国保监会关于印发《个人税收优惠型健康保险业务管理暂行办法》的通知

附录二十一:中国保监会关于加强人身保险费率政策改革产品管理有关事项的通知

附录二十二:中国保监会关于万能型人身保险费率政策改革有关事项的通知

附录二十三:中国保监会关于促进团体保险健康发展有关问题的通知

附录二十四:中国保监会关于试行《保险资产风险五级分类指引》的通知

附录二十五:中国保监会关于提高保险资金投资蓝筹股票监管比例有关事项的通知

附录二十六:中国保监会关于调整保险资金境外投资有关政策的通知

附录二十七:中国保监会关于保险资金投资创业投资基金有关事项的通知

附录二十八:中国保监会、中国银监会关于规范保险资产托管业务的通知

附录二十九:中国保监会关于保险资金投资优先股有关事项的通知

附录三十:中国保监会关于印发《保险公司资本保证金管理办法》的通知

附录三十一:深化商业车险条款费率管理制度改革试点工作方案

附录三十二:中国保监会关于印发《老年人住房反向抵押养老保险试点统计制度》的通知

附录三十三:中国保监会关于印发《保险养老社区统计制度》的通知

附录一：

中国保监会关于修改《中国保险监督管理委员会行政处罚程序规定》的决定

中国保监会决定对《中国保险监督管理委员会行政处罚程序规定》作如下修改：

将第二条第二款修改为："中国保监会及派出机构实施前款所列的行政处罚，应当遵循本规定的程序，中国保监会另有规定的除外。"

本决定自发布之日起施行。

《中国保险监督管理委员会行政处罚程序规定》根据本决定作相应修改，重新公布。

中国保险监督管理委员会行政处罚程序规定

（2010 年 4 月 27 日中国保险监督管理委员会令 2010 年第 5 号发布）

根据 2015 年 4 月 21 日《中国保险监督管理委员会关于修改〈中国保险监督管理委员会行政处罚程序规定〉的决定》修订。

第一章　总　　则

第一条　为了规范和保障中国保险监督管理委员会（以下简称中国保监会）及中国保监会派出机构（以下简称派出机构）依法实施行政处罚，维护保险市场秩序，保护保险机构、保险资产管理机构、保险中介机构、外国保险机构驻华代表机构、保险从业人员、其他组织和公民（以下简称当事人）的合法权益，根据《中华人民共和国行政处罚法》（以下简称《行政处罚法》）、《中华人民共和国保险法》（以下简称《保险法》）及其他有关法律、行政法规，制定本规定。

第二条　当事人违反有关保险管理的法律、行政法规和中国保监会规定的，中国保监会及派出机构应当依法查处，并依法作出下列行政处罚：

（一）警告；

（二）罚款；

（三）没收违法所得；

（四）限制业务范围；

（五）责令停止接受新业务；

（六）责令停业整顿；

（七）吊销业务许可证；

（八）撤销外国保险机构驻华代表机构；

（九）撤销任职资格、从业资格，或者吊销资格证书；

(十)责令撤换外国保险机构驻华代表机构的首席代表;

(十一)禁止进入保险业;

(十二)法律、行政法规规定的其他行政处罚。

中国保监会及派出机构实施前款所列的行政处罚,应当遵循本规定的程序,中国保监会另有规定的除外。

没有法定依据或者不遵守法定程序的,行政处罚无效。

第三条 中国保监会及派出机构实施行政处罚,应当遵循以下原则:

(一)公正、公开;

(二)保护当事人的合法权益;

(三)处罚与教育相结合;

(四)事实清楚,证据确凿,定性准确,适用依据正确,处罚适当;

(五)程序合法。

第四条 中国保监会及派出机构实施行政处罚,依法实行回避制度。

监管人员与当事人有直接利害关系或者其他关系,可能影响公正执法的,应当回避。

第五条 中国保监会及派出机构实施行政处罚,实行立案、调查与审理、决定相分离的制度。

第六条 中国保监会及派出机构在作出行政处罚决定之前,应当告知当事人作出行政处罚决定的事实、理由及依据,并告知当事人依法享有的权利。

第七条 当事人对中国保监会及派出机构所给予的行政处罚,享有陈述权、申辩权;对行政处罚不服的,有权依法申请行政复议或者提起行政诉讼。

当事人因中国保监会及派出机构违法给予行政处罚受到损害的,有权依法提出赔偿要求。

第八条 中国保监会及派出机构必须充分听取当事人的意见,复核当事人提出的事实、理由和证据;当事人提出的事实、理由或者证据成立的,应当采纳。

第九条 本规定所称保险机构,是指经保险监督管理机构批准设立,并依法登记注册的保险公司及其分支机构。

本规定所称保险资产管理机构,是指经保险监督管理机构批准设立,并依法登记注册的保险资产管理公司及其分支机构。

本规定所称保险中介机构,是指保险代理机构、保险经纪机构和保险公估机构及其分支机构。

本规定所称业务许可证,是指保险公司法人许可证、经营保险业务许可证、保险营销服务许可证、经营保险代理业务许可证、保险兼业代理业务许可证、经营保险经纪业务许可证、经营保险公估业务许可证、保险资产管理公司法人许可证和经营保险资产管理业务许可证。

第二章 管 辖

第十条 派出机构负责对辖区内下列机构及其从业人员的保险违法行为实施行政处罚:

(一)保险公司分支机构;

(二)保险中介机构;

(三)保监会规定的其他机构。

第十一条 派出机构负责对辖区内下列违法行为实施行政处罚:

(一)擅自设立保险公司的;

(二)非法从事商业保险业务活动的;

（三）擅自设立保险资产管理公司的；

（四）擅自设立专业保险代理机构、保险经纪机构、保险公估机构的；

（五）非法从事保险代理业务或者经纪业务活动的。

派出机构对上述违法行为实施行政处罚时，应当依照《保险法》、《非法金融机构和非法金融业务活动取缔办法》及中国保监会的有关规定执行。

第十二条 派出机构实施下列行政处罚，应当报中国保监会批准：

（一）吊销由中国保监会颁发的业务许可证；

（二）撤销由中国保监会核准的任职资格。

第十三条 派出机构管辖以外的保险违法行为，由中国保监会管辖。

第十四条 中国保监会可以直接查处派出机构管辖范围内的保险违法行为，也可以委托派出机构查处中国保监会管辖范围内的保险违法行为。

派出机构接受中国保监会委托查处保险违法行为的，应当将查处结果向中国保监会报告。

第十五条 异地实施保险违法行为的，由违法行为发生地的派出机构管辖。违法行为发生地的派出机构应当及时通知实施违法行为主体所在地的派出机构。实施违法行为主体所在地的派出机构应当积极配合违法行为的查处。

第十六条 两个以上派出机构对同一保险违法行为都有管辖权的或者保险违法行为地难以查明的，由最先立案的派出机构管辖。

两个以上派出机构因管辖权发生争议的，应当报请中国保监会指定管辖。

第十七条 派出机构发现所查处的保险违法行为不属于自己管辖时，应当及时将案件移送有管辖权的派出机构。受移送的派出机构对管辖权有异议的，不得自行移送，应当报请中国保监会指定管辖。

第三章　立案与调查

第一节　立　案

第十八条 中国保监会及派出机构发现当事人涉嫌违反有关保险管理的法律、行政法规和中国保监会规定，依法应当受到行政处罚的，应当立案调查。

第十九条 立案应当填写《行政处罚立案审批表》，由案件调查部门负责人或者派出机构负责人批准，决定立案或者不予立案。

第二十条 案件调查部门应当在决定立案之日起 3 日内指定案件调查人员。

调查人员的回避应当由案件调查部门负责人或者派出机构负责人决定。

第二节　调查取证

第二十一条 调查人员应当对案件事实进行全面、客观、公正的调查，并依法收集证据。

第二十二条 调查人员调查取证时，不得少于两人，并应当向当事人或者有关人员出示中国保监会或者派出机构合法证件和监督检查、调查通知书。

调查人员少于两人或者未出示合法证件和监督检查、调查通知书的，被检查单位和个人有权拒绝。

第二十三条 调查人员调查案件，应当充分收集证据。

第二十四条 调查人员应当收集、调取与案件有关的原始凭证作为书证。调取原始证据有困难的,可以复制,复制件应当标明“经核对与原件无误”,并由书证出具人签名或者盖章。

第二十五条 调查人员可以要求当事人及证人提供证据材料或者与违法行为有关的其他材料,并由材料提供人在有关材料上签名或者盖章。拒绝签名或者盖章的,应当在材料上注明。

第二十六条 调查人员可以询问当事人及证人。询问应当个别进行。询问前应当告知其有如实陈述事实、提供证据的义务。

询问应当制作《调查笔录》,《调查笔录》应当交被调查人核对;对没有阅读能力的,应当向其宣读。笔录如有差错、遗漏,应当允许其更正或者补充。经核对无误后,由被调查人逐页在笔录上签名或者盖章。调查人员应当在笔录的最后签名。被调查人拒绝签名或者盖章的,应当在笔录上注明。

第二十七条 调查人员对涉嫌违法的物品进行现场勘验时,应当有当事人在场,并制作《现场勘验笔录》;当事人拒绝到场的,应当在《现场勘验笔录》中注明。

第二十八条 抽样取证,应当有当事人在场,并开具物品清单,由调查人员和当事人签名或者盖章。

第二十九条 对可能被转移、隐匿或者毁损的文件和资料可以予以封存。

第三十条 在证据可能灭失或者以后难以取得的情况下,可以采取先行登记保存措施。

采取先行登记保存措施,应当填写《先行登记保存证据审批书》,并由中国保监会负责人或者派出机构负责人批准。

第三十一条 先行登记保存证据的,应当签发《先行登记保存证物通知书》,填写《登记保存物品清单》,由当事人签字或者盖章确认,并加封中国保监会或者派出机构先行登记保存封条,就地由当事人保存。

登记保存证据期间,当事人或者有关人员不得损毁、销毁或者转移证据。

对于先行登记保存的证据,应当在7日内作出处理决定。

第三十二条 案件调查部门可以委托其他派出机构协助调查、取证,但必须出具书面委托证明,受委托的派出机构应当积极予以协助。

第三十三条 案件调查部门可以聘请资信良好的会计师事务所和律师事务所等社会中介机构参与调查,但必须要求其出具专业报告。

第三十四条 对有证据证明已经或者可能转移、隐匿违法资金等涉案财产或者隐匿、伪造、损毁重要证据的,经中国保监会主要负责人或者派出机构主要负责人批准,可以申请人民法院予以冻结或者查封。

第三节 移　交

第三十五条 案件调查终结,案件调查部门应当制作《案件调查报告书》,报部门负责人批准。《案件调查报告书》至少应当包括下列内容:

(一)当事人的基本情况;

(二)调查的基本情况及相关证据;

(三)处理建议及相关依据。

前款“处理建议”包括给予行政处罚、不予行政处罚、不应给予行政处罚或者移送司法机关处理的建议。

第三十六条 案件调查终结后,案件调查部门认为需要予以行政处罚的,应当将《案件移交书》、《行政处罚立案审批表》、《案件调查报告书》、相关证据等案件卷宗材料一并移交案件审理部门。

第三十七条 案件审理部门依法对案件卷宗材料进行审查,卷宗不够规范的,退回案件调查部门补充完善后再行移交。

第三十八条 案件调查部门在调查过程中发现违法事实涉嫌犯罪,依法需要追究刑事责任的,应当依照《行政执法机关移送涉嫌犯罪案件的规定》、《中国保监会关于在行政执法中及时移送涉嫌犯罪案件的规定》及其他相关规定,及时向司法机关移送。

第四章 处 罚

第一节 审 理

第三十九条 案件审理部门受理案件后,从调查程序、违法事实认定、行为定性、证据采信、处罚种类与幅度等方面对案件进行审理。其中重大、复杂的案件,应当由案件审理部门集体讨论决定。

第四十条 案件审理后,案件审理部门应当制作《案件审理报告》,根据案件有关情况分别提出以下处理意见:

(一)案件主要事实不清或者主要证据不足的,退回案件调查部门补充调查;

(二)不构成行政违法的,不予处罚;

(三)虽构成行政违法但情节轻微可不予行政处罚,需要采取非行政处罚监管措施的,交由案件调查部门处理;

(四)应当予以行政处罚的,提出处罚意见;

(五)涉嫌构成犯罪的,移送司法机关。

第二节 权利告知

第四十一条 拟作出行政处罚决定的,案件审理部门应当在作出决定前向当事人进行权利告知。

告知应当制作《行政处罚事先告知书》,告知当事人拟作出行政处罚决定的事实、理由及依据,并告知当事人有权进行陈述和申辩。

第四十二条 当事人有权进行陈述和申辩。自《行政处罚事先告知书》送达之日起10日内,未行使陈述权、申辩权的,视为放弃权利。

第四十三条 当事人要求陈述和申辩的,应当提交书面材料。当事人有特殊情况,经中国保监会或者派出机构批准,可以适当延长提交书面材料的期限。

案件审理部门应当充分听取当事人的意见,对当事人提出的事实、理由和证据,认真进行复核。当事人提出的事实、理由或者证据成立的,应当予以采纳。

不得因当事人申辩而加重处罚。

第四十四条 拟作出行政处罚决定的事实、理由、依据有改变的,应当重新制作《行政处罚事先告知书》并送达当事人。

第三节 听 证

第四十五条 案件审理部门拟作出下列行政处罚的,应当在《行政处罚事先告知书》中一并告知当事人有要求举行听证的权利:

(一)对保险机构及保险资产管理机构法人处以100万元以上的罚款或者对其分支机构处以20万元以上的罚款;对保险中介机构法人处以30万元以上的罚款或者对其分支机构处以10万元以上的罚款;

(二)对个人处以5万元以上的罚款;

(三)限制业务范围;

(四)责令停止接受新业务;

(五)责令停业整顿;

(六)吊销业务许可证;

(七)撤销外国保险机构驻华代表机构;

(八)撤销任职资格、从业资格,或者吊销资格证书;

(九)责令撤换外国保险机构驻华代表机构的首席代表;

(十)禁止进入保险业;

(十一)法律、行政法规和中国保监会规章规定可以要求听证的其他处罚。

第四十六条 当事人要求听证的,应当自《行政处罚事先告知书》送达之日起3日内提出。

当事人也可以选择陈述和申辩。当事人选择陈述和申辩的,案件审理部门应当依照本规定第四十三条的规定予以复核。

第四十七条 当事人要求听证的,案件审理部门应当确定听证主持人。

第四十八条 听证主持人在听证程序中可以行使下列职权:

(一)决定举行听证的时间和地点;

(二)决定听证的延期、中止或者终结;

(三)询问听证参加人;

(四)调取并审核有关证据;

(五)维护听证秩序,对违反听证秩序的人员进行警告,情节严重者,可以责令其退场。

第四十九条 听证主持人在听证程序中应当承担下列义务:

(一)公开、公正地履行主持听证职责,保证当事人依法行使陈述权、申辩权和质证权;

(二)保守听证案件涉及的国家秘密、商业秘密和个人隐私;

(三)不得徇私枉法,包庇纵容违法行为。

第五十条 听证记录员在听证程序中应当承担下列义务:

(一)将《行政处罚听证通知书》及时送达当事人及相关人员;

(二)应当认真、如实制作听证笔录;

(三)保守听证案件涉及的国家秘密、商业秘密和个人隐私。

第五十一条 案件调查人员、当事人、第三人、委托代理人、证人、鉴定人、勘验人、翻译人员是听证参加人。

第五十二条 当事人享有下列权利:

(一)申请听证主持人回避;

(二)亲自参加听证或者委托一至两名代理人参加听证;

(三)就案件调查人员提出的事实、证据和依据进行申辩;

(四)就案件的证据向调查人员及其证人进行质证;

(五)听证结束前进行最后陈述;

(六)审核听证笔录。

第五十三条 当事人和其他听证参加人应当承担下列义务:

(一)按时参加听证;

(二)依法举证;

(三)如实回答听证主持人的询问;

(四)遵守听证秩序。

第五十四条 案件审理部门根据听证主持人的决定,确定听证的时间和地点后,应当制作《行政处罚听证通知书》,在举行听证 7 日前送达当事人及其他听证参加人。

第五十五条 与听证案件有利害关系的其他公民、法人或者组织可以申请参加听证。

第五十六条 当事人委托他人代理参加听证的,应当向听证主持人提交由其本人签名或者盖章的授权委托书。

授权委托书应当载明委托事项及权限。

第五十七条 案件调查人员应当参加听证,向听证主持人提出当事人违法的事实、证据和行政处罚建议。

第五十八条 听证主持人可以通知与听证案件有关的证人、鉴定人、勘验人、翻译人员参加听证。

第五十九条 听证公开举行的,听证主持人应当在办公地点先期公告当事人姓名或者名称、案由、听证时间和地点。

对涉及国家秘密、商业秘密或者个人隐私不公开举行听证的案件,听证主持人应当向当事人说明不公开听证的理由。

第六十条 听证开始前,听证记录员应当查明听证参加人是否到场,并宣布以下听证纪律:

(一)未经听证主持人允许不得发言、提问;

(二)未经听证主持人允许不得录音、录像和摄影;

(三)未经听证主持人允许听证参加人不得退场;

(四)不得大声喧哗,不得鼓掌、哄闹或者进行其他妨碍听证秩序的活动。

第六十一条 听证主持人核对听证参加人身份,宣布听证主持人、听证记录员名单,告知听证参加人在听证中的权利义务,询问当事人是否申请听证主持人回避。

第六十二条 听证应当按照下列程序进行:

(一)听证主持人宣布听证开始,宣布案由;

(二)案件调查人员提出当事人违法的事实、证据、行政处罚的依据和建议等;

(三)当事人及其委托代理人就调查人员提出的违法事实、证据、行政处罚的依据和建议进行申辩,并可以出示无违法事实、违法事实较轻,或者减轻、免除行政处罚的证据材料;

(四)经听证主持人允许,案件调查人员和当事人可以就有关证据相互质证,也可以向到场的证人、鉴定人、勘验人发问;

(五)当事人作最后陈述;

(六)听证主持人宣布听证结束。

第六十三条 出现下列情形之一的,听证主持人应当延期举行听证:

(一)当事人因不可抗拒的事由无法到场的;

(二)当事人临时申请听证主持人回避的;

(三)其他应当延期的情形。

第六十四条 出现下列情形之一的,听证主持人可以中止听证:

(一)需要通知新的证人到场,调取新的证据或者需要重新鉴定、调查或者需要补充调查的;

(二)当事人因不可抗拒的事由,无法继续参加听证的;

(三)法人或者其他组织终止,尚未确定权利义务承继人;自然人丧失行为能力或者死亡,尚未确定法定代理人或者需要等待继承人表明是否参加听证的;

(四)其他应当中止听证的情形。

第六十五条 延期、中止听证的情形消失后,听证主持人应当恢复听证,并将听证的时间、地点通知听证参加人。

第六十六条 出现下列情形之一的,听证主持人应当终止听证:

(一)当事人撤回听证要求的;

(二)当事人无正当理由不参加听证,或者未经听证主持人允许中途退场的;

(三)当事人死亡、丧失行为能力或者终止满 3 个月后,未确定法定代理人或者权利义务承继人的;

(四)拟作出的行政处罚决定改变,不需要举行听证的;

(五)其他应当终结听证的情形。

当事人撤回听证要求的,听证记录员应当在听证笔录上记明,并由当事人签名或者盖章。

第六十七条 听证记录员应当如实、全面地记录听证的全过程,听证主持人和听证记录员应当在听证笔录上签名。

听证笔录应当经当事人和案件调查人员当场签名或者盖章。

当事人拒绝签名或者盖章的,听证记录员应当在听证笔录上记明情况。

第四节 处罚决定

第六十八条 案件审理部门应当根据《案件调查报告书》和当事人陈述、申辩的情况及听证情况拟定《行政处罚决定书》,报中国保监会负责人或者派出机构负责人批准。

第六十九条 《行政处罚决定书》应当包括下列内容:

(一)当事人的姓名或者名称、住所;

(二)违反法律、行政法规或者规章的事实和证据;

(三)行政处罚的种类和依据;

(四)行政处罚的履行方式和期限;

(五)不服行政处罚决定,申请行政复议或者提起行政诉讼的途径和期限;

(六)作出行政处罚决定的机关名称及作出决定的日期。

第七十条 《行政处罚决定书》必须盖有作出行政处罚决定的机关的印章。

第七十一条 中国保监会及派出机构应当将《行政处罚决定书》送达当事人。

第七十二条 中国保监会或者派出机构应当在作出行政处罚决定之日起 20 日内,将行政处罚决定的内容在中国保监会或者派出机构的网站上公布。

第五章 执 行

第七十三条 行政处罚决定依法作出后,当事人应当在行政处罚决定规定的期限内履行。

第七十四条 当事人对中国保监会或者派出机构的行政处罚决定不服申请行政复议或者提起行政诉讼的,行政处罚不停止执行,法律另有规定的除外。

第七十五条 当事人逾期不履行行政处罚决定的,作出行政处罚决定的中国保监会或者派出机构可以采取下列措施:

(一)到期不缴纳罚款的,每日按照罚款数额的3%加处罚款;

(二)申请人民法院强制执行;

(三)法律、行政法规规定的其他措施。

第七十六条 当事人确有经济困难,需要延期或者分期缴纳罚款的,经当事人申请和作出行政处罚决定的机关批准,可以暂缓或者分期缴纳。

第七十七条 除依法应当予以销毁的物品外,依法没收的非法财物,必须按照国家规定公开拍卖或者按照国家有关规定处理。

没收的票据交有关部门统一处理。

销毁物品,按照国家有关规定处理;没有规定的,经作出行政处罚决定的机关负责人批准,由两名以上执法人员监督销毁,并制作销毁记录。

物品处理,应当制作清单。

第七十八条 吊销业务许可证的,应当收缴业务许可证,并在中国保监会指定的报纸和中国保监会或者派出机构的网站上予以公告。

公告应当包括下列内容:

(一)被处罚机构的名称;

(二)作出处罚决定的理由和法律依据;

(三)其他需要公告的事项。

第七十九条 罚没款及没收物品的变价款,必须全部上缴国库,任何单位和个人不得截留、私分或者变相私分。

第六章 附 则

第八十条 本规定未规定的行政处罚程序,适用《行政处罚法》。

第八十一条 本规定期间的计算和行政处罚文书的送达,依照民事诉讼法及中国保监会关于期间、送达的规定执行。

本规定有关期限的"日"是指工作日,不含节假日。

第八十二条 本规定所称中国保监会负责人是指中国保监会主席或者经授权的副主席。

本规定所称派出机构负责人是指派出机构局长或者经授权的副局长。

第八十三条 本规定由中国保监会负责解释。

第八十四条 本规定自2010年5月28日起施行;中国保监会2005年11月8日发布的《中国保险监督管理委员会行政处罚程序规定》(保监会令2005年第3号)同时废止。

附录二:

保险违法行为举报处理工作办法

第一章 总 则

第一条 为了规范中国保险监督管理委员会(以下简称中国保监会)及其派出机构的举报处理工作,保障举报处理工作顺利开展,维护保险市场秩序,根据《中华人民共和国保险法》等有关法律、行政法规,制定本办法。

第二条 本办法所称举报,是指举报人认为被举报人有保险违法行为,依法向中国保监会及其派出机构反映,申请其履行法定监管职责的行为。

本办法所称举报人,是指向中国保监会及其派出机构举报保险违法行为的公民、法人或者其他组织。

本办法所称保险违法行为,是指违反有关保险监管的法律、行政法规和中国保监会的规定,依法应当承担相应法律责任的行为。

本办法所称被举报人的范围,包括保险机构、保险中介机构和保险从业人员,以及涉嫌非法设立保险机构、保险中介机构和非法经营保险业务、保险中介业务的公民、法人或者其他组织。

第三条 举报处理工作应当遵循统一领导、分级负责的原则。

第四条 中国保监会及其派出机构应当健全举报处理工作制度机制,依法、公正、及时处理举报事项。

第五条 中国保监会及其派出机构应当在官方网站公开受理举报的通信地址、联系电话、传真号码、电子信箱等信息。

第二章 工作机构和职责

第六条 中国保监会履行下列职责:

(一)建立健全举报处理工作规章制度;

(二)建立完善举报管理信息系统;

(三)受理并调查处理涉及保险公司、保险集团公司和保险资产管理公司及相关保险从业人员的举报,涉及面广、影响大的举报,以及其他依法应当由中国保监会处理的举报;

(四)向派出机构交办举报事项;

(五)指导和督办举报处理;

(六)开展调查研究和统计分析;

(七)承办与举报处理相关的其他工作。

第七条 派出机构履行下列职责:

(一)受理并调查处理涉及本单位监管职责范围内的保险机构、保险中介机构以及上述机构的保险从业人员的举报,以及擅自设立保险机构或者保险中介机构,非法经营保险业务和保险中介业务的举报；

（二）调查处理中国保监会交办的举报事项；

（三）牵头处理或者协助其他派出机构处理跨区域举报；

（四）开展调查研究和统计分析，定期向中国保监会报告辖区内举报处理情况；

（五）承办与举报处理相关的其他工作。

第八条 中国保监会稽查局是举报处理工作的管理部门，负责对举报处理工作进行监督和管理。

派出机构应当指定处室负责辖区内举报处理工作。[1]

第三章 举报的受理和答复

第九条 举报分为实名举报和非实名举报。举报人在举报时提供本人真实姓名（名称）、证件号码和有效联系电话等信息的属于实名举报。

举报人向中国保监会及其派出机构提出举报，可以采取邮寄、传真、电子邮件等方式，也可以采取电话、面谈等方式。五名以上举报人拟采取面谈方式共同提出举报的，应当推选一至二名代表。

第十条 举报同时符合下列条件的，予以受理：

（一）举报事项属于本单位的监管职责范围；

（二）有明确的被举报人；

（三）有保险违法行为的具体事实，及相关的证据或者线索。

第十一条 有下列情形之一的，中国保监会及其派出机构不予受理：

（一）已经受理的举报，举报人在处理期间再次举报，且举报内容无新的事实、证据或者线索；

（二）已经办结的举报，举报人再次举报，且举报内容无新的事实、证据或者线索；

（三）已经或者依法应当由其他国家机关处理的。

第十二条 中国保监会及其派出机构应当在收到举报之日起10个工作日内审查决定是否受理。

实名举报人要求告知受理情况的，可以通过电话或者书面方式告知。

举报材料不符合本办法第十条第二项、第三项规定的实名举报，可以要求举报人补充提供有关材料。受理审查时限自收到完整材料之日起计算。

第十三条 对于不属于本单位负责处理的举报，应当在收到举报之日起5个工作日内转交其他有职责的单位。接受转交的单位应当在10个工作日内审查决定是否受理。

中国保监会可以将举报事项交派出机构调查处理。接受交办的派出机构应当按照中国保监会的要求及时反馈有关情况。

第十四条 对于属于信访或者消费投诉事项的，应当在收到相关材料之日起5个工作日内将该事项转至本单位信访或者消费投诉工作机构。

第十五条 举报涉及多个派出机构管辖的，由违法行为发生地派出机构受理。涉及多个违法行为发生地的，由第一个接到举报的派出机构受理，或者报请中国保监会指定一个派出机构受理，相关派出机构应当予以配合。

第十六条 中国保监会及其派出机构应当在受理后及时开展对举报的调查工作。自受理之日起60日内，应当将调查结论答复实名举报人，但因案件调查需保密的除外。[1]

第四章 监督和管理

第十七条 中国保监会发现派出机构对举报处理有下列情形之一的,应当及时督办:

(一)未按规定程序处理举报的;

(二)存在推诿、敷衍、弄虚作假等情形的;

(三)存在需要督办的其他情形。

第十八条 中国保监会建立举报处理工作定期报告制度,派出机构应当分别于每年一月十日和七月十日前向中国保监会报告上一年度和上半年的举报处理情况。

第十九条 中国保监会及其派出机构应当充分运用信息技术,加强对举报处理工作的信息管理。

第二十条 中国保监会及其派出机构工作人员在举报处理工作中,应当遵守法律、行政法规以及保险监管人员行为准则和工作程序,严格执行保密制度。

第二十一条 举报人提出举报,应当遵守法律、行政法规,对所提供材料内容的真实性负责。举报人捏造、歪曲事实,诬告陷害他人的,依法承担法律责任。[1]

第五章 附 则

第二十二条 对于外国保险机构擅自在中华人民共和国境内设立代表机构,以及外国保险机构驻华代表机构从事保险经营活动的举报,适用本办法。

第二十三条 本办法规定的举报,符合《保险消费投诉处理管理办法》第二条第三款规定情形的,适用《保险消费投诉处理管理办法》。

第二十四条 中国保监会对于与举报处理相关的监管职责另有规定的,从其规定。

第二十五条 本办法所称保险机构,是指经中国保监会或者派出机构批准设立的保险公司、保险集团公司、保险资产管理公司和上述机构的分支机构。

本办法所称保险中介机构,是指经中国保监会或者派出机构批准设立的保险专业代理公司、保险经纪公司、保险公估机构和上述机构的分支机构,以及保险兼业代理机构。

本办法所称的保险从业人员,是指保险机构工作人员、保险中介机构从业人员,以及其他为保险机构销售保险产品的保险销售从业人员。

第二十六条 本办法由中国保监会负责解释。

第二十七条 本办法自2015年3月1日起施行。[1]

附录三：

中国保监会关于印发《保险公司经营评价指标体系（试行）》的通知

保监发〔2015〕80 号各保监局，中国保险行业协会，各财产保险公司、人身保险公司：

为综合评价保险公司经营状况，加强保险监管，促进保险公司改进经营管理、转变发展方式，我会制定了《保险公司经营评价指标体系（试行）》（以下简称《指标体系》），现予印发，并将有关实施要求通知如下，请遵照执行。

一、科学的评价体系是引导市场发展和加强保险监管的重要手段。《指标体系》通过对保险公司速度规模、效益质量、社会贡献三个方面进行综合评价，引导保险公司提高经营管理水平，加快转变发展方式，对推动行业持续健康发展、充分发挥保险业对国民经济社会的服务功能具有重要意义。各保监局、中国保险行业协会、各地方保险行业协会、各保险公司要认真学习《指标体系》，深刻领会其重要意义。

二、中国保险行业协会和各地方保险行业协会应当按照《指标体系》的要求，建立经营评价指标体系的评价工作机制，明确职责分工和工作要求，做好数据收集、指标评价和信息披露等相关工作。

三、各保险公司应当严格按照《指标体系》的要求，及时、准确填报相关数据，并将责任落实到人。各公司应当将经营评价指标与公司内部考核相挂钩，通过经营评价指标，分析自身存在的不足，不断提高经营管理水平。

四、请各保监局将此文转发当地保险行业协会，支持和指导当地保险行业协会开展对保险公司分支机构的综合经营评价工作。

五、各单位在实施中如遇到问题，请及时向中国保监会反映。

中国保监会

2015 年 8 月 7 日

保险公司经营评价指标体系（试行）

为科学评价保险公司经营状况，促进保险公司改进经营管理，转变发展方式，加强保险监管，制定保险公司经营评价指标体系。

一、评价对象

（一）经营评价指标体系适用保险公司法人机构和分支机构。

（二）经营不满一个完整会计年度的保险公司法人机构和分支机构不纳入评价范围。

（三）再保险公司、不经营保险业务的养老保险公司和政策性保险公司不适用本指标体系。

二、评价类别

根据保险公司和分支机构的经营状况,将其分为 A、B、C、D 四类:

(一)A 类公司是指在速度规模、效益质量和社会贡献等各方面经营状况良好的公司;

(二)B 类公司是指在速度规模、效益质量和社会贡献等各方面经营正常的公司;

(三)C 类公司是指在速度规模、效益质量和社会贡献某方面存在问题的公司;

(四)D 类公司是指在速度规模、效益质量和社会贡献等方面存在严重问题的公司。

三、评价指标

根据保险公司经营状况,对经营评价指标设定如下:

(一)由定量指标组成,不包括定性指标。

(二)保险公司法人机构经营评价指标由速度规模、效益质量和社会贡献三大类指标构成。产险公司 12 个评价指标,寿险公司 14 个评价指标,具体指标分别见附件 1、附件 2。

(三)保险公司分支机构经营评价指标由速度规模、效益质量和社会贡献三大类指标构成。其中,产险公司分支机构 10 个评价指标,寿险公司分支机构 13 个评价指标,具体指标分别见附件 3、附件 4。

四、评价方法

(一)中国保险行业协会(以下简称中保协)负责对保险公司法人机构的经营状况进行评价;各省(自治区、直辖市、计划单列市)保险行业协会(以下简称地方行业协会)负责对保险公司分支机构的经营状况进行评价。

(二)地方行业协会应将某保险公司在其辖区内的所有分支机构作为一个整体进行评价,即本指标体系适用于地方行业协会对保险公司省级(计划单列市)分公司进行评价。

(三)经营评价采用十分制,满分为 10 分。每项评价指标都有具体评分规则(见附件)。中保协和地方行业协会根据评分规则,对每项评价指标打分,加总得到保险公司和分支机构的得分。

(四)法人机构和分支机构的经营评价指标得分大于等于 8 分,为 A 类机构;得分小于 8 分但大于等于 4 分的,为 B 类机构;得分小于 4 分但大于等于 2 分的,为 C 类机构;得分小于 2 分的,为 D 类机构。

五、评价频率

中保协和地方行业协会每年评价一次保险公司法人机构和分支机构的经营状况。

六、评价结果

(一)中保协和地方行业协会在每年 6 月底前公布保险公司法人机构和分支机构上一年度的评价类别、评价指标的行业均值和中位数,供社会各界查阅。

(二)中保协和地方行业协会可以采取在官方网站上披露等方式进行公布。

七、解释与修订

本指标体系由保监会负责解释与修订。

附录四：

关于印发《保险公司服务评价管理办法(试行)》的通知

第一章 总 则

第一条 为科学评价保险公司服务质量,促进保险公司改进服务,提升保险业社会信誉,增强保险消费者信心,推动保险行业持续健康发展,制定本办法。

第二条 服务评价工作遵循下列原则:

(一)消费者导向。服务评价以消费者体验与感受为核心,引导保险公司树立客户至上的经营理念。

(二)全流程覆盖。服务评价覆盖保险服务的各个环节,全方位、多角度评价保险公司服务水平。

(三)客观公正。服务评价力求过程科学规范,结果客观公正。

(四)持续改进。适应形势变化,逐步完善评价体系。同时发挥服务评价导向作用,引导保险公司不断改善服务水平。

第三条 设立"保险公司服务评价委员会"(以下简称评委会)。评委会由保监会分管消费者权益保护工作的领导担任主任,成员包括:保监会机关有关部门及部分保监局,中国消费者协会、中国保险行业协会,中国保险信息技术管理有限责任公司(以下简称中国保信),中国保险报业股份有限公司,有关专家学者、新闻工作者及保险消费者代表等。

评委会主要职责是组织开展服务评价工作,具体包括:制定服务评价工作方案;确定评价指标体系及评分规则;明确重大服务创新及重大负面事件加减分标准;审定服务评价结果。

第四条 评价工作每年开展一次。评价结果由保险监管部门对外发布。

第二章 评价范围

第五条 开业满一个会计年度的财产保险公司、人身保险公司纳入服务评价范围。养老保险公司、农业保险公司、政策性保险公司视条件成熟逐步纳入评价范围。

第六条 服务评价范围包括保险公司总公司和省级(含计划单列市)分公司两个层级。

第七条 服务评价范围覆盖保险公司销售、承保、保全、理赔、咨询、回访、投诉等所有服务环节和渠道(包括保险公司授权委托提供销售及其他服务的第三方渠道)。

第三章 评价体系

第八条 服务评价体系按财产保险和人身保险分别设定两套定量指标,并在此基础上对重要服务创新和重大负面事件分别进行加减分。

第九条 定量指标是以保险监管部门、中国保信以及保险公司系统数据为基础,根据统计标准和计算公式,对保险公司与消费者各环节接触点的服务质量和效率进行量化评价的客观数值。

定量指标评价采用百分制。

第十条 重要服务创新是指保险公司在改进服务质量、提高服务效率、提升消费者满意度等方面取得实际应用效果的保险服务重大创新项目。根据实际应用效果加1—5分。

第十一条 重大负面事件是指因保险服务存在严重问题而导致重要媒体负面报道、重大群体性事件或经评委会认定的其他保险服务突出问题。根据问题严重程度扣1—5分。

第四章 评价方法

第十二条 建立与监管部门、保险公司、中国保信等多方对接的服务评价系统,接收并处理服务评价数据。

第十三条 保险公司和相关单位按照保监会要求改造业务系统,提取相关定量指标数据,并于规定的时间内上传至服务评价系统。

保险公司分公司的服务创新举措同时报送至各保监局。

第十四条 各保监局根据服务评价系统内提取的指标数据及相关材料,按照评分规则分别计算出辖区内各分公司的定量指标、重要服务创新和重大负面事件得分,并将分公司综合评价结果上传至服务评价系统。

第十五条 评委会根据各保监局对分公司的综合评价结果,按照科学的权重计算出各保险公司总公司的最终得分。

第五章 服务评级

第十六条 根据得分高低,保险公司总公司服务评级分为A、B、C、D四大类,具体包括AAA、AA、A、BBB、BB、B、CCC、CC、C、D共10级。

(一)A类是指总体服务质量优秀的公司。其中95分(含)以上为AAA,90分(含)—95分为AA,85分(含)—90分为A。

(二)B类是指总体服务质量较好的公司。其中80分(含)—85分为BBB,75分(含)—80分为BB,70分(含)—75分为B。

(三)C类是指总体服务质量较差的公司。其中65分(含)—70分为CCC,60分(含)—65分为CC,55分(含)—60分为C。

(四)D类是指总体服务质量差的公司。55分以下为D。

第十七条 对保险公司分公司的服务评价只评分,不评级。

第六章 保障措施

第十八条 保险公司服务评价系统由保监会统筹组织开发,中国保信负责建设及运行维护。

第十九条 定量指标数据由保险公司总公司统一提取、审校、上传。

第二十条 全部指标数据应当由系统自动生成,保险公司不得人为操控,并应保留完整日志,确保测评过程和结果的可验证性。

第二十一条 保险公司业务数据以及消费者个人信息,不得向外界泄露。

第二十二条 保险公司及其代理机构不得利用评价结果进行销售误导或同业诋毁。

第七章 附 则

第二十三条 本办法由保监会负责解释和修订。

第二十四条 本办法自印发之日起生效,《人身保险公司服务评价管理办法》(保监发〔2013〕73 号)同时废止。

附件:1. 财产保险公司服务评价定量指标
　　　2. 人身保险公司服务评价定量指标

附录五:

中国保监会关于印发《互联网保险业务监管暂行办法》的通知

各保监局、中国保险行业协会、各保险集团(控股)公司、各保险公司、各保险专业中介机构:

为规范互联网保险业务经营行为,保护保险消费者合法权益,促进互联网保险业务健康发展,我会制定了《互联网保险业务监管暂行办法》,现印发给你们,请遵照执行。

保险机构已经开展的互联网保险业务与本办法不符的,应按照有关规定认真整改;本办法实施后仍不能符合要求的,应立即停止相关互联网保险业务的开展。

中国保监会

2015 年 7 月 22 日

互联网保险业务监管暂行办法

为规范互联网保险经营行为,保护保险消费者合法权益,促进互联网保险业务健康发展,根据《中华人民共和国保险法》等法律、行政法规,制定本办法。

第一章　总　　则

第一条　本办法所称互联网保险业务,是指保险机构依托互联网和移动通信等技术,通过自营网络平台、第三方网络平台等订立保险合同、提供保险服务的业务。

本办法所称保险机构,是指经保险监督管理机构批准设立,并依法登记注册的保险公司和保险专业中介机构。保险专业中介机构是指经营区域不限于注册地所在省、自治区、直辖市的保险专业代理公司、保险经纪公司和保险公估机构。

本办法所称自营网络平台,是指保险机构依法设立的网络平台。

本办法所称第三方网络平台,是指除自营网络平台外,在互联网保险业务活动中,为保险消费者和保险机构提供网络技术支持辅助服务的网络平台。

第二条　保险机构开展互联网保险业务,应遵守法律、行政法规以及本办法的有关规定,不得损害保险消费者合法权益和社会公共利益。

保险机构应科学评估自身风险管控能力、客户服务能力,合理确定适合互联网经营的保险产品及其销售范围,不能确保客户服务质量和风险管控的,应及时予以调整。

保险机构应保证互联网保险消费者享有不低于其他业务渠道的投保和理赔等保险服务,保障保险交易信息和消费者信息安全。

第三条　互联网保险业务的销售、承保、理赔、退保、投诉处理及客户服务等保险经营行为,应由保险机构管理和负责。

第三方网络平台经营开展上述保险业务的，应取得保险业务经营资格。

第二章 经营条件与经营区域

第四条 互联网保险业务应由保险机构总公司建立统一集中的业务平台和处理流程，实行集中运营、统一管理。

除本办法第一条规定的保险公司和保险专业中介机构外，其他机构或个人不得经营互联网保险业务。保险机构的从业人员不得以个人名义开展互联网保险业务。

第五条 保险机构开展互联网保险业务的自营网络平台，应具备下列条件：

（一）具有支持互联网保险业务运营的信息管理系统，实现与保险机构核心业务系统的无缝实时对接，并确保与保险机构内部其他应用系统的有效隔离，避免信息安全风险在保险机构内外部传递与蔓延；

（二）具有完善的防火墙、入侵检测、数据加密以及灾难恢复等互联网信息安全管理体系；

（三）具有互联网行业主管部门颁发的许可证或者在互联网行业主管部门完成网站备案，且网站接入地在中华人民共和国境内；

（四）具有专门的互联网保险业务管理部门，并配备相应的专业人员；

（五）具有健全的互联网保险业务管理制度和操作规程；

（六）互联网保险业务销售人员应符合保监会有关规定；

（七）中国保监会规定的其他条件。

第六条 保险机构通过第三方网络平台开展互联网保险业务的，第三方网络平台应具备下列条件：

（一）具有互联网行业主管部门颁发的许可证或者在互联网行业主管部门完成网站备案，且网站接入地在中华人民共和国境内；

（二）具有安全可靠的互联网运营系统和信息安全管理体系，实现与保险机构应用系统的有效隔离，避免信息安全风险在保险机构内外部传递与蔓延；

（三）能够完整、准确、及时向保险机构提供开展保险业务所需的投保人、被保险人、受益人的个人身份信息、联系信息、账户信息以及投保操作轨迹等信息；

（四）最近两年未受到互联网行业主管部门、工商行政管理部门等政府部门的重大行政处罚，未被中国保监会列入保险行业禁止合作清单；

（五）中国保监会规定的其他条件。

第三方网络平台不符合上述条件的，保险机构不得与其合作开展互联网保险业务。

第七条 保险公司在具有相应内控管理能力且能满足客户服务需求的情况下，可将下列险种的互联网保险业务经营区域扩展至未设立分公司的省、自治区、直辖市：

（一）人身意外伤害保险、定期寿险和普通型终身寿险；

（二）投保人或被保险人为个人的家庭财产保险、责任保险、信用保险和保证保险；

（三）能够独立、完整地通过互联网实现销售、承保和理赔全流程服务的财产保险业务；

（四）中国保监会规定的其他险种。

中国保监会可以根据实际情况，调整并公布上述可在未设立分公司的省、自治区、直辖市经营的险种范围。

对投保人、被保险人、受益人或保险标的所在的省、自治区、直辖市，保险公司没有设立分公司的，保险机构应在销售时就其可能存在的服务不到位、时效差等问题做出明确提示，要求投保人确认,并留存确认记录。

保险专业中介机构开展互联网保险业务的业务范围和经营区域,应与提供相应承保服务的保险公司保持一致。

第三章 信息披露

第八条 保险机构开展互联网保险业务,不得进行不实陈述、片面或夸大宣传过往业绩、违规承诺收益或者承担损失等误导性描述。

保险机构应在开展互联网保险业务的相关网络平台的显著位置,以清晰易懂的语言列明保险产品及服务等信息,需列明的信息包括下列内容:

(一)保险产品的承保公司、销售主体及承保公司设有分公司的省、自治区、直辖市清单;

(二)保险合同订立的形式,采用电子保险单的,应予以明确说明;

(三)保险费的支付方式,以及保险单证、保险费发票等凭证的配送方式、收费标准;

(四)投保咨询方式、保单查询方式及客户投诉渠道;

(五)投保、承保、理赔、保全、退保的办理流程及保险赔款、退保金、保险金的支付方式;

(六)针对投保人(被保险人或者受益人)的个人信息、投保交易信息和交易安全的保障措施;

(七)中国保监会规定的其他内容。

其中,互联网保险产品的销售页面上应包含下列内容:

(一)保险产品名称(条款名称和宣传名称)及批复文号、备案编号或报备文件编号;

(二)保险条款、费率(或保险条款、费率的链接),其中应突出提示和说明免除保险公司责任的条款,并以适当的方式突出提示理赔要求、保险合同中的犹豫期、费用扣除、退保损失、保险单现金价值等重点内容;

(三)销售人身保险新型产品的,应按照《人身保险新型产品信息披露管理办法》的有关要求进行信息披露和利益演示,严禁片面使用"预期收益率"等描述产品利益的宣传语句;

(四)保险产品为分红险、投连险、万能险等新型产品的,须以不小于产品名称字号的黑体字标注收益不确定性;

(五)投保人的如实告知义务,以及违反义务的后果;

(六)保险产品销售区域范围;

(七)其他直接影响消费者利益和购买决策的事项。

网络平台上公布的保险产品相关信息,应由保险公司统一制作和授权发布,并确保信息内容合法、真实、准确、完整。

第九条 开展互联网保险业务的保险机构,应在其官方网站建立互联网保险信息披露专栏,需披露的信息包括下列内容:

(一)经营互联网保险业务的网站名称、网址,如为第三方网络平台,还要披露业务合作范围;

(二)互联网保险产品信息,包括保险产品名称、条款费率(或链接)及批复文号、备案编号、报备文件编号或条款编码;

(三)已设立分公司名称、办公地址、电话号码等;

(四)客户服务及消费者投诉方式;

(五)中国保监会规定的其他内容。

保险专业中介机构开展互联网保险业务的,应披露的信息还应包括中国保监会颁发的业务许可证、营业执照登载的信息或营业执照的电子链接标识、保险公司的授权范围及内容。

第四章 经营规则

第十条 保险机构应将保险监管规定及有关要求告知合作单位,并留存告知记录。保险机构与第三方网络平台应签署合作协议,明确约定双方权利义务,确保分工清晰、责任明确。因第三方网络平台原因导致保险消费者或者保险机构合法权益受到损害的,第三方网络平台应承担赔偿责任。

第十一条 第三方网络平台应在醒目位置披露合作保险机构信息及第三方网络平台备案信息,并提示保险业务由保险机构提供。

第三方网络平台应于收到投保申请后24小时内向保险机构完整、准确地提供承保所需的资料信息,包括投保人(被保险人、受益人)的姓名、证件类型、证件号码、联系方式、账户等资料。除法律法规规定的情形外,保险机构及第三方网络平台不得将相关信息泄露给任何机构和个人。

第三方网络平台为保险机构提供宣传服务的,宣传内容应经保险公司审核,以确保宣传内容符合有关监管规定。保险公司对宣传内容的真实性、准确性和合规性承担相应责任。

第十二条 保险公司应加强对互联网保险产品的管理,选择适合互联网特性的保险产品开展经营,并应用互联网技术、数据分析技术等开发适应互联网经济需求的新产品,不得违反社会公德、保险基本原理及相关监管规定。

第十三条 投保人交付的保险费应直接转账支付至保险机构的保费收入专用账户,第三方网络平台不得代收保险费并进行转支付。保费收入专用账户包括保险机构依法在第三方支付平台开设的专用账户。

第十四条 保险机构及第三方网络平台以赠送保险或与保险直接相关物品和服务的形式开展促销活动的,应符合中国保监会有关规定。不得以现金或同类方式向投保人返还所交保费。

第十五条 保险机构应完整记录和保存互联网保险业务的交易信息,确保能够完整、准确地还原相关交易流程和细节。交易信息应至少包括产品宣传和销售文本、销售和服务日志、投保人操作轨迹等。第三方网络平台应协助和支持保险机构依法取得上述信息。

第十六条 保险公司应加强互联网保险业务的服务管理,建立支持咨询、投保、退保、理赔、查询和投诉的在线服务体系,探索以短信、即时通讯工具等多种方式开展客户回访,简化服务流程,创新服务方式,确保客户服务的高效和便捷。

对因需要实地核保、查勘和调查等因素而影响向消费者提供快速和便捷保险服务的险种,保险机构应立即暂停相关保险产品的销售,并采取有效措施进行整改,整改后仍不能解决的,应终止相关保险产品的销售。

第十七条 保险机构应加强业务数据的安全管理,采取防火墙隔离、数据备份、故障恢复等技术手段,确保与互联网保险业务有关交易数据和信息的安全、真实、准确、完整。

保险机构应防范假冒网站、APP应用等针对互联网保险的违法犯罪活动,检查网页上对外链接的可靠性,开辟专门渠道接受公众举报,发现问题后应立即采取防范措施,并及时向保监会报告。

第十八条 保险机构应加强客户信息管理,确保客户资料信息真实有效,保证信息采集、处理及使用的安全性和合法性。

对开展互联网保险业务过程中收集的客户信息,保险机构应严格保密,不得泄露,未经客户同意,不得将客户信息用于所提供服务之外的目的。

第十九条 保险公司应制定应急处置预案,妥善应对因突发事件、不可抗力等原因导致的互联网保险业务经营中断。

保险机构互联网保险业务经营中断的,应在自营网络平台或第三方网络平台的主页显著位置进行及时公布,并说明原因及后续处理方式。

第二十条 保险机构应建立健全客户身份识别制度,加强对大额交易和可疑交易的监控和报告,严格遵守反洗钱有关规定。

保险机构应要求投保人原则上使用本人账户支付保险费,退保时保险费应退还至原交费账户,赔款资金应支付到投保人本人、被保险人账户或受益人账户。对保险期间超过一年的人身保险业务,保险机构应核对投保人账户信息的真实性,确保付款人、收款人为投保人本人。

保险机构应建立健全互联网保险反欺诈制度,加强对互联网保险欺诈的监控和报告,第三方网络平台应协助保险机构开展反欺诈监控和调查。

第二十一条 保险公司向保险专业中介机构及第三方网络平台支付相关费用时,应当由总公司统一结算、统一授权转账支付。

保险公司应按照合作协议约定的费用种类和标准,向保险专业中介机构支付中介费用或向第三方网络平台支付信息技术费用等,不得直接或间接给予合作协议约定以外的其他利益。

第二十二条 中国保监会及其派出机构依据法律法规及相关监管规定,对保险机构和第三方网络平台的互联网保险经营行为进行日常监管和现场检查,保险机构和第三方网络平台应予配合。

第二十三条 中国保险行业协会依据法律法规及中国保监会的有关规定,对互联网保险业务进行自律管理。

中国保险行业协会应在官方网站建立互联网保险信息披露专栏,对开展互联网保险业务的保险机构及其合作的第三方网络平台等信息进行披露,便于社会公众查询和监督。中国保监会官方网站同时对相关信息进行披露。

第五章 监督管理

第二十四条 开展互联网保险业务的保险机构具有以下情形之一的,中国保监会可以责令整改;情节严重的,依法予以行政处罚:

(一)擅自授权分支机构开办互联网保险业务的;

(二)与不符合本办法规定的第三方网络平台合作的;

(三)发生交易数据丢失或客户信息泄露,造成不良后果的;

(四)未按照本办法规定披露信息或做出提示,进行误导宣传的;

(五)违反本办法关于经营区域、费用支付等有关规定的;

(六)不具备本办法规定的开展互联网保险业务条件的;

(七)违反中国保监会规定的其他行为。

第二十五条 开展互联网保险业务的第三方网络平台具有以下情形之一的,中国保监会可以要求其改正;拒不改正的,中国保监会可以责令有关保险机构立即终止与其合作,将其列入行业禁止合作清单,并在全行业通报:

(一)擅自与不符合本办法规定的机构或个人合作开展互联网保险业务;

(二)未经保险公司同意擅自开展宣传,造成不良后果的;

(三)违反本办法关于信息披露、费用支付等规定的;

(四)未按照本办法规定向保险机构提供或协助保险机构依法取得承保所需信息资料的;

(五)不具备本办法规定的开展互联网保险业务条件的;

(六)不配合保险监管部门开展监督检查工作的;

(七)违反中国保监会规定的其他行为。

第二十六条 中国保监会统筹负责互联网保险业务的监管,各保监局负责辖区内互联网保险业务的日常监测与监管,并可根据中国保监会授权对有关保险机构开展监督检查。

保险机构或其从业人员违反本办法,中国保监会及其派出机构可以通过监管谈话、监管函等措施,责令限期整改;拒不整改、未按要求整改,或构成《保险法》等法律、行政法规规定的违法行为的,依法进行处罚。

第六章 附 则

第二十七条 专业互联网保险公司的经营范围和经营区域,中国保监会另有规定的,适用其规定。

再保险业务不适用本办法。

第二十八条 对保险机构通过即时通讯工具、应用软件、社交平台等途径销售保险产品的管理,参照适用本办法。

保险公司、保险集团(控股)公司下属非保险类子公司依法设立的网络平台,参照第三方网络平台管理。

第二十九条 本办法由中国保监会负责解释和修订。

第三十条 本办法自2015年10月1日起施行,施行期限为3年。《保险代理、经纪公司互联网保险业务监管办法(试行)》(保监发〔2011〕53号)同时废止。

附录六:

中国保监会关于印发《相互保险组织监管试行办法》的通知

保监发〔2015〕11 号

机关各部门,各保监局,培训中心,中国保险行业协会,中国保险学会,中国精算师协会,中国保险资产管理业协会,中国保险保障基金有限责任公司,中国保险信息技术管理有限责任公司:

为加强对相互保险组织的监督管理,促进相互保险组织规范健康发展,我会制定了《相互保险组织监管试行办法》,现印发给你们,请结合实际,认真遵照执行。

中国保监会

2015 年 1 月 2 日

相互保险组织监管试行办法

第一章 总　则

第一条　为加强对相互保险组织的监督管理,规范相互保险组织的经营行为,根据《中华人民共和国保险法》、《农业保险条例》等相关法律、法规,制定本办法。

第二条　本办法所称相互保险是指,具有同质风险保障需求的单位或个人,通过订立合同成为会员,并缴纳保费形成互助基金,由该基金对合同约定的事故发生所造成的损失承担赔偿责任,或者当被保险人死亡、伤残、疾病或者达到合同约定的年龄、期限等条件时承担给付保险金责任的保险活动。

本办法所称相互保险组织是指,在平等自愿、民主管理的基础上,由全体会员持有并以互助合作方式为会员提供保险服务的组织,包括一般相互保险组织,专业性、区域性相互保险组织等组织形式。

第三条　中国保险监督管理委员会(以下简称中国保监会)根据法律、法规和国务院授权,对相互保险组织和相互保险活动进行统一监管。

中国保监会的派出机构在中国保监会授权范围内行使对相互保险组织的监督管理职能。

第四条　相互保险组织从事保险活动,必须遵守法律、法规,遵守社会公德,不得从事与章程规定无关的经营活动。

第二章 设　立

第五条　相互保险组织应当经中国保监会批准设立,并在工商行政管理部门依法登记注册。

第六条　相互保险组织名称中必须有"相互"或"互助"字样。

第七条 设立一般相互保险组织,应当具备以下条件:

(一)具有符合本办法规定的主要发起会员和一般发起会员。其中,主要发起会员负责筹集初始运营资金,一般发起会员承诺在组织成立后参保成为会员,一般发起会员数不低于500个。

(二)有不低于1亿元人民币的初始运营资金;

(三)有符合法律、法规及本办法规定的章程;

(四)有具备任职所需专业知识和业务工作经验的董(理)事、监事和高级管理人员;

(五)有健全的组织机构和管理制度;

(六)有符合要求的营业场所和与经营业务有关的其他设施;

(七)中国保监会规定的其他条件。

第八条 设立专业性、区域性相互保险组织,应当具备下列条件:

(一)具有符合本办法规定的主要发起会员和一般发起会员,一般发起会员数不低于100个;

(二)有不低于1000万元的初始运营资金;

(三)在坚持会员制和封闭性原则基础上,针对特定风险开展专门业务或经营区域限定在地市级以下行政区划;

(四)其他设立条件参照一般相互保险组织。

第九条 以农民或农村专业组织为主要服务对象的涉农相互保险组织,或其他经保险监督管理机构认可的专业性、区域性相互保险组织,可以在前款规定的基础上适当降低设立标准,但初始运营资金不得低于100万元。

第十条 初始运营资金由主要发起会员负责筹集,可以来自他人捐赠或借款,必须以实缴货币资金形式注入。

在弥补开办费之前,相互保险组织不得偿还初始运营资金。初始运营资金为债权的,在盈余公积与未分配利润之和达到初始运营资金数额后,经会员(代表)大会表决通过,并报保险监督管理机构批准,可以分期偿还初始运营资金本金和利息。当偿付能力不足时,应停止偿还初始运营资金本息。其他形式的初始运营资金偿付和回报方式由相互保险组织章程另行规定。

第十一条 相互保险组织的主要发起会员应当信誉良好,具有持续出资能力,其资质要求参照《中华人民共和国保险法》、《保险公司股权管理办法》中主要股东条件,主要发起会员为个人的除外。

第十二条 相互保险组织的设立程序,适用中国保监会关于保险公司设立的一般规定。

第十三条 一般相互保险组织董(理)事、监事和高级管理人员任职资格管理按照《中华人民共和国保险法》和中国保监会有关规定执行;专业性、区域性相互保险组织董(理)事、监事和高级管理人员任职资格标准可根据实际情况适度予以降低,但不得违反法律、法规、规章的禁止性要求。

第三章 会 员

第十四条 相互保险组织会员是指承认并遵守相互保险组织章程并向其投保的单位或个人。

第十五条 相互保险组织会员享有下列权利:

(一)参加会员(代表)大会,并享有表决权、选举权、被选举权和参与该组织民主管理的权利;

(二)按照章程规定和会员(代表)大会决议分享盈余的权利;

(三)按照合同约定享受该组织提供的保险及相关服务的权利;

(四)对该组织工作的批评建议权及监督权;

(五)查阅组织章程、会员(代表)大会记录、董(理)事会决议、监事会决议、财务会计报告和会计账簿的权利;

(六)章程规定的其他权利。

第十六条 相互保险组织会员应履行以下义务:

(一)遵守组织章程;

(二)执行会员(代表)大会和董(理)事会的决议;

(三)按照保险合同约定缴纳保费,并以所缴纳保费为限对该组织承担责任,章程另有规定的除外;

(四)不得滥用会员权利损害相互保险组织或者其他会员的利益;

(五)章程规定的其他义务。

第十七条 主要发起会员的权利、义务可由相互保险组织章程规定。

第十八条 有下列情形之一的,会员资格自动终止:

(一)保险合同终止;

(二)章程规定事由发生。

第四章 组织机构

第十九条 相互保险组织应当设立会员(代表)大会,决定该组织重大事项。会员(代表)大会由全体会员(代表)组成,是相互保险组织的最高权力机构,原则上采取一人一票的表决方式。

除章程另有规定外,会员(代表)大会的权力和组织程序参照《中华人民共和国公司法》有关股东大会的规定。

第二十条 会员(代表)大会选举或者作出决议,应当由出席会议的会员或会员代表表决权总数过半数通过;作出修改章程或者合并、分立、解散的决议以及制定支付初始运营资金本息、分配盈余、保额调整等方案应当由出席会议的会员或会员代表表决权总数的四分之三以上通过。

第二十一条 相互保险组织章程应当包括下列事项:

(一)名称和住所;

(二)宗旨、业务范围和经营地域;

(三)发起会员与一般会员资格及其权利、义务;

(四)组织机构及其产生办法、职权、任期和议事规则;

(五)初始运营资金的筹集方式、使用条件以及偿付办法;

(六)财务管理制度和盈余分配办法;

(七)发生重大保险事故导致偿付困难时的风险控制机制;

(八)章程的修改程序;

(九)解散事由和清算办法;

(十)应当由章程规定的其他事项。

第二十二条 相互保险组织应当设立董(理)事会、监事会。一般相互保险组织董(理)事会应建立独立董(理)事制度。

除章程另有规定外,相互保险组织的董(理)事会、监事会适用《中华人民共和国公司法》关于股份有限公司董事会、监事会的规定。

第二十三条 相互保险组织召开会员(代表)大会、董(理)事会,应提前 7 个工作日通知保险监督管理机构,保险监督管理机构有权列席会议。

会员(代表)大会、董(理)事会决议应在会后7个工作日内报保险监督管理机构备案。

第二十四条 相互保险组织可以申请设立分支机构。根据业务发展需要,相互保险组织也可以通过提供初始运营资金和再保险支持等方式,申请设立经营同类业务的相互保险子组织,并实施统一管理。具体设立条件和方式由中国保监会另行规定。

第五章 业务规则

第二十五条 相互保险组织的业务范围由保险监督管理机构依法核定。

第二十六条 相互保险组织应当按照章程规定,加强内部管理,建立完善的内部控制制度。

第二十七条 相互保险组织应根据保障会员利益原则,按照企业会计准则和中国保监会有关规定评估保险责任准备金。

第二十八条 相互保险组织的保险条款和保险费率,适用中国保监会有关保险条款、保险费率的规定。

第二十九条 相互保险组织的资金应实行全托管制度。相互保险组织应在保证资金安全性的前提下,按照中国保监会有关规定进行资金运用。其中,专业性、区域性相互保险组织实行自行投资的,其资金运用限于下列形式:

(一)银行存款;

(二)国债及其他中国保监会认可的低风险固定收益类产品;

(三)经中国保监会批准的其他形式。

专业性、区域性相互保险组织委托经中国保监会认可的专业投资机构进行投资的不受上述形式限制。

第三十条 相互保险组织应审慎经营,严格进行风险管理,依据实际情况进行再保险分保业务,并建立重大风险事故的应对预案。

第三十一条 相互保险组织参照保险公司缴纳保险保障基金,具体缴纳方式和标准由中国保监会另行规定。

第三十二条 相互保险组织应当按照企业会计准则进行会计核算,并建立符合相互制经营特色的财务管理制度。

第三十三条 相互保险组织应当建立适合相互保险组织经营特点的信息披露制度,保障会员作为保险消费者和相互保险组织所有者的合法权益,使用通俗易懂的语言定期向会员披露产品信息、财务信息、治理信息、风险管理状况信息、偿付能力信息、重大关联交易信息及重大事项信息。

第三十四条 相互保险组织应当建立健全监督审计制度。监督审计情况应当向会员(代表)大会报告。一般相互保险组织应当聘请外部审计机构进行年度审计。高管人员离任的,应当进行离任审计。

第六章 监督管理

第三十五条 保险监督管理机构按照审慎监管要求对相互保险组织进行持续、动态监管。

第三十六条 保险监督管理机构对相互保险组织的监督管理,采取现场监管与非现场监管相结合的方式。

第三十七条 保险监督管理机构对相互保险组织的监管包括但不限于下列事项:

(一)组织设立、变更是否依法经批准或者向保险监督管理机构报告;

(二)董(理)事、监事、高级管理人员任职资格是否依法经核准;

(三)初始运营资金、各项准备金是否真实、充足;

(四)内控制度和内部治理是否符合保险监督管理机构的规定;

(五)偿付能力是否充足;

(六)资金运用是否合法;

(七)信息披露是否充分;

(八)业务经营和财务情况是否合法,报告、报表、文件、资料是否及时、完整、真实;

(九)保险条款和费率是否按规定报经审批或者备案;

(十)需要事后报告的其他事项是否按照规定报告;

(十一)保险监督管理机构依法规定的其他事项。

第三十八条 相互保险组织偿付能力管理参照保险公司偿付能力管理规定执行,中国保监会另有规定的从其规定。当偿付能力不足时,相互保险组织应当向会员及时进行风险警示,并在两个月内召开会员(代表)大会确定改善偿付能力措施。

第三十九条 相互保险组织应当按照有关规定报送统计报表,做好保险统计工作。一般相互保险组织应当按照规定及时向保险监督管理机构报送偿付能力报告、财务会计报告、精算报告、合规报告及其他有关报告、报表、文件和资料;专业性、区域性相互保险组织应当及时向保险监督管理机构报送偿付能力报告、财务会计报告、营业报告及其他有关报告、报表、文件和资料。

第七章 附 则

第四十条 相互保险公司、合作保险组织经营保险业务,参照本办法执行。

第四十一条 本办法由中国保监会负责解释。

第四十二条 本办法自发布之日起施行。

附录七:

中国保监会关于印发《保险集团并表监管指引》的通知

保监发〔2014〕96 号

各保险集团(控股)公司、保险公司:

为完善保险集团监管工作,防范保险集团经营风险,促进行业健康发展,我会制定了《保险集团并表监管指引》,现印发给你们,请遵照执行。

中国保监会

2014 年 12 月 4 日

保险集团并表监管指引

第一章 总 则

第一条 为加强对保险集团的并表监管,有效防范保险集团经营风险,根据《中华人民共和国公司法》、《中华人民共和国保险法》等法律、行政法规及监管规定制定本指引。

第二条 本指引所称并表监管是在单一法人监管的基础上,对保险集团的资本、财务以及风险进行全面和持续的监管,识别、计量、监控和评估保险集团的总体风险状况。

第三条 保险集团是指保险集团公司及受其控制、共同控制和重大影响的公司组成的企业集合,该企业集合中除保险集团公司外,有两家或多家子公司为保险公司且保险业务为该企业集合的主要业务。

保险集团公司,是指经中国保险监督管理委员会(以下简称中国保监会)批准设立并依法登记注册,名称中具有"保险集团"或"保险控股"字样,对保险集团内其他成员公司实施控制、共同控制和重大影响的公司。

保险集团成员公司是指保险集团公司及受其控制、共同控制和重大影响的公司。

第四条 保险公司对其他保险类企业进行直接或间接控制,并形成企业集合,虽名称中不带有"保险集团"或"保险控股"字样,适用本指引。

第五条 中国保监会根据法律、行政法规和国务院授权,按照本指引对保险集团进行并表监管。

第二章 并表监管范围

第六条 中国保监会遵循"实质重于形式"的原则,以控制为基础,兼顾风险相关性,确定并表监管范围。

第七条 保险集团公司控制的保险集团成员公司纳入保险集团并表监管范围。

第八条 保险集团公司投资成员公司以外的下列机构,该被投资机构应纳入并表监管的范围:

(一)被投资机构资产规模占保险集团整体资产规模的比例较小,但其风险足以对保险集团的财务状况及风险水平造成重大影响。

(二)被投资机构所产生的合规风险、声誉风险造成的危害和损失足以对保险集团的声誉造成重大影响。

第九条 中国保监会有权根据保险集团股权结构变动、风险类别及风险状况,要求保险集团调整并表监管范围,并提出监管要求。

第三章 并表监管内容

第一节 集团结构

第十条 保险集团应当建立与战略和风险状况相符合的法律结构和管理结构,明确集团管理的职责、政策、程序和制度,确保保险集团保持透明的集团结构。

第十一条 保险集团公司应当指导保险集团成员公司建立完善的管理结构,确保其符合行业、经营规模等自身发展需要,还应与集团整体的管理架构相匹配。

第十二条 保险集团公司应当分析保险集团成员公司法律结构、管理结构的适当性,以及集团内各成员公司的相互关系。

保险集团公司应当评估保险集团法律结构和管理结构本身是否存在或可能导致重大风险,并应制定应急预案,以便能够采取有效措施控制和应对危机情况。

第二节 公司治理

第十三条 保险集团应当建立和推行覆盖全集团的公司治理框架,以应对集团面临的风险,充分保障投保人、被保险人、受益人及其他利益相关者的利益,并重点关注集团整体和保险集团成员公司的长期利益。治理框架应关注的内容包括但不限于:

(一)与集团结构的一致性;

(二)集团法律结构和管理结构的适当性;

(三)集团主要股东的财务稳健性;

(四)保险集团公司董事、高级管理人员和风险管理、内部控制等负责人在集团管理中的适当性;

保险集团公司应按照《中华人民共和国公司法》及中国保监会监管规定的要求建立公司治理机制,同时应规范指导保险集团成员公司建立和完善与其业务性质、规模相匹配的公司治理机制。

第十四条 保险集团公司董事会应对集团并表管理承担最终责任。

保险集团公司董事会的专业委员会关注集团并表管理职责,至少包括以下内容:

(一)制定集团整体发展战略,并审核和批准保险集团成员公司发展战略和经营规划;定期对战略规划执行情况进行评估,根据外部环境变化和集团风险情况调整和完善战略规划;

(二)负责督促和指导经营管理层建立有效、适当的内部控制体系和风险隔离机制;

(三)评估集团内部控制及合规情况,评估集团合并财务报告信息的真实性、准确性、完整性和及时性,确保保险集团内部审计功能的独立性;

（四）审议集团激励约束制度和政策，并监督实施。

第十五条 保险集团公司监事会应履行对集团并表管理的监督职责，至少应包括以下内容：

（一）监督集团整体发展战略的制定及实施；

（二）对集团整体内部控制系统、风险隔离机制进行监督；

（三）对集团内部交易的管理、审查、批准及合规情况进行监督。

第十六条 保险集团公司高级管理层应履行董事会对集团并表管理的决策，至少应包括：

（一）执行董事会及其委员会关于集团并表管理的战略方针和决策；

（二）制定集团管理制度；

（三）确保集团的监管、合规以及审计问题得到及时解决。

第十七条 保险集团公司应根据集团面临的风险情况的变化、集团结构的变化以及其他方面的重大变化，及时调整、更新集团的公司治理框架，并不断提高集团的治理成效。

第三节 风险管理

第十八条 保险集团应当建立和推行全面风险管理体系，以评估、防范和处理日常运行中面临的重大风险。全面风险管理体系应当覆盖集团整体，并与保险集团性质、规模和复杂程度相适应。

全面风险管理体系要素至少应当包括：

（一）全面风险治理架构；

（二）风险管理目标；

（三）集团风险偏好和风险容忍度；

（四）风险管理政策；

（五）风险管理流程；

（六）风险管理报告体系；

（七）风险管理信息系统等。

第十九条 保险集团公司应确定集团整体的风险偏好和风险容忍度，明确风险承受范围和边界，正确处理集团风险和收益的关系。保险集团公司应持续进行风险评估，及时调整自己的风险偏好。

第二十条 保险集团公司应在风险管理体系内建立有效的识别、评估、报告和管理集团风险的方法，至少应涵盖保险风险、信用风险、市场风险、流动性风险、操作风险、声誉风险、战略风险等。

第二十一条 保险集团公司应在风险管理体系内建立与其风险相适应的压力测试方案。

压力测试应以可能发生的不利场景作为假设，通常应包括信用风险、市场风险、保险风险、流动性风险等，来分析保险集团风险状况和抵御不利冲击、吸收损失的能力。压力测试应考虑不同风险、复杂股权结构等在集团内产生的风险分散化效应及叠加效应。

保险集团公司应在决策和风险管理过程中充分考虑压力测试的结果。

第二十二条 保险集团公司应当逐步建立和完善全集团的风险管理信息系统，风险管理信息系统应能够涵盖风险管理基本流程，包括信息的收集、存储、分析、测试、报告和披露等。

风险管理信息系统应能对各种风险进行定性、定量分析，能够及时反映集团重大风险和重要业务流程的监控状态；能够满足风险管理信息的内部报告和对外披露的要求；能够实现信息在各职能部门、各业务单位之间的集成与共享。

第二十三条 保险集团公司的风险管理部门应当协调全集团的风险管理活动,确保风险管理体系在全集团得到建立并良好运行。

保险集团公司应根据集团面临的风险情况的变化、集团结构的变化以及其他方面的重大变化,及时调整、更新集团的风险管理体系。

第四节 内部交易

第二十四条 本指引所称内部交易是指保险集团成员公司之间发生的包括资产、资金、服务等资源、劳务或义务转移的行为。

中国保监会主要关注下述内部交易类型,同时关注由内部交易产生的监管套利以及对保险集团稳健经营带来的负面影响。

(一)借贷、担保、发行应急资本、集团内投资、资产租赁;

(二)股利发放、成本分担机制;

(三)再保险、服务合同、集团内外包业务、集团内各板块间金融机构的交易以及其他类似交易。

第二十五条 保险集团公司应建立监测、报告、控制和处理内部交易的政策与程序,保险集团公司董事会应定期审查集团内部交易,并及时报告中国保监会。

第二十六条 保险集团内部交易应当确定合理的定价基础。

保险集团公司应当分析内部应收应付账款往来,识别其有无真实的业务交易背景,评估对资产负债、收益以及监管指标的影响。

保险集团公司应当了解保险集团内部不同机构向同一客户提供不同性质的金融服务,评价是否通过客户形成了间接形式的内部交易以及对集团稳健性的影响。

保险集团公司应当分析保险集团内部交易是否执行正常业务标准,是否通过交叉销售或信息共享等损害客户利益。

第二十七条 保险集团公司应按照相关规定在年报中及时、充分地披露内部交易情况,包括内部交易的内容、规模、范围以及对集团的影响等定量数据和定性描述。

保险集团公司合规部门应每年对集团内部交易情况进行评估并形成评估报告。评估报告应报董事会和监事会,董事会每年向股东会报告。

第二十八条 中国保监会在综合评估保险集团内部交易的基础上,对于违反有关规定或对集团造成重大风险的,可要求其限期整改。

第五节 偿付能力

第二十九条 保险集团应当以风险为基础评估偿付能力,建立偿付能力管理制度,强化资本约束。

保险集团应当遵守中国保监会偿付能力监管规定,满足资本充足要求。

第三十条 保险集团应当拥有与其风险和业务规模相适应的资本,以确保保险集团公司及其保险子公司满足中国保监会对于偿付能力充足率的监管要求,非保险类金融子公司的资本充足水平应当持续符合金融监管部门的规定。

第三十一条 保险集团计算其集团最低资本要求,应当在评估成员公司偿付能力的基础上,充分考虑集团面临的资产风险、承保风险、市场风险、信用风险、集团风险、操作风险等风险及风险集中带来的不利影响,以及集团层面的分散程度、风险传递、非保险成员公司的相互作用、内部交易及复杂的股权结构带来的叠加风险等因素的影响。

第三十二条 保险集团公司应当根据公司发展战略目标、行业情况和国家有关规定,有针对性的制定整个集团层面未来三年的资本需求规划,并确保拥有充足的可用资本来源。

第三十三条 保险集团应当根据中国保监会的要求进行动态偿付能力测试。

第三十四条 对没有达到并表资本监管要求的保险集团,中国保监会应当提出相应的监管要求。包括要求保险集团制定具体的资本充足率改善计划,限制保险集团的风险资产增长速度和对外资本投资。

第六节 资产负债管理

第三十五条 保险集团应当推行科学有效的资产负债管理,在保证安全性和流动性的前提下,追求长期稳定的投资收益。

第三十六条 保险集团公司应统筹建立和推行覆盖全集团的资产战略配置计划,清晰界定集团投资目标,制定投资政策,确保符合中国保监会对保险资金运用的监管要求。投资政策应当覆盖各成员公司和集团整体,并与保险集团性质、规模和复杂程度相适应。

第三十七条 保险集团应当根据其负债性质合理选择投资方式,不得投资于风险无法有效衡量和管理的资产。

保险集团选择投资工具时,应当在合理运用外部评级机构信息的同时,进行必要的内部评级和自我尽职调查。

第三十八条 在运用较为复杂且缺乏透明度的资产和投资类别,以及受到较少监管的投资工具时,保险集团应当遵守中国保监会及其他金融监管机构对投资数量的限制或质量的要求,并将相关投资情况向中国保监会报告。

第三十九条 保险集团公司应当加强对负债的管理,统筹并指导成员公司制定承保政策、理赔管理政策、再保险政策及其他负债管理政策。

保险集团公司应当明确全集团的精算部门的角色,以加强对准备金的管理,包括协调集团层面准备金的计算,协调集团层面再保险可摊回资产的计算,确保准备金计算时方法、使用的模型和假设的适当性。

第四十条 保险集团公司应当充分考虑集团整体层面资产与负债的匹配性,以及其保险集团成员公司层面资产与负债的匹配性。

资产与负债的匹配性至少应包括投资的现金流量在时间点、期限和金额上与负债的现金流量的匹配性,并同时考虑利率、市场价格和汇率等因素的改变对资产负债匹配情况造成的影响。

第七节 流动性风险

第四十一条 保险集团应建立与业务规模、性质、复杂程度和经营范围相适应的流动性风险管理体系,该体系应覆盖集团整体并能够满足集团当前及潜在的流动性需求。

流动性风险管理体系至少应当包括下列内容:

(一)集团流动性风险治理结构;

(二)流动性风险管理的策略和程序;

(三)流动性风险评估及压力测试的程序;

(四)资金来源计划,包括现有资金来源及潜在未来资金来源;

(五)化解流动性危机的应急方案;

(六)中国保监会要求的其他材料。

第四十二条 保险集团公司应对流动性风险进行分类管理,同时应关注保险集团成员公司对集团整体流动性风险的影响,并积极推动保险集团成员公司的流动性风险管理符合集团整体的流动性风险管理规划。

第四十三条 保险集团应坚持审慎性原则,充分识别、有效计量、持续监测和控制流动性风险,确保其资产负债结构与流动性要求相匹配。

第四十四条 保险集团公司可以在遵守中国保监会相关监管规定的前提下,对集团流动性进行统一安排,但应充分考虑业务活动因素、相关法律和监管因素等限制性因素。

第四十五条 保险集团公司应定期评估集团流动性管理方案的充分性和有效性,以及流动性应急预案的充分性和可操作性。

第四十六条 保险集团公司定期向董事会报告集团整体流动性风险情况,报告内容应包含但不限于:现金流缺口、现金流预测、重要的流动性风险预警指标、融资可行性、应急资金来源等。报告频率可由董事会根据公司业务复杂程度和特点确定

第四十七条 保险集团公司应当建立保险集团集中度风险管理方案,以充分管理集团内可能发生的集中度风险,包括但不限于交易对手集中风险、地区集中风险、行业集中风险、信用风险缓释工具集中风险、资产集中风险、表外项目集中风险等。

第四十八条 保险集团集中度风险管理方案至少应当包括以下内容:

(一)识别、评估全集团范围内,因承保、再保险分出、投资等经营活动产生的集中度风险管理流程;

(二)集中度限额管理制度。保险集团公司应当根据保险集团的风险偏好和容忍度、资本和资产负债规模、交易类型(投资资产类别等)、交易对手特点、交易风险等级(信用评级等)等因素,设定集团可以接受的风险集中度限额;

(三)集中度风险报告制度。

第四十九条 保险集团集中度风险管理应当覆盖全集团合并资产负债表内、外项目以及或有负债,满足中国保监会对于集中度风险的监管比例要求,并特别关注与关联方的交易产生的集中度风险。

第五十条 保险集团应当避免过度依赖任何特定的资产、交易对手、发行人、地域或市场。

保险集团应当对集中度较高的资产采取风险分散措施,避免出现重大集中度风险。

第五十一条 保险集团出现重大集中度风险时,保险集团公司应在识别重大集中度风险后的五个工作日内向中国保监会报告。

第四章 报告和披露

第五十二条 保险集团公司应当在每年5月31日前向中国保监会报告并表范围及并表监管信息。

并表监管信息包括下列内容:

(一)并表范围;

(二)集团结构的详细信息,包括:1. 保险集团的法律结构、管理结构;2. 保险集团成员公司的名称、持股比例、实际控制人;3. 保险集团法律结构、管理结构及股本等变动信息;

(三)公司治理信息,主要包括:1. 董事会、监事会的人员及构成;2. 各专门委员会的组成及工作情况;3. 公司治理的实际状况及改进公司治理的具体计划和措施。

（四）全面风险分析报告，包括流动性风险分析报告、集中度风险分析报告等；

（五）内部交易情况；

（六）集团偿付能力报告；

（七）集团资产战略配置计划；

（八）中国保监会要求的其他材料。

第五十三条 保险集团的法律结构、管理结构、公司治理结构、关联关系、保险集团公司及其成员公司的注册信息、发展战略、风险承受能力、业务活动发生重大变化时，以及发生中国保监会规定的其他重大变化时，保险集团公司应当在十个工作日内向中国保监会进行报告。

第五十四条 保险集团成员公司层面的信息，如果有利于中国保监会了解、掌握保险集团面临风险及其应对方式的，保险集团公司应当向中国保监会报告。保险集团公司可以根据实际情况提交临时报告或纳入并表管理报告中。

第五十五条 中国保监会认为有必要时，有权要求保险集团公司提供临时报告及相关补充材料。

第五十六条 保险集团公司应将集团基本情况和年度重大事项信息登载于公司互联网网站上，并在事实发生后三十个工作日内更新。

第五章 保险集团并表管理

第五十七条 保险集团应当建立和健全并表管理的组织架构，建立清晰的报告路线和完善的信息管理系统，明确并表管理的职责、政策、程序和制度。

第五十八条 保险集团公司的董事会承担并表管理的最终责任，负责制定保险集团并表管理的总体战略方针，负责审批和监督并表管理具体计划的制定与落实，并建立定期审查和评价机制。

第五十九条 保险集团公司的高级管理层负责并表管理的具体实施工作，包括执行董事会关于并表管理的战略方针和决策，制定并表管理制度，对并表管理体系的充分性和有效性进行监测和评估，建立和完善内部组织架构，确保并表管理的各项职责得到有效实施。

第六十条 保险集团公司与保险集团成员公司之间应当采取审慎的风险隔离措施，建立健全防火墙制度。

第六十一条 保险集团公司应当建立和完善符合并表管理要求的信息管理系统，能够及时、准确、全面获取保险集团成员公司的相关信息，保险集团成员公司的相关信息，并在产品、部门、地域和集团整体层面集合风险管理信息，从而对保险集团的整体风险状况进行综合评估和管理。

第六十二条 保险集团公司应当确保保险集团成员公司具备完善的信息管理系统，并形成有效的系统支持和信息传递，能够实现其对保险集团成员公司的有效管理。

保险集团公司应当建立保险集团成员公司的重大事项报告制度，保险集团其他成员公司应当向保险集团公司及时报告发生的严重亏损、舞弊和欺诈事件，以及监管机构对保险集团其他成员公司采取的重大监管行动。

第六十三条 保险集团公司原则上应当聘请同一会计师事务所对保险集团成员公司进行外部审计。确需由不同会计师事务所进行审计的，保险集团公司应当尽可能保证外部审计标准的一致性和审计内容的可比性。

第六十四条 保险集团公司应当按照监管规定，配备适当人员向中国保监会提供及时、准确和完整的并表管理信息。

第六章　并表监管方式

第六十五条　中国保监会按照本指引对保险集团进行并表监管。并表监管重点关注保险集团的整体状况,关注保险集团的内部交易,关注集团所属非保险金融类子公司和非金融类子公司对集团财务状况和风险状况的重大影响等方面内容。

第六十六条　中国保监会有权通过非现场监测与分析,全面掌握保险集团的公司治理状况、风险管理状况、集团结构和战略、集团财务状况等,评估全集团面临的重大风险。

中国保监会关注单一法人数据与保险集团并表数据的差异,识别内部交易的来源、规模及风险程度。

第六十七条　中国保监会依法对保险集团中的保险类机构或涉嫌违法的其他机构实施现场检查,或根据金融监管协调部际联席会议及其他监管协调机制、双边监管备忘录委托其他监管机构等方式对保险集团中的涉嫌违法的境内非保险金融机构进行现场检查。

第六十八条　中国保监会对保险集团公司投资或设立成员公司的准入申请将充分考虑保险集团的集团结构和战略、公司治理状况、风险管理状况和集团财务状况等。

第六十九条　对于违反本指引规定的并表监管要求的保险集团,中国保监会有权要求其立即采取补救措施,并依法采取相应的监管措施。

第七十条　中国保监会关注保险集团公司控股股东、成员公司对保险集团财务状况和风险状况的重大影响。在保险集团的安全性和稳健性受到影响,造成集团内保险公司偿付能力不足的情况下,中国保监会依法要求保险集团公司的控股股东履行资本协助承诺,要求保险集团成员公司及时实施风险隔离措施,包括对相关保险公司责令增加资本金、责令办理再保险、限制向控股股东分红、责令转让保险业务、责令停止接受新业务等。

第七十一条　根据法律、行政法规和国务院授权,中国保监会与中国银行业监督管理委员会、中国证券监督管理委员会等集团成员公司对应的监管机构相互配合,协调监管政策和措施,避免监管真空和重复监管。

第七十二条　根据并表监管的需要,中国保监会可以与境外相关监管机构以签订双边监管备忘录或其他形式开展监管合作,加强跨境监管协调及信息共享,包括但不限于交换监管意见、交流重大监管措施变化情况、交流风险评估信息等,实施必要的跨境监管措施,确保境外成员公司得到有效监管。

第七十三条　经相关监管机构同意,中国保监会可针对保险集团境外成员公司进行现场检查。

第七章　附　　则

第七十四条　本指引由中国保监会负责解释。

第七十五条　本指引自颁布之日起施行。

附录八：

中国保监会关于印发《保险机构董事、监事和高级管理人员培训管理办法》的通知

保监发〔2015〕43 号

机关各部门、培训中心，各保监局，中国保险行业协会，中国保险学会，中国精算师协会，中国保险资产管理业协会，中国保险保障基金有限责任公司，中国保险信息技术管理有限责任公司，各保险集团（控股）公司、保险公司、保险资产管理公司、保险中介公司：

为推进保险机构董事、监事和高级管理人员培训工作，培养一支具备合规经营理念、风险防范意识、科学发展能力的董事、监事和高级管理人员队伍，我会制定了《保险机构董事、监事和高级管理人员培训管理办法》。现印发给你们，请认真贯彻执行。

中国保监会

2015 年 4 月 10 日

保险机构董事、监事和高级管理人员培训管理办法

第一章　总　　则

第一条　为推进保险机构董事、监事和高级管理人员培训工作，培养一支具备合规经营理念、风险防范意识、科学发展能力的董事、监事和高级管理人员队伍，依据《中华人民共和国保险法》（以下简称《保险法》）、《保险公司董事、监事和高级管理人员任职资格管理规定》和有关法律、行政法规，制定本办法。

第二条　本办法所称保险机构是指经中国保险监督管理委员会（以下简称中国保监会）批准设立的保险集团（控股）公司、保险公司及其分支机构、保险资产管理公司等。

第三条　保险机构董事、监事和高级管理人员培训工作应遵循以下原则：

（一）联系实际，学以致用。培训内容紧扣保险业发展的形势和特点，提升解决实际问题的能力。

（二）分类分级，按需施教。在做好综合性培训的基础上，根据培训对象工作性质和职务的不同，分类分级地开展培训，增强培训的针对性。

（三）统筹规划，整体推进。对保险机构董事、监事和高级管理人员培训进行统一规划部署，明确相应的责任主体和工作侧重点，形成整体推进合力。

（四）与时俱进，改革创新。积极适应保险业改革发展的需要，推进培训内容、形式、方法、制度等方面的创新。

第四条　保险机构董事、监事和高级管理人员培训工作由中国保监会统一指导、监督，中国

保监会及其派出机构与保险机构分工合作、共同组织完成。

第二章 培训对象

第五条 保险机构董事、监事和高级管理人员在任职期间,须接受中国保监会及其派出机构组织的培训并满足相关要求;根据履职需要,积极参加所在保险机构、保险业社团组织和其他社会机构举办的各类培训。

第六条 本办法所称保险机构高级管理人员包括:

(一)总公司总经理、副总经理、总经理助理;

(二)总公司董事会秘书、合规负责人、总精算师、财务负责人、审计责任人和首席风险管理执行官;

(三)分公司、中心支公司总经理、副总经理和总经理助理;

(四)支公司、营业部经理;

(五)与上述高级管理人员具有相同职权的管理人员。

第七条 保险机构董事、监事和高级管理人员应根据不同情况参加相应培训:

(一)在职期间更新知识、提升能力的各类岗位培训;

(二)首次担任董事、监事和相应层级高级管理人员的任职培训;

(三)应对解决行业发展重点、难点问题的专门业务培训;

(四)其他培训。

第八条 保险机构董事、监事和高级管理人员参加培训每年不少于100学时,其中董事,监事,总公司、分公司、中心支公司高级管理人员参加中国保监会及其派出机构举办培训每年不少于10学时。

第九条 保险机构董事、监事和高级管理人员应遵守培训纪律要求,完成规定的培训任务。中国保监会对未按规定参加培训的个人及所在机构视情况采取通报、监管谈话、发监管函等相应措施。

第三章 培训内容

第十条 保险机构董事、监事和高级管理人员的培训内容主要包括形势政策、法律法规、专业知识与职业规范等方面:

(一)形势政策培训主要包括国家经济金融形势与政策、《国务院关于加快发展现代保险服务业的若干意见》、保险业改革发展形势与政策、保险业发展理论、国际保险业发展趋势与经验等;

(二)法律法规培训主要包括《保险法》等法律法规及中国保监会的有关监管规定;

(三)专业知识培训主要包括保险机构经营管理、内部控制、风险管理、创新发展等;

(四)职业规范培训主要包括保险机构的社会责任、保险消费者权益保护、职业道德与诚信以及董事、监事和高级管理人员的权利义务等。

第十一条 董事的培训内容应突出国家经济金融形势与政策、保险业改革与发展理论、保险业发展形势、依法合规与公司治理、资本运作与战略管理、投资决策分析、董事的基本权利义务和法律责任等。

第十二条 监事的培训内容应突出依法合规与公司治理、保险机构发展战略、内部稽核和内部控制、保险机构财务报表解读、监事的基本权利义务和法律责任等。

第十三条 总经理的培训内容应突出国家经济金融形势与政策、保险业改革与发展理论、保险业发展形势、依法合规与公司治理、保险消费者权益保护、资本运作与战略管理、投资决策分析等。

第十四条　副总经理、总经理助理的培训内容应突出保险业改革与发展理论、保险业发展形势、依法合规经营、国内外保险市场发展的现状与趋势、保险消费者权益保护、资本运作与战略管理、投资决策分析、所分管领域专业知识等。

第十五条　董事会秘书的培训内容应突出依法合规与公司治理、保险机构规范化运作、财务报表分析、保险公司信息披露、董事会秘书的基本权利义务和法律责任等。

第十六条　合规负责人的培训内容应突出保险机构运作的法律法规及有关监管规定、保险机构内部规范运作、合规报告的编制、合规风险的识别和规范、合规负责人的基本权利义务和法律责任等。

第十七条　总精算师的培训内容应突出保险机构风险管理和资产负债匹配管理、精算财务制度、产品开发定价原则、偿付能力管理、总精算师的基本权利义务和法律责任等。

第十八条　财务负责人的培训内容应突出保险机构会计核算与财务管理、财务报告编制、会计准则、企业会计制度执行与会计政策选择、偿付能力管理、财务负责人的基本权利义务和法律责任等。

第十九条　审计责任人的培训内容应突出依法合规与公司治理、保险机构财务管理、保险机构审计原则与要求、审计责任人的基本权利义务和法律责任等。

第二十条　首席风险管理执行官的培训内容应突出保险资产配置与投融资决策、保险资金运用流程、保险资金运用风险管理、首席风险管理执行官的基本权利义务和法律责任等。

第二十一条　保险机构分支机构高级管理人员的培训内容应突出保险监管相关法律法规、保险机构分支机构规范运作的实务操作等。

第四章　培训组织实施

第二十二条　制定培训计划与实施方案，对培训工作的推进步骤与实施进度加强管控。

第二十三条　统筹培训资源，针对不同的培训主题协调配备适当的课程、师资、场地、设施等各方面资源。

第二十四条　丰富培训形式，综合运用讲授式、研究式、案例式、模拟式、体验式等教学方法。

第二十五条　创新培训方式，充分利用现代信息技术，积极发展网络课堂、微学习等新途径、新手段。

第二十六条　加强培训考核，采取结业考试、随堂测验、在线测试、提交论文等多种形式，促进参训人员对培训内容的掌握。

第二十七条　建立培训需求调研制度，构建以培训需求为导向的培训内容更新机制。

第二十八条　完善培训效果评估，加强对课程设置、师资配备、组织管理、教学效果等方面的测评，提升培训工作水平。

第五章　保险监管机构职责

第二十九条　中国保监会对保险机构董事、监事和高级管理人员培训进行整体规划、宏观指导、协调服务、督促检查、制度规范与资源整合，并立足监管机构职责举办行业发展形势、法律法规、监管政策、风险防范等方面的培训。

第三十条　中国保监会培训中心是保险机构董事、监事和高级管理人员培训工作的主要责任单位,具体承担中国保监会对保险机构董事、监事和高级管理人员培训的各项管理职能,并负责相关培训班的组织实施工作,主要职责包括:

(一)制定保险机构董事、监事和高级管理人员培训总体规划、行业标准、实施细则、年度培训要点等;

(二)建立中国保监会保险机构董事、监事和高级管理人员网络培训平台;

(三)举办总公司董事、监事和高级管理人员培训与总公司部门主要负责人、省级分公司总经理示范性培训,承办中国保监会机关各部门举办的董事、监事和高级管理人员培训,并将相关信息记入保险机构董事、监事和高级管理人员网络培训平台;

(四)对中国保监会派出机构开展高级管理人员培训进行业务指导和资源统筹;

(五)对保险法人机构开展董事、监事和高级管理人员培训进行指导、考核、监督和评估;

(六)组织编写保险业董事、监事和高级管理人员培训教材;

(七)统筹建立保险业董事、监事和高级管理人员培训师资库与课程库;

(八)对承办中国保监会及其派出机构培训班的社会机构进行评估备案;

(九)承担董事、监事和高级管理人员培训的其他工作。

第三十一条 中国保监会各派出机构对辖区保险机构分支机构高级管理人员培训进行指导、监督,并立足监管机构职责举办相关培训,主要职责包括:

(一)举办辖区保险机构分支机构高级管理人员培训班或组织其利用中国保监会保险机构董事、监事和高级管理人员网络培训平台参加培训,并记录相关培训信息;

(二)对辖区保险机构分支机构开展高级管理人员培训进行指导、考核、监督和评估;

(三)根据辖区的实际情况,制定具体的培训办法与实施细则;

(四)承担高级管理人员培训的其他工作。

第三十二条 中国保监会各派出机构应明确高级管理人员培训工作负责处室,做好机制建设、人员配备等工作。

第三十三条 中国保监会及其派出机构举办的保险机构董事、监事和高级管理人员培训可单独组织实施或委托已备案的社会机构具体承办。委托社会机构承办培训的,应做好课程设置、教学质量、组织水平、收费标准等方面的监督工作。

第三十四条 中国保监会及其派出机构举办的保险机构董事、监事和高级管理人员培训由参训单位承担师资聘请、场地租用等相关费用,并严格遵循"以支定收,收支平衡"的原则。

第三十五条 中国保监会及其派出机构将保险机构董事、监事和高级管理人员是否按要求参加培训作为其后续任职资格核准的一项内容。

第六章 保险机构职责

第三十六条 保险机构应根据发展需要,围绕公司战略、管理实践、技能发展、领导力提升等内容,积极开展董事、监事和高级管理人员培训。

第三十七条 保险机构应积极利用社会优质培训资源,通过多种方式提升董事、监事和高级管理人员培训工作水平与实效性。

第三十八条 保险机构应建立董事、监事和高级管理人员培训档案,如实记录董事、监事和高级管理人员参加的各项培训。

第三十九条 保险机构应确保董事、监事和高级管理人员培训工作具备充足的工作人员、经费等。

第四十条 保险机构应将培训情况纳入董事、监事和高级管理人员的考核,并作为其薪酬、任职等事项的参考。

第四十一条 保险机构应确定董事、监事和高级管理人员培训工作的负责部门和联络人,加强与中国保监会及其派出机构的工作联系。

第四十二条 各保险机构开展董事、监事和高级管理人员培训应接受中国保监会及其派出机构的指导和监督,按期完成信息反馈、资料报送等工作。

第七章 附 则

第四十三条 保险业社团组织应立足自身专业优势,开展相关专业技术类培训,并接受中国保监会及其派出机构的指导和监督,按期完成信息反馈、资料报送等工作。

第四十四条 经中国保监会批准设立的全国性保险专业代理机构及其分支机构、保险经纪机构及其分支机构、保险公估机构及其分支机构、其他保险组织参照执行本办法。

第四十五条 本办法由中国保监会负责解释。

第四十六条 本办法自发布之日起施行。中国保监会2008 年4 月15 日发布的《保险公司董事、监事及高级管理人员培训管理暂行办法》(保监发〔2008〕27 号)同时废止。

附录九:

关于印发《中国保监会关于加强保险消费者权益保护工作的意见》的通知

保监发〔2014〕89 号

机关各部门、培训中心,各保监局,中国保险行业协会,中国保险学会,中国精算师协会,中国保险保障基金有限责任公司,中国保险信息技术管理有限责任公司,各保险集团(控股)公司,各保险公司:

为进一步做好新形势下保险消费者权益保护工作,我会制定了《中国保监会关于加强保险消费者权益保护工作的意见》。现印发给你们,请结合本单位实际贯彻执行。

中国保监会

2014 年 11 月 14 日

中国保监会关于加强保险消费者权益保护工作的意见

保险消费者是保险业赖以生存发展的前提和根基。保护消费者合法权益是保险监管机构的核心职能,是保险行业的共同责任。为贯彻落实党的十八届四中全会精神和《国务院关于加快发展现代保险服务业的若干意见》(国发〔2014〕29 号),推进依法监管、严格依法保护、倡导依法维权,进一步做好新形势下保险消费者权益保护工作,现提出以下意见。

一、总体要求

(一)指导思想。紧紧围绕"抓服务、严监管、防风险、促发展"的总体要求,以完善制度、健全机制为前提,以实施预防性保护、过程性保护为重点,以强化公司主体责任、实施透明度监管为核心,以加大查处力度、加强监督考核为手段,以注重消费者教育、推进行业诚信建设为基础,着力解决关系消费者切身利益的突出问题,着力提升消费者的保险知识水平和维权能力,切实保护消费者的合法权益。

(二)基本原则。一是坚持依法合理。依照法律规定保护消费者的合法权益,尊重保险合同当事人约定,在法律允许的范围内支持消费者的合理诉求。二是坚持公开透明。注重信息披露,加强透明度监管,及时、主动公开保险企业经营和政府监管中涉及消费者权益的相关情况,为消费者的选择提供充分信息。三是坚持协同推进。加强与政府有关部门、司法机关、消费者组织及新闻媒体的沟通协作,引导社会公众积极参与,共同保护消费者的合法权益。

(三)目标任务。到 2020 年,努力形成科学有效的消费者权益保护制度体系,建立起健全完善的消费者权益保护工作机制,搭建起多方参与、协同推进的消费者权益保护工作格局。保险服务质量和水平大幅提升,损害消费者合法权益的行为得到有效遏制。消费者满意度明显提高,消费者的维权意识和能力显著增强,保险行业形象和社会信誉切实改善。

二、强化保险公司主体责任

（四）树立客户第一的经营理念。保险公司要强化服务意识，适应客户需求开发多样化的保险产品，提供个性化、定制化、高品质的保险服务。践行保险行业核心价值理念，诚实守信经营，公平对待消费者。

（五）公平合理设定合同权利义务和厘定产品费率。保险公司要依法制定保险合同条款，不得违反法律法规的禁止性和强制性规定，确保保险合同双方权利义务公平合理；按照结构清晰简单、内容集中明确、利于查找阅读的原则编制保险合同条款，推进合同文本标准化，力求文字表述通俗化；保险合同条款被人民法院裁判认定为无效的，要主动向保险监管机构报告；完善保险产品定价模型，合理确定产品费率。

（六）规范销售行为。保险公司要根据产品特点和消费者风险承受能力建立区分销售制度，将合适的产品销售给有相应需求的消费者。不得利用广告或者其他宣传方式对保险条款内容和服务质量等做引人误解的宣传；不得在销售活动中阻碍消费者履行如实告知义务，或者诱导其不履行如实告知义务；不得伪造、擅自变更保险合同，或者为消费者提供虚假证明材料；不得夸大保险产品收益，隐瞒合同重要内容，提供虚假产品信息；禁止未经消费者书面授权或者追认而代替其签订保险合同以及其他违反法律、行政法规和保监会规定的行为。通过电话或者互联网销售保险产品，保留与双方权利义务相关的电话录音和网络销售痕迹。完善委托合同约定，规范与其有代理关系的保险中介机构的销售行为，并对保险中介机构的违规销售行为承担相应责任。

（七）及时公允理赔给付。保险公司要建立公正透明的理赔给付处理和争议解决程序，优化工作流程，简化理赔给付手续，及时、公道地开展理赔给付。对涉及免赔、拒赔和比例赔付等情况，向索赔人充分说明理由。建立完善小额赔款快速理赔机制，定期开展积压赔案清理工作，不得拖赔、惜赔和无理拒赔。

（八）提升保险服务质量和水平。保险公司要不断改进服务，创新服务模式，丰富服务内涵，加强服务网络建设。建立销售、承保、回访、保全和理赔给付等各环节的服务标准，制定服务承诺，并将服务标准和承诺公开，接受社会监督。接到消费者出险报案后，要指导其提出索赔申请，告知理赔给付程序、时限、索赔资料等，并及时提供有关理赔给付状态的信息。

（九）保障消费者信息安全。保险公司要建立消费者信息保护制度，确保信息的采集、使用和保存符合法律规定或者征得消费者同意，确保业务系统记录的消费者信息资料真实完整有效。完善信息技术保障手段，防止消费者信息泄露，不得利用非法获取的消费者信息开展经营活动和获取不当利益，不得篡改消费者信息资料。加强对互联网消费者信息使用的管理。建立电话号码屏蔽制度。

三、加强信息披露

（十）及时披露与消费者权益相关的产品和服务信息。保险公司要在官方网站显著位置公布保险产品条款和服务承诺信息，以清晰和通俗的语言向消费者说明保险产品和服务，重点突出保障范围、免责条款、预期收益等与消费者利益密切相关的内容，并对免责条款做出足以引起消费者注意的提示和明确说明。在保险合同存续期间，及时向消费者披露该产品相关的信息。

（十一）加强透明度监管。保监会有关部门、保监局要建立健全消费者权益保护方面的信息披露制度，监督保险公司及时披露与消费者权益相关的产品和服务信息。定期公布保险公司被投诉情况和损害消费者合法权益的典型案例，依法公布行政许可、行政处罚、重要监管措施和损害消费者合法权益行为的查处情况等监管信息。开展保险公司服务质量评价、消费者满意度和消费者信心指数测评，并将评价和测评结果向社会公布。每年组织编写并向社会发布《中国保险消费者权益保护白皮书》。

四、严厉查处损害消费者合法权益的行为

(十二)加大查处力度。保监会有关部门、保监局要加大执法力度,加强对重点领域和薄弱环节的专项检查,依法严肃查处各类损害消费者合法权益的行为。加强市场跟踪,开展对损害消费者合法权益行为的监测。

(十三)强化责任追究。保监会有关部门、保监局要建立健全对各类损害消费者合法权益行为的问责制度,强化保险公司管理人员的管控责任。保险公司要制定内部责任追究制度,除追究违法违规行为人直接责任外,还要追究对违法违规行为的发生负有责任的部门负责人、高级管理人员的间接责任;对造成重大群体性事件等严重后果的损害行为,同时追究行为人所在机构主要负责人的责任。

五、完善消费者维权机制

(十四)健全投诉处理机制。保监会有关部门、保监局要健全投诉事项办理、监督检查、考核和责任追究制度;督促保险公司认真处理保险消费投诉事项,不断提高投诉处理工作规范性和有效性;加大督办和考核力度,对保险公司投诉处理工作中损害消费者合法权益的行为及时采取监管措施,并监督其限期整改。保险公司要设置专门的投诉处理部门和岗位,配备必要的工作人员,建立投诉处理工作责任制;畅通投诉渠道,公布本公司客户服务和消费者投诉电话号码,在营业场所开辟投诉专区,张贴投诉办理须知,建立健全各级机构总经理接待日制度;规范投诉处理程序,严格处理时限,提高处理效率,及时解决消费者的合理诉求。

(十五)完善纠纷调处机制。保监会有关部门、保监局要积极指导推进保险纠纷调处机制建设,并监督其规范运作。地方保险行业协会要做好纠纷调解机构的建设和运行管理,完善制度,规范程序,保障经费,建立多元化、专业化的调解员队伍,保证调解机构具有独立性和中立性。保险公司要支持分支机构积极参与和融入当地纠纷调处体系,根据争议案件的性质、影响等情况适当调整核赔授予权限。

(十六)推进保险纠纷"诉调对接"、"仲调对接"机制建设。保监会有关部门、保监局和地方保险行业协会要建立包括调解、仲裁、诉讼等在内的保险消费纠纷多元化解决机制,提高纠纷调解工作的公信力和有效性。加强与司法机关、仲裁机构的沟通合作,在全国范围内广泛建立保险纠纷诉讼与调解、仲裁与调解对接机制。

六、提高消费者的保险知识水平和风险意识

(十七)有效开展消费者教育。保监会有关部门、保监局要充分利用"3·15国际消费者权益日"、"7·8全国保险公众宣传日"集中开展保险宣传教育活动,并持续推动保险知识"进学校、进农村、进社区、进机关、进企业",形成全社会"学保险、懂保险、用保险"的氛围。保险行业协会要组织会员公司通过多种渠道和方式开展保险知识、风险意识和维权能力的宣传教育活动。保险公司要将消费者及公众教育纳入客户服务体系,在官方网站、地市级及以上机构的营业场所开辟消费者教育专区,并积极开拓新媒体平台开展保险宣传和普及保险知识。

(十八)加强消费风险提示。保监会有关部门、保监局和保险行业协会要建立健全保险消费风险监测和提示工作机制,定期向社会公众提示保险购买、理赔、投诉及争议解决等环节存在的风险及注意事项。保险公司、保险中介机构及保险销售人员在销售保险产品时要及时向消费者提示风险。

七、发挥相关部门和社会组织协同作用

(十九)构建消费者权益保护协同运作机制。保监会有关部门、保监局要建立完善与政府有关部门、司法机关以及保险行业协会、消费者组织等社会团体的协调联动机制，在保险消费者权益保护工作的信息互通、案件移交等方面加强合作。推动成立保险消费者权益保护社会组织，支持其开展保护保险消费者合法权益的活动。

（二十）发挥社会公众和新闻媒体的监督作用。保监会有关部门、保监局要重视发挥好社会监督员作用，充分吸收社会监督员的意见建议；支持并主动借助新闻媒体曝光损害消费者合法权益的行为及典型案件，发挥其监督作用。保险公司要主动加强与新闻媒体和社会公众的沟通联络，正确对待负面舆论报道，认真听取社会各界和消费者的意见，不断改进服务。

八、加强基础建设

（二十一）加强制度建设。保监会有关部门要推动完善以保险法为核心、以行政法规和部门规章为主体、以规范性文件为补充的法律制度体系，充实消费者权利规定，细化保险公司义务的履行要求，强化损害消费者合法权益行为的法律责任；定期开展法规制度有效性评估，做好制度废改立工作，不断完善相关制度。保险公司要建立健全维护消费者合法权益的各项制度，切实落实法律规定和监管要求。

（二十二）加强行业诚信和信用体系建设。保监会有关部门、保监局要按照国务院《社会信用体系建设规划纲要（2014－2020年）》的总体部署，深入推进保险业信用体系建设和诚信建设，建立保险公司、保险中介机构信用评价体系，充实完善信用记录，健全保险从业人员信用档案制度和失信惩戒机制，形成全行业诚实守信的良好氛围。保险行业协会要建立行业诚信记录查询平台，建立守信激励和失信惩戒制度，组织开展行业诚信服务窗口、服务标兵的评选表彰和宣传活动。保险公司要将诚信融入企业文化之中，建立健全诚信约束制度，对守信者予以激励，对失信者进行惩戒。

（二十三）加强消费者权益保护工作信息化建设。保监会有关部门要加强保险监管机构投诉管理系统建设，实现其与各保险公司投诉系统的对接；健全“12378”维权热线服务网络，指导中国保险行业协会做好“12378”维权热线系统的运行维护工作；搭建保险业信用信息平台，实现与金融业统一征信平台互联互通。保险公司要充分发挥信息技术对服务消费者、维护消费者合法权益工作的支持作用，将信息技术运用到产品开发、销售、理赔给付、投诉处理各个环节，改进和完善信息披露平台，提高服务效率和改善消费者服务体验。

九、加强组织领导与考核监督

（二十四）加强组织领导。保监会有关部门要建立健全沟通协调、信息共享和协同处理机制，形成保护消费者合法权益的监管合力。保监局要建立消费者权益保护工作“一把手”负责制，健全工作机构，充实人员力量。保险行业协会要设立消费者事务工作机构，推进保险服务标准化，推动成员公司提升服务质量和水平，督促成员公司妥善处理与消费者的争议纠纷。保险公司各级机构要建立以总经理为第一责任人的维护消费者合法权益责任制，并设立由高级管理人员牵头、相关部门组成的消费者事务委员会，负责落实维护消费者合法权益的监管要求，研究制定维护消费者合法权益的制度措施，指导、协调和处理本单位及所属机构与消费者相关的各项事务。

（二十五）强化考核监督。保监会有关部门要加强对保监局、保险公司消费者权益保护工作的考核监督，并定期通报。保监局要建立健全对辖区保险机构和保险中介机构消费者权益保护工作的考核指标体系，督促辖区保险业切实维护消费者合法权益并定期组织考核。保险公司要将维护消费者合法权益情况、服务质量情况、投诉处理工作情况等纳入各级机构经营考核指标体系，并与相关人员的薪酬分配、职务晋升挂钩。

附录十：

中国保监会关于进一步规范保险公司关联交易有关问题的通知

保监发〔2015〕36号

各保监局,各保险集团(控股)公司、保险公司、保险资产管理公司：

为进一步规范保险公司关联交易行为,有效防范经营风险,保护保险消费者合法权益,根据《保险公司关联交易管理暂行办法》等规定,现就有关问题通知如下：

一、在过去12个月内或者根据相关协议安排在未来12月内,存在《保险公司关联交易管理暂行办法》第七条、第八条和第九条规定的情形之一的,视同保险公司关联方。

二、以下情形属于《保险公司关联交易管理暂行办法》第十条第一项所称“保险公司资金的投资运用和委托管理”：

(一)保险公司在关联方办理银行存款(活期存款及在大型国有商业银行的存款除外)业务；

(二)保险公司投资关联方的股权、不动产及其他资产；

(三)保险公司投资关联方发行的金融产品,或投资基础资产包含关联方资产的金融产品；

(四)保监会认定的其他关联交易行为。

三、保险公司资金运用关联交易应符合以下比例要求：

(一)在保险公司投资未上市权益类资产、不动产类资产、其他金融资产的账面余额中,对关联方的投资金额分别不得超过该类资产投资限额的50%。

(二)保险公司对关联方中单一法人主体的投资余额,合计不得超过保险公司上季末总资产的15%与该法人主体上季末总资产的5%二者孰高。

(三)保险公司对关联方的全部投资余额,合计不得超过保险公司上季末总资产的30%,并不得超过保险公司上季末净资产。

在计算人身保险公司和再保险公司总资产时,其高现金价值产品对应的资产按50%折算。

四、保险公司重大关联交易应由董事会批准的,董事会会议所作决议须经非关联董事2/3以上通过。

已设立独立董事的保险公司与主要股东及其关联方的重大关联交易,必须获得独立董事的一致同意,同时主要股东应向保监会提交关于不存在不当利益输送的书面声明。

五、保险公司应当按照《保险公司信息披露管理办法》《保险公司资金运用信息披露准则第1号:关联交易》等有关规定,对重大关联交易和资金运用关联交易,于签订交易协议后10个工作日内(无交易协议的,自事项发生之日起10个工作日内),在保险公司网站和中国保险行业协会网站进行披露。

保险公司应当自本通知下发之日起一个月内,对2013年至2015年1季度的关联交易情况进行系统梳理和排查,并向保监会上报关联交易总体报告及统计表。对关联交易超过规定比例的,不得新增此类关联交易。自2015年第2季度起,保险公司应于每季度结束后25日内向保监会报送关联交易季度报告。

六、对于保险公司未能履行相关信息披露和报告义务的，保监会可以结合相关情况，调整该保险公司分类监管的评价类别。

对于保险公司独立董事在审核关联交易过程中未能履行勤勉义务的，保监会可以对其进行监管谈话，并计入履职记录。监管谈话超过三次的，保监会可以限制其保险公司独立董事资格。

对于保险公司股东利用关联交易严重损害保险公司利益的，保监会可以按照《中华人民共和国保险法》第一百五十二条规定，采取限制股东权利、责令改正、责令转让股权等监管措施。

对会计师事务所、专业评估机构、律师事务所等中介机构未能如实反映保险公司关联交易程序合法性、定价公允性等情形的，保监会可以设立诚信档案，并将有关情况通报其行业主管部门；情节严重的，保监会可以通报保险集团（控股）公司、保险公司、保险资产管理公司，三年内不得与其从事相关业务，并商有关监管部门依法给予行政处罚。

七、保险集团（控股）公司的关联交易适用本通知。保险集团（控股）公司与其保险子公司（包括保险资产管理公司），以及保险子公司之间发生的关联交易，不适用本通知第三条和第四条。

附件：1. 关联交易报告模板

2. 关联交易季度报告模板

附录十一:

中国保监会关于保险机构开展员工持股计划有关事项的通知

保监发〔2015〕56号

各保险集团(控股)公司、保险公司、保险资产管理公司:

为建立股东、保险机构和员工利益共享机制,完善保险机构公司治理结构,规范保险机构薪酬激励机制,促进保险机构长期稳健发展,提高风险防范能力,现将保险机构开展员工持股计划有关事项通知如下:

一、员工持股计划的定义

保险机构员工持股计划是指保险机构根据员工意愿,经公司自主决定,通过合法方式使员工获得本公司股权并长期持有,股权收益按约定分配给员工的制度安排。

二、开展员工持股计划的基本原则

(一)依法合规,公开透明。保险机构开展员工持股计划,应严格按照法律、行政法规的规定履行程序,真实、准确、完整、及时地实施信息披露。

(二)自愿参与,风险自担。保险机构开展员工持股计划应遵循公司自主决定、员工自愿参加的原则,不得以摊派、强行分配等方式强制员工参加员工持股计划。员工持股计划参与人盈亏自负,风险自担。

(三)严格监督,防范风险。保险机构应接受员工、市场和监管部门等各方的监督,对员工持股计划方案进行充分论证、科学设计,稳妥有序开展员工持股计划。

三、保险机构开展员工持股计划的条件

(一)连续经营3年以上,员工持股计划实施最近1年公司盈利。

(二)公司治理结构健全。

(三)上年末以来分类监管评价为B类或以上。

(四)近2年未受到监管部门重大行政处罚,且没有正在调查中的重大案件。

(五)公司薪酬管理体系稳健,与风险合规管理有效衔接。

保险资产管理公司及专业互联网保险公司等创新型机构可以不受本条第一款的限制。

四、员工持股计划的要素

(一)参加对象。员工持股计划的参加对象原则上应为本机构正式在岗且工作满2年以上的员工,主要包括公司管理层、业务骨干和专业技术人才。在岗时间少于2年,但确需列为参加对象的关键人才,应经公司董事会批准。独立董事、非职工监事不得参与员工持股计划。

保险集团(控股)公司员工持股计划参加对象可以包括本集团成员公司员工,但同一集团内部成员公司员工不得参加另一成员公司员工持股计划。

(二)资金来源。员工持股计划所需资金可来源于员工薪酬及其他合法收入。保险机构不得为员工持股计划提供借款、担保等各类财务支持,不得为开展员工持股计划额外增加员工薪酬。

(三)股权来源。1. 股东转让;2. 股东自愿赠与;3. 公司增发股份或增加注册资本;4. 根据《公司法》回购本公司股份;5. 法律法规允许的其他方式。

(四)认购价格。除股东自愿赠与、转让或保险机构根据《公司法》回购本公司股份奖励员工外,股权来源于其他渠道的,应当以公允价值确定认购价格。

(五)持股比例。员工持股计划所持有的全部有效股份或出资累计不得超过公司股本或注册资本总额的10%,且不得成为公司最大股权持有者,不得改变公司控制权。董事会应当就员工持股计划对公司控制权的影响进行评估。单个员工所获股份或出资累计不得超过公司股本或注册资本总额的1%。

保险资产管理公司及专业互联网保险公司等创新型机构员工持股计划所持有的全部有效股份或出资,累计不得超过公司股本或注册资本总额的25%,单个员工所获股份或出资累计不得超过公司股本或注册资本总额的5%。

(六)持股方式。持股员工可成立公司制企业、合伙企业或通过资产管理计划等方式持有公司股权。员工持股企业应主要从事员工所持股权的管理,不得从事其他经营性活动。

(七)持股期限。保险机构每期员工持股计划的持股期限不得低于3年,自标的股权过户至本期持股计划名下或标的股权登记于股东名册之日起算。在员工持股计划实施期间,保险机构实现上市的,自上市之日起,员工所持股权锁定期不少于3年。锁定期满后,每年度减持股权比例原则上不得超过持股总量的25%。

(八)收益及权益处置。保险机构应合理确定员工所持股权分红率,处理好股东短期收益与资金积累的关系。保险机构及其股东不得在持股计划中向员工承诺持股的年度分红回报。

员工持股计划应当明确持股期限届满后的权益实现方式。非上市保险公司员工持股期限届满后,员工所持股权应当进行整体处置。非上市保险公司员工持股计划期限届满6个月内未按约定方式完成权益处置的,主要股东应当承诺予以收购,收购方式、比例应当事先约定,股东赠与股权的除外。权益处置时原则上应当以公允价值对股权进行定价。参加员工持股计划的员工发生退休、死亡、调任、辞职、辞退以及不再适合参加持股计划等情况时,其所持股权及相应权益依照《公司法》及员工持股计划约定方式处置。非上市保险公司员工所持股权不得向社会不特定第三方转让。

五、员工持股计划的管理

(一)参加员工持股计划的员工应当通过员工持股计划持有人会议选出代表或设立相应机构,监督员工持股计划的日常管理,代表员工持股计划持有人行使股东权利或者授权资产管理方行使股东权利,但不得授权公司其他股东或高管人员行使股东权利。保险机构应避免公司其他股东或高管人员操控员工持股计划,切实防范持股员工利益受到侵害。

(二)保险机构自行管理本公司员工持股计划的,应当明确持股计划的管理方,制定相应的管理规则,避免产生保险机构其他股东与持股员工之间潜在的利益冲突。

保险机构委托资产管理方管理本公司员工持股计划的,应当与资产管理方签订资产管理协议,并在协议中明确持股员工的持股数额和权利义务。

(三)员工持股计划管理方应当为持股员工的合法利益行事,不得泄露持股员工的个人信息。

(四)员工持股计划管理方应当对员工持股计划的股权、资金进行专户管理。员工持股计划持有的股权、资金为委托财产,管理方不得将委托财产归入其固有财产。管理方因依法解散、被依法撤销或者被依法宣告破产等原因进行清算的,委托财产不属于其清算财产。

六、员工持股计划实施程序及信息披露

(一)保险机构实施员工持股计划前,应当征求员工意见。

(二)保险机构董事会负责论证、拟定员工持股计划方案,员工持股计划方案至少应包含如下内容:

1.员工持股计划的参加对象、资金和股权来源、价格及价格确定方式、持股方式、持股比例及员工权利义务;

2.员工持股计划的存续期限、管理模式、公司再融资时员工持股计划的参与方式;

3.员工持股计划的变更、终止,期限届满后员工所持股权的处置办法,参加员工持股计划的员工发生退休、死亡、调任、辞职、辞退以及不再适合参加持股计划等情况时,其所持股权的处置办法;

4.员工持股计划持有人会议的召集及表决程序、持有人代表或机构的选任程序;

5.员工持股计划管理方的选任、管理规则或管理协议的主要条款、管理费用的计提及支付方式;

6.员工持股计划对公司控制权的影响、保险机构对开展员工持股计划潜在风险隐患的评估及风险处置预案;

7.其他重要事项。

保险机构应当聘请律师事务所对员工持股计划出具法律意见书。

(三)独立董事和监事会应当就员工持股计划是否有利于公司的持续发展,是否损害公司及全体股东利益,公司是否以摊派、强行分配等方式强制员工参加员工持股计划,是否存在不符合持股条件的员工持股发表书面意见。

(四)员工持股计划方案应当提交股东大会或股东会进行表决,并经出席股东大会股东所持表决权三分之二以上通过,或股东会代表公司三分之二以上表决权的股东通过。

(五)员工持股计划涉及相关董事、股东的,相关董事、股东应当在董事会、股东大会或股东会表决时回避;员工持股计划拟选任的资产管理方为公司股东或股东关联方的,相关主体应当在股东大会或股东会表决时回避。

(六)保险机构应当在员工持股计划实施后15日内,通过公司网站披露员工持股计划的主要条款。

(七)保险机构应当在年度信息披露报告中披露下列员工持股计划实施情况并在公司网站发布:

1.持股员工的范围、人数、资金来源,员工持股计划持有的股份或出资总额及占公司股本或注册资本总额的比例;

2.高管人员及其他员工股权及相应权益变动情况;

3.资产管理方的变更情况;

4.员工持股计划实施以来公司经营及风险情况;

5.其他应当予以披露的事项。

七、员工持股计划的监管

(一)对涉及公司股本或注册资本总额5%及以上的员工持股,保险机构应当报监管部门批准后实施。对涉及公司股本或注册资本总额5%以下的员工持股,保险机构应报监管部门备案。保险机构应当在股东大会或股东会审议通过员工持股计划方案后15个工作日内,向监管部门提交以下材料:

1. 员工持股计划方案；

2. 股东大会或股东会对员工持股计划的决议；

3. 独立董事和监事会对员工持股计划的书面意见；

4. 关于员工持股计划对公司控制权影响的评估意见；

5. 员工持股计划风险处置预案；

6. 律师事务所对员工持股计划出具的法律意见书。

(二)开展员工持股计划的保险机构应当在每个会计年度结束后4个月内向监管部门报告员工持股计划实施及变动情况。

(三)中国保监会依法对保险机构实施员工持股计划进行监督检查。

八、员工持股计划政策衔接

(一)上市保险机构实施员工持股计划还应符合证监会关于上市公司员工持股计划的相关规定。

(二)国有控股保险机构实施员工持股计划还应符合国家关于国有控股金融企业员工持股计划的相关规定。

九、本通知自下发之日起实施,中国保监会负责解释。

附录十二：

中国保监会关于印发《保险公司所属非保险子公司管理暂行办法》的通知

保监发〔2014〕78 号

各保险集团(控股)公司、保险公司：

为加强对保险公司所属非保险子公司的监督管理,防范风险传递,保护保险消费者利益,促进保险业健康发展,我会制定了《保险公司所属非保险子公司管理暂行办法》,现印发给你们,请遵照执行。

中国保监会

2014 年 9 月 28 日

保险公司所属非保险子公司管理暂行办法

第一章 总 则

第一条 为加强对保险公司所属非保险子公司的监督管理,防范风险传递,保护保险消费者利益,促进保险业健康发展,根据《中华人民共和国公司法》、《中华人民共和国保险法》等法律、行政法规及监管规定制定本办法。

第二条 本办法所称保险公司所属非保险子公司,是指保险公司对其实施直接或间接控制的不属于保险类企业的境内、外公司,不包括保险公司、保险资产管理机构以及保险专业代理机构、保险经纪机构、保险公估机构。

本办法所称保险公司包括保险集团(控股)公司。

第三条 保险公司所属非保险子公司不得从事法律、行政法规及监管规定要求必须由保险公司或其他保险组织经营的保险业务。

拟经营保险业务的单位或个人,应当依法报保险监管机构核准,取得保险业务经营许可。

第四条 中国保险监督管理委员会(以下简称中国保监会)根据法律、行政法规、监管规定以及本办法的规定,对保险公司投资和管理非保险子公司的行为实施监督管理。

中国保监会采取间接监管方式,依法通过保险公司采取监管措施,全面监测保险公司所属非保险子公司的风险。

第五条 保险公司所属非保险子公司为上市公司或者有其他行业监管机构的,应当同时遵守相关证券监管法律法规或者其他行业监管要求。

第六条 中国保监会通过金融监管协调部际联席会议,以及与中国人民银行、中国银行业监督管理委员会、中国证券监督管理委员会等建立的合作机制,积极开展与保险公司所属非保险子公司对应的行业监管机构的信息交流，加强监管协调与合作，避免监管真空或重复监管。

第二章 行为规范

第一节 投 资

第七条 为更好地整合资源、发挥协同效应、提升专业化水平、促进保险主业发展，保险公司可直接或间接投资设立非保险子公司，具体类型包括：

（一）依法从事保险业以外的其他金融业务的非保险金融类子公司；

（二）主要为保险公司或所属子公司提供IT、审计、保单管理、物业等服务或管理的共享服务类子公司；

（三）与保险业务相关性较强的投资类平台公司，为管理保险资金投资不动产而设立的项目公司，保险资金投资能源、资源以及与保险业务相关的养老、医疗、汽车服务、现代农业、新型商贸流通等企业股权形成的关联产业类子公司；

（四）法律、行政法规和中国保监会规定的其他类子公司。

本办法所称直接投资，是指保险公司以出资人名义投资并持有非保险子公司股权的行为；所称间接投资，是指保险公司的各级子公司以出资人名义投资并持有非保险子公司股权的行为。

第八条 保险公司应明确非保险子公司的发展战略，确保主业平稳健康发展。

保险公司应按照法律、行政法规和监管规定的有关要求，对非保险子公司的风险承担处置责任。

第九条 保险公司及其子公司对非保险类金融企业及非金融类企业的投资总额应遵守中国保监会的规定。

第十条 保险公司直接投资非保险子公司应当使用自有资金，法律、行政法规和中国保监会另有规定的除外。

保险公司不能以对被投资对象债务承担连带责任的方式对外投资。保险公司认购被投资对象股权或发行的股票、债券等有价证券，应当遵守中国保监会关于保险资金运用的相关规定。保险公司就将来在一定情况下有义务向被投资对象增加投资或进行资本协助等作出承诺，应当经股东大会、董事会或其授权机构批准。

第十一条 保险公司应当确保与非保险子公司之间具备清晰、透明的法律结构，避免对实施有效监管造成妨碍，切实防范因控制层级多、股权关系复杂等带来的风险。

第十二条 保险公司直接投资非保险子公司应符合法律、行政法规、监管规定及其公司章程规定的内部决策程序，经保险公司股东大会、董事会或其授权机构审议通过。间接投资的，应当向保险公司董事会报告。

第二节 管控模式

第十三条 保险公司应当结合非保险子公司的行业监管要求、经营管理水平、战略定位等不同情况，通过适当的管控模式，依法行使对非保险子公司的管理职能。

保险公司依法对非保险子公司进行管控时，应当确保非保险子公司符合相应行业监管机构的监管要求。

第十四条 在维护非保险子公司独立法人经营自主权的前提下，保险公司可以依法对非保险子公司的战略规划、资源配置、法律事务、内控合规、风险、信息系统、财务会计及审计等进行管控,提高非保险子公司运营效益和风险防范能力。

保险公司可以根据自身及非保险子公司实际情况,依法对自身及非保险子公司的内控合规、风险、审计等实施统一管理。

第十五条 保险公司应当逐步完善内部管理制度和架构,明确对非保险子公司管理的权限与流程。

第十六条 保险公司在保证自身安全稳健的前提下,应当承担维持非保险子公司资本充足的责任,确保非保险子公司满足其行业监管机构的资本充足要求。

第三节 内部交易

第十七条 本办法所称内部交易,是指保险公司与非保险子公司之间以及非保险子公司之间发生的包括资产、资金、服务等资源或义务转移的行为。

保险公司及所属非保险子公司的内部交易,应当按照法律、行政法规、监管规定以及相应行业监管部门关于内部交易或关联交易管理的要求进行管理,并履行相应报告义务。

第十八条 保险公司不得为非保险子公司债务提供担保、不得向非保险子公司提供资金借贷,法律、行政法规和中国保监会另有规定的除外。

第十九条 保险公司在内部交易中不得利用其控股地位损害非保险子公司、非保险子公司的其他股东和客户的合法权益。

第二十条 保险公司应当按照中国保监会关于保险公司关联交易管理的有关规定,归口管理、统一汇集保险公司与非保险子公司间的关联交易,并每年进行专项审计。

保险公司应当逐步完善前款规定以外的内部交易的管理,规范内部交易行为,并视情况进行必要的审计。

第四节 外包管理

第二十一条 本办法所称外包,是指保险公司将原来由自身负责处理的某些业务活动或管理职能委托给其非保险子公司进行持续处理的行为。

保险公司向其非保险子公司之外的公司进行的外包,可以参照适用本节规定。

第二十二条 提供外包服务的非保险子公司,应当具备良好稳定的财务状况、较高的技术实力和服务质量、完备的管理能力以及较强的应对突发事件能力。

第二十三条 保险公司将业务、职能外包给其非保险子公司时,应当建立外包管理制度,明确外包的内容、允许和禁止外包的范围、外包的形式、外包的决策权限与程序、外包后续管理、外包时的权利义务与责任等。

保险公司相关内部规章制度如已包含前款所列内容,可以不再对外包活动制定专门的管理制度。

第二十四条 保险公司业务或职能中的一项或多项完全外包给其非保险子公司,应当经董事会或董事会授权机构审议通过。

本办法发布之前已经外包的业务或职能,按照其原有决策继续执行;但该外包存续期间需要对外包范围或条件进行较大调整,或者到期需要继续外包的,应当依本条规定进行决策。

第二十五条 保险公司进行外包时,应当与受托方签署书面合同,明确外包的内容、外包形式、服务价格、客户信息保密要求、各方权利义务、违约责任等内容。

保险公司应当在外包合同签署前二十个工作日向中国保监会报告。中国保监会根据该外包活动的风险状况,可以采取风险提示、约见谈话、监管质询等措施。

第二十六条 保险公司应当加强对外包活动风险的监测,在年度风险评估报告中定期审查外包业务、职能的履行情况并进行风险敞口分析和其他风险评估,向董事会报告。

第五节 防火墙建设

第二十七条 保险公司应当与非保险子公司间建立人员、资金、业务、信息等方面的防火墙,避免风险由非保险子公司传递至保险公司。

保险公司应当督促非保险子公司按照法律、行政法规和相关行业监管部门的监管要求,建立健全与其他非保险子公司之间的防火墙。

第二十八条 保险公司应确保非保险子公司的业务、财务独立于保险公司。

保险公司高级管理人员不得兼任非保险子公司的高级管理人员,法律、行政法规和中国保监会另有规定的除外。

第二十九条 保险公司应当加强商标、字号管理,明确非保险子公司使用本公司商标、字号的具体方式和权限等,避免声誉风险传递。

第三十条 保险公司应当定期对防火墙建设情况进行评估,并根据评估情况不断改进。

第三章 信息披露

第三十一条 保险公司应当督促非保险子公司按照法律、行政法规和相应行业监管机构的规定建立健全信息披露制度体系。

第三十二条 保险公司应当通过适当途径,依法了解和掌握非保险子公司的经营状况和风险状况,有效监督非保险子公司的各种风险。

保险公司应明确非保险子公司向保险公司报告和披露信息的内容、范围、频率、形式等,确保保险公司及时、准确、完整地知悉非保险子公司的组织架构、人事、业务、财务、内控合规、风险管理等情况及其变化。

第三十三条 保险公司应当参照《保险公司信息披露管理办法》的有关要求,在本公司互联网网站披露所属非保险子公司的基本情况,包括公司名称、注册资本、保险公司对其持股比例、法定代表人等,并在情况发生变更后十个工作日内更新。

保险公司应当在公司互联网网站披露所属非保险子公司基本情况后的3个工作日内,将前述信息的电子文本(PDF格式),以光盘形式报至中国保险行业协会,由中国保险行业协会在其网站上发布,供社会公众查阅。

第四章 监督管理

第一节 准入和退出

第三十四条 保险公司直接投资非保险子公司的,应当遵守中国保监会的有关规定,履行相关审批或备案程序。

保险公司间接投资非保险子公司的,应当向中国保监会报告。

第三十五条 保险公司直接投资共享服务类非保险子公司的,应当符合以下条件:

(一)该保险公司属于保险集团的成员公司;

(二)投资时上季度末偿付能力充足率不低于150%,保险集团内其他保险类成员公司,其偿

付能力充足率应当满足中国保监会的监管要求;

(三)拟投资的共享服务类非保险子公司应当主要为该保险集团提供共享服务;

(四)中国保监会相关监管规定要求的直接股权投资应满足的条件。

前款所称保险集团,包括以保险集团(控股)公司为母公司的保险集团和以保险公司为母公司的保险集团。

保险公司不得间接投资共享服务类非保险子公司。本办法发布前已经投资的,保险公司应当限期调整其股权结构,报中国保监会同意后实施。

第三十六条 保险公司直接投资共享服务类非保险子公司的,应当报中国保监会核准,并报送以下材料:

(一)中国保监会相关监管规定要求的重大股权投资应提交的材料;

(二)共享服务或管理的具体方案、风险隔离的制度安排以及保险消费者权益保护的有关措施等。

保险公司在本办法发布以前已经投资共享服务类非保险子公司的,应当在本办法施行之日起三十个工作日内向中国保监会报送前款第(二)项规定的材料。

第三十七条 保险公司所属非保险子公司显著危及保险公司安全经营时,中国保监会可责令保险公司限期处置所持有该非保险子公司的股权,或责令降低持股比例。

第三十八条 保险公司或其保险子公司、保险母公司未达到审慎监管要求,发生业务或财务状况显著恶化的,中国保监会可以要求保险公司限期处置其持有的非保险子公司部分或全部股权,所得款项用于改善相关保险公司的财务状况。

第三十九条 保险公司自行或依照中国保监会要求处置非保险子公司股权的,应当在处置完成后十个工作日内将有关情况报告中国保监会。

第二节 信息报告

第四十条 保险公司应当于每年4月30日前向中国保监会报送非保险子公司年度报告。报告应包括以下内容:

(一)投资非保险子公司的总体情况,包括非保险子公司的业务分类及其经营情况、管控模式和管理层级、重要内控和风险管理制度等;

(二)非保险子公司组织架构图,包括保险公司本级、所属子公司及相关持股比例等;

(三)非保险子公司内部组织结构及主要高级管理人员;

(四)非保险子公司风险评估情况,包括重大内部交易情况、外包管理情况、防火墙建设情况等;

(五)中国保监会要求的其他情况。

第四十一条 保险公司所属非保险子公司发生重大风险事件,可能危及保险公司业务、财务、偿付能力或者声誉的,保险公司应于风险事件发生后24小时内将事件情况、可能的影响、应对措施等报告中国保监会,并在风险事件处置过程中及时向中国保监会报告重要进展情况。

前款所列风险事件终止或化解后,保险公司应当将事件最终结果、影响等及时报告中国保监会。

第四十二条 保险集团成员公司所属非保险子公司的年度报告,由保险集团(控股)公司统一报送。

第五章 附 则

第四十三条 保险公司应通过对直接控制的非保险子公司的管理，确保非保险子公司投资设立或收购的其他非保险子公司遵守本办法的要求。

第四十四条 中国保监会根据保险公司及其所属非保险子公司实际，采取区别对待、分类指导的原则，加强督导，推动保险公司完善所属非保险子公司的管理。

第四十五条 本办法由中国保监会负责解释。

第四十六条 本办法自发布之日起施行，施行期限为三年。

附录十三:

中国保监会关于印发《农业保险承保理赔管理暂行办法》的通知

保监发〔2015〕31号

各保监局、中国保险行业协会、中国保险信息技术管理有限责任公司、各财产保险公司、中国财产再保险有限责任公司:

为进一步贯彻落实《农业保险条例》,规范农业保险承保理赔业务管理,切实维护参保农户利益,确保国家强农惠农富农政策有效落实。经会签财政部、农业部,我会制定了《农业保险承保理赔管理暂行办法》,现印发给你们,请遵照执行。

中国保监会

2015年3月17日

农业保险承保理赔管理暂行办法

第一章 总 则

第一条 为规范农业保险承保理赔业务管理,切实维护参保农户利益,防范农业保险经营风险,保障农业保险持续健康发展,根据《中华人民共和国保险法》、《农业保险条例》等相关法律法规,制定本办法。

第二条 本办法适用于种植业保险和养殖业保险业务。价格保险和指数保险等创新型业务,以及森林保险业务另行规定。

第二章 承保管理

第一节 投 保

第三条 保险公司应严格履行明确说明义务,在投保单、保险单上作出足以引起投保人注意的提示,并向投保人说明投保险种的保险责任、责任免除、合同双方权利义务、理赔标准和方式等条款重要内容。由农业生产经营组织或村民委员会组织农户投保的,可组织投保人、被保险人集中召开宣传说明会,现场发放投保险种的保险条款,讲解保险条款中的重点内容。

第四条 保险公司和组织投保的单位应确保农户的知情权和自主权,不得欺骗误导农户投保,不得以不正当手段强迫农户投保或限制农户投保。

保险公司及其工作人员不得向投保人、被保险人承诺给予保险合同约定以外的保险费回扣或者其他利益。

第五条 保险公司应准确完整记录投保信息。投保信息应至少包括：

（一）客户信息。投保人和被保险人姓名或者组织名称、身份证号码或组织机构代码、联系方式、居住地址；

（二）保险标的信息。保险标的数量、地块或村组位置（种植业）、养殖地点和标识信息（养殖业）；

（三）其他信息。投保险种、保费金额、保险费率、自缴保费、保险金额、保险期间。

上述信息应在业务系统中设置为必录项，确保投保信息规范、完整、准确。

第二节 承 保

第六条 保险公司应根据保险标的风险状况和分布情况，采用全检或者抽查的方式查验标的，核查保险标的位置、数量、权属和风险状况。条件允许的，保险公司应从当地农业、国土资源、财政等部门或相关机构取得保险标的有关信息，以核对承保信息的真实性。

承保种植业保险，应查验被保险人土地承包经营权证书或土地承包经营租赁合同。被保险人确实无法提供的，应由相关主管部门出具证明材料。承保养殖业保险，应查验保险标的存栏数量、防灾防疫、标识佩戴等情况。被保险人为规模养殖场的，应查验经营许可资料。

保险公司应对标的查验情况进行拍摄，影像应能反映查验人员、查验日期、承保标的特征和规模，确保影像资料清晰、完整、未经任何修改，并上传至业务系统作为核保的必要内容。

第七条 农业生产经营组织或村民委员会组织农户投保的，应制作分户投保清单，详细列明被保险人及保险标的信息。投保清单在农业生产经营组织或者村民委员会核对并盖章确认后，保险公司应以适当方式在村级或农业生产经营组织公共区域进行不少于3天的公示。如农户提出异议，应在调查确认后据实调整。确认无误后，应将投保分户清单录入业务系统。

第三节 核 保

第八条 保险公司应在业务系统中注明投保人身份，严格审核保险标的权属，不得将对保险标的不具有保险利益的组织或个人确认为被保险人。

保险公司应确认由投保人或被保险人本人在承保业务单证（包括分户投保清单）上签字或盖章。特殊情形可以由投保人或被保险人直系亲属代为办理，同时注明其与被保险人的关系。

第九条 保险公司应加强核保管理，合理设置核保权限，由省级分公司或总公司集中核保。对投保清单、保险标的权属及数量、实地验标、承保公示等关键要素进行严格审核，不符合规定要求和缺少相关内容的，不得核保通过。

第十条 保险公司应加强批改管理，对于重要承保信息的批改，应由省级分公司或总公司审批。

第四节 收费出单

第十一条 保险公司应在确认收到农户自缴保费后，方可出具保险单。保险单或保险凭证应发放到户。

第十二条 对享受国家财政补贴的险种，保险公司应按规定及时向有关部门提供承保信息，以便协调结算财政补贴资金。

第三章 理赔管理

第十三条 保险公司应以保障投保农户合法权益为出发点,贯彻"主动、迅速、科学、合理"的原则,重合同、守信用,做好理赔工作。

第一节 报 案

第十四条 保险公司应加强接报案管理,保持报案渠道畅通。农业保险报案应由省级分公司或总公司集中受理,报案信息应及时准确录入业务系统。对于省级以下分支机构或经办人员直接收到农户报案的,保险公司应引导或协助农户报案。对于超出报案时限的案件,应在业务系统中录入延迟报案的具体原因。

接到报案后,应及时生成报案号记录和分派查勘任务,并即时通知报案人后续工作安排。

第二节 查勘定损

第十五条 保险公司应在接到报案后24小时内进行现场查勘,因不可抗力或重大灾害等原因难以及时到达的,应及时与报案人联系并说明原因。

发生大面积种植业灾害,保险公司可依照相关农业技术规范抽取样本测定保险标的损失程度。鼓励保险公司委托农业技术等专业第三方机构协助制定查勘规范。

发生养殖业事故,保险公司应对死亡标的拍摄,并将其标识录入业务系统,保险公司业务系统应具备标识唯一性的审核、校验功能,出险标的耳号标识应在业务系统内自动注销。保险公司应配合相关主管部门督促养殖户依照国家规定对病死标的进行无害化处理,并将无害化处理作为理赔的前提条件,不能确认无害化处理的,不予赔偿。

第十六条 保险公司应对损失情况进行拍摄,查勘影像应能体现查勘人员、拍摄位置、拍摄日期、被保险人或其代理人、受损标的特征、规模或损失程度,确保影像资料清晰、完整、未经任何修改,并上传业务系统作为核赔的必要档案。

第十七条 查勘结束后,保险公司应及时缮制查勘报告。查勘报告要注明查勘时间和地点,并对标的受损情况、事故原因以及是否属于保险责任等方面提出明确意见。查勘报告应根据现场查勘的原始记录缮制,原始记录应由查勘人员和被保险人签字确认,不得遗失、补记和做任何修改。

第十八条 保险公司应及时核定损失。种植业保险发生保险事故造成绝收的,应在接到报案后20日内完成损失核定;发生保险事故造成部分损失的,应在农作物收获后20日内完成损失核定。养殖业保险应在接到报案后3日内完成损失核定。发生重大灾害、大范围疫情以及其他特殊情形除外。

对于损失核定需要较长时间的,保险公司应做好解释说明工作。

第十九条 保险公司应根据定损标准和规范科学定损,并做到定损结果确定到户。省级分公司或总公司应对原始定损结果进行抽查。

第二十条 保险公司应加强案件拒赔管理。对于不属于保险责任的,应在核定之日起3日内向被保险人发出拒赔通知书,并做好解释说明工作。查勘照片、查勘报告和拒赔通知书等理赔材料应上传业务系统管理。

第三节　立　　案

第二十一条　保险公司应在确认保险责任后，及时立案。报案后超过10日尚未立案的，业务系统应强制自动立案。保险公司应逐案进行立案估损，并根据查勘定损情况及时调整估损金额。

第四节　理赔公示

第二十二条　农业生产经营组织、村民委员会等组织农户投保种植业保险的，保险公司应将查勘定损结果、理赔结果在村级或农业生产经营组织公共区域进行不少于3天的公示。保险公司应根据公示反馈结果制作分户理赔清单，列明被保险人姓名、身份证号、银行账号和赔款金额，由被保险人或其直系亲属签字确认。农户提出异议的，保险公司应进行调查核实后据实调整，并将结果反馈。

第五节　核　　赔

第二十三条　保险公司应加强核赔管理，合理设置核赔权限。原则上，权限应集中至省级分公司或总公司。

第二十四条　保险公司应对查勘报告、损失清单、查勘影像、公示材料等关键要素进行严格审核，重点核实赔案的真实性和定损结果的合理性。

第六节　赔款支付

第二十五条　属于保险责任的，保险公司应在与被保险人达成赔偿协议后10日内支付赔款。农业保险合同对赔偿保险金的期限有约定的，保险公司应当按照约定履行赔偿保险金义务。

第二十六条　农业保险赔款原则上应通过转账方式支付到被保险人银行账户，并留存有效支付凭证。财务支付的收款人名称应与被保险人一致。

第四章　协办业务管理

第二十七条　保险公司应加强自身能力建设，自主经营，自设网点。在基层服务网点不健全的区域，可以委托基层财政、农业等机构协助办理农业保险业务。

第二十八条　保险公司委托基层财政、农业等机构协助办理农业保险业务的，应按照公平、自主自愿的原则，与协办机构签订书面合同，明确双方权利义务，并由协办机构指派相关人员具体办理农业保险业务。保险公司应将每年确定的协办机构和人员名单报所在地区保险监管部门备案。

第二十九条　保险公司应定期对协办人员开展培训，包括国家政策、监管要求、经办流程、人员责任等。

第三十条　协办业务双方应按照公平、公正、按劳取酬的原则，合理确定工作费用，并建立工作费用激励约束机制。保险公司应加强工作费用管理，确保工作费用仅用于协助办理农业保险业务，不得挪作他用。工作费用应通过转账方式支付。

除工作费用外，保险公司不得给予或承诺给予协办机构、协办人员合同约定以外的回扣或其他利益。

第三十一条　保险公司应加强对协办业务的管理，确保其规范运作。要制定协办业务管理办法,加强对协办业务的指导和管理。应当将协办业务的合规性列为公司内部审计的重点,发现问题及时处理、纠正。

各地保监局应结合本地实际情况,确定保险公司可以委托第三方机构协办的业务种类、业务比例及对协办业务的抽查比例等。

第五章 内控管理

第三十二条 保险公司应建立客户回访制度。被保险人为规模经营主体的,应实现全部回访,其他被保险人应抽取一定比例回访。承保环节重点回访核实保险标的权属和数量、自缴保费、告知义务履行以及承保公示等情况。理赔环节重点回访核实受灾品种、损失情况、查勘定损过程、赔款支付、理赔公示等情况。保险公司应详细记录回访时间、地点、对象和回访结果等内容,并留存回访录音或走访记录等资料备查。

第三十三条 保险公司应建立投诉处理制度。农户投诉农业保险相关事项的,保险公司应及时受理、认真调查,在规定时限内做出答复。

第三十四条 保险公司应建立农业保险分级审核制度,根据承保、理赔涉及的数量和金额合理确定审核权限,留存审核手续,落实各层级、各环节的管理责任。

第三十五条 保险公司应建立农业保险内部稽核制度,根据《农业保险条例》、有关监管规定以及公司内控制度,定期对分支机构农业保险业务进行核查,并将核查结果及时报告保险监管部门。

第三十六条 保险公司应建立档案管理制度。承保档案应包括投保单、保险单、实地查验影像、公示影像、保费发票或收据等资料。理赔档案应包括出险通知书或索赔申请书、查勘报告、查勘影像、公示影像、赔款支付证明等资料。公示影像资料应能够反映拍摄日期、地点和公示内容。上述资料应及时归档、集中管理、妥善保管。

第三十七条 保险公司应加强防灾防损工作,根据农业灾害特点,因地制宜地开展预警、防灾、减损等工作,提高农业抵御风险的能力。

第三十八条 保险公司应加强信息管理系统建设,实现农业保险全流程系统管理,承保、理赔、再保险和财务系统应无缝对接。信息管理系统应能够实时监控承保理赔情况,具备数据管理和统计分析功能。

第三十九条 保险公司应加强服务能力建设,建立分支机构服务能力标准,完善基层服务网络,提高业务人员素质,确保服务能力和业务规模相匹配。

第六章 附 则

第四十条 保险公司应根据本办法制定公司农业保险承保理赔业务管理实施细则,并报保监会备案。

第四十一条 农业互助保险组织参照执行。

第四十二条 本办法未作规定的,适用《保险法》、《农业保险条例》中的经营规则和监督管理的有关规定。

第四十三条 本办法自2015年4月1日起施行,实施期限为三年。《关于加强农业保险承保管理工作的通知》(保监产险〔2011〕455号)和《关于加强农业保险理赔管理工作的通知》(保监发〔2012〕6号)同时废止。

附录十四：

中国保监会关于印发《深化商业车险条款费率管理制度改革试点工作方案》的通知

保监产险〔2015〕24 号

各保监局、各财产保险公司、中国保险行业协会：

为落实全国保险监管工作会议精神，根据《中国保监会关于深化商业车险条款费率管理制度改革的意见》相关工作安排，我会研究制定了《深化商业车险条款费率管理制度改革试点工作方案》（以下简称《方案》），现印发给你们，请认真贯彻执行。各单位应高度重视、积极落实《方案》有关要求，确保商业车险条款费率管理制度改革稳步推进。

关于商业车险改革试点工作的其他规范性文件与《方案》不符的，以《方案》为准。

中国保监会

2015 年 3 月 20 日

深化商业车险条款费率管理制度改革试点工作方案

根据《中国保监会关于深化商业车险条款费率管理制度改革的意见》及相关法律法规要求，制定《深化商业车险条款费率管理制度改革试点工作方案》（以下简称《方案》）。

一、工作目标

贯彻落实《中国保监会关于深化商业车险条款费率管理制度改革的意见》，明确任务分工，细化工作职责，确定试点地区及改革步骤，确保商业车险条款费率管理制度改革（以下简称商业车险改革）顺利开展。

二、工作任务

（一）中国保险行业协会

1. 拟定商业车险行业示范条款

（1）修订商业车险示范条款。根据社会经济环境和社会公众需求的变化，进一步对 2012 版示范条款进行修订、完善，理顺示范条款结构，修改易引发争议的文字，扩大保险保障范围，提高行业示范条款的标准化、通俗化水平。

（2）完善商业车险示范条款体系。丰富商业车险保障层次，在综合型示范条款基础上，进一步增加不同保障范围的商业车险示范条款，满足社会公众多样化的保险需求。

（3）完善商业车险配套单证。拟订与商业车险示范条款配套的投保单、免责事项说明书、保险单、保险卡等单证参考样本，提高行业承保工作的标准化、规范化程度。

（4）建立商业车险典型案例库。根据消费者在商业车险诉讼、投诉中集中反映的问题，对示范条款进行动态修订和完善。

十四

2. 拟订商业车险保费行业基准

根据非寿险精算原理,按照保险费率与标的风险、经营成本相匹配的原则,商业车险费率厘定标准公式为:

保费 = 基准保费 × 费率调整系数。

其中,基准保费 = 基准纯风险保费/(1 - 附加费用率)。

中国保险行业协会应组织行业力量,推进车型标准数据库等行业基础设施建设,建立商业车险基准纯风险保费和主要费率调整系数等行业参考保费基准的测算、发布、调整机制,为行业提高费率厘定工作的科学性、合理性、准确性提供支持。

(1)测算商业车险行业基准纯风险保费,逐步从地区、车型、使用年限、使用性质等不同维度准确反映被保险机动车的行业平均赔付水平。

(2)研究商业车险保费与以往年度保险赔款记录、交通违法记录等重要影响因素的相关关系,制定行业无赔款优待系数、交通违法系数等费率调整参考方案。

(3)根据全行业商业车险经营数据,对商业车险行业参考保费基准进行动态调整。

3. 建立商业车险创新型条款评估和保护机制

中国保险行业协会应建立商业车险创新型条款评估专家库,设立商业车险创新型条款审核委员会,建立科学合理的商业车险创新型条款评估机制,对财产保险公司自主开发条款的创新性、合法性、合理性进行行业评估。探索建立商业车险创新型条款保护机制,对商业车险创新型产品给予一定期间的保护。

(二)财产保险公司

1. 自主确定商业车险条款

财产保险公司可以选择使用商业车险行业示范条款或自主开发商业车险创新型条款。同一财产保险公司可以同时使用示范条款和创新型条款。

2. 科学厘定商业车险费率

财产保险公司应根据非寿险精算原理,依据基准纯风险保费和附加费用率测算本公司商业车险基准保费。同时,制定科学合理的费率调整系数表,根据本公司承保标的风险水平与行业平均风险水平之间的差异,以及个别业务经营成本与本公司平均经营成本之间的差异,制定费率调整系数具体使用规则,通过费率调整系数对基准保费进行调整,合理厘定被保险机动车的实际费率。

(1)自主测算商业车险基准附加费用率。财产保险公司原则上应根据本公司最近三年商业车险实际费用水平,测算本公司商业车险保费的附加费用率。基于阶段性的市场经营策略,也可参考行业平均费用水平测算本公司商业车险保费附加费用率。

(2)财产保险公司选择使用商业车险示范条款的,可分别在[-15%, +15%]范围内,自主制定"核保系数"和"渠道系数"费率调整方案。中国保监会将根据保险市场发展水平,不断扩大财产保险公司费率调整自主权。超过中国保监会规定自主调整范围的,应单独向中国保监会报批。

(3)财产保险公司厘定商业车险费率方案后,应对本公司车险保费充足度和定价风险进行评估,并测算该定价方案对本公司综合成本率和偿付能力的影响。

3. 依法报批商业车险条款费率

财产保险公司应按照《保险法》、《财产保险公司保险条款和保险费率管理规定》及相关法律法规要求,遵循公平合理、科学审慎原则拟订商业车险条款费率,杜绝频繁调整条款费率损害保险消费者权益,破坏保险市场合理秩序。除精算预期与经营实际发生重大偏差等原因外,原则上财产保险公司调整商业车险条款费率的频率不高于半年一次。

财产保险公司应将拟使用的商业车险条款费率报中国保监会审核。报送条款费率申请时，应当提交下列材料：

(1)申请文件；

(2)审批表一式两份；

(3)商业车险条款文本，财产保险公司选择使用商业车险行业示范条款的，应在申请文件中进行说明，不需报送示范条款全文；

(4)商业车险费率和精算责任人签署的费率精算报告；

(5)商业车险条款和费率的说明材料，包括条款和费率的主要特点、市场风险、经营风险分析，财产保险公司选择使用商业车险行业示范条款的，不需报送相关具体分析内容；

(6)法律责任人和精算责任人声明书；

(7)财产保险公司自主开发商业车险创新型条款的，除应当提交上述规定的(1)—(6)项材料之外，还应当提交中国保险行业协会出具的条款创新性评估报告，并对该创新型条款与行业示范条款的区别进行对比说明。

4. 建立商业车险条款费率监测调整机制

财产保险公司应建立健全商业车险费率监测调整机制，动态监测、分析费率精算假设与市场实际情况的偏离度。试点地区相关财产保险机构后期实际发生的车险综合赔付率、综合费用率、综合成本率等主要经营指标较前期车险费率精算报告中假设的预期综合赔付率、预期综合费用率、预期综合成本率等指标发生重大偏离，尤其是车险综合成本率上升幅度超过本财产保险机构综合成本率前三个年度相应期间平均同比变动幅度(取绝对值计算)时，应及时对商业车险费率进行调整，并重新向中国保监会报批。

三、工作步骤

(一)试点准备阶段

1. 中国保险行业协会、财产保险公司根据中国保监会统一部署，分别成立相关工作组，拟订本单位商业车险改革具体工作方案，细化任务、落实责任。

2. 中国保险行业协会拟定和发布商业车险行业示范条款、配套单证及行业保费基准；财产保险公司选择使用行业示范条款或开发创新型条款，厘定本公司商业车险费率。

3. 财产保险公司开展业务人员培训、业务流程改造、信息系统调试、业务单证印刷等工作，确保改革后平稳、顺利向客户提供商业车险承保理赔服务。

(二)试点实施阶段

黑龙江、山东、青岛、广西、陕西、重庆等六个地区为商业车险改革试点地区。

1. 自2015年4月1日起，经营商业车险业务的财产保险公司可按照本《方案》要求，向中国保监会申报商业车险条款费率，并执行相关监管规定。

2. 中国保监会组织对试点地区财产保险机构逐一开展现场验收，验收内容包括公司制度建设、流程改造、系统调试、人员培训等是否符合改革试点相关要求，对于未通过现场验收的公司应限期整改直至符合要求。

3. 经中国保监会批准，试点地区财产保险机构可使用新的商业车险条款费率。原商业车险条款费率停止使用。

(三)试点推广阶段

总结商业车险改革试点经验，修订完善商业车险改革方案并适时推广。

四、监督管理

(一)中国保监会

1. 加强对财产保险公司商业车险条款费率拟订的监管。至少每半年对各财产保险公司试点地区保险机构商业车险费率进行一次回溯分析。相关财产保险机构后期实际发生的车险综合赔付率、综合费用率、综合成本率等主要经营指标较前期车险费率精算报告中假设的预期综合赔付率、预期综合费用率、预期综合成本率等指标发生重大偏离,尤其是车险综合成本率上升幅度超过本财产保险机构综合成本率前三个年度相应期间平均同比变动幅度(取绝对值计算),且未主动向中国保监会申请调整的,由保险监督管理机构责令停止使用,限期修改;情节严重的,可以在一定期限内禁止申报新的商业车险费率。

2. 加强对财产保险公司商业车险条款费率使用的监管。加大非现场和现场检查力度,对未按照规定申请批准商业车险条款费率的、未按照规定使用经批准的商业车险条款费率的,依法进行严厉查处。

3. 加强对财产保险公司偿付能力的监管。强化偿付能力刚性约束,将偿付能力不足的财产保险公司列为重点监管对象并采取相应的监管措施。

(二)保监局

1. 对当地财产保险机构商业车险改革情况进行指导、监督和检查,并将有关情况向中国保监会报告。

2. 持续开展非现场监管。密切关注并跟踪分析辖区内财产保险市场发展情况、商业车险条款费率执行情况、理赔服务情况和竞争秩序情况,测算各财产保险机构相关监管指标与当地市场整体水平的偏离度。在非现场监管中应重点关注:

(1)商业车险理赔服务质量、诉讼率、投诉率等指标及其变动情况;

(2)改革启动后车险综合成本率显著高于当地市场平均水平,且车险原保险保费收入增长率超过当地市场平均水平的财产保险机构情况;

(3)改革启动后车险综合成本率同比或环比大幅上升,且车险原保险保费收入增长率同比或环比提高的财产保险机构情况。

3. 加大现场检查力度。根据非现场监管分析结果选择现场检查重点对象,遏制商业车险违法违规行为,防止不正当竞争。现场检查时应重点关注下列行为:

(1)未按照规定申请批准商业车险条款费率的;

(2)未按照规定使用经批准的商业车险条款费率的;

(3)未按规定履行条款费率提示和说明义务,不明确解释不同类型条款保障范围差异,单纯比较附加费用率、个别费用浮动系数等费率构成要素,使用全险全赔等不全面、不准确、不真实概念误导消费者投保的;

(4)代替投保人在投保单、告知书等资料上签名的;

(5)通过虚假广告、虚假宣传、诋毁同业公司、给予或承诺给予投保人或被保险人保险合同以外的其他利益等形式进行不正当竞争的;

(6)以排挤竞争对手为目的,低于成本销售商业车险的;

(7)商业车险财务业务数据不真实的;

(8)商业车险理赔服务质量下降,存在拖赔、惜赔、无理拒赔行为的。

五、工作要求

(一)统一思想,加强领导

深化商业车险改革工作是《国务院关于加快发展现代保险服务业的若干意见》中的一项重要工作,是国务院推进保险业改革创新,全面提升行业发展水平的重大决策。各单位应成立由主要负责人牵头,各相关部门共同参加的商业车险条款费率管理制度改革领导小组和工作组,科学决策,积极落实,确保改革试点工作顺利推进。

(二)认真部署,有序推进

各单位要按照中国保监会《关于深化商业车险条款费率管理制度改革的意见》和本《方案》要求,结合本地区、本系统实际,有步骤、有重点,合理推进改革试点工作。财产保险公司应精心组织,合理安排,抽调法律、精算、业务、财务、信息、客服等相关部门精干力量,组建工作小组,明确职责分工,充分考虑改革实施中可能出现的风险和问题,审慎制定具有指导性、实效性、可操作性的改革实施方案和应急方案,切实防范定价风险、偿付能力风险和其他经营管理风险。

(三)总结经验,完善政策

各单位要组织开展商业车险改革的政策宣导,做好试点地区商业车险改革的解释说明工作,普及保险知识,提升消费者保险意识,为改革创造良好环境。

各单位要按照商业车险改革的整体工作部署,对改革试点效果进行跟踪评估和研究分析,深入剖析典型案例和问题,认真总结试点过程中好的经验做法,积极提出完善商业车险改革措施的意见建议,为商业车险改革全面实施奠定基础。

附录十五:

中国保监会关于深化商业车险条款费率管理制度改革的意见

保监发〔2015〕18号

各保监局、各财产保险公司、中国保险行业协会:

为进一步保护投保人、被保险人合法权益,维护财产保险市场正常秩序,促进财产保险市场持续健康发展,现就深化商业车险条款费率管理制度改革提出以下意见。

一、指导思想、基本原则和主要目标

(一)指导思想。

深入贯彻党的十八届三中全会精神,认真落实国务院《关于加快发展现代保险服务业的若干意见》,努力营造公平竞争、优胜劣汰的市场环境,更好地发挥市场配置资源的决定性作用。引导财产保险公司提高自主经营意识,增强财产保险行业可持续发展能力。加快转变政府职能,更好地发挥政府的作用。加大简政放权力度,强化事中事后监管,不断提高财产保险监管的科学化、现代化水平。

(二)基本原则。

1. 坚持市场化方向。构建统一开放、竞争有序、监管有力的商业车险市场体系,建立健全市场化的商业车险条款费率形成机制,激发财产保险公司发展创新的活力与动力,引导财产保险公司在商业车险品牌、管理、渠道、价格、服务等方面开展全方位、多层次、差异化的市场竞争,提升财产保险行业准确评估标的风险、有效管控经营成本、持续改善服务质量的能力。

2. 保护保险消费者合法权益。加大保险监管力度,监督财产保险公司全面履行对消费者的各项义务,严肃查处损害保险消费者知情权、自主选择权、公平交易权等合法权益的行为,引导财产保险公司为保险消费者提供更多优质优价的商业车险产品和服务。加强保险意识教育,普及车险基础知识,规范保险信息披露,强化保险说明义务,帮助保险消费者科学合理选择商业车险产品和服务。

3. 积极稳妥推进改革。按照总体规划、分步实施、试点先行、全面推进的工作思路,把握好各项政策措施出台的时机、力度和重点,处理好改革、发展与稳定的关系,做到改革措施稳步推进,政策效应有序释放。

(三)主要目标。

建立健全科学合理、符合我国国情的商业车险条款费率管理制度。以行业示范条款为主体,创新型条款为补充,建立标准化、个性化并存的商业车险条款体系。以大数法则为基础,市场化为导向,逐步扩大财产保险公司商业车险费率厘定自主权。以动态监管为重点,偿付能力监管为核心,加强和改善商业车险条款费率监管。

二、建立健全商业车险条款形成机制

(一)建立行业示范条款制度。

中国保险行业协会负责拟定并不断丰富商业车险示范条款体系。商业车险示范条款的保障范围应满足社会公众的合理预期，条款文字应严谨、规范、明确、通俗。中国保险行业协会应根据政策法律变化和保险市场发展情况，及时对商业车险示范条款进行动态修订和完善，积极推进保险条款的标准化、通俗化进程，不断增强商业车险示范条款的适应性。

（二）建立创新型条款形成机制。

鼓励财产保险公司积极开发商业车险创新型条款。引导财产保险公司为保险消费者提供多样化、个性化、差异化的商业车险保障和服务，满足社会公众不同层次的保险需求。支持中国保险行业协会成立商业车险创新型条款专家评估委员会，建立科学、公正、客观的创新型条款评估机制。探索建立保险产品创新保护机制。

三、建立健全商业车险费率形成机制

（一）建立行业基准纯风险保费的形成、调整机制。

中国保险行业协会应按照大数法则要求，建立财产保险行业商业车险损失数据的收集、测算、调整机制，动态发布商业车险基准纯风险保费表，为财产保险公司科学厘定商业车险费率提供参考，防范财产保险公司在商业车险费率厘定过程中产生大的偏差和风险，提高财产保险行业商业车险经营的科学性、稳定性和规范性。

中国保险行业协会应不断推进行业数据积累和精算工作，逐步提高商业车险基准纯风险保费表的精确性和适应性。

（二）逐步扩大财产保险公司费率厘定自主权。

赋予财产保险公司一定的商业车险费率厘定自主权，由市场主体根据自身实际情况科学测算基准附加保费，合理确定自主费率调整系数及其调整标准。推动财产保险公司逐步提升经营管理效率，提高风险定价能力，支持财产保险公司将经营管理优势合理转化为价格和服务优势，促使商业车险费率与财产保险公司经营成本、标的风险更好地匹配，提升财产保险行业商业车险费率厘定的科学化、精细化、专业化水平。

根据保险市场发展情况和保险市场成熟程度，逐步扩大财产保险公司商业车险费率厘定自主权，最终形成高度市场化的商业车险费率形成机制。

四、加强和改善商业车险条款费率监管

（一）建立对条款费率的动态监管机制。

加强对财产保险公司商业车险条款费率拟订和使用情况的日常监控。发现违法违规问题的，责令财产保险公司停止使用并限期修改。情节严重的，可以在一定期限内禁止申报新的商业车险条款费率。

在完善商业车险单独核算管理制度的基础上，建立对财产保险公司商业车险费率厘定和使用情况的回溯分析机制。及时验证商业车险费率厘定和使用过程中精算假设的合理性、责任准备金提取的合规性和财务业务数据的真实性，深入排查因商业车险费率拟订不科学、不公平、不合理所带来的风险隐患，有效防止因商业车险费率过高损害社会公众利益、或因费率过低形成不正当竞争、扰乱商业车险市场正常经营秩序的行为。

（二）完善偿付能力监管制度。

不断加强偿付能力监管制度建设，完善偿付能力监管制度体系，推动财产保险公司建立健全全面风险管理制度，引导财产保险公司通过规范商业车险经营行为、改善商业车险承保效益提升偿付能力。提高偿付能力监管制度执行力，强化偿付能力刚性约束，严守不发生系统性区域性风险的底线。

五、做好改革组织实施工作

(一)统一思想,加强领导。

深化商业车险条款费率管理制度改革工作重要性强,涉及面广,社会关注度高,时间紧迫,任务繁重。保险监管机构、保险行业协会和财产保险公司应及时成立由主要负责人牵头、各相关部门共同参加的商业车险条款费率管理制度改革领导小组和工作组,制定实施方案,落实各项措施,确保改革顺利推进。

(二)制订预案,平稳过渡。

财产保险公司应根据自身能力审慎制定商业车险发展规划,妥善处理商业车险新旧产品衔接问题,大力提升承保理赔服务水平,切实防范定价风险和偿付能力风险。保险监管机构、保险行业协会和财产保险公司要做好商业车险条款费率管理制度改革启动前的各项准备工作,关注改革实施中的问题和隐患,制订突发事件应急预案,促进财产保险行业平稳发展。

(三)加强宣传,提升意识。

保险监管机构、保险行业协会和财产保险公司要组织开展商业车险条款费率管理制度改革的政策宣导,重点做好商业车险条款费率的解释说明,普及保险知识,提升保险意识,为深化商业车险条款费率管理制度改革创造良好环境。

中国保监会

2015 年 2 月 3 日

附录十六：

中国保监会关于开展首台(套)重大技术装备保险试点工作的指导意见

保监发〔2015〕15 号

各财产保险公司，各保监局，中国保险行业协会：

财政部、工业和信息化部、保监会三部委联合发布《关于开展首台(套)重大技术装备保险补偿机制试点工作的通知》(以下简称《通知》)，决定建立首台(套)重大技术装备保险补偿机制。重大技术装备是关系国家安全和国民经济命脉的战略产品，是国家核心竞争力的重要标志。为首台(套)重大技术装备创新成果转化引入保险补偿机制，是发挥市场机制决定性作用、加快重大技术装备自主化、服务国家创新驱动发展战略的重要举措，对于促进装备制造业高端转型，打造中国制造升级版具有重要意义。为贯彻落实《通知》要求，做好试点工作，现提出以下指导意见：

一、首台(套)重大技术装备保险试点坚持"政府引导、市场化运作"原则。重大技术装备制造企业自主投保，保险公司提供定制化综合保险产品进行承保，购买首台(套)重大技术装备产品的用户为保险受益人，中央财政对符合条件的投保企业提供保费补贴。

二、首台(套)重大技术装备保险标的为列入工业和信息化部《首台(套)重大技术装备推广应用目录》的装备产品。

三、首台(套)重大技术装备保险产品为保障质量风险和责任风险的创新型综合保险产品，由中国保险行业协会制定统一的示范条款，并公开发布。其中，质量险主要保障因产品缺陷导致用户要求修理、更换或退货的风险；责任险主要保障因产品质量缺陷造成用户财产损失或发生人身伤亡的风险。

对飞机、船舶及海工装备、核电装备等单价金额巨大的重大技术装备，由投保企业与保险公司双方自主协商，可以选择按国际通行保险产品条款进行承保。

四、首台(套)重大技术装备具有价值量大、创新性强、风险大的特点，缺乏历史风险经验数据。试点期间鼓励保险公司自主组成共保体开展试点工作，共保体应制定共保体章程，明确运作模式、成员进入退出机制和行为规范等；应签订共保体合作协议明确各成员权利义务；应使用统一的示范产品条款。共保体应及时将章程、协议、产品等报中国保监会发改部。保险公司也可单独承保，但应参照示范条款设计保险产品，并事先向中国保监会发改部报告，单独承保的项目不得再与共保体成员或其他保险公司共保。

参与试点的共保体成员公司和单独承保的保险公司名单将在财政部、工业和信息化部和保监会三部委的官方网站公布，方便企业投保查询。

五、保险公司自主组成的首台(套)重大技术装备保险共保体应满足以下条件：

(一)共保体成员合计注册资本金应不低于 200 亿元；

(二)各成员近三年偿付能力均不低于 150%；

(三)应由风险管理能力强、机构网络健全、承保理赔服务优质、且具备首台(套)重大技术装

备保险项目相关经验的公司担任首席承保人;

(四)保险监督管理机构要求的其他条件。

六、单独承保首台(套)重大技术装备保险的保险公司应满足以下条件:

(一)注册资本金应不低于50亿元;

(二)近三年偿付能力均不低于150%;

(三)风险管理能力强、机构网络健全、承保理赔服务优质、具备首台(套)重大技术装备保险项目相关经验;

(四)保险监督管理机构要求的其他条件。

七、鼓励首台(套)重大技术装备保险共保体由首席承保人统一出单、统一理赔,并为被保险人提供高质量的承保、理赔等保险服务;共保体成员也可直接与制造企业签订投保合同并出具保险单,保险赔款由出单公司支付,保费分配与赔款分担由共保体章程和共保体合作协议进行明确。

八、财政部、工业和信息化部和保监会三部委每年将联合对参保首台(套)重大技术装备保险的保险标的进行复核,符合条件的投保企业可以获得中央财政提供的保费补贴。

九、参与试点的保险公司应高度重视试点工作,加强内控管理,完善承保、理赔、财务等相关制度,组建总公司直接领导的首台(套)保险专业团队,积极开展产品和服务创新,不断优化首台(套)重大技术装备保险产品方案和服务。

十、试点保险公司应严格财务管理,不得在该业务中列支中介手续费、佣金及其他与业务无关的管理费用,可列支项目应据实列支。保监会将联合财政部、工业和信息化部定期开展业务检查,对存在违规行为的公司进行处罚,并取消试点资格。

十一、试点保险公司应做好承保管理、风险评估、防灾防损、损失核算等基础数据的积累和试点经验的总结,为建立科学合理的产品定价机制奠定基础。

十二、试点保险公司应于每季度首月15日前向中国保监会发改部报送上一季度首台(套)重大技术装备保险承保项目、保费收入、保险金额、赔款支出等相关信息。

十三、试点保险公司对承保的涉及国家秘密、商业秘密项目,应严格遵守国家保密相关法律法规,加强保密管理,强化泄密责任追究。

十四、各保监局应加强与当地财政部门、工业和信息化主管部门的沟通协调,向辖内装备制造企业做好政策宣讲,推动首台(套)重大技术装备保险试点相关政策的贯彻落实。各保险公司应深入市场一线,加大宣传力度,提高重大技术装备制造企业的参保积极性。

中国保监会

2015年2月2日

附录十七:

财政部保监会关于印发《会计师事务所职业责任保险暂行办法》的通知

财会〔2015〕13号

各省、自治区、直辖市财政厅(局),深圳市财政委员会,各保监局,各财产保险公司:

为规范会计师事务所职业责任保险投保行为,提高会计师事务所职业责任赔偿能力,促进会计师事务所可持续发展,根据《中华人民共和国注册会计师法》、《中华人民共和国保险法》和其他有关法律法规,财政部、保监会制定了《会计师事务所职业责任保险暂行办法》,现予印发,自2015年7月1日起施行。

财政部　保监会

2015年6月30日

会计师事务所职业责任保险暂行办法

第一章　总　则

第一条　为了规范会计师事务所职业责任保险投保行为,提高会计师事务所职业责任赔偿能力,促进会计师事务所可持续发展,根据《中华人民共和国注册会计师法》、《中华人民共和国保险法》和其他有关法律法规,制定本办法。

第二条　本办法所称会计师事务所职业责任保险(以下简称职业责任保险),是指会计师事务所及其合伙人、股东和其他执业人员因执业活动造成委托人或其他利害关系人经济损失,依法应当承担赔偿责任的保险。

会计师事务所及其合伙人、股东和其他执业人员的执业活动包括其依法开展的审计业务和其他非审计业务。

第三条　鼓励会计师事务所根据本所经营管理情况和发展需要投保职业责任保险。会计师事务所投保的职业责任保险累计赔偿限额达到本办法第九条或第十条规定的金额的,可以不再提取职业风险基金。已提取的职业风险基金的处理,按照有关法律法规的规定和会计师事务所合伙协议或公司章程的约定办理。

第二章　投　保

第四条　会计师事务所对本所投保职业责任保险实行统一管理。分所的职业责任保险,原则上由总所统一投保。

第五条　会计师事务所应当优先为本所的审计业务投保职业责任保险。

会计师事务所可以根据业务风险程度和自身发展需要为其他非审计业务投保职业责任保险。

第六条 职业责任保险包括主险和附加险。会计师事务所可以在投保主险的基础上,为本所投保账册文件丢失险、首次投保追溯期扩展险等附加险。

第七条 保险公司应当建立市场化的职业责任保险费率浮动机制,根据会计师事务所风险情况及历史赔付记录进行保险费率浮动调整,促进会计师事务所加强质量控制和风险管理。

第八条 会计师事务所应当结合本所的业务范围、经营规模和风险管控能力等因素,与保险公司协商确定职业责任保险的累计赔偿限额。累计赔偿限额应当达到本办法第九条或第十条规定的金额。

前款所称累计赔偿限额,是指保险合同中载明的保险公司对保险责任范围内所有损失的最高赔偿金额。

第九条 从事上市公司、金融企业等高风险审计业务的会计师事务所,其累计赔偿限额不低于按以下两种方法计算得出的较高额:

(1)100 万元与合伙人人数的乘积(按投保时的人数计算);

(2)5000 万元。

第十条 从事非上市公司、非金融企业审计业务的会计师事务所,其累计赔偿限额不低于按以下两种方法计算得出的较高额:

(1)会计师事务所最近一个年度的审计业务收入;

(2)50 万元与合伙人(股东)人数的乘积(按投保时的人数计算)。

第十一条 职业责任保险合同条款应当符合《中华人民共和国保险法》的规定,并应当包含下列各事项:

(一)保险责任包含会计师事务所及其合伙人、股东和其他执业人员执业活动中因非故意行为造成委托人或其他利害关系人的经济损失,依法应当承担的赔偿责任;

(二)保险期间为 1 年及以上;

(三)约定合理的追溯期或报告期;

(四)会计师事务所被提起仲裁或者诉讼的,仲裁或者诉讼费用以及其他必要的、合理的法律费用,除合同另有约定外,由保险公司承担。

第十二条 会计师事务所在投保时应当向保险公司提供必要的信息资料,如实告知经营情况和风险状况。

在保险合同有效期内,如果保险合同载明的重要事项发生变更,会计师事务所应当及时通知保险公司。

第十三条 保险公司应当向会计师事务所说明保险合同的条款内容,特别是责任免除条款。未作说明的,责任免除条款不产生效力。

第十四条 保险公司及其工作人员对会计师事务所提供的信息资料负有保密义务。

第三章 赔 偿

第十五条 会计师事务所发生本办法第二条规定的因执业活动造成委托人或其他利害关系人的经济损失,依法应当承担赔偿责任的情形的,保险公司应当根据保险合同的约定予以赔偿。

第十六条 保险公司应当严格履行保险合同义务,不得出现恶意拖赔、惜赔、无理拒赔等损害会计师事务所合法权益的行为。

第十七条 会计师事务所和保险公司对合同条款或赔偿事项有争议的,可以按照双方的约定申请仲裁,或者依法向人民法院提起诉讼。

采用保险公司提供的格式条款订立的保险合同,会计师事务所与保险公司对合同条款或赔偿事项有争议的,应当按照通常理解予以解释。有两种以上解释的,人民法院或者仲裁机构应当作出有利于会计师事务所的解释。

第十八条 省级财政部门、注册会计师协会可以会同省级保险监督管理部门、保险行业协会组织成立职业责任保险专家委员会,对履行保险合同可能产生的争议提供专家鉴定意见,供司法机关或有关方面参考。

第四章 监督检查

第十九条 会计师事务所应当在每年5月31日之前将职业责任保险保单复印件或者保险公司出具的该会计师事务所已投保职业责任保险的相关证明报所在地省级财政部门和注册会计师协会备案。

保险合同发生变更或解除的,会计师事务所应当将变更后的相关证明或新签订保险合同的相关证明报所在地省级财政部门和注册会计师协会备案。

第二十条 省级以上财政部门和注册会计师协会需要保险公司协助提供会计师事务所的投保、出险和理赔等必要信息的,保险公司应当提供。

第二十一条 省级以上财政部门和保险监督管理部门分别对会计师事务所和保险公司办理职业责任保险的情况进行监督检查,必要时可开展联合检查。

第五章 罚 则

第二十二条 会计师事务所违反本办法规定的,由省级以上财政部门责令限期改正,逾期未改正的,列为重点监管对象并予以公告,提请审计业务委托方、其他利害关系人和社会公众关注该会计师事务所的职业责任赔偿能力。

第二十三条 保险公司办理会计师事务所职业责任保险,违反有关保险条款和保险费率管理规定的,由保险监督管理部门依照《中华人民共和国保险法》和有关规定予以处罚。

第六章 附 则

第二十四条 本办法自2015年7月1日起施行。本办法施行后,此前有关规定与本办法不一致的,以本办法为准。

第二十五条 在本办法施行前已设立的会计师事务所,鼓励其在5年内尽快完成由提取职业风险基金向投保职业责任保险的过渡。

在本办法施行后新设立的会计师事务所,鼓励其优先采用投保职业责任保险的方式提高职业责任赔偿能力。

附录十八:

国务院食品安全办食品药品监管总局保监会关于开展食品安全责任保险试点工作的指导意见

食安办〔2015〕1号

各省、自治区、直辖市食品安全办、食品药品监督管理局、保险监管局:

按照《国务院关于加强食品安全工作的决定》(国发〔2012〕20号)、《国务院关于加快发展现代保险服务业的若干意见》(国发〔2014〕29号)以及《国务院办公厅关于印发2014年食品安全重点工作安排的通知》(国办发〔2014〕20号)精神要求,为鼓励地方开展食品安全责任保险试点工作,推动建立食品安全责任保险制度,充分发挥市场机制作用,完善食品安全社会治理体系,现提出以下意见:

一、充分认识开展食品安全责任保险试点工作的重要意义

本意见所称食品安全责任保险,是以被保险人对因其生产经营的食品存在缺陷造成第三者人身伤亡和财产损失时依法应负的经济赔偿责任为保险标的的保险。建立食品安全责任保险制度,是加快发展现代保险服务业的重要内容,是落实党中央、国务院关于全面深化改革、加强食品安全工作决策部署的重要体现,对保障和改善民生具有重要意义。开展食品安全责任保险试点,有利于完善社会治理体系,发挥保险化解矛盾纠纷的作用,用经济杠杆和多样化产品化解食品安全事件民事责任纠纷;有利于发挥保险的风险管理和经济补偿功能,提高食品安全事故预防和救助水平,保护消费者的合法权益;有利于食品生产经营企业转移风险,提高产品质量,促进经济提质增效升级;有利于加快政府职能转变,优化食品安全监管方式,协同解决食品安全问题,推进食品安全社会共治。

各地要充分认识食品安全责任保险的重要意义和积极作用,结合实际开展食品安全责任保险试点,充分发挥保险的风险控制和社会管理功能,探索建立政府、保险机构、企业、消费者多方参与、互动共赢的激励约束机制和风险防控机制,为全面推行食品安全责任保险制度积累经验。

二、明确开展食品安全责任保险试点工作的基本原则

(一)坚持政府引导、政策支持。充分认识食品安全责任保险具有社会公益性,关系国计民生,但目前尚处于基础薄弱的发展阶段的特点,大力创造低成本的政策环境,更好地发挥政府的引导作用。根据地方实际,给予必要的政策扶持,着力完善配套措施,增加投保吸引力,确保试点工作顺利开展。

(二)坚持市场运作、公平竞争。充分发挥市场在资源配置中的决定性作用,引进先进经营管理理念和技术手段,增强食品安全责任保险产品、服务、管理和技术创新能力,促进市场主体差异化竞争和个性化服务。转变发展方式,坚持规范经营,提高服务质量,减少同质低效竞争,维护保险消费者合法权益。

(三)坚持先行先试、分步推广。统筹兼顾,因地制宜,鼓励有条件的地区、行业、领域先行先试。注重总结经验,分步引导推广,以大中型企业和网络食品交易第三方平台为示范,积极引导其他小企业投保，适时扩大试点覆盖面，完善食品安全责任保险制度。

三、确定食品安全责任保险的试点范围

各地可根据地区食品产业特点和发展现状，着重在关系民生的重要领域、风险等级较高的行业，以及地方性法规、地方人民政府制定的规章或者规范性文件已明确的投保食品安全责任保险的企业，开展食品安全责任保险试点，总结经验，探索规律。

鼓励以下领域食品生产经营单位积极投保食品安全责任保险：食品生产加工环节的肉制品、食用油、酒类、保健食品、婴幼儿配方乳粉、液态奶、软饮料、糕点等企业；经营环节的集体用餐配送单位、餐饮连锁企业、学校食堂、网络食品交易第三方平台的入网食品经营单位等；当地特有的、属于食品安全事故高发的行业和领域。

四、合理设计食品安全责任保险条款和保险费率

（一）明确责任范围。保险条款载明的保险责任赔偿范围应当包括：因被保险人提供的食品发生保险合同约定的食品安全问题，导致的第三方人身伤亡或者财产损失；投保企业或被保险人为减少损失而支出的必要而且合理的施救费用；依法应当由投保企业承担的事故鉴定、公证、诉讼等费用。

（二）确定责任限额。投保企业依据食品风险、发生食品安全问题后可能造成的损害范围、损失程度等因素，确定足以赔付食品安全损害的责任限额，并据此投保。食品药品监管部门可以会同保险监管部门根据行业特点、企业规模等因素，确定最低责任限额。鼓励大型食品生产经营企业投保较高的责任限额，充分转移意外风险。

（三）厘定保险费率。保险公司应综合考虑投保企业的行业种类、生产经营规模、历史损失等情况，积极配合有关部门开展食源性疾病（食物中毒）费用调查，按照风险损失原则，确定保险基础费率。建立费率浮动机制，将企业的安全管理评级、信用记录、行业风险差异、历史损失情况等纳入费率调整因子，充分发挥保险费率的杠杆调节作用，减少食品安全事故发生。

五、建立健全食品安全风险管理机制

（一）探索建立食品安全风险评级制度。食品药品监管部门要探索建立基于风险管理的企业分级分类监管模式。保险监管部门应当督促保险公司加强对投保企业的风险管理服务，强化现场勘查，充分发挥责任保险在事前风险预防、事中风险控制等方面的风险管理作用。将投保企业风险等级与参保情况、保险费率水平等挂钩，并运用责任限额、免赔额等手段促使食品企业加强质量管理。

（二）加强食品安全信用制度建设。食品药品监管部门要督促企业严格落实食品安全主体责任，做好事故预防、事故整改、事故处理以及事故应急预案等工作，不断建立健全信用记录。保险公司应积极查询企业信用记录，将其作为实施差别化保险费率的重要参考依据，对守信者实行优惠保险费率，对失信者相应提高保险费率。

（三）加强数据分析与共享。食品药品监管部门要加强食品安全事故的统计分析，根据需要依法提供监管信息。保险公司要加快建立风险数据库，逐步实现行业之间的数据共享，提升对食品安全的风险甄别水平和风险管理能力。支持保险公司因地制宜开发特色产品，积极运用网络、云计算、大数据、移动互联网等新技术促进食品安全责任保险销售渠道和服务模式创新。

六、完善食品安全责任保险理赔机制

（一）严格执行事故报告制度。投保企业发生食品安全损害事故后，应当立即按照相关规定对事故进行处置，防止事故扩大，并按规定向有关政府部门报告；应当及时通知保险公司，协助保险公司开展事故勘查和定损。保险公司在获知保险事故发生或接到事故报案后，应第一时间展开事故查勘与处理,积极参与事故救助。

(二)完善事故鉴定手续。保险公司应科学、合理设定食品安全损害事故鉴定流程和标准,明确事故鉴定报告和调查结论的认定程序。投保企业在索赔时,应按要求提交事故鉴定手续,以便保险公司在责任认定、赔偿处理时参考。

(三)切实提高理赔效率。保险公司对投保企业提出的索赔,要按照保险合同的约定,规范、及时地履行保险赔偿责任。对责任明确的重大保险事故,保险公司可直接对受害者先行赔付,或积极提供预付赔款,及时化解矛盾纠纷。保险监管部门应当引导保险公司优化理赔流程,提高理赔效率,提升理赔服务质量,使保险理赔更加快速、便捷。

七、加强食品安全责任保险试点工作的组织实施

(一)加强组织领导。开展试点工作的地区要高度重视,切实加强领导,成立由食品安全办、食品药品监管局、保险监管局等部门共同参加的领导小组,细化工作方案,明确责任分工,建立工作机制,发挥部门合力,推动工作落实到位。食品安全办要加大工作力度,及时协调解决试点工作中遇到的问题,确保食品安全责任保险试点工作取得实效。

(二)强化激励约束措施。食品药品监管部门、保险监管部门应结合实际探索多种激励约束手段推动企业投保。将企业是否投保纳入企业信用记录和分级分类管理指标体系,并作为企业分级分类管理措施的重要参考。对按规定投保的企业,食品药品监管部门可会同有关部门,推动已投保企业优先获得行业专项支持和政府扶持政策的支持等。加大信息公开力度,及时公布企业投保情况。

(三)加强引导督促落实。加强食品安全法规、食品安全知识和保险案例宣传,发挥新闻媒体的正面宣传和引导作用,增强企业风险意识、责任意识和投保意识,提升群众法律意识、维权意识和索赔意识。按照属地管理原则,积极将食品安全责任保险试点工作开展情况纳入地方食品安全工作考核评价,推动将食品安全责任保险政策纳入地方性法规、行政规章或规范性文件。

(四)及时总结经验。及时并积极总结推广食品安全责任保险试点工作中的好经验、好做法,不断提升对食品安全责任保险的认识,摸索食品安全责任保险发展规律,健全保险管理制度和运行机制,为全面建立食品安全责任保险制度提供实践支撑和决策参考。

国务院食品安全办　食品药品监管总局

中国保险监督管理委员会

2015 年 1 月 21 日

附录十九：

中国保监会　工业和信息化部　商务部　人民银行 银监会关于大力发展信用保证保险服务和支持小微企业的指导意见

保监发〔2015〕6 号

各省、自治区、直辖市、计划单列市及新疆生产建设兵团中小企业主管部门、商务主管部门，中国人民银行上海总部，各分行、营业管理部，各省会（首府）城市中心支行，各副省级城市中心支行，各银监局，各国有商业银行、股份制商业银行、邮政储蓄银行，各保监局，各财产保险公司：

小微企业是国民经济和社会发展的重要基础，在稳定增长、扩大就业、促进创新、繁荣市场和满足人民群众需求等方面发挥着极为重要的作用。为推动信用保证保险业务支持小微企业发展工作，运用保险特有的增信融资功能，支持实体经济发展，促进经济提质增效升级，现提出如下意见：

一、总体要求

（一）指导思想。贯彻落实《国务院关于加快发展现代保险服务业的若干意见》（国发〔2014〕29 号）和《国务院办公厅关于多措并举着力缓解企业融资成本高问题的指导意见》（国办发〔2014〕39 号）文件精神，以信用保证保险产品为载体，创新经营模式，营造良好发展环境，坚持改革创新，调动各方参与主体的积极性，发挥信用保证保险的融资增信功能，缓解小微企业融资难、融资贵问题。

（二）基本原则。坚持政府引导、政策支持的原则。发挥政府的引导作用，创造良好的政策环境，建立多部门协调机制支持小微企业发展。

坚持市场运作、鼓励创新的原则。发挥市场在资源配置中的决定性作用，坚持市场化运作，鼓励保险产品服务创新，提高服务质量。

坚持风险防范、稳健经营的原则。发挥保险业风险管理的优势，优化风险处置流程，提高风险处置能力，强化责任追究，守住风险底线，持续稳定地服务小微企业发展。

二、创新发展方式

（三）创新保险产品。鼓励保险公司与银行合作，针对小微企业的还贷方式，提供更灵活的贷款保证保险产品。鼓励保险公司针对自主品牌、自主知识产权、战略性新兴产业等小微企业，细化企业在经营借贷、贸易赊销、预付账款、合约履行等方面的风险，创新开发个性化、定制化的信用保证保险产品。发挥保险机构风险管理优势，探索开展融资性担保机构中小企业担保贷款保证保险业务，扩大保险业服务小微企业规模。

（四）创新经营模式。鼓励各地结合当地实际情况，积极探索以信用保险、贷款保证保险等保险产品为主要载体，“政府 + 银行 + 保险”多方参与、风险共担的合作经营模式。

鼓励各地在小微企业需求旺盛的地区先行试点，总结经验，完善机制，逐步推广。

(五)创新资金运用。鼓励保险公司发挥专业化投资及风险管控的优势,投资符合条件的小微企业专项债券及相关金融产品。鼓励保险资产管理机构探索设立夹层基金、并购基金、不动产基金等私募基金,支持小微企业、科技型企业等新兴产业、新兴业态发展。支持保险资金投资创业投资基金。

三、提高服务能力

(六)优化投保操作流程。支持保险公司运用云计算、大数据、移动互联网等新技术促进保险销售渠道和服务模式创新。保险公司要搭建便利的投保平台,优化承保操作流程,简化投保手续,为小微企业提供"低门槛、低成本、易操作"的保险服务。

(七)提高理赔服务效率。保险公司要充分考虑小微企业资金"短、小、频、急"的特点,加快理赔进程,减轻小微企业在理赔过程中的资金压力;要建立小微企业理赔绿色通道,搭建理赔服务网络和平台,制定理赔服务手册,履行理赔服务承诺,提升理赔服务质量。

(八)拓宽增值服务项目。保险公司要加强对小微企业信用风险、经营风险的分析和研究。在发挥保险保障功能的基础上提供增值服务,鼓励保险公司通过风险数据的积累和整合,为小微企业提供市场分析、典型案例等专业咨询服务。

四、营造政策环境

(九)扩大金融机构网点,延伸金融服务小微企业的地区,拓宽服务范围。各银监局、保监局应积极协调地方政府,提供政策优惠措施,鼓励银行、保险等金融机构在商业自愿原则的基础上到金融服务薄弱地区有序设立分支机构。鼓励地方金融机构将经营网点从省会及大中型城市向县域和乡镇等小微企业集中的地区延伸。

(十)完善风险评估政策,合理确定授信额度,提高金融机构风险容忍度。鼓励保险公司对优质小微企业提高信用保险承保额度。鼓励银行细化小微企业的风险评估指标,提高优质小微企业的风险容忍度,对优质小微企业购买信用保险进行保单融资给予支持,发挥保单对贷款的增信作用。

(十一)充分运用中央和地方对小微企业信用保证保险支持政策,扩大保险覆盖面。保险公司要用好中央支持中小企业发展专项资金的奖励政策,积极拓展国内贸易信用保险业务,做好中小企业发展专项资金国内贸易信用保险奖励项目申报工作。鼓励地方政府建立小微企业信用保证保险基金,用于小微企业信用保证保险的保费补贴和贷款本金损失补贴。保险公司要用好各地政府贷款保证保险、出口信用保险的财政支持政策,向小微企业做好投保政策解读和宣导工作,扩大信用保险和贷款保证保险的覆盖面。

(十二)推动银保合作,共同分担和防范化解小微企业贷款风险。推动银行和保险公司合作,引入贷款保证保险机制,对购买贷款保证保险进行贷款的小微企业,引导银行合理确定贷款利率,提高审贷效率。加强银保双方在客户开发、信息共享、欠款追偿等多个环节紧密合作。完善银保双方信息系统配套建设,实现银保信息互通互联。强化银保双方在信息披露、贷后管理、业务培训等方面的合作,全面排查风险,防范虚假贸易融资和骗贷骗赔风险。

(十三)积极搭建小微企业信用信息共享平台,提升信息透明度。人民银行会同银监会、保监会、地方政府及相关部门推动小微企业信用体系建设,整合小微企业注册登记、生产经营、纳税缴费、劳动用工、用水用电等信息资料,建立信用信息共享平台,依法向征信机构开放。试点放开经营小微企业业务达到一定规模的保险公司接入人民银行征信系统,实现信息共享。

(十四)鼓励再保险公司为小微企业提供再保险支持。鼓励再保险公司加强对小微企业信用风险的研究,引进国外成熟产品,帮助保险公司完善产品开发和风险分散,提供承保、理赔、精算和风险管理等技术支持，扩大保险公司对小微企业的承保能力。

五、夯实基础建设

（十五）加强队伍建设。保险公司要建立专业化的风险评估、风险管理、风险处置队伍，培养对小微企业的财务数据、业务流水、经营管理等方面进行全面评估的专业人才，熟悉和了解小微企业经营特点，能准确识别小微企业整体经营状况及信用违约风险，提高信贷审核和承保理赔的质量，降低风险事故发生率。

（十六）加强信息化建设。保险公司要加强小微企业业务发展的信息化建设，建立和完善适用于评估小微企业信用风险的数据库和数据模型，为小微企业业务提供合理的定价基础，准确进行风险评估和管理。完善小微企业业务系统的应用能力，提高系统的安全性和稳定性。

（十七）加强风险防范。保险公司要建立完善的事前、事中、事后风险防范体系，形成以风险管理为核心的内在价值理念。加强精算技术在信用违约风险评估和定价中的应用，做好总体风险的平衡分散。根据历史、行业经验选定变量，建立风险预警机制，及时发现异常情形、调整承保策略。

六、注重协作监督

（十八）加强监督，规范管理。各保监局要加强对小微企业相关保险业务的监督管理，依法查处保险公司条款费率报行不一、非理性价格竞争等行为。打击欺瞒、误导和出险后惜赔、少赔、拖延不赔等侵害小微企业利益的行为。各银监局要监督辖区内的银行机构规范与保险公司的业务合作，加强内控管理，切实提高银保双方小微企业合作业务的质量。

（十九）加强组织领导，密切沟通协作。各部门要充分认识小微企业发展的重要性和紧迫性，建立务实高效的工作联系机制，加强部门间、地区间的协同联动，保持政策的一致性，切实将各项工作落到实处，取得实效。各保监局要加强与地方政府的沟通，会同当地有关部门，结合本地区发展实际，因地制宜地制定和细化各项政策措施，总结典型做法，完善各项制度，做好宣传，不断加强和改进对小微企业的金融支持和服务工作。

中国保监会　工业和信息化部　商务部　人民银行　银监会

2015 年 1 月 8 日

附录二十:

中国保监会关于印发《个人税收优惠型健康保险业务管理暂行办法》的通知

保监发〔2015〕82 号

各保监局,各人身保险公司:

为贯彻落实财政部、国家税务总局、保监会《关于开展商业健康保险个人所得税政策试点工作的通知》(财税〔2015〕56 号)精神,促进个人税收优惠型健康保险业务健康发展,保护被保险人的合法权益,我会研究制定了《个人税收优惠型健康保险业务管理暂行办法》。现予印发,请遵照执行。

中国保监会

2015 年 8 月 10 日

个人税收优惠型健康保险业务管理暂行办法

第一章 总 则

第一条 为促进个人税收优惠型健康保险(以下简称个人税优健康保险)健康发展,维护各方当事人的合法权益,根据《中华人民共和国保险法》、《财政部、国家税务总局、保监会关于开展商业健康保险个人所得税政策试点工作的通知》(财税〔2015〕56 号)等法律、行政法规和有关规定,特制定本办法。

第二条 本办法所称个人税优健康保险是指在试点地区个人购买符合本办法规定的商业健康保险。

第三条 本办法所称保险公司是指人身保险公司及其分支机构。

第四条 保险公司经营个人税优健康保险业务,适用本办法。

第二章 经营要求

第五条 保险公司经营个人税优健康保险应当具备以下条件:

(一)满足保险公司偿付能力管理规定,上一年度末和最近季度末的偿付能力充足率均不低于 150%;

(二)最近三年内未受到重大行政处罚;

(三)除专业健康保险公司外,其他人身保险公司应设立健康保险事业部;

(四)具备相对独立的健康保险信息管理系统,并与商业健康保险信息平台对接;

(五)配备专业人员队伍,健康保险事业部具有健康保险业务从业经历的人员比例不低于

50%,具有医学背景的人员比例不低于30%;

(六)中国保监会规定的其他条件。

第六条 中国保监会根据本办法,公布并及时更新符合第五条要求的保险公司总公司名单。

第三章 产品管理

第七条 个人税优健康保险产品设计应遵循保障为主、合理定价、微利经营原则。

第八条 保险公司应按照长期健康保险要求经营个人税优健康保险,不得因被保险人既往病史拒保,并保证续保。

第九条 个人税优健康保险产品采取万能险方式,包含医疗保险和个人账户积累两项责任。

医疗保险应当与基本医保、补充医疗保险相衔接,用于补偿被保险人在经基本医保、补充医疗保险补偿后自负的医疗费用。被保险人的医疗费用不得重复报销。

个人账户积累仅可用于退休后购买商业健康保险和个人自负医疗费用支出。

第十条 医疗保险的保险金额不得低于20万元人民币。对首次带病投保的,可以适当降低保险金额。

医疗保险不得设置免赔额。

被保险人符合保险合同约定的医疗费用的自付比例不得高于10%。

第十一条 医疗保险简单赔付率不得低于80%。医疗保险简单赔付率低于80%的,差额部分返还到所有被保险人的个人账户。

第十二条 保险公司不得对个人账户收取初始费用等管理费用。

第十三条 保险公司开发的个人税优健康保险产品,应当标注"个人税优健康保险"字样,报中国保监会审批。

第四章 业务管理

第十四条 保险公司应对投保人身份和纳税情况进行验证,符合条件方可承保。

第十五条 保险公司在确认收到投保人缴纳的保费后,应向其开具个人税优健康保险专用单证,用于个人所得税税前抵扣。

第十六条 保险公司不得提供个人税优健康保险的保单贷款服务。

第十七条 保险公司不得强制或变相要求投保人或被保险人变换保险公司,也不得从其他保险公司恶意抢夺客户。

第十八条 保险公司不得以财务再保险的方式分散个人税优健康保险业务风险。

第十九条 保险公司不得误导公众,不得减少保障范围,不得强制搭售其他商业保险产品。

第二十条 保险公司应当加强对个人税优健康保险业务销售人员的培训与管理,提高其职业道德和业务素质,不得引导或纵容销售人员进行违背诚信原则的活动。

第二十一条 保险公司应采取适当方式,每季度至少一次向投保人提供投保信息、保单状态、账户信息、交费次数、交费金额、万能账户价值和收益等信息资料,并提供相应的查询服务,切实维护好被保险人的合法权益。

第二十二条 保险公司应与医疗机构加强合作,依据诊疗规范和临床路径等标准或规定,通过医疗巡查、驻点驻院、抽查病历等方式,做好对医疗行为的监督管理。

第二十三条 保险公司应严格按照当地有关政策规定及保险合同约定对被保险人的医疗费用进行审核给付,及时将发现的冒名就医、挂床住院、过度医疗等违规问题报告投保人和政府有关部门。

第五章 财务管理

第二十四条 保险公司应对个人税优健康保险业务进行单独核算。

第二十五条 保险公司应加强个人税优健康保险的资金管理,按照收支两条线的要求,严格资金的划拨和使用。

第二十六条 保险公司应当单独归集个人税优健康保险的保费收入、赔付支出、经营管理费用、盈亏,单独出具个人税优健康保险业务的利润表、费用明细表及报告。

第二十七条 保险公司应按照费用分摊的相关监管规定,合理认定费用归属对象,据实归集和分摊,不得挤占其他业务的成本,不得把其他业务的成本分摊至个人税优健康保险业务。

第二十八条 保险公司应据实列支经营个人税优健康保险业务所发生的销售费用、管理费用及其他运营费用,不断加强对费用的控制力度,切实提高费用管理水平,降低业务经营成本。

第六章 信息系统管理

第二十九条 中国保监会组织开发全行业统一的商业健康保险信息平台,该平台应具有以下功能:

(一)支持个人税优健康保险业务的承保、理赔、转移等;

(二)可以向保险监管部门报送相关统计数据;

(三)支持税务部门对保单的真实性及税优使用额度进行检验;

(四)可以为投保人提供自助式的保单信息及账户信息查询服务;

(五)中国保监会规定的其他功能。

第三十条 保险公司应加强对健康保险信息系统的管理和维护,建立并执行严格的保密制度,严格用户权限管理,切实保护被保险人信息安全。

第三十一条 保险公司应加大对个人税优健康保险业务数据的积累和分析。

第三十二条 保险公司应按照保险监管部门要求,按时上报个人税优健康保险业务经营情况及相关的信息和数据。

第七章 信息披露

第三十三条 保险公司应当按照中国保监会的有关规定对个人税优健康保险经营情况进行信息披露。

第三十四条 保险公司应当定期向社会公众公布个人税优健康保险的保障责任、服务内容、服务承诺、咨询投诉方式、理赔流程及联系方式,切实维护好被保险人的合法权益,接受社会监督。

第三十五条 保险公司应当根据中国保监会的要求公布个人税优健康保险万能账户利息率。

第三十六条 保险公司提供的信息披露材料,应当由总公司统一管理。保险公司须对所披露材料的真实性、完整性负责。

第八章 监督管理

第三十七条 保险监管部门对保险公司实行业务监管。保险公司应当按有关要求适时向商业健康保险信息平台传送相关信息。

第三十八条 个人税优健康保险业务经营情况应当接受当地财政、税务、审计等政府部门和社会公众的监督,公开透明运行。

第三十九条 保险公司开展个人税优健康保险业务存在违法违规行为的,保险监管部门依《中华人民共和国保险法》及保监会有关规定给予行政处罚。

第四十条 保险公司依法解散、被依法撤销、被依法宣告破产的,应当根据《中华人民共和国保险法》及其他有关法律对个人税优健康保险业务进行清算。

第九章 附 则

第四十一条 本办法规定的重大行政处罚,是指保险公司受到下列行政处罚:

(一)单次罚款金额在150万元人民币以上(含150万元)的;

(二)限制业务范围的;

(三)责令停止接受新业务一年以上(含一年)的;

(四)责令停业整顿的;

(五)计划单列市分公司或者省级分公司被吊销业务许可证的;

(六)董事长、总经理被撤销任职资格或者行业禁入的;

(七)中国保监会规定的其他重大行政处罚。

第四十二条 商业健康保险信息平台是指由中国保险信息技术管理有限责任公司负责开发的全行业统一的信息平台。

第四十三条 非纳税人群购买税优健康保险产品由保险公司自行决定。

第四十四条 本办法由中国保监会负责解释。

第四十五条 本办法自印发之日起施行。

附录二十一:

中国保监会关于加强人身保险费率政策改革产品管理有关事项的通知

保监寿险〔2015〕136 号

各人身保险公司:

为深入推进人身保险产品费率政策改革,做好费率政策改革产品管理工作,促进人身保险市场持续稳定健康发展,现将有关事项通知如下:

一、本通知所称费率政策改革审批产品是指根据中国保监会人身保险费率政策改革相关规定,需要报送中国保监会审批的普通型、分红型和万能型人身保险产品。

二、保险公司开发费率政策改革审批产品的,应按照《人身保险公司保险条款和保险费率管理办法》(保监会令 2011 年第 3 号)的有关规定报送中国保监会审批,同时应满足以下要求:

(一)公司最近两个季度末偿付能力充足率处于充足Ⅱ类。保险公司偿付能力充足率低于充足Ⅱ类时,应立即停止销售费率政策改革审批产品。

(二)公司最近 3 年未受到监管部门重大行政处罚。

(三)公司没有因涉嫌违法违规行为正在被监管部门调查,或者正处于风险处置、整顿或接管期间。

(四)产品预定利率和最低保证利率由保险公司按照可持续性原则审慎确定,应不超过公司过去 5 年平均投资收益率。对于开业时间不满 5 年的公司,其开业之前的投资收益率采用保险行业投资收益率。同时,公司应该说明产品拟配置资产组合的预期投资收益能够支持产品最低保证成本及相关费用等支出;对于分红保险产品,公司还应考虑未来红利分配的影响。

本通知所指的投资收益率为财务收益率(财务收益率 =(投资收益 + 公允价值变动损益 + 其他收益 - 资产减值损失)/资金运用平均余额 ×100%[1]),公司过去 5 年各年度的投资收益率应经过外部审计或监管部门认可。

(五)产品在报送中国保监会审批时应提供经董事会审议通过的书面决议。对于境外保险公司的分公司,产品在报送中国保监会审批时应提供经管理层审议通过的书面决议。

三、在收到保险公司报送的费率政策改革审批产品相关材料后,中国保监会根据产品监管和费率政策改革的有关规定及本通知第二条之规定对相关产品进行审核。

四、保险公司报送普通型、分红型和万能型人身保险条款和保险费率审批或者备案,如果产品预定利率或最低保证利率超过 2.5% 的,除按照《人身保险公司保险条款和保险费率管理办法》提交有关材料外,还应提交《费率政策改革产品信息表》(见附件)。

五、保险公司总经理、总精算师、法律责任人、合规负责人等相关管理人员应切实履行审核责任,确保向中国保监会报送的产品审批材料真实有效,不存在虚假记载和陈述等。

六、本通知自发布之日起执行。中国保监会此前下发的有关规定与本通知内容不符的,以本通知为准。

附件:费率政策改革产品信息表

中国保监会

2015 年 7 月 31 日

附录二十二:

中国保监会关于万能型人身保险费率政策改革有关事项的通知

保监发〔2015〕19 号

各人身保险公司:

为进一步发挥市场在保险资源配置中的决定性作用,建立符合社会主义市场经济规律的人身保险费率形成机制,推动保险公司经营管理和保险监管的创新,切实保护保险消费者合法权益,促进人身保险业持续稳定健康发展,我会决定实施万能保险费率政策改革。现将有关事项通知如下:

一、本通知所附之《万能保险精算规定》(以下简称《规定》)自 2015 年 2 月 16 日起实施。

二、自《规定》实施之日起,《关于印发投资连结保险、万能保险精算规定的通知》(保监寿险〔2007〕335 号)之《万能保险精算规定》废止。

三、自《规定》实施之日起,万能型人身保险的最低保证利率由保险公司按照审慎原则自行决定。

四、自《规定》实施之日起,万能型人身保险的评估利率上限为年复利 3.5%。

五、自《规定》实施之日起,保险公司开发万能型人身保险最低保证利率不高于中国保监会规定的评估利率上限的,应按照《人身保险公司保险条款和保险费率管理办法》(保监会令 2011 年第 3 号)的有关规定报送中国保监会备案。保险公司开发万能型人身保险最低保证利率高于中国保监会规定的评估利率上限的,应报送中国保监会审批。

六、自《规定》实施之日起,各公司应按照《规定》开发万能型人身保险产品,新开发的产品应按照《规定》要求设立万能单独账户、公布结算利率和提取准备金。

七、本《规定》实施之日前,各公司已审批或备案的万能型人身保险产品,应于 2015 年 7 月 1 日前完成业务衔接工作:

(一)与《规定》不符的应停止使用,或按照《规定》修改后重新报送审批或备案;

(二)对于有效保单,应按照《规定》要求进行万能单独账户管理、公布结算利率和提取准备金。

2015 年 7 月 1 日后,不符合本规定的万能型人身保险产品不得销售。

附件:万能保险精算规定

中国保监会

2015 年 2 月 3 日

万能保险精算规定

第一部分 适用范围

一、本规定适用于个人万能保险和团体万能保险。

第二部分 风险保额

二、除本条第二款规定情形外，对于投保时被保险人的年龄满 18 周岁的，个人万能保险在保单签发时的死亡风险保额不低于保单账户价值的 20%。

年金保险的死亡风险保额可以为零。团体万能保险的死亡风险保额可以为零。

死亡风险保额是指有效保额减去保单账户价值。其中有效保额是指被保险人因疾病和意外等身故时，保险公司支付的死亡保险金额。

三、万能保险可以提供死亡保险责任以外的其他保险责任。

第三部分 万能账户及结算利率

四、万能保险应当提供最低保证利率，最低保证利率不得为负。保险期间内各年度最低保证利率数值应一致，不得改变。

五、保险公司应为万能保险设立一个或多个单独账户。

万能单独账户的资产应当单独管理，应当能够提供资产价值、对应保单账户价值、结算利率和资产负债表等信息，满足保险公司对该万能单独账户进行管理和保单利益结算的要求。

六、保险公司应当根据万能单独账户资产的实际投资状况确定结算利率。结算利率不得低于最低保证利率。

七、保险公司可以为万能单独账户设立特别储备，用于未来结算。特别储备不得为负，并且只能来自实际投资收益与结算利息之差的积累。

八、保险公司应当定期检视万能单独账户的资产价值，以确保其不低于对应保单账户价值。

季度末出现万能单独账户的资产价值小于对应保单账户价值的，保险公司应采取以下措施：

（一）下季度内每一次公布的年化结算利率不得超过本季度内年化结算利率；

（二）应当在 15 个工作日之内向万能单独账户注资补足差额，注资资金只能来自公司自有资金。

在其他情况下，保险公司不得以任何形式注资。

九、在同一万能单独账户管理的保单，应采用同一结算利率。

十、下列情形可以采用不同的结算利率或不同的最低保证利率：

（一）不同的万能保险产品；

（二）不同的团体万能保险客户；

（三）不同时段售出的万能保险业务。

按照前款要求，不同的结算利率的万能保单应在不同的万能单独账户中管理。

第四部分 费用的收取

十一、万能保险可以并且仅可以收取以下几种费用：

(一)初始费用,即保险费进入万能账户之前扣除的费用。

(二)死亡风险保险费,即保单死亡风险保额的保障成本。

风险保险费应通过扣减保单账户价值的方式收取,其计算方法为死亡风险保额乘以死亡风险保险费费率。

保险公司可以通过扣减保单账户价值的方式收取其他保险责任的风险保险费。

(三)保单管理费,即为维护保险合同向投保人或被保险人收取的管理费用。

保单管理费应当是一个不受保单账户价值变动影响的固定金额,在保单首年度与续年度可以不同。保险公司不得以保单账户价值一定比例的形式收取保单管理费。

对于团体万能保险,保险公司可以在对投保人收取保单管理费的基础上,对每一被保险人收取固定金额形式的保单管理费。

(四)手续费,保险公司可在提供部分领取等服务时收取,用于支付相关的管理费用。

(五)退保费用,即保单退保或部分领取时保险公司收取的费用,用以弥补尚未摊销的保单获取成本。

十二、期交保险费形式的万能保险的保险费由基本保险费和额外保险费构成。

基本保险费不得高于人民币 10 000 元。对于投保年龄在 18 周岁至 60 周岁的被保险人,基本保险费不得高于保险金额除以 20。此处保险金额是指保单签发时的死亡保险金额。

保险公司对同一投保人并同一被保险人销售有多张同一产品的万能保单的,所有有效保单的基本保险费之和不得高于人民币 10 000 元。

期交保险费高于基本保险费的部分为额外保险费。

十三、基本保险费初始费用的比例不得超过下表所示的上限。投保人暂缓支付保险费的,以后每次支付保险费时,其中基本保险费的初始费用上限应当参照该保险费原属保单年度的上限。

十四、额外保险费初始费用比例的上限为 5%。

十五、期交保险费保单追加保险费的初始费用比例的上限为 3%。

十六、趸交保险费形式的万能保险初始费用的比例不得超过下表所示的上限:

趸交保险费保单追加保险费的初始费用比例的上限为 3%。

十七、团体万能保险保险费的初始费用比例的上限为 5%。

十八、万能保险的初始费用不得以减少保单账户价值的形式扣除。

十九、保险公司收取的退保费用不得高于保单账户价值或者部分领取部分对应的保单账户价值的以下比例:

保单账户价值和现金价值(即保单账户价值与退保费用之间的差额)应当同时列示在利益演示表上。

二十、万能保险应当保证各项费用收取的最高水平。若不保证,应在合同条款中约定变更收费水平的方法。

保险公司不得通过费用水平调整弥补过去的费用损失。

二十一、保险公司应当在保险合同中约定死亡风险保险费费率的最高水平。

非标准体保险合同的死亡风险保险费应由保险公司根据普遍认可的精算原则确定,不适用本条第一款的规定。

二十二、对于团体万能保险,保险公司可以在备案或审批的费用基础上,在本规定的范围内进行合理调整。

第五部分 持续奖金

二十三、万能保险可以提供持续奖金。持续奖金是保险公司对持续有效的保单或持续交费的保单,满足合同约定条件时给予的奖金。保险公司应当在保险合同和产品说明书上明确说明持续奖金发放的条件及金额。

二十四、保险公司应在产品精算报告中对有关持续奖金的设计、发放、准备金的计提方法以及对公司财务的影响等进行阐述。

第六部分 现金价值与责任准备金

二十五、现金价值指保单账户价值与退保费用之间的差额。

二十六、责任准备金由账户准备金、最低保证利率准备金和其他保单利益准备金三部分构成。

(一)账户准备金等于评估日的保单账户价值。

(二)最低保证利率准备金

为体现最低保证利率带来的额外成本,保险公司应当计提最低保证利率准备金。

预期在未来每个时间段内,因为市场波动,万能单独账户投资收益可能不足以满足最低保证利率的结算利息要求而带来的额外成本:

$$C_t = k_t \times AV_t \times m;$$

$$k_t = \max(\text{最低保证利率} - \text{压力利率}, 0)$$

其中:

C_t为 t 时刻的额外成本。

k_t为 t 时刻在压力利率情景下预计的收益率缺口。

压力利率为评估利率 -0.5%,指压力利率情景下预计的投资收益率水平。

AV_t为 t 时刻预计的保单账户价值。

m 指该时间段占 1 年的比例。

最低保证利率准备金为各时间段额外成本按照评估利率贴现至评估日的现值之和,额外成本的计算时间为每期期初。

(三)其他保单利益准备金。

为确保未来对保单利息支出及保单账户之外的各项支出有足够的支付能力,保险公司应参照下述现金流折现方法计算其他保单利益准备金:

1. 预期在未来的每个时间段内,保单账户以外的现金流(包括所有保证和非保证保单利益的现金流)。

需要考虑的现金流包括但不局限于:保单账户以外的理赔、营业费用、持续奖金。需要考虑的现金流不包括利差收入。

2. 若预期的净现金流在未来的某些时间点为负值,则从最远的负值点(n)往回,按如下递推公式计算:

$$V_{n-1} = -PV_{n-1}(CF_n)$$

$$V_{n-t} = \max[0, PV_{n-t}(V_{n-t+1}) - PV_{n-t}(CF_{n-t+1})]$$

其中:

V_t为 t 时刻的非账户准备金,t = 0,1…,n - 1。

CF_t为$[t-1,t]$时间段内的净现金流，$t=1,2\cdots,n$。

$PV_t()$为相应项目在t时刻的精算现值，贴现率为评估利率。

3.万能保险评估日的结算利率高于未来1年的可预测投资收益率与最低保证利率之较大者的，保险公司还应当按如下公式增加计提相应的其他保单利益准备金。

$$AV_0 \times \max(i_0 - j_0, 0) \times \min(1, \text{剩余保险期间天数}/365)$$

其中：

AV_0为评估日的实际保单账户价值。

i_0为截至评估日的结算利率。

j_0为截至评估日万能单独账户投资组合中固定收益类及其他具有明确存续到期时间、按照预定的利率和形式偿付利息和本金等特征的资产的投资收益率，并与最低保证利率取较大者。

二十七、责任准备金计算要求

(一)预测现金流时，未来每个时间段最长为1年。

(二)评估利率由中国保监会指定并公布。

(三)计算责任准备金时需要预计未来万能保单账户价值的，应根据万能单独账户资产预测投资收益率和已公布的结算利率合理预测未来结算利率。预测的结算利率不得低于最低保证利率，且不得低于评估利率-1%。

(四)保险公司应遵循普遍认可的精算原则选取其他精算假设，可以与公司内含价值假设保持一致。

(五)保险公司出于谨慎原则，可以采用不同于上述的方法和假设，但计算结果不能小于上述方法、假设所得结果。

(六)责任准备金应逐单计算。但是，若保险公司认为将具有相似特征的保单分组计算的结果与逐单计算的结果无实质性差异，也可采用分组方法计算。

附录二十三：

中国保监会关于促进团体保险健康发展有关问题的通知

保监发〔2015〕14 号

各保险公司：

为规范保险公司团体保险业务经营行为，保护投保人和被保险人的合法权益，促进团体保险业务持续健康发展，现就有关问题通知如下：

一、本通知所称团体保险是指投保人为特定团体成员投保，由保险公司以一份保险合同提供保险保障的人身保险。

前款所称特定团体是指法人、非法人组织以及其他不以购买保险为目的而组成的团体。特定团体属于法人或非法人组织的，投保人应为该法人或非法人组织；特定团体属于其他不以购买保险为目的而组成的团体的，投保人可以是特定团体中的自然人。

团体保险的被保险人在合同签发时不得少于 3 人，特定团体成员的配偶、子女、父母可以作为被保险人。

二、团体保险应当使用经审批或者备案的保险条款和保险费率。保险公司以批单、批注或者补充协议形式进行变更的，应当由总公司统一批准和管理。

保险公司以批单、批注或者补充协议形式对保险期间超过 1 年的团体保险进行变更并且改变其保险费率、保险责任和定价方法的，应按照《人身保险公司保险条款和保险费率管理办法》的有关要求进行审批或变更备案。

保险公司以批单、批注或者补充协议形式对保险期间不超过 1 年的团体保险进行变更的，不需要将保险条款和保险费率重新报送审批或备案，但应当在年度产品总结报告中进行专题报告，报告应包括下列内容：

（一）保险条款和保险费率变更情况；

（二）保费总额、保险金额总额以及赔付情况；

（三）责任准备金提取状况；

（四）对偿付能力的影响；

（五）中国保监会规定的其他内容。

三、保险公司承保团体保险合同，应要求投保人提供被保险人同意为其投保团体保险合同的有效证明和被保险人名单，但下列特殊情形除外：

（一）政府作为投保人为城镇职工、城镇居民、新农合参保人群、计生家庭和老年人等特殊群体投保的具有公益性质的团体保险；

（二）投保时因客观原因无法确定被保险人，或承保后被保险人变动频繁，但是可以通过客观条件明确区分被保险人的团体保险，如建筑工程意外险、乘客意外伤害保险和游客意外伤害保险等；

（三）被保险人所属特定团体属于国家保密单位，或被保险人身份信息属于国家秘密的。

适用上述特殊情形承保团体保险必须经保险公司总公司审核同意,并每季度向承保机构所在地保监局报告。

四、保险公司应当及时向被保险人签发保险凭证,投保人和被保险人未要求提供纸质保险凭证的,可以提供电子保险凭证,同时应向被保险人提供网络、电话和柜面等保险凭证查询渠道;符合本通知第三条规定的特殊情形的,可以不向被保险人签发保险凭证。

保险凭证应当载明保险期间、保险责任范围和被保险人在该团体保险合同项下享有的各项权利,以及被保险人和受益人的基本信息(包括姓名、性别、身份证件类型和号码、联系方式)。

五、团体保险的退保金应当通过银行等资金支付系统转账至原交款账户,但下列特殊情形除外:

(一)投保人原交款账户销户或原交款账户存在异常状态导致无法转账成功的,经投保人或者承继投保人权利的人提供有效证明文件,退保金可以通过银行转账至其指定账户,该指定账户应属于投保人或者承继投保人权利的人;

(二)投保人收入和支出账户不一致的,经投保人提供有效证明文件,退保金可以通过银行转账至投保人指定账户,该指定账户应属于投保人;

(三)投保人为党政机关、事业单位且根据有关规定应将退保金转账至财政或国库账户的,或者按照仲裁结果或法院判决应将退保金转账至仲裁机构或法院指定账户的;

(四)投保人没有银行账户或以现金形式缴纳保费的;

(五)经投保人提供有效证明文件,被保险人个人缴纳的保费可以退还给被保险人。

六、团体保险的被保险人可以包括同一团体在不同省、自治区或者直辖市的成员,但承保的保险机构应当设立在下列地区之一所在的省、自治区或者直辖市内:

(一)投保人的注册地或者住所所在地;

(二)投保人主要营业场所所在地;

(三)承保时50%以上被保险人住所所在地;

(四)承保时50%以上保费缴纳来源所在地。

本通知自下发之日起施行,《关于规范团体保险经营行为有关问题的通知》(保监发〔2005〕62号)同时废止。本通知内容与其他规定不一致的,以本通知内容为准。

中国保监会

2015年1月29日

附录二十四：

中国保监会关于试行《保险资产风险五级分类指引》的通知

保监发〔2014〕82 号

各保险集团(控股)公司、保险公司、保险资产管理公司：

为完善保险资金投后管理,科学审慎评估资产风险,提高保险资产质量,我会制定了《保险资产风险五级分类指引》,现印发给你们,请结合公司实际,逐步实施并完善资产风险分类制度。鼓励有条件的保险机构参照国际惯例,探索更严格的分类标准。

中国保监会

2014 年 10 月 17 日

保险资产风险五级分类指引

第一章 总 则

第一条

为加强保险集团(控股)公司、保险公司(以下简称为保险机构)的全面风险管理,提高保险资金使用效率,提升资产质量,特制定本指引。

第二条

本指引所指资产风险分类,是指按照风险程度将保险机构投资资产划分为不同级别的过程。

需要进行风险分类的资产包括保险机构投资的除以公允价值计量,且其变动计入当期损益或所有者权益之外的资产。

第三条

评估保险机构资产质量,应以风险为基础,将资产分为正常、关注、次级、可疑和损失五类,后三类合称为不良资产。

分类标准的核心定义为：

正常类:资产未出现减值迹象,资金能够正常回收,没有足够理由怀疑资产及收益会发生损失。其基本特征为“一切正常”。

关注类:资产未出现显著减值迹象,但存在一些可能造成资产及收益损失的不利因素。其基本特征为“潜在缺陷”。

次级类:资产已出现显著减值迹象,即使采取各种可能措施,资产仍可能形成一定损失,但损失较小。其基本特征为“缺陷明显,损失较小”。

可疑类:资产已显著减值,即使采取措施,也肯定要形成较大损失。其基本特征为“肯定损失,损失较大”。

损失类:在采取所有可能的措施或一切必要的法律程序之后,资产仍然全部损失或只能收回极少部分。其基本特征为“基本损失”。

本指引中各类资产分类应按照核心定义的基本要求,结合资产实际情况,审慎细致分类。

第四条

资产风险分类应当以资产价值安全程度为核心,以投资成本为基准,合理评估资产风险和实际价值,并遵循以下原则:

(一)风险原则。风险分类以保险资产的内在风险为主要依据,以已经发生的或预计损失程度为主要分类标准。

(二)真实原则。广泛搜集保险资产的各类信息,采用穿透法,深入分析偿债主体和标的基础资产的风险状况,严格按照分类标准、方法和程序进行分类,充分估计现实与潜在的风险状况,全面、真实反映保险资产的风险程度。

(三)定性与定量分析相结合的原则。对保险资产的风险分类进行定性定量相结合的分析、评估,科学合理地划分风险类别。对减值迹象判断困难或计量精确性受到影响的,应运用审慎的专业判断和稳妥的分类方法。

(四)动态原则。当出现有可能影响保险资产安全的风险因素时,应适时、动态地对相关资产进行重新认定与分类,并采取措施防范和化解风险。

第五条

通过资产风险五级分类应达到以下目标:

(一)揭示保险资产的实际价值和风险程度,全面、真实、动态地反映资产质量;

(二)发现保险资金使用、管理、监控中存在的问题,加强保险资金运用风险管理;

(三)为判断保险机构计提的资产减值准备是否充足提供参考。

第二章　固定收益类资产分类标准

第六条

本指引中所称“固定收益类资产”是指具有明确存续时间、按照预定的利率和形式偿付利息和本金等特征的资产,以及主要价值依赖于上述资产价值变动的资产,并包括其他金融资产中具有固定收益属性的资产。

第七条

固定收益类资产主要形式包括:基础设施债权投资计划、不动产债权投资计划、持有到期的企业(公司)债券,以及具有固定收益资产特征的项目资产支持计划、信贷资产支持证券、证券公司专项资产管理计划、商业银行理财产品、集合资金信托计划、保险资产管理产品等。

第八条

固定收益类资产风险五级分类的定义为:

正常类:偿债主体和交易相关各方能够履行合同或协议,没有足够理由怀疑保险机构投资的本金及收益不能按时足额收回。

关注类:尽管偿债主体和交易相关各方目前有能力偿还,但存在一些可能对偿还产生不利影响的因素。

次级类:偿债主体的偿还能力出现明显问题,完全依靠其正常经营收入无法足额偿还保险机构投资的本金及收益,即使执行增信措施,也可能会造成一定损失。

可疑类:偿债主体无法足额偿还保险机构投资的本金及收益,即使执行增信措施,也肯定要造成较大损失。

损失类:在采取所有可能的措施或一切必要的法律程序之后,保险机构投资的本金及收益仍然无法收回,或只能收回极少部分。

第九条

对固定收益类资产进行风险分类时,考虑的主要因素包括:

(一)发行主体和偿债主体的信用状况;

(二)偿债主体的偿还能力;

(三)资产的增信措施;

(四)资产偿还的法律责任;

(五)偿债主体和发行主体的内部管理和控制情况;

(六)项目资金使用情况及现金流状况。

信用状况包括声誉、信用评级、征信记录、偿还记录、偿还意愿等;偿还能力包括财务状况、盈利能力、影响偿还的非财务因素等。

第十条

对固定收益类资产进行分类时,应将资产及收益的逾期天数作为资产分类的重要指标。

(一)本金或利息存在逾期情形,且逾期不超过 60 天(含)的,相应资产划分为次级类;

(二)本金或利息逾期 60 天以上至 180 天(含)的,相应资产划分为可疑类;

(三)本金或利息逾期 180 天以上的,相应资产划分为损失类。

本金和利息的逾期天数由合同约定的日期开始计算,合同约定宽限期的,可以以宽限期届满开始计算。

第十一条

基础设施债权投资计划、不动产债权投资计划、有债权特性的项目资产支持计划等资产的分类,应采用穿透法,对标的基础资产的质量和风险状况进行分析和评估,同时考虑偿债主体的资质和风险控制体系、产品交易结构、还款来源、增信措施等因素。

(一)基础资产为单个项目的,分类标准如下:

1. 正常类:应同时满足如下条件:(1)标的基础资产权属明确、边界清晰、形态完整、要件齐全;(2)标的基础资产具有持续稳定的现金流或预期收益明确;(3)产品交易结构清晰、简单;(4)偿债主体经营状况良好、偿还能力充足、风险控制措施齐备,或产品增信措施较强。

2. 关注类:出现下列情形之一:(1)标的基础资产权属、边界、形态和要件,出现较小瑕疵;(2)标的基础资产有现金流但不稳定,或预期收益存在一定的不确定性;(3)尽管偿债主体目前有能力偿还,但其内部经营管理或财务状况发生变化,可能对偿还产生不利影响。

3. 次级类:出现下列情形之一:(1)标的基础资产质量出现恶化情况,其预期收益存在较大的不确定性,已无现金流;且偿债主体的偿还能力出现明显问题,完全依靠其正常经营收入无法足额偿还保险机构投资的本金及收益;即使执行担保,也可能会造成一定损失;(2)保险机构投资本金或利息的回收存在逾期情形,且逾期不超过 60 天(含)。

4. 可疑类:出现下列情形之一:(1)产品到期后未能得到足额偿付,且损失较大;(2)标的基础资产质量严重恶化,价值严重贬值;且偿债主体无法足额偿还保险机构投资的本金及收益;即使执行担保,也肯定要造成较大损失;(3)投资本金或利息逾期 60 天以上至 180 天(含)。

5. 损失类:出现下列情形之一:(1)标的基础资产已灭失或丧失价值,且在采取所有可能的措施或一切必要的法律程序之后,偿债主体仍不能偿还到期本金和收益;(2)投资本金或利息逾期180天以上。

(二)基础资产为多个项目的,保险机构可参考上述标准进行资产分类;保险机构不具备相关能力的,可聘请第三方专业机构评估相应资产的价值,并按以下标准进行分类:

1. 正常类:评估价值不低于投资成本,没有影响投资的不利因素。

2. 关注类:评估价值虽不低于投资成本,但估计存在影响投资的不利因素。

3. 次级类:评估价值低于投资成本,投资存在一定风险,预计损失率在30%以内。

4. 可疑类:评估价值低于投资成本,投资存在较大风险,预计损失率在30%(含)—80%之间。

5. 损失类:评估价值低于投资成本,投资肯定损失,预计损失率在80%(含)以上。

预计损失率=[(投资成本-评估价值)/投资成本]×100%。

第十二条

对于以长期投资为目的、持有到期的金融企业(公司)债券、非金融企业(公司)债券等,应根据债券存续期、发行人信用及增信措施等情况,按照风险分析法进行分类。其分类标准如下:

(一)正常类:债券处于存续期内,没有足够理由怀疑债券本息不能按时足额偿还。一般具有以下特征:债券发行人经营正常;主要经营指标合理;现金流充足。

(二)关注类:债券发行人目前有能力偿还债券本息,但存在对偿还产生不利影响的因素。一般具有以下特征:宏观经济、行业和市场发生变化,或债券发行人内部经营管理或财务状况发生变化,对债券发行人正常经营产生不利影响,但偿还能力尚未出现明显问题。

(三)次级类:出现下列情形之一:

1. 债券处于存续期内,债券发行人的还款能力出现明显问题,即使执行增信措施,也可能会造成一定损失;

2. 债券投资本金或利息的回收存在逾期情形,且逾期不超过60天(含)。

一般具有以下特征:债券发行人经营状况和财务状况出现较大问题,支付出现困难,且难以获得新的资金。

(四)可疑类:出现下列情形之一:

1. 债券到期后出现偿付问题,即使执行增信措施,也肯定要造成较大损失;

2. 债券虽然处于存续期内,但已经宣布违约;

3. 债券投资本金或利息逾期60天以上至180天(含)。

一般具有以下特征:债券发行人经营状况和财务状况恶化,连续半年以上处于停业、半停业状态,收入来源很不稳定。

(五)损失类:出现下列情形之一:

1. 债券发行人已经破产或虽未破产但已经关门停业,且在采取所有可能的措施或一切必要的法律程序之后,债券发行人仍不能偿还到期本金和收益;

2. 债券发行人不能偿还到期债务且债券投资本金或利息逾期180天以上,确认款项无法收回。

第十三条

具有固定收益特征的信贷资产支持证券、证券公司专项资产管理计划、商业银行理财产品、集合资金信托计划、保险资产管理产品等金融产品的分类,应主要考虑发行主体及偿债主体的声誉、信用评级、内部风险控制体系,以及产品交易结构、产品增信措施等因素,同时采用穿透法,考虑标的基础资产的质量和风险状况。具体分类可比照第十一条的标准。

第三章　权益类资产分类标准

第十四条

本指引中所称“权益类资产”主要包括股权和股权金融产品。

股权是指保险机构以出资人名义投资并持有的非上市企业股权。

股权金融产品是指保险机构投资的由股权投资管理机构发起设立的股权投资类金融产品，包括未上市股权投资基金、基础设施股权投资计划、不动产股权投资计划、权益类集合资金信托计划、权益类项目资产支持计划及权益类保险资产管理产品等。

第十五条

股权投资的风险分类如下：

(一)对于可以获得被投资企业股权公允市场价格的，按投资成本与公允市场价格孰低法进行分类。公允市场价格的确定原则为：如存在活跃市场的，其市价即为公允市场价格；如不存在活跃市场，但类似股权存在活跃市场的，该股权的公允市场价格应比照相关类似股权的市价确定。类似股权建议选择上市公司，参考标准为：公司所属行业、总资产、净资产、每股收益、净资产收益率等方面的指标基本相同。

1. 正常类：公允市场价格不低于投资成本，没有影响股权投资的不利因素。

2. 关注类：公允市场价格虽不低于投资成本，但估计存在影响股权投资的不利因素。

3. 次级类：公允市场价格低于投资成本，股权投资存在一定风险，预计损失率在30%以内。

4. 可疑类：公允市场价格低于投资成本，股权投资存在较大风险，预计损失率在30%(含)—80%之间。

5. 损失类：公允市场价格低于投资成本，股权投资肯定损失，预计损失率在80%(含)以上。

预计损失率=[(投资成本-公允市场价格)/投资成本]×100%。

(二)对于无法获得被投资企业股权公允市场价格的，应综合考虑被投资企业的经营状况、财务状况、盈利能力、净资产等因素，以及股权的退出机制安排，整体评价其风险状况和预计损失程度。

1. 正常类：应同时满足如下条件：(1)持股净资产总额不低于投资成本；(2)被投资企业的经营状况良好、盈利能力较强、按约定正常分红；(3)股权具有明确的、有效的退出机制安排。

2. 关注类：同时满足如下条件：(1)持股净资产总额不低于投资成本；(2)被投资企业的盈利能力一般，已不能按约定正常分红；或股权的退出机制不太明确或有效性较弱。

3. 次级类：出现下列情形之一：(1)持股净资产总额低于投资成本，预计损失程度在30%以内；(2)被投资企业的盈利能力较差，经营出现较大问题，连续三年不能按约定分红。对新开业(不满三年)企业的股权投资，持股净资产总额低于投资成本，但被投资企业的经营状况良好，经营前景较好，相应的股权投资可划分为关注类。

4. 可疑类：出现下列情形之一：(1)持股净资产总额低于投资成本，预计损失程度在30%(含)—80%之间；(2)被投资企业出现经营危机或有重大违规问题，监管部门已对其发出警示或整改通知；(3)被投资企业资不抵债，但差额较小。

5. 损失类：出现下列情形之一：(1)持股净资产总额低于投资成本，预计损失程度在80%(含)以上；(2)被投资企业资不抵债，且差额较大；(3)被投资企业已被宣告破产、接管、撤销，或停止经营、名存实亡，进入清算程序等。

预计损失程度=[(投资成本-持股净资产总额)/投资成本]×100%，其中，持股净资产总额＝每股净资产×保险机构持股数。

自投资发生之日起不满两年的股权投资,可以不考虑上述分类标准的第(1)项因素。

第十六条

股权金融产品的分类,主要采用穿透法,重点对股权所指向企业的质量和风险状况进行评估,同时考虑股权投资管理机构的资信状况、投资管理能力、风险控制措施、投资权益保护机制、股权退出机制安排等因素,合理确定该类产品的风险分类。

(一)基础资产为单个标的企业的,分类标准如下:

1. 正常类:应同时满足如下条件:(1)标的企业经营状况良好、盈利能力较强,能按约定正常分红;(2)股权投资管理机构能够履行投资合同或协议,经营业绩良好;(3)股权投资管理机构具有预期可行的股权退出机制安排。

2. 关注类:出现下列情形之一:(1)标的企业的盈利能力一般,已不能按约定正常分红;(2)股权投资管理机构虽然目前能够履行投资合同或协议,但存在一些可能对履行合同或协议产生不利影响的因素;(3)股权投资管理机构安排的股权退出机制不太明确或有效性较弱。

3. 次级类:出现下列情形之一:(1)标的企业盈利能力较差,经营出现较大问题,财务状况出现恶化现象,连续三年不能按约定分红;(2)股权投资管理机构存在一定的违约可能性,或已不能正常履行投资合同或协议,可能会给保险机构的股权投资造成一定损失,预计损失程度在30%以内。

4. 可疑类:出现下列情形之一:(1)标的企业出现经营危机,财务状况严重恶化或有重大违规问题,监管部门已对其发出警示或整改通知;(2)标的企业资不抵债,但差额较小;(3)股权投资管理机构存在较大的违约可能性,或基本不能履行投资合同或协议,肯定会给保险机构的股权投资造成较大损失,预计损失程度在30%(含)—80%之间。

5. 损失类:出现下列情形之一:(1)标的企业资不抵债,且差额较大;(2)标的企业已被宣告破产、接管、撤销,或停止经营、名存实亡,进入清算程序等;(3)股权投资管理机构已宣布违约,在采取所有可能的措施或一切必要的法律程序之后,保险机构的股权投资仍然全部损失或只能收回极少部分,预计损失程度在80%(含)以上。

预计损失程度＝[(股权投资成本－收回投资额)/股权投资成本]×100%。

(二)基础资产为多个标的企业的,保险机构可参考上述标准进行资产分类;保险机构不具备相关能力的,可聘请第三方专业机构评估相应股权投资的价值,其分类标准参照第十一条第(二)款规定。

第四章 不动产类资产分类标准

第十七条

本指引中所称"不动产类资产"是指投资的土地、建筑物及其他依附于土地上的定着物等。

第十八条

需要进行风险分类的资产为以成本法计量的非自用性不动产,其主要形式包括:商业不动产、办公不动产、符合条件的政府土地储备项目、与保险业务相关的养老、医疗、汽车服务等符合中国保监会规定的投资不动产类别。

第十九条

非自用性不动产的分类主要考虑不动产的公允评估价值。公允评估价值的确定原则为:如存在活跃市场的,则其市场价值即为其公允评估价值;如不存在活跃市场,但类似资产存在活跃市场的，该不动产的公允评估价值应比照相关类似资产的市场价值确定；如本身不存在活跃市场，也不存在类似的资产活跃市场，则公允评估价值采用近一年内全国性资产评估公司做出的评估价值。

（一）正常类：不动产的公允评估价值不低于投资成本，没有影响该不动产价值的重大不利因素。

（二）关注类：不动产的公允评估价值虽不低于投资成本，但估计存在影响不动产投资的不利因素，如宏观经济、行业和市场发生不利变化。

（三）次级类：不动产的公允评估价值低于投资成本，不动产投资存在一定风险，预计损失程度在30%以内。

（四）可疑类：不动产的公允评估价值低于投资成本，不动产投资存在较大风险，预计损失程度在30%（含）—80%之间。

（五）损失类：不动产的公允评估价值低于投资成本，不动产投资肯定损失，预计损失程度在80%（含）以上。

预计损失程度 = [（投资成本 - 公允评估价值）/投资成本] × 100%。

第五章　资产分类的基本要求

第二十条

资产分类是保险机构资产质量管理的重要组成部分，保险机构应至少从以下方面开展工作：

（一）建立健全内部控制制度及资产分类制度；

（二）建立有效的资产分类业务流程和组织管理体制；

（三）明确资产分类各部门及人员职责；

（四）完善档案资料管理制度，确保投资档案的连续完整；

（五）改进管理信息系统，确保能及时有效调取资产相关信息；

（六）督促交易对手或被投资机构提供真实、准确的经营、财务等相关信息。

第二十一条

本指引中的资产风险分类标准是资产分类的最低标准，也是判定保险机构资产质量的基础。保险机构应在本指引基础上，根据自身情况制定更为审慎细致的分类标准，鼓励有条件的保险机构实行更严格的资产分类标准，但应与本指引的标准具有明确的对应和转换关系。

第二十二条

保险机构要确保资产分类的初分人员和复审人员具备相应的能力和素质，要求其具有必要的业务管理、财务分析等知识，熟悉资产分类的基本原理。要通过定期培训和后续管理措施保证资产分类的质量。

第六章　资产分类的组织与实施

第二十三条

保险机构进行资产分类时，必须严格按照分类的标准、方法、程序进行初分、复审和认定，并按审批权限进行审批。保险机构应建立由投资部门负责初分、合规及风险职能部门负责复审和认定、董事会或其授权部门负责审批的工作机制。投资资产委托给专业资产管理机构的，可委托专业资产管理机构的投资部门进行初分，合规及风险职能部门进行复审和认定，但仍由保险机构的董事会或其授权部门负责审批，确保资产分类工作的独立、连贯和可靠。

第二十四条

保险机构进行资产分类的频率不应低于每半年一次。当出现影响资产质量的不利因素时,应及时调整资产分类结果。

第二十五条

保险机构董事会全面负责资产风险分类工作,并对资产分类承担最终责任。

第七章 资产分类的监督与管理

第二十六条

保险机构应将资产风险分类制度和工作机制报送中国保监会备案,并每半年报送一次本公司资产分类情况。中国保监会将建立专门信息平台,鼓励保险机构进行风险信息共享。

第二十七条 将通过现场检查和非现场监控方式对保险机构资产分类情况进行监管。对保险机构资产出现风险而资产分类报告未予以体现的,中国保监会将对保险机构相关责任人进行监管谈话,并视情况依法对保险机构采取进一步措施。

第八章 附 则

第二十八条

由于保险机构、交易对手等人为因素无法及时有效获取资产财务状况等信息的,投资资产应列入关注类及以下。

第二十九条

对偿债主体利用破产、解散、兼并、重组、分立、租赁、转让、承包等形式恶意逃废债务的资产,一般应列入可疑类及以下。

第三十条

违反国家有关法律法规或保险规章制度所形成的资产至少应列入可疑类及以下。

第三十一条

保险机构应按照审慎会计原则建立资产损失准备金提取制度,参考保险资产风险五级分类结果,及时提取包括减值准备在内的资产损失准备金。

第三十二条

保险机构应根据自身资产质量情况及经营状况,制订切实可行的年度资产损失准备计提计划、核销计划,以及不良资产处置计划,经董事会通过后报中国保监会备案。

第三十三条

本指引由中国保监会负责解释。

第三十四条

本指引自发布之日起施行。

附录二十五：

中国保监会关于提高保险资金投资蓝筹股票监管比例有关事项的通知

保监发(2015)64 号

各保险集团(控股)公司、保险公司、保险资产管理公司：

为优化保险资产配置结构，促进资本市场长期稳定健康发展，根据《保险资金运用管理暂行办法》等规定，现就保险资金投资蓝筹股票有关事项通知如下：

一、符合下列条件的保险公司，经报我会备案，投资单一蓝筹股票的余额占上季度末总资产的监管比例上限由 5% 调整为 10%；投资权益类资产的余额占上季度末总资产比例达到 30% 的，可进一步增持蓝筹股票，增持后权益类资产余额不高于上季度末总资产的 40%。

(一)上季度末偿付能力充足率不低于 120%；

(二)投资蓝筹股票的余额不低于股票投资余额的 60%。

二、适度提高保险资金投资蓝筹股票的资产认可比例，具体标准由我会另行制定。

三、保险资金投资的蓝筹股票，应当符合保险资金权益投资相关规定，在境内主板发行上市，市值不低于 200 亿元人民币，且具有较高的现金分红比例和稳定的股息率。

四、保险公司应当根据资产负债管理需要及市场变化，加强权益类资产风险监测，定期开展压力测试，确保偿付能力等符合监管规定。

五、保险公司根据本通知调整有关投资比例的，应当在每季度结束后 15 个工作日内向我会报告投资情况。

六、本通知自发布之日起执行。保险资金投资其他权益类资产，仍执行现行有关规定。

中国保监会

2015 年 7 月 8 日

附录二十六:

中国保监会关于调整保险资金境外投资有关政策的通知

保监发〔2015〕33号

各保险集团(控股)公司、保险公司、保险资产管理公司:

为加强保险资金境外投资监管,进一步扩大保险资产的国际配置空间,优化配置结构,防范资金运用风险,同时为适应相关保险业务外汇管理政策的变化,我会决定调整保险资金境外投资相关规定,并就有关事项通知如下:

一、对保险集团(控股)公司、保险公司(以下简称保险机构)开展境外投资的专业人员数量和资质的要求,调整为应当配备至少2名境外投资风险责任人,风险责任人包括行政责任人和专业责任人,其责任内容、资质条件、履职和培训要求、信息报告和处罚事项等参照《关于保险机构投资风险责任人有关事项的通知》(保监发〔2013〕28号)及相关规定执行。

二、保险资产管理公司、保险机构或保险资产管理公司在香港地区设立的资产管理机构受托管理集团内保险机构的保险资金开展境外投资时,投资市场由香港地区市场扩展至《保险资金境外投资管理暂行办法实施细则》(保监发〔2012〕93号,以下简称《细则》)附件1所列的国家或者地区金融市场。

三、保险资金投资境外政府债券、政府支持性债券、国际金融组织债券、公司债券和可转换债券等固定收益类产品时,计价货币不限于国际主要流通货币,应具备的信用评级由“发行人和债项均获得国际公认评级机构BBB级或者相当于BBB级以上的评级”调整为“债项获得国际公认评级机构BBB-级或者相当于BBB-级以上的评级”。

四、保险机构投资境外的股票由《细则》附件1所列国家或者地区证券交易所主板市场挂牌交易的股票扩展为上述主板市场和香港创业板市场挂牌交易的股票。

五、保险机构申请境外投资委托人资格应当具备的“具有经营外汇业务许可证”条件,调整为“具有经营外汇保险业务的相关资格”;申请境外投资委托人资格需要提交的“经营外汇业务许可证复印件”相关材料,调整为“经营外汇保险业务的相关证明材料”。

六、保险资产管理公司的自有资金开展境外投资参照《保险资金境外投资管理暂行办法》《细则》和本通知的相关规定执行。

七、本通知自发布之日起施行。

中国保监会

2015年3月27日

附录二十七：

中国保监会关于保险资金投资创业投资基金有关事项的通知

保监发〔2014〕101号

各保险集团（控股）公司、保险公司、保险资产管理公司：

为贯彻落实《国务院关于加快发展现代保险服务业的若干意见》（国发〔2014〕29号）精神，规范保险资金投资创业投资基金行为，支持科技型企业、小微企业、战略性新兴产业发展，防范投资风险，根据《保险资金运用管理暂行办法》等监管规定，现将有关事项通知如下：

一、本通知所称创业投资基金，是指依法设立并由符合条件的基金管理机构管理，主要投资创业企业普通股或者依法可转换为普通股的优先股、可转换债券等权益的股权投资基金。

本通知所称创业企业，是指处于初创期至成长初期，或者所处产业已进入成长初期但尚不具备成熟发展模式的未上市企业。

二、保险资金可以投资创业投资基金。保险资金投资创业投资基金的基金管理机构应当符合下列条件：

（一）依法设立，公司治理、内控机制和管理制度健全有效，具有5年以上创业投资管理经验，历史业绩优秀，累计管理创业投资资产规模不低于10亿元；

（二）为创业投资基金配备专属且稳定的管理团队，拥有不少于5名专业投资人员，成功退出的创业投资项目合计不少于10个，至少3名专业投资人员共同工作满5年；投资决策人员具备5年以上创业投资管理经验，其中至少2人具有3年以上企业管理运营经验；

（三）建立激励约束机制、跟进投资机制、资产托管机制和风险隔离机制，管理的不同资产之间不存在利益冲突；

（四）接受中国保监会涉及保险资金投资的质询，并报告有关情况；

（五）最近三年不存在重大违法违规行为。

三、保险资金投资的创业投资基金，应当不是基金管理机构管理的首只创业投资基金，且符合下列条件：

（一）所投创业企业在境内依法设立，符合国家产业政策，具有优秀的管理团队和较强的成长潜力，企业及主要管理人员无不良记录；

（二）单只基金募集规模不超过5亿元；

（三）单只基金投资单一创业企业股权的余额不超过基金募集规模的10%；

（四）基金普通合伙人（或基金管理机构）及其关联方、基金主要管理人员投资或认缴基金余额合计不低于基金募集规模的3%。

四、保险公司投资创业投资基金，应当具备股权投资能力，投资时上季度末偿付能力充足率不低于120%，投资规范、风险控制、监督管理等遵循《保险资金投资股权暂行办法》及相关规定。

五、保险公司应当强化分散投资原则，投资创业投资基金的余额纳入权益类资产比例管理，合计不超过保险公司上季度末总资产的2%,投资单只创业投资基金的余额不超过基金募集规模的20%。

六、保险资金可以通过投资其他股权投资基金间接投资创业企业,或者通过投资股权投资母基金间接投资创业投资基金。投资其他股权投资基金和股权投资母基金的基金管理机构、主要投向、管理运作等应当符合中国保监会关于保险资金间接投资股权的规定。

七、保险资金投资创业投资基金的基金管理机构可以聘请专业机构提供相关服务,包括托管机构、投资咨询机构、募集代理机构、律师事务所、会计师事务所等,上述机构应当符合相关监管规定,并接受中国保监会涉及保险资金投资的质询,报告有关情况。

八、保险公司、基金管理机构、托管机构应当按照《保险资金投资股权暂行办法》及相关规定,向中国保监会报告保险资金投资创业投资基金的资金运作情况。

基金管理机构应当于基金募集保险资金后20个工作日内,向中国保监会或其指定的信息登记平台报送基金相关信息。

九、保险公司、基金管理机构或专业机构违反本通知及相关监管规定的,中国保监会有权责令相关当事人改正,并依法给予行政处罚或列入负面清单管理。

十、本通知自发布之日起施行。有关监管政策与本通知不一致的,以本通知为准。

中国保监会

2014年12月12日

附录二十八：

中国保监会中国银监会关于规范保险资产托管业务的通知

保监发〔2014〕84号

各保险集团(控股)公司、保险公司、保险资产管理公司、有关托管机构：

为加强保险资产托管业务管理,规范保险资产托管行为,维护保险资产安全,根据《保险资金运用管理暂行办法》及相关法规,现就保险资产托管业务有关事项通知如下：

一、保险集团(控股)公司、保险公司(以下简称保险机构)应当建立和完善保险资产托管机制,选择符合规定条件的商业银行等专业机构(以下简称托管机构),将保险资金运用形成的各项投资资产全部实行第三方托管和监督,切实提高投资运作的透明度,防范资金运用操作风险。

二、托管机构应当至少履行下列职责：

(一)安全保管托管的保险资产；

(二)根据托管合同约定,代理或协助保险机构开立托管资金账户和证券账户；

(三)根据保险机构或专业投资管理机构的有效指令,及时办理资金划转和清算交割；

(四)对托管保险资产进行估值和会计核算；

(五)根据托管合同约定,向保险机构提供托管资产报告、有关数据、报表和信息；

(六)完整保存保险资产托管业务活动的记录、账册、报表和其他相关资料自合同终止之日起至少15年；

(七)对托管的保险资产投资信息和相关资料负有保密义务,不得擅自将上述信息和资料泄露给其他商业机构或个人；

(八)按照法律法规及保险资金运用相关规定,监督托管保险资产的投资运作,向中国保监会提交监督报告和有关数据、报表,并配合中国保监会对保险机构投资运作进行监督检查等。

三、保险机构应当确保保险资金运用的收支活动(除费用类支出外)主要通过托管资金账户进行;托管机构应当严格按照保险机构或专业投资管理机构的有效指令,办理资金收支,并确保托管保险资产的收支活动(除费用类支出外)主要通过托管资金账户进行。

四、托管机构应当按照《企业会计准则》和托管合同约定,进行托管保险资产的估值和核算,及时定期与保险机构对账,并对各类金融资产的估值方法开展定期评估,就估值核算的科学性、合理性和公允性提出建议。

五、托管机构应当切实履行托管保险资产的投资监督职能,根据保险资金运用相关规定及时更新投资监督规则和流程,对托管合同生效后所托管保险资产的投资范围、投资品种、投资比例、投资限制和禁止行为等进行合规监督。

六、托管机构如发现保险机构或专业投资管理机构违反法律法规或保险资金运用相关规定,应当立即通知保险机构或专业投资管理机构,同时向中国保监会报告。托管机构应当及时跟踪保险机构或专业投资管理机构违规运用保险资金的整改情况,并将整改结果及时向中国保监会报告。

七、保险机构应当配合托管机构履行投资监督职责,及时、准确、完整地向托管机构提供与投资监督相关的数据和信息,包括但不限于:

(一)投资监督所需的财务数据;

(二)划款指令人员授权变更情况;

(三)保险机构的关联方情况;

(四)专业投资管理机构的关联方情况。

因保险机构未能执行上述规定,导致托管机构不能有效履行投资监督职责的,由保险机构承担相关责任。

八、托管机构从事保险资产托管业务,不得有下列行为:

(一)将保险资产托管业务与保险产品销售业务挂钩;

(二)利用非法手段垄断市场,进行不正当竞争;

(三)挪用托管的保险资产;

(四)混合管理托管资产和固有资产或者混合管理不同托管账户资金;

(五)违反合同约定将保险资产委托他人托管(境外投资委托境外托管代理人托管除外);

(六)以托管的保险资产为他人设定担保;

(七)利用托管保险资产的投资信息和相关资料谋取非法利益;

(八)违规泄露托管保险资产的投资信息和相关资料。

保险机构开展保险资产托管业务,不得将保险资产托管业务与保险产品销售业务挂钩,不得因托管机构拒绝执行违反保险资金运用相关规定的划款指令或因严格履行投资监督职责而解除托管合作关系。

九、保险机构应当在本通知发布之日起一个月内向中国保监会提交保险资产托管业务实施方案。保险机构未按规定开展保险资产托管业务的,中国保监会将依法予以处罚。

十、中国保监会按照独立客观、持续完善的原则,制定并适时调整托管机构合规运作评价计分标准(见附件),定期跟踪评价托管机构的合规运作情况。托管机构合规运作评价内容主要包括:托管保险资产数据信息报送情况、投资监督职能履行情况、其他合规运作情况等。

十一、中国保监会每年一季度对上一年度托管机构合规运作情况进行评价计分,并将评价计分结果以书面形式通报托管机构。中国保监会可以定期或不定期向保险行业通报托管机构不合规运作事项。

托管机构对评价计分结果有异议的,可在收到通知后5个工作日内向中国保监会提出书面申述。中国保监会收到托管机构申述后10个工作日内予以答复。

十二、对合规运作评价计分结果低于80分或者履行保险资产托管职责存在风险的托管机构,中国保监会将责令其整改并提交整改报告。中国保监会视整改情况,向相关保险机构提示托管机构的履职风险,若托管机构继续履行保险资产托管职责将给资金运用带来较大风险,进而影响保险机构偿付能力的,中国保监会将责令保险机构更换托管机构。

十三、保险资产管理机构应当将自有资金及发行资产管理产品募集的资金投资形成的所有资产托管,并参照本通知执行。

十四、本通知自发布之日起执行。原有保险资金运用关于保险机构开展保险资产托管业务的规定与本通知不一致的,以本通知为准。

附件:托管机构合规运作评价计分标准

中国保监会　中国银监会

2014 年 10 月 24 日

附录二十九：

中国保监会关于保险资金投资优先股有关事项的通知

保监发〔2014〕80 号

各保险集团(控股)公司、保险公司、保险资产管理公司：

为进一步优化资产配置结构,规范资金运用行为,防范投资风险,根据《保险资金运用管理暂行办法》及相关规定,现将保险资金投资优先股有关事项通知如下：

一、本通知所称优先股,是指中国境内依照相关法律法规,在一般规定的普通种类股份之外,另行规定的其他种类股份,其股份持有人优先于普通股股东分配公司利润和剩余财产,但参与公司决策管理等权利受到限制。包括公开发行的优先股和非公开发行的优先股。

二、保险资金可以直接投资优先股,也可以委托符合《保险资金委托投资管理暂行办法》规定条件的投资管理人投资优先股。保险机构投资优先股,应当具备相应的投资管理能力。

三、保险资金投资优先股,应当具备完善的决策流程和内控机制。在一级市场投资优先股,应当由董事会或者董事会授权机构逐项决策,形成书面决议;在二级市场投资优先股,应当制定明确的逐级授权制度。

四、保险资金投资的优先股,应当具有 A 级或者相当于 A 级以上的长期信用等级。

保险资金投资的优先股,应当经中国保监会认可的信用评级机构进行评级;优先股的信用等级,原则上应当低于最近普通债项至少两个等级或者次级债项至少一个等级(两者同时存在的,遵循孰低原则)。发行方最近发行普通债项或者次级债项已经经过前述机构评级并存续的,优先股的信用等级可以按照上述原则由评级机构直接确定。

五、保险资金投资优先股,应当建立内部信用评估机制,制定授信制度和信用评估方法,明确可投资优先股的内部信用等级。保险资金投资的优先股,应当符合内部信用评估要求。

六、中国保险资产管理业协会可以制定相关规则,对存在下列因素的优先股,进行行业内部信用评估：

(一)非强制分红;

(二)非累积分红;

(三)发行方有普通股转换权;

(四)投资方无回售权。

七、保险资金投资的优先股,应当按照发行方对优先股权益融资工具或者债务融资工具的分类,分别确认为权益类资产或者固定收益类资产,纳入权益类或者固定收益类资产投资比例进行管理。

八、保险资金投资且已经纳入固定收益类资产计算投资比例的优先股,发行方将其调整为权益融资工具,或者累计 3 个会计年度或连续 2 个会计年度未按照规定支付股息的,应当在发行方相关决议发布之日起 20 个工作日内,调整纳入权益类资产,统一计算投资比例。

九、保险资金投资的优先股,应当按照相关会计准则及监管规定进行估值,在市场交易不活跃且其公允价值无法可靠计量的情况下，可以按照投资成本估值。

十、保险资金投资的优先股，其资产认可比例由中国保监会根据相关规定，结合市场风险状况确定，必要时可以进行评估调整。

十一、保险资金投资具有普通股转换权的优先股，应当充分关注转股触发条件及转股价格。对于转股条件及转股价格明显不合理的优先股，保险机构应当充分评估其投资风险。

十二、保险资金投资优先股，应当结合保险产品特性，认真评估当前条件下优先股的流动性问题，切实防范流动性风险；应当充分评估发行方盈利能力、信用状况和风险处置能力，关注重点条款，切实防范信用风险；应当建立、完善并严格执行操作程序，防范道德风险。涉及关联交易的，应当按照相关监管规定进行信息披露。

十三、保险资金投资优先股，应当在投资后 5 个工作日内，通过保险资产管理监管信息系统向中国保监会报送相关信息。

十四、保险资产管理机构的自有资金与发行的资产管理产品，可以按照本通知规定投资优先股。

保险资产管理机构受托管理的非保险资金，依照合同约定确定投资事宜。

十五、本通知自发布之日起施行。

中国保监会

2014 年 10 月 17 日

附录三十:

中国保监会关于印发
《保险公司资本保证金管理办法》的通知

保监发〔2015〕37号

各保险公司:

为进一步加强对保险公司资本保证金的监管,保护投保人利益,维护保险市场的平稳、健康发展,根据《国务院关于取消和调整一批行政审批项目等事项的决定》(国发〔2015〕11号)的精神,我会对原《保险公司资本保证金管理办法》进行了修订。现将修订后的《保险公司资本保证金管理办法》印发给你们,请遵照执行。

中国保监会

2015年4月3日

保险公司资本保证金管理办法

第一章 总 则

第一条 为加强对保险公司资本保证金的管理,维护保险市场平稳、健康发展,根据《中华人民共和国保险法》(以下简称《保险法》),制定本办法。

第二条 本办法所称保险公司,是指经保险监督管理机构批准设立,并依法登记注册的商业保险公司。

第三条 本办法所称资本保证金,是指根据《保险法》的规定,保险公司成立后按照其注册资本总额的20%提取的,除保险公司清算时用于清偿债务外不得动用的资金。

第四条 中国保险监督管理委员会(以下简称中国保监会)依法对保险公司资本保证金进行监督管理,保险公司提存、处置资本保证金等行为应符合本办法规定。

第五条 保险公司应遵循"足额、安全、稳定"的原则提存资本保证金。

第二章 存 放

第六条 保险公司应当选择两家(含)以上商业银行作为资本保证金的存放银行。存放银行应符合以下条件:

(一)国有商业银行、股份制商业银行、邮政储蓄银行和城市商业银行;

(二)上年末净资产不少于200亿元人民币;

(三)上年末资本充足率、不良资产率符合银行业监管部门有关规定;

(四)具有完善的公司治理结构、内部稽核监控制度和风险控制制度;

（五）与本公司不具有关联方关系；

（六）最近两年无重大违法违规记录。

第七条 保险公司应将资本保证金存放在保险公司法人机构住所地、直辖市、计划单列市或省会城市的指定银行。

第八条 保险公司应当开立独立银行账户存放资本保证金。

第九条 资本保证金存款存放期间，如存放银行不符合本办法规定，或者存在可能对资本保证金的安全存放具有重大不利影响的事项（如，因发生重大违法违规事件受到监管部门处罚、资本充足率不足等），保险公司应及时向中国保监会报告，并将资本保证金存款转存至符合规定的银行。

第十条 保险公司应在中国保监会批准开业后30个工作日或批准增加注册资本（营运资金）后30个工作日内，将资本保证金按时足额存入符合中国保监会规定的银行。

第十一条 保险公司可以以下形式存放资本保证金：

（一）定期存款；

（二）大额协议存款；

（三）中国保监会批准的其他形式。

第十二条 资本保证金存款存期不得短于一年。

第十三条 每笔资本保证金存款的金额不得低于人民币1000万元（或等额外币）。保险公司增加注册资本（营运资金）低于人民币5000万元（或等额外币）的，按实际增资金额的20%一笔提存资本保证金。

第十四条 保险公司应密切关注外币资本保证金存款的汇率波动。因汇率波动造成资本保证金总额（折合人民币）连续20个工作日低于法定要求的保险公司，应自下一个工作日起5个工作日内，按实际差额一笔提存资本保证金并办理相关事后备案手续。

第十五条 保险公司提存资本保证金，应与拟存放银行的总行或一级分行签订《资本保证金存款协议》。合同有效期内，双方不得擅自撤销协议。

第十六条 保险公司应要求存放银行对资本保证金存单进行背书："本存款为资本保证金存款，不得用于质押融资。在存放期限内，存款银行不得同意存款人变更存款的性质、将存款本金转出本存款银行以及其他对本存款的处置要求。存款银行未尽审查义务的，应当在被动用的资本保证金额度内对保险公司的债务承担连带责任。"

第三章 备　　案

第十七条 保险公司对资本保证金的以下处置行为，应在资本保证金存妥后10个工作日内向中国保监会事后备案：

（一）开业或增资提存资本保证金；

（二）到期在原存放银行续存；

（三）到期转存其他银行，包括在同一银行所属分支机构之间转存；

（四）到期变更存款性质；

（五）提前支取，仅限于清算时动用资本保证金偿还债务，或注册资本（营运资金）减少时部分支取资本保证金；

（六）其他动用和处置资本保证金的行为。

第十八条 保险公司开业或增资提存保证金存款、到期在原存放银行续存的，应向中国保监

会提交以下备案资料:

(一)资本保证金存款备案文件;

(二)保险公司资本保证金备案表(一式两份);

(三)《资本保证金存款协议》原件一份;

(四)资本保证金存单复印件以及存单背书复印件;

(五)中国保监会要求报送的其他材料。

第十九条 保险公司资本保证金存款到期转存其他银行或到期变更存款性质的,除向中国保监会提交第十八条备案资料外,还需提供以下资料:

(一)保险公司资本保证金处置情况表;

(二)原《资本保证金存款协议》复印件;

(三)原资本保证金存款存单复印件及存单背书复印件;

(四)中国保监会要求报送的其他资料。

第二十条 保险公司提前支取资本保证金,仅限于清算时使用资本保证金偿还债务,或注册资本(营运资金)减少时部分支取资本保证金的,除向中国保监会提交第十九条相关备案资料外,还需提供中国保监会批准保险公司清算文件或减资文件。

第二十一条 备案资料不符合要求的,保险公司应在收到中国保监会通知之日起10个工作日内,重新提交备案资料。

第二十二条 未经中国保监会事后备案的,不认定为资本保证金存款。

第四章 监　管

第二十三条 除清算时用于清偿债务或资本保证金存放银行不符合本办法规定外,保险公司不得动用资本保证金。

第二十四条 在存放期限内,保险公司不得变更资本保证金存款的性质。

第二十五条 资本保证金存款不得用于质押融资。

第二十六条 未按照本办法规定提存、处置资本保证金的,中国保监会将依法进行处罚。

第五章 附　则

第二十七条 经营保险业务的保险控股公司和保险集团公司资本保证金的管理,适用本办法。

第二十八条 本办法由中国保监会负责解释。

第二十九条 本办法自发布之日起实施,《关于印发〈保险公司资本保证金管理办法〉的通知》(保监发〔2011〕39号)同时废止。

附件:1. 资本保证金存款协议(基本条款示例)

2. 保险公司资本保证金备案表

3. 保险公司资本保证金处置情况表

附录三十一：

深化商业车险条款费率管理制度改革试点工作方案

根据《中国保监会关于深化商业车险条款费率管理制度改革的意见》及相关法律法规要求，制定《深化商业车险条款费率管理制度改革试点工作方案》(以下简称《方案》)。

一、工作目标

贯彻落实《中国保监会关于深化商业车险条款费率管理制度改革的意见》，明确任务分工，细化工作职责，确定试点地区及改革步骤，确保商业车险条款费率管理制度改革(以下简称商业车险改革)顺利开展。

二、工作任务

(一)中国保险行业协会

1. 拟定商业车险行业示范条款

(1)修订商业车险示范条款。根据社会经济环境和社会公众需求的变化，进一步对2012版示范条款进行修订、完善，理顺示范条款结构，修改易引发争议的文字，扩大保险保障范围，提高行业示范条款的标准化、通俗化水平。

(2)完善商业车险示范条款体系。丰富商业车险保障层次，在综合型示范条款基础上，进一步增加不同保障范围的商业车险示范条款，满足社会公众多样化的保险需求。

(3)完善商业车险配套单证。拟订与商业车险示范条款配套的投保单、免责事项说明书、保险单、保险卡等单证参考样本，提高行业承保工作的标准化、规范化程度。

(4)建立商业车险典型案例库。根据消费者在商业车险诉讼、投诉中集中反映的问题，对示范条款进行动态修订和完善。

2. 拟订商业车险保费行业基准

根据非寿险精算原理，按照保险费率与标的风险、经营成本相匹配的原则，商业车险费率厘定标准公式为：

$$保费 = 基准保费 \times 费率调整系数$$

其中，基准保费 = 基准纯风险保费/(1 - 附加费用率)。

中国保险行业协会应组织行业力量，推进车型标准数据库等行业基础设施建设，建立商业车险基准纯风险保费和主要费率调整系数等行业参考保费基准的测算、发布、调整机制，为行业提高费率厘定工作的科学性、合理性、准确性提供支持。

(1)测算商业车险行业基准纯风险保费，逐步从地区、车型、使用年限、使用性质等不同维度准确反映被保险机动车的行业平均赔付水平。

(2)研究商业车险保费与以往年度保险赔款记录、交通违法记录等重要影响因素的相关关系，制定行业无赔款优待系数、交通违法系数等费率调整参考方案。

(3)根据全行业商业车险经营数据，对商业车险行业参考保费基准进行动态调整。

3. 建立商业车险创新型条款评估和保护机制

中国保险行业协会应建立商业车险创新型条款评估专家库，设立商业车险创新型条款审核委员会，建立科学合理的商业车险创新型条款评估机制，对财产保险公司自主开发条款的创新性、合法性、合理性进行行业评估。探索建立商业车险创新型条款保护机制，对商业车险创新型产品给予一定期间的保护。

(二)财产保险公司

1. 自主确定商业车险条款

财产保险公司可以选择使用商业车险行业示范条款或自主开发商业车险创新型条款。同一财产保险公司可以同时使用示范条款和创新型条款。

2. 科学厘定商业车险费率

财产保险公司应根据非寿险精算原理，依据基准纯风险保费和附加费用率测算本公司商业车险基准保费。同时，制定科学合理的费率调整系数表，根据本公司承保标的风险水平与行业平均风险水平之间的差异，以及个别业务经营成本与本公司平均经营成本之间的差异，制定费率调整系数具体使用规则，通过费率调整系数对基准保费进行调整，合理厘定被保险机动车的实际费率。

(1)自主测算商业车险基准附加费用率。财产保险公司原则上应根据本公司最近三年商业车险实际费用水平，测算本公司商业车险保费的附加费用率。基于阶段性的市场经营策略，也可参考行业平均费用水平测算本公司商业车险保费附加费用率。

(2)财产保险公司选择使用商业车险示范条款的，可分别在[-15%，+15%]范围内，自主制定"核保系数"和"渠道系数"费率调整方案。中国保监会将根据保险市场发展水平，不断扩大财产保险公司费率调整自主权。超过中国保监会规定自主调整范围的，应单独向中国保监会报批。

(3)财产保险公司厘定商业车险费率方案后，应对本公司车险保费充足度和定价风险进行评估，并测算该定价方案对本公司综合成本率和偿付能力的影响。

3. 依法报批商业车险条款费率

财产保险公司应按照《保险法》、《财产保险公司保险条款和保险费率管理规定》及相关法律法规要求，遵循公平合理、科学审慎原则拟订商业车险条款费率，杜绝频繁调整条款费率损害保险消费者权益，破坏保险市场合理秩序。除精算预期与经营实际发生重大偏差等原因外，原则上财产保险公司调整商业车险条款费率的频率不高于半年一次。

财产保险公司应将拟使用的商业车险条款费率报中国保监会审核。报送条款费率申请时，应当提交下列材料：

(1)申请文件；

(2)审批表一式两份；

(3)商业车险条款文本，财产保险公司选择使用商业车险行业示范条款的，应在申请文件中进行说明，不需报送示范条款全文；

(4)商业车险费率和精算责任人签署的费率精算报告；

(5)商业车险条款和费率的说明材料，包括条款和费率的主要特点、市场风险、经营风险分析，财产保险公司选择使用商业车险行业示范条款的，不需报送相关具体分析内容；

(6)法律责任人和精算责任人声明书；

(7)财产保险公司自主开发商业车险创新型条款的，除应当提交上述规定的(1)—(6)项材料之外，还应当提交中国保险行业协会出具的条款创新性评估报告，并对该创新型条款与行业示范条款的区别进行对比说明。

4. 建立商业车险条款费率监测调整机制

财产保险公司应建立健全商业车险费率监测调整机制,动态监测、分析费率精算假设与市场实际情况的偏离度。试点地区相关财产保险机构后期实际发生的车险综合赔付率、综合费用率、综合成本率等主要经营指标较前期车险费率精算报告中假设的预期综合赔付率、预期综合费用率、预期综合成本率等指标发生重大偏离,尤其是车险综合成本率上升幅度超过本财产保险机构综合成本率前三个年度相应期间平均同比变动幅度(取绝对值计算)时,应及时对商业车险费率进行调整,并重新向中国保监会报批。

三、工作步骤

(一)试点准备阶段

1. 中国保险行业协会、财产保险公司根据中国保监会统一部署,分别成立相关工作组,拟订本单位商业车险改革具体工作方案,细化任务、落实责任。

2. 中国保险行业协会拟定和发布商业车险行业示范条款、配套单证及行业保费基准;财产保险公司选择使用行业示范条款或开发创新型条款,厘定本公司商业车险费率。

3. 财产保险公司开展业务人员培训、业务流程改造、信息系统调试、业务单证印刷等工作,确保改革后平稳、顺利向客户提供商业车险承保理赔服务。

(二)试点实施阶段

黑龙江、山东、青岛、广西、陕西、重庆等六个地区为商业车险改革试点地区。

1. 自 2015 年 4 月 1 日起,经营商业车险业务的财产保险公司可按照本《方案》要求,向中国保监会申报商业车险条款费率,并执行相关监管规定。

2. 中国保监会组织对试点地区财产保险机构逐一开展现场验收,验收内容包括公司制度建设、流程改造、系统调试、人员培训等是否符合改革试点相关要求,对于未通过现场验收的公司应限期整改直至符合要求。

3. 经中国保监会批准,试点地区财产保险机构可使用新的商业车险条款费率。原商业车险条款费率停止使用。

(三)试点推广阶段

总结商业车险改革试点经验,修订完善商业车险改革方案并适时推广。

四、监督管理

(一)中国保监会

1. 加强对财产保险公司商业车险条款费率拟订的监管。至少每半年对各财产保险公司试点地区保险机构商业车险费率进行一次回溯分析。相关财产保险机构后期实际发生的车险综合赔付率、综合费用率、综合成本率等主要经营指标较前期车险费率精算报告中假设的预期综合赔付率、预期综合费用率、预期综合成本率等指标发生重大偏离,尤其是车险综合成本率上升幅度超过本财产保险机构综合成本率前三个年度相应期间平均同比变动幅度(取绝对值计算),且未主动向中国保监会申请调整的,由保险监督管理机构责令停止使用,限期修改;情节严重的,可以在一定期限内禁止申报新的商业车险费率。

2. 加强对财产保险公司商业车险条款费率使用的监管。加大非现场和现场检查力度,对未按照规定申请批准商业车险条款费率的、未按照规定使用经批准的商业车险条款费率的,依法进行严厉查处。

3. 加强对财产保险公司偿付能力的监管。强化偿付能力刚性约束,将偿付能力不足的财产保险公司列为重点监管对象并采取相应的监管措施。

(二)保监局

1. 对当地财产保险机构商业车险改革情况进行指导、监督和检查,并将有关情况向中国保监会报告。

2. 持续开展非现场监管。密切关注并跟踪分析辖区内财产保险市场发展情况、商业车险条款费率执行情况、理赔服务情况和竞争秩序情况,测算各财产保险机构相关监管指标与当地市场整体水平的偏离度。在非现场监管中应重点关注:

(1)商业车险理赔服务质量、诉讼率、投诉率等指标及其变动情况;

(2)改革启动后车险综合成本率显著高于当地市场平均水平,且车险原保险保费收入增长率超过当地市场平均水平的财产保险机构情况;

(3)改革启动后车险综合成本率同比或环比大幅上升,且车险原保险保费收入增长率同比或环比提高的财产保险机构情况。

3. 加大现场检查力度。根据非现场监管分析结果选择现场检查重点对象,遏制商业车险违法违规行为,防止不正当竞争。现场检查时应重点关注下列行为:

(1)未按照规定申请批准商业车险条款费率的;

(2)未按照规定使用经批准的商业车险条款费率的;

(3)未按规定履行条款费率提示和说明义务,不明确解释不同类型条款保障范围差异,单纯比较附加费用率、个别费用浮动系数等费率构成要素,使用全险全赔等不全面、不准确、不真实概念误导消费者投保的;

(4)代替投保人在投保单、告知书等资料上签名的;

(5)通过虚假广告、虚假宣传、诋毁同业公司、给予或承诺给予投保人或被保险人保险合同以外的其他利益等形式进行不正当竞争的;

(6)以排挤竞争对手为目的,低于成本销售商业车险的;

(7)商业车险财务业务数据不真实的;

(8)商业车险理赔服务质量下降,存在拖赔、惜赔、无理拒赔行为的。

五、工作要求

(一)统一思想,加强领导

深化商业车险改革工作是《国务院关于加快发展现代保险服务业的若干意见》中的一项重要工作,是国务院推进保险业改革创新,全面提升行业发展水平的重大决策。各单位应成立由主要负责人牵头,各相关部门共同参加的商业车险条款费率管理制度改革领导小组和工作组,科学决策,积极落实,确保改革试点工作顺利推进。

(二)认真部署,有序推进

各单位要按照中国保监会《关于深化商业车险条款费率管理制度改革的意见》和本《方案》要求,结合本地区、本系统实际,有步骤、有重点,合理推进改革试点工作。财产保险公司应精心组织,合理安排,抽调法律、精算、业务、财务、信息、客服等相关部门精干力量,组建工作小组,明确职责分工,充分考虑改革实施中可能出现的风险和问题,审慎制定具有指导性、实效性、可操作性的改革实施方案和应急方案,切实防范定价风险、偿付能力风险和其他经营管理风险。

(三)总结经验,完善政策

各单位要组织开展商业车险改革的政策宣导,做好试点地区商业车险改革的解释说明工作,普及保险知识，提升消费者保险意识，为改革创造良好环境。

各单位要按照商业车险改革的整体工作部署，对改革试点效果进行跟踪评估和研究分析，深入剖析典型案例和问题，认真总结试点过程中好的经验做法，积极提出完善商业车险改革措施的意见建议，为商业车险改革全面实施奠定基础。

附录三十二:

中国保监会关于印发《老年人住房反向抵押养老保险试点统计制度》的通知

保监发〔2015〕2 号

各保险公司:

为贯彻落实《国务院关于加快发展养老服务业的若干意见》(国发〔2013〕35 号)精神,全面掌握老年人住房反向抵押养老保险试点业务开办情况,科学制定相关政策措施,我会研究制定了《老年人住房反向抵押养老保险试点统计制度》。现予印发,请遵照执行。

各保险公司要严格按照本制度规定的指标、口径及要求报送统计数据,确保统计数据真实、准确、完整和及时。

本制度自 2015 年 3 月 1 日起实施。未开展老年人住房反向抵押养老保险试点业务的保险公司无需报送。

中国保监会

2015 年 1 月 4 日

老年人住房反向抵押养老保险试点统计制度

一、总说明

(一)统计内容

老年人住房反向抵押养老保险试点统计制度的统计内容包括住房抵押情况和养老保险情况。住房抵押情况主要包括房产类型、房屋面积、土地到期时间、房产估值、贷款本金、贷款利息等统计指标。养老保险情况主要包括合同生效时间、产品类型、保单状态、被保险人年龄、原保险保费收入、养老金领取金额等统计指标。

保险公司应按本制度要求对上述内容进行逐单统计。

(二)报送单位

开展老年人住房反向抵押养老保险试点业务的保险公司总公司。

(三)报送方式及测试要求

具体报送方式及测试要求,另行发文通知。

(四)报送频度

老年人住房反向抵押养老保险试点统计报表的报送频度为月报。各试点保险公司应于下一个月的前 12 个自然日内报送报表,遇国庆、春节等法定长假可顺延 3 个自然日。

二、填报口径

1. 老年人住房反向抵押养老保险:指保险公司依照《关于开展老年人住房反向抵押养老保险

试点的指导意见》(以下简称《指导意见》)开办的将住房抵押与终身养老年金保险相结合的创新型商业养老保险业务,即拥有房屋完全产权的老年人,将其房产抵押给保险公司,继续拥有房屋占有、使用、收益和经抵押权人同意的处置权,并按照约定条件领取养老金直至身故;老年人身故后,保险公司获得抵押房产处置权,处置所得将优先用于偿付养老保险相关费用。

2. 保单号:指确定保单唯一性的编码,在不同期间上报的统计表中,同一保单必须使用同一编码。

3. 合同生效时间:指保险合同开始生效的时间,包括年、月、日三个要素,格式为八位数字。例如 20140630。

4. 是否期内新增:指本保单是否为本期新承保业务,在下拉框中选择是或否。

5. 试点城市:《指导意见》暂定的试点城市为北京、上海、广州、武汉,在下拉框中选择保单所在城市。

6. 产品类型:《指导意见》中产品类型分为参与型、非参与型,在下拉框中选择其一。

7. 报告期期末保单状态:指有效、失效(退保)、失效(已理赔)、失效(其他)四种保单状态,在下拉框中选择其一。

8. 被保险人类型:指夫妻双人、男性一人、女性一人、其他四种类型,在下拉框中选择其一。

9. 男性被保险人年龄与女性被保险人年龄:当被保险人类型为夫妻双人时,男女被保险人年龄均需填写;当被保险人类型为男性一人或女性一人时,需要填报对应性别被保险人的年龄,另一性别的被保险人年龄填“-”;当为其他时,男女被保险人年龄均填“-”。

10. 原保险保费收入:指年初至报告期末累计确认的原保险保费收入。

11. 养老金月领金额:指养老保险保单上载明的被保险人月领养老金初始金额。

12. 已领养老金:指年初至报告期末,保险公司累计向被保险人发放的养老金金额之和。

13. 房产建筑面积:指被保险人抵押房产的建筑面积。

14. 房产类型:指住宅商品房、其他两种类型,在下拉框中选择其一。

15. 土地到期时间:指被保险人抵押房产的土地使用到期时间。比如,2050 年。

16. 房产估值:指保险公司对被保险人抵押房产最近一次的评估估值。

17. 预计贷款总额:指预计在被保险人生命期内发放给被保险人贷款的本金之和,包括以养老金形式直接发放给被保险人的贷款、抵交养老险保费的贷款等以各种形式产生并计入贷款本金余额的贷款。

18. 贷款本金余额:指截至报告期末累计发放并计息的贷款本金之和,包括但不限于以养老金形式直接发放给被保险人的贷款、抵交养老险保费的贷款等。

19. 当前贷款利率:指报告期末正在执行的贷款计息利率。

20. 贷款利息余额:指报告期末贷款本金计息累计产生的贷款利息之和。

21. 贷款减值准备:指报告期末财务上已计提的贷款减值准备。

附表:老年人住房反向抵押养老保险试点业务统计表

附录三十三:

中国保监会关于印发《保险养老社区统计制度》的通知

保监发〔2014〕107 号

各保险集团(控股)公司、保险公司、保险资产管理公司:

为贯彻落实《国务院关于加快发展养老服务业的若干意见》(国发〔2013〕35 号)相关精神,全面反映保险养老社区投资、运营等情况,满足保险监管部门对保险机构投资养老社区业务的监管需求,我会制定了《保险养老社区统计制度》,现印发给你们,请遵照执行。

执行过程中如有问题,请及时与我会统计信息部联系。

联系人:朴雅琳

电　话:010 - 66286568

传　真:010 - 66288110

邮　箱:tjzdc@ circ. gov. cn

中国保监会

2014 年 12 月 24 日

保险养老社区统计制度

一、总体说明

(一)统计内容

保险养老社区是指由保险集团(控股)公司、保险公司或保险资产管理公司(以下简称保险机构)投资并具有实际控制权,在一定地域范围内建立起来的集居住、养老和护理等多种功能于一体的综合服务社区。此外,部分保险机构参与投资养老社区但对养老社区不具有实际控制权,这一类养老社区不属于保险养老社区,在本制度中称为“参与投资养老社区”。

本制度的统计范围既包括保险养老社区,也包括参与投资养老社区。

保险养老社区统计制度包括 4 张报表(见附表)。其中:表 1 为保险养老社区项目基本情况统计表,主要反映保险养老社区项目的基本情况,包括投资、建设、地理位置等方面;表 2 为保险养老社区项目运营情况统计表,主要反映保险养老社区项目中已运营项目的主要情况;表 3 为参与投资养老社区情况统计表,主要反映保险机构参与投资养老社区项目的情况;表 4 为保险产品关联养老社区情况统计表,主要反映与保险养老社区或其他养老社区关联的保险产品的具体情况(即投保人购买特定保险产品后,保单持有人及利益相关人获得即期或未来入住养老社区的权利或者可能性)。

(二)报送单位

投资保险养老社区并具有实际控制权的保险机构总公司向我会报送表 1、表 2、和表 4;参与投资养老社区但不具有实际控制权的保险机构总公司向我会报送表3和表4。

保险集团(控股)公司负责汇总上报整个集团养老社区统计报表,各子公司不再另行报送。

未投资养老社区的保险机构,无需报送。

(三)报送频度

保险养老社区统计报表报送频度为季报。保险机构应于季后12个自然日内报送报表,遇国庆、春节等法定长假可顺延3个自然日。

(四)报送时间

本制度从2015年1月1日起正式实施。保险机构应于2015年4月开始报送2015年一季度报表。

(五)报送方式及测试要求

具体报送方式及测试要求,另行发文通知。

(六)其他说明

本制度未特别说明的事项,按现行统计规定执行。

二、填报口径

1. 项目编号:指保险机构根据养老社区的初始投资时间依次编订的顺序号。编号规则如下:(1)项目编号由十一位数字组成,与项目名称一一对应;(2)首位至第六位数字为保险机构在中国保险统计信息系统中的编号,如泰康人寿为000020;(3)第七位至第九位数字为项目的顺序号;(4)第十位至第十一位为项目的期数号。如果项目分期开发并且分别核算,无法按项目汇总统计,则应按照项目分期分别统计、分别编号,例如项目第一期的期数号为01,第二期的期数号为02;如果各期项目可以汇总统计,则项目的期数号应为00。例如,泰康人寿保险股份有限公司在北京昌平的"燕园"分期开发、分别核算,则项目第一期可编为00002000101。如果"燕园"项目不分期开发,或虽然分期开发但是可以按项目汇总统计的话,则项目的期数号应为00,项目编号可编为00002000100。

2. 项目名称:指养老社区项目的正式名称或暂定名称。

3. 是否为本期新增项目:指养老社区项目是否为本期新增项目,在下拉框中选择是或否。

4. 项目所在地行政区划代码:指养老社区项目所在地的6位行政区划代码,精确到县(区、市、旗)。可通过查询国家统计局网站进行填报。如果在报告期国家统计局更新了区划代码,应按照新的区划代码填报。例如,合众人寿武汉养老社区的项目所在地区划代码为420114。

5. 土地使用性质:指保险养老社区项目的土地使用证上实际载明的地类(用途)。保险机构应严格依照土地使用证上载明的信息,据实填写。

6. 土地使用性质编码:指保险养老社区项目的土地使用性质根据国家质量监督检验检疫总局和国家标准化管理委员会颁布的《土地利用现状分类》(GB/T21010-2007)所确定的二级类编码。二级类编码应为三位数字。例如,土地使用性质为医卫慈善用地的,应填为084。如果土地使用性质为两种或两种以上,保险机构应确定一项主要性质,并相应填写二级类编码。

7. 占地面积:指保险养老社区项目土地使用证上载明的使用权面积。

8. 建筑面积:指建筑物(包括墙体)所形成的楼地面面积。建筑面积应根据住房和城乡建设部《建筑工程建筑面积计算规范》(GB/T50353-2013)计算。如果保险养老社区项目分期开发并且各期项目汇总统计,应填报项目的各期建筑面积合计值或预计合计值。如果项目分期开发并且分别核算,按照项目期数分别编制项目编号的话,则应分别填报建筑面积。

建筑面积=已运营建筑面积+已建成建筑面积+在建工程建筑面积+其他建筑面积

9. 已运营建筑面积:指保险养老社区项目中,已运营区域的实际建筑面积。

10. 已建成建筑面积:指保险养老社区项目中,已建成且尚未运营区域的实际建筑面积。

11. 在建工程建筑面积:指保险养老社区项目中,在建工程的预计建筑面积。

12. 其他建筑面积:指保险养老社区建筑面积中,除已运营建筑面积、已建成建筑面积和在建工程建筑面积以外的面积。例如,根据项目规划确定的未开发土地上的预计建筑面积等。

13. 开工时间:指保险养老社区项目取得施工许可证的时间,包括年、月、日三个要素,格式为八位数字,如20140630。

14. 设计住房套数:指根据项目规划确定的,保险养老社区预计能够提供给老年人居住的住房套数。

15. 设计床位数:指根据项目规划确定的,保险养老社区预计能够提供给老年人居住的床位数量。

16. 计划投资金额:指保险养老社区项目计划投入的资金总额。如果项目分若干期,应填报项目各期计划投入资金的总额,分期开发并且分别核算、分别统计的除外。

计划投资金额 = 自有资金 + 保险准备金 + 借入资金 + 其他资金

17. 自有资金:指保险养老社区项目的计划投资金额中,来自资本金、资本公积、盈余公积、未分配利润等自有资金的金额。

18. 保险准备金:指保险养老社区项目的计划投资金额中,来自未到期责任准备金等保险准备金的金额。

19. 借入资金:指保险养老社区项目的计划投资金额中,来自借入资金的金额。

20. 其他资金:指保险养老社区项目的计划投资金额中,除自有资金、保险准备金和借入资金以外资金来源的金额。

21. 初始投资时间:指保险机构投资养老社区项目的第一笔投资支出得到会计确认的时间,包括年、月、日三个要素,格式为八位数字,如20140630。

22. 投资期限:指保险机构投资养老社区项目的计划投资期限或购买养老社区项目金融产品的计划持有时间,填报单位为月。例如,投资期限为十年的养老社区项目,应填为120。如果投资期限为长期,应统一填为0。如果项目分若干期,应填报项目各期投资期限之和,分期开发并且分别核算、分别统计的除外。如果各期投资时间存在重叠,重叠部分不重复计算。例如,一期从2010年开始,投资期限为3年,二期从2011年开始,投资期限为3年,则投资期限应为4年,应填48。

23. 投资方式:指保险机构投资养老社区项目的方式,包括物权、股权、债权和其他四种方式,在下拉框中选择其一。

24. 股权占比或份额:对于物权方式,无需填写;对于股权方式,填写保险机构对项目公司的持股比例;对于债权投资或通过房地产金融产品投资等方式,填写保险机构投资的金融产品的份额占比。

25. 计量属性:指会计账簿中的计量属性,包括历史成本和公允价值两种属性,在下拉框中选择其一。

26. 投资成本:指截至报告期末,保险机构向养老社区项目投入的初始成本。

27. 期末账面价值:指截至报告期末,保险机构向养老社区项目投入的累计资金计入长期股权投资或投资性房地产等会计科目后的账面实际金额。

28. 投资收益:指年初至报告期末,保险机构养老社区项目按会计准则确认的投资收益。

29. 公允价值变动损益:指年初至报告期末,保险机构养老社区项目的投资收益中,按会计准则确认的因公允价值变动而带来的收益或损失。

30. 运营模式:指保险养老社区项目的实际运营模式,包括自营、委托管理、出租和其他四种模式,在下拉框中选择其一。

其中,自营模式指保险机构或保险机构的子公司直接负责运营和管理保险养老社区;委托管理模式指保险机构委托运营商管理养老社区,运营商定期收取委托管理费,保险机构承担运营的成本和费用并且获得全部运营收入的运营模式;出租模式指保险机构将养老社区出租给运营商,保险机构定期收取固定的租金,运营商承担运营的成本和费用并且获得全部运营收入的运营模式;不属于以上三种运营模式的,则填入其他模式。

31. 实际住房套数:指已运营的保险养老社区项目能够提供给老年人居住的住房套数。

32. 实际床位数:指已运营的保险养老社区项目能够提供给老年人居住的床位数量。

33. 签约人数:指截至报告期末,签订保险养老社区入住协议或入住合同,已经入住或计划入住保险养老社区的人员数量。

34. 已入住套数:指截至报告期末,保险养老社区入住老年人的住房套数。

35. 已入住人数:指截至报告期末,保险养老社区入住老年人的数量。

已入住人数 = 自理 + 介助 + 介护

36. 自理:指保险养老社区入住老年人中,日常生活行为完全自理,不依赖他人护理的老年人的数量。

37. 介助:指保险养老社区入住老年人中,日常生活行为部分自理,依赖扶手、拐杖、轮椅和升降等设施帮助的老年人的数量。

38. 介护:指保险养老社区入住老年人中,日常生活行为不能自理,依赖他人护理的老年人的数量。

39. 服务人次:指年初至报告期末,保险养老社区正在居住或曾经入住老年人的人次。

40. 新入住人次:指年初至报告期末,保险养老社区的服务人次中,新入住老年人(包括入住后离开社区或者去世的老年人)的人次。

41. 从业人员人数:指截至报告期末,在保险养老社区工作,并取得工资或其他形式劳动报酬的人员数量,是在岗职工、劳务派遣人员及其他从业人员之和。

从业人员不包括:(1)离开本单位仍保留劳动关系,并定期领取生活费的人员;(2)利用课余时间打工的学生及在本单位实习的各类在校学生;(3)本单位因劳务外包而使用的人员。

42. 护理人员人数:指截至报告期末,在保险养老社区工作的从业人员中,向老年人提供护理服务的人员数量。

43. 项目收入:指年初至报告期末,保险养老社区提供各项服务所产生的直接收入,包括租金收入、服务费收入、餐饮收入和其他收入。对于运营模式为出租模式的养老社区,保险机构在填报该指标的子项时,只要求填报向运营商收取的租金收入。

44. 租金收入:指年初至报告期末,保险机构或保险机构的子公司应向入住保险养老社区的客户收取的租金或房费。

对于运营模式为出租模式的养老社区,该指标应填报保险机构向运营商收取的租金收入。

45. 服务费收入:指年初至报告期末,保险机构或保险机构的子公司向入住保险养老社区的客户提供护理、保洁、文体娱乐等服务所应收取的收入。

46. 餐饮收入:指年初至报告期末,保险机构或保险机构的子公司应向入住保险养老社区的

三十三

客户收取的餐费。

47. 其他收入:指年初至报告期末,保险养老社区取得的,除租金收入、服务费收入和餐饮收入以外的其他收入,如政府补贴收入。

48. 押金收入:指年初至报告期末,保险机构或保险机构的子公司应向入住保险养老社区的客户收取的押金金额。入住期满后,押金会返还给客户。

49. 项目支出:指年初至报告期末,保险养老社区提供各项服务所产生的成本支出,包括业务成本、管理费用、营销费用、财务费用、折旧、各项税费等。

50. 各项税费:指年初至报告期末,保险机构或保险机构的子公司因投资和运营保险养老社区应缴纳的营业税、所得税、房产税、印花税、车船使用税、城建税、教育费及附加等税费。

51. 产品类型:指与保险养老社区或其他养老社区项目直接或间接相关的保险产品的类型,包括产品设计类型和保险责任两个分类维度(投资连结保险和万能保险只按设计类型列示)。产品类型共有13项,已在表中列示。

52. 产品数量:指截至报告期末,与保险养老社区或其他养老社区项目直接或间接相关的保险产品的累计数量。

53. 原保险保费收入:指年初至报告期末,与保险养老社区或其他养老社区项目直接或间接相关的保险产品的原保险保费收入。原保险保费收入应为执行财政部《企业会计准则解释第2号》(以下简称2号解释)后的口径。

如果某一保险产品中只有部分保单与保险养老社区或其他养老社区项目直接或间接相关,那么仅统计关联保单的原保险保费收入,下同。

54. 新单保费:指年初至报告期末,与保险养老社区或其他养老社区项目直接或间接相关的保险产品的新单保费。新单保费应为执行2号解释后的口径。

55. 新单趸交保费:指年初至报告期末,与保险养老社区或其他养老社区项目直接或间接相关的保险产品的新单趸交保费。新单趸交保费应为执行2号解释后的口径。

56. 保户投资款本年新增交费:指年初至报告期末,与保险养老社区或其他养老社区项目直接或间接相关的保险产品的保户投资款本年新增交费。保户投资款本年新增交费应为执行2号解释后的口径。

57. 投连险独立账户本年新增交费:指年初至报告期末,与保险养老社区或其他养老社区项目直接或间接相关的投连险产品的投连险独立账户本年新增交费。投连险独立账户本年新增交费应为执行2号解释后的口径。

58. 保单件数:指截至报告期末,与保险养老社区或其他养老社区项目直接或间接相关的保险产品的期末有效保单件数。如果关联保险养老社区的保险产品既有主险又有附加险,并且主险和附加险在同一个保单号下体现,在统计保单件数时按1件统计并计入主险。

59. 退保金:指年初至报告期末,与保险养老社区或其他养老社区项目直接或间接相关的保险产品的退保金。退保金应为执行2号解释后的口径。

60. 保户投资款本年退保:指年初至报告期末,与保险养老社区或其他养老社区项目直接或间接相关的保险产品的保户投资款本年退保。保户投资款本年退保应为执行2号解释后的口径。

61. 投连险独立账户本年退保:指年初至报告期末,与保险养老社区或其他养老社区项目直接或间接相关的投连险产品的投连险独立账户本年退保。投连险独立账户本年退保应为执行2号解释后的口径。

62. 赔付支出：指年初至报告期末，与保险养老社区或其他养老社区项目直接或间接相关的保险产品的赔付支出。赔付支出应为执行 2 号解释后的口径。

三、填报表式（见附表）

附表：填报表式

后　　记

《保险诉讼典型案例年度报告(第七辑)》如期与读者见面了。

人保集团、国寿集团、平安集团、太保集团、太平集团、中华联合财险、人保财险、国寿财险、太保财险、大地财险、阳光财险、华泰财险、安邦财险、安盛天平、都邦财险、鼎和保险、信达财险、华农财险、安联保险、众诚保险、泰康人寿、新华人寿、民生人寿、光大永明人寿、天安人寿、农银人寿、国华人寿、全球同方人寿、昆仑健康等保险公司提供了大力支持,各位编委在繁忙的工作之余付出艰辛的劳动,法律出版社高级编辑潘洪兴先生为本书付梓倾注了大量心血,在此,谨表感谢。

2015 年 1 月至 6 月,我国保险业原保险保费收入达 13 702.53 亿元,同比增长 19.27%。其中,产险业务原保险保费收入 4017.86 亿元,同比增长 10.90%;寿险业务原保险保费收入 8109.96 亿元,同比增长 21.27%;健康险业务原保险保费收入 1245.88 亿元,同比增长 39.53%;意外险业务原保险保费收入 328.82 亿元,同比增长 15.10%。

2015 年 1 月至 6 月,我国保险业赔款和给付支出达 4204.12 亿元,同比增长 19.04%。其中,产险业务赔款 1834.33 亿元,同比增长 7.07%;寿险业务给付 1972.16 亿元,同比增长 31.34%;健康险业务赔款和给付 330.66 亿元,同比增长 28.34%;意外险业务赔款 66.96 亿元,同比增长 12.97%。

截至 2015 年 6 月底,我国保险业总资产达 114 296.92 亿元,较年初增长 12.51%;资金运用余额为 103 684.49 亿元,较年初增长 11.11%。我国保险业在现代金融、社会保障、农业保障、防灾减灾、社会管理等五大体系中发挥着越来越重要的作用。我国保险业已经成为全球重要的新兴保险大国,为建设保险强国奠定了坚实基础。未来的保险业将是发展非常迅速、规模不断壮大、与中华民族中国梦实现进程相适应的现代服务行业,将是转型升级加速、跨界深度融合、核心竞争力不断增强的创新驱动行业,将是监管科学高效、运行安全稳健、开放度不断提高的金融支柱行业,将是一个保障覆盖广泛、服务优质高效、与人民群众生活息息相关的民生保障行业。

由于时间仓促,水平有限,本书不足之处,敬请批评指正。

图书在版编目(CIP)数据

保险诉讼典型案例年度报告(第七辑) / 中国保险行业协会主编. —北京:法律出版社, 2016.1
ISBN 978-7-5118-8893-8

Ⅰ. ①保… Ⅱ. ①中… Ⅲ. ①保险法—民事诉讼—案例—研究报告—中国 Ⅳ. ①D925.105

中国版本图书馆 CIP 数据核字(2015)第 312419 号

保险诉讼典型案例年度报告(第七辑)
中国保险行业协会 编
余勋盛 主编
责任编辑 王 扬
装帧设计 汪奇峰

开本 880 毫米×1230 毫米 1/16
印张 24.75 **字数** 624 千
版本 2016 年 1 月第 1 版
印次 2016 年 1 月第 1 次印刷
出版 法律出版社
编辑统筹 独立项目策划部
总发行 中国法律图书有限公司
经销 新华书店
印刷 固安华明印业有限公司
责任印制 张建伟

法律出版社/北京市丰台区莲花池西里 7 号(100073)
电子邮件/info@lawpress.com.cn
销售热线/010-63939792/9779
网址/www.lawpress.com.cn
咨询电话/010-63939796

中国法律图书有限公司/北京市丰台区莲花池西里 7 号(100073)
全国各地中法图分、子公司电话:
第一法律书店/010-63939781/9782
西安分公司/029-85388843
重庆公司/023-65382816/2908
上海公司/021-62071010/1636
北京分公司/010-62534456
深圳公司/0755-83072995

书号:ISBN 978-7-5118-8893-8
定价:138.00 元
(如有缺页或倒装,中国法律图书有限公司负责退换)